国家出版基金项目
NATIONAL PUBLICATION FOUNDATION

中国近代
思想家文库

◎

张尔田
柳诒徵
卷

孙文阁
张笑川
编

中国人民大学出版社
·北京·

《中国近代思想家文库》编纂委员会名单

总　序

对于近代的理解，虽不见得所有人都是一致的，但总的说来，对于近代这个词所涵的基本意义，人们还是有共识的。一个国家、一个民族走入近代，就意味着以工业化为主导的经济取代了以地主经济、领主经济或自然经济为主导的中世纪的经济形态，也还意味着，它不再是孤立的或是封闭与半封闭的，而是以某种形式加入到世界总的发展进程。尤其重要的是，它以某种形式的民主制度取代君主专制或其他不同形式的专制制度。中国是个幅员广大、人口众多、历史悠久的多民族国家，由于长期历史发展是自成一体的，与外界的交往比较有限，其生产方式的代谢迟缓了一些。如果说，世界的近代是从 17 世纪开始的，那么中国的近代则是从 19 世纪中期才开始的。现在国内学界比较一致的认识，是把 1840 年到 1949 年视为中国的近代。

中国的近代起始的标志是 1840 年的鸦片战争。原来相对封闭的国门被拥有近代种种优势的英帝国以军舰、大炮再加上种种卑鄙的欺诈打开了。从此，中国不情愿地加入到世界秩序中，沦为半殖民地。原来独立的大一统的中央集权的君主专制国家，如今独立已经极大地被限制，大一统也逐渐残缺不全，中央集权因列强的侵夺也不完全名实相符了。后来因太平天国运动，地方军政势力崛起，形成内轻外重的形势，也使中央集权被弱化。经历第二次鸦片战争、中法战争、甲午战争、八国联军入侵的战争以及辛亥革命后的多次内外战争，直至日本全面侵略中国的战争，致使中国的经济、政治、教育、文化，都无法顺利走上近代发展的轨道。古今之间，新旧之间，中外之间，混杂、矛盾、冲突。总之，鸦片战争后的中国，既未能成为近代国家，更不能维持原有的统治秩序。而外患内忧咄咄逼人，人们都有某种程度"国将不国"的忧虑。

"天下兴亡，匹夫有责"，读书明理的士大夫，或今所谓知识分子，尤为敏感，在空前的危机与挑战面前，皆思有所献替。于是发生种种救亡图存的思想与主张。有的从所能见及的西方国家发展的经验中借鉴某些东西，形成自己的改革方案；有的从历史回忆中拾取某些智慧，形成某种民族复兴的设想；有的则力图把西方的和中国所固有的一些东西加以调和或结合，形成某种救亡图强的主张。这些方案、设想、主张，从世界上"最先进的"，到"最落后的"，几乎样样都有。就提出这些方案、设想、主张者的初衷而言，绝大多数都含着几分救国的意愿。其先进与落后，是否可行，能否成功，尽可充分讨论，但可不必过为诛心之论。显而易见，既然救国的问题最为紧迫，人们所心营目注者自然是种种与救国的方案直接相关的思想学说，而作为产生这些学说的更基础性的理论，及其他各种知识、思想，则关注者少。

围绕着救国、强国的大议题，知识精英们参考世界上种种思想学说，加以研究、选择，认为其中比较适用的思想学说，拿来向国人宣传，并赢得一部分人的认可。于是互相推引，互相激励，更加发挥，演而成潮。在近代中国，曾经得到比较广泛的传播的思想学说，或者够得上思潮的，主要有以下几种：

（一）进化论。近代西方思想较早被引介到中国，而又发生绝大影响的，要属进化论。中国人逐渐相信，进化是宇宙之铁则，不进化就必遭淘汰。以此思想警醒国人，颇曾有助于振作民族精神。但随后不久，社会达尔文主义伴随而来，不免发生一些负面的影响。人们对进化的了解，也存在某些片面性，有时把进化理解为一条简单的直线。辩证法思想帮助人们形成内容更丰富和更加符合实际的发展观念，减少或避免片面性的进化观念的某些负面影响。

（二）民族主义。中国古代的民族主义思想，其核心是"非我族类，其心必异"，所以最重"华夷之辨"。鸦片战争前后一段时期，中国人的民族思想，大体仍是如此。后来渐渐认识到"今之夷狄，非古之夷狄"，"西人治国有法度，不得以古旧之夷狄视之"。但当时中国正遭受西方列强的侵略和掠夺，追求民族独立是民族主义之第一义。20世纪初，中国知识精英开始有了"中华民族"的概念。于是，渐渐形成以建立近代民族国家为核心的近代民族主义。结束清朝君主专制，创立中华民国，是这一思想的初步实现。第一次世界大战爆发，中国加入"协约国"，第一次以主动的姿态参与世界事务，接着俄国十月革命爆发，这两件事对近代中国的发展历程造成绝大影响。同时也将中国人的民族主义提升到一个新的层次，即与国际主义（或世界主义）发生紧密联系。也可以说，中国人更加自觉地用世界的眼光来观察中国的问题。新生的中国共产党和改组后的国民党都是如此。民族主义成为中国的知识精英用来应对近代中国所面临的种种危机和种种挑战的一个重要的思想武器。

（三）社会主义。社会主义作为一种模糊的理想是早在古代就有的，而且不论东方和西方都曾有过。但作为近代思潮，它是于 19 世纪在批判近代资本主义的基础上产生的。起初仍带有空想的性质，直到马克思和恩格斯才创立起科学社会主义。20 世纪初期，社会主义开始传入中国。当时的传播者不太了解科学社会主义与以往的社会主义学说的本质区别。有一部分人，明显地受到无政府主义的强烈影响，更远离科学社会主义。直到五四新文化运动兴起之后，中国人始较严格地引介、宣传科学社会主义。但有一段时间，无政府主义仍是一股很大的思想潮流。中国共产党的成立，从思想上说，是战胜无政府主义的结果。中国共产党把在中国实现社会主义乃至共产主义作为自己的奋斗目标。此后，社会主义者，多次同各种非科学社会主义思想的信仰者进行论争并不断克服种种非科学社会主义思想的影响。

（四）自由主义。自由主义也是从清末就被介绍到中国来，只是信从者一直寥寥。直到五四新文化运动兴起，具有欧美教育背景的知识精英的数量渐渐多起来，自由主义始渐渐形成一股思想潮流。自由主义强调个性解放、意志自由和自己承担责任，在政治上反对一切专制主义。在中国的社会条件下，自由主义缺乏社会基础。在政治激烈动荡的时候，自由主义者很难凝聚成一股有组织的力量；在稍稍平和的时候，他们往往更多沉浸在自己的专业中。所以，在中国近代史上，自由主义不曾有，也不可能有大的作为。

（五）激进主义与保守主义。处于转型期的社会，旧的东西尚未完全退出舞台，新的东西也还未能巩固地树立起来，新旧冲突往往要持续很长的时间，有时甚至达到很激烈的程度。凡助推新东西成长的，人们便视为进步的；凡帮助旧东西排斥新东西的，人们便视为保守的。其实，与保守主义对应的，应是进步主义；与顽固主义相对的则应是激进主义。不过在通常话语环境中人们不太严格加以区分。中国历史悠久，特别是君主专制制度持续两千余年，旧东西积累异常丰富，社会转型极其不易。而世界的发展却进步甚速。中国的一部分精英分子往往特别急切地想改造中国社会，总想找出最厉害的手段，选一条最捷近的路，以最快的速度实现全盘改造。这类思想、主张及其采取的行动，皆属激进主义。在中共党史上，它表现为"左"倾或极左的机会主义。从极端的激进主义到极端的顽固主义，中间有着各种程度的进步与保守的流派。社会的稳定，或社会和平改革的成功，都依赖有一个实力雄厚的中间力量。但因种种原因，中国社会的中间力量一直未能成长到足够的程度。进步主义与保守主义，以及激进主义与顽固主义，不断进行斗争，而实际所获进步不大。

（六）革命与和平改革。中国近代史上，革命运动与和平改革运动交替进行，有时又是平行发展。两者的宗旨都是为改变原有的君主专制制度而代之以某种形式的近代民主制度。有很长一个时期，有两种错误的观念，一是把革命理解为仅仅是指以暴力取得政权的行动，二是与此相关联，把暴力革命与和平改革对立起来，认为革命是推动历史进步的，而改革是维护旧有统治秩序的。这两种论调既无理论根据，也不合历史实际。凡是有助于改变君主专制制度的探索，无论暴力的或和平的改革都是应予肯定的。

中国近代揭幕之时，西方列强正在疯狂地侵略与掠夺殖民地和半殖民地，中国是它们互相争夺的最后一块、也是最大的资源地。而这时的中国，沿袭了两千年的君主专制制度已到了奄奄一息的末日，统治当局腐朽无能，对外不足以御侮，对内不足以言治，其统治的合法性和统治的能力均招致怀疑。革命运动与改革的呼声，以及自发的民变接连不断。国家、民族的命运真的到了千钧一发之际，危机极端紧迫。先觉分子救国之心切，每遇稍具新意义的思想学说便急不可待地学习引介。于是西方思想学说纷纷涌进中国，各阶层、各领域，凡能读书读报者，受其影响，各依其家庭、职业、教育之不同背景而选择自以为不错的一种，接受之，信仰之，传播之。于是西方几百年里相继风行的思想学说，在短时期内纷纷涌进中国。在清末最后的十几年里是这样，五四时期在较高的水准上重复出现这种情况。

这种情况直接造成两个重要的历史现象：一个是中国社会的实际代谢过程（亦即社会转型过程）相对迟缓，而思想的代谢过程却来得格外神速。另一个是在西方原是差不多三百年的历史中渐次出现的各种思想学说，集中在几年或十几年的时间里狂泻而来，人们不及深入研究、审慎抉择，便匆忙引介、传播，引介者、传播者、听闻者，都难免有些消化不良。其实，这种情况在清末，在五四时期，都已有人觉察。我们现在指出这些问题并非苛求前人，而是要引为教训。

同时我们也看到，中国近代思想无比的多样性与复杂性呈现出绚丽多彩的姿态，各种思想持续不断地展开论争，这又构成中国近代思想史的一个突出特点。有些论争为我们留下了非常丰富的思想资料，如兴洋务与反洋务之争，变法与反变法之争，革命与改良之争，共和与立宪之争，东西文化之争，文言与白话之争，新旧伦理之争，科学与人生观之争，中国社会性质的论争，社会史的论争，人权与约法之争，全盘西化与本位文化之争，民主与独裁之争，等等。这些争论都不同程度地关联着一直影响甚至困扰着中国人的几个核心问题，即所谓中西问题、古今问题与心物关系问题。

中国近代思想的光谱虽比较齐全，但各种思想的存在状态及其影响力是很不平衡的。有些思想信从者多，言论著作亦多，且略成系统；有些可能只有很少的人做过介绍或略加研究；有的还可能因种种原因，只存在私人载记中，当时未及面世。然这些思想，其中有很多并不因时间久远而失去其价值。因为就总的情况说，我们还没有完成社会的近代转型，所以先贤们对某些问题的思考，在今天对我们仍有参考借鉴的价值。我们编辑这套《中国近代思想家文库》，希望尽可能全面地、系统地整理出近代中国思想家的思想成果，一则借以保存这份珍贵遗产，再则为研究思想史提供方便，三则为有心于中国思想文化建设者提供参考借鉴的便利。

考虑到中国近代思想的上述诸特点，我们编辑本《文库》时，对于思想家不取太严格的界定，凡在某一学科、某一领域，有其独立思考、提出特别见解和主张者，都尽量收入。虽然其中有些主张与表述有时代和个人的局限，但为反映近代思想发展的轨迹，以供今人参考，我们亦保留其原貌。所以本《文库》实为"中国近代思想集成"。

本《文库》入选的思想家，主要是活跃在1840年至1949年之间的思想人物。但中共领袖人物，因有较为丰富的研究著述，本《文库》则未收入。

编辑如此规模的《文库》，对象范围的确定，材料的搜集，版本的比勘，体例的斟酌，在在皆非易事。限于我们的水平，容有瑕隙，敬请方家指正。

《中国近代思想家文库》编纂委员会

目　录

导　言

自五四新文化运动以来，中国思想学术界出现明显断裂，由于新文化派学人占据思想学术舞台的主流，与其观点相异的学人往往被排斥到边缘，以至于在近现代思想学术史著述中鲜见其踪影。张尔田、柳诒徵即是这一群体的人物，虽然曾为清末民初学术界重要成员，其人、其学却长期受到忽视，至今鲜为人所知。本文分别对张尔田、柳诒徵之生平及著述及其学术思想，做一简要叙述，以为本卷之导言。

一

张尔田（1874—1945），浙江钱塘（今杭州）人，原名采田，后改今名，字孟劬，晚号遁堪。先生生于累世仕宦并以文词知名之庭，因家世熏陶，自幼笃好文史之学，很早便以辞章显名。二十二岁（1895年），遵父命出仕为官，任刑部广西司学习行走。光绪二十八年（1902年），改任苏州试用知府。1911年辛亥鼎革，以遗老自命，隐居上海，研究学问，勤于著述。1912年10月，孔教会成立于上海，为孔教会成员，并为会刊《孔教会杂志》撰稿，鼓吹孔教。1914年清史馆设立，同年应聘入馆任纂修，1923年离馆，前后在馆近十年之久。在清史馆之时，曾任教北京大学、北京师范大学。1923年返沪，先后任教中央政治大学、光华大学、上海交通大学。1930年秋，胞弟张东荪北上任燕京大学哲学系教授，先生同时受聘该校，教授中国历史和中国文学，晚年专任燕京大学研究院导师。1945年农历正月初七日卒，葬于北京香山万安公墓，享年七十有二。

先生交游广泛，与并世新老学者，多有过从。早年相识元和孙德谦，"相约治许氏《说文》、江都《文选》之学"，既同好会稽章实斋之学，为讲学最契之友，时人亦多以张、孙二人并称。在京任刑部主事期间结识同乡夏曾佑，一同专研佛学，相约夏氏治大乘，先生治小乘。在苏州任职期间，与晚清词坛大家王鹏运、朱孝臧、郑文焯等过从甚密，后在沪结识况颐周，所谓"晚清四大词人"，皆曾奉手。辛亥以后，学者文人云集上海，老辈中，先生与朱孝臧、沈曾植过从最密，同辈中，则与王国维、孙德谦齐名交好，时人因有"海上三君"之誉。此外，在沪期间，又结识陈柱尊、龙榆生等人。在燕京大学任教期间，与同事邓之诚过从最密，亦与钱穆、杨树达、余嘉锡、吴宓等论学相契。晚年，因龙榆生结识夏承焘、钱仲联、吴庠等人，并频繁通信论学。生平弟子众多，以王钟翰、张芝联从游最久，过从最密。

先生学问广博，著述宏富。1903 年，医书《白喉症治通考》刊行。1908 年成名作《史微》问世，时人将之与《史通》、《文史通义》并举，先生与孙德谦亦因此获得"海内治会稽之学两雄"之称誉。同年，与孙德谦合著之《新学商兑》刊行，该著批驳梁启超《支那宗教改革论》。1911 年《玉溪生年谱会笺》行世，同年，朱孝臧选编晚清词集《沧海遗音集》，收入先生词作《遁庵乐府》一卷，1941 年增补为《遁庵乐府》二卷，由龙榆生校刻刊行。1917 年，《玉溪生年谱会笺》刊行，收入南林刘氏求恕斋丛书。在清史馆期间，与夏孙桐商定康熙朝大臣传目，撰《图海、李之芳列传》一卷，《乐志》八卷，《刑法志》二卷，《地理志·江苏篇》一卷，《后妃传》一卷。离馆后，《后妃传》经修改增补，定名《清列朝后妃传稿》，于 1929 年在上海梓刻问世。晚年整理校订沈曾植遗著，其中《蒙古源流事证》一书，先生在校订文字之外，大量增补，并将王国维据另一版本的校语选择加入，使此书成为一部三家注本，并改名为《蒙古源流笺证》出版。晚年编定文集《遁堪文集》二卷，1948 年由张芝联在上海刊行。以上为先生著述之荦荦大者，此外散见于《孔教会杂志》、《学衡》、《史学年报》、《学术世界》、《民权素》、《词学季刊》、《同声月刊》等杂志，亦有文章、信函百余篇，诗词百余首。

综观先生一生，除短暂出仕为官之外，基本以研究和教学为事，且与并世学者名流多有交往，门生弟子众多，为中国近代学术思想界不可忽视之人物。传世著作，涵盖四部，兼及释典，举凡儒家经学、先秦诸子、诗词、文学、宗教、历史、文化、国学皆有论述，不但领域广泛，而且见解宏通，注重义理，于史学尤所擅长。钱仲联称之为"近代著名的史学家、哲学家、文学家"，齐思和称之"于义理辞章考据之学皆造其极，为当代大儒"，非过誉之词。

世人论张尔田学术思想，多注意于其对章学诚思想的继承与发挥。确实，张尔田很早就服膺章学诚的学说，据其自云："少与吾友益荨（孙德谦）谈道广平，同服膺章实斋先生书"（《史微·宗经》）。其时早在 1899 年。其成名作《史微》，邓之诚称："本章学诚之旨，求证于群经诸子，穷源竟委，合异析同，以推古作者之意，视学诚为通类知方，灿然有序。"钱基博云："张尔田《史微》，绍述《文史》，匡谬拾遗，不为墨守。"日人内藤湖南亦云："最近有张采田其人，模仿《文史通义》，写了《史微》一书。"以上可见张尔田与章氏学说的密切，但他也说过，"生平为学，从实斋出不从实斋入。世谓余为章氏学，斯未敢承"。足见，张、章二氏的思想关联并非简单。权而论之，张尔田与章学诚学术思想有同有异，治学取径大旨相同，具体立论则颇有差异，今以张、章二氏思想关联为中心，论张尔田学术思想大旨如下：

论张、章思想之同，首先在两者同以史学的立场看待一切学问。后世讨论《文史通义》，多将其视为史学理论和史学史著作，其实章学诚此著多为经学而发。内藤湖南指出："章学诚十分注重对经学的论述，他的见解与一般人不同，是从史学的角度来看经学，是从学术组织的基础上，即从全体学术的根本上来研究经学。……要说他的学术渊源是很长的，大体来说就是以史学家的见解来看待经学。"他在《章实斋先生年谱》中还指出："《文史通义》以其新建立的一种史论试图综合地评价经、史、子、集各部……其中对经典源流的考察可称为历史的方法论"。他在《支那史学史》中进一步指出这种"史论"是"对一切学问从方法论原理上的研究"。综合内藤湖南以上论述可以看出，《文史通义》特点是站在史学的立场看待一切学术，即从学术源流的角度来讨论一切学术。《史微》以"考镜六艺诸子学术流别"为宗旨，而以"六艺皆史也，百家道术，六艺之支与流裔也"为基本前提，正是对《文史通义》"试图综合地评价经、史、子、集各部"的"史论"精神的继承和具体应用。王国维称其"以史法治经、子二学"，指的就是这种"史论"的风格。另外，张尔田自称《史微》的著述目的在于"别白古人学术之异同，融会而贯通焉，使后人知所决择"（《史微·凡例》），亦即章学诚"辨章学术，考镜源流"之意。

其次，二者同批评考据学，提倡"经世致用"的学风。章学诚在《文史通义》中提出"文史校雠"治学理路，目的是为与乾嘉考据学派之"经学训诂"相抗衡，在考据学之外寻找一条"明道"之路。在《史微》之中，我们也可以看到张尔田对于考据学末流的激烈批评。他认为"虽以乾嘉诸大儒考订校雠之勤，苦志尽情，头童齿豁，尚不识六艺诸子为何物，真庄生所谓大惑终身不解者也"，并在自己的著述中"凡一切考据家流蔽，则去之惟恐不力"（《史微·凡例》）。章学诚"六经皆史说"的深意在于重振"经世致用"的学风，这一点在《史微》中也有体现。它强调"著书必归之于实践"，学术必须归于"致用"。而书中极力推崇西汉今文经学，也是缘于作者认为西汉儒者能够"通经致用"。

最后，二者同倡导注重义理、崇尚宏通的学风。关于张尔田治学路径，张东荪称其"于古师东莞、居巢，近则章实斋"（《史微·重定内篇目录叙》）。东莞指南朝刘勰，居巢指唐刘知幾，二人所著《文心雕龙》、《史通》，一为文学评论之经典，一为史学评论之权舆，皆为宏通之作。章学诚之书名曰"通义"，意在于乾嘉考据所倡名物考证之外，提倡注重义理、崇尚宏通的治学风格。

针对汉学家们"实事求是"的口号，他提出"实事求是"应如此理解：

> 故河间献王有言："实事求是。"谓即所讲诵，验诸行事之实，以求其至当不易之归耳。今汉学家所考皆古人陈迹，事既不实，又何从证其是哉。能言而不能行，谥为俗儒，殆不诬矣。（《史微·通经》）

所谓"实事"与"空言"的区别在于是否能够实行，"凡不能起而行者，皆谓之空言无实"。他认为，"六经之所包广矣，上佐人君而明教化，下诏后学而启多闻，内圣外王之道，举于六艺焉征之，所谓通经致用者，此物此志也，岂徒资为华藻鬐帨之美观而已"。如果做到"著书必归之于实践，立躬必束之于中庸，勿以驰骤词章诬圣经，勿以破坏形体侮圣言，夫如是，又何患经学之不昌明哉？经学昌明，又何患不能致用哉？"（《史微·通经》）"通经致用"的号召固然陈腐，注重大义的学风却昭然可见，并为张尔田所终身坚持。

张尔田晚年在与夏承焘的通信中，曾将自己的治学风格与王国维、孙德谦比较，认为王国维读书最博，孙德谦治学最专，而自己的特点则是"通"。齐思和亦认为孙、王、张所谓"海上三君"之中，"先生尤为宏通博雅"。可见"宏通"二字，既是张尔田自己的体认，也是学术界的评价。

针对当时惟考据是尚的学风，他极力强调注重义理的学风。他认为"义理之学"与"考据之学"所运用的治学方法不同，"义理之学"是"致广大"之学，"考据之学"是"尽精微"之学，"致广大而尽精微，广大用综，精微用析，析而不综则不大，综而不析则不精，二者兼之，斯大儒已"。针对乾嘉以来专重考据，琐碎饾饤，不务大体的学风，他强调，说经不能废考据，而考据必以微言大义为旨归。

吴宓称其"讲学大旨，在不事考据，不问今古文及汉宋门户之争，而注重义理。欲原本经史，合览古今，而求其一贯之精神哲理，以得吾中国文明之真际"，较好地概括了张尔田的治学精神。当然，张尔田虽提倡重义理、尚宏通的治学风格，在考据上也颇有造诣，《玉溪生年谱会笺》、《蒙古源流笺证》、《清列朝后妃传稿》等著皆非空疏之作，体现出扎实的考据功底。因此，可以说张尔田在治学上既继承乾嘉大儒之所长，又力图弥补乾嘉大儒之所短。

章学诚处于乾嘉盛时，张尔田生于清代末年，二人时代相差一百余年。这一百余年间，社会形势发生翻天覆地的变化，清王朝由盛转衰，面临着覆亡的危机，学术风气也随之出现巨大转变。因此，两人学术思想虽大旨相通，其用意却略有异同。

虽然章、张二人都主张"通经致用"，但章学诚的基本立足点是"六经皆器"，认为"事变之出于后者，六经不能言"，因此应该"随时撰述以求大道"。章氏着重强调六经的局限性，鼓励学者关注现实，"通今"以致用。（《文史通义》卷二《原道中》、《原道下》）而张尔田则强调"六经"的普世性，认为"孔子之教，天不变，道亦不变"，声称"天下有敢于更张周公典章法度之人，必无敢于灭裂孔子名教之人"。把二者的主张各放在所处的时代，则可以看出其不同的性格，一个是激进的，一个是保守的。

更重要的是，二者存在今、古文经学的不同。经今、古文学为汉代经学中的两大派别，两派的主要差别在于对孔子的地位以及孔子和"六经"关系的看法不同。古文学派认为"六经"是经过孔子整理的古代官方典籍，而今文学派则认为"六经"是孔子的创作，目的是为后王立法。按照古文经学的看法，孔子只是一个文献整理者和教师，"六经"只是古代的史料；按照今文经学的看法，孔子则是"受命"的素王，"六经"是孔子"垂教后王"的经书。章学诚所处的乾嘉时代，学者们基本上按照古文经学的观点来理解孔子以及孔子和"六经"的关系，在他们看来，"六经"记载了周公的典章法度，孔子仅是"六经"的一个文献整理者。故章学诚认为，集大成者为周公，而孔子删述"六艺"乃所以学周公也。（《文史通义·原道》）

随着晚清今文经学的兴起，今古文之差别日益鲜明，且日趋针锋相对，不可调和。康有为《新学伪经考》和《孔子改制考》两书，斥古文经为刘歆所伪造，认为"六经"中古代事迹皆孔子为"改制"而"托古"所造。而同时的古文大师若章太炎，又以坚持古文壁垒为手段，以达其"经学拆散"之目的。至此，对于先秦典籍性质，出现严重分裂。而正在此时，张尔田另辟蹊径，借助章学诚的"六经皆史说"提出了一套弥合今古文的讲法。

在《史微》中，张尔田本章学诚"六经皆史"之说，坚持古代学术在于官府，"六经"在其起源上是古代的官方典籍，由政府中"史"这一官职记录和保存，其中体现了古代的历史和古代帝王治国理民的思想。这是古文家们基本认可的。但是，张尔田在此基础上又提出"六艺"存在"由史而为经"的过程，认为"六艺"经孔子的删修，具有双重性质，一方面是"王者之史"，一方面是"孔氏之经"。（《史微·原史》）因此，可以说《史微》和《文史通义》的上半截相同，下半截不同。他认为章学诚的局限在于"只知六艺乃三代之为史，而不知六艺之由史而为经"（《史微·明教》）。"不知六艺为史，无以见王者创制之本原；不知六艺为经，无以窥孔氏删修之大法。"（《史微·史学》）"史"详于古代的典章制度，是所谓"政"；"经"包含孔子的微言大义，是所谓"教"。"古文"记载周公的典章制度，"今文"则传承孔子的教义。他指出，正是由于"六经"本身存在"经"与"史"的差别，从而导致了古文经和今文经的差别："虽然，六艺者，其先皆史家旧籍也，自归孔氏，以司徒上挑柱下之统，先王经世之迹虽存而口说流传则大异矣。故六艺有两大派焉，一曰古文，一曰今文。古文者，旧史说经之言，而孔子采之者也；今文者，孔子说经之言而弟子述之者也。纯乎明理者，今文也；兼详纪事者，古文也。"（《史微·原艺》）今文和古文虽然不同，但相资为用，同为"明道"所必需，不可偏废。

"六艺由史而为经"的说法，是对章学诚"六经皆史说"的继承，也是对"六经皆史说"的修正。它使具有古文经学色彩的"六经皆史说"容纳了今文经学的说法，一方面使"六经皆史"的说法具有合理性，一方面使今文经学对孔子与"六经"关系的认识也具有合理性。如果说章学诚《文史通义》所面对的是当时存在的"尊经抑史"的问题，而张尔田《史微》则意图调停当时甚嚣尘上的经学今、古文争端。张尔田晚年自云"余向纂《史微》，颇救正今、古文家末流之失"，道出了此书的主要学术目的。

当然，张尔田并非对经今、古文学毫无偏袒。他认为，虽然"六艺"在起源上为古代的历史，但同时也是孔子的"教书"，故而其中蕴涵着"政"与"教"的区别。作为古代帝王的史书，"六艺"记载了周公的典章制度；作为孔子的教书，"六艺"蕴藏着孔子的教义。相比之下，无疑阐明孔子的教义更为重要，因为"周公之政，历代沿袭不同者也；孔子之教，天不变，道亦不变者也"。既然儒者"通经"的目的在于"明教"，而为了"明教"则不得不借助于今文经学，因为今文经学才是孔子的真传。（《史微·明教》）

张尔田与今文经学的关联，从其成学经历亦可见一斑。据其自言，少小喜读《龚自珍文集》，并"少赓闻乡先生谭复堂绪论"（《史微·重定内篇目录叙》），以上二人皆为晚清今文经学之健者。而从其对近代今文学的开山鼻祖庄存与的推崇更可见今文经学的影响，他在《张孟劬先生遁堪书题》这样评论庄存与，"庄先生深于《易》、深于《礼》、深于《春秋》、深于天官历律五行，故能博大精微，根极道要，延今文家一线之传，斯为真汉学，斯为真经学。尝谓庄葆琛言夏小正，刘申受言三传，陈勾溪、凌晓楼言公羊，龚定庵言史、言诸子，无不渊源庄氏。呜呼，若庄氏者可为百世之师已"。又云，"余生平治学图辙宗会稽章氏，而于先生书则服膺无间然"。

如此看来，在晚清今文经学的阐扬者中，至少可以分为两派，一为"专意述学"者，一为"好为政论"者。两者不仅在治学倾向上大为不同，而且在具体观点上也有很大差距。例如康有为在《新学伪经考》和《孔子改制考》中为了推尊孔子，不但把古文经说成是刘歆所伪造，并且进而认为"六经"皆为孔子的创作，"六经"中的历史记载乃是孔子改制的"喻言"。这种学说在历史上的积极作用固然不能否认，但在学理上则过于荒诞。相比之下，张尔田"六艺由史而为经"的说法似乎显得合理多了。

张尔田论学的另一重要观点是宣扬孔子之教。自汉武帝以来，孔子在中国传统文化中一直处于崇高的地位，这种情况在晚清出现重大改变，对此唐君毅有简明的评说：

> 廖平、康有为对孔子之教之开未来世的意义，说得太夸大；并以六经皆孔子托古改制之著，而只表现孔子个人思想者。此却使孔子之学，反成"前无所承"者。章太炎初年本佛学以贬责孔、孟、《中庸》、《易传》，而轻视宋明儒学；只视孔子为传布整理古代文献之史家，则使孔子之学，若成"后无所闻"者。章太炎与康有为之弟子之梁任公，在清末，更以孔子不过诸子之一，其地位或尚不如老子、墨子。（唐君毅：《孔子在中国历史文化的地位之形成》）

张尔田《史微》利用章学诚的"六经皆史说"，解决了康有为理论中孔子之学"前无所承"的问题，同时又勾勒了"六艺由史而为经"、孔子由儒家上承"史统"的过程，解决了章太炎看法中孔子之学"后无所闻"的问题。这样孔子的道术前有所承，后有所闻，兼有儒道，包容诸子，为中国文化思想之大宗，其地位就确乎非诸子可比了。可以这样说，虽然同样主张"六经皆史"，但是章学诚提出此说目的在于提倡"即器明道"、"经世致用"的学风，张尔田进一步提出"六艺由史而为经"，其结果则在于宣扬孔子之教。

进一步尤有可言者，虽同样宣扬孔子之教，张尔田和康有为又有不同。康有为心目中的孔教，偏重于"通三统"、"张三世"等社会政治等方面的内容，孔子更像一个政治思想家，而张尔田则认为"孝亲敬长，所谓教也"，偏重于从伦理道德规范方面理解，孔子更像一个道德家和宗教家。

1912 年陈焕章等人成立孔教会，从事争取立孔教为国教的运动。张尔田也参加了孔教会，成为孔教运动的积极分子，并在《孔教会杂志》上发表了一系列文章，强调宗教的作用，阐明孔教的宗教性质。

对于孔教运动，因其与袁世凯复辟相联系而恶名昭著，学术界殊少研究。既有研究中，也多强调康有为及其弟子的影响。而通过对张尔田孔教思想的考察，可以发现孔教运动有更长的思想渊源，并非与帝制复辟紧密相连，亦非康有为一派所独占。

晚清以来思想界对孔子之教作宗教性的理解，至少和两种思潮有关，一是今文经学的影响，一是晚清的佛学复兴和西方宗教思想的传播。今文经学神话孔子为"素王"，本身既有宗教的端倪，因此晚清今文学者若康有为、夏曾佑等多宣扬孔教。此外，晚清佛学复兴以及西方宗教的广泛传播，也使时人在理解孔教过程中多受影响。孔教会中很多人佛学素养很深，如沈曾植、康有为、夏曾佑、梁启超等对佛学无不深受熏染，张尔田也不例外。

张尔田早年即对佛学濡染甚深，佛教以及西方宗教亦启发了他对儒学宗教性的认识。在《史微》中，他以宗教的方式来理解孔子的"微言大义"，认为孔子学备天人，思想兼有儒道两家；孔子"端门受命"，为万世垂教，类似于"异邦之宗教家"；纬书是孔子的"内学"等等，已经显露出"孔教"的端倪。孔教会成立后，他更是公开鼓吹孔教。具体说来，张尔田之鼓吹"孔教"，主要是从宗教与道德的关系立论。他认为"立国之本基乎法律与道德，法律所不治道德能治之，故道德之领域较法律为尤广，其巩固国础也较法律为尤要"，而"道德视宗教以为之标准也，宗教不一，以宜乎国情为断"，因此"居今日而言道德，而欲强固其信仰与敬畏，舍我孔教诚莫属也"（《与人书一》，《遁堪文集》卷一）。

孔教运动如过眼烟云，很快就失败了。张尔田亦因为应聘清史馆，于1914年离开上海到了北京，从而脱离了孔教运动。据王钟翰说，张尔田晚年已不再坚持以孔教为国教的主张，因为他认为孔子之教已经散入百姓的伦常日用之中，成为实质上的国教了。但是强调宗教对于文化、道德的重要作用，以及阐释孔子学说的宗教性质，依然是他一贯的主张。对这一问题的系统论述，体现在其晚年发表的《历史五讲》（亦名《论中国文化及其宗教道德》）中，此文对早年的学说又有进一步的发展。

他认为"不言宗教，即无文化；不言文化，即无道德"，而"若不承认孔子为教祖，则中国即无宗教；无宗教之信仰，则中国即无文化；中国无文化，必不能立国至于今日"，"文化之形成，虽殊方百变，而其始实皆由于一种信仰而来，即所谓宗教也"。可以看出，他在早年所强调的"宗教"与"道德"的关系之间，加入了"文化"概念作为中间环节，认为宗教是一种信仰，而信仰是文化的基础和核心，没有宗教就没有文化，而没有文化也就无从谈道德。亦可以看出，他把宗教理解成一种信仰的形态，是一种宽泛的宗教概念。

张尔田"学邃于史"，晚年尤以史学名家著称，对史学理论问题多有论述。同时，由于身处新旧史学交替之际，他在阐发传统史学的同时，还对"新史学"展开思考与批评。此处从其对传统史学的阐发和对"新史学"的批评两个方面介绍张尔田的史学思想。

《史微》一书虽以"考镜六艺诸子学术流别"为宗旨，但因"六艺皆古史，而诸子又史之支与流裔也"（《史微·凡例》），因此，也是一部论述古代史学之作。他认为，中国史学发源于上古史官之学，黄帝始立史官，为史学之始，后世史官制度逐渐发展，出现左、右二史之分，至周代又分为五史，诸侯国亦开始各有其史，"求其位号，一同王者"。此时史官地位尊崇，职务重要，史官之学亦包罗广泛。但是，"自汉宣帝改太史公一官为令，奉行文书，于是褚先生、刘向、冯商、扬雄、班固之徒并以别职来知史务。道统既异，官亦无足重轻矣。史学之亡，盖在斯时乎？"随着史官制度的转变，史学亦发生巨大改变，因此，中国史学以司马迁为界，划分为"古史"与"后世之史"两大阶段。

"古史"之学即"史官之学"，其内容是古代帝王的经世之术，其载体则是六艺，"六艺者，上古之通史也"。其次，"古史"与"后世之史"的区别还体现在"史体"之异：

> 后世之史，纪事而已，纪言而已。古史则不然，其纪事也，必并其道而载之；其纪言也，必并其意而载之。有纪事、纪言而道与意因之而见者，《尚书》、《春秋》、《礼》、《乐》是焉；有载道、载意而事与言因之而见者，则《易》与《诗》是焉。（《史微·史学》）

总而言之，古史学为古帝王经世理民之术，其载体就是六艺，内容包罗广泛，在性质上有类于历史哲学，体例上纪事与载道不分；后世史学，则沦为编年、纪传，侧重记载，道与事分离，在内涵、功用、体例上皆有重大变化。

中国古代关于史学流变与地位的讨论，主要围绕"经史关系"的问题展开。在这一点上，张尔田继承章学诚"六经皆史"说并加以发挥，通过对"古史"和"后世之史"加以区分，将经学史学化，强调史学作为中国学术源头和主体的地位。但是在经学衰落，现代学术分科逐渐建立的情况下，仍然囿于"经史关系"的老命题，显然难以清楚描述史学的地位。因此，他晚年在《历史五讲》中曾试图用现代科学术语对历史学的地位做出论述：

> 中国人不喜研究物理，无西洋之纯粹科学；又不甚研究心理，无西洋之纯粹哲学。而中国学术所据以研究之对象，则事理也。欲研究事理，即不能不凭藉事实。一事也，具体观之则为事实；抽象观之则为理论。中国学术，大都乞灵于此，而历史则搜聚事实材料之总汇也。

　　既然中国学术由研究事理得出，研究事理需要凭藉事实，历史学是搜集事实的学问，由此他得出这样的结论："中国学术之重要，莫历史若也。"

　　关于史学宗旨，张尔田也有自己的看法。首先，他认同班固关于史学"历纪古今成败祸福存亡之道"的论述：

　　然则征文考献，遂足尽史家之能事乎？曰：非也。征文考献者，史家之工具，而非史家之目的也。史家之目的，班固所谓"历纪古今成败祸福存亡之道"尽之矣。道犹路也，谓人类动力推进之路也。历史本全世界人类动力推进之一过程，而所谓"古今成败祸福存亡"者，则人类推进过程中之一波纹耳。老子观此而悟道，则教人葆之以虚。孔子观此而悟道，则教人用之以中。其他若墨家也，法家也，杂家也，虽所术不同，而言治言理，无有不凭藉于历史者。

　　可以这样理解：张尔田认为历史学是对人类社会历史进程的记述，而历史记述的功用则是为了"悟道"。本着对史学目的的这种看法，他批评了传统史学中的褒贬传统。

　　对于历史知识的性质，他也一反新史学的普遍意见，认为史学并不完全同于科学：

　　史也者，变动而不居者也。所用之因果律，本与其他科学严格不同。

　　与西方史学注重解释不同，长于叙事一直是中国传统史学的特点之一。他对新史学中流行的"新考证学派"注重"考史"的治学方法颇不以为然，而认同传统史学中重视"记述"的史学方法。他自己在《答梁任公论史学书》中提出"尝谓史之难为，不难于考古人之史，而难于自作一史"。这样的史学主张，并非张尔田一人所有。同在燕京大学的邓之诚，亦有相同的主张。可见，强调"史学以记载为本"，是当时除新考据学派之外的史学家一种较为普遍的主张。

　　张尔田精研刘知幾、章学诚学说，对史学方法和义例问题颇为注意。清史馆的十年纂修生涯和历史研究实践，更使他积累了丰富的经验。同时，强调史学"叙事"、"记述"功能，也必然导致对历史编纂学方法和技巧的重视。因此，张尔田在生前发表的论史文章中，对此问题再三致意，其中较为集中的是刊登于《学衡》上的《史传文研究法》。张尔田曾在北京大学国文系讲授"史传之文"，此文由当时讲稿整理而成，从该文"总论"可知，本是作为一部历史编纂学专著来写的，拟包括史书体例、编撰方法、史官制度以及史家修养等多个方面。但在《学衡》上仅刊登四章，为未完之作。其四章分别为"总论"、"论史与其他叙事之文不同"、"论史有成体之文与不成体之文"、"论史有六家三体"。大约正相当于作者计划中讨论"体例"与"义法"的部分。

关于中国传统史学体例，张尔田认为史部书籍有"成体之文"和"不成体之文"之别。"不成体"之史籍有三种，即"史稿"、"史纂"和"史考"。历代国史馆记录当代事迹的纪传体史书以及实录、起居注等，因"皆随时撰辑，以备后史采择而略具史裁者"，故只是"史稿"；各种专门记录某一方面内容的史籍，如"有关于掌故仪制"的通典、通考、会要、会典、通礼、仪注、则例、格令等书，"有关于舆地"的方志、风土记等，"有关于谱录"的家传、年谱、四部书目等，以及杂记史事的书籍如《北梦琐言》、《东京梦华录》等，因"大都聚敛而成，其事大都渔猎所得，或为官修，或为私撰，虽不能尽如史稿之纯，而实足为作史者笔削之资"，故可称之为"史纂"；考证史实的书籍，如《古史考》、《五代史纂误》一类，即所谓"史考"。史稿、史纂、史考还不是史。为此他作了一个比喻：

> 盖治史如治狱，史文，爰书也；史稿则两造供词，史纂则旁证人证据，而史考则律师之辨论也。有两造供词、旁证人证据、律师之辨论，而后爰书乃定。爰书固不能不凭供词、证据及律师之辨论，若但有供词、证据、律师之辨论，而无爰书，则士师一官，不几等于虚设乎？由此论之，史稿、史纂、史考而不得为史也，章章明矣。惟其不得为史，是以谓不成体之文。

所谓"成体之文"，他提出了"六家三体"与"一体论"的概念。张尔田在刘知幾"六家二体"说的基础上，提出史书有"六家三体"。所谓"六家"，指的是记言家（《尚书》家）、记事家（《春秋》家）、编年家（《左传》家）、国别家（《国语》家）、通史家（《史记》家）、断代家（《汉书》家）。但是"后代所行，则《左传》、《史记》、《汉书》三家而已。三家之中，又分二体，二体维何？则一曰依年铨次之体，二曰依类叙述之体而已。依年铨次之体亦谓之编年体，依类叙述之体亦谓之纪传体。前者为左氏之遗，而后者为马班之衍。惟此外则尚有一体，是曰纪事本末体"，此即为作者所说的"三体"。

同时，他又进一步提出了"一体论"，认为"编年也，纪事也，纪传一体皆足以赅之"。为什么呢？理由有三：首先，纪传体中包含了编年与纪事的要素，纪传体中的本纪部分相当于编年体，志、表部分相当于纪事本末体。其次，纪传体在兼有编年、纪事要素之外，还有二者不具备的优点和长处。用他的话来说，即是"若乃事当冲要，必盱衡而备言，迹在沉冥，不枉道而详说；论其细则纤芥无遗，语其粗则丘山是弃，斯又编年、纪事二体之所未周，而必假纪传始能曲备者矣"。第三，纪传体可以损益变通以适应后世要求。他认为，纪传体中的本纪、世家、列传、表、志等体裁在历代皆有增损变通，以适应当代历史记述要求，在现代，也可以本此精神对纪传体加以变通发展，以适应现代的要求。为此他举曾参与修撰的《清史稿》为例：《清史稿》把可以归入旧目的归入旧目，如把法律归入"刑志"，陆军、海军归入"兵志"，教育、警察、审判、官制分别归入"选举"、"职官"志中；对不能归入旧类的则增创新目，如增加"交通"、"邦交"等志，改"宰辅表"为"军机大臣表"，改"藩镇"为"督抚年表"，"儒林"、"文苑"传之外增立"畴人传"。他认为这些"皆因历史旧体，改弦而更张之，已足应变无方矣。固不必缅规越律，纷纷然破坏史体，而后谓能毕乃事也"。

总之，他认为本着"有之既可增，则无之亦可减"的精神，"后来所有，而为前代所无者，但当于列传中多列篇目，废臣工之标题，以叙社会人物。吾未见古人成规，不能适应于后世也"。可见他对史书体例的看法是极为保守的。但同时，他对纪传体史书优点的强调，对我们理解古代史书和继承发扬中国史书传统似亦不无启发性。

《史传文研究法》第二章"论史与其他叙事之文不同"中对于"铨配、撰结诸方法"也略有涉及，这即是"义法"问题。他指出，史书以存真为目的，对事实之显著者，史家据事直书即可。但是对于史事并不清楚明白之处，史家如何记载呢？他指出了三个方法：

其一是"睹指知归，见微知著"之法。这种方法是指，在"其事之隐微，与其人之密忽，亲之者既未宣之于言，传之者亦恐或有失实"之时，"苟有一二流露于事实，则作史者亦必谨书之，使人睹指即可以知归，见微或可以知著"。即是说，当事实在似有似无之间时，作者可以把其中一些确凿的情况记录下来，以使读者可以推见当时的情况。

其二是"微词示意"之法。是指在传闻异辞的情况下，作者可以用委婉的言词表达自己的意见。

其三是"信以传信，疑以传疑"之法。是指在事实明知确凿无误，而所搜集证据却不足以证明的情况下的编写方法。

在以上指出的三种方法之外，他还在《与大公报文学副刊编者书》之二"论史例"中提到古人还有"两载之法"：

> 其或经史家再三审定，而仍有疑而未决者，则有两载之法，留之以待后人之存参。如太史公于"老子列传"，用几个"或"字，即是其例。

张尔田以上所指出的四种方法，是对中国传统史书中在出现表述疑难问题时所采用方法的总结。这其实是对自刘知幾《史通》以来注重探讨历史编纂学方法传统的继承和发展。现在看来，他所指出的四种技巧，细致深入，确实发前人所未发，不但对后人理解传统史书有帮助，对于后来著史者也有借鉴意义。

综合而言，在张尔田看来，史学以"存真"为目的。为了"存真"，史学应该注重"记述"过去发生的历史事实。因此，相对而言，"著史"比"考史"更加重要。而为了"著史"，史家应该重视对著史方法的研讨，这样，历史编纂学方法应成为史家关注的重点。而其取法对象，则在中国传统史学。他认为，在史书体例上，纪传体史书实集众体之长，经过变通仍然具有活力；在记述方法上，传统史书的表述技巧，亦多有高妙之处，值得后来著史者借鉴。

张尔田自认为是"浙东史学"之后劲。其弟张东荪称其"成《史微》数十万言，自谓演浙东遗绪"（《史微·重定内编目录叙》），邓之诚亦称其"欲自谢山，以窥黄、万，遥接东莱、伯厚、身之之绪，以光大浙东史学"。可见从张尔田自身来说，他是以浙东的史学大师作为取法对象的。章学诚曾指出"浙东学派"的特点在于"言性命者必究于史"。反观张尔田，在其学术思想体系中，历史学具有重要的地位，他写作大量历史学著作，并主要以史学家名世，这与浙东学派注重历史研究的特点是相一致的。在具体的史学实践中，他注重史料的搜集和记述，并且提出了史学重在记述的思想，这些也和黄宗羲、全祖望等人注重文献之传的治学特点有相通之处。

张尔田所处的时代，正是"新史学"蓬勃发展的时期，他在阐发中国史学传统的同时，也随时回应"新史学"的挑战。在他的史学论述中，有很大一部分是对"新史学"的批评。

具体说来，他对新派史学的批评主要针对胡适所领导的整理国故运动和顾颉刚为代表的古史辨运动，批评的侧重点则集中于"新史学"所标榜的考据方法和疑古态度两项。

自 20 世纪 20 年代开始，胡适发表一系列文章，推崇清儒的治学方法，认为其体现了科学的精神。自此，乾嘉考据学借着人们对科学方法的追求，成为"新史学"的主要治史方法之一。正如余英时所称，20世纪上半叶的中国史学"是以乾嘉考证学和西方兰克以后历史主义的汇流为其最显著的特征"。

张尔田自认"幼时所最喜用心者，乃系干燥无味之考据"，而且在考证上亦有传世之作，但是由于深受章学诚学说和今文经学的双重影响，在其成学以后的学术体系之中考据的地位很低。虽然他并不完全否定考据的功用，但认为考据只是学者的初门，治学必以微言大义为旨归。

对于新学者们的国学研究，他有这样的评论：

虽然，我辈中国人也，国学真精神、真面貌，我辈自当发挥之以贡饷于世界，而断不可以远西思想先入之说进。有先入之见，则吾之国学非吾之国学矣。休宁、高邮所用以考核经史之术，其有合乎科学方法与否，吾所不敢知。即谓其全合乎科学方法，以吾国学之殊方，有断断非仅恃乎科学方法所能解决者。考据之学自是一家，我辈生千载后而上读千载古人之书，比于邮焉。此特象胥之任耳，故东原自诡舆夫。今误认舆夫以为乘舆者，吾不知战代庄、墨、荀、孟诸大哲，无考据又将何以为学也？考据家所凭以判是非者，厥维证据。然学之为道，固有不待验之证据而不能不认其为成立者。（《与人论学术书》）

这一段评论，大致有三个要点：第一，国学研究不应该以西方的思想为指导，这隐指胡适"径依西学来讲国故"的取向；第二，考据学方法不能领会国学的全部内涵；第三，考据学所讲求的证据，并非学术的必由之途。第一、第二两点为当时大多数新史学批评者所同具，而第三点似为张尔田所首发。让我们看看他的依据：

印度古因明学有所谓譬喻量者，不识野牛，言似家牛。又有所谓义准量者，谓法无我，准知无常。……古人多有此，皆无需乎证据，而又无从示人以证据，但以量相衡，则观之者亦未尝不相悦以解。若必谓证据不可无，而证据之中有真伪焉，又有强弱焉，果孰从而核之？又孰从而定之？然则谓休宁、高邮之术为今日治国学者无上方法，殆所谓能胜人之口，能易人之虑，而不能服人之心者欤？（《与人论学术书》）

针对当时盛行的疑古辨伪思潮，张尔田写有《论伪书示从游诸子》

一文展开批评。他一方面指出古史伪造之说，使中国文化发展成为无源之水，在理论上不通。一方面他并不完全否定"疑古"，认为"疑古可也，伪古则不可也"。"疑古"须有断限，所当疑者，"文字前后之参差，年月人地彼此之龃错"，所不当疑者"若夫群经有家法，诸史有义例，一时有一时习尚之殊，一时有一时信仰之别"。而"伪古"之所以不可行，是因为"以辨伪之见观书，必无一书可读，以辨伪之见论事，必无一事可信"，"如此则不但颠倒理论，抑且变乱事实。事实一经变乱，则不但无经，抑且无史，直无异取吾国三千年文化而摧拉之也"。可见，他所主要关心的是，疑古学风对于中国历史文化传统的潜在破坏作用。

从方法论的角度，他指出辨伪学者存在"拘牵后代时势"以观察古人的倾向，在方法上多用"反证"，而忽略"本证"。此外，他认为疑古学者的根本毛病是"以外国之心理治中国之书"，以至于"由不了解而妄疑，由妄疑而执，而又有现代化观念先入为主"。针对这种风气，他提醒学者应该注意治学态度问题，提出"治学莫要于治心。治心之道无他，一言以蔽之曰：'玄囿。'务使吾心依乎思位，而不为风会所左右"。这是对于新派学者的治史态度提出的质疑，强调新派学者在治史时存在着先入之见。同时，为了扭转当时新史学中盛行的疑古风气，他提出研究历史"宜恕不宜苛断"的观点，认为"我辈居今日而论古史，宜恕不宜苛断"，因为"古史未必尽非，而今之所测亦未必尽是"，并进而主张"与其改之而失，毋宁留之而失"，因为"留之而失，是非尚可考索；改而失之，则罅隙全泯矣"（《答梁任公论史学书》）。

二

柳诒徵（1880—1956），字翼谋，晚号劬堂，又号盋山髯，江苏省镇江人。一生经历清、民国和新中国三个时代，是我国近代著名学者、历史学家、文学家、书法家、图书馆事业家。1948 年当选为中央研究院院士。

柳氏是镇江望族，但柳诒徵幼年丧父，家境贫寒。其母鲍氏接受了传统儒家思想的熏陶，有着一定的学识素养。柳诒徵自幼受到母亲对他传统知识的教育和培养，童年时期，柳诒徵即进入私塾，在私塾他熟读经书，学作诗文，打下了坚实的传统学术基础。1895 年，柳诒徵考取县学生员，开始进入知识分子阶层。1901 年，经人介绍进入江楚编译局，参加了编译教科书的工作。在这里，柳诒徵编纂了历史教科书《历代史略》。

1903 年，柳诒徵随缪荃孙等人赴日本考察教育。他们在日本两月，遍游横滨、大阪、东京、神户等地，参观了各类学校，考察了各项文教事业。考察归来当年 5 月初，柳诒徵在缪荃孙、陈三立等人的资助下，和友人陶逊、陈义等创办了思益小学堂。柳诒徵兼任国文、历史两门课程，开始了他的新式教育工作。思益小学堂是南京最早的新式小学，它的建立很受当时文教界的推崇。当时的著名实业家张謇誉之为"江南第一文明事业"。这个学校的很多学生后来都成为社会的栋梁，著名的有茅以升、宗白华等人。

1905 年、1906 年柳诒徵先后又进入江南高等学堂、商业学堂任教，担任国文、伦理、历史等课程。另外，柳诒徵还曾参与创办了江南中等商业学堂、镇江大港小学等，并曾经在辛亥革命前后担任镇江中学校长。

辛亥革命时期，柳诒徵也被卷入了革命的大潮。辛亥革命爆发后，他被推举为丹徒县临时县议会副议长。柳诒徵是一个学人，不适应官场的生活。很快在一次商议革除农民纳粮缴税的事件中与县长产生了矛盾，于是辞去了副议长之职，结束了他短暂的政治生涯。其后柳诒徵再也没有涉足官场。

1913 年，柳诒徵进入北京，担任了明德大学堂斋务主任兼历史教员。但不久就辞去了斋务主任一职。当时柳诒徵还兼任着交通传习所的工作。他在北京工作了近三年的时间。1916 年，柳诒徵就任南京高等师范学校国文、历史教员，同时兼任河海工程学校教员，主要讲授中国文化史、亚洲史等课程。

1920 年开始，在南京高等师范学校开设中国文化史、东南亚诸国史、东北亚诸国史等课程的同时，编写讲义。1921 年，南京高等师范学校正式改名为东南大学，柳诒徵担任东南大学历史系教授，他的《中国文化史》、《东亚各国史》、《东北亚史》等就是在这一时期写成的。他是东南大学史学方面的领军人物。

在东南大学，柳诒徵还参加了著名的杂志《学衡》的创刊工作。在此期间他和大量的学者进行学术上的交往，这使他成为"学衡"派的重要人物。他在《学衡》杂志上发表了大量的政论文章和学术论文，还在上面发表了许多诗文，许多都是与吴宓、吴碧柳、杨杏佛诸人的唱和之作，他的讲稿《中国文化史》也在《学衡》杂志上刊载。这一时期柳诒徵还在其他诸多杂志上发表了大量论文，这些论文大都是围绕中国历史中的文化问题进行研究的，有的是对《中国文化史》中所论述的问题的发展和深化，有的则是针对一些学者对文化的看法进行辩驳。这一时期的学术生活奠定了其在史学界的地位，成为其学术生涯的巅峰时期。

柳诒徵在东南大学，与学生的交往比较频繁，学生组织了"史地研究会"。史地研究会聘请柳诒徵、竺可桢等人为指导员，柳诒徵主要负责史学方面。参加这一学术组织的许多人后来成为中国史学界的著名人物，如著名的史学家缪凤林、张其昀、景昌极、向达、郑鹤声、胡焕庸、陈训慈等。

1925年由于东南大学风潮，柳诒徵辞去了东南大学的教职，来到了东北大学。但仅仅待了短短的半年时间，在1926年3月就来到了北京。他接受了北京女子大学之聘，担任教职。不久，又兼任了北京高等师范学校的历史教授。但也仅仅只有半年的时间。

1927年6月，江苏省教育厅聘请柳诒徵担任第四中山大学图书馆馆长。从此以后直到1937年抗战爆发，柳诒徵一直担任此职。此时中国政局相对安定，再加上柳诒徵等人的努力，第四中山大学图书馆（后来改名为中央大学国学图书馆、江苏省立国学图书馆）开始兴旺发达。

柳诒徵上任后，江苏省立国学图书馆在清理整顿图书以后，即开始影印馆内所藏珍贵古籍，使之广行于世，造福学界。同时以影印古籍与各地团体或个人交换图书，以此增加馆藏图书，可谓一举数得。

现代专业学术团体的大量出现是学术走向独立和专业化的重要标志之一。柳诒徵和自己的学生在东南大学组织史地研究会，就是近代中国史学团体进行学术活动的重要尝试。柳在江苏省立国学图书馆工作之余，仍然在这方面做出努力。1929年，他与自己的弟子缪凤林在南京组织了中国史学会，创办了《史学杂志》，这是柳与缪凤林等学人试图建立全国性的史学学术组织的尝试。由于各种原因，这一学会没有生存下来。到了1933年，柳诒徵同在上海、南京地区的吴敬恒、蔡元培、雷海宗、何炳松、张其昀等21位学者发起了建立中国历史学会的启事，但也因种种原因未果。

在20世纪30年代抗战爆发之前，柳诒徵与缪凤林等人创办国风社，创立《国风》半月刊，并成立了钟山书局。柳诒徵担任国风社的社长。在国风社成立之初，柳诒徵撰写的发刊词中就指出了国风社的宗旨——"发扬中国固有之文化，昌明世界最新之学术"，并把这一口号刊载于杂志的封面。可以说，这是学衡派学术思想的继续和发展。

1937 年抗战爆发后，身为国学图书馆馆长的柳诒徵，首先考虑的是馆内收藏的珍贵典籍的保藏问题。柳诒徵为了保护江苏省立国学图书馆的典籍，费尽了心血。最后，他和图书馆的同仁一道把馆内所藏的宋元精刊本、稿本、精抄各校本，以及其他罕见善本装成十箱，又把江苏省立国学图书馆从浙江钱塘丁氏八千卷楼、武昌范氏月楼木樨香馆的旧藏善本书以及从各地收购的佳本装成一百箱，藏入南京朝天宫地库中。而其他较为珍贵的丛书和方志，柳诒徵又组织人员运到苏北兴化的罗汉寺、观音阁等收藏。至于其他的普通图书，只好留存于图书馆内了。南京失陷后，柳诒徵来到在江苏兴化设立的江苏省立国学图书馆临时办公处，处理馆内事务。

1938 年 4 月，柳诒徵曾辞去国学图书馆馆长职务，但在战事正酣、政局混乱之际，他的辞呈好像并没有被获准。战时迁徙到兴化的国学图书馆也没有多少政务可办，柳诒徵这个图书馆馆长也无多少政事处理，学术研究也不能进行下去。此时他的好友担任浙江大学校长的竺可桢邀请他去讲学。于是他就到达泰和浙江大学的临时住地，进行讲学活动。可惜由于身体原因，在讲授"非常时期读史要略"的第一次授课中，就晕倒在讲台上而不得不中止。病中的柳诒徵被迫移居到乡间休养。病情好转以后，随着苏北形势的吃紧和生活的艰难，当年的 8 月至 9 月间经长时间的跋涉来到上海，不过此时的上海也没有他的谋生之所。年底身在病中的柳诒徵又回到了苏北，后来的一段时间一直过着颠沛流离的生活。直到 1942 年 10 月迁移至重庆的中央大学，此后他在这里安居下来直到抗战结束。

1943 年，柳诒徵就任中央大学文学院研究生导师，同时兼任复旦大学课程，他的生活稍微安定下来。1944 年，他在中央大学教授史学理论课程，后来此讲义整理出版，这就是著名的史学理论著作《国史要义》。

1945 年抗战胜利以后，柳诒徵回到南京，复任江苏省立国学图书馆馆长。晚年的柳诒徵在中国的文化事业上做的主要工作包括：一是在抗战结束后收回国学图书馆的旧藏书籍并进行编目和保存，同时恢复了国学图书馆的开放工作。二是在国史馆成立后，被聘为国史馆纂修，进行国史馆的修史工作。在 1948 年 2 月，柳诒徵的《国史要义》由中华书局出版。这一年，柳诒徵当选为中央研究院院士。他在当选的历史组院士中，年龄最大。1949 年，柳诒徵发表了《述实录例》，这是他发表的最后一篇学术论文。本年 3 月，柳诒徵在新中国即将成立，南京即将解放之际退休了。虽然他还担任了国学图书馆的名誉馆长，又担任了南京国民政府的考试院考选委员，但在 1949 年的 4 月下旬，南京解放之际，他已经寓居到上海，直到上海解放。

上海解放以后，柳诒徵主要以上海市文物保管委员会委员的身份参加了华东地区的图书收集、检理和保护工作，为新中国的文化图书事业发挥自己的余热。

1956 年 2 月 3 日，柳诒徵因病去世于上海家中，享年七十七岁。

柳诒徵是近代著名的学者、史学家，是文化保守主义的代表人物。柳诒徵文化思想的出发点是中国传统的道德至上主义，他分析中国传统文化是从人的道德本性出发的。他的这一观念源于中国古代宋明理学思想，和近代张之洞、缪荃孙的思想一脉相承。柳诒徵分析中国文化，是从中国传统的"圣哲"遗训出发，所以说他是中国文化保守主义者。1947 年，《中国文化史》再版时，柳诒徵曾撰写过一篇弁言，其中对中国文化与史学特性及其渊源进行了分析。在这一篇弁言中，柳诒徵大谈中国圣哲之遗训。他认为这是中国文化思想的出发点，中国文化的兴盛不衰源于此，而中国的史学也来自这传统的文化中的人伦道德至上主义。这就是柳诒徵研究中国文化的思想出发点，是他史学研究的出发点，也是他"昌明国粹，融化新知"的立足点。而这一思想观念可以说与 19 世纪中期以来洋务派的文化观一脉相承。

柳诒徵的保守主义文化观以中国的传统人伦道德为出发点，这是他的文化观的主要内容。

柳诒徵认为，中国有着悠久的历史文化，只是在近代衰落了。即便如此，也只是物质上的落伍所致，并不是中国的文化落后，因此，他不主张舍弃中国文化而倒向西方。柳诒徵把世界各地的文化分为这样几个种类：宗教的、法制的、军事强权的和道德的。他把中国文化看成是以人伦道德为核心的文化类型，他说，"中国文化的根本便是天性出发的人伦"，而这种精神才造就了中国这样大的国家。他主张要发扬人伦的天性，使中国文化的精神重新发扬起来。这是中国民族复兴的良药。而这就是中国文化的核心，用柳诒徵的话就是"明伦"、"尚德"。

明伦，就是在中国当前的社会当中推崇儒家的人伦。柳诒徵认为，人类的文明在于有人伦，即使在当代社会里，这些伦理关系也会存在，不会消除，只不过表现的方式不同而已。他主张在新的社会条件下，应该坚持中国固有文明中的伦理道德部分，并加以继承发展，且以此为基础接受西方的物质文明，反对"人为经济压迫而道义荡然无存"的社会现象。

推崇人伦的目的在于崇尚道德即"尚德"。所谓尚德，就是在当前的民主制度下，提倡忠孝礼义的道德观。忠孝礼义的道德观以儒家的思想为基础，而柳诒徵又增加了新的文化内涵。

柳诒徵坚持认为，中国固有的这些人伦道德观是中国的文化核心，是中国文化优于西方之处。因而他主张应该发扬中国这种固有的文化，并在新的形势下加以发展，他并不反对吸收西方先进的物质文化与民主、科学精神。重要的是在当代社会，还应当保住中国固有的优良文化传统。这也可以说是他及其学衡派提出"昌明国粹，融化新知"的原因所在。

柳诒徵在宣扬人伦道德至上的文化观时，并不反对接受西方的民主思想、共和精神。但柳诒徵对民国以来的民主制度并不满意，认为当时中国所采用的民主制度并不能真正体现民治精神，而被政治腐败、道德沦丧的社会风气所败坏。

在近代民主政治产生之前的传统中国社会，儒家思想长期占有统治地位，"修身"、"齐家"、"治国"、"平天下"的理念，在相当长的时期内占据中国知识分子的头脑。因此，儒家的道德人伦观念在中国传统知识分子的头脑中长期居于重要地位。"明德者，政之本也，新民者，政之的也。"这实际上是儒家经典《大学》的道德理念的阐释，是柳诒徵对中国传统儒家思想的继承和发扬。

柳诒徵的这种道德伦理文化至上的思想，又是继承了清末洋务派的"中体西用"思想，并在新形势下的一种发展。自近代洋务派曾国藩、张之洞以来，他们一方面在接受西方先进的工业文明的同时，又在大力地宣扬儒家的道德伦理。曾、张就是近代理学的主要人物，其中张之洞还提出了"中体西用"的主张。柳诒徵继承了这些思想，他企图把中国固有的人伦道德观的精华挖掘、摄取出来，用以改造当前的社会，以建成中国固有伦理加西方先进物质文化的民主、科学的社会，这是柳诒徵的社会理想。

柳诒徵的文化观就是继承中国传统文化，企图在此基础上，重建中华新人伦、新道德的文化观。与此相对应，他的史学思想也继承了中国传统的史学思想和精神，是企图使中国传统史学重发生机的一种史学思想。他继承清末缪荃孙考证史学的精神和黄以周的"实事求是"的学术精神，并在新的形势下加以发展，形成自己的文化观和史学思想。

首先，他以宣扬中国传统文化为己任，并以此作为自己研究中国历史的主要目的，因此中国文化史的研究是柳诒徵史学研究的重点。其次，柳诒徵以"尚德"、"明伦"宣扬中华文化的传统作为自己的主要文化观念，因而他把"以史为鉴"、"史以教民"作为他的史学的主要思想。其三，由于柳诒徵对中国文化有着深深的崇敬之情，因此他的史学思想中有着浓厚的信古成分。当然在近代由于新思想、新文化的传入，柳诒徵的史学思想中也不乏新的思想观念。

柳诒徵的文化观吸收中国传统人伦道德观念，同时融合新的知识和思想。柳诒徵作为传统思想十分浓厚的人，在史学思想方面，首先是要宣扬中华传统文化，作为史学家，他的责任也是要做到这一点。

在对青年的传统文化素养的培养方面，柳诒徵表现出了他的史学家的角色意识和责任。柳诒徵许多文章中都谈到对青年的传统文化的培养教育，认为只有这样，才可以使中华传统文化传续不绝。他的多篇论文都表达了这一观点，主要的文章有《与青年论读史》、《讲国学宜先讲史学》、《顾氏学述》、《历史之知识》、《史学概论》等。他企图通过宣扬孔子来宣扬中国史学的文化责任，以此来宣扬中国传统文化。在《与青年论读史》这篇文章中，他对孔子作了极高的评价。他认为，孔子是中国传统文化的核心人物，而孔子和儒学是中国传统文化和传统学术的核心内容。因此他认为教育青年读史应该首先正确认识中国传统儒学和孔子的地位，以此为读史的出发点，这样才能保存中国传统学术和传统文化的传续。他认为让青年读史，一方面是要保存中国传统学术的学脉，使中国传统文化薪火相传，不致中绝。另一方面他还认为，中国传统学术的经史之学中，有着"应物接物"增加自身修养的权衡之法，读史还可以使青年学习处世方法，加强道德修养。

在史学研究中，柳诒徵极力维护和宣扬中国的传统文化，并为此与当时的学者进行学术上的辩驳，主要反映在对近代诸子学研究的批评与辩难方面，体现了他捍卫中国传统文化的思想和史学家的角色意识。

柳诒徵指出，学术研究必须虚心，必须实事求是，他反对在近代革命和新文化运动的形式下，运用新的理论和观念去附会古人之说。他认为研究古代学术，应该实事求是，反对人云亦云。

柳诒徵继承了中国学术的传统，坚持保守的文化立场。他以一种史学家的角色来维护中国学术的正统，企图传承中国传统学术之学脉。

历史学家参与现实生活，这是中国传统史学的一个特点。对现实生活的参与主要表现在史学家以历史经验垂鉴世人。柳诒徵也是如此，作为史学家，他也有着强烈的社会责任意识和角色意识，实际上这就是柳诒徵史学经世思想的一个方面。他之所以研究史学，一个重要目的就是宣扬中华传统文化，捍卫中国文化的地位。但是柳诒徵的史学思想中，还存在着从中国传统史学思想中继承经世思想和鉴戒思想。因此在这里我们有必要对他的史学经世思想的其他方面进行一些分析。

自近代以来，特别是 20 世纪西方的科学实证的理论和方法传入中国，在中国的史学界掀起了波澜，史学求真成为一种呼声。特别是胡适、顾颉刚，他们企图寻找历史的真相，对中国历史特别是上古史进行疑古和辨伪，其目的就在于获得真知，但是，史学的经世功能和鉴戒作用被忽略了。柳诒徵曾对此加以批评，他认为，研究历史，是为国、为民服务的，他引用《论语》上的话"博学而笃志，切问而近思"。那么博学所为何来？他说，"博学不是搬与人看的，要有笃实的志向，为自己、为最近的人和当时的国家"有所贡献。这就是柳诒徵研究历史的目的。因此柳诒徵以史学为人、为社会、为国家要有所贡献，体现的正是他的史学的经世致用思想。

他多次申明史学的垂鉴作用和教化功能，研究历史就是综合人类过去时代复杂之事实，推求其因果而为之辨析，以昭示来者。他认为，"讲历史的好处"就是"彰往察来"，"所谓考诸往而知来者"，人生是短暂的，少年人少不更事，老年人老成练达，就是因为经验有多寡，而讲史学可以使人获得"几千年的经验"，"从历史上看出人类常走的路"，从而悟出"人生的规律"。

柳诒徵史学的经世致用思想包括以史为鉴的思想、史以教民的思想。

以史为鉴，对于整个国家和民族而言，就是通过历史来认识中国的文化和历史，教化民众爱国家、爱民族，以复兴国家和民族。他说："我们要复兴民族，我们要唤起民族精神，将古时有名的人物传记来做国民读本，或是将一种文化史的史料来教学生，那是复兴民族很要紧的一件事。"他多次强调，读中国的历史可以增进民族的自尊心和自豪感。

如果不知道我们国家和民族的历史，那是可耻的，因为连外国人都知道我们某省某县的历史地理，我们自己反而不知道，那不是最大的耻辱吗？因此，在柳诒徵的史学著作中，以宣扬中华传统文化、褒扬中国历史文化的精华为主要目的。

以史为鉴，就个人而言，就是依据史书所记历史上的善恶是非吸取其中的经验教训，从而加强自己的道德修养、端正自己的行为规范。统治者学习史书的内容，吸取历代兴亡得失之经验教训，以此来制定或改正治国之措施。柳诒徵的"史出于礼"的史学理念，就包含这方面的内容。

柳诒徵的史学鉴戒思想，分两个层次。一是史学是为国家、为社会政治服务的，即"谋国用兵"之术，是为国家的发展和长治久安提供借鉴。如汉廷不以《太史公书》予诸侯王，就是此类。二是史学是给个人提供知识，教人做人、处事并加强个人修养的，这是针对个人而言的。

在历史发展到 20 世纪的前半期，柳诒徵的以史为鉴的思想具有了新的内容。史学作为学科化、专业化的一门知识，不仅仅是官方所控制的学术，而且是一种供人学习的学科门类。从整个社会来讲，史学可以对社会的发展提供经验教训，以供借鉴；而对于社会中的个人来讲，史学是人学习、获得知识的一门学科，因此，史学又具有使人增加知识、增长智慧的作用。正是在这一意义上，柳诒徵提出了"史学之益，自持身涉世谋国用兵，为术多而且精，非徒记问撰著即可为史学也"这一重要观点。这一观点可以说是他在继承了中国传统史学的思想后，在新的社会形势下的创新。

柳诒徵非常重视史学的教育作用，在他的重要的史学理论著作《国史要义》中有专门的一节——"史化"篇来论述史学的教育作用。他认为，人类生活在世界上都有衣食住行的物质生活，但是为什么中国的传统文化与其他有所不同，主要的原因在于历史的教化作用。中国之所以具有自己独有的民族文化，就在于中国传统史学的教育作用。

柳诒徵认为，中国自古以来的人伦道德原则，在历代的史学教化中都被继承下来，并作为不可改变的重要原则。他说，历史上统治者统治天下，在政治制度方面改革损益，但都把人伦道德原则奉为不可改易的法则。这种思想实际上是建立在柳诒徵保守的文化观基础之上的。他认为，中国自古以来的"亲亲、尊尊、长长、男女有别"的人伦道德是中国特有的文化传统，他以此作为中国史学教化的重要原则，也是理所当然的了。柳诒徵用大量事例来论述各朝各代以礼义、仁孝等原则教化民众，以刑罚和制度约束民众的历史，并指明，这是人民的选择。由于这一人伦道德的教化，中国的历史与别国不同，中国的文化也与别国不同。就是由于在各个历史阶段中，贯彻这一伦理道德原则，形成了中国文化。

柳诒徵史学中的经世致用思想具有明显的民族主义思想倾向，主要体现在：一方面，柳诒徵以史学研究作为捍卫中华传统文化的手段，宣扬读史以教育民众热爱国家、民族的文化传统，发扬中华民族的传统美德，探索中国文化、中华民族的复兴之路；另一方面，在民族危机的重要关头，柳诒徵以史学作为武器，意图以历史上的英雄事迹和抵御外侮的史迹激发民众的民族斗志和爱国热情。

柳诒徵极力维护中华传统文化，以及“史源于礼”，主要建立在对中国古代文明史极端肯定的基础上。可以说柳诒徵是“信古派”的人物，在他的史学中蕴涵着信古思想。这也是柳诒徵在他的史学学术生涯中，非常称道中国历史、中国传统文化的思想基础。

柳诒徵的信古思想，是出于对中国历史和传统文化的一片热爱和高度的文化信仰。在他的《讲国学宜先讲史学》一文中，他就说道：“中国人注重历史非任何民族、任何国家可比，大概古时记载人事的一种人，就叫做史。任何地方，任何机关，都有一个人或若干人记载地方机关或是个人的经过。”正是由于这一信仰的支撑，使得柳诒徵对中国的历史与传统文化采取完全肯定的态度。

作为近代著名的史学家，柳诒徵在史学上成就卓著。自 20 世纪初期进入江楚编译局开始编纂《历代史略》，他就进入中国近代的史学学术领域，一直到他 1949 年新中国成立前夕退休。在长达近半个世纪的时间内，他在中国历史教科书、中国文化史、史学理论、地方史、历史文献等方面都做出了显著的贡献。柳诒徵的史学研究按时间大体可以划分为三个时期：1917 年之前，是柳诒徵史学研究的早期，他主要在缪荃孙的影响下，进入史坛。主要成绩是在早期的史学教材的编纂方面，他撰写了《历代史略》、《中国商业史》、《中国教育史》等著作，其中《历代史略》是这一时期的代表著作。1918 年至抗战爆发的 1937 年，这一阶段是柳诒徵史学研究的巅峰时期。他和许多学者在南京，以东南大学或者江苏省立国学图书馆为依托，组成学术团体，创办学术刊物，对中国史学、文化等诸多问题进行研究，在中国文化史和史学理论及地方史的研究领域做出了重大贡献。还撰写有大量学术论文，主要的代表作有《中国文化史》。从抗战开始到1949年，是柳诒徵的学术研究的后期。这一时期，柳诒徵在史学理论上，做出了总结性的研究，撰写了《国史要义》，试图运用传统的史学理论阐释中国史学。1947年国史馆成立以后，他进入国史馆成为《国史馆馆刊》的主办者之一，对当代史的研究、撰写和修史制度的建设提出了自己的主张，并为国史馆着手撰写了多篇传记，为国史研究做出了自己的贡献。柳诒徵这一时期的代表作是《国史要义》。1948年，柳诒徵当选为中央研究院院士。1949年初在南京政权的风雨飘摇之中，柳诒徵退休，结束了自己的学术生涯。

柳诒徵是一位有着传统特色的史学家，也是一位图书馆专家。1927年，柳诒徵被聘任为图书馆馆长。该图书馆是清末官僚学者端方、缪荃孙、陈庆年等人所建的中国最早创建的少数几个公共图书馆之一。柳诒徵以学者身份担任馆长，为了既保护历史文化遗产，又能开展学术研究，开始编纂《国学图书馆图书总目》。此书目的分类法在继承了四库分类的基础上有所发展，增设志部以收方志，设立丛部收入丛书，增加图部收藏地图及各种图册。这是当时编纂的全国最早、新旧方法参半的图书总目。此书目收录图书三万七千零二种，五万九千二百二十八部，十九万八千八百三十八卷；补编收书二万四千九百二十六册。柳诒徵在编写《国学图书馆图书总目》的同时，还撰写了《国学图书馆小史》，对江苏省立国学图书馆的源流、创建经过，进行了详细的记述。这是中国较早的图书馆史。

他主持江苏国学图书馆多年，增益馆藏，整理编目，刊印古籍，其中显现出宣扬中华文化传统，激发民族正气的精神。在20世纪30年代，日本侵华活动越来越猖獗，中华民族危机逐步加深的情况下，柳诒徵主持下的江苏省立国学图书馆编印了众多防倭抗敌的文献，其中著名的有《嘉靖东南平倭通录》、《正气堂集》等，他自己还辑录《明代江苏倭寇事略》等论著，致力于激发民众的爱国热情。他曾经说过："我们要复兴民族，我们要唤起民族精神，将古时有名的人物传记来做国民读本，或是将一种文化史的史料来教学生，那是复兴民族很要紧的一件事。"他还强调，读中国的历史，可以增进民族的自豪感和自尊心，"我们看了中国的史书，再将他国的史书，比较研究，才可以知道中国的伟大，中国民族的伟大，非任何国家、任何民族可比"。因此，柳诒徵的辑史以保存文献，不仅仅是一个学究的学术研究，其中还蕴藏着一个爱国学人的民族精神。因此，有人将柳诒徵誉为"具有民族主义史学精神的史学家"。

柳诒徵还是一位书法家和文学家，他留下了大量书法作品与诗词。

<h2 align="center">三</h2>

《史微》为张尔田代表作，故本卷全文收录。《史微》先后行世有四个版本：1908 年初版四卷本，1911 年山阴平毅聚珍版改订四卷本，1912 年重定八卷本，1926 年增订八卷本（附《史微札记》一卷）。均署名张采田撰，为多伽罗香馆丛书之一种。四卷本与八卷本有较大差异，除由四卷析为八卷外，篇章有增合、调整，文字亦有增删。相比而言，八卷本更能代表作者成熟见解。现据 1912 年重定八卷本点校，并收入 1926 年增订八卷本中所附《史微札记》一卷。点校过程中，参考上海书店 2010 年版黄曙辉点校本，并吸取其中成果，在此基础上，作出了校勘记，特此致谢。

《遁堪文集》为张尔田晚年编定文集，1948 年由张芝联在上海刊行，排印本。齐思和称其"篇篇皆极有关系之文字。（中略）故文虽不多，而论其价值，则在时人文集中，惟除王观堂、刘申叔等集，鲜能与之颉颃"。故节选重要文章载入本卷。张尔田还有编文集时未收录作品，兹亦拣选要者，收入本卷。

作为近代著名的学者，柳诒徵的研究成就主要体现在中国文化史与史学理论方面，因为篇幅所限，在选编其论著方面仅选取了《国史要义》、《中国乡治之尚德主义》、《中国礼俗史发凡》共一部著作和两篇论文，对柳诒徵的主要研究成就——史学理论和文化史研究方面均有体现。

《国史要义》一书是柳诒徵的代表作之一，1948 年 2 月，由中华书局出版印行。该书在前人研究的基础之上，补失纠偏、博观约取，分史原、史权、史统、史联、史德、史识、史义、史例、史术、史化十题，总其要义，概述了他一生史学研究的心得和对传统史学理论及方法的认识与创见。这是中国近代最后一部具有鲜明特色的史学理论专著。对中国史学的发展及中国历史文化精神的内涵，提出了许多精辟而独到的见解。这部书是柳诒徵的史学理论总结,也是近代史学对传统史学理论的总结。柳诒徵在继承了刘知幾、章学诚、梁启超等人的史学理论基础上,阐发了自己对史学的认识。他所表述的史学理论是以"礼"为核心的国史理论。柳诒徵认为,中国古代的史学源于"礼",史学的渊源、史法、史官制度、史书的载笔等都与"礼"有关。因此我们可以说:柳诒徵的史学理论体系是以"礼"为核心的史学。

《中国乡治之尚德主义》是柳诒徵的一篇重要的文化史论文。在这篇文章中,他对中国西周的制度进行了阐发论述,他认为,德治和法治的差异是中西文化的根本不同。他认为不能轻易舍弃中国原有的文化精神。在现阶段,中国实行民主法制和提倡中国的传统文化精神并行不悖。柳诒徵主张,在当时民国实行地方自治时,应该把中国的提倡德治的地方自治制度和西方的民主制度结合起来。所以,他极力提倡在探讨地方自治制度时,应该挖掘中国古代的这一政治制度。这也是柳诒徵研究西周乡治,撰写这篇文章的目的所在。

《中国礼俗史发凡》是柳诒徵的另一篇重要文化史论文,这篇论文讨论中国古代的礼俗,其目的仍然是在宣扬中国传统文化道德的优越之处,与《中国乡治之尚德主义》所论述的观点相辅相成。

张笑川负责对张尔田学术论著进行选编和编纂,并撰写了导言中张尔田的生平与学术思想部分的内容。在张尔田论著的点校过程中,张的学生陈思言、路仕忠分别承担了《史微》和《遁堪文集》(含集外文)的文字录入和初步点校工作,张笑川的爱人朱小屏女士帮助进行文字校对,特此致谢。

孙文阁负责柳诒徵学术论著的选编与编纂工作,并撰写了导言中柳诒徵的生平与学术思想部分的内容。在点校与文字录入柳诒徵论著的过程中,孙的学生岂海静、赵晓芳二位做了大量工作,孙文阁的爱人张芬梅女士也进行了文字校对与文字录入工作,在此一并感谢。

张

尔

田

卷

史　微

序

　　遁堪写定史微三禩矣，以锲本视余，且谓子知我者，有稽商之益，序莫子宜，余不敢辞，序之曰：颛哉遁堪之竺于学也。尝耳谶家言："嬴政灭术，黑不代母，书籍散，孔不绝。"此盖呓语，然九流道，秦堙其源，经壁出，桀者以诗礼拍冢，数百年学者睍睍然督督然相随于途中，又况培胥靡，胜下狱，仲舒官不至丞相、御史，其俦无显者，辟儒哗世，独一公孙弘乃富且贵，汉之经学，抑何如五斗米于汉魏，佛于六朝隋唐之间。宋贤起，糅于儒而冶之，阴盗阳距之不暇，世揪然曰：经亡矣。吾悁夫经之亡，其殆汉始哉。挽近学人得李斯篆、汗简奇字，哆口不能读，怀铅握椠，稍稍爬疏，许祭酒而止耳，郑司农而止耳，研经画东京，上及麟史，礴然魁于众矣，尚不敢肩邵公，矧严颜？百氏之籍，依断文谉正其写官，与邮者较优绌，揭橥谓之学，可乎？不可也。君为之躏藩杝，胡恳恳勤勤乃若是。虽然，君少溺苦于学，书盖无弗阅，今不自揆，成此篇，震东启明，意非无待者。一昔沧海扬尘，焚坑残烬，挟巨壑舟，席卷而去，空山朽屋，索为秦伏生女传言授经不可得，狡童之歌，明夷诏之矣。尧幽囚，舜野死，吾不知诵黄虞者何世，谶真不足信哉？扬子演玄，张衡撢之，以为汉四百，与玄符。君书走寰内，知其故者，当俟后之人，余独撼所蕴愤，于是乎书。岁在玄黓困敦，东山老民德谦氏撰。

题 辞

日月麒麟斗，乾坤凤鸟翔。斯文留竹帛，大典在烝尝。冠带朝群后，蛮夷走八荒。凭谁遵正朔，翼翼我文王。公羊家说"春王正月"曰："王者孰谓？谓文王也。"近儒因谓文王指孔子[1]，虽无确据，然孔子曰："文王既没，文不在兹乎？"则孔子之道即文王之道也，故唐代谥我孔子为文宣王，得其实矣。

万古苞符史，风雷柱下开。人骑青犊去，帝杀黑龙来。诸子中道家、墨家皆出于史，最为大宗，而史统卒归尼山者，盖天意也。抱器周官缺，求书禹穴哀。茫茫瞻六合，谁是素王才？素王，空王也。孔子有德无位，垂空文以制义法，故曰素王。《史记·殷本纪》："伊尹为汤言素王九主之事"，则素王之称古矣。

一脉传千古，微言奠九流。文章推祭酒，仁义动诸侯。战代诸子争鸣，能延我孔子学脉者，荀孟二子之功也。河洛钩沉史，春秋考异邮。八儒分派别，齐待汉皇求。经教由汉而昌，故遗谶有为汉制作语，乃圣人至诚前知之证，非诞词也。

手定经纶业，艰难付后王。诗书秦劫火，礼乐汉文章。石室心传秘，兰台口说详。至今过孔壁，丝竹有辉光。

洪范陈畴意，端门受命心。世家尊太史，《史记》孔子立世家，盖司马迁创例，所以尊圣也。师统定刘歆。刘歆校书，取诸子百家，宾附六艺，折衷于孔子，与史公命意正同，孔道之昌，由此数儒也。五德传终始，群经列古今。沾袍无限泪，感动一沉吟。

戊申三月，述《史微》内外篇成，盖六艺诸子自向、歆校书后，今日始一理董也。声之以诗，用冠简首。

校勘记

[1]《史微札记》云："近儒"改"晋儒"。先生自记云："此晋散骑常侍王愆期《公羊传注》，见孔颖达《尚书正义》引。"按：《史微札记》一卷一百二条，附于《史微》1926年版之后，系据尔田简端手写移录者。又黄曙辉点校本中载《札记补遗》四条，谓系附于《史微札记》之后增补者。今仿黄曙辉点校本例，皆附于每卷校勘记中，以便读者。

凡　例

《史微》之为书也，盖为考镜六艺诸子学术流别而作也。夫古今言六艺诸子者夥矣，非便词巧说、破碎大道，即凭虚任臆、诋为异端。盖自汉武帝废黜百家，而先王官守之遗衰，自郑康成混合今古文，而我孔子垂世立教之微言绝，暖暖姝姝，抱一先生之言以迄于今，虽以乾嘉诸大儒考订校雠之勤，苦志尽情，头童齿豁，尚不识六艺诸子为何物，真庄生所谓大惑终身不解者也。往与吾友孙君益莽同谈道广平，即苦阮氏、王氏所汇刊《经解》琐屑侥钉，无当宏旨，嗣得章实斋先生《通义》，服膺之，始于周秦学术之流别稍有所窥见，久之，读太史公书，读班孟坚书，无不迎刃而解，豁然贯通，一时之所创痏，殆若有天牖焉。爰悉取六艺诸子之存于世者，理而董之，仿刘知幾《史通》例，分为内外篇，都十万余言。内篇为古人洗冤，为来学祛惑，本经立义，比次之学居多；外篇发明天人之故，政教之原，越世高谈，论断之学居多。名曰《史微》者，以六艺皆古史，而诸子又史之支与流裔也。

古今学术以两汉为一大界限。两汉以前，为学皆有师承，立言皆有宗旨，虽其间不无见仁见智之殊、识小识大之别，然未有无故而云然者，学者于其不同处，正宜着眼理会，司马迁所以贵好学深思、心知其意也。尝见挽世解经之书，是丹而非素，入主而出奴，专以一己爱憎为取舍，甚至一简之内，借口择善而从，予夺互施，竟不知古人命谊之所在，择善而从，圣者之事，非学者之事，不得以康成混合今古文借口，然康成虽混合今古文，而左右采获，实皆前人古义，故余书于其合于家法者引据极多，南北朝学说亦然。何其向壁虚造如是邪？余书于两汉、周秦之学说皆不妄加掊击，南北朝以后其例虽宽，间有商定，亦必有说。书中所有赞辨，皆据前以驳后，不敢以一己臆说轻议先儒也。后有驳余书者，亦望坚守此例可也。

刘子玄论史有三长，才也，学也，识也。窃谓为学亦然，文章谓之才，考订谓之学，义理谓之识，而识为最难。夫调停两可非识也，凭虚臆决亦非识也，识也者，谓能别白古人学术之异同，融会而贯通焉，使后人知所决择耳。[1]若不问古人学术异同如何，据一字一句，妄思平反成谳，而间执承学者之口，此经生聚讼之习，岂有当于别识心裁哉？孟子曰："古之人所以大过人者，无他焉，善推其所为而已。"朱子曰：

"因其已知之理而益穷之，以求至乎其极。"苟能善推以求其极，则于群籍殊方，自不致肆行曲诋矣。

考信征乎古，核实衷乎名。九流通例，尤忌诐辞。此虽一家之言，然每立一义，四顾旁皇，先统贯全书，再参之群书，又必古说有依据者，始敢笔之，广业甄微，实无一句无来历也。篇内援用成语，各随文便，不能悉具所出，遵史迁引《尚书》《国策》《论语》、班固引《洪范五行传》《七略》《别录》例，至百家宗旨，删取要用，往往以一二语挈其纲领，以原书具在，省烦渎也。若增减古书字句以说经，近人著书，往往借口错简衍文以圆其说，不知康成注经，所谓错衍者，皆参校众本而知，今古本久亡，何所据哉？拘泥后世时势以立言，此蔽宋以后书最多。凡一切考据家流蔽，则去之惟恐不力，上求无负于古人，下求有益于来学，区区学鹄，实志于此，党同伐异之讥，庶几免夫。书中因论今文，故评及郑、杜，专指其混合家法而言，非与古文较优劣也。

义据通深，端资群说，此书所摭，皆取其最先者，故于隋唐以前之书，采撮略备[2]，近代著述惟实斋先生《文史通义》、张皋文《虞氏易消息》、汪容甫《述学》、龚定庵《文集》数种而已，其余未见之籍尚多有之，立论偶同，知不能免。刘彦和有言："品列成文，有同乎旧谈者，非雷同也，势自不可异也；有异乎前论者，非苟异也，理自不可同也。"此真通儒之见，学者幸勿以蹈袭议之。若能取诸家异同合于鄙论者，为之细笺，而别白其至与不至焉，则尤鄙人所望于后世者已。

或曰："吾子辨六艺诸子之流别备矣，亦有疑义待后儒论定者乎？"曰：有。孔安国《尚书》，阎、惠诸君所考皆不足以定其伪，余已言之，惟《汉书》称孔氏多得佚书十六篇，而今孔序则作二十五篇，篇目亦多异同，此一疑也。[3]《左氏春秋》为旧史，征诸两汉古说皆无异词，惟传称："《春秋》之称，微而显，志而晦，宛而成章，非圣人，谁能修之？"此圣人若指周公，则不得言修，若指孔子，则不得言圣人，孟僖子称孔子圣人之后，太宰亦有天纵将圣之言，然曰圣后，曰将圣，究与直称圣人有别，况丘明年辈相若者乎？虽《家语》等书亦有称孔子为圣人处，以此乃七十子后学所纪，虽述当时口语，而行文例得以后明前，故不嫌也。此二疑也。六艺之有今古文也，古文为旧史说经之言，今文为孔子说经之言，是固然已，余疑《春秋》以鲁史上配六艺，故今文口说独多。若《易》、《书》、《诗》、《礼》则今文与古文必无甚出入焉，惟考之汉代经说，多不细符，此三疑也。要之，书阙有间矣，虽有折衷，无征不信，好古之士所为抚断文而太息哉。并世哲匠，其无吝匡余之不逮焉。

余友元和孙君益荄，以明经绩学工文，与余同读书二十余年，余绅绎六艺百家微言，益荄则笃好专在诸子。书中《宗经》等篇皆益荄所说而余推衍之者，无此胜友，正未易杀青也。至整齐百家杂语，厥协六经异传，余别有《诸子学记》一书，学者博通求之，则于两汉、周秦学术之流别，可以无遗蕴矣。

学问之道，与年俱进。昔司马迁成《史记》，至外孙杨恽其书始布；班固修《汉书》，经女弟大家续之而后成；程子著《易传》，亦云需之身后；朱子注《大学》，至易箦犹改诚意章，古人所以矜缓杀青者，诚恐立言不慎，得罪古人其罪小，贻误后学其祸大也。篇家发愤撰述，皆出于不得已。《管子》、《晏子》，后人所裒集；老聃、孟轲、荀卿，退老始著书；史迁云“不韦迁蜀，世传吕览”，是《吕氏春秋》虽成于相秦之日，而行世亦在晚年也。亭林先生有言“著述之家最不利乎以未定之书传之于人”，亦是此意。余自戊申缀述此书，匆匆授锼，近日复审，有纰缪者，有语焉不详者，亦有文笔冗蔓未经修饬者，斋居无事，删改十之四，增注十之六，差觉完善矣，然岂敢谓一无罅漏哉？阅者幸谅其拾遗补艺之苦心，略其文而挹其玄也。

校勘记

[1]《史微札记》：“使后人知所决择耳”下补注：“凡学之立也必有所见，其过也必有所蔽，大谊有统而为术多方，讲去其蔽，各还其方，而不废其法，是决择也。”

[2]《史微札记》：“采撮略备”下补注：“引书例有删取，或凭臆记，以通假易之。佚卷晚出，写人省略，尤须慎定。今但从其通者，校勘自有专学，不宜与篇家同科也。”

[3]《史微札记》：“此一疑也”下补注：“安国诸书，据王肃《家语》后序，颇似其子孙所为，然亦必有所受，何晏、皇甫谧皆魏晋名流，若出肃伪，无宜妄和、援引，应别求显证以实之，穿凿单文，是乃愈梦，非治学也。”

重定内篇目录叙

右《史微》内篇，旧四卷，今析为八卷，凡篇三十八，附篇四，孟劬兄定稿重锓者也。兄学邃于史，观书镜大原，分肌擘理，朴属微至，往往不为训诂辞章家所悆。少赝闻乡先生谭复堂绪论，长游燕赵，历大河南北，搜残藏，始潜研乾竺书，益孤进，于古师东莞、居巢，近则章实斋。尝恨周秦之学绝千余年，作者肩相踵，大抵苟钩铱析乱，譬振裘亡领然，隐心久之，成《史微》数十万言，自谓演浙东遗绪。戊申，椠内篇于沪，既山阴平毅依改本锓聚珍版，意弗惬也。削稿盈尺，扃簏衍，东南乱未定，不欲蠹纸渝墨诃世人，因内篇已行，勉授于苏而复刊之。窃以为一经两海文化之开塞也，有分剂而理之，在宙合，无异原，六籍旧艺不终湮，异日诹邦粹者，必于是求焉，可少耶？校既成，书匡略如此，以审来者。壬子先立夏三日，东苏记。

史微卷第一

内 篇

原 史

六艺皆史也，百家道术，六艺之支与流裔也。何以知其然哉？中国文明开自黄帝，黄帝正名百物，始立百官，官各有史，史世其职，以贰于太史。太史者，天子之史也。古者天子一位，与百官同，故亦有史以掌其政。其道君人南面之术也，内掌八柄以诏王治，外执六典以逆官政，前言往行无不识，天文地理无不察，人事之纪无不达，必求博闻强识疏通知远之士，使居其位，百官听之以出治焉。故自孔子以上，诸子未分以前，学术政教皆聚于官守，一言以蔽之，曰史而已矣。史之为书也六，曰《诗》，曰《书》，曰《易》，曰《礼》《乐》，曰《春秋》。《礼》以节人，《乐》以发和，《书》以道事，《诗》以达意，《易》以道化，《春秋》以道义。《易》著天地阴阳四时五行，长于变；《礼》经纪人伦，长于行；《书》记先王之事，长于政；《诗》记山川溪谷禽兽草木牝牡雌雄，长于风；《乐》乐所以立，长于和；《春秋》辩是非，长于治人。是为六艺，皆古帝王经世之大法，太史守之以垂训后王，非庶民所得而私学也。我国上古为贵族封建政体，六艺皆帝王经世之书。本六艺以出治者谓之天子，诵六艺以佐天子者谓之君子，皆士大夫所有事，而庶民不得与焉。自政教分而官师判，始有私相著述、私相授受之事，此古今学术一大升降也。周之东迁，天子失官，百家始分，诸子之言纷然淆乱，司徒之官衍为儒家，羲和之官衍为阴阳家，理官衍为法家，礼官衍为名家，清庙之守衍为墨家，行人之官衍为从横家，议官衍为杂家，农稷之官衍为农家，稗官衍为小说家，司马之职衍为兵家，明堂史卜之职衍为数术家，王官一守衍为医家，而史官之大宗独降为道家。孔子悯焉，于是以儒家思存前圣之业，观书于周，问道于老聃，追迹三代之礼，序《书》传，上纪唐虞之际，下至秦缪，编次其事。《诗》三千余篇，去其重，取可施于礼义，上采契、后稷，中述殷周之盛，至幽厉之缺，三百五篇皆弦歌之，以求合韶武之音，正乐雅颂。赞易，序彖、系、象、说卦、文言。因史记作《春秋》，上至隐，下讫哀，据鲁亲周故殷，运之三代，自是六艺之文咸归孔氏矣。七十子后学因相与尊之为经。经者，常也，此六者可为万古常行之道也。班固说之曰："六艺之文，《乐》以和神，仁之表也；《诗》以正言，义之用也；《礼》以明体，明者著见，故无训也；《书》以广听，知之术也；《春秋》以断事，信之符也。五者盖五常之道，相须而备，而易为之原，言与天地为终始也。"是故由前而观，六艺皆王者之史，根据于道家；由后而观，六艺为孔氏之经，折衷于儒家。夫子有言："述而不作，信而好古，窃比于我老彭。"孟子称《春秋》之旨曰："其事则齐桓晋文，其文则史，其义则某窃取之矣。""述而不作"，仍六艺旧文也；"窃取其义"，因其行事加吾王心也；"窃比老彭"，以司徒上代史统，自比于道家也。故《春秋》，史也，孔子述之，有公羊、穀梁之义焉；《诗》，史也，孔子述之，有齐、鲁、韩三家之义焉；《书》，史也，孔子述之，有伏生、夏侯之义焉；《易》，史也，孔子述之，有商瞿、田何之义焉；《礼》，史也，孔子述之，有高堂生、后苍之义焉。皆举后以明前，以大义非一言所能尽也。以一身备天德王道之全，为往圣继绝学，为万世开太平，自有生民以来，未有如我孔子者也。仲尼没而微言绝，七十子丧而大义乖，战代之间，诸子蜂起，各思以其所学易天下。汉兴，改秦之败，武帝从董仲舒言，废黜百家，表章六艺，司马迁以周史旧裔，又修太史公书以纬之，自此以后，孔子之史统始定于一尊，而今古文之诤又滋多于世矣。今文者，孔子说经之书而弟子述之者也；古文者，旧史说经之书而孔子采之者也。汉初诸儒传孔子微言大义，诸经多由口授，以隶写之，先著竹帛，故曰今文。其后佚经出于山岩复壁，多科斗文，故曰古文。因二者义旨不同，故以文字别之，今古文者，盖两汉时说经者一名号也。今观古文诸经，若《春秋》左氏、《易》费氏、费直说久亡，今王弼、郑玄二家注皆费义也。[1]
《书》孔安国氏、书古文有两派，一孔壁古文，一秦书古文，孔注非伪，
余别有考。《礼》《周官》《明堂阴阳》、《诗》毛氏，大旨多明于典章度
数，而于兴衰善败之迹为尤详，与孔子相传之口说盖异矣，岂非古史旧
籍耶？古文详于政，今文详于教，此二家异同之辨。故西汉儒者不认为
经，至刘歆校书，始举以宾附六艺，汉儒传经，最重家法，刘歆混合今
古文，故公孙禄以颠倒五经、毁师法訾之。近人据此，谓古文诸经为歆
伪造，不知曰颠倒、曰毁，正指其编次不伦耳，岂伪造之谓乎？然其言
曰"与其过而废之，宁过而立之"，则犹未显然用古文以乱今文也。显
然乱今文，以古文为定者，实始于郑康成氏。康成《易》宗费氏，而
施、孟、梁丘之说废矣；《诗》宗毛氏，而三家之学亡矣；《春秋》著
《箴膏肓》、《发墨守》、《起废疾》，善服虔《左氏注》，郑君本注《左
传》，见虔注，而以其学授之，见《世说新语》。而二传微矣；《礼》治
《周官》，从马融增《明堂》、《月令》、《乐记》于戴记，而高堂生、二戴
之微谊不可见矣；《书》用杜林古本，郑氏《尚书》盖用秦书古文也，
与孔壁不同。而伏生、大小夏侯之宗旨失传矣。当时何休已有入室操戈
之诮，郑君先治今文，后通古文，故讥之，以为誉言者，误。范蔚宗言
"中兴之后，范升、陈元、李育、贾逵之徒，争论古今学，后马融答北
地太守刘瑰及玄答何休，义据通深，古学遂明"，洵不诬也。六朝以来，
郑学行于河北，又有所谓南派者，《易》则王弼，《诗》则王肃，《春秋》
则杜预，《书》则孔安国。郑氏说《诗》犹取三家，南派则专崇毛氏矣；
郑氏说《春秋》犹兼二传，南派则专尚左氏矣；郑氏说《易》犹采孟
喜，南派则独主费氏矣；郑氏说《书》犹引伏生，南派则独行孔氏矣。
变本加厉，直欲尽扫今文而后快。至刘炫合南北派而一之，而唐人义疏
从此出焉，我孔子删修之大法益不可复识已。间尝论之，道家明天者
也，儒家明人者也，孔子之道则以人持天者也。天卒不可持，而复反其
本焉，穷则变，变则通，通则久，学统消长之几，千古如循环，故曰知
六艺之由史入经，则百家学术可坐而定也。

　　史　学

　　史学自东周失官，流为道家。吾于道家未分之前，求史之旧学，其
惟六艺乎？盖六艺者，先王经世之书也。经世之书皆掌诸柱下，皆太史
之所录，非如后世仅以编年、纪传为史而已。章实斋有言："三代以下，
撰述有定名而记注无成法；三代以上，记注有成法而撰述无定名。"惟

其无定名，故天人之故、政教之原，体国经野之规、宰世御民之略，皆得以史目之；惟其有成法，故《诗》以道志，《书》以道事，《礼》以道行，《乐》以道和，《易》以道阴阳，《春秋》以道名分，不相合而相为用。故曰《礼》之敬文也，《乐》之中和也，《诗》《书》之博也，《春秋》之微也，在天地之间者毕矣。试以六艺征之，《周易》为伏牺至文王之史，《尚书》为尧舜至秦穆之史，《诗》为汤武至陈灵之史，《春秋》为东周至鲁哀之史，《礼》《乐》为统贯二帝三王之史。《太史公自序》曰："伏牺至纯厚，造《易》八卦。尧舜之盛，《尚书》载之，礼乐作焉。汤武之隆，诗人歌之。《春秋》采善贬恶，推三代之德，褒周室，非独刺讥而已也。"则六艺相续为史，可以心知其意矣。盖古无断代为史之例，《易》虽终文王而《尚书》无嫌始尧舜，《书》虽终秦穆而《诗》无嫌始汤武，《诗》虽终陈灵而《春秋》无嫌始隐公，此亦犹太史公书本继《春秋》而托始黄帝以来，班固书本续太史而断自汉高以降也。是故六艺者，上古之通史也，岂可以后世史法绳之哉？虽然，犹有大者，则以六艺与道家相出入也。《汉志》曰"道家者流出于史官，历纪古今成败祸福存亡之道"，是史家无不兼道家宗旨矣。道家曰："能知古始，是谓道纪。"《淮南·道应训》历引前言往行，诠释老子。道原于史，于此可证。道之大原出于天，清虚以自守，卑弱以自持，道家所以法天也。今观六艺，《周易》本圣人言天之书，无论矣，《尚书》之于天也，一篇之中盖三致意焉，《诗》美盛德之形容，以其成功告于天也，《礼》则先王以承天之道以治人之情者也，故曰："夫礼必本于天，殽于地，列于鬼神。"《春秋》则奉天而法古者也，故曰："《春秋》以元之深正天之端，以天之端正王之政。"郑司农尝言："史官主知天道。"天道非道家之所从出乎？惟史本道家，所以老聃为守藏史，而孔子删述六艺，必先观书于柱下而问礼焉。语曰："述而不作，信而好古，窃比于我老彭。"盖孔子欲以史官自况也。[2]问者曰："《尚书》、《春秋》为记传诰誓之滥觞，《礼经》、《乐记》亦典章制度之流别，是固然矣，若《易》详卜筮，《诗》纪讴歌，求诸金匮石室之书，古无此例，其为史之故，可得言乎？"答之曰：此上古史体所以异于后世也。后世之史，纪事而已，纪言而已。古史则不然，其纪事也，必并其道而载之；其纪言也，必并其意而载之。有纪事、纪言而道与意因之而见者，《尚书》、《春秋》、《礼》、《乐》是焉；有载道、载意而事与言因之而见者，则《易》与《诗》是焉。《易》者何？先王开务成物之史也。昔者伏牺氏仰观象于天，俯观法于地，近取诸身，远取诸物，于是始作八卦，以通神明之德，以类万物之情，《系辞》曰："包牺氏没，神农氏作，斫木为耜，揉木为耒，以教天下，盖取诸益。日中为市，盖取诸噬嗑。黄帝、尧、舜垂衣裳而天下治，盖取诸乾坤。上古穴居而野处，后世圣人易之以宫室，盖取诸大壮。古之葬者葬之中野，后世圣人易之以棺椁，盖取诸大过。上古结绳而治，后世圣人易之以书契，盖取诸夬。"而周礼太卜掌三易之法，一曰《连山》，二曰《归藏》，三曰《周易》。杜子春云："《连山》，伏牺；《归藏》，黄帝。"郑康成云："夏曰《连山》，殷曰《归藏》。"郑氏所言非与杜异也。盖夏用伏牺之易，殷用黄帝之易耳。盖一王御宇，必本天人合德以明受命之符，实与立宪授时同为历朝要典也。《六艺论》曰："易者，阴阳之象，天地之所变化，政教之所生。"政教因时而变，三代受命不同，故取法亦异，若其道则千古不易也。故韩宣子观于鲁太史，见《易》象与《春秋》，曰："周礼尽在鲁矣。"使《易》而非史，则宣子何以与周礼并称，而同为观于太史哉？[3]《诗》有列国之风，先王以是经夫妇，成孝敬，厚人伦，美教化，移风俗也。故太史采之。《诗序》曰："国史明乎得失之迹，伤人伦之废，哀刑政之苛，吟咏情性以风其上，达于事变而怀其旧俗者也。是以一国之事，系一人之本，谓之风。言天下之事，形四方之风，谓之雅。雅者，正也，言王政所由废兴也。政有大小，故有小雅焉，有大雅焉。颂者，美盛德之形容，以其成功告于神明者也。是谓四始，《诗》之至也。"阶是以谈，《诗》之关系国政不綦重乎？孟子亦谓："王者之迹熄而诗亡，诗亡然后春秋作。"《春秋》可以继诗，则其与史同科可知矣。[4]窃尝论之，后世史体创自司马迁，迁书固整齐百家杂语，厥协六经异传者也，其言曰："有能绍明世，正《易传》，继《春秋》，本《诗》《书》礼乐之际，意在斯乎，意在斯乎？"以《史记》一书上儗六艺，则六艺之为史，古人固已先我言之矣。其后班固续迁史而修《汉书》，亦曰："纬六经，缀道纲，总百氏，赞篇章。"固书实本于刘歆，歆尝与其父向撰《七略》《别录》矣。凡历史群籍尽宾六艺，岂向、歆不知立史簿乎？亦以六艺即史，无庸别建义类也。夫古圣之造六艺也，网罗一代之宏纲，增之不可七，损之不容五，载籍残缺，家法荡然，独《尚书》、《春秋》二派得行于世。此指体例言，读者勿泥。《尚书》本纪王言，孔衍、王邵外，流传不广，其势然也。《春秋》兼详人事，故一变而为《左氏传》，再变而为《史记》，观太史公自序独论春秋，其意自见。三变而为《汉书》，遂以定良史著记之成规，亦如骚赋始属诗流，与诗画境，六义附庸且蔚然而为大国也。世儒惑于近代史裁，因孔子而尊六艺，不敢与子长、孟坚较其异同，岂不谬哉？曰："子之论史信辨矣，其何以处通经之说乎？"曰：论道家之要归，当知六艺为王者之史；论儒家之宗旨，当知六艺为孔氏之经。不知六艺为史，无以见王者创制之本原；不知六艺为经，无以窥孔氏删修之大法。孔子闵王路废而邪道兴，论次《诗》《书》，修起《礼》《乐》，赞《易》十翼，因史记作《春秋》，以寓王法。六艺既归儒家，而经之名始立。刘彦和言"经也者，恒久之至道，不刊之鸿教"，言其不得与民变革也。自此义不明，而知幾述史，有《惑经》、《申左》之篇，实斋阐史，有宗周祧孔之论，皆可谓知二五而不知十一也已。

附史官沿革考

欲究史学，不可不考史之所始，然则史何自始乎？曰：始于黄帝。《易大传》曰："上古结绳而治，后世圣人易之以书契。"后世圣人谓黄帝也。许叔重述书契之原曰："黄帝之史仓颉，见鸟兽蹄迒之迹，知分理之可相别异也，初造书契，百工以乂，万品以察。"是则言史当以黄帝为祖明矣。故司马迁述史首断自黄帝，刘子玄论史亦肇自轩辕，诚洞悉乎源流之所自，不可诬也。《尚书》纬、《孝经》谶及班固、马融、郑玄诸儒并言三皇无文字，文籍初自五帝，黄帝为五帝之首，故言史者必以黄帝为断也。其详别具《六艺原始篇》。考黄帝初立史官，仓颉、沮诵实居其职，后世分为左、右二史，左史主于记言，右史主于记事。降及周代，政教渐繁，史遂有五，同莅春官：一曰太史，掌建邦之六典，以逆邦国之治，掌法以逆官府之治，掌则以逆都鄙之治；二曰小史，掌邦国之志，奠系世，辨昭穆，佐太史；三曰内史，掌王之八枋之法，以诏王治，掌叙事之法，受纳访以诏王听治，掌书王命，遂贰之；四曰外史，掌书外令，掌四方之志，掌三皇五帝之书，掌达书名于四方；五曰御史，掌邦国都鄙及万民之治令，掌赞书。是五者，皆天子所命以载笔于左右者也。[5]至于诸侯列国亦各有史，求其位号，一同王者，故当时官斯职者，周则有若内史过、内史叔兴、内史叔服，鲁则有若太史克，虢则有若史嚚，晋则有若史苏、董狐、屠黍，卫则有若史华龙滑、礼孔，齐则有若南史，楚则有若倚相，类能深明于古今成败祸福存亡之道，诵法三皇五帝，以上箴王阙，嘉言懿行，不愧为终古、向挚，辛甲、尹佚之伦，而其后苦县老聃，实以周守藏史著书五千言，卓然尊为道家鼻祖，亦可以见历代史官之沿革矣。战代之间，虽以从横相尚，未違文教，然赵鞅，晋之一大夫尔，有直臣书过，操简笔于门下。田文，齐之一公子尔，每坐对宾客，侍史记于屏风。至秦、赵二主渑池交会，各命其御史书某年某月鼓瑟鼓缶，盖犹有春秋君举必书之义焉。汉兴，武帝尝置太史公，位在丞相上，天下计书先上太史，副上丞相，使司马迁父子为之，而迁叙史学之源流亦曰"司马氏世典周史"，何则？古之学术皆出于官守，有一官即有一学，非世世诵习则不能宣阐微言大义之所存，此于百家莫不皆然，况史为君人南面之术哉？自汉宣帝改太史公一官为令，奉行文书，于是褚先生、刘向、冯商、扬雄、班固之徒并以别职来知史务。道统既异，官亦无足重轻矣。史学之亡，盖在斯时乎？故论古史当始于仓颉而终于司马迁，《史记》一书，上以结藏室史派之局，下以开端门史统之幕，自兹以后，史遂折入儒家，别黑白而定一尊，虽有良史，不过致谨于书法体例之间，难以语乎观微者已。

　　百　家

　　六艺者，先王经世之迹也；百家者，先王经世之术也。天生民而立之君，君不能独治，必设官焉，官各有史，以掌其政教，而上辅人主之治，此政学所由合一也。王道既微，官失其守，流而为百家，而后诸子之言始纷然淆乱矣。庄生有言："古之人其备乎？配神明，醇天地，育万物，和天下，泽及百姓，明于本数，系于末度，六通四辟，大小精粗，其运无乎不在。其明而在数度者，旧法世传之史尚多有之，其在于《诗》《书》《礼》《乐》者，邹鲁之士缙绅先生多能明之。其数散于天下而设于中国者，百家之学时或称而道之。"子贡曰："文武之道未坠于地在人，贤者识其大者，不贤者识其小者。"是则九家者流，稽其要归，何一非先王官守之遗哉？吾何以知之？吾以《汉》《隋》二志知之。道家者流，《汉志》云："盖出于史官，历记成败存亡祸福古今之道，然后知秉要执本，清虚以自守，卑弱以自持，此君人南面之术也。"《隋志》云："道者，盖为万物之奥，圣人之至赜也。《易》曰：'一阴一阳之谓道。'《周官》九两，其三曰师，盖近之矣。"[6]儒家者流，《汉志》云："盖出司徒之官，助人君顺阴阳、明教化者也。游文于六经之中，留意于仁义之际，祖述尧舜，宪章文武，宗师仲尼，以重其言，于道最为高。"《隋志》云："圣人之教，非家至而户说，故有儒者宣而明之。其大抵本于仁义及五常之道，黄帝尧舜禹汤文武咸由此则。《周官》太宰以九两系邦国之人，其四曰儒，是也。"法家者流，《汉志》云："盖出于理官，信赏必罚，以辅礼制。"《隋志》云："法者，人君所以禁淫慝、齐不轨而辅于治者也。《易》著'先王明罚饬法'，《书》美'明于五刑，以弼五教'，《周官》司寇'掌建国之三典，以佐王刑邦国，诘四方'，司刑'以五刑之法，丽万民之罪'，是也。"名家者流，《汉志》云："盖出于礼官。古者名位不同，礼亦异数。孔子曰：'必也正名乎？'"《隋志》云："名者，所以正百物，叙尊卑，列贵贱，各控名而责实，无相僭滥者也。《周官》宗伯'以九仪之命正邦国之位，辨其名物之类'，是也。"墨家者流，《汉志》云："盖出于清庙之守。茅屋采椽，是以贵俭；养三老五更，是以兼爱；选士大射，是以上贤；宗祀严父，是以右鬼；顺四时而行，是以非命；以孝视天下，是以上同。"《隋志》云："墨者强本节用之术也。上述尧舜夏禹之行，《周官》宗伯'掌建邦之天神、地祇、人鬼'，肆师'掌立国祀及兆中庙中之禁令'，是其职也。"从横家者流，《汉志》云："盖出于行人之官。"《隋志》云："从横者，所以明辩说、善辞令，以通上下之志者也。《周官》掌交'以节与币，巡邦国之诸侯及万姓之聚，道王之德意志虑，使辟行之而和诸侯之好，达万民之说，谕以九税之利、九仪之亲、九牧之维、九禁之难、九戎之威'，是也。"杂家者流，《汉志》云："盖出于议官，兼儒、墨，合名、法，知国体之有此，见王治之无不贯。"《隋志》云："杂者，兼儒、墨之道，通众家之意，以见王者之化，无所不冠者也。古者司史历记前言往行，祸福存亡之道，然则杂者盖出史官之职也。"农家者流，《汉志》云："盖出于农稷之官。"《隋志》云："农者，所以播五谷，艺桑麻，以供衣食者也。《书》叙八政，其一曰食，二曰货。孔子曰：'所重民食。'《周官》冢宰'以九职任万民'，其一曰三农生九谷，地官'司稼掌巡邦野之稼，而辨穜稑之种，周知其名与其所宜地，以为法而悬于邑间'，是也。"小说家者流，《汉志》云："盖出于稗官。"《隋志》云："小说者，街说巷语之说也。《传》载舆人之诵，《诗》美询于刍荛。古者圣人在上，史为书，瞽为诗，工诵箴谏，大夫规诲，士传言而庶人谤。孟春，徇木铎以求歌谣，巡省观人诗，以知风俗，道听途说，靡不毕纪。《周官》诵训'掌道方志以诏观事，道方慝以诏辟忌，以知地俗'，而训方氏[7]'掌道四方之政事，与其上下之志，诵四方之传道而观衣物'，是也。"兵家，《汉志》云："盖出古司马之职，王官之武备也。"《隋志》云："兵者，所以禁暴静乱者也。《周官》大司马'掌九法九伐，以正邦国'，是也。"阴阳家，《汉志》云："盖出于羲和之官。"数术家，《汉志》云："皆明堂羲和史卜之职也。"《隋志》合之云："历数者，所以揆天道，察昏明，以定时日，以处百事，以辨三统，以知厄会，吉隆终始，穷理尽性，而至于命者也。其在《周官》，则亦太史之职。"方技家，《汉志》云："皆生生之具，王官之一守也。"《隋志》云："医方者，所以除疾疢、保性命之术者也。其善者则原脉以知政，推疾以及国。《周官》医师之职，'掌聚诸药物，凡有疾者治之'，是其事也。"百家由于百官，百官必始黄帝，故司马迁谓"百家言黄帝，其文不雅驯"也。三代上无可考，故《隋志》多以周官制度说之。此可见百家学术之源流矣。[8] 盖先王之设官也，有政焉、有教焉，儒、道、小说，圣人之教；兵及医方，圣人之政。政为有司所职，教则史官掌之，故百家学术可一言以蔽之，曰原于百官之史而已。百官各有史，独道家言出史官者，道为天子之术，天子亦百官之一也，故《白虎通》云："天子者，爵称也。"《孟子》云："天子一位。"是也。所以不言出于天子，嫌斥尊者，举史官以实之，此古人之善于立言耳。实则百官皆有史，百家学术皆出于史，不独道家为然，观《周礼》各官皆著史若干人，郑康成注云："史，掌书者。"是其证矣。虽然，百家莫不祖史，而史之正宗则有三家，曰道、曰墨、曰杂。道家，天子之术，本出史官；墨家清庙之守，传自史角；杂家亦司史所纪。阴阳、数术、小说亦出于史，皆三家之旁支，非正宗，故不数之。是三者蜂起并作，取合诸侯，皆欲与我孔子争此史统者也。及汉武帝从董仲舒之言，表章六艺，废黜百家，自是以降，史统始定于尼山，而百家腾跃，终入环内矣。诸子之衰，岂非天哉，岂非天哉？

原 艺

余尝籀治六艺以究百家之源流，未尝不废书而叹也，曰：嗟乎，六艺之为书也，历代宝之，以为大训矣。儒者学术，政治所设施，亦莫不于此取法矣，而真能知六艺之原者何人哉？夫六艺者，先王经世之迹也，六经虽史，而史究为后定之名，不可以称上古三代之书，故汉儒谓之六艺，从其质也，而礼、乐、射、御、书、数亦曰六艺，见《周礼》，古人不避嫌名，周秦书中此例极多。太史氏所掌，君人南面之术具焉。后世周史失官，政与教分，君人南面之术流为道家，而六艺浸微。我孔子闵王路废而邪道兴，思存先圣之业，于是论次《诗》《书》，修起《礼》《乐》，本《周易》而系《大传》，因鲁史而作《春秋》，自是六艺告备于天，而道家之旧统遂归儒家矣。尊之为经者，经，常也，言此六书可为万世常道，非同历代族史不相沿袭也。故孔子曰："入其国，其教可知也。其为人也，温柔敦厚，《诗》教也；疏通知远，《书》教也；

广博易良，《乐》教也；洁静精微，《易》教也；恭俭庄敬，《礼》教也；属词比事，《春秋》教也。故《诗》之失愚，《书》之失诬，《乐》之失奢，《易》之失贼，《礼》之失烦，《春秋》之失乱。其为人也，温柔敦厚而不愚，则深于《诗》者也，疏通知远而不诬，则深于《书》者也；广博易良而不奢，则深于《乐》者也；洁静精微而不贼，则深于《易》者也；恭俭庄敬而不烦，则深于《礼》者也；属词比事而不乱，则深于《春秋》者也。"荀卿曰："圣人也者，道之管也。天下之道管是矣，百王之道一是矣，故《诗》《书》《礼》《乐》之归是矣。《诗》言是，其志也；《书》言是，其事也；《礼》言是，其行也；《乐》言是，其和也；《春秋》言是，其微也。"扬雄曰："说天者莫辩乎《易》，说事者莫辩乎《书》，说体者莫辩乎《礼》，说志者莫辩乎《诗》，说理者莫辩乎《春秋》。"董仲舒曰："《诗》道志，故长于质；《礼》制节，故长于文；《乐》咏德，故长于风；《书》著功，故长于事；《易》本天地，故长于数；《春秋》正是非，故长于治人。"班孟坚综群说而论之曰："六艺之文，《乐》以和神，仁之表也；《诗》以正言，义之用也；《礼》以明体，明者著见，故无训也；《书》以广听，知之术也；《春秋》以断事，信之符也。五者尽五常之道，相须而备，而《易》为之原，故曰'《易》不可见则乾坤或几乎息矣'，言与天地为终始也。"以六艺大义分配五常，当是古人旧说。《白虎通》曰："经所以有五何？经，常也，有五常之道，故曰五经。《乐》仁，《书》义，《礼》礼，《易》智，《诗》信也。人情有五性，怀五常，不能自成，是以圣人象天五常之道而明之，以教人成其德也。"所配虽与班固异而大旨并通，学者可参证也。博矣哉，六艺之书，牺黄尧舜数圣人经纬天下之道，非孔子，乌能修之以垂教本哉？《春秋说题辞》曰："六经所以明君父之尊，天地之开辟皆有教也。"教始于孔子，六艺之称经以此。虽然，六艺者，其先皆史家旧籍也，自归孔氏，以司徒上祧柱下之统，先王经世之迹虽存而口说流传则大异矣。故六艺有两大派焉，一曰古文，一曰今文。古文者，旧史说经之言，而孔子采之者也；今文者，孔子说经之言而弟子述之者也。纯乎明理者，今文也；兼详纪事者，古文也。《庄子·天下篇》曰："其明而在数度者，旧法世传之史尚多有之。"非指古文而言乎？曰："其在《诗》《书》《礼》《乐》者，邹鲁之士缙绅先生多能明之。"非指今文而言乎？盖孔子之纂六艺也，圣德在庶，德无所施，不得不假帝王之旧史，以制义法，加吾王心，此古今文两派所以并行不偕也。试即六艺存于世者征之。如《易》施、孟、梁丘三家皆祖田何，为今文，而费直《易》则古文也。然据《儒林传》称直传《易》，为费氏学，以古字，号古文《易》，无章句，徒以象、象、系辞、文言解说上下经。而刘向亦谓费氏经与古文同。是费氏之《易》虽云古文，而其说似仍今文也。费直《易》既为古文，则其说与今文必有异同，惜乎章句已佚，无征不信矣。若是者，今古文之分合盖难考矣。其有可考者，则莫如《尚书》与《诗》、与《礼》、与《春秋》。曷言乎《尚书》之有今古文也？《汉志》云："《书》之所起远矣，至孔子纂焉，上断于尧，下讫于秦，凡百篇，而为之序，言其作意。"郑康成《书论》引《尚书纬》云："孔子求《书》，得黄帝元孙帝魁之书，迄于秦穆公，凡三千二百四十篇，断远取近，定可为世法者百篇，孔子以授也。"由是观之，百篇者真孔子手定之《书》也。其后伏生传《书》二十八篇，《泰誓》后得，为二十九篇。此二十九篇皆有师说，是为今文。孔安国有古文《尚书》，读以今文，多得二十五篇。案《孔传》增多伏生者虽云二十五篇，实则除《太甲》《说命》《泰誓》重篇，只得十九篇耳，与《史记·儒林传》"逸书得十余篇"语似无不合。惟《汉志》言得多十六篇，而未明指何篇，后儒遂以郑氏泰书古文二十四篇当之，所以来晚书之疑也。今虽不敢断《孔传》真出孔壁，然亦未敢遽谓其伪。兹姑据以为说，其详当别具《六艺篇目考》。此二十五篇皆无师说。孔氏因以旧史之说传之，是为古文。今考《孔传》增多伏生之篇，如《大禹谟》、《五子之歌》、《允征》、《仲虺之诰》、《汤诰》、《咸有一德》、《伊训》、《武成》、《旅獒》、《微子之命》诸篇，皆汉儒所谓逸书者也。逸书自伏生时已无口说，安国虽好古，又何从折衷于师传哉？可知《孔传》一书，必依据古文无疑矣，故其说往往与伏生《大传》有异同。盖《伏传》为孔子相传之口说[9]，而《孔传》乃旧史相传之传记耳。曷言乎《诗》有今古文也？《孔子世家》曰："古者《诗》三千余篇，及至孔子，去其重，取可施于礼义，上采契后稷，中述殷周之盛，至幽厉之缺，始于衽席，故曰《关雎》之乱以为风始，《鹿鸣》为小雅始，《文王》为大雅始，《清庙》为颂始，三百五篇，孔子皆弦歌之，以求合韶武雅颂之音。"是孔子删《诗》，不徒纂录旧文而已，盖必有所以取之之义焉。今观今文家之说《诗》也，《关雎》则曰："孔子论《诗》以《关雎》为始。言太上者民之父母，后夫人之行不侔乎天地，则无以奉神灵之统而理万物之宜。"《十月之交》则曰："《易》有阴阳，《诗》有五际，《春秋》有灾异，皆列终始，推得失，考天心，以言王道之安危。"大抵本古人赋诗缘起，以推明孔子删《诗》之所以然，岂非口说之遗哉？至于《毛传》则有不同者，《毛传》源于子夏，子夏序《诗》，首崇国史，则所谓《葛覃》言后妃之本，《卷耳》言后妃之志者，盖皆太史采《诗》之义，而非孔子删《诗》之义矣。谓为古文，岂不宜欤？曷言乎《礼》有今古文也？考《儒林传》曰"汉兴，鲁高堂生传《士礼》十七篇"，则此十七篇真孔子所手定矣。故后苍欲推《士礼》致于天子，其后戴圣说《士礼》也，删大戴之书为四十六篇，而《明堂位》、《月令》、《乐记》三篇不取焉，岂非遵高堂生之家法乎？若《古礼经》三十九篇，及《明堂阴阳》、《王史氏记》，班固所谓多天子诸侯卿大夫之制者也。《周官》六篇，则周公建国设官分职之法也，其为旧史更无疑义。由是观之，今文多详于士，为孔子所修之礼；而古文多详于天子诸侯，为旧史相传之礼，不亦较然明白也哉？虽然，《易》也，《书》也，《诗》也，《礼》也，皆先王经世之旧史而孔子纂焉。虽有今文，不过言其弃取之意耳。故《易》谓之赞，《诗》《书》谓之删，《礼》《乐》谓之定，明其皆因旧史之文而无所更正也。[10]惟《春秋》则不然，何则？周室东迁，天下无王久矣，孔子求古《春秋》而不得，刘知幾《史通》曰："《春秋》家者，其先出于三代。案《汲冢璅语》记太丁时事目为夏殷《春秋》，知《春秋》始作，与《尚书》同时。"郑康成《六艺论》曰："左史所记为《春秋》，右史所记为《尚书》"。是《春秋》与《尚书》同属王朝正史，自晚周官失，始国别为书耳。不得已取鲁国史记，本百二十国宝书，用制义法，亲周、故宋、王鲁，以匹夫而操天子褒贬之权，此《春秋》一经所以独称为作者，岂无故欤？然《春秋》虽经孔子改作，而其先则鲁史也，不存鲁史本事之真，无以见孔子之所本；不详孔子口说之义，亦无以见《春秋》之所以修。存鲁史之本事者为古文，则《左氏传》是也，详孔子之口说者为今文，则《公》《榖》二传是也。吾何以知《左氏传》为古文哉？以其专存本事也。司马迁曰："鲁君子左丘明惧弟子人人异端，各安其意，失其真，故因孔子史记，具论其语，成《左氏春秋》。"班固曰："以鲁周公之国，礼文备物，史官有法，故与左丘明观其史记。"又曰："丘明恐弟子各安其意，以失其真，故论本事而作传，明夫子不以空言说经也。""具论其语"者，谓具论鲁史之语也；"恐失其真"者，谓恐失本事之真也，是《左氏》一书专为《春秋》本事而作明矣。吾何以知《公》《榖》传为今文哉？以其专详口说也。司马迁曰："孔子明王道，干七十余君，莫能用，故西观周室，论史记旧闻，兴于鲁而次春秋，上记隐，下至哀之获麟，约其词文，去其烦重，以制义法，王道备，人事浃，七十子之徒口受其传指，为有所刺讥，褒讳挹损之文词不可以书见也。"班固曰："据行事，仍人道，因兴以立功，败以成罚，假日月以定历数，借朝聘以正礼乐。有所褒讳贬损，不可书见，口授弟子，弟子退而异言。及末世，口说流行，故有公羊、穀梁、邹、夹之传。""口受传指"者，谓弟子口授孔子之指也。"不可书见"者，谓孔子义法不与他人共之也。是《公》《穀》二书专为《春秋》口说而作明矣。自兹义失传，于是佞《公》《穀》者言《左氏》非受经孔子，扶《左氏》者言《公》《穀》非亲见圣人，而岂知一重修经之大义，一载作史之本真，三传固同有功于《春秋》哉？此皆六艺今古文之大略也。间尝论之，今古文派虽皆为孔子所不废，然一为旧史说经之言，一为孔子说经之言，其异同盖不容乱矣。非考古文，不足知孔子删削之原；非考今文，不足知旧史损益之善，道固相须而成也。[11]乃自汉之郑康成出，合今古文而一之，阳以宗今文，实阴以扶济古文，而孔子说经之家法始汩矣。自六朝之南派出，变本加厉，专尚古文，加于郑氏之上，而旧史说经之言始独行于世矣。嗟乎，我孔子手定之六艺，何不幸而遭变乱于后儒也耶？

附郑学辨

昔孔子以匹夫尊为万世帝王之师，删述六经，以制义法，其微言大义则口授儒者，宣而明之，所以警戒君人而立教本者甚备，三代上非天子不议政、不立教，孔子删定六艺，亦以行教之权属之天子，此历古不变之道也。此固圣者之所期，而世主之所大不便也。故西汉季年，五经家失势，讲艺者多趋于训诂章句，既可博稽古之荣，而又不致触当世之文网，刘歆、杜林、郑众、贾逵之徒附会而文致之于前，郑君、康成弥缝之于后，古文一派行乎数百年中，遂为诸儒宗，而两汉说经之家法于是全紊矣。间尝绅绎郑氏一家之宗旨，其说经也，大抵以古文为主，而杂糅今文坠义以辅之。郑君先从张恭祖受《韩诗》，其后笺注《毛传》，杂用三家，不苟从一，《公羊》徐彦《疏》语。六艺论曰："注《诗》宗毛为主，毛义若隐略则更表明，如有不同即下己意，使可识别也。"由是观之，是郑君说《诗》合今古文而仍主古文之证也。郑君又从恭祖受《周官》、《礼记》，后因涿郡卢植事扶风马融。融足《月令》、《明堂位》、《乐记》三篇于《小戴记》，郑君受业于融，为之注。融又作《周官传》，以授郑君，郑君作《周官》注，并答临孝存难，使《周礼》义得条通，

《隋·经籍志》曰："汉末，郑玄传小戴之学，后以古经校之，取其于义长者作注，为郑氏学。"《郑志》《答灵模》云："为记注之时，依循旧本，后得《毛诗传》而为《诗》注，更从毛本，故与记不同。"亦可与《隋志》旁证。由是观之，是郑君说《礼》合今古文而仍主古文之证也。郑君又从恭祖受古文《尚书》。古文《尚书》自汉以来有两本，一为孔壁古文，一为杂书古文。杂书古文传自杜林，贾逵为之作训，马融作传，郑君即据融本注解。《书》赞曰："我先师棘下生、安国亦好此学，卫、贾、马二三君子之业，则雅材好博，既宣之矣。欧阳氏失其本义，今疾此蔽冒，犹复疑惑不悛。"由是观之，是郑君说《书》合今古文而仍主古文之证也。郑君师事京兆第五元，先通《京氏易》、《公羊春秋》，又从恭祖受《左氏春秋》，其后注《易》用费氏，注《春秋》用左氏，何休著《公羊墨守》、《左氏膏肓》、《穀梁废疾》，郑君乃发《墨守》，铖《膏肓》，起《废疾》。由是观之，是郑君说《易》说《春秋》合今古文而仍主古文之证也。且不宁惟是，何晏《论语集解》序曰："郑玄就鲁论篇章考之齐、古，为之注。"《隋志》曰："郑玄以《张侯论》为本，参考《齐论》、《古论》而为之注。"《释文》亦曰："郑校周之本，以齐、古读正，凡五十事。"由是观之，是郑君不但诸经合今古文而主古文，即《论语》亦以古本为定也。范蔚宗曰："自秦焚六经，圣文埃灭。汉兴，诸儒颇修艺文，及东京，学者亦各名家，而守文之徒滞固所禀，异端纷纭，互相诡激，遂令经有数家，家有数说，章句多者或乃百余万言，学徒劳而少功，后生疑而莫正。郑玄括囊大典，网罗众家，删裁繁芜，刊改漏失，自是学者略知所归。"又曰："中兴之后，范升、陈元、李育、贾逵之徒争论古今学，后马融答北地太守刘瑰及玄答何休，义据通深，由是古学遂明。"魏袁翻亦曰："郑玄训诂三礼，及释五经异义，并尽思穷神，故得之远矣。览其明堂图义，皆有悟人意，察察著明，确乎难夺，谅足以扶微阐幽，不坠周公之旧法也。"范氏以"刊改漏失，古学遂明"推之，袁氏以"扶微阐幽，不坠周公旧法"誉之，均可谓能知郑君之所长矣。郑氏所注三礼，凡训诂制度曲折异同之故，无不疏通证明，使后世可考三代之盛，最为精确，然《通典》曰："自古至周，天下封建，故盛朝聘之礼，重宾主之仪。秦皇帝荡平九国，置列郡县，易于临统，便俗适时，滞儒常情，非今是古。礼经章句，名数尤繁，方今不行之典，于时无用之仪，空事钻研，竞为封执，与夫从宜之旨不亦异乎？"君卿立言虽志在经世，为郑学者亦不可不明此意也。虽然，古文由郑君而明，人知之，而今文由郑君而废，则人不之知也。东汉之季，今文家经师李育、何休、第五元辈犹有存者，郑君亲受业于元，不能发明七十子后学之微言大义，而惟取今文家口说补苴旧史之漏失，笺《诗传》则宗毛氏而绌三家，解《春秋》则依《左氏》而贬二传，议《礼》则以《明堂阴阳》乱后苍、二戴之师传，诂《尚书》则以杜林桼书改伏生、夏侯之定本，讲《周易》爻辰则杂费义于京氏之中，发《公羊墨守》则谓何邵公为乡曲之学。两汉专门之授受，至郑君而一变，自是厥后，《齐诗》、庆氏《曲台记》先亡，施氏梁丘之《易》、欧阳夏侯之《书》亡于永嘉，《鲁诗》不过江东，孟京《易》、《韩诗》虽在，人无传者，《公羊》《穀梁》二传亦式微殆绝，其祸皆起于郑学之肆行而诸经弃如土苴也。[12]盖学者之大患，莫患于抱一先生之言以自封，而尤莫患于强作调人以乱专家之宗旨。抱一先生之言以自封，不过专己守残而已，强作调人以乱专家之宗旨，则专家之书未有不自我而亡者。刘炫合南北派而北派衰，郑康成合今古文而今文废，其理一也。范蔚宗徒见经有数家，家有数说，以为东京滞固之流弊，而岂知括囊大典，网罗众家，其贻毒于学术，竟至此哉。《郑志》曰："不信亦非，悉信亦非。"康成学问之误正坐此，安有囊括大典而作此骑墙之见乎？惜《六艺论》全书已佚，无以考其宗旨之所依据也。嗟乎，宁道孔圣误，讳言服郑非，门户异同之见，盖自六朝、唐、宋而已然矣。此净辩相寻，六艺之道所以凌夷至于今日也。此篇旧所作，立论虽似偏宕，而于郑君经术大旨实橐括无遗，姑附于此，愿与旷代哲匠共商榷之。

校勘记

[1] 按：《史微》一书为避清康熙帝玄烨讳，"郑玄"皆称"郑元"，今皆改回，后仿此。

[2]《史微札记》："盖孔子欲以史官自况也"下补注："郑康成《论语》注：'老，老聃；彭，彭祖。'《世本》：'彭祖在商为守藏史，在周为柱下史。'当以其俱世职史，故并举之。包咸注；'老彭，殷贤大夫，好述古事。'此与虞戴德所称或是一人，但未言其为史。且从郑说。"

[3]《史微札记》："而同为观于太史哉"下补注："《说文》：'礼，履也。'引申之，凡当代宪典俾民率履者皆为礼，《左氏》亦谓之礼经。史目故事，礼通现行，一也。"

[4]《史微札记》："则其与史同科可知矣"下补注："《慎子》：'《诗》，往志也；《书》，往诰也；《春秋》，往事也。'义尤显。"

[5]《史微札记》："以载笔于左右者也"下补注："小史，太史之属，外史、御史，内史之属。内史即右史，太史即左史，见卢辩《大戴礼记·盛德篇》注。小史又曰南史，见孔颖达《左传疏》。此皆周制。《尚书大传》：'乃命五史以书五帝之蛊事。'五史亦据周言，周以上征藏主祏，史之大者，但有孤证，难强考也。"

[6]《史微札记》："其三曰师，盖近之矣"下补注："《汉书》君人南面之术。君人，统治通称。古书称君多取广义，《尔雅》、《广雅》所诂是也，故《隋志》谓近于师。"

[7]"训方氏"，原作"职方氏"，误，黄曙辉点校本据《隋书》卷三十四《经籍志三》及《周礼·训方氏》改。今从之。

[8]《史微札记》："此可见百家学术之源流矣"下补注："百家学术流衍极于战代，而理董定于刘班，前乎《汉志》言诸子者为庄周《天下篇》，篇中列举墨翟等及周，又附论惠施，大意主于判道，故于源流分合语焉不详，杂、法二家后时始盛，亦未备说。漆园哲将，刘班史才，著书各有其方，不必据彼疑此。"

[9]按黄曙辉点校本此处脱字，今补。

[10]《史微札记》："而无所更正也。""更正"改"更造"。

[11]《史微札记》："道固相须而成也"下补注："荀悦《申鉴·备博士广太学议》曰：'仲尼作经，本一而已，古今文不同，而皆自谓真本经。古今先师，义一而已，异家别说不同，而皆自谓古今。仲尼邈而靡质，昔先师没而无间，将谁使折之者。秦之灭学也，书藏于屋壁，义绝于朝野，逮至汉兴，收摭散滞，固已无全学矣。文有磨灭，言有楚夏，出有先后，或学者先意有所借定，后进相放，弥以滋蔓，故一源十流，天水违行，而讼者纷如也。执不俱是，比而论之，必有可参者焉。'窃谓今文学派源远流分，先意借定，务在申引，而统绪终存；古文学派专凭目論，较有据依，然亦得以意推说，二者未易偏废也。"

[12]《史微札记》："而诸经弃如土苴也"下补注："两汉博士争立学官，古文学家屡兴屡仆，东汉虽仍十四博士之旧，而民间传习转盛于官学。魏黄初立博士，因乎时势，古学多起晋初，十九博士，戴《记》《公》《穀》外，其余大抵皆古说也。学术之剧变未有甚于斯时者，其详见吾友王静安《博士考》。"

史微卷第二

内 篇

原 道

昔者黄帝既执道以济天下矣，知道为君人之要术，得之者昌，失之者亡，故立史官而世守之，以垂诫后王，非得道者如夏之终古，商之向挚，周之辛甲、尹佚，莫能居是职焉。而一时佐人君明治理者，若伊尹辅汤，《说苑》伊尹对汤曰："三公者，知通于大道，应变而不穷，辨于万物之情，通于天道者也，其言足以调阴阳，正四时，节风雨，如是者举以为三公。故三公之事，常在于道也。"《书》五十一篇，《汉志》列冠道家之首，注曰："汤相。"鬻熊、太公兴周，《汉志》道家著录《太公》二百三十七篇，注："吕望为周师尚父，本有道者。"《鬻子》二十二篇，注："名熊，为周师。自文王以下问焉。"《太公》书已佚，《鬻子》今存十四篇，逢行珪序曰："敷演大道，铨撰明史，阐域中之教化，论刑德之是非，虽卷轴不全，而其门可见。"子之肇始，莫先于斯矣。管仲治齐，太史公载管仲治齐之政曰："俗之所欲，因而予之；俗之所否，因而去之。其为政也，善因祸而为福，转败而为功，贵轻重，慎权衡，诸侯由是归齐。故曰知与之为取，政之宝也。"因者君之纲，此管子所以为道家。亦无不推原斯学，以秉要而执本。《文心雕龙·诸子篇》曰："篇述者，盖上古遗语而战代所记者也。"前此若墨有尹佚，儒有晏子，名有邓析，阴阳有司星子韦，小说有师旷，杂有伍子胥、由余，以及伊尹、太公、鬻子、管子，虽学各有宗，然皆未尝持以名家，持以名家则萌芽于七国而辩章于刘向，今之所称，实据后以蔽前也。史家通例，聊发其蒙于此。降及东迁，天子失官，老聃乃以守藏史述黄帝上古之言，著《道德》五千言，庄、列、关尹之徒羽翼之，号为道家，盖始此矣。道家之号盖始于《列子》，见刘向《叙录》。是故道家者，君人南面之术，六艺之宗子、百家之祖而我孔子所师承也。孔子曰："有天地，然后有万物。"道家曰："有物混成，先天地生。"孔子曰："分阴分阳，迭用柔刚。"道家曰："致虚极，守静笃。"此其用术之顺逆固不同矣，道家虽表里《归藏》，而与《周易》微有不同，盖《周易》经文王所演，孔子所序次，已非复道家宗旨矣。干宝《易注》曰："物有先天地而生者矣，今正取始于天地，天地之先，圣人弗之论也。故其所法象，必自天地而还。《老子》曰：'有物混成，先天地生。吾不知其名，强字之曰道。'《上系》曰：'法象莫大乎天地。'《庄子》曰：'六合之外，圣人存而不论。'《春秋縠梁传》曰：'不求知所不可知者，智也。'而今后世浮华之学，强支离道义之门，求入虚诞之域，以伤政害民，岂非谬说殄行，大舜之所疾者乎？"是老《易》之辨，古人已有定论，余书中谓道家出于《易》象，盖指其原言之，读者勿以辞害意也。而有大同者焉。同者何？曰同原于道而已。桓谭《新论》曰："老子谓之道，孔子谓之元。"盖有物混成，先天地生，此物不可见，而古今成败祸福存亡之道皆此物之所递嬗，则可见。故老子强名之曰道，孔子言道与老子同，而别名此物为乾元，此道家与孔子同原之一大证也。道家冥览古始，知天地所由缔造，皆此古今成败祸福存亡之道，为之推荡，以有今日也，于是观于天地间万事万物，而趋于相反相成之亟崇。盈不可常满也，则以虚葆之，强不可常恃也，则以弱守之，仁与不仁相随也，则以不仁仁之，德与不德相绁也，则以不德德之，于是而规内圣之术曰："后其身而身先，外其身而身存。"于是而规外王之术曰："绝圣弃智，绝仁弃义，绝巧弃利，昏昏沌沌，使天下一返诸无名之朴，则几于道矣。几于道，则可与天为徒矣。"[1]所谓君原于德而成于天者，意在斯乎，意在斯乎？余故曰："道家者，君人南面之术也。"问者曰："道家为君人南面之术，是固然矣，而何以又毁仁义，攻百家邪？"答之曰：此不知道家之言耳。道家之小仁义与百家也，岂毁之哉？盖道家所明者君道也，百家皆出官守，所明者臣道也。君道者，天道也；臣道者，人道也。故其言曰："帝王之德，以天地为宗，以道德为主，以无为为常。无为也，则用天下而有余；有为也，则为天下用而不足。上无为也，下亦无为也，是下与上同德，下与上同德则不臣；下有为也，上亦有为也，是上与下同道，上与下同道而不主。上必无为而用天下，下必有为为天下用，此不易之道也。"又曰："何谓道？有天道，有人道，无为而尊者天道也，有为而累者人道也。主者天道也，臣者人道也。天道之与人道相去远矣，不可不察也。"又曰："礼法数度，形名比详，古人有之，此下之所以事上，非上之所以畜下也。"是则道家之小仁义与百家，盖折中于天道耳。惟其以天为主，则其于仁义与百家也小之亦宜。虽然，谓其小之是也，谓其毁之则非也。且子独不读庄子之书乎？庄子之书，固世所谓剽剥儒、墨者也。《在宥》篇曰："匿而不可不为者事也，粗而不可不陈者法也，远而不可不居者义也，亲而不可不广者仁也，节而不可不积者礼也，中而不可不高者德也，一而不可不易者道也，神而不可不为者天也。"《天道》篇曰："古之明大道者，先明天而道德次之，道德已明而仁义次之，仁义已明而分守次之，分守已明而形名次之，形名已明而因任次之，因任已明而原省次之，原省已明而是非次之，是非已明而赏罚次之。以此事上，以此畜下，以此治物，以此修身，知谋不用，必归其天，此之谓太平，治之至也。"老子告孔子，亦曰："三皇五帝之礼义法度，其犹柤梨橘柚耶？其味相反而皆可于口。故礼义法度者，应时而变者也。"又曰："仁义，先王之蘧庐也，止可以一宿，而不可久处。故古之至人，假道于仁，托宿于义，以游逍遥之虚。"由是观之，则道家之于仁义百家实已无所不包矣，故其小仁义与百家也，非毁之也，诚以仁义百家皆知治之具，而非知治之道，可用于天下而不足以用天下，道家专重君道，重君道则于仁义百家不能不在所缓耳。[2]问者曰："道家不毁仁义百家，既闻命矣，而其糟粕六经则又何说？且六经者，史官之本也。意者，道家自昧其本欤？"答之曰：子何以见道家糟粕六经乎？昔孔子翻十三经《诗》《书》《礼》《乐》《易》《春秋》以见老子[3]，老子曰："六经，先王之陈迹也。夫迹，履之所出，而迹岂履哉？"谓之迹者，盖六经皆先王经世之粲然者，而道家则六经之意。自天子失官，史与道分，孔子问于老聃而删述焉，六经折入儒家而先王之意隐矣，道家所言，盖叹之也，岂可以此谓道家出于六经之外，而与吾儒异原邪？太史公《老庄列传》曰："世之学老子者则绌儒学，儒学亦绌老子，道不同不相为谋，岂谓是耶？"其辞讥世学微而婉，所谓末流之失，非两家言道有二本也。虽然，道家为世诟病久矣，而后之论者犹不止此，则请为子备言之。道家重养身，养身则静，静则耳目聪明，万物无足以铙其心，而天下之情伪毕瞭焉，司马谈说之曰："凡人所生者神也，所托者形也。神太用则竭，形太劳则敝，形神离则死，死者不可复生，离者不可复反，故圣人重之。"由是观之，神者，生之本也；形者，生之具也。不先定其神，而曰我有以治天下，何由哉？吕不韦亦曰："圣人察阴阳之宜、辨万物之利以便生，故精神安乎形而年寿得长焉。长也者，非短而续之也，毕其数也。"庄子亦谓："吹呴呼吸，吐故纳新，熊经鸟申，为寿而已矣。此道引之士，养形之人，彭祖寿考者之所好也。"而以不道引而寿，为天地之道，圣人之德，则道家养身之义，端可识矣。

而论者乃谓，如此则与方士长生之术无异也。道家倡无为，无为者，无为而无不为也。《淮南》说之曰："所谓无为者，不先物为也；所谓无不为者，因物之所为也。"《庄子》亦曰："静则无为，无为也，则任事者责矣。"而论者乃谓，如此则人人偷安而天下之治隳也。道家贵后而不贵先，贵柔而不贵强。其贵后与柔者，所以待时也。《淮南》说之曰："所谓后者，非谓其底滞而不发，凝结而不流，贵其周于数而合于时也。"老子亦曰："将欲弱之，必固强之。"而论者乃谓，如此则人人退屈，而天下之机失也。且也，庄周有言："当时命而大行乎天下，则反一无迹，不当时命而大穷乎天下，则深根宁极而待，此存身之道也。"又曰："以此处上，帝王天子之德也；以此处下，玄圣素王之道也。"则道家之隐沦不仕，非忘世也明矣。而论者乃谓，其可以处山林而不可以用天下也。古之所谓隐士者，非伏其身而弗见也，非闭其言而不出也，非藏其知而不发也。《史记》虽称老子修道德，其学以自隐无名为务，而载告孔子则曰："君子得其时则驾，不得其时则蓬累而行。"至庄子乃谓："我宁游戏污渎之中自快，无为有国者所羁，终身不仕，以快吾志焉。"傥所云"散道德，放论，归之自然"者欤？然不可以此议其宗旨。嗟乎，道家之指归，果若是哉？此其故总由史统既归孔子，百家废黜，道始失传，遂使千古君人南面之术，蕴没于神仙方伎之中，迄无一人心知其意耳。后世讲长生不死者皆神仙家言，神仙为方技之一种，明载《汉志》，非道家也。至张道陵、寇谦之等之伪道教，则又稗贩佛教及巫觋诸说而为之，益与古道家相去万里矣。[4]马贵与已辨之。近代方维甸叙《抱朴子》，尤详分合。余别有所考，此不悉具。苟知道家为君人南面之术，则虽有疑义，皆可推之而通，而老聃、庄、列诸书亦昭然若发蒙矣。此余之所以不惮反复证明也。

原　墨

道家之外，能与儒家代兴，思以所学易天下者，则曰墨家。墨家者，史之小宗也。《汉志》曰："墨家者流，盖出于清庙之守。"《吕氏春秋》曰："鲁惠公使宰让请郊庙之礼于天子，桓王使史角往，惠公止之，其后在于鲁，墨子学焉。"是则墨家之学出于清庙之守，清庙之守，掌郊祀之礼者也。掌郊祀之礼，非祝史乎？余尝反复《墨子》全书，知墨术真祝史之遗教也。《周礼》大祝掌六祝之辞，以事鬼神示，祈福祥，求永贞，此即墨家明鬼之旨焉；掌六祈以同鬼神示，此即墨家尚同之旨焉；作六辞以通上下亲疏远近，此即墨家兼爱之旨焉；小祝有寇戎之事则保郊祀之社，此即墨家非攻之旨焉。[5]祝史之职不详其所始，据《淮南》云"墨子学儒者之业，受孔子之术，以为其礼烦扰而不说，厚葬靡财而贫民，服伤生而害事，故背周道而用夏政"，庄子云："墨子称道曰：'昔者禹之湮洪水，决江河而通四夷九州也，腓无胈，胫无毛，沐甚雨，栉疾风。禹大圣也，而形劳天下也如此。'使后世之墨者多以裘褐为衣，以跂跷为服，日夜不休，以自苦为极，曰：'不能如此，非禹之道也，不足谓墨。'"《列子》引禽子曰："以吾言问大禹、墨翟，则吾言当矣。"墨子谓公孟亦曰："子法周而未法夏也，子之古非古也。"今观墨家之道，曰节用、曰贵俭、曰右鬼，与非饮食而致孝乎鬼神，卑宫室而尽力乎沟洫，恶衣服而致美乎黻冕相同，意者，清庙之守其托始于禹世乎？《淮南·要略》曰："禹之时，天下大水，禹身执虆垂，以为民先，剔河而道九歧，凿江而通九路，辟五湖而定东海。当此之时，烧不暇撌，濡不给扢，死陵者葬陵，死泽者葬泽，故节财薄葬，间服生焉。"盖诸子学术皆出百官，百官各有所始，史官始黄帝，故道家托诸黄帝；司徒之官始尧舜，故儒家断自尧舜；清庙之守始夏禹，故墨家称乎夏禹，其揆一也。虽然，墨术原于禹，而禹道固不足以尽墨家之宗旨也。《墨子》七十一篇，语必则古昔、称先王，言尧舜禹汤文武者六，言禹汤文武者四，言文王者三，至《明鬼》篇述祝史之源流则曰："昔者虞夏商周三代之圣王，其始建国营都日，必择国之正坛，置以为宗庙，必择木之修茂者，立以为菆位；必择国之父兄慈孝贞良者，以为祝宗；必择六畜之胜腯肥倅毛，以为牺牲；必择五谷之芳黄，以为酒醴粢盛。"[6]观其以虞夏与商周三代并言，亦可见墨子之学无常师矣。故韩非曰："孔子、墨子俱道尧舜，而取舍不同。"太史谭亦曰："墨者亦尚尧舜道，言其德行。"此之谓也。考墨家最古者有《尹佚》二篇，《汉志》尝著录之，尹佚即史佚。其遗说，《逸周书》、《左传》往往引之。至独成一家之学则始于墨翟，《史记·孟荀传》曰："盖墨翟，宋之大夫，善守御，为节用。或曰并孔子时，或曰在其后。"《别录》曰："墨子书有文子，文子，子夏之弟子，问于墨子。如此，则墨子者在七十子后矣。"[7]余以其书案之，所载楚惠王、鲁文君问答之词，多非春秋时事，其为七十子后人更无疑义，此所以继孔子而兴，徒侣之众，几与儒家中分天下也，故庄周称之为才士，不韦尊之为巨子[8]，见于《汉志》者则有若随巢子焉，有若胡非子焉，见于《吕览》者则有若禽滑厘焉，有若唐姑果焉，见于诸子载记者，则有若墨者夷之焉，有若墨者田鸠焉。韩非《显学篇》曰："自墨子之死也，有相里氏之墨，有相夫氏之墨，有邓陵氏之墨，墨离为三。"《群辅录》曰："不累于俗，不饰于物，不尊于名，不忮于众，此宋钘、尹文之墨；裘褐为衣，跂跷为服，日夜不休，以自苦为极者，相里勤、五侯子之墨；俱称经而背谲不同，相谓别墨，以黑白[9]，此苦获、已齿、邓陵子之墨。"孟子有言："杨墨之言盈天下，天下之言不归杨则归墨。"当孔子史统未定以前，墨学传习于战国一代，可谓极取合诸侯之盛矣。大抵百家中最大者有二家，一曰道家，一曰墨家，二家皆原于史，皆以言天立教者也。道家出太史，太史，主知天道者也，故道家以法天为要归；墨家出祝史，祝史，主事天鬼者也，故墨家以顺天为宗旨。吾何以知墨家宗旨在顺天乎？吾以《墨子·天志》一篇知之，《天志》曰："昔三代圣王禹汤文武，欲以天之为政于天子，明说天下之百姓，故莫不犓牛羊，豢犬彘，洁为粢盛酒醴，以祭祀上帝鬼神，而求祈福于天。顺天意者，兼相爱，交相利，必得赏；反天意者，别相恶，交相贼，必得罚。"《墨子》言天者极多，与此意皆同，略引一嵩，可以隔反也。又曰："故子墨子之有天之意也，天之意即天志，故又曰"我有天志"，文繁不悉录。上将以度天下之王公大人为刑政也，下将以量天下之万民为文学出言谭也。观其行，顺天之意谓之善意行，反天之意谓之不善意；观其刑政，顺天之意谓之善刑政，反天之意谓之不善刑政。故置此以为法，将以量度天下之王公大人卿大夫之仁与不仁，譬之犹分黑白也。"由是而观，墨家学术之宗旨可一言以蔽之，亦曰顺天而已矣。惟其顺天，故主非攻，其言曰："天之意不欲大国之攻小国也。"惟其顺天，故主兼爱，其言曰："顺天之意何若？曰兼爱天下之人。何以知兼爱天下之人也？以兼而食之也。"惟其顺天，故主尚贤，其言曰："古圣王以尚贤使能为政而取法乎天，虽天亦不辩贫富贵贱、远迩亲疏，贤者举而尚之，不肖者抑而废之。"惟其顺天，故主尚同，其言曰："天下之百姓皆上同于天，一而不上同于天，则菑犹未去也。今若天飘风苦雨，凑凑而至者，此天之所以罚百姓之不上同于天者也。"惟其顺天，故主节葬，节葬者，所以厚于祭天也，其言曰："以厚葬久丧者为政，国家必贫，人民必寡，刑政必乱。若苟贫，是粢盛酒醴不净洁也；若苟寡，是事上帝鬼神者寡也；若苟乱，是祭祀不时度也。"惟其顺天，故主明鬼，其言曰："古者圣王明天鬼之所欲，不避天鬼之所憎，是以率天下之万民，斋戒沐浴，洁为酒醴粢盛，以祭祀天鬼。"《明鬼》一篇皆祝史祭祀之大义，《山海经》凡某山必云其祠之礼何、瘗用何、糈用何，《山海经》为禹益之遗书，祭祀之礼起于夏禹，墨家出祝史，观于《明鬼》等篇，其义显然。惟其顺天，故主非乐，其言曰："上者天鬼弗戒，下者万民弗利。诚将欲兴天下之利，除天下之害，当在乐之为物，不可不禁而止也。"惟其顺天，故主非命，其言曰："命上不利于天，中不利于鬼，下不利于人，而强执此者，此持凶言之所自生而暴人之道也。"然则《天志》一篇，真《墨子》全书之纲要，而所谓非攻、兼爱、尚贤、尚同、非乐、非命、节用、节葬者，其由《天志》之义推而见诸行事者乎？《鲁问》篇曰："国家昏乱则语之尚贤、尚同，国家贫则语之节用、节葬，国家喜音沉湎则语之非乐、非命，国家淫僻无礼则语之尊天、事鬼，国家务夺侵陵则语之兼爱、非攻。"此其救时亦多术矣，而要其原皆自《天志》发之。《尸子》曰："墨子贵兼。"兼为墨翟全书指归，惟《天志》篇言之最详，凡墨家摩顶放踵，皆兼利天下之旨也。《吕氏春秋》作"贵廉"，兼、廉通假字。余故曰：墨家者，祝史之遗教，而史之小宗也。或问曰："子谓墨家之旨在顺天，是已。而《经上》、《经下》、《经说上》、《经说下》及《大取》、《小取》等篇，识者多谓墨学之源流，何以与《天志》所言不同也？亦有说欤？"答之曰：《经》上下、《经说》上下，庄周名之曰别墨，而鲁胜称之曰辩经者也，《大取》、《小取》则又专为语经而作者也。以余考之，皆非墨家学术之正宗也。《庄子·天下》篇曰："相里勤之弟子五侯之徒，南方之墨者苦获、已齿、邓陵子之属，俱诵墨经，而倍谲不同，相谓别墨，以坚白同异之辩相訾，以觭偶不仵之辞相应，以巨子为圣人，皆愿为之尸，冀得为其后世，至今不决。"《鲁胜传》则言惟注《墨辩》存，其序曰："墨子著书，作辩经以立名本，惠施、公孙龙祖述其学，以正刑名显于世。孟子非墨子，其辩言正辞则与墨同，荀卿、庄周等皆非毁名家而不能易其论也。自邓析至秦时名家者，世有篇籍，率颇难知，后学莫复传习，于今五百余岁，遂亡绝。《墨辩》有上下经，经各有说，凡四篇，与其书众篇连第，故独存。今引说就经，各附其章，疑者阙之，又采诸众杂集为刑名二篇，略解指归，以俟君子。"今据二人之说以观《经上》、《经下》、《经说》上下及《大取》、《小取》六篇，所言多与公孙龙子相符合，真粹然名家之学也。岂非庄生所谓"以坚白同异之辩相訾"，鲁胜所谓"作辩经以立名本"者哉？盖名家本出礼官，而墨家则出清庙之守，清庙之守又掌郊祀之礼者也，其与名家相表里也固其宜矣。或曰："六篇既不足为经矣，然则果何篇为墨子之经乎？"曰：以言乎墨子之经，惟《亲士》、《修身》、《所染》、《法仪》、《七患》、《辞过》、《三辩》七篇足以当之。何则？《墨子》全书之宗旨不外乎天志、尚贤、尚同、兼爱、非攻、节用、节葬、明鬼、非乐、非命十者而已，而此十者大抵由此七篇中推而演之者也。《亲士》篇言："非贤无急，非士无与虑国"，则尚贤之所从出也。《法仪》篇言："莫若法天，天之行广而无私，其施厚而不德，其明久而不衰，故圣王法之"，则天志之所从出也。又言："奚以知天兼而爱之、兼而利之也？以其兼而有之，兼而食之"，则兼爱之所从出也。又言："昔之圣王禹汤文武，兼天下之百姓，率以尊天事鬼"，则明鬼之所从出也。《七患》篇言："上世之圣王岂能使五谷常收而旱水不至哉？然而民不冻饿者何也？其生财密，其用之节也"，则节用、节葬之所从出也。《三辩》篇言："其乐逾繁者，其治逾寡，乐非所以治天下也"，则非乐之所从出也。惟尚同、非攻、非命无说明，然旨义已隐具于篇中矣。潜溪《诸子辨》曰："《墨子》三卷，上卷七篇，号曰经，中卷、下卷六篇，号曰论。"是此七篇之为墨经，由来久矣，岂可与《经上》、《经下》名家别墨者同日语乎？余观《管子》书有经言九篇，《韩非子·内储外储说》有经二十二篇，贾谊《新书》有容经，商高《周髀》有算经，则《墨子》以此七篇为经，而以余者为论，盖犹儒家尊孔子所言为孝经，道家尊老子所言为道经耳，而章实斋反谓古人不当称经，自蹈于僭窃王章之罪，亦可谓知黑入不知白出者矣。古人政典编著官府则曰经，李悝《法经》是也。三代简略，六艺不称经，而经之实具。其后国异政、家殊俗，六艺已非当代颁行之书，但可名史，不得称经。称经，儒家崇奉孔子耳。故七十子后学所纪有《经解》篇，而诸子著书，其徒亦以经尊之，而经之名始不专属政典矣。实斋所言辩而实舛。嗟乎，《墨子》一书，自孟子因兼爱、节葬之流弊，诋之为无父[10]，而宋儒又创为謷言，至以西方之教屏弃之，佛教主于出世，而墨学则意在治世，盖百家皆由于官守，无一非先王经纬天下之道，不特墨子为然，即杨朱为我，遗书虽亡，见于《列子》所引者，亦岂有出世大法耶？遂使先王祝史之遗教，历数千余年无一人能通其义者。庄生尝言："不侈于后世，不靡于万物，不晖于数度，以绳墨自矫而备世之急，古之道术有在于是者，墨翟、禽滑厘闻其风而悦之，作为非乐，命之曰节用，生不歌，死无服。墨子泛爱、兼利而非斗，其道不怒，又好学而博，不异，不与先王同，毁古之礼乐。其生也勤，其死也薄，反天下之心，天下不堪，墨子虽能独任，奈天下何？"太史谈《要旨》曰：

"墨者俭而难遵，是以其事不可遍循，然其强本节用，不可废也。"又曰："堂高三尺，土阶三等，茅茨不翦，采椽不刮。食土簋，啜土刑，粝粱之食，藜藿之羹，夏日葛衣，冬日鹿裘。其送死，桐棺三寸，举音不尽其哀，教丧礼，必以此为万民之率。使天下法若此，则尊卑无别也。夫世异时移，事业不必同，故曰俭而难遵。要曰强本节用，则人给家足之道也。此墨子之所长，虽百家弗能废也。"谭以史官旧学辩章六家，与庄周义同。此真墨流之定论，彼哓哓者何容置喙于其间哉？

原　杂

道家古太史之术，墨家古祝史之术，故二家于九流中为最大，若夫二家之外，能与之鼎立自成一子，则又有杂家。杂家何以能与二家鼎立哉？曰：杂家者，宰相论道经邦之术，亦史之支裔也。古代宰相实维三公，郑康成注《尚书大传》曰："坐而论道，谓之三公。通职名，无正官名。"[11]《汉百官表》曰："太师、太傅、太保，是为三公。盖参天子，坐而议政，无不总统，不以一职为官名。记曰三公无官，言有其人然后充之。"惟其无正官名而又职司议政，故汉隋两志均称之为议官。议官之道，上以佐理天子，知国体之有此，下则总统百官，见王治之无不冠[12]。道家为天子南面之术，儒、墨、名、法为百官典守之遗，是故杂家无不归本于道家，又无不兼儒、墨，合名、法。昔高诱序《吕氏春秋》曰："此书所尚，以道德为标的，以无为为纲纪，以忠义为品式，以公方为检格，与孟轲、孙卿、淮南、扬雄相表里也。"言《吕览》一书自成一家，与孟轲等书相同，非谓杂家学术也，读者不可误会。而序《淮南》则曰："其旨近老子，淡泊无为，蹈虚守静，出入经道。言其大也，则焘天载地，说其细也，则沦于无垠，及古今治乱存亡祸福、世间诡异瑰奇之事。其义也著，其文也富，物事之类，无所不载，然其大较，归之于道。"是则杂家之宗旨，古人已先我论定矣。刘昼《新论》："杂者，孔甲、尉缭、尸佼、淮南之类也。明阴阳，本道德，兼儒、墨，合名、法，包从横，纳农植，触类取与，不拘一绪。"其甄明流别，亦高诱俦也。不观吕相不韦、淮南王安二家之书乎？吕氏著书之旨，莫详于《序意》，《序意》虽十二纪之总序，实不啻吕览全书纂要也。其言曰："良人请问十二纪，文信侯曰：'尝得学黄帝之所以诲颛顼矣，爰有大圜在上，大矩在下，大圜、大矩指天地言。汝能法之，为民父母。盖闻古之清世，是法天地。凡十二纪者，所以纪治乱存亡也，所以知寿夭吉凶也。上揆之天，下验之地，中审之人，若此则是非可不可无所遁矣。天曰顺，顺维生；地曰固，固维宁；人曰信，信维听。三者咸当，无为而行，行也者，行其理也。'”由此观之，一则曰纪治乱而知寿夭，再则曰法天地而行无为，非杂家兼儒墨、合名法以归本于道家之大义乎？淮南著书之旨莫详于《要略》，《要略》者，亦一书之通例也。其言曰：“凡属书者，所以窥道开塞，庶后世使知举错取舍之宜适。故言道而不明终始，则不知所仿依；言终始而不明天地四时，则不知所避讳；言天地四时而不引譬援类，则不知精微；言至精而不原人之神气，则不知养生之机；原人情而不言大圣之德，则不知五行之差；言帝道而不言君事，则不知小大之衰；言君事而不为称喻，则不知动静之宜；言称喻而不言俗变，则不知合同大指；已言俗变而不言往事，则不知道德之应；知道德而不知世曲，则无以耦万方；知泛论而不知诠言，则无以从容；通书文而不知兵指，则无以应卒；已知大略而不知譬喻，则无以推明事；知公道而不知人间，则无以应祸福；知人间而不知修务，则无以使学者劝力；欲强省其词，则不足以穷道德之意。故著书二十篇，则天地之理究矣，人间之事接矣，帝王之道备矣。其言有小有巨，有微有粗，然而能得本知末者，其惟圣人也。今学者无圣人之才，而不为详说，则终身颠顿乎混溟之中，而不知觉寤乎昭明之术矣。”由是观之，一则曰接人间之事，再则曰备帝王之道，非杂家兼儒墨、合名法以归本于道家之大原乎？然则杂家之为术也，范围天地之化而不过，曲成万物而不遗，进退百家以放之乎道德之域，真宰相之所以论道经邦者也，岂后世子钞、子纂之流同类而等视哉？彼以集众修书杂糅不纯为杂家，盖失之矣。或曰：“杂家之学出于议官，既闻命矣。敢问《吕览》、《淮南》二书命名之义，可得言欤？”曰：奚为而不可也。《吕览》之为书也，太史迁尝说之矣。《吕不韦传》曰：“是时诸侯多辩士，如荀卿之徒，著书布天下，吕不韦乃使其客人人著所闻，集论以为八览、六论、十二纪，二十余万言，以为备天地万物古今之事，号曰《吕氏春秋》。”《十二诸侯年表》曰：“吕不韦，秦庄襄王相，亦上观尚古，删拾《春秋》，集六国时事，以为八览、六论、十二纪，为《吕氏春秋》。”此二说足以尽吕氏矣，故其书有十二纪，有八览，有六论。纪者，所以明王者政教当顺四时而行也；览者，所以训诫人君，备览观也；论者，所以尚论天地万物古今之事变也。郑康成有言：“吕氏说月令而谓之春秋，事类相近焉。”蔡邕有言：“吕不韦著书，取月令为记号。”曰记号、曰事类，比事属词，引譬援类，此春秋之名所由仿欤？至于淮南之书，本名《鸿烈》。鸿，大也；烈，明也，以为大明道之言也。故其书始《原道》，终《泰族》，而以《要略》殿焉。皆谓之训者，训，说教也，亦所以教诲人主，使之统天下，理万物，应变化，通殊类，而与世推移也。是以《要略》说之曰："夫作为书论者，所以纪纲道德，经纬人事，上考之天，下揆之地，中通诸理。故多为之词，博为之说。又恐人之离本就末也，故言道而不言事，则无以与世浮沉；言事而不言道，则无以与化游息。故著二十篇，有《原道》，有《俶真》，有《天文》，有《坠形》，有《时则》，有《览冥》，有《精神》，有《本经》，有《主术》，有《缪称》，有《齐俗》，有《道应》，有《泛论》，有《诠言》，有《兵略》，有《说山》，有《说林》，有《人间》，有《修务》，有《泰族》也。"博矣哉，议官之道，舍二家，吾谁观哉？盖议官，古之三公也。天子统三公，三公统百官，天子当知君人南面之道，三公亦当备君人南面之道。天子本君人南面之道，法天以受百官之成；三公则明君人南面之道，承天以贰百官之守。昔汉置太史公，位丞相上，虞喜《志林》曰："古者主天官者皆上公，自周至汉，其职转卑，然朝会坐位犹居公上，尊天之道也。"可证议官一学，非深明天道者盖不足以当之矣。史官主知天道，余故曰：杂家者，史之支裔也。

原　法

儒、墨、道、杂四家为诸子中之大支，既闻命矣，敢闻法家之学与其流派。曰：法家之学出于理官，《汉志》明言之矣，盖道家君人南面之内术，而法家则君人南面之外术也。法无道则失本，道无法则不行，太史公为《申韩列传》，曰："申子之学本黄老而主刑名。韩非喜刑名法术之学，而其归本于黄老。"又曰："申子卑卑，施之于名实，韩子引绳墨，切事情，明是非，其极惨礉少恩，皆原于道德之意。"《尹文子》亦曰："道不足以治则用法，法不足以治则用术，术不足以治则用权，权不足以治则用势，势用则反权，权用则反术，术用则反法，法用则反道，道用则无为而自治，故穷则徼终，徼终则反始，始终相袭，无穷极也。"是可见法家之为用，盖不能离道矣。故法家者以道为常，以法为本，人君所以禁淫慝、齐不轨而辅于治者也。何以言之？古者未有君民上下之时，民乱而不治，无所谓贵贱爵位名号也，圣人为之立君以统之，为之设长以率之，而君长也者，以藐躬托于百官万民之上，上下一日百战，若朽索之驭六马，苟无法焉以维系其间，何以能持久而不败哉？老子曰："鱼不可脱于渊，国之利器不可以示人。"此之谓也。圣王知其然也，于是立法以示天下，使天下亲疏远近、贵贱美恶，一断以法，官无私论，士无私议，民无私说，皆虚其匈以听于上，如天地之无不覆帱焉，而后身安而国家可保矣。余尝读管仲之书，仲之言曰："法者，上之所以一民使下也；私者，下之所以侵法乱主也。故圣君置仪设法而固守之，然故谌杵习士闻识博学之人不可乱也，众强富贵私勇者不能侵也，信近亲爱者不能离也，珍怪奇物不能惑也，万物百事非在法之中者不能动也。故法者，天下之至道也，圣君之实用也。"又读韩非之书，非之言曰："君臣也者，以计合者也。至夫临难必死，尽智竭力，为法为之，故先王明赏以劝之，严刑以威之。"又曰："圣人之治国也，固有使人不得不爱我之道，而不恃人之以爱为我也。正直之道可以得利则臣尽力以事上，正直之道不可以得安则臣行私以干上。明主知之，故设利害之道以示天下而已矣。"又曰："下匿其私，用试其上，上操度量，以割其下，故度量之立，主之宝也。"又曰："人臣之于其君，非有骨肉之亲也，缚于势而不得不事也。故为人臣者，窥觇其君心也，无须臾之休，而人主怠傲处其上，此世所以有劫君弑主也。"由是观之，法家之宗旨无他，一言以蔽之，曰不使君权下移于臣庶而已。其不使君权下移于臣庶者，所以巩固其国础而已。《慎子》曰："立天子以为天下，非立天下以为天子也；立国君以为国，非立国以为君也；立官长以为官，非立官以为官长也。法虽不善，犹愈于无法，所以一人心也。夫投钩以分财，投策以分马，非钩策为均也，使得美者不知所以美，使得恶者不知所以恶，此所以塞愿望也。"观此可见法家立法之本意。三代帝王所以享国长久，无篡夺之祸者，胥是术也。春秋之中，弑君三十六，亡国五十二，诸侯奔走不得保其社稷不可胜数，岂尽君之无道乎？《易》曰："臣弑君，子弑父，非一朝一夕之故，其所由来者渐矣。"然则司理之设，法家所讲求，谓非有国有家者之急务哉？太史谈《六家要旨》曰："法家严而少恩，然其正君臣上下之分，不可改也。"诚深知法家宗旨者矣。考法家之学原于黄帝，《管子》曰："黄帝之治也，置法而不变，使民安其法者也。"此可征法家缘起，故法家无不与道家相表里也。传及战代，分为四派，一曰慎到，一曰申不害，一曰商鞅，一曰韩非。慎到、申不害言法之术者，商鞅言法之法者也，韩非则合法术而推其原者也。今《申子》已佚，《申子》书佚，说见于群书所载者如《北堂书钞》引"君之所以尊者令，令之不行，是无君也，故明君慎之"、《太平御览》引"君必明法，若悬权衡以称轻重，所以一群臣也"诸条，尚可略见其宗旨。《慎子》非完书,《慎子》之论治也,曰:"君人者舍法而以身治,则诛赏予夺从君心出。受赏者虽当,望多无穷;受罚者虽当,望轻无已。"又曰:"明君动事分官由惠,定赏分财由法,行德制中由礼,故欲不得干时,爱不得犯法,贵不得逾亲,禄不得逾位,士不得兼官,工不得兼事,以能受事,以事受利。若是者,上无美赏,下无美财。"惜其全书不少概见,然即此数语推之,谓之发明创法之术,殆不诬矣。公孙弘对策曰:"擅杀生之柄,通雍塞之涂,权轻重之数,论得失之道,使远近情伪必见于上,谓之术。得其要则天下安乐,法设而不用;不得其术则主蔽于上,官乱于下。此事之情,属统垂业之本也。"可与《慎子》宗旨相印证。试以韩、商二家征之,韩非一书,有论劫夺之祸者焉,皆法家之术也,故曰:"爱臣太亲,必危其身;人臣太贵,必易主位。"有论富强之效者焉,皆法家之法也,故曰:"国无常强,无常弱,奉法者强则国强,奉法者弱则国弱。"所谓"寄治乱于法术,托是非于赏罚,属轻重于权衡"者,此也,岂非合法术而推其原乎?至于商君则法家之实行者也。其术以农战为本务,故曰:"国待农战而安,主待农战而尊。夫民之不农战也,上好言而官失常也。常官则国治,壹务则国富,国富而治,王之道也。"此真法家之专详立法者也。盖商君所治者秦,秦俗强狠,故不能不用严刑,《淮南·要略》曰:"秦国之俗,贪狼强力,寡义而趋利,可威以刑而不可化以善,可劝以赏而不可厉以名,被险而带河,四塞以为固,地利形使,畜积殷富。孝公欲以虎狼之势而吞诸侯,故商鞅之法生焉。"韩非所说者韩,韩国危亡,故不能不进苦口。太史公《韩非传》曰:"非见韩之削弱,数以书谏韩王,韩王不能用,于是韩非疾治国不务修明其法制,执势以御其臣下,富国强兵而以求人任贤,反举浮淫之蠹而加之于功实之上。以为儒者用文乱法,而侠者以武犯禁。宽则宠名誉之人,急则用介胄之士,今者所养非所用,所用非所养。悲廉直不容于邪枉之臣,观往者得失之变,故作《孤愤》、《五蠹》、《内外储》、《说林》、《说难》十余万言。"《论衡》亦曰:"韩国不小弱,法度不坏废,则韩非之书不为。"商君有言:"圣人之为国也,不法古,不修今,因世而为之治,度俗而为之法。故法不察民之情而立之则不成,治宜于时而行之则不干。圣王之治也,慎为察务,归心于一而已。"二子审时势,权利害,其慎于制法如此,而说者乃以殃国蠹民为法家病,亦见其设淫词而助之攻也。韩非《奸劫》篇曰:"圣人者,审于是非之实,察于治乱之情。故其治国也,正明法,陈严刑，将以救群生之乱，去天下之祸，使强不陵弱，众不暴寡，耆老得遂，幼孤得长，边境不侵，君臣相亲，父子相保而无死亡系虏之患，此亦功之至厚者也。愚人不知，顾以为暴。愚者固欲治而恶其所以治，皆恶危而喜其所以危，此夫智士所以至死而不显于世也。"[13]是当时诋訾者已不得法家之用意，故韩子言之有余慨焉。嗟乎，法家者，君人南面之外术也。自孝公变法，用商鞅垦草令，开阡陌，以区区之秦，常强于六国，始皇因之，卒并天下，其后贾生、晁错又皆以明申、商称于时，徙粟塞下之谋[14]，分封诸王之策，实其已试之效矣。孔子曰："弃法，是无以为国家也。"使孔子而非圣人也则已，使孔子而圣人也，则岂非法家之定论乎？余故本孔子之义，粗考法家之源流，后有论者，其无令古人理官一学，独蒙恶声可耳。

原　名

古之君子，其自命皆有以天下为任之心，其为学皆有以礼乐为治之志，而其措诸行事，又必持之有故，言之成理，然后可以晓学者，而达神旨焉。是故贵贱不明，同异不别，如是则志必有不喻之患，而事必有困废之祸，故知者为之分别制名以指实。《汉志》曰："名家者流，盖出于礼官。古者名位不同，礼亦异数。孔子曰：'必也正名乎？名不正则言不顺，言不顺则事不成。'此其所长也。"名家宗旨尽于此矣。虽然，名家之学百家莫不兼治之，荀子有《正名》篇矣，则儒家之有名也；墨子有《辨经》及《大取》、《小取》矣，则墨家之有名也；《韩非子》尝言形名参同矣，则法家之有名也；《吕氏春秋》亦有《正名》篇矣，则杂家之有名也。窃尝论之，荀卿长于礼，墨家本祝史，祝史掌祭祀，祭祀，礼之大者也，此因礼而兼及名家者耳；法家言信赏必罚，赏罚必当其实，此因明法而兼及名家者耳；杂家兼儒、墨，合名、法，知王治之无不贯，此因备众家所长而兼及名家者耳，皆非专修名家之术者也，专修名家之术则始于邓析子。析之言曰："缘身而责名，缘名而责形，缘形而责实。"又曰："循名责实，实之极也；按实定名，名之极也。参以相平，转而相成，故得之形名。"又曰："循名责实，君之事也；奉法宣令，臣之职也。"又曰："上循名而督实，下奉教而不违。"又曰："谈者别殊类使不相害，序异端使不相乱，谕志通意，非务相乖也。"此真得名家之精义矣。然析虽备言名与治相关之理，而犹未畅发其学也，畅发其学则始于尹文子。尹文子于名立三科，于法立四呈。何谓三科？一曰命物之名，方圆白黑是也；二曰毁誉之名，善恶贵贱是也，三曰况谓之名，贤愚爱憎是也。何谓四呈？一曰不变之法，君臣上下是也；二曰齐俗之法，能鄙同异是也；三曰治众之法，庆赏刑罚是也；四曰平准之法，律度权量是也。故其言曰："先正名分，使不相侵杂，然后术可秘、势可专。名者，名形者也；形者，应名者也。然形非正名也，名非正形也，则形之与名居然别矣，不可相乱，亦不可相无。今万物具存，不以名正之则乱，万名具列，不以形应之则乖，善名命善，恶名命恶，故善有善名，恶有恶名。圣贤仁智，命善者也；顽嚚凶愚，命恶者也。今即圣贤仁智之名以求圣贤仁智之实，未之或尽也；即顽嚚凶愚之名以求顽嚚凶愚之实，亦未或尽也。使善恶尽然有分，虽未能尽物之实，犹不患其差也。故名称者何？彼此而检虚实者也。自古至今，莫不用此而得，用彼而失，失者由名分混，得者由名分察。今亲贤而疏不肖，赏善而罚恶，贤不肖善恶之名宜在彼，亲疏赏罚之称宜属我，我之与彼又复一名，名之察者也；名贤不肖为亲疏，名善恶为赏罚，合彼我之一称而不别之，名之混者也。语曰好牛，好则物之通称，牛则物之定形，以通称随定形，不可穷极者也；设复言好马，则复连于马矣，则好所通无方也；设复言好人，则彼属于人也，则好非人，人非好也，则好牛、好马、好人之名自离矣，故曰名分不可相乱也。"斯言也，可谓较邓析又精邃矣。何则？以其规定范围，卓然自成一家也。《荀子·正名》篇曰："心有征知，征知则缘耳而知声可也，缘目而知形可也，然而征知必将待天官之当簿其类然后可也。五官簿之而不知，心征之而无说，则人莫不然谓之不知，此所缘而以同异也。然后随而命之，同则同之，异则异之，单足以喻则单，单不足以喻则兼，单与兼无所相避则共，虽共不为害矣。故万物虽众，有时而欲遍举之，故谓之物。物也者，大共名也。推而共之，共则有共，至于无共然后止。有时而欲遍举之，故谓之鸟兽。鸟兽也者，大别名也。推而别之，别则有别，至于无别然后止。物有同状而异所者，有异状而同所者，可别也，状同而为异所者，虽可合，谓之二实；状变而实无别而为异者，谓之化，有化而无别，谓之一实，此事之所以稽实定数也。"所论与尹文子皆名家之粹义，可见古代此学发达，不减西域因明也。然尹文子虽规定名家范围，而专标此学以号于天下者，则又始于公孙龙。公孙龙，六国时辩士也。疾名实之殽乱，于是假物取譬，以守白辩，而名家一派遂大行于战代，是故其为术也有二，一曰论白马，一曰论坚白。白马之说曰："马者所以命形也，白者所以命色也，命色者非命形也，故曰白马非马。"坚白之说曰："物白焉，不定其所白；物坚焉，不定其所坚。不定者兼，恶乎其石也？"
又曰："于石一也，坚、白二也，而在于石，故有知焉，有不知焉，有
见焉，有不见焉，故知与不知相与离，见与不见相与藏。"[15] 盖白马、
坚白二者皆因名以控实者，名必有形，察形莫如别色；名必有分，明分
莫如有无。是有不是，可有不可，是名两可。同而有异，异而有同，是
谓辩同异，至同无不同，至异无不异，是谓辩同辩异。同异生是非，是
非生吉凶，取辩于一物而原极天下之污隆，庄生所谓"能饰人之心，能
易人之意，能胜人之口"者，其是之谓欤？自龙之后，惠施、毛公皆闻
其风而悦之。惠施著书一篇，庄子谓其以坚白鸣；《庄子·天下》篇说
惠施之术曰："大同而与小同异，此之谓小同异；万物毕同毕异，此之
谓大同异。卵有毛，鸡三足，郢有天下，犬可以为羊，马有卵，丁子有
尾，火不热，山出口，轮不碾地，目不见，指不至，至不绝，龟长于
蛇，矩不方，规不可以为圆，凿不围枘，飞鸟之景未尝动也，镞矢之疾
而有不行不止之时，狗非犬，黄马、骊牛三，白狗黑，孤驹未尝有母，
一尺之棰，日取其半，万世不竭。惠施日以其知与人之辩，特与天下之
辩者为怪，此其柢也。"案庄子所引数端皆名家之举例，施书不传，故
附著之。毛公著书九篇，刘向谓其论坚白同异，以为可以治天下，大抵
皆祖龙之学说者也。荀卿有言："实不喻然后命，命不喻然后期，期不
喻然后说，说不喻然后辩。"能通期命辩说之用者，可以读邓析、尹文、
公孙龙三家之书矣。昔太史公论六家要旨曰："名家苛察缴绕，使人不
得反其意，专决于名而失人情，故曰使人俭而善失真。若夫控名责实，
参伍不失，此不可不察也。"然则守法之吏、诵数之儒，欲整齐小家珍
说，以上辅人君礼教之不逮，考于太史公言，尚其取斯学而绎之哉。名
家之学，其用甚广，《吕氏春秋》曰："名正则治，名丧则乱。使名丧者
淫说也，说淫则可不可而然不然，是不是而非不非。"故近世考据家巧
说邪辞，无裨世教，正坐不通此学耳。

　　校勘记
　　[1]《史微札记》："几于道，则可与天为徒矣"下补注："道家喜言
天地未成立以前形状，立有生于无、无生于无无为宗。老子：'玄之又
玄，众妙之门。'众妙，有始者，玄，未始有有始者，玄之又玄，未始
有夫未始有有始者，《淮南·俶真训》：'予能有无而未能无无，及其为
无无，至妙何从及。'此所谓无，视之不见其形，听之不闻其声，扪之

不可得，望之不可极；所谓无无，深闳广大，不可为外，析豪剖芒，不可为内。其所测皆就天地衍化之理推之。'载形魄抱一，专气致柔'诸句义略示至人体道之谳耳，与佛家真如性空有无并遣者，悬解虽似，归趣大殊，六朝惟周弘正、张机斥老有双非之论，其余若象、秀辈专阐玄旨，皆似阴激外书，说虽精巧，古谊微矣。"

[2]《史微札记》："不能不在所缓耳"下补注："道家尊天而诎人治，其流之极，或至于泯彝常，故《法言》讥庄周罔君臣之义。晋鲍生好老庄之书，至著论以古者无君为美，《抱朴·外篇》已诘之矣。此学道家而过者，衰末之衰谈也。"

[3] 黄曙辉云：孔子翻十二经以说老子，见《庄子·天道》，"十三"当作"十二"。

[4]《史微札记》："益与古道家相去万里矣"下增注："据元嶷《甄正论》，后汉蜀人干吉初造《太平经》，说帝王理国之法，阴阳生化等事。道教有经，当始于此。其后浸以益广，凡五行图箓，迂怪久阂之说，殆无一不为所篡有，将由竺法既东，激于效抗之一征欤。"

[5]《史微札记》："此即墨家非攻之旨焉"下补注："古代天子司祭，史之大职主于作册告天，故金縢云'史乃册祝'，盖祝史实为载笔之原矣。周公定礼，职典始分，然见之春秋列国者，犹多与史联事，则古制沿褫，可以意推也。"

[6]《史微札记》："以为酒醴粢盛"下补注："尧典'命秩宗曰有能典朕三礼'，马融等皆云：'三礼，天神、地祇、人鬼之礼。'祝宗在古代疑即秩宗，祝史托始禹世，或其衍欤？《闲诂》引刘说：'祝，大祝；宗，宗伯。'未是。"

[7] 黄曙辉云：按《史记》卷七十四《孟子荀卿列传》索隐云："按《别录》云：'今按墨子书有文子，文子即子夏之弟子，问于墨子。'如此，则墨子在七十子之后也。"。"如此，则墨子在七十子之后也"为索隐考证语，尔田未别白。

[8]《史微札记》："不韦尊之为巨子"下补注："《庄子·天下》篇：'以巨子为圣人。'向秀本作'钜子'，《释文》引秀说：墨家号其道理成者为钜子，若儒家之硕儒。'"

[9] 黄曙辉云："黑"当作"坚"。按《庄子·天下》云："南方之墨者苦获、已齿、邓陵子之属，俱诵墨经，而倍谲不同，相谓别墨，以坚白同异之辩相訾。"可供参考。

[10]《史微札记》："诋之为无父"下补注："《孟子》书称墨家皆直曰墨翟，独至讥其无父则变文谓之墨氏，盖指其流也。"

[11] 黄曙辉云：按《周礼·考工记》贾疏云："故《夏传》云：'坐而论道，谓之三公。'通职名，无正官名，是其义也。""坐而论道，谓之三公"为郑玄《尚书大传·夏传》注，余疑贾疏申述之语。

[12] 黄曙辉云："冠"疑当作"贯"。

[13] 黄曙辉云：见《奸劫弑臣》篇，称"奸劫"者，省文也。

[14] 黄曙辉云："徙"，原误作"徒"。按事见《汉书》卷四十九《晁错传》，今据改。

[15]《史微札记》："见与不见相与藏"下补注："名理萌芽最先，而成学则最晚。盖名学者，审正知见之学也。随知见广袤深粗而后始有定例可言，古哲不重物质，然大都不谓之无名者，一一不相盈，则所谓物者，非此物矣。曰离、曰藏，实名家最初之观也，《指物》一篇，推绎至精，惜未籀为论式，无立唯破，易涉于诡辩。今名家书多残乱，墨经亦为后人割缀，晦者不可通，而通者弥益晦，余殊无以定之也。"

史微卷第三

内　篇

原从横

班固之核从横家也，曰："盖出于行人之官。"后世论者往往以战国一代肤使驰说修短云臻，鄙之为诈谖诡谲之术，而岂知其学亦有所原乎？荀悦《汉纪》曰："游说之本生于使乎四方，不辱君命。出境有可以安社稷、利国家则专对解结，辞之绎矣，民之幕矣。以正行之者谓之辨智，其失之甚者主于为诈给徒众矣。"所言与《汉志》相符，悦虽深恶纵横末流之蔽，而未尝不详其渊源之所自，此汉学所为近古也。后儒则异是已。考《周礼》大行人掌大宾之礼及大客之仪，以亲诸侯，若有四方之大事，则受其币、听其辞。小行人掌邦国宾客之礼，籍以待四方之使者，合六币以和诸侯之好，故春秋二百四十年之间，名公巨卿皆娴词令，交聘赋诗，折衷于樽俎之间，此真与邻国交之要务也。自天子失官，六国交争，行人辞命之学流为专家，当此之时，虽有道德，不得施谋，孟子、孙卿儒术之士弃捐于世，而游说权谋之徒见贵于俗，于是苏秦、张仪由此生焉。《淮南·要略》曰："晚世之时，六国诸侯，溪异谷别，水绝山隔，各自治其境内，守其分地，握其权柄，擅其政令，下无方伯，上无天子，力征争权，胜者为右，恃连与国，约重政，剖信符，结远援，以守其国家、持其社稷，故纵横修短生焉。"观此，知学术成立皆由世需，纵横原于行人，而独流衍于战国，盖时为之也。以战代时事而论，秦最势便形利，智谋之士咸先驰之，故连横诸侯以西向事秦者，仪也；初欲横，秦弗用，遂合从以背之者，秦也。秦之言曰："安民之本在于择交，择交而得则民安，择交而不得则民终身不安。"又曰："臣窃以天下之地图案之，诸侯之地五倍于秦，料度诸侯之卒十倍于秦，六国为一，并力西乡而攻秦，秦必破矣。今西面而事之，见臣于秦，夫破人之与破于人也，臣人之与臣于人也，岂可同日而论哉？"仪之言曰："从者聚群弱而攻至强，不料敌而轻战，国贫而数举兵，危亡之术也。臣闻之，兵不如者勿与挑战，粟不如者勿与持久。夫从人饰辩虚辞，高主之节，言其利，不言其害，卒有秦祸，无及为已。"《汉志》从横家著录《苏子》三十一篇，《张子》十篇，书已佚，无可征，今据《国策》。是则二人虽互倾危，而其意要皆以禁攻息兵为务矣。刘昼《新论》："从横者，阚子、庞暖、苏秦、张仪之类也。其术本于行仁，绎二国之情，弭战争之患，受命不受辞，固事而制权，安危扶倾，转祸就福。"此言可以定仪，秦也。故太史公于列传尝著其功矣，曰："秦兵不敢阚函谷关十五年。"又曰："苏秦起闾阎，连六国从亲，此其智有过人者。"刘向亦曰："战国之时，君德浅薄，为之谋筴者不得不因势而为资，扶急持倾，为一切之权，虽不可以临国教化，兵革救急之势也。"由是观之，景春所谓"一怒而诸侯惧，安车而天下息者"，岂不然哉？若二人者，信乎从横家之桀也。扬子《法言》曰："仪、秦学乎鬼谷术，习乎从横言，安中国者各十余年。"《论衡》曰："苏秦约六国为从，强秦不敢窥兵于关外；张仪为横，六国不敢同攻于关内。功著效明，载纪竹帛，虽贤何以加之。"虽然，二人之学实本于鬼谷先生。乐壹注《鬼谷子》谓苏秦欲神秘其术，故假名鬼谷，然《史记》明言苏秦、张仪俱学于鬼谷先生，则《鬼谷子》一书非秦所依托也。鬼谷先生，六国时有道士也，著书十三章，其术曰捭阖，曰反应，曰内揵，曰抵巇，曰飞钳，曰忤合，曰揣摩，曰权谋，曰决，而以《符言》、《阴符》二篇推本于君人南面之道。捭阖之术曰："捭之者开也，言也，阳也；阖之者闭也，默也，阴也。捭之者，料其情也；阖之者，结其诚也。捭者或捭而出之，或捭而纳；阖者或阖而取之，或阖而去之。此天地阴阳之道而说人之法也。"反应之术曰："因其言，听其辞，言有不合者，反而求之，其应必出。己反往，彼复来，言有象比，因而定基。重之袭之，反之复之，万事不失其辞。此听真伪、知同异、得其情诈也。"内揵之术曰："内者进说辞，揵者揵所谋也。可出可入，可揵可开。故圣人立事，以此先知而揵万物。"抵巇之术曰："巇者，罅也。巇始有朕，可抵而塞，可抵而却，可抵而息，可抵而匿，可抵而得，此谓抵巇之理也。"飞钳之术曰："钩钳之语，其说辞也，或量能立势以钩之，或伺候见涧而钳之，必度权量能[1]，见天时之盛衰，制地形之广狭，岨崄之难易，人民货财之多少，诸侯之交孰亲孰疏、孰爱孰憎，知其所好恶，乃就说其所重，以飞钳之辞，钩其所好，以钳求之，此飞钳之缀也。"忤合之术曰："计谋不两忠，必有反忤，反于是，忤于彼，忤于此，反于彼，其术也。用之天下，必量天下而与之；用之国，必量国而与之，用之家，必量家而与之；用之身，必量身材能气势而与之。大小进退，其用一也。"揣之术曰："揣情者，必以其甚喜之时往而极其欲也，其有欲也，不能隐其情；必以其甚惧之时往而极其恶也，其有恶也，不能隐其情。情变于内者形见于外，故常必以其见者而知其隐者，此所谓测深揣情也。"摩之术曰："摩之符也。内符者，揣之主也。用之有道，其道必隐微，摩之以其所欲，测而探之，内符必应。其应也，必有为之，故微而去之。此言内符之应外摩也。"权之术曰："策选进谋者权也。与智者言依于博，与拙者言依于辨，与辨者言依于要，与贵者言依于势，与富者言依于高，与贫者言依于利，与贱者言依于谦，与勇者言依于敢，与过者言依于锐，此其术也。"谋之术曰："因其疑以变之，因其见以然之，因其说以要之，因其势以成之，因其恶以权之，因其患以斥之，摩而恐之，高而动之，微而正之，符而应之，拥而塞之，乱而惑之，是谓计谋。"决之术曰："为人凡决物必托于疑者，度以往事，验之来事，参之平素，可则决之，公主大人之事也。危而美名者可则决之，不用费力而易成者可则决之，用力犯勤苦然而不得已而为之者可则决之，去患者可则决之，从福者可则决之。"其为说也精微繁密如此。呜呼，从横家学备于此矣。彦和有言："鬼谷眇眇，每环奥义。"此所以能于诸子中独成一家也哉。问者曰："子谓从横之学出于鬼谷，是矣，然余观战国一代，若苏代、苏厉、陈轸、甘茂、范雎、蔡泽、樗里子、公孙衍等，其行事大抵以从横著名，史称三晋多权变之士，岂亦闻鬼谷子之遗教欤？"答之曰：战国者，从横之世也，岂特陈轸、甘茂诸人为从横专家哉？即儒、墨、名、法，其出而问世，无不兼从横之学也。章实斋言："九流之学承官曲于六典，及其出而用世，必兼从横，所以文其质也。古之文质合于一，至战国而各具之，质当其用也，必兼从横之辞以文之，周衰文弊之效也。"故孟子历聘齐梁，荀卿三为祭酒，墨子胼胝以救宋，韩非说难以存韩，公孙龙说平原以止邯郸之封，尉缭子说秦王以乱诸侯之谋，商君争变法，李斯谏逐客，其与结驷连骑抵掌华屋者何以异耶？亦可见从横一术，战代诸子人人习之，无足怪者。后世迂儒既不知从横出于行人之官，又以苏秦、张仪为深耻，而后古人专对之材始为世所诟病矣。

原 儒

汉武帝抑黜百家，表章六艺，史统既定于孔子，而学者人人喜言儒家矣。然则儒家之源流放于此乎？曰：否否。儒家者流，盖出于司徒之官也。春秋之时，孔子传焉，孔子，契后也。昔者契为司徒，帝曰："百姓不亲，五品不逊，汝作司徒，敬敷五教在宽。"太史克对鲁文公曰："使布五教于四方，父义、母慈、兄友、弟共、子孝，内平外成。"是五常为儒家专业，儒家为孔氏世传，从来旧矣。《说文》："儒，术士也。"班固《儒林传》序："秦始皇兼天下，燔诗书，杀术士。"后人或谓之坑儒，不知术犹道也。古人所创立之学，皆因人性所固有者而导之，乌反哺，鸳鸟有别，是岂有待于外哉？故道家谓之道术，墨家谓之墨术，方伎之士则谓之方术，术士通称为儒。自儒家专属司徒旧学，道、墨、名、法始各以其质目之，而儒名隘矣。学术沿革始于合，常卒于分，盖向、歆辩章旧闻已然也，故挽世正名悉从后义。虽然，儒家者，助人君顺阴阳、明教化之术也，孔子之道，君人南面之术也。儒家虽传于孔子，而不足以尽孔子，盖孔子自端门受命，已由司徒世官上跻史氏之统，而以儒家嗣绪传诸弟子矣，故人知孔子为儒家，而不知孔子实兼道家也。知孔子兼道家，而不知孔子弟子皆儒家也。何言乎孔子弟子皆儒家也？《论语》二十篇，孔子传授弟子之实书也，而其告子夏曰："汝为君子儒，无为小人儒。"[2]《论语谶》亦曰："孔子为素王，颜渊为司徒。"岂非孔子已承道家而以儒家寄之弟子之明证乎？故儒家莫不言学，《论语》则以好学美颜回；儒家莫不言政，《论语》则以从政告康子；儒家莫不先孝悌，《论语》则曰"入则孝，出则悌"；儒家莫不重礼义，《论语》则曰"信近义，恭近礼"。论为政则以德为首，而取譬于北辰；论行简则以敬为宗，而推本于南面。皇侃有言："上以尊仰圣师，下则垂轨万代者，吾于《论语》一书见之矣。"[3]是以当时受业身通者七十有七人，无不游文于六经之中，留意于仁义之际，祖述尧舜，宪章文武，宗师仲尼，以重其言。韩非《显学》篇曰："自孔子之死也，有子张之儒，有子思之儒，有颜氏之儒，有孟氏之儒，案指孟轲。有漆雕氏之儒，有仲良氏之儒，有孙氏之儒，案指荀卿。有乐正氏之儒，儒分为八，取舍相反。"《群辅录》曰："夫子没后，散于天下，设于中国，成百氏之源，为纲纪之儒。居环堵之室，荜门圭窦，瓮牖绳枢，并日而食，以道自居者，有道之儒，子思氏之所行也。衣冠中，动作顺，大让如慢，小让如伪者，子张氏之所行也。颜氏传《诗》为道，为讽谏之儒。孟氏传《书》为道，为疏通致远之儒。漆雕氏传《礼》为道，为恭俭庄敬之儒。仲梁氏传《乐》为道，以和阴阳，为移风易俗之儒。乐正氏传《春秋》为道，为属词比事之儒。公孙氏传《易》为道，为洁净精微之儒。"今诸家宗旨虽不尽传，然观小戴《儒行》之所纪，荀卿《儒效》之所言，一时传派之盛，盖可想见也。荀卿《非十二子篇》曰："弟佗其冠，神襌其辞，禹行而舜趋，是子张氏之贱儒也。正其衣冠，齐其颜色，嘿然而终日不言，是子夏氏之贱儒也。偷儒惮事，无廉耻而耆饮食，必曰君子固不用力，是子游氏之贱儒也。"盖指诸家末流之弊而言，扬雄所谓同门而异户者，非其宗旨本然，故不载。至于遗书盛行于世者，则实以孟轲、荀卿为之魁。太史公《儒林传》曰："天下并争于战国，儒术既绌焉，然齐鲁之门，学者独不废也。于威宣之际，孟子、荀卿之列，咸遵夫子之业而润色之，以学显于当世。"是荀孟二子实孔子后两大宗派也。《中庸》赞孔子曰："天命之谓性，率性之谓道，修道之谓教。"此三言者，合儒家、道家内圣外王之术一以贯之，非孔子不足当之也。孔子志于道，据于德，依于仁，游于艺，至七十始从心所欲不逾矩焉，而其训弟子也则不然，博我以文，约我以礼，雅言者《诗》《书》执礼，罕言者利、命与仁，论道则禁以怪、力、乱、神，立教则束之文、行、忠、信，性与天道盖有不可得闻者矣。孟子之学出于子思，太史公谓孟子受业子思之门人，荀卿《非十二子》亦曰："子思唱之，孟轲和之。"案书中言"诚者天道，思诚者人之道"等语，皆《中庸》绪论也，可以见其源流之所自矣。荀子之学出于子弓。荀子往往言仲尼子弓，或谓即仲弓也。孟子之学主仁义，主仁义，故道性善而称先王，所谓祖述尧舜也；荀子之学宗礼，宗礼，故论性恶而法后王，后王蒙前王言，指周文武也。所谓"禹汤有传政，不若周之察"，已明示其归矣。《史记·六国年表》序："秦取天下多暴，然世异变，成功大。传曰'法后王'，何也？以其近己而俗变相类，议卑而易行也。"则后王谓近代之王，史公断章取义，义虽互通，恐非荀旨。所谓宪章文武也，而于性与天道之大原则皆未达一间也。何以言之？孔子之论命曰："不知命，无以为君子。"其论道也曰："道兴于仁，立于礼，理于义，定于信，成于智。"五者道德之分，天人之际也，非兼儒、道两家之统，安能为此言乎？而孟子则曰："仁之于父子也，义之于君臣也，礼之于宾主也，智之于贤者也，圣人之于天道也，命也，有性焉，君子不谓命也。"荀子则曰："道者，非天之道，非地之道，人之所道也。"相人偶为仁，孟子引孔子语曰："道二，仁与不仁。"皆与荀卿义同。是与孔子之旨有浅深矣。孔子之论性也曰："性相近，习相远。惟上智与下愚不移。"以智愚定性而不以善恶定性，非兼儒、道两家之统，又安能为此言乎？道家论性不概见，然老子曰："天下皆知美之为美，斯恶矣；皆知善之为善，斯不善矣。"则以善恶定性者，皆道家所不许也。庄子有《缮性》篇，亦可旁证。而孟子则曰"性无有不善"，荀子则曰"人之性恶，其善者伪也。《文中子》曰："心迹之判久矣。"人藏其心，不可测度，其见于行为者皆迹也，迹不一术，故曰伪，质言之则曰情伪。此荀子之义。性者，天所就也，不可学，不可事。礼义者，圣人之所生也，人之所学而能，所事而成也"，是与孔子之义有偏全矣。孟荀而外言性者有世硕，汉儒有董仲舒、扬雄，皆合善恶言之，惟告子独异，不知性自性、善恶自善恶，合善恶则性混，离善恶而性又不可见。善恶定义，诸家各有根据，故欲辨性，尤须先辨善恶也。说具外篇。其有浅深、有偏全者，非二子之智劣于圣人，盖儒家之宗旨则然耳。赵岐《孟子》序曰："孔子自卫反鲁，然后乐正，雅颂各得其所，乃删《诗》定《书》，系《周易》，作《春秋》。七十子之畴，会夫子所言以为《论语》。《论语》者，五经之馆镰，六艺之喉衿。孟子之书则而象之，旨意合同，若此者众，此大贤拟圣而作者也。"杨倞《荀子序》曰："周公制作之，仲尼祖述之，荀孟赞成之，所以胶固王道至深至备，虽春秋之四夷交侵，战国之三纲弛绝，斯道竟不坠矣。"盖儒术兴于周公，而《论语》又儒家所从出，荀孟为儒，二君之言可谓探原也。虽然，荀子得圣人之一体，而孟子则具体而微者也，欲通孟子必自荀子始，荀子曰："将原先王，本仁义，则礼正其经纬蹊径也。不道礼宪，以《诗》《书》为之，譬之犹以指测河也，不可以得之矣。"欲窥孔子必自孟子始，孟子曰：
"尽其心者知其性也，知其性则知天矣。"学者而无意于性与天道之闻则
已，学者而有意于性与天道之闻，若二子者，岂非由儒入圣之阶梯哉？
昔赵岐述孟子著书之意曰："周衰之末，战国纵横，先王大道陵迟隳废，
异端并起，若杨朱、墨翟放荡之言，以干时惑众者非一，孟子闵悼尧舜
汤文周孔之业将遂湮微，正涂壅底，仁义荒怠，于是退而论集所与高第
弟子公孙丑、万章之徒，难疑答问，又自撰其法度之言，著书七篇，二
百六十一章，三万四千六百八十五字。包罗天地，揆叙万类，仁义道
德，性命祸福，粲然靡所不载。"太史公述荀子著书之意曰："荀卿嫉浊
世之政，亡国乱君相属，不遂大道而营于巫祝，信机祥，鄙儒小拘，如
庄周等又滑稽乱俗，于是推儒墨道德之行事兴坏，序列著数万言。"由
是而观，天不生孔子，不知三王五帝之道大；天不生荀孟，亦不知孔子
之道尊。使中国言六艺者折衷于孔子，使中国言孔子者折衷于荀孟，二
子之功烈何其伟欤？自昌黎之评二子也，有大醇小疵之第，世儒嚣然傅
之，于是荀子绌而孟子孤行矣。甚至祖日休立学之议，升孟轲以配经；
扬雄《法言》："或曰：'子小诸子，孟子非诸子乎？'曰：'诸子者，以
其知异于孔子者也。孟子异乎？不异。'"是雄虽尊孟，未尝谓其非诸子
也。考隋唐二志，《孟子》尚著录于儒家，《论》《孟》并列为经，设科
取士，盖自宋始，而皮日休《请为孟子学科书》实先发之。援子瞻著论
之文，罪荀卿以非圣。韩非称商鞅烧《诗》《书》而明法令，则不始于
始皇，李斯阿主背师，自遵用秦法耳。东坡论出，后人乃以为口实。我
夫子以司徒家学传诸弟子之本意，果若是轩轾乎？刘向尝言惟孟轲、荀
卿能尊仲尼，杨倞亦言孟轲阐其前，荀卿振其后，彼循一隅之指而好恶
任情者，异说纷纷，固可以息其喙也。

　　原　兵

　　《隋·经籍志》叙诸子也，曰："儒道小说，圣人之教；兵及医方，
圣人之政。"何则？兵也者，先王司马之职，王官之武备也。古人设一
官，必有一官之政，相与世讲肄之，未有不学无术者，况兵凶战危，国
家之司命，而可漫然尝试哉？班固有言："圣人因天秩而制五礼，因天
讨而作五刑。自黄帝有涿鹿之战，以定火灾；颛顼有共工之阵，以定水
害；唐虞之际，至治之极，犹流共工，放欢兜，窜三苗，殛鲧，然后天
下服；夏有甘扈之誓，殷周以兵定天下矣。天下既定，戢藏干戈，教以
文德，而犹立司马之官，设六军之众，戎马车徒，干戈素具，春振旅以

搜，夏拔舍以苗，秋治兵以狝，冬大阅以狩，皆于农隙以讲事焉，此先王为国立武足兵之大略也。"由是以观，则兵家者流盖与百家同起于黄帝矣。故《史记》本纪曰："轩辕乃习用干戈。"《汉志》兵家有《黄帝》十六篇、《图》三卷，是也。后世黄帝之书失传，所行于人间者仅《风后握奇经》耳，然《握奇经》为占候之学，非兵家正宗。兵家正宗则以《司马法》为最古焉，据《司马穰苴传》曰："齐威王使大夫追论古者司马兵法而附穰苴于其中，因号曰《司马穰苴兵法》。"而班固亦尝取其百五十五篇以补军礼，今存者五篇，未知古者《司马兵法》欤，抑穰苴所附之兵法也。然余观其书有曰："古者以仁为本，以义治之之谓正，正不获意则权，权出于战。是故杀人安人，杀之可也；攻其国，爱其民，攻之可也；以战止战，虽战可也。"又曰："战道不违时，不历民病，所以爱吾民也；不加丧，不因凶，所以爱乎其民也；冬夏不兴师，所以兼爱民也。故国虽大，好战必亡；天下虽安，忘战必危。"又曰："凡战，众寡以观其变，进退以观其固，危而观其惧，静而观其怠，动而观其疑，袭而观其治。"皆深合权谋而又蔼然仁义之言，真可为兵家鼻祖矣，宜太史公曰："余读《司马兵法》，闳廓深远，虽三代征伐未能竟其义也。"若夫《司马法》之外，则有《孙子》十三篇，古人著书，篇皆单行，孙武兵书，《汉志》著录八十二篇，而阖闾曰："子之十三篇，吾尽观之。"《韩非子》，《汉志》著录五十五篇，而秦王读《说难》、《孤愤》，曰："恨不同时。"董仲舒书，《汉志》著录百二十三篇，而本传曰："说《春秋》事得失，《闻举》、《玉杯》、《蕃露》、《清明》、《竹林》之属，复数十篇。"是皆当日裁篇别出之证。《孙子》十三篇，盖即阖闾所观之本，杜牧疑为魏武删削者，误矣。曰《始计》，曰《作战》，曰《谋攻》，曰《军形》，曰《兵势》，曰《虚实》，曰《军争》，曰《九变》，曰《行军》，曰《地形》，曰《九地》，曰《火攻》，曰《用间》。尝即其言类之，其曰"经之以五事，校之以计而索其情，一曰道，二曰天，三曰地，四曰将，五曰法。道者，令民与上同意，可与之死，可与之生，而不畏危也；天者，阴阳寒暑时制也；地者，远近险易广狭死生也；将者，智信仁勇严也；法者，曲制官道主用也。凡此五者，将莫不闻，知之者胜，不知者不胜"，则兵家谋将之术也。其曰"兵者诡道也，故能而示之不能，用而示之不用，近而示之远，远而示之近，利而诱之，乱而取之，实而备之，强而避之，怒而挠之，卑而骄之，佚而劳之，亲而离之，攻其无备，出其不意"，则兵家诱敌之术也。其曰"知胜有五，知可以与战、不可以与战者胜，识众寡之用者胜，上下同欲者胜，以虞待不虞者胜，将能而君不御者胜"，则兵家料胜之术也。其曰"攻而必取者攻其所不守也，守而必固者守其所不攻也，故善攻者敌不知其所守，善守者敌不知其所攻"，则兵家攻守之术也。其曰"凡先处战地而待敌者佚，后处战地而趋战者劳"，则兵家趋利之术也。其曰"众树动者来也，众草多障者疑也，鸟起者伏也，兽骇者覆也"，则兵家觇敌动静之术也。其曰"地形有通者，有挂者，有支者，有隘者，有险者，有远者"，又曰"用兵之法有散地，有轻地，有争地，有交地，有衢地，有重地，有圯地，有围地，有死地"，则兵家形势之术也。其曰"用间有五，有因间，有内间，有反间，有死间，有生间"，则兵家间谍之术也。其曰"军无辎重则亡，无粮食则亡，无委积则亡，不知诸侯之谋者不能豫交，不知山林险阻沮泽之形者不能行军，不用乡道不能得地利"，则兵家有备无患之术也，而尤以太上伐谋者总其成焉。伐谋者何？所谓不战而屈人之兵者也。武之全书宗旨如此，其后踵武而以著书闻于世者，则又有尉缭、吴起。缭之言曰："天时不如地利，地利不如人和，圣人所贵，人事而已。"故其书于《天官》、《兵谈》十二篇之后，立九令，一曰《重刑》，二曰《伍制》，三曰《分塞》，四曰《束伍》，五曰《经卒》，六曰《勤卒》[4]，七曰《将》，八曰《踵军》，而以《兵教》、《兵令》终焉。起之言曰："凡制国治军，必教之以礼，励之以义，使有耻也。夫人有耻，在大足以战，在小足以守矣。"故其书分为六篇，一曰《图国》，二曰《料敌》，三曰《治兵》，四曰《论将》，五曰《应变》，而以《励士》终焉。博矣哉，自古论兵之奥义无余蕴矣。语曰："天生五材，民并用之，废一不可。"谁能去兵？鞭扑不可弛于家，刑罚不可废于国，征伐不可偃于天下，用之有本末，行之有逆顺耳。彼兵家者虽权诈相诡，要其归，莫不以保邦救民为宗旨，今中国四夷交侵矣，元首而无志于图强则已，元首而有志于图强，兵家者流盖不可不讲也。抑余更有言者，兵书之传，汉为最盛，昔张良、韩信尝序次兵法百八十二家，删取要用为三十五家矣，杨仆亦尝纪奏兵录矣，至孝成时又命任宏论次兵书为四种。四种者，一曰兵权谋，一曰兵形势，一曰阴阳，一曰技巧，故班固叙《艺文志》也，于权谋则曰："权谋者，以正守国，以奇用兵，先计而后战，兼形势，包阴阳，用技巧者也。"于形势则曰："形势者，雷动风举，后发而先至，离合背乡，变化无常，以轻疾制敌者也。"于阴阳则曰："阴阳者，顺时而发，推刑德，随斗击，因五胜，假鬼神而为助者也。"于技巧则曰："技巧者，习手足，便器械，积机关，以立攻守之胜者也。"是可以见兵家流派之不同矣。试即今所存者征之，孙武、吴起总纶兵要，真兵学权谋之家也；《司马法》亦在权谋家，班固省入军礼。尉缭详于禁舍开塞，真兵学形势之家也；《风后握奇经》专言风角占验，真兵学阴阳之家也。虽《六韬》本属儒家，《艺文志》儒家著录《周史六弢》六篇，不言从兵家省入，班固自注："惠襄之间。或曰显王时，或曰孔子问焉。"颜师古以为今之《六韬》，言取天下及军旅之事。然观志注似与今世《六韬》出于太公者不同，今书人多疑为伪造。余案《后汉书》云徐淑善诵《太公六韬》，则其传亦古矣。《汉志》道家有《太公谋》八十一篇，《言》七十一篇，《兵》八十五篇，或《六韬》亦在其中，而世所行者非其全耶？《三略》亦多伪录，朱礼《汉唐事笺》引《七书》："太宗与李靖论兵，太宗曰：'汉张良，韩信十五家，今失其传，何也？'靖曰：'张良所学《太公六韬》、《三略》是也，韩信所学穰苴、孙武是也。'"是《三略》唐初尚存，然不见于《汉志》，今书则后人依托耳。[5]然苟有善读者出，取诸书神明而变化之，吾知行师制胜而有余矣，又岂不可应敌致果哉？所惜者，技巧十三家，《孙子图》九卷，《风后图》二卷，今无传耳。嗟乎，自世之陋儒昌言仁义，鄙兵谋为诡道，于是蹈虚者转相流播，征实者日见衰亡，此昔人所以致慨于图谱二学也。然则兵书之廑而获存，使人尚可考见王官武备之盛者，不可谓非天幸也。

余论定诸子详矣，据《汉志》尚有阴阳家、小说家、农家、数术家、方伎家五种。阴阳、农家今已无传，小说家仅有《燕丹子》一卷，数术家仅有《山海经》十三篇，在形法类。班氏曰："形法者，大举九州之势，以立城郭室舍形、人及六畜骨法之度数、器物之形容，以求其声气贵贱吉凶者也。"不足以征一家之宗旨，方伎家存书虽夥，然专门之学，非深通其术者未易定其得失也。此书意在辩章源流，惜《汉志》列有《儒家言》十八篇，《道家言》二篇，《杂阴阳》三十八篇，《法家言》二篇，《杂家言》一篇，故籍失传，无从参考，至诸子遗书若驺衍作《怪迂》之变，《终始大圣》之篇十余万言，环渊著上下篇，虞卿著书曰《节义》、《称号》、《揣摩》、《政谋》，凡八篇，以及田骈、接子、世硕、李克、董无心、老成子、公子牟、公梼生、处子、黄公、田俅、我子、阙子之属，捃逸摭残，当备载于《古子钩沉》书中，阅者幸勿以挂漏病之。惟杨朱一派，当时既无传书，《汉志》亦失考其流别，而实为战代一大宗，余别有《阐杨》一篇论之，今节载于此，曰：杨朱之学，盖原于老聃、关尹而自成一家者也。当时独与其徒孟孙阳、心都子辈口说流传，未尝著书以垂世，故微言大义至今日不少概见焉。[6]其旁见于他书者，惟《孟子》、《列子》中略存其梗概耳。然吾即《孟子》、《列子》所载以考之，而叹朱之学持之有故，言之成理，真六国时一大传派也。盖朱之学善探天命之自然，以为我为主义，以放逸为宗趣，而要归本于老氏之言，此其所长也。为我非长生不死之谓也，谓尽乎天而不凿以人也；放逸非纵情恣意之谓也，谓足乎己而无待乎外也。一人为我，必使人人皆为我，人人皆为我，则无盗贼争夺之患，而天下一视同仁矣；一人放逸，必使人人皆放逸，人人皆放逸，则无名誉矫揉之祸，而天下反雕为朴矣。此杨朱学术之大旨也。观其对孟孙阳曰："既生则废而任之，究其所欲，以俟于死；将死则废而任之，究其所之，以放于尽。"又曰："生民之不得休息为四事故，一为寿，二为名，三为位，四为货，有此四者，畏鬼畏人、畏威畏刑，此之谓遁人也。可杀可活，制命在外。不逆命，何羡寿？不矜贵，何羡名？不要势，何羡位？不贪富，何羡货？此之谓顺民也。天下无对，制命在内。"又曰："古之人损一毫利天下，不与也；悉天下奉一身，不取也。人人不损一毫，人人不利天下，天下治矣。"由是言之，杨朱之顺生死也，盖主于爱一身，其不逆命，不矜贵、不要势、不贪富也，盖主于不利天下，其爱一身而不利天下也，盖主于治天下。彼方以为我、放逸教天下，为人君者治天下之术，而谓之无君，岂不过哉？大抵古人学术，其能自成一家也，必有一家之宗旨，不能得其宗旨而惟据一嵩之言以攻之，则一嵩之言不可胜诘也。是岂独杨朱为然？九家者流皆如是耳。余既悲朱之无传书，又幸《孟子》、《列子》所载朱之遗说较为详备，爰不揣梼昧，理而董之，而先揭其宗旨之大者著于篇，以告学者，其亦抒怀旧之畜念，而发思古之幽情也欤？庚戌立夏孟劬附记。

子　余

世之治也，史统定于一尊，而百官各陈其能焉。自天子失官，诸子蜂起，始盛于战国，然考其要归，无不思以所学上代史统也。汉武帝从董仲舒之言，抑黜百家，挈史统以归孔氏，自此以降，六艺兴而诸子微已。虽孝成时向、歆司籍，叙次九流，而师说既亡，隐词奥义，盖有不能尽通者也。先王官守之失传，其在斯时乎？然两汉子学虽衰而源流犹未沫也，故当日儒者类本六艺微言，推原于治术，自成一家，而刘安、王充之流亦能兼儒墨、合名法，穿穴百家，以沛其文，是亦诸子爝火之延矣。汉儒著书见于《艺文志》者，儒家有刘敬、贾山、太常蓼侯孔臧、儿宽、公孙弘、终军、吾丘寿王、虞丘、庄助、臣彭、钩盾冗从李步昌，道家有捷子、曹羽、郎中婴齐，阴阳家有卫侯官、于长、公孙浑邪，法家有晁错，从横家有蒯子、邹阳、主父偃、徐乐、庄安、待诏金马聊苍，杂家有博士臣贤、臣说，农家有泛胜之、蔡葵，小说家有待诏臣饶、臣安成、臣寿、虞初，虽家派定于向、歆，而传书皆亡，后有论者以此慨焉。余尝即其书征之，若董仲舒，若贾谊，若桓宽，若刘向，若扬雄，若王符，若荀悦，若徐幹，则儒家者流也；若淮南，若王充，则杂家者流也。董仲舒著书百二十三篇，今存八十二篇，本传称所著皆明经术之意，又曰："说《春秋》事得失，《闻举》、《玉杯》、《蕃露》、《清明》、《竹林》之属数十篇，十余万言。"王充亦谓董仲舒著书不称子者，意殆自谓过诸子也。此真能知仲舒者矣。故其书专以《春秋》为据依，明乎阴阳五行而上本于王道。语曰："通天地人曰儒。"《汉志》曰："儒者，助人君，顺阴阳，明教化。"其是之论欤？贾谊著书五十八篇，《数宁》至《辅佐》三十三篇，皆陈政事，《春秋》至《君道》皆国中失之事，《官人》至《大政》皆通论，《修政》、《容经》以下则古礼逸篇，三代遗绪托以传焉，真儒者经世之业矣。刘向称谊通达国体，虽伊管不能远过，刘歆称汉朝之儒贾生而已，岂虚语哉？桓宽著书六十篇，载贤良文学与桑弘羊论盐铁之事，班固《汉书》赞说盐铁始末曰："所谓盐铁议者，起始元中，征文学贤良，问以治乱，皆对愿罢郡国盐铁、酒榷、均输，务本抑末，毋与天下争利，然后教化可兴。御史大夫弘羊以为此乃所以安边竟、制四夷，国家大业，不可废也。当时相诘难，颇有其议文。至宣帝时，汝南桓宽次公治《公羊春秋》，博通善属文，推衍盐铁之议，增广条目，极其论难，著数万言，亦欲以究治乱，成一家之法焉。"其言曰："治人之道，坊淫泆之原，广道德之端，抑末利而开仁义，毋示以利，然后教化可兴而风俗可移也。"语曰："亦有仁义而已，何必曰利。"吾于此书见之矣。圣人不言利而言德，德之训为得，得即利也。两利为德，独利为利，孟子虽云"何必曰利"，而曰"未有仁而遗其亲，未有义而后其君"，则儒家非恶利，特恶放利多怨者耳。太史公传货殖，以子贡列计然后，而白圭治生之术比于伊尹、吕尚之谋，孙吴用兵，商鞅行法。语曰："衣食足而知荣辱，仓廪实而知礼节。"先富后教，六经诚训匪一，故《说文》利从和省，和然后利也，后世以利为厉禁盖误，附辩于此。刘向著书六十七篇，今惟《说苑》、《新序》、《列女传》行于世，本传言"向睹俗弥奢淫，而赵、卫之属起微贱，逾礼制。向以为王教由内及外，自近者始，故采取《诗》《书》所载贤妃贞妇，兴国显家可法则，及孽嬖乱亡者，序次为《列女传》，凡八篇，以戒天子。及采传记行事，著《新序》、《说苑》凡五十篇奏之。"是向之三书皆为帝王言得失、陈法戒也。刘向《说苑》序言："所校中书，《说苑》《杂事》及臣向书、民间书互校雠，其事类众多，章句相溷，或上下谬乱，难分别次序。除去与《新序》复重者，其余者浅薄，不中义理，别集以为百家，后令以类相从，一一条别篇目，更以造《新事》十万言以上，凡二十篇，七百八十四章，号曰《新苑》。"是《新序》、《说苑》类聚百家杂事，乃向所序，非自著也。然古人遗编经后贤删定，既创义例，则述古亦可谓之作矣。"《新苑》"盖"《说苑》"之讹，当以本传为据。语曰："多识前言往行，以蓄其德。"若向者，岂非儒家直谅多闻者哉？扬雄著书三十八篇，存者仅《法言》、《太玄》二书耳。本传述《法言》缘起曰："雄见诸子各以其知舛驰，大抵诋訾圣人，即为怪迂，析辩诡辞，以挠世事，虽小辩，终破大道而或众，使溺于所闻而不自知其非也。及太史公记六国，历楚汉，迄麟止，不与圣人同，是非颇谬于经，故人时有问雄者，常用法应之，撰以为十三卷，象《论语》，号曰《法言》。"《法言》一书剺剥九流，如谓诸子之小礼乐，老子捶提仁义，绝灭礼学，庄杨荡而不法，墨晏俭而废礼，申韩险而无化，邹衍迂而不信等语，皆儒家绪论，与孟轲、荀卿相表里。曰"象《论语》"者，《论语》，儒所从出也。桓谭亦称，其文义至深而论不诡于圣人。由是观之，雄书可谓度越诸子矣。《张衡传》曰："常好《玄经》，谓崔瑗曰：'吾观《太玄》，方知子云妙极道数，乃与五经相拟，非徒传记之属，使人难论阴阳之事，汉家得天下二百岁之书也。复二百岁，殆将终乎？所以作者之数，必显一世，常然之符也。汉四百岁，《玄》其兴矣。'"此论《太玄》准《易》之旨甚明，《太玄》今既不论，聊附及之。王符著书三十六篇，本传言："符志意蕴愤，乃隐居著书三十余篇，以讥当时失得，不欲章显其名，故号曰《潜夫论》。其指讦时短，讨谪物情，足以观见当时风政。"今读其书，始于《赞学》，终于《德化》，而以《五德》、《氏姓》二志缀其后焉，真儒家宗旨也。荀悦著书五篇，言致政之术，先屏四患，乃崇五政，而推本于仁义，本传称："时政移曹氏，天子恭己而已，悦志在献替而谋无所用，乃作《申鉴》五篇。其所论辨，通见政体。"语曰："儒者法先王，隆礼义，谨乎臣子而致贵其上者也。"其荀悦之谓乎？徐幹著书二十篇，述治学，考六艺，推仲尼之旨而大之，魏文帝与吴质书曰："伟长独怀文抱质，恬淡寡欲，有箕山之志，著《中论》二十余篇，辞义典雅，足传于后，可谓彬彬君子矣。"[7]此八书者，皆儒家之支与流裔也。《陆贾传》："贾时时前说称《诗》《书》，高帝骂之，贾曰：'汤武逆取而以顺守之，文武并用，长久之术也。乡使秦行仁义，法先圣，陛下安得而有之？'高帝不怿，曰：'试为我著秦所以失天下，吾所以得之者，及古成败之国。'贾凡著十二篇，称其书曰《新语》。"今尚行于世，亦汉时儒家书之仅存者也。若夫杂家者流则又有刘安与王充之书焉。问者曰："《鸿烈》之为杂家已闻命矣，充之著书何以列于杂家乎？"答曰：子独不读《隋志》乎？《隋志》于杂家著录充书二十九卷，今观其以《论衡》名书，真杂家之出于议官也。且杂家多以道家为折衷，充于阴阳拘忌、流俗荒诞、载籍虚谬，皆无所惑，而笃信自然，此尤可见其宗旨矣。刘知幾《史通》曰："儒者之书博而寡要，得其糟粕，失其菁华，而流俗鄙夫，贵远贱近，传兹抵牾，自相欺惑，故王充《论衡》生焉。"盖仲任著书意在扬榷古今，甄微砭谬，两汉杂家之绪余，此其一綎也。[8]后人徒以《问孔》、《刺孟》鄙之为谈助，是岂能知九流之学哉？间尝论之，两汉一代，儒术最盛，故著书者往往游文六经之中，留意仁义之际，尊师仲尼，以重其言，即解经诸家，若伏生、韩婴、戴圣辈，亦无不博学详说而不为音训词章所囿，此学术之所以可贵也。末世笺注繁兴，学者于是多务于物名，详于器械，考于诂训，摘其章句，而不能统其大义之所极，以获先王之心，无论子学，而经亦荒矣。王仲任有言："能说一经者为儒生，博览古今者为通人，采掇传书以上书奏记者为文人，能精思著文连结篇章者为鸿儒。儒生过俗人，通人胜儒生，文人逾通人，鸿儒超文人，故夫鸿儒，所谓超而又超者也。"余观贾董诸贤，虽其立言不无纯疵，而无愧于鸿儒之选，岂有异乎？盖六艺者，先王经世之迹也；诸子者，先王经世之意也。古无所谓政也，经而已矣，古无所谓经也，子而已矣，自经与子分科，为儒者荣于治经而贱于攻子，遂使经学流为训诂，而子学降为词章，嗟乎，两汉、六朝之间，真学统一大消长也。[9]余故采汉儒著书，掇其存者，总于百家之后论之，学者亦可以观世变已。

附诸子文说

六艺诸子皆先王经世之学，而圣贤之微言大义在焉，不可以文辞论也。虽然，千古至文，孰有盛于六艺诸子者哉？夫文者，贯道之器也。道之至者，文不求工而自工，萧统之序《文选》曰："姬公之籍，孔父之书，与日月俱悬，鬼神争奥。孝敬之准式，人伦之师友，岂可重以芟夷，加之剪截？老庄之作，管孟之流，盖以立意为宗，不以能文为本。今之所撰，又以略诸。"统之意盖谓古人阐明学术，文辞非其所急耳，非无文辞也。故《易》曰："物相杂，故曰文。"又曰："其指远，其辞文。"《书》曰："政贵有恒，辞尚体要。"《诗》曰："辞之辑矣，民之洽矣。"孔子曰："言之不文，行之不远。"经传圣贤之言，何尝以文辞为玩物丧志之具哉？古之道术浑沦，教合于政，学丽于文，离政无以明教，离文亦无以显学，世儒畸轻畸重，所以苟钩铩析乱也。宋贤矫之，未见及此。自古善论文者莫如刘彦和，彦和论六艺之文曰："《尚书》则览文如诡而寻理即畅，《春秋》则观辞立晓而访义方隐。"《文心雕龙》此处缺论《易》《礼》《诗》三经，疑有脱文。论诸子之文曰："孟荀所述，理懿而辞雅；管晏属篇，事核而言练；列御寇之书，气伟而采奇；邹子之说，心奢而辞壮；墨翟随巢，意显而语质；尸佼尉缭，术通而文钝；鹖冠绵绵，亟发深言；鬼谷眇眇，每环奥义；情辨以泽，文子擅其能；辞约而精，尹文得其要；慎到析密理之巧，韩非著博喻之富；吕氏鉴远而体周，淮南泛采而文丽。"可谓晓文章之流别，酌群言于蠡海者矣。间尝本彦和所论而推之，荀卿《成相》，垂诫贤良；苏秦连衡，侈陈形势，后世辞赋有如是之巨丽乎？不韦著《览》，备古今之殊方；贾谊《过秦》，明攻守之异势，后世论说有如是之赅洽乎？韩非《储说》，广征治乱兴衰，岂非连珠之权舆乎？孟轲告王，历举肥甘轻暖，岂非《七发》之滥觞乎？此就文章之原论之，不可即认诸子为文章家也。章实斋有言："至战国而文章之变尽，至战国而著述之事专，至战国而后世之文体备。"诚哉其有所见也。虽然，战国诸子之文备矣，而战国诸子之文又无不原于六艺也。今观六艺之为文也，《春秋》一字以褒贬，《丧服》举轻以包重，此简言以达旨也；《邠诗》联章以积句，《儒行》缛说以繁辞，此博文以该情也；书契断决以象夬，文章昭晰以象离，此明理以立体也；四象精义以曲隐，五例微辞以婉晦，此隐义以藏用也。义既极乎性情，辞亦匠于文理，固不独论说辞序则《易》统其首，诏策章奏则《书》发其源，赋颂歌赞则《诗》立其本，铭诔箴祝则《礼》总其端，纪传铭檄则《春秋》为根，为足洞性灵之奥区，极文章之骨髓者也。是故战国诸子莫不工文，即莫不与六艺为原，老聃说本阴阳，邹衍

侈谭天地，《易》教之文焉；荀卿详载典章，尹文善推名分，《礼》教之
文焉；吕氏以陈古鉴今为宗旨，《书》教之文焉；韩非以采善贬恶为指
归[10]，《春秋》教之文焉；鬼谷飞钳之术，淳于炙锞之谈，《诗》教之
文焉。六艺虽各有所宗，而尤以《诗》教范围为最广，不见屈原之离骚
乎？离骚二十五篇，后世所尊为文章之祖者也，而源流即出于风诗，故
《汉志》序于诗赋五种之首，而说之曰："不歌而诵谓之赋，登高能赋，
可以为大夫。言感物造耑，材知深美，可与图事故，可以为列大夫也。
古者诸侯卿大夫交接邻国，以微言相感，当揖让之时，必称《诗》以谕
其志，盖以别贤不肖而观盛衰焉。故孔子曰：'不学《诗》，无以言也。'
春秋之后，周道浸坏，聘问歌咏不行于列国，学《诗》之士逸在布衣，
而贤人失志之赋作矣。大儒孙卿及楚臣屈原离谗忧国，皆作赋以风，咸
有恻隐古诗之义，而淮南王安亦谓《国风》好色而不淫，《小雅》怨诽
而不乱，若《离骚》者，可谓兼之。"由是而言，六艺附庸，蔚为大国，
不亦宜哉？文之缘起大抵本于忧生念乱，变风、变雅之遗，皆贤人君子
发愤之所为作也。[11]屈宋所以独成一子者在此，不得以后世无实之华辞
目之。余故曰：千古文章莫盛于诸子与六艺也。论文者苟知溯原于诸子
六艺，则可以离文而见道，可以离文而见道，则可以奉道而折衷后世之
文矣。文章之用有三，一以达道，一以达志，一以达情。道不足，志不
足，情不足，而专求工于文，文始漓矣。唐宋以后达情者多，达志者亦
间有之，惟达道者不一觏焉。非文之不工，患在道之不足故也。《隋志》
曰："文者所以明言也。言其因物骋辞，情灵无拥者也。"论最精确，故
窃取斯义，附此一篇。

宾 孔

问曰："九家者流蜂起并作，窥其意，盖皆欲与我孔子争此史统者
也，而史统卒归于尼山，此谁之功欤？"曰：此汉儒之功也。汉之兴也，
承诸子纷争之后，孝文帝好刑名之言，窦太后好黄老之术，而孝景又不
任儒者，故其时晁错明申商，盖公传黄老，盖渐染战国余习而然也。自
董仲舒对策，绌黄老刑名百家之言，司马迁本之以修《史记》，挈史官
之旧学，折衷夫子，至孝成时刘向司籍，又叙次诸子以纬之，而班孟坚
《汉书》从此出焉。自此以降，百家腾跃，终入环内，孔子之史统始别
黑白而定一尊矣，岂非汉儒尊孔之功哉？吾试与子备言之。董仲舒者，
《春秋》大师也，刘歆称"仲舒遭汉承秦灭学之后，六经离析，下帷发
愤，潜心大业，令后学者有所统一[12]，为群儒首"，本传亦称："自武

帝初立，魏其、武安侯为相而隆儒矣。及仲舒对册，推明孔氏，抑黜百家，立学校之官，州郡举茂材孝廉，皆自仲舒发之。"今观其策有曰："春秋大一统者，天地之常经，古今之通谊也。今师异道，人异论，百家殊方，指意不同，是以上亡以持一统，法制数变，下不知所守，臣愚以为诸不在六艺之科、孔子之术者，皆绝其道，勿使并进。邪辟之说灭息，然后统纪可一而法度可明，民知所从矣。"荀悦《汉纪》曰："息华文，去浮辞，禁伪辩，绝淫智，放百家之纷乱，一圣人之至道，则虚诞之术绝而道德有所定矣。"悦崇儒术，亦本仲舒。由是观之，孔教之兴，仲舒可谓功首也。其后述仲舒《春秋》之义以发明孔氏者，则莫如司马迁。迁自序司马氏世典周史，是迁为旧史苗裔也。旧史起黄帝，本以道家为归趣，观太史谈论六家要旨，绌儒以崇道，其旨可见，至迁之述《史记》也，始翩然反之，其言曰："载籍极博，犹考信于六艺。"又曰："整齐百家杂语，厥协六经异传。"盖已隐挈九流学术归附于孔子，非复其家传渊源矣。余尝取其书绎之，盖有二大例焉，前乎孔子者，帝王圣贤事迹，百家言人人殊，则以经传为据依，间有未备，始采古文补之；后乎孔子者，诸子王侯，各著其学术行业，而以孔子之义衡定之，所谓"考信六艺"也。如黄帝为史官之祖，百家学术之宗也，本纪不据诸子，独取孔子所传《宰予问》、《五帝德》、《帝系姓》，而赞又申之曰："学者多称五帝，尚矣，《尚书》独载尧以来，而百家言黄帝，其文不雅驯，荐绅先生难言之。予观《春秋》《国语》，其发明《五帝德》、《帝系姓》章矣，顾弟弗深考，其所表见皆不虚，书缺有间矣，其轶乃时时见于他说。非好学深思，心知其意，难为浅见寡闻道也。"后为《三代世表》，又曰："五帝三代之时，尚矣，孔子因史文，次《春秋》，纪元年，正时日月，盖其详哉。至于叙《尚书》则略，无年月。余读谍记，黄帝以来皆有年数。稽其历谱谍终始五德之传，古今咸不同，乖异。夫子之弗论次其年月，岂虚哉？于是以《五帝系谍》、《尚书》集世纪黄帝以来讫共和为《世表》。"由是观之，一引古文，不惮往复明辨者，岂非恐背先儒师说乎？[13]至于援孔子语衡定者，《殷纪》曰："孔子曰：'殷路车为善而色尚白。'"《孝文纪》曰："孔子言：'必世然后仁，善人之治国百年，亦可以胜残去杀。'诚哉是言。"《吴世家》曰："孔子言：'太伯可谓至德矣，三以天下让，民无得而称焉。'"《管仲传》曰："管仲，世所谓贤臣，然孔子小之，岂以为周道衰微，桓既贤而不勉之至王，乃称霸哉？"《吕不韦传》曰："孔子所谓闻者，其吕子乎？"《万石张叔传》曰："仲尼有言：'君子欲讷于言而敏于行。'其万石、建陵、张叔之谓邪？"若斯类者，一篇之中盖三致意焉，固不独仲尼立世家，弟子立列传为显尊孔子也。史记本纪、世家序时事多以孔子生卒纬之，孔子布衣，书法乃与王侯等，亦史公创例也。抑迁之尊孔，更有异于后儒者。后儒尊孔子也，屏百家于孔子之外，而迁之尊孔子也，则合百家于孔子之内。今观其书，若老庄列传则道家者流也，若申不害、韩非、商鞅列传则法家者流也，若孟轲、荀卿等列传则儒家、名家、墨家者流也，若苏秦、张仪、陈轸、犀首、樗里子、甘茂、范雎、蔡泽列传则从横家者流也，若吕不韦列传则杂家者流也，若穰苴、孙武、吴起列传则兵家者流也，若扁鹊、仓公列传则方技家也，若日者、龟策列传则阴阳数术家也，若货殖列传则农家也，若滑稽列传则小说家也，定一统于孔子而诸家环卫焉，洋洋乎非圣人不能并包之，非太史公亦不能折衷之。《自序》言："自周公卒五百岁而有孔子，孔子卒后至于今五百岁，有能绍明世，正《易传》，继《春秋》，本《诗》《书》礼乐之际，意在斯乎，意在斯乎？"是其发愤著书，微言以见意，百世下尚可推测矣。刘向、扬雄称为实录，岂虚语哉？虽然，司马迁，周室旧史之裔也，虽以史统归孔子而犹不忍显背其家学，故论大道则先黄老而后六经，序游侠则退处士而进奸雄，述货殖则崇势利而羞贱贫，所谓是非颇缪于圣人者，详其体制，盖史官之旧也，摧陷廓清之功不能不有待于刘向与班固矣。向之尊孔子全在《七略》《别录》。《七略》《别录》者，叙次九家者流而以六经孔子之义定其短长者也，观《艺文》一志可见矣。《艺文志》既叙次六艺，即以儒家者流列于道家之上，而曰："游文于六经之中，留意于仁义之际，祖述尧舜，宪章文武，宗师仲尼以重其言，于道最为高。孔子曰：'如有所誉，其有所试。'唐虞之隆，殷周之盛，仲尼之业，已试之效者也。"又曰："诸子十家，其可观者九家而已。"不数儒家，岂非因孔子出于儒家而特笔以尊之哉？至其于诸子也，道家则曰："合于尧之克让，《易》之嗛嗛，一谦而四益，此其所长也。"阴阳家则曰："敬顺昊天，历象日月星辰，敬授民时，此其所长也。"法家则曰："信赏必罚，以辅礼制，《易》曰：'先生以明罚饬法。'此其所长也。"名家则曰："古者名位不同，礼亦异数，孔子曰：'必也正名乎？名不正则言不顺，言不顺则事不成。'此其所长也。"墨家则曰："茅屋采椽，是以贵俭；养三老五更，是以兼爱；选士大射，是以上贤，宗祀严父，是以右鬼；顺四时而行，是以非命；以孝视天下，是以上同，此其所长也。"从横家则曰："孔子曰：'诵诗三百，使于四方，不能颛对，虽多亦奚以为？'又曰：'使乎，使乎。'言其当权事制宜，受命而不受辞，此其所长也。"杂家则曰："兼儒墨，合名法，知国体之有此，见王治之无不贯，此其所长也。"农家则曰："播百谷，劝耕桑，以足衣食，故八政一曰食、二曰货，孔子曰：'所重民食。'此其所长也。"小说家则曰："孔子曰：'虽小道，必有可观者焉，致远恐泥，是以君子弗为也。'然亦弗灭也。"兵家则曰："孔子曰：'为国者足食足兵。以不教民战，是谓弃之。'明兵之重也。"所谓合于六经孔子之义而取之者也。若其不合于六经孔子者，则于儒家曰："惑者既失精微，而辟者又随时抑扬，违离道本，苟以哗众取宠。后进循之，是以五经乖析，儒学浸衰，此辟儒之患。"道家曰："及放者为之，则欲绝去礼学，兼弃仁义，曰独任清虚，可以为治。"阴阳家曰："及拘者为之，则牵于禁忌，泥于小数，舍人事而任鬼神。"法家曰："及刻者为之，则无教化，去仁爱，专任刑法而欲以致治，至于残害至亲，伤恩薄厚。"名家曰："及警者为之，则苟钩铢析乱而已。"墨家曰："及蔽者为之，见俭之利，因以非礼，推兼爱之意，而不知别亲疏。"从横家曰："及邪人为之，则上诈谖而弃其信。"杂家曰："及荡者为之，则漫羡而无所归心。"农家曰："及鄙者为之，以为无所事圣王，欲使君臣并耕，悖上下之序。"所谓违于六经孔子之义而弃之者也。夫百家各引一端，崇其所善，有何短长可分哉？惟以六经孔子之道衡之，斯百家之短长见矣。故其序曰："仲尼有言：'礼失而求诸野。'方今去圣久远，道术缺废，无所更索，彼九家者，不犹愈于野乎？若能修六艺之术，而观此九家之言，合短取长，则可以通万方之略矣。"是可知其书宗旨之所在也。荀悦《汉纪》："孔子曰：'博学于文，约之以礼，亦可以弗畔矣夫。'孝武皇帝时，董仲舒推崇孔氏，抑绌百家，至刘向父子典校经籍，而新义分方，九流区别，典籍益彰矣。自非至圣之崇，孰能定天下之疑。"观悦以推崇孔氏为仲舒功而刘向父子配之，则刘《略》宗旨更昭然若发蒙矣。语曰："群言殽乱折诸圣。"非向之谓欤？其后班固祖向以述《汉书》，自叙所谓"纬六经，缀道纲，总百氏，赞篇章"，已详哉其言之矣，而显尊孔子则尤在《古今人表》一篇。《古今人表》者，聚列古今人物，而以孔子之义诠骘之者也。盖六家之论轻重不同，评人物者往往莫衷一是，自史统定于尼山，班氏始考圣言，理而董之。扬雄《法言·重黎》篇序曰："仲尼以来国君将相、卿士名臣参差不齐，一概诸圣。"似为孟坚《人表》所本。观其引《论语》曰："若圣与仁则吾岂敢。"又曰："何事于仁，必也圣乎？未知，焉得仁。生而知之者，上也，学而知之者，次也；困而学之，又其次也；困而不学，民斯为下矣。"又曰："中人以上，可以语上也。唯上智与下愚不移。"因兹以列九等之序，究极经传，继世相次，总备古今之略要云。是其书非为汉而作，盖为孔子而作也。故表列仲尼于老子之前而又序之曰："自书契之作，先民可得而闻者，经传所称，唐虞以上，帝王有号谥，辅佐不可得而称矣，而诸子颇言之，虽不考乎孔氏，然犹著在篇籍，归乎显善昭恶，劝戒后人，故博采焉。"固之命谊可谓微而婉矣。不然，以《汉书》而表古人，五尺童子知其不伦，岂孟坚通儒而为之乎？由是以观，使孔子之道炳若日星，源远而流长者，皆仲舒、子长、子政、孟坚四人之功也。嗟乎，自天子失官，孔子悯王路废而邪道兴，删述六经，以制义法，中更战国，诸子纷争，荀孟二大儒润色之于前，董马刘班四子表章之于后，其功一也。向使天不生四子，百家各争史统，仲尼经术不绝如线，将万古同乎长夜矣，又安有后时皋牢九流之盛哉？吾辈生孔子史统久定之后，不见古人拾遗补艺之劳，猥以宋儒谰言，谓董子为伪书，谓司马为杂霸，谓刘向、班固非纯儒，不敢与七十弟子并序于孔庑俎豆之间，而守先王、兴绝学之苦心卒无以大白于天下，岂不痛欤，岂不痛欤！

校勘记

[1]"量"原作"度"，黄曙辉点校本据《鬼谷子》改。今从之。

[2]《史微札记》："无为小人儒"下补注："君子、小人本以位分，亦有但以德判者。《庄子·天下》篇：'以仁为恩，以义为理，以礼为行，以乐为和，薰然慈仁，谓之君子。'小人即所谓斗筲之人是也。二名后人多泛用。"

[3]《史微札记》："吾于《论语》一书见之矣"下补注："《论语》言学、言政、言孝悌、言礼义，皆一种训条，随用无方，所谓化也。至孟荀诸儒乃成学派，杨泉《物理论》：'《论语》，圣人之至教，王者之大化，《乡党》篇则有朝廷之仪、聘享之礼，《尧曰》篇则有禅代之事。'《论语》为夫子教书，魏晋人尚能知之。"

[4]黄曙辉云："《勤卒》"，据《尉缭子》，"勤"当作"勒"。

[5]《札记补遗》："今书则后人依托耳"八字删。增注："《群书治要》曾引《三略》十一条，孙仲容据《隋志》谓即《黄石公记》，《后汉书·臧宫传》及《意林》所引与今本合，是也。似非后人依托。"

[6]《史微札记》："微言大义"改"轨言眇论"。

[7]《史微札记》："可谓彬彬君子矣"下补注："《通语》：'才贵精，学贵讲，质胜文，石建文胜质，蔡邕文质彬彬，徐幹庶几也。'"

[8]《史微札记》："此其一缝也"下增注："后来应劭《风俗通》略师其意。"

[9]《史微札记》："真学统一大消长也"下补注："《颜氏家训》：'魏晋已来所著诸子，理重事复，递相模教，犹屋下架屋、床上施床耳。'案魏晋子籍，见引于《意林》等书，尚可褎集，大都如黄门所讥，其敷畅玄旨者，虽缵述老庄，实意道佛学，盖九流绝于是时也。"

[10]《札记补遗》："韩非以采善贬恶为指归。""贬"改"锄"。

[11]《史微札记》："皆贤人君子发愤之所为作也"下增注："王逸《楚辞序》：'昔者孔子睿智明哲，天生不王，俾定经术，乃删《诗》《书》，正《礼》《乐》，制作《春秋》，以为后王之法。其后周室衰微，战国并争，于是杨、墨、邹、孟、孙、韩之徒各以所知著造传记，或以述古，或以明世。而屈原独依诗人之义而作《离骚》，上以讽谏，下以自慰，遭时暗乱，不见省纳，不胜愤懑，遂复作《九歌》以下凡二十五篇。'以灵均诸赋与经术传记相衡，最为卓识。"

[12]黄曙辉云："有所"，原作"所有"，据《汉书》卷五十六《董仲舒》传载刘向语乙正。今从之。

[13]《史微札记》："岂非恐背先儒师说乎"下补注："史家考信，先征官簿，三古训典，后史仰录，孔子因之。古文旧掌，表见不虚，非此族者，则有阙疑之例，有传疑之例。若乃家人琐语，或采齐东；天问九歌，半徇谣俗，斯为民间野闻，等于虞初九百。故史公一以六艺为凭，非惟不敢背孔，亦其慎欤。世有据载籍驳文，轻疑邃古，而集矢于子长者，不通史学者也。"

史微卷第四

内　篇

征　孔

六艺未归孔子以前，君人南面之术根据于道家；六艺既归孔子以后，君人南面之术皆折衷于孔子。夫孔子，儒家也，以司徒一官上代旧史之统，则儒家而实兼道家矣，故欲考孔子与儒道两家之异同，必先考儒家与道家之异同。然则儒道两家之异同奈何？曰：道家宗旨，明天者也，王充曰："六经之文，圣人之语，动言天者，欲化无道、惧愚者。之言非独吾心，亦天意也。及其言天，犹以人心，非谓上天苍苍之体也。"[1]余案古书中言天者，大抵指好生恶死之心，趋利避害之欲，出于自然者也。其言人者，大抵指彰善瘅恶，扶阳抑阴，出于人为者也。[2]不明此义而泥天体求之，宜其说日入于荒诞哉。惟其明天，故其言道也则曰："有物混成，先天地生，吾不知其名，强名曰道。"儒家宗旨，明人者也，惟其明人，故其言道也则曰："道者，非天之道，非地之道，人之所道也。"庄生尝言："何谓道？有天道，有人道。无为而尊者天道也，有为而累者人道也。主者天道也，臣者人道也。天道之与人道相去远矣，不可不察也。"道家出史官，非所谓"主者天道"乎？儒家出司徒，非所谓"臣者人道"乎？我孔子之道则不然，道家先法天道，孔子则修人道以希天；儒家先尽人道，孔子则本天道以律人。其于道也，未尝不明天，而必推本于人，故曰："天地位焉，万物育焉。洋洋乎圣人之道，峻极于天。"是与道家道先天地者异矣。未尝不明人，而必推原于天，故曰："先天而天弗违，后天而奉天时，天且弗违，而况于人乎？"是与儒家道非天地者异矣。盖上古之世人与天近，中古之世天与人远[3]，孔子知人之不可偏废而天之不可偏重也，于是取旧法世传之史，改弦而更张之，虽位育之功以天为极致，而作圣初基，必使渐渍乎仁义礼智五伦之常道，始可尽性以至命，尽性至命则能赞天地之化育，能赞天地之化育则可以与天地参矣。是故其立教也，上比道家则不足，下配儒家则有余，子思赞圣，所以谓之中庸。庸者，用也，言兼儒道两家之统而用其中也。中者，无偏无倚之称，譬诸物然，有两端而后有中，两端之为言往与来，平与陂之极致也。盖天人之道相应如张弓，彼张则此弛，毗阴毗阳皆为失位，惟圣人为能权其往来平陂之中而时济之，《大学》曰："物有本末，事有终始，知所先后则近道矣。"孟子曰："子莫执中，执中无权，犹执一也。"故欲用中，不可不知权，欲知中位之所在，不可不明天人之为物，而一切仁义道德之揭橥，皆视中以为标准者也。[4]此实孔子建教异于儒道二家处。大矣哉，非素王乌能道并行而不相悖哉？由是而删定六艺之宗旨可识矣。《周易》者，孔子通天意、理人伦而明王道之书也，《易》之先也本道家之书，谓古史官。道家详于天而略于人，至周文王重八卦为六十四卦，而天人之占始可得而效矣，故孔子因而赞之。上经始《乾》《坤》，象阳，所以立天道焉；下篇始《咸》《恒》，法阴，所以立人道焉。荀爽陈便宜曰："夫妇，人伦之始，王化之端，故文王作《易》，上经首《乾》《坤》，下经首《咸》《恒》。孔子曰：'天尊地卑，乾坤定矣。'"是《易》分上下，孔子实本于文王也。《易纬》引孔子言说之曰："易卦六十四，分而为上下，象阴阳也。夫阳道纯而奇，故上篇三十，所以象阳也；阴道不纯而偶，故下篇三十四，所以法阴也。乾坤者，阴阳之根本，万物之祖宗也，为上篇始者，尊之也。离为日，坎为月，日月之道，阴阳之经，所以终始万物，故以坎离为终。咸恒者，男女之始，夫妇之道也，人道之兴必由夫妇，所以奉承祖宗，为天地主也，故为下篇始者，贵之也。既济未济为最终者，所以明戒慎而存王道也。"又曰："泰者，天地交通，阴阳用事，长养万物也。否者，天地不交通，阴阳不用事，止万物之长也。上经象阳，故以乾为首，坤为次，先泰而后否损者，阴用事，泽损山而万物损也。下损以事其上益者，阳用事而雷风益万物也，上自损以益下。下经以法阴，故以咸为始，恒为次，先损而后益，各顺其类也。"又曰："《易》有六位三才，天地人之分际也。三才之道，天地人也。天有阴阳，地有柔刚，人有仁义，法此三者，故生六位。六位之变，阳爻者制于天也，阴爻者系于地也。天动而施曰仁，地静而理曰义，仁成而上，义成而下，上者专制，下者顺从，正形于人则道德立而尊卑定矣。"是则《十翼》之发挥旁通，岂非天地人道之终始乎？至于孔子之删《书》也，司马迁尝言之矣，曰："序《书传》，上纪唐虞之际，下至秦缪，编次其事。"而所以删《书》之宗旨不传焉。以余考之，《尚书》者，帝王典谟训诰誓命之文，而参赞天地之精意也。《书》之兴也，与文字俱起，由来远矣。孔子观《书》周室，得黄帝玄孙帝魁之书，迄于秦缪公，凡三千二百四十篇，取虞夏商周四代之典，删其善者，上自虞，下至周，为百篇，编而序之，言其作意，所谓断远取近，足以垂世立教也。何言乎垂世立教也？孔安国曰："伏牺、神农、黄帝之书谓之三坟，言大道也。少昊、颛顼、高辛、唐、虞之书谓之五典，言常道也。至于夏、商、周之书，虽设教不伦，雅诰奥义，其归一揆。"常道者，非所称五常之道乎？五常之道，王者尽人法天之本也。《易纬》曰："道兴于仁，立于礼，理于义，定于信，成于智。五者，道德之分，天人之际也。"可知天人之故至尧舜文武而始备，无疑矣。故孔子撰书，尊而命之曰《尚书》。尚者，上也。盖言若天书然，而《璿玑钤》亦曰："书务以天言之。"于是伏生本七十子口说论之曰："天非人不因，人非天不成，天地人之道备而三五之运兴矣。"明人君以人承天，当取法于《尚书》也。[5]《诗》也者，先王论功颂德，以人事天者也，故曰正得失，动天地，感鬼神，莫近乎诗。诗为人道之极致，人道至此，始可上赞化育矣。《中庸》曰："君子之道，造端乎夫妇，及其至也，察乎天地。"明王化之基始诸衽席，终于享帝配天。昔司马迁述孔子删《诗》之旨曰："古者《诗》三千余篇，孔子去其重，取可施于礼义者三百五篇，以《关雎》之乱为风始，《鹿鸣》为小雅始，文王为大雅始，《清庙》为颂始，三百五篇皆弦歌之，以求合韶武雅颂之音。"而翼奉亦引师说曰："《易》有阴阳，《诗》有五际，《春秋》有灾异，皆列终始，推得失，考天心，以言王道之安危。"由是观之，孔子之《删》诗，盖与《尚书》同为天人而作矣。《礼》也者，先王上事天，下事地，尊先祖而隆君师者也。[6]故曰："夫礼必本于天。"又曰："礼由人起。"是则达天道而顺人情，舍礼何以哉？[7]余尝考之，礼有三起，礼理起于大一，礼事起于遂皇，礼名起于黄帝，至唐虞，三礼始具。三礼者，谓天地与人也。后世分之为五，而吉、凶、宾、嘉、军之名立矣。周衰，诸侯恶其害己，多去其籍，自孔子时已不能具，于是叹文献之无征，酌损益于三代，定为《士礼》十七篇，使后王由此推诸天子焉。故《士冠》、《士昏》、《公食大夫》、《燕礼》、《乡饮》、《乡射》、《大射》，嘉礼也。《士相见》、《聘》、《觐》，宾礼也。《丧服》、《士丧》、《既夕》、《士虞》，凶礼也。《特牲》、《少牢》、《有司彻》，吉礼也。缺军礼者，军为据乱所尚，而《礼》则王者致太平之书也。由是观之，《士礼》一书兼备天人，又岂非孔子定礼之宗旨欤？虽然，《诗》《书》《易》《礼》皆二帝三王之旧典，孔子上承往圣，取其阐发天人者编而削之，以为如此庶足后王取法矣。若夫天人终始之奥，则非拨乱世而反之正，必不足以大明于万世，此《春秋》一经所以又继《诗》《书》《易》《礼》而作也。徐彦曰："孔子未得天命之时，未有制作之意，故但领缘旧经，以济当时而已。既获麟之后，见端门之书，知天命已制作，以俟后王，于是选理典籍，欲为拨乱之道，以为《春秋》者，赏善罚恶之书，若欲治世，反归于正，道莫近于《春秋》。"董子《蕃露》曰："仲尼之作《春秋》也，上探正天，端王公之位，万民之所欲，下明得失，起贤才，以待后圣。故引史记，理往事，正是非，序王公，史记十二公之间，皆衰世之事，孔子曰：'吾因其行事而加乎王心焉。'"太史公亦曰："《春秋》上明三王之道，下辨人事之纪，别嫌疑，明是非，定犹豫，善善恶恶，贤贤贱不肖，存亡国，继绝世，补弊起废，王道之大者也。"古者一贯三谓之王，言王者当通贯天地人三统也，故其书于天人相与之间三致意焉。试以口说考之，如曰《春秋》之法以人随君，以君随天，故屈民而伸君，屈君而伸天，《春秋》之大义也。曰《春秋》变一谓之元，元犹原也，其义以随天地终始也，故元者为万物之本而人之元在焉。曰《春秋》修本末之义，达变故之应，通生死之志，遂人道之极者也。若斯类者，所谓文成数万，其旨数千者，非欤？嗟乎，周辙既东，王者迹熄，上无天子，下无方伯，帝王所为创制前民者扫地尽矣，孔子在庶，德无所施，功无所就，不得已而取鲁史笔削焉，故曰："予欲托之空言，不如见之行事深切著明者。"盖至是而后人道浃、王道备，应天顺人之宗旨始完然而无遗憾也。是故孔子删定六艺也，所以备天人也，其备天人也，所以兼儒道二家之统也。孙盛《老聃非大贤论》曰："六经何尝阙虚静之训、谦冲之诲哉？孔子曰：'述而不作，信而好古，窃比于我老彭。'寻斯旨也，则老彭之道已笼罩乎圣教之内矣。"惟其兼道家之统，故高出乎儒家；惟其兼儒家之统，故又不纯乎道家；惟其不纯乎道家，故庄周讥孔子为天之戮民；《史记》："庄子其学无所不阙，著书十余万言，大抵率寓言也。作《渔父》、《盗跖》、《胠箧》以诋訾孔子之徒，以明老子之术。"是周书剽剥专在儒家，非毁孔子也，故所述孔子语往往多道家绪言，子长谓其诋訾孔子之徒，语最精确。惟其高出乎儒家，故宰予称夫子为贤于尧舜。达巷党人有言："大哉孔子，博学而无所成名。"千古能知孔子者，党人一人而已。昔司马迁之述《史记》也，既为仲尼立世家，又为弟子、儒林立列传。史公称孔子所严事者，于齐则晏平仲，而《世家》又载晏子阻尼谿之封曰："夫儒者滑稽而不可轨法，倨傲自顺，不可以为下；崇丧遂哀，破产厚葬，不可以为俗；游说乞贷，不可以为国。自大贤之息，周室既衰，礼乐缺有间，今孔子盛容饰，繁登降之礼、趋详之节，累世不能殚其学，当年不能究其礼。君欲用之以移齐俗，非所以先细民也。"用意尤微而婉，儒孔之辨，观此益明矣。刘向之校艺文也，既序《论语》、《孝经》于六艺之后，又次儒家于诸子之中，古人所以不惮反复详辨者，盖惟恐以儒家卑视我孔子也。乃后之儒者闇于大较，并为一谈，致使夫子由司徒一官上承君人南面之统，以为万世帝王师表者，屈在臣邻之列，而无一人智足知圣焉。信如斯言，是昌黎、伊川、晦庵诸贤皆可方驾于孔子，曾谓自有生民以来，凡有血气，莫不尊亲之大圣人而如是耶？太史公曰："天下君王至于贤人众矣，当时则荣，没则已焉。孔子布衣传十余世，学者宗之，自天子王侯，中国言六艺者折中于夫子，可谓至圣矣。"至圣之称，惟孔子可当，儒者不能僭也。得余说而存之，而后知世儒诬孔之罪，真不胜诛者已。[8]

经 辨

百家九流之学虽失传于两汉，然尚有班氏《艺文志》存，世之好学深思者，苟取诸子以上究古人官守之遗，固不难心知其意也。惟六艺之为书也，典籍具在而口说浸亡，一厄于刘歆颠倒五经、毁师法，二厄于郑玄义据通深、古文遂行，三厄于六朝南北派喜新得伪，四厄于唐人之义疏刊落异家，五厄于宋儒之章句附会释教，遂使我夫子折衷往制为万世立教之微言，与夫旧史世传说经之本义，俱晦塞薶没于训诂笺注之中，而六艺几同断烂朝报矣。语曰："秦人烧书而书存，汉人穷经而经绝。"岂虚语哉？约举大者数端：一则造经主名之不一也，一则篇目前后之不同也，一则家法异说之不相合也，一则向壁凭臆之互相矛盾也，此数端，皆古称聚讼而迄今未有定论者。今欲考定六艺，不可不先考诸说之异同，欲考诸说之异同，不可不先考诸说根据之主义，诸说根据之主义明，而后我夫子折衷往制为万世立教者，与夫旧史世传说经者，始可大白于天下。此固非末学一人之责矣，虽然，不敢不言其略焉：《周易》者，始于伏羲而终于文王。昔者伏羲氏仰观俯察，既造八卦以通神明之德，以类万物之情，上古结绳简略，但有先文而已，至黄帝始以古籀演之，此据《易纬乾凿度》。案籀书实周宣王时太史籀所造，纪者预称之，盖假后以明前耳。如五等之封起于周，而《史记·黄帝本纪》云"诸侯咸来宾服"；谥号皆在身后，而《左传》云"陈桓公方有宠于王"。古书似此者极多，若不通其例则难晓矣。历代增损变通，取此经以明受命之符。夏据伏牺易，谓之《连山》，殷据黄帝易，谓之《归藏》，文王又因伏牺黄帝之旧，重之为六十四卦，谓之《周易》，即孔子所据之本是也。乃后儒说《周易》者不胜其聚讼焉，一在于重卦，一在于卦词与爻词。以为文王重卦者史迁之说也，以为神农重卦者郑玄之徒之说也，以为夏禹重卦者孙盛之说也，以为伏牺重卦者王弼之说也。余考西京诸儒口说，谓伏牺初造八卦则有之，从无以重卦属伏牺、神农、夏禹者，班固曰："文王以诸侯顺命而行道，天人之占可得而效，于是重易六爻，作上下篇。"《法言》曰："《易》始八卦，而文王六十四，其益可知也。"又曰："文王渊懿也。或问渊懿，曰：'重易六爻，不亦渊乎？'"王充曰："伏牺作八卦，文王演为六十四，孔子作《彖》《象》《系词》，三圣重业，《易》乃具足。"由是观之，则重卦当归文王无疑矣。而郑玄、孙盛独属神农与夏禹者，何哉？窃谓此盖涉二《易》而言耳。按二《易》，《归藏》亦有六十四卦，其中如㴔、㺏、蠿、林祸、称、仆、毋亡、瞿、荔、员、諴、钦、规、夜、荦、兼、分、岑釐、遂、蜀、马徒、荧惑、耆老、大明等卦，多不与《周易》同，而《连山》亦有剥、复、姤、中孚、阳豫、游徙诸卦名，是二《易》皆已重卦，文王之演《易》，或于此取象焉，则所谓神农与夏禹者，盖指是也。至于辅嗣谓伏牺重卦，则亦有说。《说卦》曰："昔者圣人之作《易》也，将以顺性命之理，兼三才而两之，故《易》六画而成卦。"又曰："因而重之，爻在其中矣。'若然，则伏牺之时所谓重卦者，盖重☰为乾，重☷为坤之类耳。"案《淮南·要略》曰："今《易》之乾坤足以穷道通意也，八卦可以识吉凶知祸福矣，然而伏牺为六十四变，周室增以六爻，以原测淑清之道，而捃逐万物之祖也。"盖伏牺虽未重卦，而六十四卦变化之理已寓其中，即所谓消息也。至文王始本伏牺之义，每卦增为六爻而六十四卦成矣。故《下系》云"上古结绳而治，后世圣人易之以书契，盖取诸夬"，明夬卦之理，伏牺之时已有也。若据此谓重卦始于伏牺，则淮南安得言周室增以六爻哉？自孔冲远不得其解，因谓伏牺所重者为六十四卦，信如斯言，《周易》一书上古已备，又安用文王拘忧而更张之哉？卦辞、爻辞二说，郑康成暨西汉儒者皆言文王所作，马融、陆绩独谓卦词文王，爻词周公，以验爻词，多文王后事也。孔冲远申之曰："《升》：'王用享于岐山。'武王克殷之后，始追号文王为王。若爻词是文王所制，不应云'王用享于岐山'。《明夷》：'箕子之明夷。'武王观兵之后，箕子始被囚奴，文王不宜豫言'箕子之明夷'。《既济》：'东邻杀牛，不如西邻之禴祭。'说者皆云西邻谓文王，东邻谓纣，文王时纣尚南面，岂容自言己德受福胜殷？"此三说可谓明晰矣，而皆有未尽。何则？古者君臣不若后世尊严，岂不可言东邻、西邻？文王受命改元皆在生时，岂不可以称王？箕子，古文或作"荄兹"，或作"其子"，亦岂必定指箕子也。惟《易纬》有云："法旦作九问。"注曰："旦者，周公。"似周公实有阐易之事，《易纬》出孔子口说，当可信从。意者，文王既修卦爻二词，周公又从而润泽之欤？《论衡》曰："古者烈山氏之王得河图，夏后因之曰《连山》；烈火氏之王得河图，殷人因之曰《归藏》；伏牺氏之王得河图，周人曰《周易》。其经卦皆六十四，文王、周公因象十八章究六爻。"此则兼及周公矣。若先儒说重卦及爻词为孔子《十翼》者，见陆德明《经典·叙录》，则又江左之新说，辨不胜辨者也。[9]《尚书》本有两派，一为孔子说经者，是曰今文；一为旧史说经者，是曰古文。今伏生、欧阳、夏侯之今文已亡，惟存古文而已，而古文又有两派，一为孔惠壁藏之古文，一为杜林漆书之古文。杜林漆书古文《尚书》者，据《后汉·林本传》曰："河南郑兴、东海卫宏等皆长于古学。及宏见林，闻然而服。济南徐巡，始师事宏，后皆更受林学。林前于西州得漆书古文《尚书》一卷，常宝爱之，虽遭艰困，握持不离身。出以示宏等曰：'林流离兵乱，常恐斯经将绝，何意东海卫子、济南徐生复能传之，是道竟不坠于地也。古文虽不合时务，然愿诸生无悔所学。'宏、巡益重之，于是古文遂行。"陆德明亦引范晔之说曰："中兴，扶风杜林传古文《尚书》，贾逵为之作训，马融作传，郑玄注解，由是古文《尚书》遂显于世。"是则近儒所辑《尚书》马、郑注乃杜林漆书之古文也。孔惠壁藏古文《尚书》者，据《汉·儒林传》曰："孔氏有古文《尚书》，孔安国以今文字读之，因以起其家，逸《书》得十余篇，盖《尚书》兹多于是矣。遭巫蛊，未立于学官。安国为谏大夫，授都尉朝，而司马迁亦从安国问故。迁书载《尧典》、《禹贡》、《洪范》、《微子》、《金縢》诸篇，多古文说。"《后汉·孔僖传》亦云："自安国以下，世传古文《尚书》。"《经典·叙录》则曰："古文《尚书》者，孔惠之所藏也。鲁恭王坏孔子旧宅，于壁中得之，皆科斗文字，博士孔安国以校伏生所诵，为隶古写之，增多伏生二十五篇，安国又受诏为古文《尚书传》，值武帝末，巫蛊事起，不获奏上，藏之私家，孔氏之本绝，是以马、郑、杜预之徒皆谓之逸《书》。江左中兴，元帝时，豫章内史枚赜奏上孔《传》，亡《舜典》一篇，购不能得，乃取王肃注《尧典》从'慎徽五典'以下分为《舜典》篇以续之，学徒遂盛。齐明帝建武中，吴兴姚方兴采马、王之注，造《孔传·舜典》一篇，云于大桁头买得，上之。梁武时为博士，议曰：'孔序称伏生误合五篇，皆文相承接，所以致误，《舜典》首有"曰若稽古"，伏生虽昏耄，何容合之。遂不行用，近唯崇古文，马、郑、王注遂废。'"是则孔冲远作疏之《尚书》，安国所传，乃孔惠壁藏之古文，惟《舜典》首二十八字及传为姚方兴伪造者也。[10]宋后儒者不知古文本有二派，见《孔传》与马、郑不同，遂疑其伪，而古文两言于是为治《尚书》者一大疑谳矣。其为说也有数端：有以兼弱攻昧为随武子语，推亡固存为中行献子语，而谓其非经文而以为经；有以孔注《论语》"予小子履"引《汤誓》，传属《汤诰》，注虽有周亲指管蔡，传称至亲，而谓其非传义而以为传；有以舜往于田，《舜典》文，今在《大禹谟》，葛伯仇饷，《汤征》文，今在《仲虺诰》，而谓其或以此篇为彼篇；有以孟子言舜舍己从人，传以为舜之称尧，《尸子》'"舜云从道必吉"，传以为禹之告舜，而谓其或以此言为彼言；有以天子驾四而云六马，夏商五庙而云七庙，而谓其背于典礼；有以《尚书》例不书时月，《泰誓》乃有"十有三年春"之文，越日皆从本日数，《武成》乃有"越三日庚戌"之语，而谓其乖于史例；有以七旬苗格与三苗分北互违，《五子作歌》与五观失家相反，而谓其是非大谬；有以武王告百姓不当称角崩，成王命蔡仲不当称乃祖，而谓其叙事失词，此皆后儒攻驳《孔传》之大者也。以余考之，皆不足以定《孔传》之伪。何则？古人学术俱系口传，故诸子引书往往互有同异，如《易传》"君子居其室"云云，本孔子所言，而《说苑》引为泄冶语，是其例也，如此则非经为经之疑可释矣。古人传义全重家法，故一人作注，往往各存其真，如高诱注《淮南》"大汾"云"在晋"，而注《吕览》则曰"未闻"，是其例也，如此则非传为传之疑又释矣。既古人传义重家法，则不得以《舜典》、《汤征》篇目之殊，而疑其以此篇为彼篇矣；既古人学术系口传，则亦不得以言舜、舜云主名之异，而疑其以此言为彼言矣。至于典礼本有今学、古学之不同[11]，史例亦有此经、彼经之殊体[12]，三苗分北即是有格，五观失家岂害作歌？孟子尚有漂杵之说，则武王何不可称角崩？周公亦有宁考之言，则成王何不可称乃祖？且传言孔氏有古文《尚书》，安国以今文字读之，可知《尚书》一经必有为安国以隶字易其本文者[13]，试观《墨子》引《汤誓》、《周诰》、《夏书》，《吕览》引《商书》、《夏书》、《周书》，《史记》引《尧典》、《舜典》、《禹贡》、《周诰》，多不与今本《尚书》同，是其明证[14]，使如后儒谰言，亦将以《墨子》、《吕览》诸书而疑马、郑注为赝鼎矣，岂可通乎？近儒攻《孔传》者如阎、惠、王、孙诸儒，所考皆不足以定《孔传》之伪，惟今《孔传》增多伏生二十五篇，与马郑本增多十六篇不同，其篇目亦多有异。《孔传》二十五篇者，一《大禹谟》，二《五子之歌》，三《胤征》，四《仲虺之诰》，五《汤诰》，六《伊训》，九《太甲》三篇，十《咸有一德》，十三《说命》三篇，十六《泰誓》三篇，十七《武成》，十八《旅獒》，十九《微子之命》，二十《蔡仲之命》，二十一《周官》，二十二《君陈》，二十三《毕命》，二十四《君牙》，二十五《冏命》。马郑本十六篇者，则一《舜典》，二《汩作》，十一《九共》九篇，十二《大禹谟》，十三《益稷》，十四《五子之歌》，十五《胤征》，十六《汤诰》，十七《咸有一德》，十八《典宝》，十九《伊训》，二十《肆命》，二十一《原命》，二十二《武成》，二十三《旅獒》，二十四《冏命》。以此二十四为十六卷，以《九共》九篇共卷，除八篇，故为十六，所列篇目已与《孔传》不侔矣，然犹可曰枲书与壁书非一本也。至《艺文志》明言孔安国得多十六篇，非二十五篇，岂有同一壁藏之书而参差背缪至于如此哉？此所以孔冲远疑马郑本为张霸伪书，而近人又谓《孔传》为枚赜赝鼎也。要之，书缺有间矣，据一二字讹误轻议古经，博学详说之君子谅不出此，后有治《尚书》者，信古而阙疑焉可耳。若康成《尚书》虽本杜林之古文，实兼伏生之今文，此郑氏传经之通例，故安国增多之二十五篇，康成皆不为注而谓之逸《书》。逸《书》者，逸无师说也。今既考定群籍，知《孔传》古文与马、郑注者各属一家，并行不背，八疑涣然，而犹谓孔书为枚赜伪造，斯真贵耳而贱目者矣。[15]《诗经》亦有两派，一曰今文，三家是也；一曰古文，毛氏是也。后儒不见三家之全，不考《毛传》之本，辑三家者则讥《毛传》为伪，宗毛氏者则议三家非真，斯亦争讼之一端矣。不知《诗》有四例，有古人作诗之例，有太史采诗之例，有孔子删诗之例，有后人赋诗之例，四例明而后诗可得而治也。试以《关雎》一章征之，《鲁诗》曰："周道缺，诗人本之衽席，《关雎》作。"又曰："后夫人鸡鸣佩玉，去君所，周康后不然，诗人叹而伤之。"又曰："昔周王承文王之盛，一朝晏起，夫人不鸣璜，宫门不击柝，关雎之人见几而作。"岂非古人作诗之义乎？《毛诗》曰："《关雎》，后妃之德也，风之始也，所以风天下而正夫妇也，故用之乡人焉，用之邦国焉。"又曰："国史明乎得失之迹，伤人伦之废，哀刑政之苛，吟咏情性以风其上，达于事变而怀其旧俗者也。"岂非太史采诗之义乎？《齐诗》曰："周渐将衰，康王晏起，毕公喟然，深思古道，感彼关雎，德不双侣，愿得周公，妃以窈窕，防微消渐[16]，讽喻君父。孔子大之，列冠篇首。"又曰："匹妃之际，生民之始，万福之原，婚姻之礼正，然后品物遂而天命全。孔子论《诗》，以《关雎》为始，言太上者民之父母，后夫人之行不侔乎天地，则无以奉神灵之统而理万物之宜，故《诗》曰：'窈窕淑女，君子好仇。'言能致其贞淑，不贰其操，夫然后可以配至尊而为宗庙主。此纲纪之首，王教之端也。"岂非孔子删《诗》之义乎？《韩诗》曰："诗人言《关雎》贞洁慎匹，以声相求，必于河之洲，隐蔽于无人之处，故人君退朝，入于私宫，后妃御见，去留有度，应门击柝，鼓人上堂，退反晏处，体安志明。今时大人内倾于色，贤人见其萌，故咏《关雎》，说淑女，正容仪，以刺时也。"岂非后人赋诗之义乎？《春秋说题辞》曰："人主不正，应门失守，故歌《关雎》以感之。"义尤明显。盖太史采诗者，专取其吟咏情性以讽其上者也；孔子删诗者，专取其可以垂世立教者也；后人赋诗者，专取其引伸触类，断章取义者也。惟古人作诗者，是三百篇之主义，故班固云："汉兴，鲁申公为《诗训故》，而齐辕固、燕韩生皆为之传，或取《春秋》，采杂说，咸非其本义，与不得已，鲁最为近之。"言《鲁诗》最近诗人之本事也。今虽明作诗之《鲁诗》及阐发孔子删诗之《齐诗》皆佚，无以见其归趣，然世所行者不有《韩诗外传》与《毛传》耶？《韩诗外传》之体，往往引古事，以诗证之，此真后人赋诗之例者也。《汉书·儒林传》曰："婴推诗人之意，而作内外传数万言。其语颇与齐鲁间殊，然归一也。"足为《韩诗》义证。韩诗既然，则《毛传》为详太史采诗之宗旨，更无疑矣。由是观之，四家之《诗》各明一义，又岂可偏废而学一先生之言哉？《礼经》传于世者亦有今、古文两家，今文《士礼》十七篇，古文《周官》六篇也。此二经尚无异说，异说最多者，则莫如《戴记》之《明堂》、《月令》、《乐记》三篇。据《隋志》曰："汉末，马融遂传小戴之学，融又足《月令》一篇、《明堂位》一篇、《乐记》一篇，合四十九篇，而郑玄受业于融，又为之注。"是此三篇为马融续增，皆非小戴原本明矣。盖《明堂阴阳》、《王史氏记》所见多天子诸侯卿大夫之制，而二戴皆后仓弟子，仓师法高堂生，固欲推士礼致于天子者，后仓但欲推士礼于天子耳，不谓诸侯卿大夫也。读《汉志》者不可误会。今文派也，马郑则古文派也，故《隋志》言："郑玄传小戴之学，后以古经校之，取其于义长者作注，为郑氏学。"由是以观，则郑氏弃小戴之旧本，用马融之新修，岂非其家法不同哉？试以《明堂》、《月令》、《乐记》三篇考之，《月令》、《明堂位》，郑《目录》云："《别录》属明堂阴阳。"《乐记》，郑《目录》云："《别录》属乐。"其非后仓今文师传固已显然。《艺文志》："武帝时，河间献王好博古，与诸生等共采《周官》及诸子言乐事者，以作《乐记》。"则《乐记》乃汉时所辑。其后内史丞王度传之[17]，以授常山王禹，献二十四卷《乐记》，刘向校书，得《乐记》二十三篇，与禹不同，其道浸以益微。小戴恐不及见，安得与诸记同编耶？大戴之删记本以存记，取之尚无可议，小戴之删记也则以说礼，过而存之，不几自背其家学乎？《六艺论》曰："戴德传记八十五篇，则《大戴礼》是也；戴圣传礼四十九篇，则《礼记》是也。"一曰"传记"，一曰"传礼"，两家宗旨分析为最明矣。乃挽近诸儒辨诘纷纷，皆谓三篇为小戴原本，非马融之所足，其说始于戴东原，而陈恭甫尤辩，余考《释文·叙录》引陈邵《周礼论序》曰："戴德删古礼二百四篇为八十五篇，谓之《大戴礼》；戴圣删《大戴礼》为四十九篇，是为《小戴礼》。后汉马融、卢植考诸家同异，附戴圣篇章，去其繁重及所叙略而行于世，即今之《礼记》是也。郑玄亦依卢马之本而注焉。"所言篇数与《隋志》小异，至谓马融、卢植考诸家同异附戴圣篇章，非马融羼入而何？陈邵，晋人，岂无所据？古人著书不能疑误后学也，而恭甫乃猥以《别录》、《六艺论》、《后汉》桥玄、曹褒传四十九篇为证，不知《别录》之四十九篇，陆德明已谓其篇次与今《礼记》同名，为他家书拾撰所取，不可谓之《小戴礼》矣。若《六艺论》、《桥》《曹》两传则实作四十九篇，一字之讹恐难平反，且陈邵亦谓四十九篇犹云马卢附戴圣篇章，则又何解今《礼记》四十九篇者《曲礼》、《檀弓》、《杂记》均分上下始得此数，诸家所言指其分篇乎，抑不指其分篇乎？陈邵云去其繁重及叙略，似小戴原书必有叙略，诸家所言并叙略数之乎，抑不并叙略数之乎？此皆无从悬揣，而《隋志》载融所足三篇，证以陈邵则固确有依据也。以无从悬揣之词攻确有依据之说，使小戴背其师法，亦无为贵辩矣。惟《隋志》言："汉初，河间献王得仲尼弟子及后学者所记一百三十一篇。至刘向考校经籍，检得一百三十篇，向因第而叙之。又得《明堂阴阳记》三十三篇，《孔子三朝记》七篇，《王氏史氏记》二十一篇[18]，《乐记》二十三篇，凡五种，合二百十四篇。戴德删其烦重，合而记之，为八十五篇，谓之《大戴礼》；戴圣又删大戴书为四十六篇，谓之《小戴记》。"似二戴即删刘向所校之书，然考史，刘向典校中秘之后时书不布，见《汉书·叙传》。二戴何从得而删之？《初学记》曰："汉宣帝世东海后仓善说礼，于曲台殿撰礼一百八十篇，号曰《后氏曲台记》。《后仓传》：'梁国戴德及德从子圣乃删《后氏记》为八十五篇，名《大戴礼》；圣又删《大戴礼》为四十六篇，名《小戴礼》。'"若然，则《曲台记》亦荟萃诸记而成，而二戴乃删后氏之书，非删刘向所校之书矣。二戴《礼记》之目不著录于《七略》，然《蜀志》、《艺文类聚》引《别录》云："孔子三见哀公，作《三朝记》七篇，今在《大戴礼》。"[19]颜师古注《汉志》则谓今《大戴礼》有其一篇，是二戴删记虽与刘向先后同时，而实在天禄校书之前，故《别录》得以称之也。按《儒林传》："仓说礼数万言，号曰《后氏曲台记》。"服虔注："在曲台校书著说，因以为名。"是仓亦尝预校书之职，宜其得窥中秘也。而《隋志》上言刘向检得之事，下言二戴删记之事，两事本不相蒙，得此不亦可以释然哉？案《曲台记》，《汉志》作九篇，今《初学记》作一百八十篇，或《初学记》是著其原数，而《汉志》则著删余之数欤？要之，古书篇卷最难的考，既与大义无关，固无庸龂龂致辨也。此皆诸经异同之显然尤著者也。虽然，《诗》《书》《易》《礼》四经虽互相异同，不过后儒横生臆见耳，而古说尚无是也。至于《春秋》一经之有三传也，则自两汉即兴争论矣，故其时好《公》《穀》者攻《左氏》不遗余力，扶《左氏》者攻《公》《穀》亦不遗余力，宋儒本之，竞创邪说，谓何休为公羊之罪人，谓《左氏》为刘歆所伪造，观听不决，多随二创，使十二公之新经有同卖饼，三十卷之旧史，几可覆瓿，不更冤乎？不知《左传》一书，旧史说经之义也，故汉儒言《左氏》不传春秋，不传《春秋》者，谓不传《春秋》之口说，非不传《春秋》之本事也。吾何以知《左氏》传本事哉？吾征诸《史记》、《汉志》知之。《史记·十二诸侯年表》曰："孔子明王道，干七十余君，莫能用，故西观周室，论史记旧闻，兴于鲁而次《春秋》。七十子之徒口受其传指，为有所刺讥褒讳挹损之文词不可以书见也。鲁君子左丘明惧弟子人人异端，各安其意，失其真，故因孔子史记具论其语，成《左氏春秋》。"《汉志》于《左氏传》下注"左丘明，鲁太史"，而叙之曰："仲尼思存前圣之业，以鲁周公之国，礼文备物，史官有法，故与左丘明观其史记，据行事，仍人道，有所褒讳贬损不可书见，口授弟子，弟子退而异言。丘明恐弟子各安其意，以失其真，故论本事而作传，明夫子不以空言说经也。春秋所贬损大人当世君臣，有威权势力，其事实皆形于传，是以隐其书而不宣，所以免时难也。"由是观之，则左丘明本鲁太史也，其作传也，盖因《春秋》修成，口说异言，恐渐失本事之真，不得已依孔子史记，具论鲁史之语，欲以见夫子所贬损者，事实皆形于传，深切著明，根据旧史，非徒空言说经而已。使无《左氏》一传，则人将疑孔子伪创鲁史矣，素臣之功意盖在此，故其全书皆据旧例以发义，指行事以正褒贬，诸称书、不书、先书、故书、不言、不称、书曰之类，无一非鲁史旧文，真班固所言史官有法者，谓之论本事而作传，讵不信欤？若夫孔子刺讥褒讳挹损之文词，七十子之徒口受其传指，不可以书见矣，丘明虽亲见圣人，未尝受业，乌得而传之？《孔子世家》云："孔子在位听讼，文词有可与人共者，弗独有也。至于《春秋》，笔则笔，削则削，子夏之伦不能赞一词。"况丘明乎？今列七证以祛来惑。《太史公书》，难者称为多引《左氏》，见《范升传》。《五帝纪》序亦谓"《春秋》《国语》，其所表见皆不虚"，而答壶遂问《春秋》乃独祖《公羊》大义，不与前同，岂非前之引《左氏》专在本事，后之祖《公羊》专在口说乎？其证一也。太史公《十二诸侯年表》叙曰："鲁君子左丘明成《左氏春秋》。铎椒为楚威王傅，为王不能尽观《春秋》，采取成败，卒四十章，为《铎氏微》。赵孝成王时，其相虞卿上采《春秋》，下观近世，亦著八篇，为《虞氏春秋》。吕不韦，秦庄襄王相，亦上观尚古，删拾《春秋》，集六国时事，以为八览、六论、十二纪，为《吕氏春秋》。及如荀卿、孟子、公孙固、韩非之徒，各往往捃摭《春秋》之文以著书。汉相张苍历谱五德，上大夫董仲舒推《春秋》义，颇著文焉。"又曰："儒者断其义，驰说者骋其词。"可见古文重事，今文重义，两家派别之不同矣。近有据此谓史公扬古文而抑今文者，甚谬。使史公果扬古抑今，则《孔子世家》载修《春秋》事，何以独本《公羊》为说耶？刘子政玩弄《左氏》，童仆妻子皆呻吟之，而传《洪范五行》，多异丘明，歆数难向，向未能非，犹持其《穀梁》义，不敢苟同，使《左氏》亦传口说，子政何肯独持《穀梁》，党同门而妒道真乎？其证二也。《后汉·班彪传》："彪继采前史遗事，作后传数十篇，因斟酌前史而讥正得失。其略论曰：'唐虞三代，《诗》《书》所及，世有史官，以司典籍，暨于诸侯，国自有史，故孟子曰："楚之《梼杌》，晋之《乘》，鲁之《春秋》，其事一也。"定哀之间，鲁君子左丘明论集其文，作《左氏传》三十篇，又撰异同，号曰《国语》，二十篇，由是《乘》、《梼杌》之事遂阔，而《左氏》、《国语》独章。'"班彪以《左氏传》与《乘》、《梼杌》并言，列诸国史，岂非谓《左氏》传即鲁之《春秋》乎？班固《汉书·司马迁传》赞云："孔子因鲁史记而作《春秋》，左丘明论辑其本事，以为之传，又纂异同为《国语》。"而固集复有难《左氏》九条三评等科，见《史通》，今虽不得其详，然观孟坚以本事称《左传》，则《左氏》之为鲁国旧史，益无疑矣。其证三也。桓谭《新论》言："《左氏传》遭战国寝废，后百余年，鲁人穀梁赤为《春秋》，残略多所遗失，又有齐人公羊高，缘经文作传，弥离其本事矣。《左氏传》于经，犹衣之表里，相待而成，经而无传，使圣人闭户思之，十年不能知也。"及光武兴，立《左氏》，谭与卫宏并共毁訾。《史通》引《东观汉记》陈元奏云："光武兴，立《左氏》，而桓谭、卫宏并共毁訾，中道而废。"岂非前主本事，故讥二传，后之贬《左》，意在于经乎？其证四也。刘歆最私《左传》，《移博士书》曰："与其过而废之，宁过而立之。"且引礼失求野之言，而责以信口说而背传记，传记指史而言，岂非不敢以《左氏传》为孔子口说乎？其证五也。《左氏》争议托始刘歆，而后范升、陈元继之。范升言《左氏》"不祖孔子而出于丘明，师徒相传又无其人，《五经》之本自孔子始，先帝不以《左氏》为经，故不置博士"。陈元言"论者沉溺所习，玩守旧闻，固执虚言传受之词，以非亲见实事之道"。升谓"不祖孔子"，岂非《左氏》不传口说乎？元谓"亲见实事"，岂非《左氏》实传本事乎？其证六也。王充，后汉通人，《论衡》亦谓："公羊高、榖梁真、胡母氏皆传《春秋》，各门异户，独《左氏传》为近得实。《国语》，《左氏》之外传，左氏传经，词语尚略，故复选录《国语》之词以实。《左氏》、《国语》，世儒实书也。"实书之称，岂非指本事而言乎？其证七也。有此七证，《左氏》之为旧史，章章明矣。惟其为旧史，故两汉治《左氏》者，若刘歆、郑兴、郑众等，一及大义，无不肤引《公羊》、《榖梁》，绝不肯附会《左氏》为孔子之口说。即贾逵、杜预最称文致者，而逵之条奏曰："臣谨摘出《左氏》三十事尤著明者，皆君臣之正义、父子之纲纪，至如祭仲、纪季、伍子胥、叔术之属，《左氏》义深于君父，《公羊》多任于权变，其相殊绝，固已甚远。"预之《左传序》曰："其发凡以言例，皆经国之常制，周公之垂法，史书之旧章，仲尼从而修之，以成一经之通体。"一曰"殊绝甚远"，一曰"史书旧章"，是逵、预虽缘隙奋笔，妄谓《左氏》可兴，《公羊》可夺，亦何尝没其为旧史之实哉？而缀学之士辄欲申刘知幾史论，刘氏《史通·申左》有左氏三长，公榖五短。子玄论史，故重本事，意各有主。思以汩二传之微言，真刘歆所谓挟恐见破之私意，而无从善服义之公心者也。若《公羊》之疑，则又有二，一则谓周公制度已备，孔子不当改制也；一则谓周德天命未改，孔子不当王鲁也。此皆不足以议《公羊》，何则？《易》《诗》《书》《礼》皆先王经世之史，而《春秋》则鲁诸侯之史也，诸侯之史岂可上配六艺改制者？盖据天子制度以改鲁史耳，故孟子说未修之《春秋》曰："晋之《乘》，楚之《梼杌》，鲁之《春秋》，一也。"说既修之《春秋》曰："《春秋》，天子之事也。"使当日孔子因鲁史而不改，是以诸侯史例厕诸天子之间矣，其为僭越更何如耶？虽然，改制亦非无所依据也。徐彦引闵因叙曰："昔孔子受端门之命，制《春秋》之义，使子夏等十四人求周史记，得百二十国宝书，九月经立，《感精符》、《考异邮》、《说题词》具有其文。夫子修《春秋》，祖述尧舜，下包文武，不应专据鲁史，堪为王者之法也，故言据百二十国宝书，周史而言宝书者，宝者保也，以其可世世传保以为戒，故云宝书也。"而司马迁亦言："孔子西观周室，论史记旧闻，兴于鲁而次《春秋》。"由是而观，孔子之所改者皆据周史之制无疑矣。而或者又谓孔子既得百二十国宝书，何不竟据周史，而必因鲁史，立新经，黜周王鲁，无乃蹈于僭窃王章之罪乎？不知此我孔子之深意也。盖周辙既东，天下无共主久矣，范宁有言："就大师而正《雅》、《颂》，因鲁史而修《春秋》，列《黍离》于《国风》，齐王德于邦君，所以明其不能复雅政，化不足以被群后也。故其时上无天子以操黜陟之权，下无方伯以正朝聘之礼，孔子虽得宝书，《春秋》一经终不能成，不得已假鲁史以加王心焉。"《语》曰："文王既没，文不在兹乎？"言文王之道丧，兴之者在己耳。《说苑》曰："夏道不亡，商德不作；商德不亡，周德不作；周德不亡，《春秋》不作，《春秋》作而后君子知周道亡也。"岂非以《春秋》继周而作，为我孔子受命之史乎？《春秋》既为孔子受命之史，而圣德在庶，不能不托鲁以当新王，既托鲁以当新王，不能不亲周故宋，以存三统。孔子曰："知我者其惟《春秋》乎，罪我者其惟《春秋》乎？"天人之间，圣人盖有惧心矣。要之，周德不若三季之末，孔子必不敢以匹夫上代天子之权，鲁史苟非诸侯之书，孔子亦必不肯改制以启后儒之惑。董仲舒《蕃露》曰："所谓新王必改制者，非改其道，非变其理，受命于天，易姓更王，非继前王而王也。故必徙居处、更称号、改正朔、易服色者，无他焉，不敢不顺天志而明自显也。若夫大纲、人伦、道理、政治、教化、习俗、文义尽如故，亦何改哉？"鲁恭议奏曰："夫阴阳之气相扶而行，王者虽质文不同，而兹道无变，其变者惟正朔、服色、牺牲、徽号、器械而已。"是《春秋》所谓改制者，专指此数事而言，盖孔子为后王制法者也。论者泥于当时，又何怪其反唇相讥耶？[20]宋人乃以僭窃王章之罪责万世帝王之师，亦可谓不根持论者也。《晋书·王接传》载接之言曰："《公羊》通经为长。何休训释甚详，而黜周王鲁，大体乖硋。"贾逵长义亦有驳黜周王鲁之说，此皆门户之见，盖魏晋间《左氏》学盛行，《公羊》微旨已无人能识矣。嗟乎，诸经得失既如彼，而三传异同又如此，得余说而存之，庶几可以息净矣。虽然，六艺自孔子手定之后，变乱穿凿于后人者至数千余年，其大者今已略为辨明，其小者尤更仆难数。大抵诸经牴牾多在于事，近儒谓论学惟著之于事方无争讼，不知事之是非亦犹理之真伪。同一纪事而《史记》与《左传》已不同矣，然犹可曰时有先后也。若一时一人所著之书，如《左传》之与《国语》，则又何解焉？况既往之事无从征明，而理之在宇宙，随时可以印证，则事之不足凭或更甚于理也。辨六艺异同者其慎之。班孟坚有言曰："后世经传既已乖离，博学者又不思多闻阙疑之义，而务碎义逃难，便词巧说，破坏形体，安其所习，毁所不见，终以自蔽。此学者之大患也。"讵不信哉，讵不信哉。

案　易

六艺之学，古称聚讼，如吾《经辨》中所言是已。盖六艺之为书也，其神圆法天，其智方象地，惑者既失精微，而辟者又随时抑扬，违离道本，不能博闻强识以上探圣人之用心，后进弥以驰逐，遂使《春秋》分为五，《诗》分为四，《易》有数家之传，此所以五经乖析，儒学寖衰也。然则治经之道奈何？曰：治经之道，一言以蔽之，曰知所先后而已。如治《易》，当先观孔子《十翼》、《易纬》，然后以今文家虞翻注、古文家王弼注、今古文家郑康成注参之，而《易》可得而治也。治《书》当先观《书序》，然后以今文家伏生传、古文家孔安国传、今古文家马郑注参之，而《书》可得而治也。治《诗》当先观《诗序》，然后以今文家三家传、古文家毛氏《传》参之，而《诗》可得而治也。治《礼》当先观七十子传记，然后以今文家《士礼》十七篇、古文家《周官经》、今古文家郑氏注参之，而《礼》可得而治也。治《春秋》当先观《公羊》、《穀梁》、《左氏》三传，然后以今文家董仲舒书、古文家杜元凯注参之，而《春秋》可得而治也。至于总治六艺者，则又有《五经异义》、《白虎通义》诸书焉。《白虎通义》盖白虎议奏中通论之一种，今五经议奏已亡，而《通义》独存，亦天幸矣。互证博观，岂非治经者所乐有事哉？今试以《易》案之。《易》也者，先王经天地、理人伦、明王道，以备万物古今之变而示人趋吉避凶者也。《易》有三义，一曰易，一曰变易，一曰不易。易者以言其德也，通情无门，藏神无内，至诚专密，不烦不扰，淡泊不失，此其易也。变易者以言其气也，天地不变不能通气，五行迭终，四时更废，君臣取象，变节相和，能消者息，必专者败，君臣不变不能成朝，夫妇不变不能成家，此其变易也。不易者以言其位也，天在上、地在下，君南面、臣北面，父坐子伏，此其不易也。惟易一名而含三义，故谓之《周易》。周，普也，言易道周普，无所不备也。《周易》本有二义，一则谓周为代名，一则谓周为周普，故《易纬》云："因代以题周。"而先儒又曰："既指周代之名，亦是普遍之义。"二说合之始备。大抵《易》之为道，全从一阴一阳综错而成，虞君说《易》曰："从日下月。"日月者，阴阳象也。阴阳统太极，太极生两仪，两仪生四象，四象生八卦，八卦相荡而消息见矣，消息成六十四卦变化而不乱，而高卑贵贱之位定矣。位定而后可以统天于乾元，乾以易知，坤以简能，易简而天下之理得矣。昔者圣人因阴阳，定消息，立乾坤以统天地也。乾坤安从生？曰生于浑沦。浑沦者，言万物相浑成而未相离，视之不见，听之不闻，循之不得，故曰易也。易变而为一，一变而为七，七变而为九，九者气变之究也，乃复变而为一，一者形变之始。物有始、有壮、有究，故三画而成乾，乾坤相并俱生，物有阴阳，因而重之，故六画而成卦，六画为六位，六位三才，天地人道之分际也。天地之气必有终始，六位之设皆由上下，故易始于一，分于二，通于三，口于四[21]，盛于五，终于上，初为元士，二为大夫，三为三公，四为诸侯，五为天子，上为宗庙。凡此六者，阴阳所以进退，君臣所以升降，万人所以为象则也。阴阳有盛衰，人道有得失，圣人因其象，随其变，为之设卦。方盛则托吉，将衰则寄凶，阴阳不正皆为失位，其应实而有之皆失义，善虽微细必见吉端，恶虽纤芥必有悔吝，所以极天地之变，尽万物之情，明王事也。故孔子曰："《易》六位正而王度见矣。"大矣哉，非《易》与天地准，岂能弥纶天下之道，吉凶与民同患哉？今两汉田何、丁将军之口说佚矣，挽世盛传则有郑玄、王弼二家，郑注多详天象而以互变通之，此盖古人占《易》之义也[22]；荀悦《汉纪》曰："费直治《易》，长于筮。"郑《易》宗费氏，故专主爻辰。爻辰者，《乾》《坤》六爻、《上系》二十八宿，依气而定，其义出于《周易》分野，古人占候多用之。近儒戴棠有《郑氏爻辰补》，考之最详。王注专明人事，而以虚无参之，此盖后人学《易》之义也。[23] 郑、王二家皆宗费氏《易》[24]，郑则兼采今文家说，所以与王不同也。两家各有所长，言乎开务成物者则郑氏为精，以其本天象而发挥旁通也；言乎洗心退藏者则王氏为密，以其本人事而疏通证明也。李鼎祚有言："《易》之为书，岂偏滞于天人者乎？"则两家非我孔子赞《易》之嫡传明矣。今欲考我孔子赞《易》之嫡传，不得不以荀爽与虞翻为差近焉。荀氏之传不详其本，荀氏说《易》专明消息，与仲翔同，盖亦西京流派。观其对策陈便宜引证六经大谊，一归之于《易》道，又著《礼传》、

《诗传》、《尚书正经》、《春秋条例》、《公羊问》，真粹然今文之学也。自《后汉·儒林传》于马融、郑玄为费氏《易》作注后云"荀爽亦作《易传》"，《释文》因谓"爽亦传费氏学"，恐系误读《汉纪》而然。荀悦《汉纪》曰："臣悦叔父故司空爽著《易传》，据爻象承应阴阳变化之义，以十篇之文解说经意。"与《儒林传》"费直以《彖》《象》《系词》十篇《文言》解说上下经"相合，不知两汉讲《易》诸家孰非以十篇解说全经，如以此为慈明本费氏家法之证，《纪》所言阴阳变化之义者，又岂费氏家法乎？今荀注久佚，余固不能定之也。虞氏之学则渊源于孟喜，据《汉书·儒林传》言，喜好自称誉，得《易》家候阴阳灾变书，诈言师田生且死时传喜，一时遂有改师法之讥，其后焦延寿、京房言灾异，亦自称尝从孟喜问《易》，惟刘向校书，考《易》说以为诸《易》家说皆祖田何、杨叔、丁将军，大谊略同，惟京氏为异。班固亦谓焦延寿独得隐士之说，托之孟氏，不相与同，则喜之不背师说亦可见矣。大抵喜之见诋于诸儒，专在灾变，若阴阳大谊，西京巨儒无有不通达者，非独喜也。而又旁考诸儒异同。虞翻奏上《易》注曰："经之大者莫过于《易》，自汉初以来，海内英才其读《易》者解之率少。至孝灵之世，颍川荀谞号为知《易》，臣得其注，有愈俗儒，至所说西南得朋，东北丧朋，颠倒反逆，了不可知。孔子叹《易》曰：'知变化之道者，其知神之所为乎。'以美大衍四象之作，而上为章首，尤可怪笑。又南郡太守马融，名有俊才，其所解释，复不及谞。孔子曰：'可与共学，未可与适道。'岂不其然。若乃北海郑玄、南阳宋忠虽各立注，忠小差玄，而皆未得其门，难以示世。"荀谞即荀爽也。故其为术也，以阴阳消息六爻归于乾元用九，而天下治。盖圣人之作《易》也，先观太极，然后以元象之坤凝于乾，是名乾元，乾元既立，然后以三画象太极之一、七、九，又效法为二、八、六之三画，以为乾坤而象天地，乾坤定位，一阴一阳自成三才，至泰二五合坎离成既济象焉，六爻皆正，乃反乎乾坤之元，故曰用九、用六，九六二用，即阴阳不测之谓神。乾坤之神运乎六子，初四震巽、二五坎离、三上艮兑，乾主初三五，坤贞二四上，乾二坤五相易是谓水火相逮，乾四坤初相易是谓雷风不相悖，乾上坤三相易是谓山泽通气，各就六位而变通之，十有八变而六子之卦成，乾坤与六子并列，消而息之，而六十四卦从此生矣。李尚之《周易虞氏略例》据《京房传》孟康注谓十二卦为消息卦，余卦为杂卦，而讥虡文八卦消息成六十四卦之非，不知十二消息卦，乾坤消息也，卦例所生各卦，乾坤往来也。坎离及旁通诸卦，乾之坤，坤之乾也，皆可以消息统之，故今依皋文先生义。六十四卦虽分阴分阳，而一归于乾元用九而天下治，《系》曰："天下之动，贞夫一者也。"一即乾元也，乾元之动流转不停，天地以日月盈亏而成寒暑，乾元亦以阴阳消息而生治乱，治乱循环而天下之大变以起，天下之大变起，则乾元不能随天地为终始，而人之元忒矣。《周易》乾元与《春秋》之元同义，故董子曰："《春秋》一谓之元，元犹原也，其义以随天地终始也。人惟有终始也而生不必应四时之变，故元者，万物之本而人之元在焉。安在乎? 乃在乎天地之前。"盖元者，太极之气，万物之所由生，以成此宇宙者也。[25]桓谭《新论》曰："伏羲氏谓之易，老子谓之道，孔子谓之元。"实一物也。《说文》曰："元，始也。"谓万物最初之始，无比迆者也。[26]元不可见，以吾人好生恶死之欲、趋利避害之情见之，好生恶死之欲与趋利避害之情相激不已，必致率兽食人，人将相食，则万类由之而生者，终必由之而灭，而天地或几乎息焉。圣人知吾人此欲此情为天地成立之始，而过用此欲此情，穷则必反也，故立教以隄之，属万物于一而系之元，如此则天心正矣，此乾元之定义也。我孔子有忧之，于是本文王之所演，触类而引申焉，立乾元以为阴阳变化之枢机，使后王观其会通，以行其典礼，系词焉以断其吉凶，变而通之以尽利，鼓而舞之以尽神，能尽利与神，则天人道济而乾元始复归于正，是故乾元者，天人之际而治乱之所从出也。《诗》之始诸衽席，《书》之断自唐虞，《礼》之享帝配天，《春秋》之彰善瘅恶，无一不视乾元为进退，乾元之为物无乎不在，圣人假定阴阳，视其消息以为治乱而补救之，归之于中，故曰中庸，而一切灾异诸说皆即人心假象以示警者也。两汉通儒如董仲舒治《春秋》多详于阴阳，说《书》者有洪范五行一派，说《诗》者有五际六情等义，《礼经》亦兼论明堂阴阳，故《大戴记》曰："《春秋》之元，《诗》之关雎，《礼》之冠昏，《易》之乾坤，皆慎始敬终。"明其与消息相表里，学者苟能合群经而观之，则我孔子忧患来世之心不难复见矣。而《周易》独为之原。是故知《易》然后可以识我孔子删定六艺之指归，知《易》然后可以识我孔子删定六艺指归之一贯。昔干宝之序《易》曰："凡《易》既分为六十四卦，以为上下经，天人之事各有始终，夫子又为《序卦》以明其相承受之义。阴阳刚柔，天地自然之理，分阴分阳，迭用柔刚，圣人经世之术也，故三世之《易》皆同，所异者《归藏》首坤、《连山》首艮、《周易》首乾，及其承受之次第耳。皋文有《序卦消息说》，欲考系

《易》之精蕴者所宜研究也。然则文王、周公所遭遇之运，武王、成王所先后之政，苍精受命短长之期，备于此矣。而夫子又重为《杂卦》，以易其次第。《杂卦》之末，又改其例，不以两卦反复相酬者，以示来圣后王，明道非常道，事非常事也。化而裁之存乎变，是以终之以夬，言能决断其中，唯阳德之主也。故曰《易》穷则变，通则久。总而观之，伏羲、黄帝皆系世象贤，欲使天下世有常君也，而尧舜禅代，非黄农之化，朱均顽也；汤武逆取，非唐虞之迹，桀纣之不君也；伊尹废立，非从顺之节，使太甲思愆也；周公摄政，非汤武之典，成王幼年也，凡此圣贤所遭遇异时者也。夏政尚忠，忠之弊野，故殷自野以教敬，敬之弊鬼，故周自鬼以教文，文之弊薄，故《春秋》阅诸三代而损益之。颜回问为邦，子曰：‘行夏之时，乘殷之辂，服周之冕。’弟子问政者数矣，而夫子不与言三代损益，以非其任也，回则备言，王者之佐，伊尹之人也，故夫子及之焉。是以圣人之于天下也，同不是，异不非，百世以俟圣人而不惑，一以贯之矣。”此其为说，上本古圣人演《易》之旨，以推明后圣人垂世立教之苦心，与《诗》《书》《礼》《乐》《春秋》若合符契，盖自来讲《易》诸家未有深切著明如宝者也。然非通虞氏乾元消息之奥，又乌足以明之邪，又乌足以明之邪？嗟乎，《易》道深矣，人更三圣，世历三古，自商瞿授受以来，绵绵延延，以及于今日，而为七十子口说留一线之传者，虞氏也。近儒多病虞翻逸象太多，取譬支离，不知《周易》之象皆系假定，当时本为卜筮之用，虽推之至万可也。乾为天为圜各条，不过略引其端，示人隅反耳。虞氏精义专在消息，岂以一端掩其大纯哉？微虞氏无以知消息，微消息无以窥孔子之微言，微言绝，大义乖，而《易》或几乎息矣。[27]此余所以缵述此篇，而不能不有余�也。

校勘记

[1] 黄曙辉云：见《谴告篇》。“之言非独吾心”，黄晖《论衡校释》云：“宋残卷、元本‘之’作‘欲’，是也。”

[2]《史微札记》：“出于人为者也”下增注：“说文：‘天，颠也。从一、大。’大为人形，一者指事。盖言天在人上也，故引申之，凡非人所施设者皆谓之天。”

[3]《史微札记》：“天与人远”下补注：“先民质朴，不可知者多仰推于天，国之大典必临以天，训诰誓命必称天，主祭者曰天子，天子所

居曰合宫，一切政教胥于是出焉。惠栋《明堂大道录》推考最详。"

[4]《史微札记》："皆视中以为标准者也"下增注："刘劭《人物志》：'兼德而至谓之中庸，其质无名，咸而不硋，淡而不醷，质而不缦，文而不缋，能威能怀，能辨能讷，变化无方，以达为节。'中庸之定谊可形容者如是。"

[5]《史微札记》："当取法于《尚书》也"下补注："王逸《正部论》：'仲尼叙《书》，上谓天谈，下谓民语，兼该男女，究其表里。'"

[6]《史微札记》："尊先祖而隆君师者也"下补注："古之帝者于其国则为君，于天下则为天子，天子祀天，本天意制为宪典，饬诫群后万民，是曰礼，故礼从示、从豊。豊，行礼之器也，《说文》云：'所以事神致福也。'言能循此宪典，则可以奉器觐神受福于天也。此礼之初原也。"

[7]《史微札记》："舍礼何以哉"下补注："万物本乎天，人本乎祖，礼之大谊，报本返始，故谶纬有祭感生帝之说，此感生帝指人类之祖言，而天子代为主祭者，术家假设灵威仰等名以神之。荀卿有言：'日月食而救之，天旱而雩，卜筮然后决大事，非以为得求也，以文之也，故君子以为文而百姓以为神，以为文则吉，以为神则凶。'《六经》相传，凡涉迂诞而圣人不之革者，皆当以是求之。"

[8]《史微札记》："真不胜诛者已"下补注："宋儒言孔子喜据《论语》，以为孔子所学在是，不知孔子者覆生人之器者也。《论语》一书，遭事异变出号令，乃圣人化迹。迹固非履，然舍迹又无以见履，亦犹《六经》以大义为先，大义固非微言，然舍大义而微言亦无由窥测矣。兹篇所绎，不敢自谓知圣，悬解之者幸深观之。"

[9]《史微札记》："辨不胜辨者也"下补注："《汉书·艺文志》'孔子为之《彖》《象》《系辞》《文言》《序卦》之属十篇'，与《史记》'序《彖》《系》《象》《说卦》《文言》'微有不同，'序《彖》《系》《象》'谓序次卦词、系合爻象，卦词、爻词古时本自为书，孔子始比而合之，故曰序系。'说卦'疑为爻传，今所传《说卦》，《隋志》以为后得其书，说卦位、卦德、卦象，乃古《说卦》之传，非《说卦》也。《系词》，史公目为《大传》，其文或出弟子所录，宜别为之传。《彖》《象》《文言》皆孔子自作，学者尊之为经，不得施以传目也。近人吴承志说如此。案孔子作《十翼》，见《乾坤凿度》，本汉人旧说，盖弟子仰录圣师之言，亦得为圣人自作，不必泥也。序系之解，吴说较长。"

[10]《史微札记》："为姚方兴伪造者也"下补注："孔冲远《尚书疏》：'晋世王肃注《书》，始似窃见《孔传》，又《晋书·皇甫谧传》姑子外弟梁柳得古文《尚书》，故作《帝王世纪》，往往载《孔传》五十八篇之书。'又引《晋书》太保公郑冲以古文授扶风苏愉，愉授天水梁柳，柳授城阳臧曹，曹受郡守子汝南梅赜，为豫章内史，遂于前晋奏上其书而施行焉。孔书渊源如此，即谓非安国初本，亦必郑冲诸人所补撰，近儒专罪王肃，未公。"

[11]《史微札记》："至于典礼本有今学、古学之不同"。"今学、古学"改"今说、古说"。补注："郑康成《驳五经异义》谓天子驾四者，自指周制为言，商祭无数庙制，隆杀无文以知之。"

[12]《史微札记》："史例亦有此经、彼经之殊体"。"此经、彼经"改"此文、彼文"。补注："《泰誓释文》：'或作十有一年，后人妄看序文改之。'据此则或本似无'春'字。越三日庚戌，'三'或为古字'三'字之讹，既无真本，当慎然疑。又《逸周书·文传解》'文王受命之九年，时维暮春'，此《尚书》称时例。"

[13]《史微札记》："可知《尚书》一经必有为安国以隶字易其本文者"改"可知《尚书》写定必有为后人以隶古乱其本文者"。补注："《释文》条例《尚书》之字本为隶古，既是隶写古文，则不全为古字，今宋齐旧本及徐李等音所有古字盖亦无几，穿凿之徒务欲立异，依傍字部，改变经文，疑惑后生，不可承用，是孔书晚出不无羼乱，若梅鷟辈摘一二字句与他书同者，诋为伪造，锻炼周内，吾所不取。"

[14]《史微札记》："是其明证"下补注："孔安国虽治古文《尚书》，实为今文博士，史公问故，自必今古兼咨，如《牧誓》'如熊如罴'，《史记》作'如豺如离'，'离'即'螭'字，据李善《文选》《西都赋》注所引为欧阳《尚书说》是也。史公非经师，不得以家法取之。"

[15]《史微札记》："斯真贵耳而贱目者矣"改"斯真贵惑而贱瘝者矣"。

[16] 黄曙辉云："消"字据王先谦《诗三家义集疏》卷一补。按此用《古文苑》张超《诮青衣赋》，先谦以为鲁《诗》说。又按：本书《案诗书》亦用此文，并据以补"消"字。今从之。

[17] 黄曙辉云："王度"，汉书作"王定"。

[18] 按：考《隋志》原文，应为《王史氏记》，"王"后衍"氏"字，今删。

[19] 黄曙辉云：按此为《蜀志·秦宓传》注引《七略》云云。

[20]《史微札记》："又何怪其反唇相讥耶?""稽"误"讥"。

[21] 黄曙辉云：按"易始于一"云云，本《周易·乾凿度》，今本四缺，惟《惠氏易说》作"革于四"。

[22]《史微札记》："此盖古人占《易》之义也"。"占《易》"改"玩占"。

[23]《史微札记》："此盖后人学《易》之义也"。"学《易》"改"玩辞"。

[24]《史微札记》："皆宗费氏《易》"下增注："辅嗣以附会之辩笼统玄旨。"

[25]《史微札记》："盖元者，太极之气，万物之所由生，以成此宇宙者也"改"盖元者，太极之号，人类所由首出，以成此宇宙者也"。又王钟翰《读张孟劬先生史微记》云："'盖元者，太极之号，人类所由首出，以成此宇宙者也'，又改'盖元者，太极之气，万物禀之，以成此宇宙，人类禀之，以首出万物者也。'"

[26]《史微札记》："无比迥者也"下增注："何休《公羊传》注：'变一为元，元者，气也，无形以起，有形以分，造起天地，天地之始也。'徐彦《疏》引《春秋说》：'元者，端也。气泉，注云元为气之始，如水之有泉，泉流之原。'人惟与万物共此原，故能继天奉原，养成万物。"

[27]《史微札记》："而《易》或几乎息矣"下补注："息，生也。引申之又有止义，曾钊《虞易笺》'乾坤或息'依消息本谊说，故与先儒立异，未可从。"

史微卷第五

内 篇

案春秋

《春秋》者诸经之总龟也，《春秋》无诸经则前无所承，诸经无《春秋》则后无所继。《春秋》者又我孔子受命之史也，不读诸经则不知先王创制前民之原，不读《春秋》则不知孔子制法后王之义。《春秋》成而后人事浃，王道备，六艺灿然，始可告备于天矣。太史公有言："余闻董生曰：'周道衰废，孔子为司寇，诸侯害之，大夫壅之。孔子知言之不用、道之不行也。是非二百四十年之中，以为天下仪表，贬天子、退诸侯、讨大夫，以达王事而已。'"惟其欲达王事，不能不托鲁史以上操天子褒贬之权；欲托鲁史，不能不先据百二十国宝书以明义例。所谓"文成数万，其旨数千"者，岂旧史之法所能尽其蕴哉？《论衡》曰："孔子得史记，以作《春秋》。及其立义创意，褒贬赏诛，不复因史记者，眇思自出于胸中也。"《语》曰："予欲托之空言，不如见之行事深切著明。"又曰："其事则齐桓、晋文，其文则史，其义则某窃取之。"是《春秋》一书与诸经皆出先王之旧典者，固不同矣。盖《诗》《书》《易》《礼》者，孔子未得天命之时，缘领旧经以济当时者也；《春秋》者，则孔子端门受命，拨乱反正以教万世者也。当时褒贬损挹之文词不可书见者，口授弟子，流传于汉，遂有《公》《穀》二家之学，二家之学虽其浅深若不同科，而同为圣人口说之所寄，则千载无异词焉。今以《公羊传》征之，知春秋之例有七，七者何？曰三科，曰九旨，曰五始，曰七等，曰六辅，曰二类，曰七缺。三科九旨者，何氏曰："新周，故宋，以《春秋》当新王，此一科三旨也。所见异词，所闻异词，所传闻异词，此二科六旨也。内其国而外诸夏，内诸夏而外夷狄，此三科九旨也。"宋氏曰："三科者，一曰张三世，二曰存三统，三曰异外内，是三科也。九旨者，一曰时，二曰月，三曰日，四曰王，五曰天王，六曰天子，七曰讥，八曰贬，九曰绝。时与日月，详略之旨也；王与天王天子，录远近亲疏之旨也；讥与贬绝，轻重之旨也，是九旨也。"五始者，元年、春、王、正月、公即位是也。七等者，州、国、氏、人、名、字、子是也。[1]六辅者，公辅天子、卿辅公、大夫辅卿、士辅大夫、京师辅君、诸夏辅京师是也。二类者，人事与灾异是也。七缺者，惠公妃匹不正，隐桓之祸生，是为夫之道缺也；文姜淫而害夫，是为妇之道缺也；大夫无罪而致戮，是为君之道缺也；臣而害上，是为臣之道缺也；僖五年晋侯杀其世子申生，襄二十六年宋公杀其世子痤，残虐枉杀其子，是为父之道缺；文元年楚世子商臣弑其君髡，襄三十年蔡世子般弑其君固，是为子之道缺也；桓八年正月乙卯烝，桓十四年八月乙亥尝，僖三十一年夏四月四卜郊不从，乃免牲，犹三望，是郊祀不修，周公之礼缺也。而大要则上系万物于一而属之元，与《周易》乾元统天相表里焉。以儒家而兼道家，所以多非常异义可怪之论欤？[2]至于《穀梁》则纯据儒家义例以正褒贬者矣，故先儒说《穀梁》曰："平王东迁，周室微弱，天下板荡，王道尽矣。夫子伤之，乃作《春秋》，所以明黜陟，著劝戒，成天下之事业，定天下之邪正，使夫善人劝焉，淫人惧焉。"今观其书，尊王室，正陵僭，举三纲，提五常，彰善瘅恶，无不深明乎君臣上下之分而以礼为折衷，真《汉志》所云："儒家者流，助人君顺阴阳，明教化之大义也。"《穀梁春秋》儒家宗旨，古人虽未言及，然余考《史》《汉》，太史公言邹鲁于儒盖出于天性。汉宣帝尝问《公》《穀》异同于夏侯胜等，对曰："穀梁子，鲁学也，公羊氏乃齐学也。"谓之鲁学，非儒而何？此亦足为余说一证也。盖孔子既代史官旧统，尊号素王，而以司徒之家法传诸弟子，七十子后学因据孔子儒家之道阐发《春秋》，而《穀梁》之书遂与《公羊》同垂天壤矣。《中庸》曰："道并行而不悖，万物并育而不相害。"二传之谓欤？[3] 是故同一郑祭仲也，《公羊》大之，所以托仲示反经当合权也，《穀梁》贬之，所以假仲明尊君当抑臣也。同一宋襄公也，《公羊》进之，所以明仁义无外之道也，《穀梁》责之，所以示礼爱反己之义也。同一王正月也，《公羊》曰大一统也，而《穀梁》则曰谨始也。同一大雨雪也，《穀梁》曰志疏数也，而《公羊》则曰记异也。一则上明三王之道，下辨人事之纪；一则该二仪之化育，赞人道之幽变。有《公羊》而后王者尊天之谊明，有《穀梁》而后儒者尽人之旨显，致广大而尽精微，极高明而道中庸，我孔子应化无方之妙迹，舍二传安见之哉？尝谓六经中相反相成之义极多，盖一言而前后左右皆无流弊，虽圣人不能，此所以治六艺者当统贯全经，而尤必统贯群经也。苟能统贯群经，方知圣人之言简严易直而天人备矣，岂独二传然哉？聊发其例于此。虽然，《春秋》，鲁史也；二传，传孔子口说者也。口说行而本事隐，不有素臣以宾附之，则人将疑孔子伪造古史矣。此《左氏》一书所以又继二传而作也。问者曰："《左氏》之有功于《春秋》何在乎？"曰：左丘明，鲁太史也，其传专为《春秋》本事而作也。论本事而作传，不得不用鲁国之旧史，用鲁国之旧史，不得不备旧史之书例，其备载旧史书例者，所以具本事之始末耳。余即其书考之，大抵书之例有二，不书之例亦有二。书之例有他国之事书之者，如平王崩，赴以庚戌，故书之，是也；有本国之事书之者，如书曰"公矢鱼于棠"，是也。不书之例有他国之事不书者，如纪人伐夷，夷不告，故不书，是也；有本国之事不书者，如不书葬，不成丧，是也。其书之例，《左氏》各明其故，如非礼也、疾之也、书始也、书不时也之类是也，其不书之例，《左氏》亦各明其故，如未王命故不书爵、公不与小敛故不书日之类是也。管仲曰："诸侯之会，其德刑礼义，无国不记。"曹刿曰："君举必书，书而不法，后嗣何观？"由是言之，则《左氏》一书，其发凡起例者，无非当日载笔之旧章，鲁史之书法明而后鲁史之本事亦因之而显然矣。观《汉志》之于《春秋》也，上云与左丘明观其史记，下云丘明恐弟子各安其意，以失其真，则《左传》即孔子所观之史记可想而知，其作传也，即载当日史记之真更可想而知。若孔子受命垂教之微言，既口授弟子，不可以书见矣，游夏之伦不能赞一词，丘明虽贤，安得而知之，然则谓《左氏》专传孔子春秋之本事者，是岂余之臆说哉？而奈何好《左氏》者辄据"天王狩于河阳"之例，谓其中书法皆受之于孔门，《左传》"天王狩于河阳"条曰："仲尼曰：'以臣召君，不可以训，故书曰天王狩于河阳，言非其地也。'"杜预据此，遂以书曰为仲尼新意。考《左传》一书惟此一条引孔子语，然安知非孔子述鲁史书法乎？或曰：太史公《孔子世家》亦言"践土之会实召周天子，而《春秋》讳之曰天王狩于河阳，推此类以绳当世贬损之义"，与《左传》所述正同，岂得谓丘明不受经于孔门哉？不知太史公自据《公羊》之义为言耳。《公羊》"天王狩于河阳"条曰："狩不书，此何以书？不与再致天子也。"是则此条只可谓旧史与孔子口说偶合，不得如杜氏等之谰言矣。而恶《左氏》者又据"其处者为刘氏"之例，谓其中书法皆刘歆所伪造，不但二传可束高阁，而《左传》亦且受诬千余年矣。不知《公》《穀》守经，《左氏》通史，本唐赵匡语。经以明义为主，史以纪事为先，论大义之传《左氏》不及《公》《穀》，论本事之真《公》《穀》亦不及《左氏》。《公》《穀》所载事实虽据百二十国宝书，然亦有传闻之误[4]，盖所重在义而不在事也。自六艺遭刮语烧书之祸，去圣弥远，观听不决，三传虽存，卒无人别黑白而定一尊者。[5]郑康成有言："《左氏》善于礼，《公羊》善于谶，《穀梁》善于经。"范武子有言："《左氏》艳而富，其失也巫，《穀梁》清而婉，其失也短；《公羊》辨而裁，其失也俗。"刘知幾有言："《左氏》之义有三长，二传之义有五短。"嗟乎，此真谚所谓西向而立不见东墙者矣。三公皆通儒而犹为此言，宜缘隙奋笔者滋多于世也欤？

案　礼

六艺遭秦火之祸，经永嘉五胡之乱，其岿然尚留一线之延者，《春秋》而外，《礼经》而已。《周官》非孔子所手定，孔子所手定者，《士礼》十七篇。汉兴传之高堂生，高堂生传之孟卿、后苍，苍传之戴德，戴德删七十子后学所记为八十五篇，戴圣又删大戴之记，专取其阐发《士礼》者为四十六篇，而十七篇之口说始完备而无遗憾矣。四十六篇中，《中庸》是子思伋所作，《缁衣》是公孙尼子所制，《王制》是汉时博士所为，大抵皆孔子门徒共撰所闻，后人通儒各有损益，圣人定礼之口说幸而获存者也。郑康成谓《礼记》后人所定，据时而言，或以诸侯同天子，或以天子与诸侯等，所施不同，故难据。此盖为汉时博士而发，世儒过而信之，误矣。《六艺论》称大戴曰"传记"，而称小戴则曰"传礼"。传礼者，即指《士礼》而言也。试取记与礼参之，《士礼》有《冠礼》而戴《记》则有《冠义》篇，《士礼》有《昏礼》而戴《记》则有《昏义》篇，《士礼》有《乡饮酒礼》而戴《记》则有《乡饮酒义》篇，《士礼》有《乡射》《大射礼》而戴《记》则有《射义》篇，《士礼》有《燕礼》而戴《记》则有《燕义》篇，《士礼》有《聘礼》而戴《记》则有《聘义》篇，《士礼》有《士丧》、《既夕》、《士虞礼》而戴《记》则有《曾子问》、《杂记》、《丧大记》、《奔丧》、《三年问》篇，《士礼》有《特牲》、《少牢礼》而戴《记》则有《郊特牲》、《祭法》、《祭统》、《祭义》篇，《士礼》有《丧服》而戴《记》则有《丧服小记》、《服问》、《丧服四制》篇，此皆专说十七篇之大义者也。小戴删记四十六篇，所以说《士礼》也，而《士礼》十七篇又自有记，《丧服》经则有记传，盖七十子说经之所录而高堂生以其口说著之竹帛者也。《士礼》记传郑注皆略而未言，贾公彦疏《冠义》曰："凡言记者，皆是记经不备，兼记经外远古之言。郑注《燕礼》云：'后世衰微，幽厉尤甚，礼乐之书稍稍废弃。'盖自尔之后有记乎？《丧服记》，子夏为之作传，不应自造还自解之，《记》当在子夏之前，孔子之时，未知定谁所录。"疏《丧服》云："传曰者，不知是谁人所作，人皆云孔子之弟子卜商字子夏所为。案《公羊传》是公羊高所为，公羊高是子夏弟子，《公羊传》有云者何、何以、曷为、孰谓之等，今此传亦云者何、何以、孰谓、曷为等之问，师徒相习，语势相遵，以弟子却本前师，此传得为子夏所作，是以师师相传，盖不诬也。"余考《冠义》一篇，即写小戴之文，记人详略，六藉多有，而中引孔子曰，则必非出于孔子之时，至《丧服传》直与《公》《穀》文体相类，《公》《穀》至汉始著竹帛，则此传亦非子夏亲作，谓之子夏者，师承讲授，溯其源流之所自耳。然则附经诸记传非高堂生相传之口说而何？高堂生之附记意主诠经之大制，与小戴之删记意主阐经之微言，二者如骖之靳，皆治礼之儒所不容轩轾者也。若其通论诸礼者则又有二，一曰通论礼之度数，一曰通论礼之缘起。通论度数者，《王制》、《内则》、《少仪》等篇也；通论缘起者，《玉藻》、《大传》、《表记》、《缁衣》等篇也。显显然使孔子为后王手定之经与七十子后学传授之微言历千载尚可窥见焉，岂非戴圣删记之功哉？且余尝籀《大戴记》矣，发明礼义者不过《诸侯迁庙》、《诸侯衅庙》、《公冠》、《武王践阼》、《保傅》等数篇，而又多杂以天子制度，与后氏欲推《士礼》致于天子之口说不符，考《小戴记》中亦有涉及卿大夫之礼者，不独详于士礼，即天子制度亦间载之，学者多疑为庞杂，不知此皆文献无征，仅存口说，七十子后学本孔子雅言而发明其大义，偶及制度，不过借以指证耳，非与后仓家法相背也。余著《礼记郑注笺》已备言之。始知戴德菁华已为小戴采获略尽矣。《隋志》称戴德删记为八十五篇，谓之《大戴记》，戴圣又删大戴书为四十六篇，谓之《小戴记》。今《大戴礼》现存三十九篇，正得删余之数，然其书编次颇无伦贯，如《哀公问》、《投壶》、《本命》篇多与小戴相出入，而唐人义疏所引《王度记》、《辨名记》、《禘于太庙》诸篇反不在其内，《孔子三朝记》七篇，《曾子》十篇，《五帝德》、《帝系》、《夏小正》虽皆古哲遗书，而实与礼无涉，盖戴圣删余之驳书，而后人又从而淆乱之耳。是故儒者欲治礼，不可不先通孔子所定《士礼》十七篇，欲通《士礼》十七篇，不可不先观戴圣所删《礼记》四十六篇，四十六篇之义明而后十七篇可得而治也。《郊特牲》"冠义"一节，孔疏云："以《仪礼》有《士冠礼》正篇，此说其义。下篇有《燕义》、《昏义》，与此同。"《乡饮酒义》孔疏云："《仪礼》有其事，此记释其义。"《聘义》孔疏云："此篇总明聘义，各显《聘礼》之经于上，以义释之于下。"朱子谓《仪礼》为经，《礼记》为传，亦此意。何以言之？昔者三代圣王之制礼也，至周公摄政而大备，王官失守，凌夷以逮于春秋，孔子定礼，求夏殷之文献而慨于杞宋之不足征也，不得已，独取周礼以为世法焉，故曰："周监于二代，郁郁乎文哉，吾从周。"从周者，谓从周揖让升降之仪耳。揖让升降之仪莫详于周礼，则《士礼》十七篇是已。虽然，揖让升降之仪，礼之末节也，非三代圣王制礼之本也。于是又因周公旧典，参诸二代，以稽合其异同，口授学者，宣而明之，而为之传，是故《士礼》十七篇之大义莫详于传，则戴《记》四十六篇是已。《史记·孔子世家》："孔子之时，周室微而礼乐废，《诗》《书》缺。追迹三代之礼，序《书传》，编次其事，曰：'夏礼吾能言之，杞不足征也；殷礼吾能言之，宋不足征也，足则吾能征之矣。'观殷夏所损益，曰：'后虽百世可知也。以一文一质，周监二代，郁郁乎文哉，吾从周。'故《书传》、《礼记》自孔氏。"《郑志》："赵商问：'孔子称吾学周礼，今用之，吾从周。《檀弓》云今丘也，殷人也。两楹奠殡，哭师之处，皆所法于殷礼，未必由周，而云吾从周者，何也？'答曰：'今用之者，鲁与诸侯皆用周之礼法，非专自施于己，在宋冠章甫之冠，在鲁衣逢掖之衣，何必纯周？云吾从周者，言周礼法最备，其为殷周事岂一也。'"是定礼初意本拟参酌三代异同，岂仅从周而已哉？观以文称周，厥有微词，今戴《记》所载口说多以夏殷二代礼相衡，质文损益之间，犹可想见其不列入正经者，则以杞宋无征故耳。《礼器》曰："三代之礼一也，民共由之。或素或青，夏造殷因。"《论语》告子张亦曰："殷因于夏礼，所损益可知也；周因于殷礼，所损益可知也。其或继周者，虽百世可知也。"是孔子定礼，上承二帝三王之道，通贯三统，所以为后王制法者，固非辟儒所易窥测矣。[6]然不读戴《记》四十六篇，则所谓冠昏丧祭、吉凶宾嘉诸人义，又可凭臆而知之乎？如士冠之礼，大节有三，将冠筮日，戒宾筮宾，宿宾告期，冠之日陈服，一加缁布冠，再加皮弁，三加爵弁，冠毕见母、见兄弟赞者姑姊、见君与卿大夫，醴宾送宾归俎，皆礼之仪也，而义寓焉，义者何？曰："所以责成人之道也。"士昏之礼，大节亦有三，将昏纳采问名，纳吉纳征请期，昏之夕亲迎成礼，厥明，妇见舅姑，舅姑飨妇，皆礼之仪也，而义寓焉，义者何？曰："所以厚男女之别也。"士丧之礼，始死复魂，有小敛之仪，有大敛之仪，有迁柩朝祖之仪，有窆柩藏器之仪，而义寓焉，义者何？曰："节哀顺变，念始之者也。"馈食之礼，将祭筮日，有视濯视牲之仪，有初献亚献之仪，有选侑之仪，有酢尸之仪，而义寓焉，义者何？曰："反古复始，不忘其所由生也。"推之乡射礼之仪，曰请射，曰诱射耦射，曰数获，曰旅酬，曰坐燕彻俎，而义寓焉，义者何？曰："所以观盛德也。"燕礼之仪曰告戒，曰命宾，曰主人献卿大夫媵觯，曰合乐旅酬，而义寓焉，义者何？曰："所以明贵贱也。"聘礼之仪始于受币告祢、入竟展币致馆设飧，终于礼宾私觌，而义寓焉，义者何？曰："所以使诸侯相尊敬也。"觐礼之仪始于郊劳赐舍、戒期受次，终于行觐三享，而义寓焉，义者何？曰："所以明君臣之义也。"[7]《记》有之，曰："礼之所尊，尊其义也。失其义，陈其数，祝史之事也。故其数可陈也，其义难知也。知其义而敬守之，天子之所以治天下也。"又曰："协诸义而协则礼，虽先王未之有，可以义起也。"极之矣，

极之矣，吾今读戴《记》而始见三代圣王制礼之苦心，吾今读戴《记》而始见我孔子制法后王之道，一言以断之曰："礼其本矣。"礼贵义不贵数，苟得其义，则繁文缛节虽不具可也。不得其义而惟数之是求，则虽损之又损，如何邵公《冠仪约制》[8]，亦恐有难行者矣，又况宫室笾豆之制度，古今异宜哉？《抱朴子》曰："冠婚饮射，何烦碎之甚耶？好古官长时或修之，至乃讲试累月犹有过误，而欲以此为生民之常事，至难行也。余以为可命精学洽闻之士[9]，使删定三《礼》，割弃不要，次其源流，总合其事类，集以相从，务令约俭，无令小碎，条牒各别，令易案用。"说虽甚精，然自古至今未有遵而用之者，可以思其故矣。所惜者，马融、郑玄阿好古文，辄取《月令》、《明堂位》、《乐记》三篇附戴圣之篇章而去其叙略，遂使小戴删记说礼之宗旨失传，《卢植传》："植上书曰：'臣少从通儒故南郡太守马融受古学，颇知今之《礼记》特多回冗。臣前以《周礼》诸经发起纰谬，敢率愚浅，为之解诂，合《尚书》章句，考《礼记》失得，庶裁定圣典。'"是当时言礼者混合家法，多有此派。此则杨终所讥章句之徒破坏大体者也。呜呼，岂独礼经为然也耶？

案诗书

儒者莫不诵《诗》《书》，抑知孔子何为而删《诗》《书》也？夫《诗》《书》之所起远矣，至孔子纂焉，若如后儒谰言补苴掇拾，此不过一钞胥之劳耳，曾谓素王受命垂教者而若是简易哉？余考《尚书纬》曰："孔子求《书》，得黄帝玄孙帝魁之书，迄于秦缪公，凡三千二百四十篇，断远取近，定可以为世法者百二十篇，以百二篇为《尚书》，十八篇为《中候》。"《史记》曰："古者《诗》三千余篇，及至孔子，去其重，取可施于礼义，上采契后稷，中述殷周之盛，至幽厉之缺，始于衽席，故曰《关雎》之乱以为风始，《鹿鸣》为小雅始，《文王》为大雅始，《清庙》为颂始，三百五篇，孔子皆弦歌之，以求合韶武雅颂之音。"[10]始知孔子之删《诗》《书》也，定《书》可以为世法，取《诗》可施于礼义，不徒补苴掇拾而已也。今二经口说多佚矣，惟《书序》、《诗序》尚存。《诗序》陆玑疏云："卜商所为。"《经典·叙录》云："或曰毛公作序。"《隋志》则云："先儒相承，谓之《毛诗序》，子夏所创，毛公及敬仲又加润益。"而《后汉书·卫敬仲传》亦云："宏从曼卿受学，因作《毛诗序》，善得风雅之旨，于今传于世。"据此则《诗序》毛公所述，而卫宏续之，其非七十子后学大义，盖可知矣。附之子夏者，亦犹《汉志》所称毛公之学自谓子夏所传耳。至《书序》，马郑注皆云孔子所作,《汉志》亦云凡百篇而为之序,言其作意,是《诗序》出于后人,而《书序》真孔子之特笔矣。然考之伏《传》,《舜典》合于《尧典》,《益稷》合于《皋陶谟》,皆不与序相应,伏生专传口说,则《书序》殆非孔子作也。[11]不观《逸周书》乎?《逸周书》者,孔子断《书》删削之余也。今世所存《逸周书》七十篇,序一篇,与《汉志》"《周书》七十一篇相合,班固曰:"周史记。"师古注曰:"刘向云周时诰誓号令,盖孔子所论百篇之余也。"而《隋志》别有《周书》十卷,注曰"汲冢书,似仲尼删《书》之余",后人多疑之,岂《周书》自刘向校书之后即亡失,至汲冢时又复出耶,抑今书非《隋志》十卷之本耶?案汲冢书目载于《束皙传》,杜预《左传后序》亦无《周书》之名[12],不知《隋志》何以系诸汲冢[13],要之,今之《逸周书》无论其为汲冢书与否,而为《汉志》所著录之书则无疑也。宋李巽岩考定最得实,但谓篇目比汉阙一篇则殊不然,盖《汉志》并序数之耳。后有《周书序》一篇,与今《书序》体例正同,使《书序》果出孔子,何以删余之篇而亦从而作序哉?彼序既非孔子所作,则此序亦非孔子所作明矣。且司马迁书,《汉志》谓其从安国问,故多古文说,今观《史记》载《尧典》、《禹贡》、《洪范》、《微子》、《金縢》诸篇,皆用《书序》之言,使《书序》果出孔子,则当云多今文说,不当云多古文说矣。后儒有据此疑《孔传》者,不知《孔传》非伪,余前已辨之,近更得一证。《汉书·谷永传》永上封事引经曰:"亦惟先正克左右。"师古注:"《周书·君牙》之辞也。"《君牙》乃《孔传》之一篇,不特伏生今文无之,即马郑逸书亦无之,孙星衍辈定为枚赜伪造者,而谷永于前汉时已见征引,则《孔传》为安国旧本,益可定矣。[14]由是言之,《书序》实旧史之文,更无疑义。不然,岂以孔子垂世立教之书,一无发明,而专录史臣缘起也?惟其为旧史古文,故与《诗序》同为孔氏之所传,而陆玑等因谓《诗序》子夏作,刘歆、《汉志》本刘歆《七略》而作。马融、郑玄因谓《书序》孔子作耳。此作如召穆公纠合宗族于宗周而作《棠棣》之诗,及《逸周书》穆王作《职方》之作,盖述古亦可谓之作也。间尝案之,《书序》者,国史录书之义也;《诗序》者,太史采诗之义也,皆非孔子删《诗》《书》之义焉。吾何以知其然哉?考孔子删《书》百篇,传至伏生,遭秦燔经,抱其书藏之山中。汉兴,亡数十篇,独得二十八篇,《泰誓》后得,为二十九篇,故当时学者谓《尚书》惟有二十八篇,不知本有百篇,又谓《尚书》二十九篇者,法斗七宿也,四七二十八篇,其一曰斗矣，是此二十九篇皆有师说者也。《书序》百篇，与孔壁古文同出于孔安国，其后太史迁述史多见甄采，而伏生传孔子之口说不一及焉，且序中如说作《尧典》、作《舜典》、作《汨作》《九共》及作《泰誓》等，无一不本当日载笔纪纂之词，孔子取之，不过略见造《书》张本耳，岂非国史录书之义乎？至孔子删《书》之大义则不然，孔子大义莫备于伏《传》，《传》载孔子之告子夏曰："六誓可以观义，五诰可以观仁，《甫刑》可以观诫，《洪范》可以观度，《禹贡》可以观事，《皋陶谟》可以观治，《尧典》可以观美。通斯七观，《书》之大义举矣。"此数言者，窃谓非孔子不能道，非孔子相传口说，伏生亦不敢载。刘彦和《文心雕龙·宗经》篇曰："皇世三坟，帝代五典。重以八索，申以九丘。岁历绵暧，条流纷糅。自夫子删述而大宝咸耀，于是《易》张十翼，《书》标七观，《诗》列四始，《礼》正五经，《春秋》五例，义既极乎性情，辞亦匠于文理。"观其以七观与十翼、四始并称，可知七观实自古相传治《尚书》者之通例矣。从其说以治《尚书》，我孔子托始唐虞之际，下述殷周之盛，制法后王之苦心，不亦思过半欤？若夫《诗序》为太史采诗之义，观《毛传·关雎》一序，其理自见，《诗序》出于采诗之史，则正经及变风、变雅亦必史氏所题无疑，康成称孔子录懿王、夷王、陈灵公诗，谓之变风、变雅者，盖孔子删《诗》本太史之旧题，因而用之耳，非孔子未删以前无有变风、变雅之名也。变风、变雅既皆取诸太史，则《诗》之正经亦可推测而明矣。《诗序》为太史采诗之义者，讵不信哉？[15]至于孔子删《诗》之大义，则又不然，孔子之删《诗》，非修改一字一句，蹈后儒选文家之陋习也。欧阳修所谓篇删其章，章删其句，句删其字者，最陋、最无稽。所谓删者，笔削冠于史籍，题目足以经邦，发凡起例，自具别裁，以立一王之法，如是而已。刘知几曰："饰节言者为文，编文者为句，句积而章立，章积而篇成，篇目既分，而一家之言备矣。"盖古之明道者成一家之言，必有一家著述之义例，《归藏》首坤，《连山》首艮，《周易》首乾坤，孔子又为《序卦》以明其相承受之义。讲《春秋》者谓《春秋》据哀录隐，上治祖祢。所以二百四十二年者，取法十二公，天数备足，著治法式。太史公自序其书曰："王迹所兴，原始察终，见盛观衰，论考之行事，著十二本纪。并时异世，年差不明，作十表。礼乐损益，律历改易，兵权山川鬼神，天人之际，承敝通变，作八书。二十八宿环北辰，三十辐共一毂，运行无穷，辅拂股肱之臣配焉，作三十世家。扶义俶傥，不令己失时，立功名于天下，作七十列传。"而许叔重演赞《说文》亦曰："其建首也，立一为端，毕终于亥，知化穷冥。"其后赵岐注《孟子》、皇侃疏《论语》，篇目之序次尤兢兢焉，虽其说不无文饰，然义例之学古人必有所受，况六艺经孔氏要删者乎？好学者幸深察之。如《鲁颂》史克、奚斯所作，《商颂》正考父所校，《周颂》周公摄政，成王即位之初所奏，《小雅》、《大雅》周室居西都丰镐之时所歌，以及十二国风皆太师之旧第，而孔子假之以见义焉。有即题目以别之者，孔冲远说《周颂》曰："《雅》不言周，《颂》言周者，以别商鲁，盖孔子所加也。何则？孔子以前六诗并列，故大师教六诗，是六诗皆别题也。《书叙》列虞夏商周书各为一科，当代异其第，则《诗》本亦当代为别，《商颂》不与《周颂》相杂为次第。《周诗》虽六义并列，要先《风》《雅》而后《颂》，见事相因渐为，《商颂》不得在《周颂》之上间厕之也。《国语》曰：'有正考甫者，校商之名颂十二篇于周之太师，以《那》为首。'若在周诗之中，则天下所共，不须独校丁周之太师，明不与周诗同处矣。商既不杂于周，不须有所分别，则知孔子以前未题周也。孔子论《诗》，《雅》《颂》乃次鲁商于下，以示三代之法，故《鲁谱》曰：'孔子录其《诗》之颂同之王者后。'《商谱》曰：'孔子录《诗》，列之以备三《颂》。'康成说《诗》时兼三家，此义精深，得孔子删《诗》之大义，盖三家旧说也。是《商颂》者，孔子列之于《诗》末，既有《商》《鲁》，须题周以别之，故知孔子加周也。"是其例也。又有即篇第以示之者，齐《诗》说《关雎》曰："周渐将衰，康王晏起，毕公喟然，深思古道，感彼《关雎》，德不双侣，愿得周公，妃以窈窕，防微消渐，讽喻君父。孔子大之，列冠篇首。"匡衡亦曰："孔子论《诗》，以《关雎》为始，言太上者民之父母，后夫人之行不侔乎天地，则无以奉神灵之统而理万物之宜。故《诗》曰：'窈窕淑女，君子好仇。'言能致其贞淑，不贰其操，情欲之感无介乎容仪，晏私之意不形乎动静，夫然后可以配至尊而为宗庙主。此纲纪之首，王教之端也。"是其例也。皇侃说《雅》《颂》之得所曰："《雅》《颂》是诗义之美者，美者既正，则余者正可知也。"叶石林据《左传》云，季札观乐，以《小雅》为周德之衰，《大雅》为文王之德，《小雅》皆变雅，《大雅》皆正雅，楚庄王言武王克商，作《颂》，以《时迈》为首，而《武》次之，《赉》为第三，《桓》为第六，以所作为先后。以此考之，《雅》以正变为大小，《颂》以所作为先后者，《诗》未删之序也。论政事之废兴以所陈者为大小，推功德之形容而以所告者为先后，此删《诗》之序也。孔子删《诗》之大义盖如此，故曰《诗》之为学，情性而已。世有好学深思者，本情性之旨，推而大之，以施于礼义，其于垂世立教之谊，庶有当乎？要之，六艺经孔子手定之后，存于世者惟《诗》《书》二经残佚尤甚，《书》遭秦火，百篇不完，然犹有今文二十九篇，古文十六篇也。及永嘉丧乱，而欧阳、夏侯之章句亡，马融、郑玄所注之桼书古文亦亡，齐《诗》亡于汉季，鲁《诗》亡于西晋，韩《诗》亡于唐宋，今仅《书》古文孔氏、《诗》古文毛氏得立于学官，《韩诗外传》民间尚有传本，而我孔子之大义与七十子相传之口说盖皆失考已，是岂秦人焚书之罪哉？嗟乎，扬五厄之灰劫，延将丧于斯文，小子梼昧，惧非其人，不能不有望于百世考文之圣也。

三代以前学在官，三代以后学在野。学在官，故重在政，而于典章制度为最备；学在野，故重在教，而于微言大义为独详。微言大义者，圣人创造典章制度之所以然也。此数篇虽从今文家言，推阐孔子之微言，七十子之大义，然欲穷微言大义之根据，仍须求诸古文，惜古文诸经为章句家变乱，无以阚其奥藏之所在耳。近世讲《毛诗》、《左传》、《周官》、小学者专搜琐屑恒钉之语，以炫其一孔之见，只可谓之考据家，不得谓之古文家，盖古经虽存而古学之亡久矣。余别有专篇，研治之学者勿狃于一偏之说，而于政教妄分优劣也。孟劬自记。

原　纬

六艺之于天人也备矣，其有非常异义可怪之论，辅经而行者，则纬学是也。原夫纬之起也，盖王者神道设教之一端也。昔者圣人受命，必因积德累业，丰功厚利，诚著天地，泽被生人，万物之所归往，神明之所福飨，则有天命之应，龟龙衔负，出于河洛，以纪易代之征，《易》曰："河出《图》，洛出《书》，圣人则之。"其事盖包乎政教典章之所不逮矣。[16]三五以降，我孔子录焉。刘勰《正纬》篇曰："昔康王《河图》陈于东序，故知前世符命，历代宝传，仲尼所撰，序录而已。"所以究极天人之故，晓学者而达神旨也。苏竟《与刘龚书》曰："孔丘秘经，为汉亦制。玄包幽室，文隐事明。"《礼记》孔疏引郑玄释三时田曰："孔子虽有圣德，不敢显然改先王之法，以教授于世，若其所欲改，阴书于纬，藏之以传后王。"王充《论衡》亦谓："孔子，周世多力之人也，作《春秋》，删《五经》，秘书微文，无所不定。"此纬书出于孔子之确据也。故《六经》口说，七十子后学传之未尽者，纬书无不具。

三科九旨等义，则《公羊春秋》之所托始也；《春秋演孔图》曰："公羊全孔经。"又《说题辞》曰："传我书者公羊高也。"可证《公羊春秋》为孔子真传，未可以诡诞病之。五际六情等义，则辕固《诗传》之所从出也；五行庶征等义，则夏侯《洪范》灾异之所根柢也；《中孚》卦气等义，则孟喜《易》象消息之所折衷也。圣人不空生，必有所制以显天心，学者治经，非通天地人则不能为儒，然则诵法六艺者，安可不知纬学哉？纬书好言推步占候之法，不无荒谬，然其精者自不可掩，如《说题辞》曰："《易》者气之节，含五精，宣律历，上经象天，下经汁历，《文言》立符象，出期节，《象》言变化，《系》设类迹。《尚书》者，二帝之迹，三王之义，所以推明其期运，明授命之际，书之言信而言天地之情，帝王之功，《尚书》凡百二篇，第次委曲而不斋。《诗》者，天文之精，星辰之度，人心之操也。在事为诗，未发为谋，恬淡为心，思虑为志，故诗之为言志也。《礼》者，所以设容，明天地之体也。《孝经》者，所以明君父之尊，人道之素，天地开辟，皆在孝也。"又曰："《春秋》经文备三圣之度。孔子曰：伏羲作八卦，丘合而演其文，读而出其神，作《春秋》以改乱制。"《演孔图》曰："孔子作法，五经运之，天地稽之，图象质于三王，施于四海。"《含神雾》曰："《诗》者天地之心，君祖之德，百福之宗，万物之户也。"《钩命决》曰："孔子曰：吾志在《春秋》，行在《孝经》，欲观我褒贬诸侯之志在《春秋》，崇人伦之行在《孝经》。"又曰："《孝经》者，篇题就号也，所以表指括意，序中书名出义见道自著，一字包十八章，为天地喉襟，道要德本也。"若此类者，皆我孔子删定六艺之大义，七十子后学之口说幸而获存者，汉世通儒无不深于纬学，有以哉。其详别见余所著《七纬甄微》中。或曰："纬学既原于孔子，而何以通儒讨核，谓起哀平也？"曰：此盖谓图谶，非谓纬也。纬与图谶相似而实不同，图谶杂后人附益之谭，案《淮南·说山》云："六畜生多耳目者不详，谶书著之。刘安武帝时人，则图谶亦非起自哀平，盖后人附益，至哀平其学始盛耳。"纬则我孔子微言大义多在焉。《后汉书·桓谭传》："帝方信谶，多以决定嫌疑。谭上疏曰：'凡人情忽于见事而贵于异闻，观先王之所记述，咸以仁义正道为本，非有奇怪虚诞之事，盖天道性命，圣人所难言，自子贡以下不得而闻，况后世浅儒，能通之乎？今诸巧慧小才技数之人，增益图书，矫称谶记，以欺惑贪邪，诖误人主，乌可不抑远之哉？'其后有诏会议灵台所处，帝谓谭曰：'吾欲谶决之，何如？'谭默然良久，曰：'臣不读谶。'帝问其故，谭复极言谶之非经。"案《郑兴传》："帝尝问兴郊祀事，曰：'吾欲以谶记断之，何如？'兴对曰：'臣不为谶。'帝怒曰：'卿之不为谶，非之邪？'兴惶恐曰：'臣于书有所未学，而无所非也。'帝意乃解。"二事颇相类。《尹敏传》："帝令尹敏校图谶，敏对曰：'谶书非圣人所作，其中多近鄙别字，颇类世俗之辞，恐疑误后生。'"《张衡传》："自中兴以后，儒者争学图纬，衡上疏曰：'克言于前，有征于后，谓之谶书，自汉取秦，莫或称谶，若夏侯胜、眭孟之徒，以道术立名，其所述著，无谶一言，夏侯胜、眭孟皆善言灾异，《洪范》、《公羊》与纬书合者极多，而衡谓无谶一言，则纬与图谶之分别益明矣。刘向父子领校秘书，阅定九流，亦无谶录，成哀之后乃始闻之，殆必虚伪之徒，以要世取资，宜收藏图谶，一禁绝之，则朱紫无所眩，典籍无瑕玷矣。'"观诸儒所论说，咸以图谶为言，而无一语及于纬者，二者之异同，岂不较然而定乎？昔《隋志》叙录谶纬十三部也，曰："孔子既叙六经以明天人之道，知后世不能稽同其意，故别立纬及谶以遗来世。"又曰："《河图》九篇，《洛书》六篇，自黄帝至周文王所受本文，又别有三十篇，云自初起至于孔子，九圣之所增演，以广其意。"又曰："七经纬三十六篇，并孔子所作，并前合为八十一篇。"刘彦和曰："有命自天，乃称符谶，而八十一篇皆托于孔子，则是尧造绿图，昌制丹书矣。"是自古旧说皆以此八十一篇属之孔子也。源流兴废之故，可谓详矣，而纬与图谶之区别，已不能辨之，《志》曰："其书出于前汉。又有《尚书中候》、《洛罪级》、《五行传》、《诗推度灾》、《氾历枢》、《含神务》、《孝经句命决》、《援神契》、《杂谶》等书。汉代有郗氏、袁氏说。汉末，郎中郗萌，集图纬谶杂占为五十篇，谓之《春秋灾异》。宋均、郑玄并为谶律之注。然其文辞浅俗，颠倒舛谬，不类圣人之旨。相传疑世人造为之后，或者又加点窜，非其实录"云云，而不能明纬与谶之不同，此亦师法失传之一端也。盖自向、歆司籍，未经要删，《隋志》全本于《七略》《别录》，自向、歆失论谶纬流别，故《隋志》著录远不及诸子明备也。俗儒趋时，竞尚古学，纬书多与今文家口说相表里，汉季古文既行，而其学始衰，故《隋志》曰："起王莽好符命，光武以图谶兴，遂盛行于世。汉时，又诏东平王苍正五经章句，皆命从谶。俗儒趋时，益为其学，篇卷第目转加增广。言五经者皆凭谶为说，惟孔安国、毛公、王璜、贾逵之徒独非之，相承以为妖妄，乱中庸之典。故因汉鲁恭王、河间献王所得古文，参而考之，以成其义，谓之古学。当世之儒又非毁之，竟不得行。魏代王肃推引古学以难其义，王弼、杜预从而明之，自是古学稍立。至宋大明中始禁图谶，梁天监已后又重其制，及高祖受禅，禁之逾切，炀帝即位，乃发使四出，搜天下书籍与谶纬相涉者皆焚之，为吏所纠者至死，自是无复其学。"观《志》叙谶纬中废之故而推原于古学之立，好学者可以心知其意矣。旧史既合于经，而纬书遂混于谶。图谶一学盛于后汉，史传中所载如蔡少公颇学图谶，杨厚祖父春卿善图谶学，临命戒子统曰："吾绨帙中有先祖所传秘记，为汉家用，尔其修之。"统感父遗言，辞家从犍为周循学习先法，又就同郡郑伯山受《河洛书》及天文推步之术，作《家法章句》及《内谶》二卷解说。翟酺好老子，尤善图谶天文历算，著《援神钩命解诂》十二篇。刘瑜少好经学，尤善图谶。天文历算之术皆指谶而言，非纬也。西京惟李寻说王根，言五经六纬，尊术显士，图谶不少概见，岂非东汉纬混于谶之证哉？故彦和曰："真虽存矣，伪亦凭焉。"此之谓也。故虽以荀仲豫之好学，始则疑其非圣而终则惜其杂真，荀悦《申鉴·俗嫌》篇曰："世称纬书仲尼之作。臣悦叔父故司空爽辨之，盖发其伪也。有起于中兴之前，终张之徒之作乎。[17]或曰：杂。曰：以己杂仲尼乎，以仲尼杂己乎？若彼者以仲尼杂己而已，然则可谓八十一首非仲尼之作矣。或曰：燔诸？曰：仲尼之作则否，有取焉则可，曷其燔？"以刘彦和之博识，讥其无益于经典，而取其有助于文章。说见《正纬》篇。篇中虽谓按经验纬，其伪有四，然所指皆系图谶附益之谬，观其后云"东序秘宝，朱紫乱矣"，则刘氏意在去伪存真，固未尝肆言曲诋也，与刘子玄惑经疑古不同，学者不可不知。观听不决，多随二创，咸阳之火再作，而圣人希天之业荒矣。谶纬自大业焚烧，真伪俱尽，今之所辑皆灰烬之余者也。欧阳修尝上书欲取九经之疏删去谶纬之文，使学者不为怪异之言惑乱，幸而此举不行，倘其事果行，我孔子之口说尚能留传至今日邪？嗟乎，吾安得起翼奉、郎颙诸人于九原而一商榷内学之得失哉？

原小学

昔班孟坚志《艺文》也，叙小学十家于六艺之后，敢问小学何自始乎？曰：六艺皆古史也，小学者，史之原也。古者庖牺氏之王天下也，仰则观象于天，俯则观法于地，观鸟兽之文与地之宜，近取诸身，远取诸物，于是始作《易》八卦，以垂宪象。八卦者，实庖牺氏之先文耳。及神农氏结绳为治而统其事，庶业其繁，饰伪萌生，黄帝之史苍颉，见鸟兽蹏迒之迹，知分理之可相别异也，初造书契，百工以乂，万品以察，盖取诸夬，"夬，扬于王庭"，言文者宣教明化于王者朝廷，君子所以施禄及下，居德则忌也，是则小学之所起，盖为史官著记之用矣。史，记事者也，事之大者无过政令，故《淮南》曰："苍颉之初作书，以辩治百官，领理万事，愚者得以不忘，智者得以志远。"此小学缘起也。许叔重曰："苍颉之初作书，依类象形谓之文，其后形声相益即谓之字。字者，言孳乳而浸多也。"盖小学本为史官著记之用，其后王者政教日广，著记日繁，史文不足以取给，则引申其字以用之，而六书由此其选焉。六书之义莫备于《周礼》。《周礼》八岁入小学，保氏教国子，先以六书。一曰指事，指事者，视而可识，察而可见，上、下是也；二曰象形，象形者，画成其物，随体诘诎，日、月是也；三曰谐声，谐声者，以事为名，取譬相成，江、河是也；四曰会意，会意者，比类合谊，以见指挠，武、信是也；五曰转注，转注者，建类一首，同意相受，考、老是也；六曰假借，假借者，本无其字，依声托事，令、长是也。郑司农注《周礼》曰："六书，象形、会意、转注、处事、假借、谐声。"《汉志》曰："象形、象事、象意、象声、转注、假借。"皆与《说文》先后有异，《说文》为专释文字之书，序次尤为伦贯，今依之。曰指事、曰象形，此初造书契之本义也；曰谐声、曰会意，则因初造之字而推广之者也；曰转注、曰假借，则又因推广之字而致之实用者也。声音孕言语，言语孕文字，文字初效言语，立符号而以声纬之，太始创字，但有象形、指事，其后形与事不能概，则有谐声、会意，一字意同而声相转则变其形以表之，故曰转注，意不同，形不变，但因声以托其事，则曰假借。六书之说惟转注最歧，孙恒、徐锴诸说既不可用，戴东原始曰转相为注，犹互相为训，一字具数用者为假借，数字共一用者为转注。汪叔澐则曰："转注统于意，立老字为部首，即所谓'建类一首'，考与老同意，故受老字而从老省，凡合两字以成一谊者为会意，取一意以概数字者为转注。"此皆以义训转注而遗形声，至朱骏声又以引申说转注，而转注之义愈淆，不知转注、假借二用，古人所以辅六书之穷而节其变者也。假借误则指事与谐声废，转注误则象形与会意废，昧苍颉造字之原，紊保氏教胄子之序，胥失之矣。而要其始，则皆以扶济史文之不足也。故六书之用，于小学为最大；小学之用，于史为最大。史之最古者惟六艺，故治六艺者莫不通小学。昔者许叔重之著《说文解字》也，尝有意究其原矣，既取九千文分别部居，又引古文《易》孟氏、许书未尝不引鲁韩《诗》、《公羊春秋》、今文《礼》，而稽合古籀则必以科斗文为定，所以别于隶也。孟氏《易》非古文，疑字误。《书》孔氏、《诗》毛氏、礼《周官》、《春秋左氏》、《论语》、《孝经》以说之，而其言曰："文字者经艺之本，王政之始，前人所以垂后，后人所以识古。故曰本立而道生，知天下之至赜而不可乱也。"诚哉其迥所先务已，学者苟能遵修旧文而不穿凿，演赞其志以究万原，其埤于六艺岂浅鲜耶？虽然，许叔重欲人通经先由于识字，许冲《上说文表》曰："臣父故太尉南阁祭酒慎，本从逵受古学。盖圣人不妄作，皆有依据，今五经之道，昭炳光明，而文字者其本所由生，恐巧说邪辞，使学者疑。慎博问通人，考之于逵，作《说文解字》。六艺群书之诂，皆训其意。"是许君广业甄微，实重在经谊也。而今之为许学者则又专取字以诂经，本末倒置，此则许君所不及料也。[18]夫六艺资于竹帛，不能离字固也，然必积字以成句，积句以成篇，篇句备而后大义寓焉。《论衡》曰："经之有篇也，犹有章句也，有章句犹有文字也。文字有意以立句，句有数以连章，章有体以成篇，篇则章句之大者。"大义者何？先王经纬天地之道，而我孔子删述以教万世之微旨也。今不讲求六艺之大义，而惟以便词巧说破坏形体为功，甚者说一字之文至于数万言，若然，则圣人当日何不别著一书如吕忱《字林》、顾野王《玉篇》以代六艺，岂不尤便后学哉？且古人专说六艺之训诂者，盖尝有其书矣，今之《尔雅》是也。《释诂》一篇，或谓周公所造，《释言》以下，或谓仲尼所增，子夏所足，叔孙通所益，梁文所补，虽先师口传，疑莫能明，然《三朝记》孔子对哀公曰："《尔雅》以观于古，足以辩言矣。"而《春秋元命包》亦载子夏以"初哉首基"为问，则其书必出孔子之前，解家所说固未尽无稽也。[19]其书所释训诂，大抵《诗》《书》二经为多，郭璞曰："《尔雅》者，所以通训诂之指归，叙诗人之兴咏，总绝代之离词，辩同实而殊号者也。"刘彦和曰："《尔雅》者，孔徒之所纂，而《诗》《书》之襟带也。"盖《尚书》读应《尔雅》，《诗》则多识于草木鸟兽之名，不解古今语则大义不可得而知，故古人专著一书以发明之。郑康成《驳五经异义》曰："《尔雅》者，孔子门人所作，以释六艺之言。"案《尔雅》虽统释六艺，而独详于《诗》《书》二经者，盖古人教弟子《诗》《书》执礼'春诵夏弦，二经尤学僮之先务也。《学记》曰："一年视离经辨志。"《论语》曰："弟子行有余力则以学文。"而汉律亦曰："学僮十七已上，始试讽籀，书九千字乃得为吏，又以八体试之。"是可见六书训诂为治六艺者所当先，而六艺之大义非尽于六书训诂也。乃六书训诂，古人以之教弟子，而今之通儒则以之解六艺，古人童而习之，今则白首于《尔雅》、《说文》之书而不能明其说，其亦可以已乎？或曰："信如子言，是训诂在所缓矣，而何以马郑诸大儒传注六艺，必于此斷斷也？"曰：此不可一概论也。六艺之传于汉者有两派，一曰今文，一曰古文。今文者，七十子后学口耳相传，汉初经师始著竹帛者也，故往往以通俗引申之义易故书，取便属读而已。如公羊子，齐人也，则多齐言；论语，鲁传也，则多鲁读。若此类者，传道解惑，但通其大义，足矣。至于古文则不然，古文皆先王之旧籍，既无相传之口说，而又多古言古字，非训诂不足以正之，此马郑诸大儒所以不敢以向壁虚造之俗书说经也。[20] 盖古文，史也；训诂，史之原也。所恶乎训诂者，谓其专己守残，迷不知门户耳。若因训诂而上溯古史之原，此正许叔重所称"理群类，解缪误，晓学者，达神旨"者也，又何恶于训诂而痛绝之哉？故曰：夫言岂一端而已，亦各有所当也。此之谓已。

经　翼

昔我孔子既纂定六经，以儒家上承史氏之统，而又手授《孝经》以配之，七十二弟子又杂纪孔子言行，为《论语》一书以羽翼之。班固叙书，遂以《孝经》、《论语》二家敬殿六艺之末简，其尊圣也可谓懿矣。班固不以《孝经》、《论语》入儒家，而列诸六艺之后者，盖以《孝经》为孔子所自著，《论语》则专纪孔子之言行，附庸六艺，所以尊圣言也。而实则二书皆儒家之根源，学者不可不辨。或谓《孝经》为曾子以后支流苗裔之书，非孔子所作，若然，则班氏当归之诸子，今不归诸子，则其为孔子所作明矣。刘炫尝辨之，惟谓孔子假设曾子问答，与古义不合耳。余考《吕氏春秋·察微》篇引《孝经》曰："高而不危，所以长守贵也；满而不溢，所以长守富也。富贵不离其身，然后能保其社稷而和其民人，楚不能之也。"可见《孝经》为孔子所自著，故不韦得以引之，与《论语》之名定于扶卿者不同。黄东发谓《孝经》为古书，盖得其实矣。敢问《孝经》、《论语》固若是班乎？曰：六经者，孔子合儒道两家之统而为后王立法之书也；《孝经》、《论语》者，则孔子以儒家嗣绪寄诸弟子之书也。二者浅深固不同科矣。虽然，欲治六经，不可不自《孝经》、《论语》始，盖六经为万世之教书，而《孝经》则教之所由生也。《论语》首言学，学也者，又《汉志》所谓游文于六经之中，留意于仁义之际者也。《白虎通》说《孝经》《论语》曰："已作《春秋》，复作《孝经》何？欲专制正。于《孝经》何？夫孝者，自天子下至庶人，上下通《孝经》者。夫制作礼乐，仁之本，圣人道德已备，弟子所以复记《论语》何？见夫子遭事异变，出之号令足法。"此汉儒论《孝经》、《论语》最古者也。今观《孝经》称《诗》者十，称《书》者一，而尤莫详于《礼》，其曰："孝莫大于严父，严父莫大于配天。"又曰："教民亲爱莫善于孝，敬民礼顺莫善于悌，移风易俗莫善于乐，安上治民莫善于礼。"又曰："礼者敬而已矣，故敬其父则子悦，敬其兄则弟悦，敬其君则臣悦，敬一人而千万人悦，所敬者寡而悦者众，此之谓要道。"又曰："孝子之丧亲也，哭不偯，礼无容，言不文，服美不安，闻乐不乐，食甘不甘，为之棺椁衣衾而举之，陈其簠簋而哀戚之，擗踊哭泣，哀以送之，卜其宅兆而安措之，为之宗庙以鬼享之，春秋祭祀以时思之。"若此类者，皆十七篇之精义也。至于《论语》二十篇，则又所谓"子所雅言"者也。故言《诗》则乐而不淫，哀而不伤，蔽之以无邪，迩之事父，远之事君，终之以多识。如切如磋，美子贡以言《诗》；《周南》、《召南》，诏伯鱼以学《诗》。风诗之旨，孰有大于此者乎？言礼则纯俭上泰，有从众、从下之分；君子、野人，有先进、后进之叹。大林放之问礼，则丧与其戚；哀鲁国之非礼，则禘不欲观。《礼经》之旨，孰有大于此者乎？言《易》则不恒其德，或承之羞，所以示寡过之要言。《书》则孝于惟孝，友于兄弟，所以示施政之规。六爻之制用前民，百篇之垂世立教，又孰有大于此者乎？由是论之，《孝经》、《论语》真学六经者之枢户也。故郑康成《六艺论》曰："孔子以六艺题目不同，指意殊别，恐道离散，后世莫知根源，故作《孝经》以总会之，明其枝流虽分，本萌于孝者也。"赵邠卿序《孟子》亦曰："七十子之畴，会集夫子所言，以为《论语》。《论语》者，五经之馆鎋，六艺之喉衿也。"岂不然哉，岂不然哉？或曰："《孝经》、《论语》为治六经者所当先固也，虽然，《孝经》详于《诗》《书》《礼》而略于《春秋》与《易》，《论语》详于《诗》《书》《礼》《易》而略于《春秋》，若是，则六经之道为不备矣。意者弟子纪录有所阙欤，抑别有深意欤？"曰：此《孝经》、《论语》之所以为儒家也。何以言之？儒家宗旨，佐人君顺阴阳、明教化之术，而非君人南面之术。六经虽皆治天下之具，而《易》为言天之书，《春秋》为尽人希天之书，儒家者流盖不足以尽之矣。故子贡曰："夫子之文章可得而闻也，夫子之言性与天道，不可得而闻也。"太史公亦曰："孔子在位听讼，文词有可与人共者，弗独有也。至于为《春秋》，笔则笔，削则削，子夏之徒不能赞一辞。"岂非以二经皆素王受命之极致而非七十子后学所得预闻者乎？儒者诵法六艺，所以佐人君明教化也。佐人君明教化，固不可不通君人南面之术，故刘向谓荀卿善为《诗》《礼》《易》《春秋》，赵岐亦谓孟子通五经，而七篇中论《春秋》者尤众，是七十子后学非不预闻《春秋》与《易》，而必恪遵儒氏家法者，盖不敢以素王之道僭拟孔子耳。儒道两家之异撰，以此辨之。儒者不能深究六经之大义微言，辄以《孝经》、《论语》谓足尽孔子之道，欲以尊孔子而不知适以卑孔子，此其故皆由不识《孝经》、《论语》为孔子以儒家嗣绪寄诸弟子之书也。何以见《孝经》、《论语》为孔子以儒家嗣绪寄诸弟子耶？考《孝经》之要在始于事亲，中于事君，终于立身，《论语》之要在始于劝学，中于从政，终于知命，常教则文行忠信，罕言则利、命与仁，正庄生所谓下之所以事上，非上之所以畜下也。若孔子之道则不然矣，孔子之道莫备于《中庸》，《中庸》所称祖述尧舜、宪章文武，尽人物之性以参赞天地之化育者，皆合儒家、道家之统而一以贯之者也，《中庸》者，子思赞圣之书也，后世欲考孔道之真惟有此篇，故太史公于《孔子世家》特著之曰子思作《中庸》，《汉志》亦有《中庸说》二篇，别著录于百三十一篇之外，则当日《中庸》固单行也。自小戴入诸《礼记》中，儒者遂与《坊记》、《大学》、《缁衣》同类而视之，非其质矣。《孝经》、《论语》乌足以言之？故谓《孝经》为六艺之总会则可，谓孔子六艺之道尽于《孝经》则不可；谓《论语》为五经之馆镲则可，谓孔子五经之道尽于《论语》则不可。[21] 善夫，刘向之说《论语》曰：“孔子弟子记诸善言也。”班固之说《孝经》曰："孔子为曾子陈孝道也。"明乎大圣人应机作教，事无常准也。[22] 然则二书为儒家嗣绪，而孔子传诸其徒者，不亦较然明白欤？语曰："群言淆乱折诸圣。"能折诸圣而后可以论六艺诸子之流别矣，故窃取斯义以作此篇。《尔雅》已见小学，《家语》为后人所纂辑，如薛据《集语》之类，今皆不及之云。《家语》据后序，盖孔安国所辑而王肃增益者，即后来《集语》诸书之滥觞，非伪书也。故马昭只谓《家语》为王肃所增加而不谓为王肃所伪造，虽非《汉志》二十七卷之书，而二十七卷之文疑亦有在今本之内者，安得以赝鼎废哉？《家语》今既不论，故附订之于此。

附今古文答问

问者曰：子谓今文为孔氏说经之书，古文为旧史说经之书，甚矣子之好辨也。虽然，《论语》、《孝经》非出于孔氏者乎？而《汉志》有《论语》古二十一篇，如淳曰："分《尧曰》篇后子张问'何如可以从政'已下为篇，名曰《从政》。"《论衡》曰："《论语》者，弟子共纪孔子之言行，勒己之时甚多，数十百篇。汉兴，失亡，至武帝发取孔子壁中古文，得二十一篇，齐鲁二，河间九篇，三十篇。至昭帝女读二十一篇，宣帝下太常博士，时尚称书难晓，名之曰传，后更隶写，以传诵。初，孔子孙孔安国以教鲁人扶卿，始曰《论语》。今时称《论语》二十篇，又失齐鲁河间九篇，本三十篇，分布亡失，或二十一篇，目或多或少，文赞或是或误。"何晏《集解序》曰："汉中垒校尉刘向言《鲁论语》二十篇，太子太傅夏侯胜、前将军萧望之、丞相韦贤及子玄成等传之。《齐论语》二十二篇，其二十篇中章句颇多于《鲁论》，琅琊王卿及胶东庸生、昌邑中尉王吉皆以教授之，故有《鲁论》、有《齐论》。鲁恭王时，尝欲以孔子宅为宫，坏，得古文《论语》，《齐论》有《问王》、《知道》，多于《鲁论》二篇，古论亦无此二篇，分《尧曰》下章子张问以为一篇，有两《子张》，凡二十一篇，篇次不与齐、鲁《论》同。"盖西汉传经者崇家法重口说，学既异师则经即异本，非必大义有殊也。故皇侃曰："寻当昔撰录之时岂有三本之别，将是编简缺落口传不同耳。"斯言谅矣。有《孝经古孔氏》一篇，刘向曰："《庶人章》分为二，《曾子敢问章》为三，又多一章，凡二十二章。"《汉志》说《孝经》曰："汉兴，长孙氏、博士江翁、少府后苍、谏大夫翼奉、安昌侯张禹传之。经文皆同，惟孔氏壁中古文为异。'父母生之，续莫大焉'，'故亲生之膝下'，诸家说不安处，古文字读皆异。"许冲上其父慎《说文》表曰："慎又学《孝经》孔氏古文说。古文《孝经》者，孝昭帝时鲁国三老所献，建武时给事中议郎卫宏所校，皆口传，官无其说，谨撰具一篇并上。"盖《孝经》古文其初出于孔壁，至昭帝时始入秘府也。陆德明《释文·序录》曰："《孝经》者，孔子为弟子曾参说孝道，因明天子、庶人五等之孝，事亲之法，亦遭焚烬。河间人颜芝为秦禁藏之，汉氏尊学，芝子贞出之，是为今文。长孙氏、博士江翁、少府后苍、谏大夫翼奉、安昌侯张禹传之，各自名家，凡十八章。又有古文，出于孔氏壁中，别有《闺门》一章，自余分析十八章，总为二十二章，孔安国作传，刘向校书，定为十八。"所述《孝经》源流较《汉志》为详，惟今世所行孔传郑注之真赝尚待考证耳。据此，则孔氏之书未尝无古文也。《周礼》非出于旧史者乎？而贾公彦疏云："郑注《周礼》时有数本，刘向未校之前或在山岩石室，有古文考校，后为今文，古今不同，郑据今文注，故云'故书'。"据此，则旧史之书亦未尝无今文也。且古文既为旧史矣，而《汉志》云："刘向以中古文《易经》校施、孟、梁丘经，或脱去无咎、悔亡，惟费氏经与古文同。"又云："刘向以中古文校欧阳、大小夏侯三家经文，《酒诰》脱简一，《召诰》脱简二，率简二十五字者脱亦二十五字，简二十二字者脱亦二十二字，文字异者七百有余，脱字数十。"据此，则旧史之外又有所谓中古文也。夫《论语》、《孝经》今文也，而何以有古文？《周礼》古文也，而何以有今文？既有古文，而何以又有中古文？凡此数说，皆与子言不容两立者也，将毋持之有故而言之不能成理欤，抑故为奇邪之谭以佐其辨欤？愿闻所以核之之说。答之曰：今古文之淆乱，至今数千余年而未有定论矣。微特吾子疑之，余亦疑之。虽然，此皆后儒不善读古书之过耳，试为吾子略言其概焉。今古文者，盖因文字之异同而用以分别其家派之称也。其始我孔子之口说相传至汉，遭秦焚书，诸经多失其本，弟子恐其久而差也，先著竹帛，以隶写之，故谓为今文。近人谓汉初无今文之名，只有齐学、鲁学而已，不知今文之名因古文而后立者也。仅以齐鲁分配，有通局之判矣，且如《春秋》有驺氏、夹氏，《易》有京氏、高氏，《诗》有韩氏，又何以区之？至谓鲁学较笃实，齐学稍浮夸，此则考据家常谈，六艺学贯天人，兼备儒道二统，固非瞽儒所知也。孝武之世，鲁共王坏孔子宅，得《左传》、《尚书》、《礼记》、《论语》、《孝经》，凡数十篇，《汉志》孔壁中书不言有《左传》，惟孔安国《书序》云于壁中得先人所藏虞夏商周之书及《左传》、《论语》、《孝经》，皆科斗文字。《论衡》亦云："《春秋左氏传》者，盖出孔子壁中。孝武皇帝时，鲁共王坏孔子教授堂，得佚《春秋》三十篇，《左氏传》也。"则有《左传》明矣，可补《汉志》所未备。《说文》叙录北平侯张苍献《春秋左氏传》，此即所谓中古文，未尝传于民间，《别录》叙《左传》云"荀卿授阳武张苍，苍授洛阳贾谊"，盖口授者其传义耳。观贾谊《新书》述《左氏》事止《礼容》篇叔孙昭子一条，《先醒》篇言宋昭公出亡而复位，虢君出走，其御进酒食及枕土而死，《耳痹》篇言子胥何笼而自投于江，《谕诚》篇言楚昭王以当房之德复国，皆不合《左传》，《审微》篇言晋文公请隧，叔孙于奚救孙桓子，《春秋》篇言卫懿公喜鹤而亡其国，《先醒》篇言楚庄王与晋人战于两棠，会诸侯于汉阳，申天子之禁，皆与《左传》异同，亦可证当时经之授受不尽著竹帛矣。而《周官》亦出于山岩石室，皆蝌蚪文也，故谓为古文。此古今文之名由文字异同而起者也。其后说经之义渐殊，不惟文字有异同而已，于是又因文字之名以分别其家派焉。治今文经者则称为今文家学，治古文经者则称为古文家学，如《五经异义》所载古《周官说》、古《左氏说》、今《公羊》《穀梁》说之类，譬犹不识其人而执其姓氏别号以定其面貌耳。故今古文有两义焉，有文字不同而义亦异者，则《春秋》之三传，《诗》之四家，《礼》之《士礼》十七篇、《明堂阴阳》，《易》之田何、费、高，《书》之伏生、孔安国、杜林皆是也；有文字不同而义不异者，则吾子所称古文《论语》、《孝经》及今文《周官礼》是也。文字不同而义亦异，则古人不独谓之今文、古文，而必以古学、今学别之，如范蔚宗曰："中兴之后，贾逵、李育、范升、陈元之徒争论古今学。"何休曰："治古学贵文章，谓之俗儒者。"是其证也。文字不同而义不异，则古人亦不径谓之今文古文，而必以古字故书别之，如刘向称古《孝经》曰："古文字也。"郑康成注《周礼》曰："故书作某者。"是其证也。由是观之，则孔氏说经之书虽未尝无古文，而不害其为今文家学，旧史说经之书虽未尝无今文，而不害其为古文家学，二者之辨不益彰明较著乎？至于古文虽属旧史，旧史之书亦有数派。中古文者中秘所藏，以别于民间耳，近代龚定庵不信中古文，列十二疑以辟之，且谓刘歆所伪托。其言最为无据。龚氏之言曰："中秘既有五经，独《易》《书》著，其三经何以蒇闻？"不知《汉志》之著《易》《书》者盖因其有异同而类言之，其三经无异同则不著也。《汉志》为辨章源流而作，安得独详中古文哉？龚氏又谓假使中秘有《尚书》，何必遣晁错往伏生所受二十九篇，不应孔安国献孔壁书始知增多十六篇，此又与儿童之见无异。何则？古书篇篇皆单行，司马迁读《山高》、《乘马》，窦公献《周官·大司乐》章，光武赐窦融《五宗世家》，诚证非一，至刘向校书始最录之，然观向叙录，每篇必具所出，有大中大夫卜圭书，有太史书，有射声校尉立书，则中古文安知非裁篇别出之本哉？其余所列诸疑大抵类此，皆臆说也，学者细考汉书自能别之，今不悉辨。盖亦专指文字异同而言，与余所谓文字不同而义亦异者，固不可相提而并论矣。余书中所称古文、今文皆指古学、今学而言，所以不曰古学、今学者，沿旧称，使人易晓也。读者不可不知。又安得据偏词孤证而欲平反千古之成谳哉？要之，今古文者，后世说经家一大聚讼也。其不知今古文者无论矣，其知今古文者亦不过谓文字之有异同，略如校勘家所称之今古本耳，而无一人深究其旨意之各别焉，知二五而昧一十，此所以颠倒《五经》，毁师法，使圣人垂世不刊之书愈讲而愈晦也。

校勘记

[1]"州、国、氏、人、名、字、子是也","氏"原作"民",黄曙辉据《春秋公羊传注疏》卷一改。今从之。

[2]《史微札记》:"所以多非常异义可怪之论欤"下补注:"《公羊》分十二公二百四十年为三世,与他经大义迥异。三世者,人治循环自然之象,进则衰矣,故孔子因麟而发道穷之叹,《周易》终于未济者此也。其说当根柢纬书。《礼运》:'大道之行也与三代之英,某未之逮也,而有志焉。'郑康成注:'志谓识古文。'疑即谶纬,《公羊》与纬同原,孔子微言幸存一二。"

[3]《史微札记》:"二传之谓欤"下补注:"郑康成《释废疾》曰:'孔子虽有圣德,不敢显然改先王之法以教授于世,若其所欲改,阴书于纬,藏之以传后王。《穀梁》四时田者近孔子故也。《公羊》正当六国之亡,谶纬见读而传为三时田,作传有先后,虽异,不足以断《穀梁》也。'据此则《公羊》所传为孔子微言,《穀梁》所传乃七十子大义,二传异同较然矣。惟郑君谓《公羊》当六国之亡见谶纬始作传,则不知何据?古人口说皆是先有所受,传述互通,本无足异,凡此类者,皆不能以书出之先后定之也。"

[4]《史微札记》:"虽据百二十国宝书,然亦有传闻之误"改"虽据七十子后学所述,亦有传闻异辞"。

[5]《史微札记》:"卒无人别黑白而定一尊者"下补注:"评论三传之书有何休《墨守》、《膏肓》、《废疾》,今文学家东汉末已渐陋,何氏又当古学盛行之始,气矜之隆,多为康成所议,而康成又自有得失,学者宜观其通,勿执一是也。"

[6]《史微札记》:"固非辟儒所易窥测矣"下补注:"制度沿习不同,口说传闻又各有异,汉儒所谓未易偏定也。朱大韶《春秋礼征》专据古文时制,隐斥二传,竟不知礼有因革矣。治经惟《礼》为易讼,故曰无轻议礼。"

[7]《史微札记》:"所以明君臣之义也"下补注:"宗邦之礼略犹竺典之律,律根据于其宗,宗有大小,故律有开遮;礼根据于其义,义有宜,故礼有分,而亦具从违二用,其类颇同。"

[8]《史微札记》:"如何邵公《冠仪约制》"改"如何氏之《冠仪约制》"。先生自记云:"《冠仪约制》非邵公作,亡友曹元忠有考,今改。"

[9]"洽"原作"治",黄曙辉据《抱朴子》外篇《省烦》改。今

从之。

[10]《史微札记》："以求合韶武雅颂之音"下补注："后儒多疑三百篇外逸诗无多，不应有三千余篇，不知三千余篇兼其重言之，去其重，则谓之删矣。《尚书》则有弃有取，虽亦当有重者，而又重在断远取近。史公分析极为精审。"

[11]《史微札记》："殆非孔子作也"下补注："《说文》：'叙，次第也。'通作'序'。史称孔子序《书》，编次之义，犹言序象系象矣，非必定目《书序》。"

[12]《札记补遗》："亦无《周书》之名"下增注："杂书十九篇，内虽有《周书》，云论楚事，汲县太公望石表引《竹书》、《周志》是其佚文，亦不谓之《周书》也。"

[13]《史微札记》："不知隋志何以系诸汲冢"下增注："说文'槀'字下引《逸周书》槀疑沮事，今在《文酌解》。许慎东汉人，尚及征引，则又何通。"

[14]《史微札记》："益可定矣"改"或可定欤"。增注："又《郑志》赵商问成王《周官》立太师、太傅、太保，兹惟三公。又云：'成王《周官》是周公摄政三年事，《周礼》是周公摄政六年时。'考郑逸十六篇书目无《周官》，此必东汉末孔书已有见之者，故赵商据以为问，是亦一证也。段玉裁引《周礼·小宰》职注，谓康成曾见《周官》，说最有据，但不仞为孔书，则所谓逸《书》者果何本耶？"

[15]《史微札记》："讵不信哉"下补注："王先谦《三家诗集疏》：'古诗无不入乐，未有有其声而无其辞者，惟声既入谱，即各自为书，《汉艺文志》有《河南周歌诗》，别有《河南周歌诗声曲折》，有《周谣歌诗》，别有《周谣歌诗声曲折》，是诗自为诗，声自为声，《南陔》以下六诗亡逸不知何时，要决不在三百五篇内，仅《仪礼》尚存笙诗之名，此即当时诗废而声不废，故只能笙不能歌也。毛欲标异今文，序又成于其手，撰为诗义，羼入三百五篇，然尚不敢竟改什数，郑君信之，遂并为一谈矣。'案汉人皆言孔子删《诗》三百五篇，不云三百一十篇，盖据见数，犹《尚书》二十八篇，其一曰斗矣。郑君欲调和其说，故云孔子论《诗》时篇第当在于此，遭战国及秦之世而亡之，而不悟家法之异也。知《诗序》为太史采诗之义，则诸疑涣然矣。"

[16]《史微札记》："其事盖包乎政教典章之所不逮矣"下补注："《淮南·泛论训》说'枕户橉而卧，鬼神履其首'曰：'凡此之属，皆

不可胜著于书策竹帛而藏于宫府者也，故以机祥明之。为愚者之不知其害，乃借鬼神之威以声其教，所由来者远矣，而愚者以为机祥，而狠者以为非，惟有道者能通其志。'《淮南》所谓'藏于宫府'者，即纬书起原，先民之思多胚胎于此。"

[17] 黄曙辉云："终张"，范文澜疑当作"终术"，即助王莽造符命之田终术，说见《文心雕龙注》卷一。

[18]《史微札记》："此则许君所不及料也"下补注："凡字有本谊，有引申之谊，《说文》：'史，记事者也。'本指记录之职言，引申之，记录于竹帛者亦得为史。典本简札之形，有简札必有司之者，引申之，所司之职亦得为典。有古谊狭而后谊广者，如'法'字古但用之于刑法，后则以为一切制度之称是也。有古谊通而后谊局者，如'礼'字古人宪典凡可履行者统谓之礼，后则但局于冠、昏、丧、祭、朝聘、乡射是也。亦有古谊未必如是而后人以义文之者，如'物'字本指驳色牛言，汉人说以为天地之数起于牵牛是也。他若一贯三为王，推十合一为士，霜之为言亡也，霾之为言合也，其见于今文家说者尤夥，此皆因乎学术张弛不同，凡在文字衍进之邦皆然，不明此例而专取字以诂经，则经必有难通者矣。惑经疑古，未必不由此也。"

[19]《史微札记》："固未尽无稽也"下补注："《尔雅》创始周公，盖所以整一语言。《方言》曰：'初别国不相往来之言也今或同，而旧书雅记、故俗语不失其方。'郭璞注《尔雅》，是其证也。孔氏门徒因而更纂，则即以之释经，自此言语虽或变迁，文辞有定准已。"

[20]《史微札记》："所以不敢以向壁虚造之俗书说经也"下补注："破字说经，创通汉人，高邮诸儒乘之，形声假借，益务推合，意勘目较，精辟实多，但此例既陈，古书无不可读，而古说亦无不可破矣。讲古文学者末流所必至，又不可不知。"

[21]《史微札记》："尽于《论语》则不可"下补注："六艺各自为方，虽可意通，不容相混。《论语崇爵谶》：'子夏六十四人共撰仲尼微言，以当素王。'素王之称亦泛辞耳。道咸儒者，讲今文之学乃援入《公羊》义例通释《论语》，此变乱家法之大者，汉儒未有也。"

[22]《史微札记》："事无常准也"下补注："宋儒谓《论语》多有无头柄底话，不知古者简策繁重，记人影略，取便诵肄，非孔子之言尽于此也。'乡愿'一章，若非孟子补述，几不解何以为德之贼，他若《尸子》载周公反政，孔子非之，与《论语》称泰伯至德适相反，此又

引者意有所取，或圣人有为之言，不器之量譣于兹矣，此例实繁，应须消息。"

史微卷第六

内 篇

博 观

余读《汉·艺文志》，叹圣人治天下之勤而虑后世之远也。昔者圣人仰观象于天，俯观法于地，近取诸身，远取诸物，于是为之《易》，以道阴阳，所以通神明之德，类万物之情也；为之《书》，以道事，所以恢宏至道，示人主以轨范也；为之《诗》，以道志，所以观风俗，知得失，自考正也；为之《礼》，以道行，所以辨上下，定民志也；为之《乐》，以道和，所以致神祇，和邦国，谐百姓，安宾客，悦远人也；为之《春秋》，以道名分，所以慎言行，昭法戒也。经世大法，可谓备哉灿烂矣，而犹恐后王昧于君人南面之术也，于是为之史官以历记成败存亡、祸福古今之道，使知秉要执本焉，而道家之学兴矣；恐圣人之教不能家至而户说也，为之司徒之官以助人君顺阴阳、明教化焉，而儒家之学兴矣；恐民之或有淫愿不轨也，为之理官以辅礼制焉，而法家之学兴矣；恐名不正则言不顺也，为之礼官以正百物、叙尊卑、列贵贱焉，而名家之学兴矣；恐使于四方不能专对也，为之行人之官以明辩说、善词令焉，而从横家之学兴矣；恐祭祀鬼神不享也，为之清庙之守以强本节用焉，而墨家之学兴矣；恐王治之不能贯也，为之议官以论道经邦焉，而杂家之学兴矣；恐日月星辰之或愆也，为之羲和之官以敬授民时焉，而阴阳家之学兴矣，恐稼穑之不勤也，为之农稷之官以播百谷、足衣食焉，而农家之学兴矣；恐风俗之不能周知也，为之稗官以道方愿、诏辟忌焉，而小说家之学兴矣；恐文德不足以靖邦国也，为之司马之官以禁暴乱焉，而兵家之学兴矣；恐人生不免于疾病也，为之医官以调百药、理箴石焉，而方技家之学兴矣。《汉志》载诸子皆曰"某家者流，盖出于某官"，家，家学，流，流衍，盖出于某官，溯其原也。其原虽出于官守而流衍以成一家之学，则又非官守所能囿，故文中不径谓某官为某家者，遵《汉志》也。荀卿有言："欲观圣王之迹，则于其粲然者矣。"

今六艺诸子也，一则详历代之宪章，一则备专官之典守，合之损益可通百世，分之学术自具专家，非所谓圣王之粲然者邪？盖王者之治天下也，于天下不能遗一事，即于天下不能废一学，故设官分职若斯之详也。乃后之读诸子者，吾惑焉，谓道家蔑礼放荡，而君人南面之术则不知也；谓法家惨刻少恩，而先王所以明罚饬法者则不知也；谓名家虚诞害道，而古人控名责实无相僭滥者则不知也；谓墨家兼爱无父，而祝史致敬鬼神之义则不知也；谓纵横家倾危覆邦，而行人所以权事制宜者则不知也；谓杂家驳糅不纯，而议官本兼儒墨合名法者则不知也；谓小说家颠倒是非，而王者以此周知风俗者则不知也；谓兵家诡道，谓农家鄙事，而先王为民足兵、足食者则不知也；谓曾子褊迫，谓荀子小疵，而儒家中同门异户者则又不知也。媒媒晦晦，抱一先生之言，以为如此则可以治天下矣，信如斯言，则圣人当日何不专设一官以统治百官之事乎？且不特诸子为然也，余观后之读六艺者，其惑更甚于诸子焉。同一《春秋》也，治《公》《穀》者谓《左氏》为伪，治《左氏》者谓《公》《穀》为非；同一《诗》也，信传义则攻小序，守毛公则议三家；同一《书》也，古文则宗杜林而黜安国，今文则疑司马而信伏生。同一《易》也，孟喜与虞翻异义，遂因孟而疑虞，郑玄与王弼互非，反因王而废郑。一经之中已不胜其分茅而设蕝矣，然犹可曰经各为说也，至于六艺为书，皆先王经世之要典，而亦有创为读《易》如无《书》，读《书》如无《诗》者，于是专守《论》《孟》《学》《庸》为教授，而五经俱束高阁矣。《论衡》曰："章句之生不览古今，论事不实，或以说一经为是，何须博览？夫孔子之门讲习五经，五经皆习，庶几之才也，岂徒一经哉？我不能博五经，又不能博众事，守信一学，不好广观，无温故知新之明，而有守愚不览之谪，其谓一经是者，其宜也。"是东汉俗儒风气已如此。信如斯言，则孔子当日何不独治一经而必删《诗》《书》，定《礼》《乐》，赞《周易》，修《春秋》，若是之不惮烦耶？《淮南·泰族》曰："六艺异科而皆同道，温惠柔良者《诗》之风也，淳庞敦厚者《书》之教也，清明条达者《易》之义也，恭俭尊让者《礼》之为也，宽裕简易者《乐》之化也，刺讥辩义者《春秋》之靡也，故《易》之失鬼，《乐》之失淫，《诗》之失愚，《书》之失拘，《礼》之失忮，《春秋》之失訾。六者圣人兼用而财制之，失本则乱，得本则治，其善在调，其失在权。"又《齐俗》曰："百家之言指奏相反，其合道一体也，譬若丝竹金石之会乐同也。"此可见六艺诸子为治之具，固殊途而同归矣。然则读六艺诸子之道当奈何？曰：博观。博观则知诸子皆古人官守之遗而一家不容偏废也，博观则知六艺皆古人经济之迹而一经不能弃遗也，如此尚何有于党同门而妒道真哉？颜渊曰："博我以文。"孟子曰："博学而详说之。"则博观之谓也。

祖　道

百家者，六艺之支与流裔也。六艺本古史，史之大宗属道家，《荀子·解蔽》篇引《虞书》"人心之危，道心之微"，谓之《道经》，《道卦验》述赞《易》之旨曰："孔演命，明道经。"可证六艺皆道家之旧籍。故百家莫不祖史，而以道为之原。昔者黄帝正名百物，得君人南面之术，百官以察，万民以治，首立史官，于是乎有六艺，道家守之以进退百家，百家禀道家以修其职，如众星之拱北辰也。太史谈论六家要指曰："道家使人精神专一，动合无形，赡足万物。[1]其为术也，因阴阳之大顺，采儒墨之善，撮名法之要，与时迁移，应物变化，立俗施事，无所不宜。"阶是以言，道家实已兼百家之所长矣，故百家皆上承道家，以为出治之本，此三代政教所由备哉灿烂欤？试取诸子观之，尚可考见与道相通之义焉。儒家者流出于司徒，助人君顺阴阳、明教化者也，仁义礼智不能独用，必资道以用之，本王弼注《老子》义。故曰："圣人者，道之管也。天下之道管是矣。"又曰："夫道若大路然。"所谓道者，皆指一阴一阳之道而言，岂非万物之奥，圣人之至赜，范围天下而不过，曲成万物而不遗，黄帝尧舜禹汤文武所经营，仲尼所祖述，虽百王无易者哉？此儒之通于道家矣。道犹路也，谓人类竞生所由之路也。人受天地之中以生，即具恻隐、羞恶、辞让、是非四端之性。四端者，天命之以自卫而竞生以存于此世者也。虽然，人类由竞生而存，而竞生之极，人人有自私自利之心，则反不足以图存，圣人于是本天所命以自卫者，使之推类以及乎其群，曰如此则谓之善，善者宜也，不如此而侵人以厚己，则谓之恶，恶者过也，而仁义礼智之名立矣。故仁义礼智皆道之散见而异名者也，而其始实出卫道而创立，老子曰："大道废，有仁义；慧智出，有大伪。六亲不和，有孝慈；国家昏乱，有忠臣。失道而后德，失德而后仁，失仁而后义，失义而后礼。"非诋仁义礼智，盖深叹大道不能玄同耳，故又曰："道可道，非常道；名可名，非常名。"谓道之可以名定者，必非常久不变之道，譬诸水然，道，星宿海也，仁义礼智，江河四渎也，星宿万古不竭，江河四渎随地迁徙，然岂有二水哉？《中庸》曰："道不可须臾离也，可离非道也。"使仁义礼智而非道，是可离矣。儒道异同之辨在此，智者请深观之。申不害、韩非、慎到，法家也，司马迁称申子之学本黄老而主刑名，称韩非喜刑名法术之学，而其归本于黄老，称慎到学黄老道德之术，发明序其指意，今虽《申子》久佚，《慎子》不完[2]，而韩非著书不有《解老》、《喻老》篇乎？其《解老》、《喻老》二篇，大抵本明法要术，引绳墨，切事情，明是非，以原于道德之意，推斯旨也，老庄与申韩同传可也。此法之通于道家矣。《汉书·胡建传》引《黄帝李法》，师古注：“李者，法官之号也。”法家起于黄帝，宜其与道相通矣。杂家者，兼儒墨、合名法而以道为宗趣，宰相论道经邦之术也。高诱称《吕览》曰：“此书所尚，以道德为标的，以无为为纲纪，以忠义为品式，以公方为检格。”称《淮南》曰：“物事之类，无所不载，然其大较归之于道，号曰鸿烈。鸿，大也；烈，明也，以为大明道之言也。”余观其书，《吕氏》有《圜道》之篇，《淮南》有《原道》之训，尸佼亦有《处道》之作，岂非粹然黄老之旨乎？此杂之通于道家矣。名家者，人君循名责实之术也。故尹文子与宋钘、彭蒙、田骈同学老子之道，而其言曰：“大道治者则名、法、儒、墨自废，以名、法、儒、墨治者则不得离道。”又曰：“无名，故大道无称；有名，故名以正形。”岂非老子所谓“无名天地之始，有名万物之母”乎？此名之通于道家矣。《孟子》载许行之言曰：“滕君则诚贤君也，虽然，未闻道也。”又曰：“从许子之道，则市贾不贰，国中无伪，虽使五尺之童适市，莫之或欺。”农家之书虽亡，然观此数言，则神农之教即剖斗折衡、黜雕为朴之治也。此农之通于道家矣。《淮南·齐俗》引神农之法曰“天子亲耕，后妃亲织，以为天下先。不贵难得之货，不器无用之物。其耕不强者无以养生，其织不力者无以揜形，有余不足，各归其身。衣食饶溢，奸邪不生，智者无所施其策，勇者无所行其威”数语，尤与道家相表里，农家书虽佚，此其柢也。兵家传于今者有《孙子》，《孙子》之论兵也，一曰道，一曰天，故曰：“能而示之不能，用而示之不用。”又曰：“百战百胜，非善之善者也，不战而屈人之兵，善之善者也。”又曰：“先为不可胜，以待敌之可胜。”大旨以顺天为主，以阴谋为辅，与老子“将欲弱之，必固强之；将欲取之，必固与之”同义，真黄帝之遗传也。《汉志》兵家有《黄帝》十六篇。此兵之通于道家矣。医本昉诸有熊，与道家同原而异流，《内经》有言：“上古有真人者，提挈天地，把握阴阳，故能寿敝天地，此其道生。[3]中古有至人者，淳德全道，和于阴阳，盖益其寿命而强者也。其次有圣人，行不欲离于世，举不欲观于俗，外不劳形于事，内无思想之患。其次有贤人者，法则天地，将从上古，合同于道。"由是观之，论病以及国，原诊以知政，非知道者乌能全生而尽数哉？此方技之通于道家矣。四裔原理之学无不先基之以实验，中古医术发明最早，《老子》曰："贵大患若身。"《中庸》曰："本诸身，征诸庶民。"盖身为万类之一，有身而后有对待，分阴分阳，迭用柔刚，未有不知身为何物而能冥览宙合者也。余尝谓儒家仁义五常之性，其理皆原于医，而道家所谓"谷神不死，是谓玄牝。窈兮冥兮，其中有精。其精甚真"等说，尤非先通医术不能籀之，此黄老所以贵养生而王者画州土，建君臣，定律历，陈成败，所以多取象于藏府五官也。其详当备论于外篇。小说家出稗官，孔子曰："虽小道，必有可观者焉。"试以《艺文志》所载《伊尹说》、《鬻子说》、《黄帝说》、《青史子》、《宋子》、《宋成未央术》考之，黄帝道之祖，伊尹、鬻熊则道家大宗也，《青史子》，班固云："古史官记事。"《宋子》，班固云："其言黄老意。"《安成未央术》，应劭云："道家也。好养生事，为未央之术。"是则稗官一家岂非道之支流哉？盖道家原于史官，而小说亦司史所录也。此小说之通于道家矣。从横家皆祖鬼谷子，鬼谷子，说者以为有道之士也。其言曰："自古至今，其道一也。变化无穷，各有所归。捭阖者，道之大化，说之变也。"由是观之，非深明道家阴阳屈伸之用者，乌能长于权变乎？此从横之通于道家矣。阴阳数术家者，明堂羲和史卜之职也。六国时韩诸公子著《黄帝泰素》二十篇，言阴阳五行，以为黄帝之道。老子师常从，亦作《日月星气》十一卷。盖道家主于法天而阴阳数术则主于谭天，两家相为表里，故同属史官之所掌耳。此阴阳数术之通于道家矣。《史记》："驺衍睹有国者益淫侈，不能尚德，乃深观阴阳消息而作怪迂之变，《终始》、《大圣》之篇十余万言。其语闳大不经。"汉严助尝引其说曰："政教文质者，所以云救也。当时则用，过则舍之，有易则易之，故守一不变者，未睹治之至也。"[4]《汉志》著录衍书于阴阳家，是古之讲阴阳数术者，无不涉及治天下之道，故与道家旁通，盖其原多出于《易》象也。至于墨家之学曰兼爱，曰节用，曰非攻，疑若无与乎道家矣，然道家有言："我有三宝，一曰慈，二曰俭，三曰不敢为天下先。"墨家兼爱，非道家之所谓"慈"乎？墨家节用，非道家之所谓"俭"乎？墨家非攻，不好战而主守，非道家之所谓"不敢为天下先"乎？况道家宗史佚而墨家亦祖史角，道家以法天为归，故曰"无以人灭天，无以人易天"，墨家以顺天为趣，故曰"顺天意者善政也，反天意者力政也"，是墨家用术虽与道家异，而宗旨固有可相参也。[5]此又墨之通于道家矣。间尝论之，道家为君人南面之术，君道也，百家皆出于官守，臣道也，臣道不能独治，必上禀君道而统之，此古帝王设官分职之遗意也。故诸子立言虽歧，合其要归，未有不原于道家者，即其间异户同门，互相诋謷，此乃辩生于末学，岂九师之道本然哉？善夫漆园史之言曰："天下之治方术者多矣，古所谓道术果恶乎在？曰：无乎不在。神何由降，明何由出，圣有所生，王有所成，皆原于一。天下大乱，贤圣不明，道德不一，譬如耳目鼻口皆有所明，不能相通，天下之人各为其所欲焉，以自为方，后世学者不幸不见天地之纯、古人之大体，道术将为天下裂矣。"盖深叹百家之源流万殊而一本也。嗟乎，自六艺既归儒家，君人南面之术咸折衷于孔子，遂使史官之旧学降为道家，反屈在九流之列，于是谓老庄为清谈之祖，谓杨墨为遁世之宗，法家则惨礉而少恩，从横则诡谲而失正，兵家以权谋而不学，杂家以驳糅而不观，医药卜筮之术委诸贱工，农圃种树之书鄙诸野老，甚者因孟子而非荀子，因古文而疑今文，并儒家之微言大义亦在若存若亡之数，而百家或几乎息矣，可胜慨哉，可胜慨哉。书中阐发诸子数篇，吾友孙益葊多援引以入《通考》，余书总撮大纲，孙书推演较密，学者宜分别参证之。

宗 旨

余既整齐百家杂语，其于诸子学术源流言之详矣，而读者犹昧焉，因复掇取百家专门之宗旨著于篇，而以儒家发其端曰：儒家者流，太史谭谓以六艺为法，《汉志》亦称游文于六经之中，若然，则诵法六经者其儒家宗旨乎？然六经者，百家从出之源也。墨子亦征周诗焉，韩非亦采《春秋》焉，从横家苏秦陈说又引《周书》焉，则以诵法六经为儒术，其不能确定儒之宗旨明矣。余谓儒家宗旨有二，一曰仁义、一曰礼。孟子道性善而称尧舜，此儒家言仁义之派也；荀卿言性恶而法后王，此儒家言礼之派也。故荀子有《议兵》之篇矣，《晏子》有墨子之言矣，而不得谓之兵家与墨者，以其宗旨主于礼也；贾谊尝明申商矣，桓宽尝论盐铁矣，而不得谓之法家与农家者，以其宗旨归于仁义也。至于墨家宗旨，曰尚贤，曰尚同，曰兼爱，曰非攻，曰节用，曰节葬，曰明鬼，曰非乐，曰非命，全书大义不出乎此。故墨子未尝不言仁义而不得为儒者，以其宗旨在兼爱也；未尝不言守备而不得为兵家者，以其宗旨在非攻也；未尝不言顺天而不得为道家者，以其宗旨在尚同与明鬼也。若《经上》、《经下》、《大取》、《小取》，鲁胜谓之《辨经》，庄周谓之别墨，已属名家之言，非墨家宗旨之正派矣。名家宗旨曰白马非马，曰坚白石三，皆因名以定实者也，虽出于礼而不得与礼相乱。尹文子曰："仁、义、礼、乐、名、法、刑、赏，凡此八者，五帝三王治世之术也。"以名与礼分科，是可见其宗旨矣。故邓析子未尝不论法，而曰"循名责实，君之事；奉法宣令，臣之职"，则不能谓之法家矣，以其宗旨本于控名也；尹文子未尝不宗道，而曰"无名，故大道无称；有名，故名以正形"，则不能谓之道家矣，以其宗旨注于正名也。法家以信赏必罚为宗旨，夫人能言之，然余谓法家宗旨一在于术，一在于法。术者，操杀生之柄，课群臣之能，若韩非专论法要者是矣，法者宪令，著于官府，刑罚必于民心，若商君兼详法用者是矣。韩非子曰："法者，编著之图籍，设之于官府，而布之于百姓者也；术者，藏之于胸中以偶众端，而潜御群臣者也。故法莫如显，而术不欲见，是以明主言法则境内卑贱莫不闻知也，用术则亲爱近习莫之得闻也。"此可考法与术之异同。故韩非、申子皆学黄老之术而不列于道家者，以其宗旨主明法也。李悝、商鞅旁及农战之令而不归于兵家与农家者，以其宗旨主立法也。从横家之学出于《诗》，然则以《诗》为从横宗旨乎？曰：非也。从横家虽出于《诗》，而诗不足以尽从横之所长，欲考从横家宗旨，当观《鬼谷子》。《鬼谷子》之术有十，曰捭阖，曰反应，曰内揵，曰抵巇，曰飞钳，曰忤合，曰揣，曰摩，曰权，曰谋，曰决，此真从横家之宗旨矣。故从横必原于阴阳开阖而不能谓之道家者，以其宗旨在应世变也；从横必熟于权谋形势而不能谓之兵家者，以其宗旨在联邦交也。兵家者流，《汉志》尝以四类分之，曰权谋，曰形势，曰阴阳，曰技巧，而皆所以禁暴伐乱也，则兵家宗旨不外此矣。故《司马法》未尝不言礼而不归于儒家者，以其宗旨主兵制也，孙武子未尝不言道而不归于道家者，以其宗旨主兵谋也；尉缭未尝不重开垦，《风后》未尝不推占候而不归于农与数术家者，以其宗旨主兵用也。若夫道家出于史官，道家之学盖由古今成败祸福存亡演绎之而得，其所谓道者，使后王循焉，以为治天下之术。《列子》曰："尝观之神农有炎之德，稽之虞夏商周之书，度诸法士贤人之言，所以存亡废兴而非由此道者，未之有也。"道家学出史官，此其原矣。杂家亦司史所纪。道也者人君恭己南面之术也，杂也者宰相论道经邦之术也，是两家宜无不同矣，然余细绎之，则见道家宗旨有二，曰清虚、曰卑弱，而其要归本于无为，无为而无不为，此道家之宗旨也。杂家知国体之有此，见王治之无不贯，而其要归本于道，所谓以道德为标的，以无为为纲纪，以忠义为品式，以公方为检格者，此杂家之宗旨也。是故人君之与宰相，其术一也，人君未尝不皋牢百官而致虚极、守静笃，则其学归于道家矣；宰相未尝不上承人君而兼儒墨、合名法，则其学归之杂家矣。由是观之，诸家之宗旨，盖不可不先定也。百家立言，莫不有宗旨，《尸子》曰："墨子贵兼，孔子贵公，皇子贵衷，田子贵均，列子贵虚，料子贵别囿。"《吕氏春秋》曰："老耽贵柔，孔子贵仁，墨翟贵廉，关尹贵清，子列子贵虚，陈骈贵齐，阳生贵己，孙膑贵势，王廖贵先，儿良贵后。"考《墨子》全书，兼爱一义足以括之，"廉"即"兼"之假借字。《老子》书曰："坚强者死之徒，柔弱者生之徒。强大处下，柔弱处上。"《列子》书曰："或谓子列子奚贵虚？列子曰：虚者无贵也。"又曰："非其名也，莫如静，莫如虚。静也，虚也，得其居矣；取也，与也，失其所矣。"此贵柔贵虚之辨也。孔子遗言备载《论语》，《论语》问仁者为多，又曰："夫子之道，忠恕而已。"忠恕即公也。心平正不为外物所诱为清，《关尹子》虽出依托，而其言曰"得道之清者，物莫能累"，则清固尹喜之所特标也。阳生贵己，即孟子所讥杨氏为我也。田骈贵均，均亦齐也，即庄子所称齐万物以为首也。孙膑、王廖、儿良皆兵家，贵势、贵先、贵后，即《汉志》所谓后发而先至、兼形势、包阴阳者也。惟料子、皇子无传派，然由尸佼、不韦之论言之，则宗旨固百家所同具矣。语曰："整派者依源，理枝者循干。"欲治流略，安可不于宗旨加之意哉？虽然，欲定诸家之宗旨，当执其人定之，而犹必即其书参之，如徒执其人定之，则吴起尝受业于曾申矣，韩非尝受业于荀子矣，而何以其书一在法家、一在兵家乎？尸佼尝为商君之师矣，尹文尝为老子之学矣，而何以其书一在杂家、一在名家乎？且《宋子》十八篇，班固谓其言黄老意，《尉缭子》二十篇，刘向谓其为商君学，如以其人则当列入道家与法家矣，而何以一在小说家、一在杂家乎？固知不执其人，不足考其行业之不同，不窥其书，亦不足见其学术之所本，道固并行而不悖耳。自古善论诸子之人者，吾得一人焉，曰司马迁；自古善论诸子之书者，吾得一人焉，曰班孟坚。迁为诸子作传也，尝于管晏诸传赞中发其例曰："吾读管氏《牧民》、《山高》、《乘马》、《轻重》、《九府》及《晏子春秋》，详哉其言之也。既见其著书，欲观其行事，故次其传，至其书，世多有之，是以不论，论其轶事。"于《吴起孙武传》曰："世俗所称师旅皆道《孙子》十三篇，吴起兵法世多有，故弗论，论其行事所施设者。"于《司马穰苴传》曰："世既多《司马兵法》，以故不论，著穰苴之列传焉。"而《孟荀传》亦云："自如孟子至于吁子，世多有其书，故不论其传云。"案"其传云"属上读，谓孟子诸人既不论其书，故独著其传如是耳。吾友孙益荪作《通考》读属墨翟事，援《伯夷传》为证，不知彼篇全属议论，故以"其传曰"标明首尾，与此篇不同，惜未与之辨明也。是迁之传诸子，皆因人而作，非因书而作矣。《史记》亦有变例以见义者，如《老庄申韩列传》曰："申子、韩子皆著书，传于后世，学者多有，余独悲韩子为《说难》而不能自脱耳。"此因裁《说难》入篇，故著其学行之不相掩，例虽异而所谓述故事，整齐其世传则同也。故老庄，道家也，申韩，法家也，而可以合传者则以其皆学道德之意也；管子，道家也，晏子，儒家也，而可以同传者则以其皆齐之贤相也；孟荀，儒家，邹衍，阴阳家，慎到、李悝，法家，田骈，道家，公孙龙，名家，尸子，杂家，墨翟，墨家也，而并叙一传者则以其皆战国之学祖也。至孟坚《艺文志》则不然，《艺文志》者，定书之书也。故儒家《晏子》八篇则曰有列传，《孟子》十一篇、《孙卿子》三十三篇、《鲁仲连子》十四篇则曰有列传，道家《管子》八十六篇则曰有列传，法家《商君》二十九篇则曰有列传，从横家《苏子》三十一篇、《张子》十篇则曰有列传，诗赋家《屈原赋》二十五篇则曰有列传，兵家《吴起》四十八篇则曰有列传，《魏公子》二十一篇则曰有列传，所谓有列传者，谓其行事已见太史公之书也。盖古人著书往往有互见之例，《史记》论人者也，则谓其书世多有之，是以不论，《艺文志》论书者也，则谓其行事已有列传，如此则自不致因其人而疑其书，亦不致因其书而废其人矣，岂非善之善者乎？乃后之读诸子者，吾惑焉，谓韩非因《说难》而赐死，谓邓析因无厚而杀身，于是二家且以人而害及其书矣；谓孙武子为权谋之祖，谓鬼谷子为险鸷之魁，于是二家且以书而累及其人矣。甚至因李斯之焚书而罪荀卿，而《新书》可束高阁矣；李斯阿主取客，焚书之议，欲以愚黔首，岂真能行其师之道哉？《盐铁论》："方李斯之相秦也，始皇任之，人臣无二，然而荀卿为之不食，睹其罹不测之祸也。"可谓哲人先见。宋儒苛论，吾无取焉。因墨子之贵俭而疑晏子，而《春秋》可覆酱瓿矣。《晏子春秋》内外八篇，载相齐轶事，《汉志》著录于儒家，其诋毁孔子语，略如荀卿非及子思、孟轲耳，墨翟亲见齐之《春秋》，故二书相出入，刘向谓非晏子言，后世辩士所为，而张湛注《列子》，以晏婴为墨者，非也。此皆读书而不尚论其人，论人而不善读其书者也。颜之推有言："校定书籍亦何容易，自扬雄、刘向方称此职耳。观天下书未遍，不得妄下雌黄。"嗟乎，吾安得扬雄、刘向其人者，与之论百家宗旨也哉。

宗　经

班孟坚尝言："九家者流，穷知究虑，虽有蔽短，皆六经之支与流裔。若能修六艺之术而观此九家之言，舍短取长，则可以通万方之略矣。"此真深通百家要归之言也。是故百家者，六艺之支与流裔也。自六艺折入儒家，儒者往往尊经而卑子，甚至因孔子之言，屏为异端，言可兴邦，亦可丧邦，九家琦辞，岂无流蔽？要在用之如何耳。故东平求《史记》、诸子，汉廷不与，以为《史记》杂兵谋而诸子多诡术也。何晏《论语集解》曰："善道有统，故殊途而同归。异端，不同归者。"皇侃乃谓"禁人杂学诸子百家之书"，过矣。岂非刘歆所谓挟恐见破之私意而无从善服义之公心哉？今试即百家源流征之，犹可见其于六艺殊途而同归焉。儒家者流，非所谓游文于六经之中者乎？再传之后，颜氏传《诗》为道，为讽谏之儒；孟氏传《书》为道，为疏通致远之儒；漆雕氏传《礼》为道，为恭俭庄敬之儒；仲梁氏传《乐》为道，以和阴阳，为移风易俗之儒；乐正氏传《春秋》为道，为属辞比事之儒；公孙氏传《易》为道，为洁净精微之儒。今虽遗书不少概见，然余观荀孟二子，荀子有《礼论》矣，有《乐论》矣，其言曰："《书》者政事之纪也，《诗》者中声之所止也，《礼》者法之大分，群类之纲纪也。"学至乎礼而止矣，故其书多以礼为折中，则荀子真出于礼者也。孟子曰："说《诗》者不以文害词，不以词害义[6]，以意逆志，是为得之。"又曰："吾于《武成》，取二三策而已矣。"则孟子真出于《诗》《书》者也。《史记·孟子列传》曰："序《诗》《书》，述仲尼之意，作《孟子》七篇。"赵岐《题辞》亦曰："孟子通五经，尤长于《诗》《书》。"然此犹儒家也，请征墨家。墨家者流，古祝史之遗也。祝史之官，于周则宗伯掌之，宗伯典礼，礼之大者在祀与戎，墨子以尊天、禁攻为宗旨，其于礼教固凤谊矣。虽《淮南》称墨子学儒者之业，以为其礼烦扰而不说，厚葬靡财而贫民，然源流所渐，岂可诬乎？且余尝读其书矣，有引《夏书》、《夏誓》者焉，有引《商书》汤之官刑者焉，有引周诗者焉，有引周之《春秋》、燕之《春秋》、宋齐《春秋》者焉，岂徒礼为专业哉？是则墨子固出于礼而又兼长于《诗》《书》与《春秋者》也。然此犹墨家也,请征法家。法家者流,先王明罚饬法、辨别名位之学也。昔孔子删定《春秋》也,褒善贬恶,笔则笔,削则削,故曰《春秋》以道名分。今读韩非书,于君臣善败之间三致意焉,真《春秋》经世之志矣。盖非尝受学荀卿,荀卿固世所谓传丘明之传者,故太史公《十二诸侯年表》历叙《春秋》之学,自左氏、吕不韦以后兼及韩非,且谓其捃摭《春秋》之文以著书,意在斯乎?是则法家盖出于《春秋》者也。然此犹法家也,请征名家。名家者流,出于礼官。礼也者,非所谓明贵贱、辨上下、定是非者乎?《尹文子》曰:"礼义成君子,君子未必须礼义;名利治小人,小人不可无名利。"又曰:"礼以行之,名以正之。"由此以观,名之与礼表里明矣,故《吕览》载鲁惠公请郊祀之礼,墨子学焉,而其后苦获、已齿之属皆以坚白异同著也,是则名家固出于礼者也。然此犹名家也,请征从横。从横家者流,古行人之职也。行人掌邦交,则词令固所专擅矣,然词令之美,实原于《诗》,故子贡一出,存鲁乱齐,夫子尝以通《诗》许之,而曰:"不学《诗》,无以言。"又曰:"诵《诗》三百,使于四方不能专对,虽多亦奚以为?"亦可见折衷樽俎之材,岂不学无术者所得而假托哉?是则从横家固出于《诗》者也。然此犹从横家也,请征道家。道家者流,本古史官,为六艺之大宗,余于前篇言之详已,若其学派,虽则皋牢六艺,而发源实得自《易》象也。《易》曰:"一阴一阳之谓道。"又曰:"立天之道曰阴与阳,立地之道曰柔与刚。"今道家历纪成败祸福存亡古今之道,推其大原于天,与刚柔卷舒,与阴阳俯仰,而以卑弱清虚守之,真所谓合于《易》之谦谦矣。盖道家者,诸子之原也;而《易》者,又六艺之原也。然则即谓《易》象为道家所从出,何不可哉?《祭义》:"昔者圣人建阴阳天地之情,立以为《易》。易抱龟,南面,天子卷冕,北面,虽有明知之心,必进断其志焉,示不敢专,以尊天也。"郑注:"易,官名。"《文耀钩》曰:"伏羲作《易》,名官。"《易》为伏羲氏先文,是黄帝未建史官以前,易实上古史官也。道家出史官,故《易》象与道家同原。其他若阴阳家托始于《洪范》,小说家滥觞于国风,兵家为军礼之专门,杂家知王治之一贯,虽书缺有间,无从征明,要之不离乎六艺者近是。昔刘子政之校诸子也,于申子则曰:"申子学号曰刑名。刑名者,循名以责实,合于六经也。"于晏子则曰:"其书六篇,皆忠谏其君,文章可观,义理可法,皆合六经之义。"于管子则曰："凡《管子》书务富国安民，道约言要，可以晓合经谊。"于列子则曰："及其治身接物，务崇不竞，合于六经。"而刘彦和述《文心》也，其《诸子》篇亦曰："述道求治，枝条五经。"呜呼，非博闻强识之儒，乌能条其源流也欤？余故曰：百家者，六艺之支与流裔也。古无所谓经，史而已，古之治史者无所谓传注，子而已，故诸子实古经说也。王充《论衡》曰："圣人作其经，贤者造其传，述作者之意，采圣人之志，故经须传也。俱贤所为，何以独谓经传是，他书记非？彼见经传传经之文，经须而解，故谓之是；他书与书相违，更造端绪，故谓之非。"又曰："知屋漏者在宇下，知政失者在草野，知经误者在诸子。"诸子之学与六艺并重，愿治经者深思此言。夫百家既同为六艺之支裔，则亦同为我孔子所不废矣。何以言之？道家主无为，孔子曰："无为而治者，其舜也欤。夫何为哉？恭己正南面而已。"岂非道家宗旨乎？墨家主贵俭、节用、兼爱、明鬼，孔子曰："礼，与其奢也，宁俭。"又曰："节用而爱人。"又曰："祭如在，祭神如神在。"岂非墨家宗旨乎？名家主正名，孔子曰："必也正名乎？名不正则言不顺，言不顺则事不成。"岂非名家宗旨乎？法家主明法，孔子曰："弃法，是无以为国家也。"又曰："四代之政刑皆可法也。"岂非法家宗旨乎？从横家主专对，孔子曰："言之不文，行之不远。"岂非从横家宗旨乎？农家主稼穑，孔子曰："所重民食。"岂非农家宗旨乎？小说家主于道听途说，孔子曰："虽小道，必有可观者焉。"岂非小说家宗旨乎？兵家主于权谋，孔子曰："必也临事而惧，好谋而成。"岂非兵家宗旨乎？东郭子惠尝问于子贡曰："夫子之门何其杂也？"夫子闻之，曰："修道以俟天下，来者不止，是以杂也。"荀卿亦曰："孔子仁知且不蔽，故学乱术足以为先王也。"注："乱，杂也。"案，即指百家而言，此可见孔子皋牢九流之盛矣。大矣哉，宗庙之美、百官之富，吾于诸子见之矣。后儒只知诵法孔子手定之六艺而不知诸子为六艺所自出，其亦小之乎视我孔子耳。经，常也；百家，济变者也。经归孔氏，百家羽翼之，而圣道始尊，故《论衡》曰："孔子作春秋，以示王意。然则孔子之《春秋》，素王之业也；诸子之传书，素相之事也。观《春秋》以见王意，读诸子以睹相指。"《傅子》曰："圣人之道如天地，诸子之异如四时。四时相反，天地合而通焉。"《抱朴子》曰："正经为道义之渊海，子书为增深之川流。不以璞不生板桐之岭而捐曜夜之宝，不以书不出周孔之门而废助教之言。"皆千古核论，治六艺者尤当三复也。

少与吾友益荪谈道广平，同服膺章实斋先生书，析奇献疑无虚日，其后余治六艺百家之学，益荪则潜研丙部，曾著《诸子要略》以推究九流派别，益荪考证诸子书尚有多种，皆未成，《要略》亦未卒业，成者《通考》三卷，乃近年作也。其言博切精深，每自愧所业不如益荪之专且久也。《要略》论诸子原于六艺而不缪于孔子，实能发前人所未发，今删其要以备篇籍。至诸子中称经者最夥，如《吕览·安死》篇引《诗》曰："'不敢暴虎，不敢冯河。人知其一，莫知其他'，此言不知邻类也。"[7]《务本》篇引《大雅》曰："'上帝临汝，无贰尔心'，以言忠臣之行也。"《君守》篇引《鸿范》曰："'惟天阴骘下民'，阴之者，所以发之也。"《不屈》篇引《诗》曰："'恺悌君子，民之父母'，恺，大也；悌，长也。君子之德长且大者，则为民父母。"《召类》篇引《易》曰："'涣其群，元吉'，涣者贤也，群者众也，元者吉之始也。涣其群元吉者，其佐多贤也。"《淮南·俶真训》引《诗》曰："'采采卷耳，不盈倾筐。嗟我怀人，寘彼周行'，以言慕远世也。"又《泰族训》曰："《关雎》兴于鸟而君子美之，为其雌雄之不乖居也。《鹿鸣》兴于兽而君子大之，取其见食而相呼也。泓之战，军败君获，而《春秋》大之，取其不鼓不成列。宋伯姬坐烧而死，《春秋》大之，取其不逾礼而行也。"如此类者，皆七十子前微言大义[8]，惟泓之战及伯姬事是今文家《公羊》之说。尤足征诸子为六艺之支裔，已详余所著《诸子经说考》，兹皆不蔓及焉。孟劬自记。

口 说

自黄帝之史仓颉初造书契，以代结绳之治，其时文字简略，取足以达王者政教而已。政教之书，六艺为最大，六艺之外，官司之职掌，百工曲技之授受，其有别识心传，非书契所能具，则治其学者相与口耳讲习而世守之，此天下所以无私家之著述，而学者非从师不能传道解惑也。故六艺之书传于孔氏者，其褒贬损挹之文辞无不有口说以羽翼之，口说亡则经师不敢臆说焉，岂非以口说为我孔子微言大义之所寄哉？夫微言大义非特六艺而已，即诸子亦莫不然，何则？诸子皆先王专官典守之遗，其始道术聚于职掌，如耳目口鼻交相为用而未尝相非，其后天子失官，百家始各以其学纷纷著书焉，然虽则纷纷著书，而其原实本于先王典守之遗，固非谬托上古而以言为市者比也。故道家出于史官而托始黄帝，即黄帝以来口耳相传之说也；墨家出于清庙之守而托始夏禹，即夏禹以来口耳相传之说也；儒家出于司徒之官而托始尧舜，即尧舜以来口耳相传之说也；法家出于理官，名家出于礼官，杂家出于议官，纵横家出于行人之官，农家出于农稷之官，亦皆始为其官者口耳相传之说也。《管子》、《晏子春秋》载仲、婴临死之言，韩非《存韩》篇附李斯驳议，荀卿《尧问》篇亦附为说者一段，或谓其书由掇拾而成，非四子所自著，而不知承学者本其口耳相传之说笔之于书，而始末不能不互见也。《内经》托于黄帝，《本草》托于神农，或以文法辨其不类，而不知承学者本其口耳相传之说而成书，不能不用后世文法也。《公羊春秋》五传至胡母生，商瞿之《易》七传至丁宽，说者因谓传闻之略不及亲见之详，而不知当时口耳相传之学宣之于言，不啻著诸竹帛也。古人专门之学则有专门之字，如屈平之灵修，庄周之因是，韩非参伍，鬼谷捭阖，皆移置他书而不详所指者，而不知其始亦由于口耳相传，用以标识其家学也。此皆周秦学术出于口说之确证也。故读周秦古书，不可不知口说之例。

　　章实斋先生尝谓古人无专门之著述，至战国始以竹帛代口耳。其言谅矣。然战国诸子虽以竹帛代口耳之传，而口说固未尽亡也。竹帛所载，特其大纲总要而已，至于专家学术细微曲折之故，则非竹帛所能详著也。墨子之学长于守御，而《备城门》以下佶屈聱牙，虽老于行军者莫晓焉。管子之学长于法令，而《幼官》诸篇，或惜其失图，而不知即有图而世人亦不能用也。兵家孙武、魏无忌之书尝有图矣，而汉兴名将未闻专以泥图制胜者，《汉书·霍去病传》："上尝欲教之孙吴兵法，对曰：'顾方略何如耳，不至学古兵法。'"则古人法制图谱之学，非口授其传，不能心知其意也。法家之垦草令，商君亲用之，开阡陌，务农战，使区区之秦强于诸侯，不可谓非已试之效矣，及二世因赵高、李斯言，明申韩之术而修商君之法，天下豪杰并起，而身亦被弑于望夷。夫法家之为道，王者以辅礼教者也，商君行之而富强如彼，二世循之而灭亡如此，则古人形名参同之学非口授其传，不能因时制宜也。《商君书》曰："先圣人为书而传之后世，必师受之，乃知所谓之名，不师受之，而人以其心意议之，至死不能知其名与其意，故圣人必为法令置官也，置吏也，为天下师，所以定名分也。"此即法家须口说之一证。荀孟二子于战代最为老师，荀卿为秦王陈儒效，而推本于隆礼；孟子为滕君陈井田，而推本于庠序之教，是岂迂阔无术者所得而假托哉？而治国规模之次第，遗书无可考见焉，则古人实事求是之学，非口授其传，不能试之行政也。医之有《神农本草》、《黄帝素问》、《灵枢》，等于儒者六经，方技家无不奉为鸿宝矣，然使不识药者读《本草》，不识针灸者读《素问》、《灵枢》，皆足以杀人而有余，则古人一技一艺之长，非口授其传，不能得其精微之所在也。由是观之，竹帛所载不过其大纲总要而已，若夫细微曲折之故，推而见诸实用，则必有子不得传之于父，弟不得传之于师者焉，此口说之所以可贵也。战国诸子中如杨朱并无遗书，而当日传派几与孔墨并盛，是战国重口说尤甚于著书也。虽然，口说易尽而竹帛经久，东周官失，先王典守之遗流为百家，战国诸子始纷纷著书以图不朽，已似恐授受无传，不胜斯文绝续之恫者，然苟非其人，道不虚行，则竹帛与口说二者固并行而不悖也。故《春秋》经秦火而有公羊高五传之口说，则《春秋》虽烧而不亡矣；《尚书》经秦火而有伏生相传之口说，则《尚书》虽百篇不完，而二十九篇亦不亡矣；《礼》为战国诸侯去其籍，而有高堂生、后仓相传之口说，则十七篇岿然存于人间矣；《易》以卜筮之书存，而《诗》独以讽诵存，则竹帛之传于世者未尝不藉口说以维持矣。[9]昔孔子求夏殷之掌故而慨于文献之无征，文即竹帛之文，献即口说也。又曰："德之不修，学之不讲，是吾忧也。"学而曰讲，亦谓口说也。自口说亡而后师道废，师道废而后专门之学绝，虽有遗篇，而郢书燕说不胜其聚讼焉，其祸皆起于口说之失传而折衷之无人也，是亦学术盛衰之一端欤？故曰读周秦古书者，不可不知口说之例。

三代以上无专门之著述，未尝无专门之学，宣之口耳与见之行履，皆学之所有事也。至战国始纷纷言著述矣，而人亦因其著述称为某甲氏之学、某乙氏之学，是学反借书为重也。学借书重，学斯衰矣，而于是依托诸弊起焉。依托者，皆谬附上古口耳相传之说，而以著述市名者也。依托与伪有辨。依托略如庄列寓言，以著书者为主而以所依托之言为客，其心薪于明道，而使读者不泥于其迹，所谓羌无故实也。若张商英《三坟书》、丰坊《申培诗说》，既诬古人，且掩其假冒之迹，乃伪书耳。《关尹子》、《子华子》，以文体断之，皆不类周秦，然介在疑似之间，又当别考。盖著述至战国而始专，而著述不可空谭也，非援上古君臣之问答以示出于先王典守之遗，则其书不能见重于天下，是亦当时风气不得不然者也。试以《汉志》征之，道家《文子》九篇，《志》曰："老子弟子，与孔子并时，而称周平王问，似依托者也。"《力牧》二十二篇，《志》曰："六国时所作，托之力牧。力牧，黄帝相。"杂家《大命》三十七篇，《志》曰："传言禹所作，其文似后世语。"农家《神农》

二十篇，《志》曰："六国时诸子疾时怠于农业，道耕农事，托之神农。"小说家《伊尹说》二十七篇，《志》曰："其语浅薄，似依托也。"《鬻子说》十九篇，《志》曰："后世所加。"《师旷》六篇，《志》曰："见《春秋》，其言浅薄，本与此同，似因托也。"《务成子》十一篇，《志》曰："称尧问，非古语。"《天乙》三篇，《志》曰："天乙谓汤，其言非殷时，皆依托也。"《黄帝说》四十篇，《志》曰："迂诞依托。"兵家《封胡》五篇、《风后》十三篇、《力牧》十五篇、《鬼容区》三篇，《志》均曰："黄帝臣，依托也。"今其遗书虽多放失，既经向、歆条别源流，则诸家之学术亦大略可考矣。[10]虽然，书可依托，而学术则不可依托，古有不出一手之书而必无不成一家之学术，其故何哉？则以诸家宗旨无不有口说传诸其徒，相与讲习而世守之，非如竹帛可以盗名欺世也，故作伪者敢于依托上古，而不敢于灭裂一家之学术，苟有灭裂学术者，则学者皆得据口说以诤之矣。如《孟子外书》四篇，赵岐尝谓其文不能弘深，为后世依放矣，然辩性善，说孝弟，未尝不与内篇相应也。《孟子外书》不见于《汉志》，然如《鬼谷子》、《燕丹子》诸书，《汉志》皆未著录，皆非依托，此据邠卿之言定之。[11]《孔丛子》二十篇，朱晦翁尝谓其文软弱，不类西京矣，然诘墨翟，绌公孙龙，陈士义，记儒服，未尝不与孔氏之言相表里也。《汉志》儒家有《孔臧》十篇而无《孔丛子》，《孔丛子》盖刘向《说苑》、王肃《家语》之流，类聚孔氏嘉言懿行，成非一人，编非一时，故谓之"丛"，实非伪书也。《文子》十二篇，柳子厚亦尝谓众为聚敛以成其书矣，然原道德之意，阐自然之符，未尝不与五千言相发明也。《文子》一书多诂《老子》，似《道德经》之义疏，《道德》篇载平王问文子曰："吾闻子得道于老聃。"语与《汉志》相符，而多三篇，疑战国时依托，而后人又析其篇第耳。子厚谓聚敛所成，似误。使出后世辟者为之，宁不变乱黑白以诬古人乎？汉孟喜尝受《易》田王孙，喜好自称誉，得《易》家候阴阳灾变书，诈言师田生且死时传喜，诸儒以此耀之，同门梁丘贺疏通证明之，曰："田生绝于施雠手中，时喜归东海，安得此事？"董仲舒治《春秋》，言灾异，而弟子吕温舒不知其师书，世以为大愚。由是观之，古人口耳授受之际，其详密慎重如此，此所以虽有依托之书而不足以为学术之害也。后世口说既已失传矣，仅据古人之遗书辨别真伪，焉能不为识者所窃笑哉？故曰读周秦古书者，不可不知口说之例。

　　古之简策非如后世易求也，古之名物度数非如后世易考也，乃若其辞，则又有三例焉。三者何？一曰传闻之误，二曰互著之误，三曰附载之误，而其原皆起于口说，是亦读古书者不可不知者也。何谓传闻之误？如《韩非子》载赵襄子赏有功者五人，高赫为首，仲尼闻之，曰："善赏哉。襄子赏一人而天下为人臣者莫敢失礼。"案襄子事在春秋后，与孔子不同时。《盐铁论》载臧文仲治鲁，胜盗而自矜，子贡曰："民将欺，而况民盗乎？"而子贡亦与臧文仲不同时。庄周载轮扁对桓公以读书，而《韩诗外传》以为告楚成王；《国策》载老莱子教孔子以事君，而《孔丛子》以为训子思。若斯类者，所谓古人传闻之误也。何谓互著之误？如《国策》张仪说秦王，而《韩子》首篇亦载之，以为韩非之言；《孟子》景公问晏婴，而《管子·戒篇》亦载之，以为管仲之言。同一郑桓公也，《史记·世家》以为宣王庶弟，《年表》又以为宣王母弟；同一桑谷生朝事也，《说苑》前以为殷大戊时，后又以为殷武丁时。若斯类者，所谓古人互著之误也。何谓附载之误？如《史记·司马相如传》赞载扬雄以为靡丽之赋，劝百讽一，案扬雄哀平时人，史迁何得预引其语？此盖班固《汉书·司马相如传》赞语，后人取而著之《史记》耳。又如《列子》《穆王》、《汤问》二篇，刘向谓其迂诞恢诡，非君子之言，又谓《力命》篇一推分命，杨子篇惟贵放逸，二义乖背，不似一家之书，盖皆为其学者补著之耳。若斯类者，所谓古人附载之误也。皆略引数条以概其余，暇当专辑一书发明之。凡此致误之由，岂古人愚而后人智乎，岂古人考据之学疏而后人考据之学密乎？盖古人之于言也，将以明道也，而道不可虚丽也，必引事实以指证之，事实出于口说，口说不能不有异同，此亦势之无可如何也。如小戴《礼记》，七十子后学所载，其事实得于传闻之误者尤多，故康成皆据古文驳正之，然于大义无害也。古人不耻其势之无如何而耻其言之不足以明道，言苟足以明道矣，则事实异同之辨，犹日月之食焉，又何容计较于其间哉？后人不务明古人之道，而惟指摘其事实，甚至据一字一句之异同，欲尽举古书而伪之，吾不知起古人于九原，肯吾心服否也。嗟乎，自古人口耳相传之例不明，而古书为后人变乱也，盖更仆难数矣，此知言之君子所为悁悁而悲者也。

流　别

自天子失官，诸子之言纷然殽乱，班固所谓"皆起于王道既微，好恶殊方"者也。然而其流别异同之故，亦略可言焉。夫百家者，六艺之支与流裔也，阴阳、儒、墨、名、法、道德又务为治者也。六艺创始伏牺、黄帝而大备于文王、周公，皆先圣人经世之要典，不容增损者。然余观道家未尝不言尧、舜而多推本于黄帝以上，一则曰此假修浑沌氏之术者也，再则曰此神农黄帝之法则也，至后世因称之为黄老，其故何哉？则以道家出史官，史官立自黄帝也。儒家未尝不言黄农而多推本于尧舜与文武，一则曰祖述尧舜，再则曰宪章文武，其故何哉？则以儒家出司徒，司徒一官命自唐虞，故庄生曰："自虞氏招仁义，天下莫不奔命于仁义也。"墨家未尝不言尧舜、文武而多推本于夏禹，一则曰背周道而用夏政，再则曰不能如此，非禹之道也，不足谓墨，其故何哉？则以墨家出清庙之守，清庙主敬鬼神，敬鬼神，禹之遗制也。此已可知流别之不同矣，然犹可曰家各为说也，至于一家之中而又有同门而异户焉。同一道家也，《史记》曰"老子言道德之意，老莱子言道家之用"，则可知道家一派有言意者矣，有言用者矣。余读《老子》、《庄子》、《列子》多推论治原，其道家言意之书欤？《鹖子》、《鹖冠子》、《管子》则兼详法度，其道家言用之书欤？《管子》，《汉志》列道家，最确，后世著录者多列诸法家，其误盖由于此。不但此也，《吕览》曰"老耽贵柔，列子贵虚，关尹贵清"，而《庄子·天下》篇亦有"老聃闻其风而悦之，庄周闻其风而悦之"。史迁称庄子"其学无所不闚"，又曰："老子所贵道，虚无，因应变化于无为，故著书辞称微妙难识。庄子散道德，放论，要亦归之自然。"两家流别微异，此亦可见。夫老子、关尹、庄、列非皆道家乎，而不同如此，则道家末流之多派从可见矣。[12] 同一儒家也，《韩非·显学》篇曰："自孔子之死，有子张之儒，有子思之儒，有颜氏之儒，有孟氏之儒，有漆雕氏之儒，有仲良氏之儒，有孙氏之儒，有乐正氏之儒，儒分为八，取舍相反。"今虽不可尽见，然余读孟子、孙卿二书，一道性善而称尧舜，一言性恶而法后王，称尧舜故以仁义为宗，法后王故以礼为主，岂非仲尼之后两大支乎？则儒家末流之多派从可见矣。同一墨家也，余观孟子讥墨者夷之专以短丧者也；禽滑厘学于墨子，墨子书有《备城门》诸篇，专告禽子，是禽子以守御著者也。《吕览》司马喜语墨者师曰"先生所术非攻夫"，是此师以非攻著者也；《史记·自序》注"贵俭，墨翟之道，随巢子传其术"[13]，是随巢以贵俭著者也。不但此也，《庄子·天下》篇曰："相里勤之弟子五侯之徒，南方之墨者苦获、已齿、邓陵子之属，俱诵墨经，而倍谲不同，相谓别墨。"是相里勤之后又有以别墨著者也，非韩非所谓墨离为三乎？则墨家末流之多派从可见矣。同一法家也，今所传者有

《商君书》、《韩非子》，宜其若合符契矣，然余读韩非《明法》篇[14]曰："申不害言术，而公孙鞅为法。术者，因任而授官，循名而责实，操杀生之柄，课群臣之能者也，此人主之所执也。法者，宪令著于官府，刑罚必于民心，赏存乎慎法，而罚加乎奸令者也，此臣之所师也。问者曰：'主用申子之术，而官行商君之法，可乎？'对曰：'申子未尽于法也。'"又曰："二子之于法术，皆未尽善也。"由此言之，是申韩与商君固学焉而各自成家者也，则法家末流之多派从可见矣。且也同一从横家也，而苏秦为从，张仪为横；同一杂家也，而尉缭子《汉志》互见兵家，《子晚子》，班固谓其似《司马法》；同一名家也，而邓析子以无厚著，公孙龙子又以坚白异同著；同一兵家也，而分之为权谋焉、阴阳焉、形势焉、技巧焉；同一医家也，而有医经、有经方、有房中、有神仙；同一数术家也，而天文为一类，历谱为一类，五行为一类，蓍龟为一类，杂占与形法又为一类，则从横、名家、杂家等末流之多派又从可见矣。王充有言："道虽同，同中有异。"其此之谓欤？虽然，百家同中之异既如上所述矣，而异中之同则人多未之知，此亦百家一大不幸也。试言其略。道家者，所谓君人南面之术也，而《管子》有《法禁》篇，有《任法》、《明法》篇，是道家固通于法矣；《鹖冠子》有《世兵》篇，有《兵政》篇，而《管子》亦有《兵法》篇，是道家固通于兵矣；《管子》书又有《轻重》上下，言盐铁之利，是道家固通于农矣。此不特道家为然，即儒家亦有之。儒家者，所谓助人君顺阴阳、明教化也，而《荀子》有《议兵》篇，孔子亦曰"我战则克"，是儒家固通于兵矣；孔子曰"必也正名"，而《荀子》又有《正名》篇，是儒家固通于名矣。此不特儒家为然，即墨家亦有之。墨家者，古祝史之道也。墨子虽以非攻立教，而其书有守御诸法，故刘向《别录》入于兵家技巧类，是墨家固通于兵矣；《墨子》有《辨经》及《大取》、《小取》，皆名家之言，故邓陵之徒以坚白异同相訾，是墨家固通于名矣。此不特墨家为然，即法家亦有之。法家者，信赏必罚，以辅礼制者也。司马迁谓申子之学本于黄老而主刑名，又谓韩非原于道德之意，今韩子书尚有《解老》、《喻老》诸篇，是法家固通于道矣；《商君书》有《垦土令》，《别录》于《神农》二十篇注曰"鞅与李悝所造"，是法家固通于农矣；又韩非每言刑名参同，《商君书》亦有《战法》、《兵守》篇，是法家固通于名与兵矣。此不特法家为然，即名家亦有之。名家者，辨名正实之学也，而《尹文子》有《大道》篇，是名家固通于道矣；且余尝观公孙龙之书，其告孔穿也曰"白马非马，乃仲尼之所取"，是名家固通于儒矣；庄子称宋钘与尹文皆以息兵为务，而尹文书亦有禁攻寝兵语，此即墨家非攻之说也，是名家固通于墨矣。此不特名家为然，即从横家亦有之。从横家者，权事制宜，与邻国交之术也。鬼谷子，说者以为有道之士，其书亦曰"捭阖者，天地之道"，是从横家固通于道矣；《别录》于从横家载《庞煖》二篇，注曰"为燕将"，而兵家又有《庞煖》三篇，是从横家固通于兵矣。若夫杂家，《汉志》以为兼儒墨、合名法，知国体之有此，见王治之无不贯，《隋志》亦曰"通众家之意"，则尤其章明较著者也，岂非同中有异而异中亦有同哉？惟其异而同，故一家可贯百家而官守所以有联；惟其同而异，故百家不妨自成一家而宗旨仍不相杂越。试观尚俭非墨家宗旨乎？而老子亦曰："我有三宝，一曰俭。"然道家贵俭谓使人君抱朴守真，而墨家贵俭则专主于致敬鬼神矣，是其贵俭虽同而所以贵俭之意则异也。循名者非名家宗旨乎？而韩非亦曰"参合刑名"，然法家循名在申其赏罚，而名家则但综核名实耳，是其循名虽同而所以循名之义则异也。重食者非农家宗旨乎？而孟子亦曰"不违农时"，然儒家重食意在务本，而农家则欲使人并耕矣，是其重食虽同而所以重食之意则异也。知天时者非阴阳家宗旨乎？而兵家亦有阴阳一派，然兵家主于占胜负，而阴阳家则专在敬授民时耳，是其言天时虽同而所以言天时之意则异也。推此以言，百家实各具所长，语其同也，即一家无难互通；语其异也，即百家不能废一矣。庄生有言："散异以为同，合同以为异。"《易大传》亦言："天下殊途而同归，一致而百虑。"夫惟深通异同之故者，而后可以论诸子之流别也夫。此篇亦本益莽说而余推衍之者，后论诸子同异与《宗旨》篇同，而此较详，故并存焉，以待后人之商榷。

校勘记

[1] "赡"原作"瞻"，黄曙辉据《史记》卷一百三十《太史公自序》引论六家要旨改。今从之。

[2]《史微札记》："《慎子》不完"下补注："《慎子》论道大旨，《庄子·天下》篇略具其概。"

[3]《史微札记》："此其道生"下补注："《说文》：'真，仙人变形登天也。''仙，长生僊去。'真，古文作𠤎，上从七，下象卵未分形，盖谓人类形化之始，仙则形化一期之终也。《老子》云：'其精甚真。'此真之正诂，传者文以登天长生之说而初谊晦矣。许君所谓真，实后

起也。"

[4] 黄曙辉云：此为严安引邹衍语，见《汉书》卷六十四下本传，《严助传》见卷六十四上，尔田误记。

[5]《史微札记》："而宗旨固有可相参也"下补注："《庄子·天下》篇论古之道术，首及墨翟、禽滑厘，亦一证。"

[6] "志"原作"义"，黄曙辉据《孟子》改。今从之。

[7] 黄曙辉云："此言不知邻类也"为《吕览》引《诗》而释之之词，下文《务本》篇引《大雅》，《君守》篇引《鸿范》，《不屈》篇引《诗》，《召类》篇引《易》及《淮南·俶真训》引《诗》均同。

[8]《史微札记》："皆七十子前微言大义"改"皆七十子后相传大义"。

[9]《史微札记》："未尝不藉口说以维持矣"下补注："董子《蕃露》：'今夫天子逾年即位，诸侯于封内三年称子，皆不在经也，而操之与在经无以异，非无其辨也，有所见而经安受其赘也。故能以此贯类以辨付赘者，大得之矣。'俞樾说之曰：'《公羊传》未称王，何以知其即位？以诸侯之逾年即位，亦知天子之逾年即位也；以天子三年然后称王，亦知诸侯于其封内三年称子也。夫经书公即位则诸侯逾年即位见矣，而天子逾年即位于经无见也；武氏子毛伯不称使，则天子三年然后称王见矣，而鲁十二公无有三年称子于其封内者，是诸侯于其封内三年称子于经无见也。凡此者皆所谓赘也，而学者操其说，与实在经者无异，然而其中固有辨，何也？必于经实有所见，然后引而申之，触类而长之，而经亦安然而受之也。'案七十子后学扶助圣言，其义例皆如是，盖口说不必悉出先师，亦有后师籀衍者，此类籀衍，《论语》谓之反，《孟子》谓之推，反与推操之虽似赘，而实一本先师统绪，则虽谓后师之说不背先师可也。斯意也，惟实有所见者能辨之，两汉经师所以重家法者以此。"

[10]《史微札记》："亦大略可考矣"下补注："《志》所载皆全书依托者，其有不尽依托而近怪类俳，无以垂训，如《晏子春秋》，则向、歆多于编次中具出之，《列子》亦其流类，惜传本每为写官略去，今遂无由详知耳。"

[11]《史微札记》："此据邠卿之言定之"下增注："又战国学者有一种五行之说，其原盖出于《洪范》，荀卿非子思、孟子曰：'案往旧造说，谓之五行。'今传书无可考，疑亦依托二家为之者。郑康成注《中庸》：'天命，谓天所命生人者也，是谓性命。木神则仁，金神

则义，火神则礼，水神则信，土神则知。'说虽后出，必有所本，或其遗证欤。"

[12]《史微札记》："则道家末流之多派从可见矣"下补注："魏晋被乞胡之化，讲老庄学者多畅即色游玄之旨，叙浮义则丽辞溢目，造阴阳则妙赜无间，虽未尝无得于遗书，而古谊为所汩者有之矣。此道家末流之又一变也。别详《玄学考》。"

[13] 黄曙辉云：按《正义》引韦云："墨翟之术也，尚俭，后有随巢子传其术也。"

[14] 黄曙辉云：按所引见《定法》篇，韩非子无《明法》篇，作"明"误。

史微卷第七

内　篇

抵　异

昔太史谈论六家要旨曰："阴阳、儒、墨、名、法、道德，此务为治者也，直所从言之异路，有省不省耳。"然则百家学术皆先王为治之具，同是尧舜，同非桀纣，同修身正心以治天下国家，奚不相悦如是哉？自王官失守，战代诸子始各以其辩驰骛诸侯，非取异己之学剽剥之，则其说不能独伸于天下，而于是党同伐异之诤乃滋多于世矣。盖尝考之，孟轲、荀卿皆宗师仲尼者也，孟轲之学主仁义，其抵农家曰："尧以不得舜为己忧，舜以不得禹皋陶为己忧。夫以百亩之不易为己忧者农夫也，分人以财谓之惠，教人以善谓之忠，为天下得人者谓之仁，尧舜之治天下，岂无所用其心哉？亦不用于耕耳。"其抵杨墨曰："杨氏为我，是无君也；墨氏兼爱，是无父也。杨墨之道不息，孔子之道不著，是邪说诬民，充塞仁义也。仁义充塞，则率兽食人，人将相食。"荀卿之学主礼，礼也者，辩上下，定民志，莅官行法，人之所生，非天之所为也，故其抵名家曰："山渊平，天地比，齐秦袭，入乎耳，出乎口，钩有须，卵有毛，是说之难持者也，而惠施、邓析能之，然而君子不贵者，非礼义之中也。"其抵墨家曰："先王之道礼乐，正其盛者也，而墨子非之，故曰墨子之于道也，犹瞽之于白黑也。"其抵诸家也则曰：

"慎子有见于后,无见于先;老子有见于诎,无见于信;墨子有见于齐,无见于畸;宋子有见于少,无见于多。"又曰:"墨子蔽于用而不知文,宋子蔽于欲而不知得,慎子蔽于法而不知贤,申子蔽于执而不知智,惠子蔽于辞而不知实,庄子蔽于天而不知人。"[1]若此者,非儒家訾謷异学之柢乎?吕不韦、淮南王安博贯众家之所长,而以衡定其得失者也,然大要则归之于道,故其抵法家曰:"申、韩、商鞅之为治也,抟拔其根,芜弃其本,而不穷究其所由何以至此也。凿五刑为刻削,乃背道德之本而争于锥刀之末,斩艾百姓,殚尽太半,而忻忻然常自以为治,是犹抱薪而救火,凿窦而出水。"其抵儒家曰:"王道缺而《诗》作,周室废、礼义坏而《春秋》作。《诗》、《春秋》,学之美者也,皆衰世之造也。儒者循之以教导于世,岂若三代之盛哉?以《诗》《春秋》为古之道而贵之,又有未作《诗》《春秋》之时,夫道其缺也不若道其全也,诵先王之《诗》《书》不若闻得其言,闻得其言不若得其所以言,得其所以言者言弗能言也。"其抵墨家非乐、非攻之说曰:"世之学者有非乐者矣,安由出哉?大乐,君臣父子长少之所欢欣而说也。欢欣生于平,平生于道。道也者,视之不见,听之不闻,不可为状,有知不见之见,不闻之闻,无状之状,则几于知之矣。"又曰:"今之世学者多非乎攻伐,非攻伐而取救守,取救守则乡之所谓长有道而息无道、赏有义而罚不义之术不行矣。攻伐之与救守,一实也,而取舍人异,是非其所取而取其所非也,是利之而反害之也,安之而反危之也。为天下长患,致黔首之大害者,若说为深。"其抵名家及从横家曰:"公孙龙粲于辞而贸名,邓析巧辩而乱法,苏秦善说而亡国,由其道则善无章,修其理则巧无名。故以巧斗力者始于阳,常卒于阴;以慧治国者始于治,常卒于乱。"若此者,非杂家訾謷异学之柢乎?墨翟之术善顺天志,而以明鬼、节葬、非乐、非命鸣于世者也,其抵儒家曰:"儒之道足以丧天下者四政焉。儒以天为不明,以鬼为不神,天鬼不说,此足以丧天下;又厚葬久丧,重为棺椁,多为衣衾,送死若徙,三年哭泣,扶后起,杖后行,耳无闻,目无见,此足以丧天下;又弦歌鼓舞,习为声乐,此足以丧天下;又以命为有,贫富寿夭,治乱安危有极矣,不可损益也,为上者行之不必听治矣,为下者行之不必从事矣,此足以丧天下。"若此者,非墨家訾謷异学之柢乎?韩非者以立法整齐群言者也,法制诚立,则曰礼乐,曰诗书,曰修业,曰孝弟,曰诚信,曰贞廉,曰仁义,曰非兵,曰羞战,此十二者在所必黜,故其抵名家曰:"乱世之听言也,以难知为察,以博文为辩，是以儒服带剑者众而耕战之士寡，坚白无厚之辞章而宪令之法息，故曰上不明则辩生焉。"其抵儒家与墨家曰："墨者之葬也，冬日冬服，夏日夏服，桐棺三寸，服丧三月，世以为俭而礼之；儒者破家而葬，服丧三年，大毁扶杖，世主以为孝而礼之。夫是墨子之俭将非孔子之侈也，是孔子之孝将非墨子之戾也，今孝戾侈俭俱在儒墨而上兼礼之，故海内之士言无定术，行无常议。"其抵从横家曰："从者合众强以攻一弱也，而衡者事一强以攻众弱也，皆非所以持国也。"若此者，非法家訾謷异学之柢乎？庄周者，以塞豁言巫冥览为归趣者也，以天地之大纯、古今之大体进退九流者也，其抵法家曰："古之语大道者，五变而形名可举，九变而赏罚可言也。骤而语形名，不知其本也；骤而语赏罚，不知其始也。倒道而言，迕道而说者，人之所治也，安能治人？"其抵名家与儒、墨诸家曰："骈于辩者，累瓦结绳，窜句游心于坚白同异之间而敝跬誉无用之言非乎？而杨墨是已。故此皆分骈旁枝之道，非天下之至正也。"又曰："削曾史之行，钳杨墨之口，攘弃仁义而天下之德玄同矣。彼曾史、杨墨者，皆外立其德而以爚乱天下者也，法之所无用也。"若此者，非道家訾謷异学之柢乎？且不宁惟是，荀卿与孟轲、七十子同出于儒家者也，而荀卿则抵孟轲矣，则抵七十子后学矣，其抵孟轲曰："略法先王而不知其统，犹然而材剧志大，闻见杂博。案往旧造说，谓之五行，甚僻违而无类，幽隐而无说，闭约而无解。案饰其辞而只敬之曰：此真先君子之言也。子思唱之，孟轲和之，世俗之沟犹瞀儒，嚾嚾然不知其所非也，遂受而传，以为仲尼、子游为兹厚于后世，是则子思、孟轲之罪也。"其抵七十子后学曰："弟佗其冠，神襌其词，禹行而舜趋，是子张氏之贱儒也；正其衣冠，齐其颜色，嗛然而终日不言，是子夏氏之贱儒也；偷儒惮事，无廉耻而耆饮食，必曰君子固不用力，是子游氏之贱儒也。彼君子则不然，佚而不惰，劳而不慢，宗原应变，曲得其宜，如是，然后圣人也。"韩非与申不害、商鞅同出于法家者也，而韩非则抵申不害之学矣，则抵商鞅之学矣，其抵申子曰："申不害，韩昭侯之佐也。韩者，晋之别国也。晋之故法未息而韩之新法又生，先君之令未收而后君之令又下，申不害不擅其法，不一其宪令，虽十使昭侯用术，而奸臣犹有所谲其辞矣，故托万乘之劲，韩七十年而不至于霸王者，虽用术于上，法不勤饰于官之患也。"其抵商君曰："公孙鞅之治秦也，设告相坐而责其实，连什伍而同其罪，赏厚而信，刑重而必，是以其民用力劳而不休，逐敌危而不却，故其国富而兵强，然而无术以知奸。商君虽十饰其法，人臣反用其资，故乘强秦之资，数十年而不至于帝王者，法勤饰于官，主无术于上之患也。"若此者又非一家之中訾謷异学之柢乎？余别著《诸子抵异类考》，此篇限于文，裁略撮大端，使就檃括。至《汉志》所著录有《董子》一篇，名无心，难墨子；《虞丘说》一篇，难孙卿；《秦零陵令信》一篇，难秦相李斯；《博士臣贤对》一篇，难韩子、商君。书久逸矣，不复觊陈。语曰："百川异源而皆归于海，百家殊业而皆务于治。"又曰："流丸止于瓯臾，流言止于智者。"今战代诸子之于异学也，言之无不成理焉，持之无不有故焉，观其摧陷廓清，可谓比于武事矣，夫岂漫为好辩哉？盖不如此，则无以持其宗旨而使学术盛行于后世也。虽然，吾以为战代学术因抵异而亟其盛，而战代学术亦因抵异而兆其衰，何则？学术者天下之所同也，而宗旨者一家之所独也。当其始，学术探世之变而建立，及其既歧，九家者流乃始列道而议，分徒而讼，而宗旨出焉。有宗旨然后有异同，有异同然后有是非，是故弦歌鼓舞以为乐，盘旋揖让以修礼，厚葬久丧以送死，孔子之所立也，而墨子非之；兼爱、尚贤、右鬼、非命，墨子之所立也，而杨子非之；全性保真，不以物累形，杨子之所立也，而孟子非之。非之不已必出于争，争之不已必有强有力者起而持其后，而学术统于一尊矣。彼百家者蜂起，辐辏于六国，再传而后，若存若亡，至夷诸异端而莫之诃者，岂不以此也哉，岂不以此也哉？余故表而出之，既以上究诸家宗旨之殊方，亦欲学者因乎时势，以施之于政治，而勿徒效陋儒哓哓之论焉，则先王官守之遗传可几而理也。

争　讼

余读班固、范晔《儒林传》而叹两汉经学之盛，而衰端亦已朕于两汉也。自武帝黜黄老刑名百家之言，表章六艺，而公孙弘以治《春秋》，白衣为卿相，举贤良文学，增博士弟子员，天下学士靡然向风矣。然西汉之初，传我孔子口说，言《易》则淄川田生，言《书》则济南伏生，言《诗》于鲁则申培公、于齐则辕固生、燕则韩太傅，言《礼》则鲁高堂生，言《春秋》于齐则胡母生、于赵则董仲舒，类能明天人分际，通古今之谊，教授诵习，措之于躬行，不专以著书为事，其有经明行修，究极师法，不守章句者，则史臣具书之，佐人君，顺阴阳，明教化，由此其选也。迨及东汉，古文之学大兴，儒者非孔《书》、《毛诗》、《周礼》、《左氏传》不谭，卫宏、贾逵之徒附会而文致之，虽正音读、通训诂、考制度、辨名物，未尝无功于遗经，而分文析字，烦言碎辞，固已不胜其蔽矣，岂非今古文诤议使然哉？考两汉今古文之诤议，始于宣帝时石渠奏议，哀帝时刘歆移太常博士书，而范升、陈元、贾逵诸人成之，《儒林传》曰："瑕丘江公受《穀梁春秋》于鲁申公，武帝时，江公与董仲舒并。仲舒通五经，能持论，善属文，江公呐于口，上使与仲舒议，不如仲舒，而丞相公孙弘本为《公羊》学，比辑其议，卒用董生，于是上因尊《公羊》家，诏太子受《公羊春秋》，由是《公羊》大兴。太子既通，复私问《穀梁》而善之，其后浸微，惟鲁荣广王孙、皓星公二人受焉。广尽能传其《诗》《春秋》，高才捷敏，与《公羊》大师眭孟等论，数困之，故好学者颇复受《穀梁》，沛蔡千秋少君、梁周庆幼君、丁姓子孙皆从广受。宣帝即位，闻卫太子好《穀梁春秋》，以问丞相韦贤、长信少府夏侯胜及侍中乐陵侯史高，皆鲁人也，言穀梁子本鲁学，公羊氏乃齐学也，宜兴《穀梁》。时千秋为郎，召见，与《公羊》家并说，上善《穀梁》说，复求能为《穀梁》者莫及千秋，上愍其学且绝，遒以千秋为郎中户将，选郎十人从受。汝南尹更始翁君本自事千秋，能说矣，会千秋病死，征江公孙为博士。刘向以故谏大夫通达待诏，受《穀梁》，欲令助之。江博士复死，乃征周庆、丁姓待诏保宫，使卒授十人。自元康中始讲，至甘露元年，积十余岁，皆明习，乃召五经名儒太子太傅萧望之等大议殿中，平《公羊》、《穀梁》同异，各以经处是非。时《公羊》博士严彭祖、侍郎申挽、伊推、宋显，《穀梁》议郎尹更始、待诏刘向、周庆、丁姓并论，《公羊》家多不见从，愿请内侍郎许广，使者亦并内《穀梁》家中郎王亥，各五人，议三十余事，望之等十一人各以经谊对，多从《穀梁》，由是《穀梁》之学大盛。"此今文家《春秋》之诤议也。《朱云传》曰："是时少府五鹿充宗贵幸，为梁丘《易》，自宣帝时善梁丘氏说，元帝好之，欲考其异同，令充宗与诸《易》家论。充宗乘贵辩口，诸儒莫能与抗，皆称疾不敢会，有荐云者，召入，摄裳登堂，抗首而请，既论难，连拄五鹿君，故诸儒为之语曰：'五鹿岳岳，朱云折其角。'由是为博士。"此今文家《周易》之诤议也。《刘歆传》曰："歆校秘书，见古文《春秋左氏传》，歆大好之，时丞相史尹咸以能治《左氏》与歆共校经传，歆略从咸及丞相翟方进受，质问大义。初，《左氏传》多古字古言，学者传训故而已，及歆治《左氏》，引传文以解经，转相发明，由是章句义理备焉。歆以为左丘明好恶与圣人同，亲见夫子，而《公羊》、《穀梁》在七十子后，传闻之与亲见之，其详略不同。及歆亲近，欲建立《左氏春秋》及《毛诗》、逸《礼》、古文

《尚书》，皆列于学官，哀帝令歆与五经博士讲论其义，诸博士或不肯置对。歆因移书太常博士，责让之曰：'昔唐虞既衰而三代迭兴，圣帝明王累起相袭，其道甚著。周室既微而礼乐不正，道之难全也如此。汉兴，去圣帝明王遐远，仲尼之道又绝，独有一叔孙通略定礼议，至孝文皇帝始使掌故朝错从伏生受《尚书》。《尚书》初出于屋壁，朽折散绝，今其书见在，时师传读而已。《诗》始萌芽，天下众书往往颇出，皆诸子传说，犹广立于学官，为置博士。至孝武皇帝，然后邹鲁梁赵颇有《诗》。《春秋》先师皆起于建元之间，当此之时，一人不能独尽，其经或为雅，或为颂，相合而成。《泰誓》后得，博士集而读之，时汉兴已七八十年，离于全经固已远矣。及鲁恭王坏孔子宅，得古文于坏壁之中，逸《礼》有三十九篇，《书》十六篇，天汉之后孔安国献之，遭巫蛊仓卒之难，未及施行。及《春秋左氏》，丘明所修，皆古文旧书，多者二十余通，藏于秘府，伏而未发。孝成皇帝闵学残文缺，稍离其真，乃陈发秘藏，校理旧文，得此三事以考学官所传，经或脱简，传或间编，传问民间，则有鲁国桓公、赵国贯公、胶东庸生之遗学与此同，抑而未施。此乃有识者之所惜闵，士君子之所嗟痛也。缀学之士不思废绝之阙，信口说而背传记，是末师而非往古，抑此三学，以《尚书》为不备，谓《左氏》为不传《春秋》，岂不哀哉？夫礼失求之于野，古文不犹愈于野乎？往者博士《书》有欧阳，《春秋》《公羊》，《易》则施孟，然孝宣皇帝犹复广立《穀梁春秋》、梁丘《易》、大小夏侯《尚书》，义虽相反犹并置之，何则？与其过而废之也，宁过而立之。今此数家之言，以兼包大小之义，岂可偏绝哉？若必专己守残，党同门，妒道真，违明诏，失圣意，以陷于文吏之议，甚为二三君子不取也。'其言甚切，诸儒怨恨。是时名儒光禄大夫龚胜以歆移书，上疏深自罪责，愿乞骸骨罢，及儒者师丹为大司空，亦大怒，奏歆改乱旧章，非毁先帝所立，上曰：'歆欲广道术，亦何以为非毁哉？'歆由是忤执政大臣，为众儒所讪。"《范升传》曰："时尚书令韩歆上书，欲为费氏《易》、《左氏春秋》立博士，诏下其议，升起对曰：'《左氏》不祖孔子而出于丘明，师徒相传又无其人，且非先帝所存，无因得立。'遂与韩歆及太中大夫许淑等互相辩难，日中乃罢，升退而奏曰：'臣闻主不稽古，无以承天；臣不述旧，无以奉君。陛下愍学微缺，劳心经艺，情存博问，故异端竞进。近有司请置京氏《易》博士，群下执事莫能据正。京氏既立，费氏怨望，《左氏春秋》复以此类，亦希置立。京、费已行，次复高氏，《春秋》之家又有驺、夹，如令左氏、费氏得置博士，高氏、驺、夹《五经》奇异并复求立，各有所执，乖戾分争，从之则失道，不从则失人，将恐陛下必有厌倦之听。今费、左二学无有本师而多反异，先帝前世有疑于此，故京氏虽立辄复见废，疑道不可由，疑事不可行。《诗》《书》之作，其来已久，奏立左、费非政急务。传曰："闻疑传疑，闻信传信，而尧舜之道存。"愿陛下疑先帝之所疑，信先帝之所信，以示反本，明不专己天下之事，所以异者以不一本也。易曰："天下之动贞夫一也。"又曰："正其本，万物理。"五经之本自孔子始，谨奏《左氏》之失凡十四事。'时难者以太史公多引《左氏》，升又上太史公违戾五经谬孔子言及《左氏春秋》不可录三十一事，诏以下博士。"《陈元传》曰："时议欲立《左氏传》，博士范升奏以为《左氏》浅末不宜立。元闻之，诣阙上书曰：'陛下深愍经艺缪杂，真伪错乱，知丘明至贤，亲受孔子，而公羊、穀梁传闻于后世，故诏立《左氏》，博询可否，示不专己尽之群下也。今论者沉溺所习，玩守旧闻，固执虚言传受之辞，以非亲见实事之道。左氏孤学少与，遂为异家之所覆冒。夫仲尼圣德而不容于世，况于竹帛余文，其为雷同者所排，固其宜也。臣元窃见博士范升等所议奏《左氏春秋》不可立及太史公违戾凡四十五事。案升等所言，前后相违，皆断截小文，媟黩微辞，以年数小差掇为巨谬，遗脱纤微指为大尤，扶瑕擿衅掩其弘美，所谓小辩破言，小言破道者也。升等又曰："先帝不以《左氏》为经，故不置博士，后主所宜因袭。"臣愚以为若先帝所行而后主必行者，则盘庚不当迁于殷，周公不当营洛邑，陛下不当都山东也。往者孝武皇帝好《公羊》，卫太子好《穀梁》，有诏诏太子受《公羊》，不得受《穀梁》。孝宣皇帝在人间时闻卫太子好《穀梁》，于是独学之。及即位，为石渠论而穀梁氏兴，至今与《公羊》并存，此先帝、后帝各有所立，不必其相因也。臣元愚鄙，尝传师言，如得以褐衣召见，诵孔子之正道，理丘明之宿冤，若词不合经，事不稽古，退就重诛，虽死之日，生之年也。'书奏，下其议。范升复与元相辩难，凡十余上，帝卒立《左氏》学，太常选博士四人，元为第一。帝以元新忿争，乃用其次司隶从事李封，于是诸儒以《左氏》之立，论议讙哗，公卿以下数廷争之，会封病卒，《左氏》复废。"《贾逵传》曰："肃宗立，降意儒术，特好古文《尚书》、《左氏传》。建初元年，诏逵入讲，帝善逵说，使出《左氏传》大义长于二传者，逵于是具条奏之曰：'臣谨擿出《左氏》三十事尤著明者，斯皆君臣之正义，父子之纪纲，其余同

《公羊》者什有七八，或文简小异，无害大体。至如祭仲、纪季、伍子胥、叔术之属，《左氏》义深于君父，《公羊》多任于权变，其相殊绝固已甚远，而冤抑积久，莫肯分明。臣以永平中上言《左氏》与图谶合者，先帝省纳臣言，写其传诂，藏之秘书。建平中，侍中刘歆欲立《左氏》，不先暴论大义而轻移太常，恃其义长，诋挫诸儒，诸儒内怀不服，相与排之，从是攻击《左氏》，遂为重仇，至光武皇帝奋独见之明，兴立《左氏》、《穀梁》，会二家先师不晓图谶，故令中道而废。凡所以存先王之道者，要在安上理民也。今《左氏》崇君父，卑臣子，强干弱枝，劝善戒恶，至明至切，至直至顺，且三代异物，损益随时，故先帝博观异家，各有所采，《易》有施孟复立梁丘，《尚书》欧阳复有大小夏侯，今三传之异亦犹是也。又五经家皆无以证图谶明刘氏为尧后者，而《左氏》独有明文；五经家皆言颛顼代黄帝而尧不得为火德，《左氏》以为少昊代黄帝，即图谶所谓帝宣也，如令尧不得为火，则汉亦不得为赤，其所发明，补益实多。'书奏，帝嘉之，令逵自选《公羊》严、颜诸生高才者二十人，教以《左氏》。逵数为帝言古文《尚书》与经传《尔雅》诂训相应，诏令撰欧阳、大小夏侯《尚书》古文同异，逵集为三卷，帝善之，复令撰齐鲁韩《诗》与《毛诗》异同，并作《周官解故》，八年，乃诏诸儒各选高才生受左氏《穀梁春秋》、古文《尚书》、《毛诗》，由是四经遂行于世。"此又古文与今文家诸经之诤议也。是数者皆学术兴衰之大耑也。范晔《党锢传》曰："自武帝以后崇尚儒学，怀经协术，所在雾会，至有石渠分争之论，党同伐异之说，守文之徒盛于时矣。"可见诤议之起，实关两汉一代之学术，故史臣著之亦较他事倍详也。盖其始通经者守七十子后学之大义，惟期于传道解惑而已，其后天子右文，黠者遂争以异文起其家，而务售其师之说。言《易》者田王孙一家而有施、孟、梁丘之学，施雠一家又有张、彭之学，孟喜一家则有翟、白之学，又有京氏之学，梁丘贺一家则有士孙、邓、衡之学。言《书》者，儿宽、张生各一家，而有大小夏侯、欧阳氏之学，大夏侯有孔、许之学，小夏侯有郑、张、秦、假、李氏之学。言《诗》者《鲁诗》一家有韦氏之学，有张、唐、褚氏之学，张生又有许氏之学，《齐诗》一家有翼、匡、师、伏之学，《韩诗》一家有王食、长孙之学。言礼者，后仓一家有大小戴、庆氏之学，大戴有徐氏之学，小戴有桥、杨氏之学。言《春秋》者，《公羊》有颜、严之学，颜家又有泠任之学、管冥之学，《穀梁》则有尹、胡、申章、房氏之学。一经说至百余万言，大师众至千余人，其势已不能不出于争，此据西京言之。若后汉如樊儵就丁恭受《公羊》、《严氏春秋》，删定章句，世号樊侯学。张霸就儵受《严氏》、《公羊春秋》，博览五经，以儵所删犹多繁词，乃减之为二十万言，更名张氏学。桓荣习欧阳《尚书》，受朱普学章句四十万言，浮词繁长，多过其实，减为二十三万言，荣子郁后删省定，成十二万言，由是有桓君大小太常章句。杨终深晓《春秋》，学多异闻，改定章句十五万言。张奂师事朱宠，学欧阳《尚书》，初，年氏章句浮词繁多，有四十五万余言，奂减为九万言。刘陶明《尚书》、《春秋》，为之训诂，推三家《尚书》及古文，是正文字三百余事，名曰中文《尚书》。若斯者，流派繁衍，皆见于史。至《春秋》有驺氏、夹氏，《易》有高氏，驺氏无师，夹氏无书，高氏未立学官，当时传习已希，故不数之。而人主又以私意从而左右之，五经离析，欲学统之昌明，上契我孔子垂世立教之心传，固已难矣，汉承暴秦，褒显儒术，建立五经，为置博士，其后学者精进，虽曰承师，亦别名家。《鲁丕传》："丕上疏曰：'臣闻说经者传先师之言，非从己出不得相让，相让则道不明。难者必明其据，说者务立其义，浮华无用之言不陈于前，故精思不劳而道术愈章。法异者，各令自说师法，博观其义。'"《徐防传》："防以五经久远，圣意难明，宜为章句，以悟后学。上疏曰：'臣闻《诗》《书》《礼》《乐》定自孔子，发明章句始于子夏，其后诸家分析，各有异说。汉承乱秦，经典废绝，本文略存，或无章句，收拾缺遗，建立明经，博征儒术，开置太学。孔圣既远，微旨将绝，故立博士十有四家，设甲乙之科以勉劝学者，所以示人好恶，改敝就善者也。伏见大学试博士弟子皆以意说，不修家法，每有策试辄兴诤讼，论议纷错，互相是非。孔子称述而不作，又曰吾犹及史之阙文，疾史有所不知而不肯阙也。今不依章句，妄生穿凿，以遵师为非义，意说为得理，轻侮道术，浸以成俗，诚非诏书实选本意。'"可见当时传经家学派之分歧，故二人慨乎言之。本初元年所以有先能通经者各令随家法之诏也。又何怪王璜、庸生、徐敖、贾护、刘歆、郑众诸人，以其古文家学起而乘其后哉？六艺大义本以经世，自流派分歧，经世意荒，经生无所折衷，始折而考古，以训诂章句名其家，此亦时会使然，非诸儒咎也。嗟乎，言隐于荣华，道隐于小成，此孟坚所谓利禄之途然也。世有谓孤学审正变者，鉴于两汉兴衰之故，可以憬然寤已。

易 论

生人之初，尚哉远矣，谓天地有始乎？吾不得而知之也。谓天地无始乎？吾亦不得而知之也。[2]然而古代创教之圣人，往往推阐天地未始有始之初，秉之以立宰御天下之本，《乾凿度》曰："有太易，有太初，有太始，有太素。太易者未见气也，太初者气之始也，太始者形之始也，太素者质之始也。易无形畔，易变而为一，一变而为七，七变而为九，九者气变之究也，乃复变而为一。一者形变之始，清轻者上为天，浊重者下为地，物有始、有壮、有究，故三画而成乾；乾坤相并，俱生物，有阴阳，因而重之，故六画而成卦。"易无形畔者，太易也，未见气也。《说文》："气，云气也。""云，山川气也。"此已非本义，实则古书所谓气，专指氤氲之最初者，略如内典微尘种子耳，故庄子曰："气出虚，蒸成菌。"菌，生物之胎兆也。太初则有气矣，太始则有形矣，太素则有质矣，由气浸假而形，由形浸假而质，由质浸假而分为万物，万物之生，父日母月，日月推迁以成寒暑，寒暑代谢以成四时，《易》从日月，而干支之数亦从日月，郑康成曰："日之行春，东从青道，发生万物，月为之佐，时万物皆解孚甲，自抽轧而出，故名甲乙。日之行夏，南从赤道，长育万物，月为之佐，时万物皆炳然著见而强大，故名丙丁。日之行四时之间，从黄道，月为之佐，至此万物皆枝叶茂盛，其含秀者抑屈而起，故名戊己。日之行秋，西从白道，成熟万物，月为之佐，万物皆肃然改更，秀实新成，故名庚辛。日之行冬，北从黑道，闭藏万物，月为之佐，时万物怀任于下，揆然萌芽，故名壬癸。"班固《律历志》亦谓："太极元气，函三为一。极，中也；元，始也。行于十二辰，此阴阳合德，化生万物者也。"盖古代谓万物生于日月，因推日月运行成岁之期，以为万物发生之次第，故《易》象与历家推步之学同源而异流，观《易纬》多明占候可见。于是乎有始、有壮、有究，究则复返于无形矣。故《易》者日月象也，日月者阴阳递嬗之本也。阴阳者，对待之词也。大言之为天地，显言之为男女，以事言之曰治乱，以道言之曰从违，而当太极之由一生二也，则仅知其为对待而已，故圣人假借阴阳二名以楷定之，惟其为假定，故阴阳之名随处可称，不拘于一物一事也。虽然，太始之初布气也，先生阴乎，先生阳乎，抑二者无因而俱生乎？又一疑问也。圣人曰："天下之动贞夫一者也。"阴不自生，丽阳而生，当阴与阳之未离也则谓之太极，及阴与阳之既分也则谓之两仪。[3]太极即老子所谓"道生一也"，两仪即老子所谓"一生二也"，自二而三，自三而万，而天地变化之迹尽于此矣。古人积算之字皆从天数而起，皋文先生曰："《说文解字》之义，惟初太始，道立于一，二三四

皆从积数，五象交午，六从入而八分，七象气出于一，八象分别相背之
形，九象屈曲究尽，十象气具四方中央。易变而为一者，太易动而有气
也，积三午五动七而上出，故曰一变而为七，至九而究尽，故曰七变而
为九，乃复变而为一。"此可考当日圣人造字之原始也。圣人曰："此天
地变化之迹何本？本于一阴一阳之道而已。一阴一阳之道何本？本于太
极而已。太极者形变之始也，有始必有卒，有始有卒，则可以施吾教
矣。"于是画八卦以象之，以三画象一七九而谓之乾，即太极也。皋文
先生曰："太极不可见，以其主乎天，故指太一以况之。郑氏云：'太
一，北辰之神名。'居其所曰太一，常行于八卦日辰之间，即变化消息
也。太极之行又不可见，故指日月斗以况之，日月相运而成四时、二十
四气、七十二候，是太极变化之迹，故谓之神，神即太极也。自太一居
所则谓之道，一阴一阳，一二、七八、九六是已。《易》者合道与神而
名太极者也。"既立乾，然后效之而为坤，则以乾象天，以坤象地，七
九象阳之气，八六象阴之气，而以一为乾元。皋文先生曰："其在爻则
为复初，以其为乾之最初也。二丽于一，乾有元而坤凝之以为元，其实
坤无元也。"由是而观，乾元之行，一施而为坎，再施而为离，一息而
为震，再息而为兑。坎阳之中以为月而配冬，天地一生水，乾元亦一生
坎也，离阳之见以为日而配夏，天地二生火，乾元亦二生离也。震阳之
生以为雷而配春，三生木也；兑阳之成以为雨而配秋，四生金也，此两
仪生四象矣。既象其息，乃复象其消，兑之反为巽，雨之散则为风，震
之反为艮，雷自上则为霆，于是乾下就坎以成阳而配寒，坤上就离以成
阴而配暑，与日月之象合焉。《系》曰："刚柔相摩，八卦相荡，鼓之以
雷霆，润之以风雨，日月运行，一寒一暑。"谓此也，此四象生八卦也。
由是而布之，分乾三画，象天地人而以坤配焉，一阴一阳，逆错而上，
初乾二坤为地道，三乾四坤为人道，五乾上坤为天道，《系》曰："天尊
地卑，乾坤定矣。卑高以陈，贵贱位矣。"虞氏注曰："乾高贵五，坤卑
贱二，列贵贱者存乎位也。"乾以二五摩坤成三男卦震坎艮皆阳，坤以
二五摩乾成三女卦巽离兑皆阴，乾坤以二五相摩，谓重乾为六爻，皆阳
七九，重坤为六爻，皆阴八六，以为阴阳消息之本。所谓刚柔立本者，
此也。各就其贞于六位而变之，乾坤贞二五是为定位，艮兑贞天位是为
通气，震巽贞地位是为相薄，坎离贞人位是为不相射。十有八变而六子
之卦成，乾坤与六子并列，是为八卦而小成，此庖牺氏之所以幽赞神明
者也。六子之卦既成，乾坤与之并列，然后可以消息而生六十四卦矣。

消息之法，以阴顺阳，以阳通阴，阳出震为复，息兑为临，盈乾为泰，泰反否，括囊成观，终于剥而入坤，复反于震，所谓以阴牡阳，灭出复震，为余庆也。剥象曰："君子尚消息盈虚，天行也。"虞注："易亏巽消艮，出震息兑，盈乾虚坤。"夬出乾，剥入坤，皆乾元为之，所谓以乾原始，以坤要终者，此也。阳亏于巽为遘，遘、遯诸卦不曰阴息而曰阳消者，易以乾元为主，此圣人扶阳抑阴之意。消艮为遯，虚坤为否，否反泰变，成大壮，决于夬而就乾，复入于巽，所谓以乾通坤，极遘生巽，为余殃也。临、遯所生各四卦，临有升、明夷、解、震，遯有无妄、讼、家人、巽，泰、否所生各九卦，泰有井、既济、损、归妹、节、贲、旅、蛊、随，否有困、未济、渐、咸、涣、噬嗑、丰、益、恒、大壮、观所生各二卦，大壮有需、兑，观有晋、艮。小过、中孚二卦，其消息在临、观、遯、大壮之间而不旁通。自乾、坤生者，谦、履、师、同人、比、大有、离、坎、屯、鼎，皆剥、复中间将出震之消息，豫、小畜、萃、大畜、蹇、睽、大过、颐、蒙、革，皆夬、遘中间将遘巽之消息，而乾、坤、坎、离之象见焉。所谓坎、离，乾坤之舍，乾坤既合二卦为舍，出生万物者也。自复至坤，乾息出震，是曰阳盈，自遘至乾，坤消入巽，是曰阴亏。阳盈不可过，过则必衰，故于泰之反否也；抑而诫之，阴亏无不极，极则返始，故于否之变泰也，扶而正之而天人终始之奥备焉。天之道一阴一阳，人之道一盛一衰，出阳则知生，入阴则惧死，将盛则托吉，方衰则寄凶，圣人于是设卦观象系词焉，以断其吉凶，是之谓爻。爻也者，效此者也。象也者，象此者也。象之贵贱存乎位，爻之吉凶生乎动，有动而后有吉凶，有吉凶而后有悔吝，悔吝者，忧虞之象。悔谓不如此，吝谓必如此也。[4]悔吝皆在吉凶将萌之间，故《系词》以小疵解之。有悔吝而后有变通之术，而六十四卦三百八十四爻始可利用而无遗矣。《系》曰"刚柔者立本者也"，谓乾坤并列，不由爻变；"变通者趋时者也"，谓分阴分阳，迭用柔刚。坤为善，以乾通坤，所谓"继之者善"；乾为性，以坤凝乾，所谓"成之者性"。刚柔相交，人道始成，故《周易》以变为占也。以六位言之，凡卦皆当变成既济，其不成既济者，阴阳诎伸为之也。是故有卦变之例，取两卦旁通者交错之，以观其所之；是故有爻变之例，取六爻不当其位者移易之，以观其应否。此常例也，又有所谓权者，虞氏渐上九注曰："谓三变受，成既济，与家人象同义。三已得位，又变受上，权也。孔子曰：'可与适道，未可与权。'宜无怪焉。"皋文说之曰："家人，遘消卦也。消卦不成既济，以其不能正也。[5]九三体乾，三以乾元济遁，故权变受上则既济成渐。否为泰之始，君子行权之时，故又发此义，故知权变统乎家人九三，六十四卦中可以例求矣。"而一归于乾元用九而天下治。乾元者消息之神，消息者乾元之用，圣人以此洗心，退藏于密，吉凶与民同患者也。原始及终，故死生之说可得而明；穷理尽性以至于命，故幽明之故可得而要；精气为物，游魂为变，故鬼神之情状可得而穷。神以知来，智以藏往，故无有远近幽深，可得而知，引而申之，触类而长之，天下之能事毕矣。《易》与天地准，故能弥纶天下之道，非夫聪明睿智神武而不杀者，孰能与于此哉？故曰："作《易》者其有忧患乎？"盖不忧患无以有《易》也。六经以《易》为之原，吾今读《易》，而始有以知圣人之情见乎辞已。

《周易》之用，不先知所值何卦则不能推阴阳消息，欲知所值何卦非卜筮不可，但古人所谓卜筮者，谓卜得此爻，筮得此卦，变通之以占进行之方术应吉应凶耳。吉凶由于消息，消息有一定之理，天也；观其消息，变通其术以应之，则无一定之理，人也，故卜筮者天与人参之道也。后世卜筮家专求休咎而不问用术如何，蔽于天而不知人，岂圣人以《易》垂教之本意哉？此篇据皋文先生说，明其大义，若欲考卜筮之原，汉京房《积算易传》言之详矣，余固未能一一推阐之也。庚戌五月孟劬自记。

春秋论

尝闻之董生矣，《春秋》之道，奉天而法古。虽有巧手，弗修规矩不能正方圆；虽有察耳，不吹六律不能定五音；虽有智心，不览先王不能平天下。先王之遗道，天下之规矩六律也。故圣者法天，贤者法圣，此其大数也。得大数而治，失大数而乱，此治乱之分也。天下无二道，故圣人异治同理，古今通达，故先贤传其法于后世，道莫备于《诗》《书》《易》《礼》，《诗》《书》《易》《礼》之法莫备于《春秋》，然则后有圣王，欲拨乱而反之正，舍《春秋》何以哉？《春秋》者，孔子忧患来世之书也。是非二百四十二年之中，据行事，仍人道，因兴以立功，败以成罚，假日月以定历数，借朝聘以正礼乐，其所褒讳贬损之文辞略如《周易》之有假象焉。《周易》以天治人，故假天象吉凶以示之；《春秋》以人希天，故假人事善败以明之。《易》本隐以至显，《春秋》推见至隐，是二经者皆圣人之极致，治世之要务也。《汉书·五行志》曰："昔殷道弛，文王演《周易》；周道敝，孔子述《春秋》。则乾坤之阴阳，效《洪范》之咎征，天人之道粲然著矣。"《春秋》与《易》相准，故董仲舒治《公羊》，而班固谓其始推阴阳，为儒者宗也。隐元年，公及邾仪父盟于眛，鲁史因其未王命，故不书爵，而孔子假之，则以称字，示褒辞焉。何休曰："春秋王鲁，托隐公以为始受命王，因仪父先与隐公盟，可假以见褒赏之法。"是也。十二月，公子益师卒，鲁史因公不与小敛，故不书日，而孔子假之，则以明所传闻之世，恩有厚薄，义有深浅焉。何休曰："于所传闻之世，见治起于衰乱之中，用心尚粗粗，故内其国而外诸夏，先详内而后治外，录大略小。"是也。庄十八年，公追戎于济西，不言其来，鲁史以为讳之也，而孔子因而笔之，著其为中国除害也。闵公元年，不书即位，鲁史以为乱故也，而孔子因而削之，著其为继弑君，不可以言即位也。据此，知孔子之修《春秋》，不过本鲁史事迹，明其成败之所由然，以告后王，未尝鳃鳃焉褒贬当时人物，与族史同科也。其口说异同皆表嫌明微之义，非是则一仍旧文矣。学者参观三传自见。至如祭仲废君而行权，非奖其废君也，假祭仲之事以明应变者当反经合权也。汉公孙玃说梁孝王曰："昔者郑祭仲许宋人立公子突以活其君，非义也，《春秋》记之，为其以生易死，以存易亡也。"此与孟子"社稷次之，君为轻"义正相同，非褒祭仲也。后人解者多误。叔术妻嫂而让国，非取其妻嫂也，假叔术之事以明治国者当以礼让为先也。赵盾之忠也，而不讨贼，非责赵盾也，假赵盾以立君臣之义也。许止之孝也，而不尝药，非诛许止也，假许止以正父子之恩也。神无方而《易》无体，《春秋》之书事亦从变而移[6]，《易》著阴阳，明消息，归于乾元用九而天下治；《春秋》亦以元之深正天之端，以天之端正王之政，以王之政正诸侯之位，五者俱正而化大行。《三统历》曰："经元一以统始，《易》太极之首也。春秋二以目岁，《易》两仪之中也。于春每月书王，《易》三极之统也。于四时虽亡事必书时月，《易》四象之节也。时月以建分至启闭之分，《易》八卦之位也。象事成败，《易》吉凶之效也；朝聘会盟，《易》大业之本也。故《易》与《春秋》，天人之道也。"是故观乎蒲社，知骄溢之罚；观乎许田，知诸侯不得专封；观乎齐桓、晋文、宋襄、楚庄，知任贤奉上之功；观乎鲁隐、祭仲、叔武、孔父、荀息、仇牧、吴季子、公子目夷，知忠臣之效；观乎楚公子比，知臣子之道，效死之义；观乎潞子，知无辅自诅之败；观乎公在楚，知臣子之恩；观乎漏言，知忠道之绝；观乎献六羽，知上下之差；观乎宋伯姬，知贞妇之信；观乎晋献公，知逆理近色之过；观乎楚昭王之伐蔡，知无义之反；观乎晋厉之妄杀无罪，知行暴之报；观乎陈佗、宋闵，知嫉淫之过；观乎虞公、梁亡，知贪财枉法之穷；观乎楚灵，知苦民之壤；观乎鲁庄之起台，知骄奢淫泆之失；观乎卫侯朔，知不即召之罪，观乎执凡伯，知犯上之法；观乎晋却缺之伐邾娄，知臣下作福之诛。数语有即因推效者，有由末溯本者，所谓睹指知归，系心于微而致之著也，不可泥一时一事观之。语曰：人君居阴而为阳，人臣居阳而为阴。阴道尚形而露情，阳道无端而贵神。阳息于阴则治，阴消于阳则乱。治乱之几，天人之际，盖圣人以为甚可畏也。太史迁曰："春秋之中，弑君三十六，亡国五十二，诸侯奔走不得保其社稷者不可胜数，察其所以，皆失其本已。故有国者不可以不知《春秋》，前有谗而弗见，后有贼而不知。为人臣者不可以不知《春秋》，守经事而不知其宜，遭变事而不知其权。为人君父而不通于《春秋》之义者必蒙首恶之名，为人臣子而不通于《春秋》之义者必陷篡弑之诛。"董仲舒亦曰："古之人有言：'不知来，视诸往。'今《春秋》之为学也，道往而明来者也，然而其辞体天之微，故难知也，弗能察，寂若无，能察之，无物不在，是故为《春秋》者，得一端而多连之，见一空而博贯之，则天人尽矣。微乎微乎，非通天人终始之故、阴阳变化之神者，奚足语于此乎？"不明乎此而欲以族史视《春秋》，无惑乎谓孔子为抱残守缺之迂儒而罗泌《路史》、马骕《绎史》皆将贤于万世不刊之经矣。圣人有知，忧患当如何也？《春秋》与族史不同，韩退之所谓"诛奸谀于既死，发潜德之幽光"，自指族史而言，非所以解《春秋》也。钱竹汀有论孔子作《春秋》乱臣贼子惧文，立义精允，学者参证之，则知《春秋》一经之宗趣矣。

《春秋》阴阳大义备详于董子《蕃露》，自东汉章句学兴，何休而后，未有见及于此者也。此篇与《易论》、《礼论》所推皆圣人微旨，惜《诗》《书》二经口说残废，等诸盖阙耳。然翼奉之学，本传略存梗概，齐《诗》多主性情，故与阴阳相表里，遗说纬书亦略具之。《洪范》灾异，刘向诸儒所明，《五行志》中尚可参考，灾异为言《尚书》之一端，又经班氏要删，故多迂诞一偏之解，然实古代学想也。演而究之，是在来哲矣。孟劬自记。

礼　论

张奋上疏曰："圣人所美，政道至要，本在礼乐。五经同归，而礼乐之用尤急。"若是乎圣人之急言礼也。虽然，三王不相袭礼，五帝不相沿乐。礼也者，因民而作，追俗为制者也。意者古礼不宜于今之世乎？曰：否。治礼者贵其义而已，知其义则不泥其仪节矣。夫礼由人起，人生有欲，欲而不得则不能无忿，忿而无度量则争，争则乱，先王恶其乱也，为之缘人情而制礼，依人性而作仪，至孔子修而定之，岂徒取先王已陈之刍狗，使人伥伥焉冥行而已哉？盖将因其礼以明其理，因其仪以示其义耳。班固《韦玄成传》赞曰："礼文缺微，古今异制，各为一家，未易可偏定也。"余谓此皆言礼者泥仪节而不求义之过耳。礼文虽缺，岂有古今之分哉？然则礼之义何自始乎？曰：礼，人道之极也。始于天与人相争，终于人与天相济。人之所得乎天者，性情也。性情有七，喜、怒、哀、乐、爱、恶、欲七者，天下之大本，有中和之德焉。圣人知位天地而育万物者，非此莫由也，于是乎顺而导之。指恻隐之心谓之仁，充类至仁之尽，而仁不可胜用矣；羞恶之心谓之义，充类至义之尽，而义不可胜用矣；恭敬之心谓之礼，充类至礼之尽，而礼不可胜用矣；是非之心谓之智，充类至智之尽，而智不可胜用矣。恻隐、羞恶、辞让、是非皆身体自卫之作用，赋畀于天，惟扩而充之以及乎人，人始有仁、义、礼、智之可言，故仁、义、礼、智以四者为端。孟子曰："凡有四端于我者，知皆扩而充之矣。若火之始然，泉之始达，苟能充之足以保四海，苟不充之不足以事父母。"后儒求仁、义、礼、智于四端而不言扩充，此玄虚之学，实非圣教本谊。仁、义、礼、智之性根于心，而其原则命于天，所谓生之谓性也。人无不爱其生，而有与生相缘者曰饮食男女，有与生相反者曰死亡贫苦。饮食男女，人之大欲存焉；死亡贫苦，人之大恶存焉。大欲起，大恶积，好恶无节于内，知诱于外不能反躬，天理灭矣，于是有悖逆诈伪之心，有淫泆作乱之事，强者胁弱，众者暴寡，疾病不养，老幼孤独不得其所，仁义礼智五常之性至此全漓，则大乱之道也。圣人知其然也，为之制礼以节之，饮食不让则必争，于是制为进食之礼，左殽右胾，食居人之左，羹居人之右，脍炙处外，醯酱处内，葱渫处末，酒浆处右，主人兴，辞于客，然后客坐，主人延客，祭三饭，然后辩殽，所以教让也。制为饮酒之礼，主人亲速宾及介，三揖至阶，三让，以宾升，宾酬主人，主人酬介，介酬众宾，修爵无算，所以明贵贱，辨隆杀，和乐而不流，弟长而无遗，安燕而不乱也。饮食之礼既饬，由是而推之，使我始饮食者谁欤？天欤，地欤，祖父欤？则不见之矣。于是制为祭祀之礼，燔柴于泰坛，祭天也；瘗埋于泰折，祭地也；埋少牢于泰昭，祭时也。郊之祭也，君牵牲，穆答君。太庙之内，君亲制祭，夫人荐盎，君亲割牲，夫人荐酒，洞洞乎其敬也，属属乎其忠也，勿勿乎其欲其飨之也，则取饮食报本反始之道也。以此坊民，民然后无敢以饮食作乱者矣。谨征诸记曰："尊让絜敬也者，君子之所以相接也。君子尊让则不争，絜敬则不慢，不慢不争，则远于斗辨矣。不斗辨则无暴乱之祸矣，斯君子所以免于人祸也。"男女相悦者，天也，男女渎则阴阳乱矣，圣人于是制为昏姻之礼，纳采，问名，纳吉，纳征，请期，主人筵几于庙，敬慎重正，昏礼也。父亲醮子而命之迎，男先于女也，共牢而食，合卺而醑，合体同尊卑，以亲之也，敬慎重正，而后亲之，礼之大体，所以成男女之别而立夫妇之义也。制为相见之礼，男女非有行媒不相知名，非受币不交不亲，所以远嫌也。制为助祭之礼，君纯冕立于阼，夫人副袆立于东房，士执刍，宗妇执盎从，君执鸾刀，羞哜，夫人荐豆，此之谓夫妇亲之，所以序人伦承先祖也。君子之道，造端乎夫妇，以此坊民，民然后无敢以男女兴戎者矣。谨征诸记曰："昏礼者，万世之始也。取于异姓，所以附远厚别也。男女有别然后父子亲，父子亲然后义生，义生然后礼作，礼作然后万物安。无别无义，禽兽之道也。"圣人之节民欲如此，故曰："礼者，节民心者也。"班《书·礼乐志》曰："人函天地阴阳之气，有喜怒哀乐之情。天禀其性而不能节也，圣人能为之节而不能绝也，故象天地而制礼乐，所以通神明，立人伦，正性情，节万事者也。"盖礼乐之为制，一张一弛，归之于中，圣人用以坊民之好恶而非绝民之好恶，以绝好恶为礼乐，矫枉过正而节之之义荒矣。虽然，民之欲节矣，而有必不得免于天者，则死亡贫苦是矣。圣人于是又制为养生送死之礼。农田百亩，上农夫食九人，下农夫食五人，庶人在官者，其禄以是为差，所以均贫富也。五十养于乡，六十养于国，七十养于学，所以敬高年也。及其死也，丧三日而殡，凡附于身者必诚必信，三月而葬，凡附于棺者必诚必信，饭于牖下，小敛于户内，大敛于阼，殡于客位，祖于庭，葬于墓，所以即远也。以此坊民，民然后无敢以死亡贫苦变节者矣。谨征诸记曰："大道之行也，使老有所终，壮有所用，幼有所长，矜寡孤独废疾者皆有所养，是故谋闭而不兴，盗窃乱贼而不作。"再征诸记曰："人死，斯恶之矣，无能也，斯倍之矣。是故制绞衾，设蒌翣，为使人勿恶也。"由是观之，礼也者，非以极口腹耳目之欲也，将以教民平好恶而反人道之正也。欲平好恶而反人道之正，舍礼何以哉？此圣人之所以急言礼也。[7]然则圣人之礼制，其大成矣乎？曰：未也。凡礼始于脱，成于文，终于隆，圣人之于礼也，不径而致也。故同一祭礼也，而天子七庙、诸侯五庙、大夫三庙，异等焉，同一丧礼也，而天子八翣、诸侯六翣、大夫四翣，殊制焉，所以定尊卑也；同一祭献之数也，而分为一献熟、三献焰焉，同一丧服之等也，而别为男子免、妇人髽焉，所以辨同异也。而且礼行于疏远也则为之贽见之礼以联之，礼行于尊亲也则为之聘觐之礼以导之，为之冠礼所以责成人之道也，为之射礼所以观兴贤之效也。君臣朝廷尊卑贵贱之序，下及黎庶车舆、衣服、宫室、饮食、嫁娶、丧祭之分，事有宜适，物有节文，故曰："礼也者犹体也。体不备，君子谓之不成人。设之不当，犹不备也。"又曰："礼者养也。君子既得其养，又好其辨也。"所谓辨者，贵贱有等，长少有差，贫富轻重皆有称也。[8] 夫如是始可以尽人之性，能尽人之性，始可以赞天地之化育，可以赞天地之化育，始可与天地参矣。[9] 其在记曰："大道之行也，天下为公，选贤与能，讲信修睦，故人不独亲其亲，不独子其子，天不爱其道，地不爱其宝，人不爱其情，天降膏露，地出醴泉，凤凰麒麟皆在郊椰，龟龙在宫沼，其余鸟兽之卵胎皆可俯而阚也。"其在《诗》曰："维天之命，于穆不已。于乎不显，文王之德之纯。"其在《易》曰："时乘六龙以御天。天且弗违，而况于人乎，况于鬼神乎？"其在《书》曰："天工人其代之。天秩有礼，自我五礼五庸哉，政事懋哉懋哉。"言大圣人制礼作乐，治定而功成也，是之谓人与天相济。天也者，人道之所以成始而成终也。道家之言曰："人法地，地法天。"子思赞孔子曰："大哉圣人之道，洋洋乎发育万物，峻极于天。"又曰："天之所覆，地之所载，凡有血气者莫不尊亲，故曰配天。"皆人与天相济之义也。能知人与天相济之义，由孔子定礼以制法后王者，一以贯之矣，岂必效会礼之家名为聚讼哉？[10]

校勘记

[1]《史微札记》："庄子蔽于天而不知人"下补注："道家书庄周最微妙，荀卿后，《法言》訾小诸子亦往往及之，皆与荀旨同。李轨解：'妙旨非见形而不及道者之言所能统，故每遗其妙寄。'晋人尚玄，则右庄，不足以病扬也。寄此辨之。王逸谓《法言》条错而无主者，非。"

[2]《史微札记》："吾亦不得而知之也"下补注："天地者，名之始也。老子曰：'无名，天地之始。'无名亦名也。古书凡言天地，大抵皆就人类智力推测所能名者为阈，过此以往，未之或知。"

[3]《札记补遗》："则谓之两仪"下补注："《越绝·外传》引范子云：'道生气，气生阴，阴生阳，阳生天地。'阴阳不能独生，阴如何可以生阳？且古人言道皆兼阴阳，离二气，则道亦强名耳。此汉时淆讹之谈，《困学纪闻》谓即《归藏易》，亦非。"

[4]《史微札记》："吾谓必如此也"改"吾谓奈何如此"。

[5]"正"下原有"受"字，黄曙辉据《周易虞氏消息》卷二删。今从之。

[6]《史微札记》："亦从变而移"下补注："《春秋》褒贬，皆就行事假以示人，行不一术，故可从变而移，董仲舒谓《春秋》诛意不诛辞，又曰：'春秋之听狱也，必本其事而原其志，未有舍其事不尽心于其辞而惟意之责者。'《春秋》以辞治，亦犹法家以名治，后贤诛心之说偏据一端，未可以测《春秋》也。"

[7]《史微札记》："此圣人之所以急言礼也"下补注："孔颖达《诗疏》：'礼乐本出于民，还以教民，与夫云出于山复雨其山，火生于木反焚其木，复何异哉？'此唐人诂义最精者。又《礼疏》：'圣人之王天下，道德仁义及礼并蕴于心，量时设教'，则指礼之起原而言。二说相成。"

[8]《史微札记》："皆有称也"下补注："古代无民法，礼即法也。《丧服》一经，解者最详，其余仪制因数求义，散见于《戴记·曾子问》一篇，则推明变礼，如首节君薨世子生条，岂人事所常见？又如昏礼纳币有吉日一节，乃指因故辞昏者何以不嫁，必待婿免丧弗取而后嫁，礼不妄逆人也。凡此皆圣贤假设事故以究其用，略如法之比矣。后人与道德虚位同视者，误。"

[9]《史微札记》："始可与天地参矣"下补注："《周礼》大司徒以五礼防万民之伪而教之中，以六乐防民之情而教之和。大宗伯以天产作阴德，以中礼防之，以地产作阳德，以和乐防之，以礼乐合天地之化，百物之产。中和皆本礼乐言，《中庸》推而大之，喜怒哀乐之未发谓制于礼，发而皆中节谓达于乐，故曰：'致中和，天地位焉，万物育焉。'圣人垂世立教，无一不视中以为衡，而礼乐则其用也。"

[10]《史微札记》："名为聚讼哉"下补注："《淮南·道应训》武王问太公曰：'寡人伐纣，天下是臣杀其主而下伐其上也，吾恐后世之用兵不休，斗争不已，为之奈何？'太公曰：'甚善王之问也。夫未得兽者唯恐其创之小也，已得之唯恐伤肉之多也。道全为无用之事，烦扰之

教，彼皆乐其业，供其情，昭昭而道冥冥，于是乃去其瞀而载之木，解其剑而带之笏。为三年之丧，令类不藩。高辞卑让，使民不争，酒肉以通之，竽瑟以娱之，鬼神以畏之，繁文滋礼以弇其质，厚葬久丧以亶其家，含珠鳞组以贫其财，深凿高垄以尽其力，家贫族少，虑患者贫，以此移风，可以持天下勿失。'此六国阴谋家言保世滋大之念本人类起原矣，帝王创制又岂能外？但经后圣修定，道不易而函义广狭则别矣。《易》《书》《诗》《礼》皆然，故言六艺者折中于孔子。"

史微卷第八

内 篇

古经论

章实斋先生著《原道》篇，以谓集大成者为周公，而孔子之删述六艺则所以学周公也。自此论出，而先圣、后圣始若分茅而设蕝矣，不知周孔不容轩轾也。孔子以前不必有周公，而周公以后则不可无孔子；天不生周公，不过关系一姓之兴亡而已，而牺农尧舜禹汤文武之书犹在也；天不生孔子，则群圣人之道尽亡，虽有王者，无从取法矣。儒家流派原于尧舜而成于周公，故荀卿论儒效，首及周公，孟子亦谓陈良悦周公、仲尼之道。《淮南·要略》曰："武王继文王之业，以践天子之位。天下未定，海内未辑，武王欲昭文王之令德，使夷狄各以其贿来贡，辽远未能至，故治三年之丧，殡文王于两楹之间，以俟远方。武王立三年而崩，成王在褓褓之中，未能用事，蔡叔、管叔辅公子禄父而欲为乱。周公继文王之业，持天子之政，以股肱周室，辅翼成王。惧争道之不塞，臣下之危上也，故纵马华山，放牛桃林，败鼓折枹，搢笏而朝，以宁静王室，镇抚诸侯。成王既壮，能从政事，周公受封于鲁，以此移风易俗。孔子修成康之道，述周公之训，以教七十子，使服其衣冠，修其篇籍，故儒者之学生焉。"是则周公之创制，固孔子所祖述矣。然有今文、古文不同者，一则孔子不纯乎儒家，而以儒家传诸弟子；一则六艺为制法后王之书，重其义不重其事，故后世流传有二者之区别，非通损益之微意，盖不足以知之也。何则？周公思兼三王，监于二代，集牺农群圣人之大成，为一代致太平；孔子则祖述尧舜，宪章文武，集周公之大成，为万世立名教。为一代致太平，则典章制度不能不详备；为万世立名教，则不惟典章制度而已，必有其精义存焉。故《周易》，史也，而孔子赞之；《诗》《书》，史也，而孔子删之；《礼》《乐》，史也，而孔子定之；《春秋》，史也，而孔子笔削之，非敢僭越王章也，以为后王制法，不得不然也。列子载孔子之言曰"曩吾修《诗》《书》，正礼乐，将以治天下，遗来世，非独修一身，治鲁国而已。"[1]是夫子删定大旨已自揭之，来世统指后王，五经家有为汉制作之谶，博士之谀言也。若如章氏言，则是孔子专以周公之典章制度教人矣，以周公之典章制度教人，则是当强干弱枝之朝而议居摄之典礼，生郡县之天下而欲开明堂朝诸侯也。夫一代之典章制度，一代之风化系焉，文质异尚如循环，虽以牺农尧舜禹汤文武之创制，不能历久而不变，而况周公一王之法哉？此非劣周公也，亦时会不得不然也。《语》曰："殷因于夏礼，所损益可知也；周因于殷礼，所损益可知也。其或继周者，虽百世可知也。"是孔子之取法周公也，一损一益，或因或创，盖非执中无权者所得借口矣。学古者贵其道，非贵其繁文末节。《中庸》曰："君子而时中。"孟子曰："孔子，圣之时者也。"《易》曰："随之时义大矣哉。"风俗异宜，圣人必不泥古以祸天下也。然则何以尊周公？曰：欲尊周公，亦惟以孔子之言为定可也。夫六艺皆周公之旧籍也，而有经孔子别识心裁者，则今文诸说是也；有未经孔子别识心裁者，则古文诸说是也。今文为经，经主明理，故于微言大义为独详；古文为史，史主纪事，故于典章制度为最备。典章制度乃周公致太平之迹，而孔子损益之所从出也，岂可以口说之所未传而弃之哉？余既本七十子大义备论六艺垂世立教之义，今复取古文诸经理而董之，后有君子，庶几得以览观焉。曰《礼周官》，曰《春秋左氏传》，曰《诗毛氏传》，凡三种，皆古文也。经原于史，刘歆既取古文诸史附经以行，此外若《国语》为《春秋》之外篇，《国策》为从横之别乘，《竹书》谍上古琐闻，《越绝》备偏方掌录，《穆传》近起居注，《世本》实谱谍书，分别部居，具载流略，亦古史之支与流裔也。以非周公制作，不得与古文诸史并衡，源流分合别著于篇。

《周礼》者，周公之职官录也。虽非孔子所手定，而不可谓非周公致太平之迹，惟其非孔子所手定，故临孝存以为武帝知《周官》末世渎乱不验之书，作十论七难以排弃之，何休亦以为六国阴谋之书；惟其为周公致太平之迹，故刘歆宝玩之，置学官弟子，马融、郑康成为之传注，使《周官》义得条通。考《儒林传》，汉兴，高堂生传《礼》十七篇,而鲁徐生善为容。孝文时,徐生以容为礼官大夫,而瑕丘萧奋以《礼》至淮阳太守。孟卿,东海人也,事萧奋,以授后仓,后仓说《礼》数万言,号曰《后氏曲台记》,授戴德、戴圣。郑康成云:"五传弟子则高堂生、萧奋、孟卿、后仓、戴德戴圣,是为五也。此所传者谓十七篇,即今《仪礼》也。"据此,则《周官》非孔子所传明矣。《周官》出于孝武之世,《马融传》曰:"秦自孝公已下用商君之法,其政酷烈,与《周官》相反,故始皇禁挟书,特疾恶,欲绝灭之,搜求焚烧之独悉,是以隐藏百年,孝武帝始除挟书之律,开献书之路,既出于山岩屋壁,复入于秘府,五家之儒莫得见焉。至孝成皇帝,达才通人刘向、子歆校理秘书,始得列序,著于录略,然亡其《冬官》一篇,以《考工记》足之。时众儒并出共排,以为非是,唯歆独识为周公致太平之迹,所谓礼失求野,与其过而废之,宁过而立之也。"余尝即郑康成注征之,《天官冢宰》第一,郑君说之曰:"象天所立之官。天者统理万物,天子立冢宰使掌邦治,亦所以总御众官使不失职。不言司者,太宰总御众官,不主一官之事也。"《地官司徒》第二,郑君说之曰:"象地所立之官。地者载养万物,天子立司徒掌邦教,亦所以安扰万民也。"《春官宗伯》第三,郑君说之曰:"象春所立之官。春者出生万物,天子立宗伯使掌邦礼,典礼以事神为上,亦所以使天下报本反始。不言司者,鬼神示,人之所尊,不敢主之故也。"《夏官司马》第四,郑君说之曰:"象夏所立之官。夏者整齐万物,天子立司马共掌邦政,政可以平诸侯,正天下也。"《秋官司寇》第五,郑君说之曰:"象秋所立之官。秋者遒也,杀害收聚,敛藏万物,天子立司寇使掌邦刑,刑者,所以驱耻恶,纳人于善道也。"《冬官司空》第六,郑君说之曰:"象冬所立之官。冬者闭藏万物,天子立司空使掌邦事,亦所以富充国家,使民无空者也。"而又总论其要曰:"古《周礼》六篇者,天子所专秉以治天下,诸侯不得用焉。"《周官》之精义盖尽于此矣。孟子曰:"周公思兼三王,施于四事。"解者谓四事,春、夏、秋、冬也。《论语》亦曰:"周监于二代,郁郁乎文哉。"今观六典之建设也,智周万物,而又取法于天地四时,岂非郁郁乎太平之极致哉?或曰:周官既为周公致太平之书,而孔子独不传之,何也?曰:此非孔子不见《周官》也,亦非有所鄙夷也。孔子为后王制法,必取其万世行之而无蔽者,始加王心焉。《周官》为周公典章制度之书,典章制度之沿革,历代不同,政如开元五礼、《大明会典》之类耳,若泥古而误用之则祸人家国矣,如王莽、苏绰、王安石之事可见。此孔子不传《周官》之微意也。两汉注《周官》者极多，无一人敢以口说附会者，足为孔子不传《周官》之确证。虽然，谓孔子不传《周官》，无害也，因《周官》不传于孔子，遂谓刘歆所伪造，则浅儒之陋也。盖《周官》最为晚出，至刘歆校录而其书始布，观于《后汉·儒林传》所载，刘歆之后则有河南缑氏、杜子春能通其读，颇识其说，郑众、贾逵皆受业焉。众、逵洪雅博闻，又以经书记转相证明为解，其后马融亦为解诂，以传郑康成。康成之言曰："玄窃观二三君子之文章，顾省竹帛之浮辞，其所变易灼然如晦之见明，其所弥缝奄然如合符复析，斯可谓雅达广揽者也。"《周官》之授受分明如此，使果出于刘歆伪造，郑贾诸儒耳目最近，无庸不知，安肯以为周公致太平之迹而传道解惑若是之盛哉？再证之《汉书·河间献王传》，献王所得书皆古文，先秦旧书《周官》、《尚书》、《礼》、《礼记》、《孟子》、《老子》之属，《艺文志》河间献王与毛生等共采《周官》及诸子言乐事者以作《乐记》，《经典·叙录》亦言河间献王时有李氏，上《周官》五篇，失《事官》一篇，乃购千金不得，取《考工记》补之，然则《周官》行世远在刘歆之前，伪造之诬更不攻而自破矣。昔汪容甫著《周官征文》，举六征以发明之，其中引《逸周书》、《毛诗·生民传》、《艺文志》所言之乐章，皆古文也，今不具论。至太傅礼朝事载《秋官》典瑞、大行人、小行人、司仪职文[2]，《礼记·燕义》载《夏官》诸子职文，内则载《天官》食医、庖人、内饔职文，此则今文口说，同乎《周官》者也。此亦可证孔子非不见《周官》也。若其不同者，则建都之制不与《召诰》、《洛诰》合，封国之制不与《武成》、《孟子》合，设官之制不与《周官》合，九畿之制不与《禹贡》合，井田爵禄之制不与《王制》合，此据宋儒孙氏说约略言之[3]，读者不可泥。一为三代之通行，一为周公之创制，一为孔子之所述[4]，一为旧史之所纪，家法异传，后有通经者，信古而阙疑焉可也。[5]要之，《周官》一经与十七篇本不同科，自刘歆列诸礼类，西汉儒者无有以《周官》为周礼者，《左传》所言之周礼皆指《仪礼》而言[6]，非《周官》也。以《周官》为周礼，实始于刘歆，其后马、郑诸人从之。荀悦曰："刘歆以《周官》六篇为周礼，王莽时奏以为经，置博士。"可谓得其实矣。儒者愤其与孔子手定之六艺相乱也，梦梦然而攻之，欲使周公致太平之迹铲灭而无存，可谓矫枉而过其直矣。诚知《周官》为周公致太平之迹，则纵非孔子所传，又何尝不与六艺并垂于天壤哉？

　　《春秋》之有《左氏传》也，聚讼更烈于《周官》矣。《周官》非孔氏所传，而《左氏传》则先儒皆谓其受经于仲尼，意者古文家法亦孔子之绪言欤？曰：否。西汉诸儒有言："《左氏》不传《春秋》。""不传《春秋》"者，谓不传孔子口说之《春秋》也。然余考之，《左氏》不传孔子之《春秋》，而未尝不为孔子之《春秋》详本事。惟其所详之本事皆据鲁国旧史、周公典策之遗，丘明广记而备言之者，所以明夫子不以空言说经也。若夫素王受命垂教之大义，皆七十子后学之所传，则非左氏所能预闻矣。何以知《左氏传》据鲁国旧史、周公典策之遗哉？案《春秋》者，鲁史记之名也。记事者以事系日，以日系月，以月系时，以时系年，所以纪远近别同异也。故史之所记，必表年以首事，年有四时，故错举以为所记之名也。《周礼》有史官，掌邦国四方之事，达四方之志，诸侯亦各有国史，大事书之于策，小事简牍而已。孟子曰："楚谓之《梼杌》，晋谓之《乘》，而鲁谓之《春秋》，其实一也。"韩宣子适鲁，见《易》象与《春秋》，曰："周礼尽在鲁矣。吾乃今知周公之德与周之所以王。"韩子所见，盖周之旧典礼经也，故曰："鲁国犹秉周礼，于斯见之矣。"左丘明，鲁太史也。身为国史，躬览载籍，故能据旧例而发义，上以遵周公之遗制，下以明将来之法，杜预所称其发凡以言例，皆经国之常制，周公之垂法，史书之旧章者，此之谓也。[7] 是故传之通例有二，一曰书之例、一曰不书之例，其详均具杜氏《春秋释例》中。而其大纲则尤在于凡。凡者何？国史载笔之总要，而亦周公当日经国之遗制也。《传》曰："《春秋》之称微而显，志而晦，婉而成章，尽而不污，惩恶而劝善，非圣人谁能修之？"此"圣人"即指周公而言，或谓圣人修之应是指孔子。考丘明与孔子同时，不当豫称圣人，盖此语宜虚看，言非有圣人不能修此《春秋》也，若指周公似亦通，今姑两存，鄙解俟好学者核之。是则左氏虽不预闻孔子之口说，而周公典策之遗未尝不借左氏而传矣，《左传》所载名公巨卿嘉言懿行，大旨多出入于道家，所谓历记古今存亡祸福成败之道，真粹然史官旧学也。刘知几《史通》《惑经》、《申左》、《五行错误》、《杂驳》等篇仅以《左氏》本事箴砭二传，而略于史学，惟汪容甫《左传释疑》能见及此，余别有专篇讨论之。素臣之功为何如哉？虽然，谓《左氏传》为周公典策之遗则可，谓周公典策之遗为足尽孔子笔削之大义则不可。孔子之作《春秋》也，立新王之道，变周文，从殷质，将以通三统也，而周公之旧典礼经则一代之制耳。一代之制，其不足备后王损益明矣。且观《左传》之发凡言例也，一则曰凡诸侯嫁女，再则曰凡诸侯之丧，三则曰凡诸侯同盟，四则曰凡诸侯薨于朝会，五则曰凡诸侯之大夫违告于诸侯，明鲁国旧史乃周公为诸侯立法者也。若《春秋》则天子之事矣，今以侯国方策厕诸天子之间，其为倒置，岂只僭越王章而已耶？此西汉儒者所以不认《左传》为经，恐其与孔子口说相乱也。自东京板荡，五经家败绩失据，周公典策之遗与孔子之口说始并为一谈，而《左氏》遂独为治《春秋》者所宗矣。其祸皆由晋之杜预氏始，何则？《左传》初兴，多古言古字，学者传训故而已，刘歆欲广道术，引传文以解经，至谓左丘明好恶与圣人同，刘歆但谓传闻之略，不如亲见之详，乃指《春秋》本事而言，非谓口说也。故王充亦言诸家去孔子远，远不如近，闻不如见。当时辨三传者谨慎如是。郑兴从歆讲正大义，使撰条例章句训诂，贾徽亦从歆受学，传子逵，虽史官讥其附会文致，最差贵显，然犹不敢尽以口说诬左氏也。至预著《集解》，乃翩然举古说而反之，其言曰：“古今言《左氏春秋》者多矣，今其遗文可见者十数家，大体转相祖述，进不成为错综经文以尽其变，退不守丘明之传，有所未通，没而不说，而更肤引《公羊》、《穀梁》，适足自乱。预今所以为异，专修丘明之传以释经，经之条贯必出于传，传之义例总归诸凡，推变例以正褒贬，简二传而去异端。”观杜氏自序与诸家不同，则知其变古之罪矣。[8]便词巧说，自成一家，诬丘明盛谊，背先师之旧训，真扬雄所称虽小辩，终破大道者也。《晋书·儒林传》：“刘兆以《春秋》一经而三家殊涂，诸儒是非之议纷然，互为仇敌，乃思三家之异合而通之。《周礼》有调人之官，作《春秋调人》七万余言，皆论其首尾，使大义无乖，时有不合者，举其长短以通之。又为《春秋左氏》解，名曰《全综》，《公羊》、《穀梁》解诂皆纳经传中，朱书以别之。氾毓亦尝合三传为之解注，撰《春秋释疑》。”是当时说《春秋》者虽混合家法，犹未若杜氏既以书法诬丘明，又思简去二传之悍也。且预亦知左氏身为国史，躬览载籍，其发凡以言例，皆经国之常制，周公之垂法，史书之旧章矣。杜氏虽以《左氏》书法附会孔子口说，思简二传，然终不敢谓《左氏》非国史，此亦欲盖弥彰者矣。而犹欲以《左氏》诸称书、不书、先书、故书、不言、不称、书曰之类穿凿圣经，岂素王受命垂教之书不及鲁史旧例耶？余书于两汉经师皆不妄下攻击，以其口耳相传授受，有源流也。惟于南北派则其例稍宽，杜氏说经实首变两汉家法而开南北派之先声者，故取赞而辨之。唐工部尚书陈商《立春秋左传学议》曰：“孔圣修经，褒贬善恶，类例分明，法家流也。左丘明为鲁史载述时政，以日系月，修其职官，本非扶助圣言，缘饰经旨，盖太史氏之流也。案《史记》中引《左传》者极多，盖太史公本旧史之苗裔，源出道家，而《左氏》一书则专详《春秋》之本事，故子长述史不敢遗焉，非与孔子口说相舛也。举其《春秋》则明白而有实，合之《左氏》则丛杂而无征。杜元凯曾不思夫子所以为经，当与《诗》《书》《周易》等列；丘明所以为史，当与司马迁、班固等列。取二义乖刺不侔之语，参而贯之，故微旨有所未周，宛章有所未一。"规杜之过，可谓持平矣。《晋书》王接亦谓《左氏》自是一家书，不主为经发。接与杜氏耳目相接，尤为公论。然则世之学者甚勿信杜氏谰言，妄谓《左氏》可兴，《公》《榖》可夺，使周公典策之遗蒙后儒之诟病也。

问者曰："《周官》与十七篇殊科，《左氏》专详《春秋》之本事，是固然矣。若古文《毛诗传》则七十子后学之授受，列诸载籍，千古无异议焉。子谓古文非孔子口说，其何以处《毛传》乎？"曰：《毛传》传于世者虽无聚讼，然其故颇难言矣。案《毛诗》之授受，两汉不少概见，独详于吴陆玑《草木虫鱼疏》。《疏》云："孔子删诗，授卜商，商为之序，以授鲁人曾申，申授魏人李克，克授鲁人孟仲子，仲子授根牟子，根牟子授赵人荀卿，荀卿授鲁国毛亨，亨作《诂训传》，以授赵国毛苌，时人谓亨为大毛公、苌为小毛公，以其所传，故名其诗曰《毛诗》。"而《经典·叙录》则引吴徐整云："子夏授高行子，高行子授薛仓子，薛仓子授帛妙子，帛妙子授河间人大毛公，为《诗故训传》于家，以授赵人小毛公，名苌。小毛公为河间献王博士。"陆玑与徐整为同时人，其所言《毛诗》授受之源流已不同如此矣。再征之《艺文志》，《志》叙《诗》学家派曰："又有毛公之学，自谓子夏所传，而河间献王好之，未得立。""自谓"者，人不信之之辞也。本近代魏默深论。班固之志艺文，本于刘歆《七略》，在陆玑、徐整之前，使《毛传》真为子夏所传，班氏何难详著之，而必作疑词以误后人，岂辨章旧闻者而为此哉？是《毛传》之授受不明，固确有佐证也。《毛传》只可谓非孔子口说，不得谓非七十子后学所传，故《汉志》于此仅有微词，倘因而集矢《毛传》，则又失说经谨慎之意矣。"授受不明"四字，学者当善会之。且余尝取其《传》讽之矣，所说诸诗皆太史采诗之义而非孔子删《诗》垂教之义，何言乎太史采诗之义？采诗者，采取民俗歌谣以为天子诸侯政教兴衰之应，而太史因以讽谏焉，此周公当日设官之精意也。故其为用有六，曰风，曰赋，曰比，曰兴，曰雅，曰颂，而其大别则有四，曰风，曰雅，曰颂，以一国之事系一人之本谓之风，言天下之事形四方之风谓之雅，美盛德之形容以其成功告于神明谓之颂，是谓四始。雅有大、小，故曰四始。《郑志·答张逸》曰："风也，小雅也，大雅也，颂也，此四者，人君行之则为兴，废之则为衰。"皆太史所采，警导于王，使以是经夫妇成孝敬厚人伦美教化移风俗者也。是以《关雎》、《麟趾》之化，王者之风也，则系之周公；《鹊巢》、《驺虞》之德，诸侯之风，先王之所以教也，则系之召公；其余采之何国，则以何国之风系之。至懿王以后，民劳板荡，礼义凌夷，国异政，家殊俗，所采诸诗既不关乎今王之政教，则别其名曰变风、变雅，以见先王之泽犹未尽泯焉。所谓国史明乎得失之迹，伤人伦之废，哀刑政之苛，吟咏情性，以风其上，达于事变而怀其旧俗者，实三百五篇之开宗明义也。如《关雎》五章，康王时诗也，而太史采之，则以著文王思贤之化焉；《鼓钟》四章，昭王时诗也，而太史采之，则以著幽王淫乐之感焉；《东门之枌》，好巫之所作.而太史采之，则以刺陈幽公风化之荒淫焉；《相鼠有皮》，谏夫之所赋也，而太史采之，则以美卫文公礼仪之能正焉。《郑志·答张逸》曰："国史采众诗时，明其好恶，令瞽矇歌之，其无作主，皆国史主之，令可歌。"是采诗专主观民好恶，不主本事也。然亦有详具本事者，如《硕人》、《燕燕于飞》、《式微》诸篇，所谓据书直书，则警导人君之意自见，故郑又云："作诗者一人而已，其取义者一国之事，变雅则讥王政得失，闵风俗之衰，所忧者广，发于一人之本身。"此其例也。昔吴季札观于周乐，其所歌即太史采诗之旧第，而其所论亦即太史采诗以观政教兴衰之本义，证以《毛诗》，无不合若符契，然则《毛诗》专本太史采诗之义以说诗，已无疑义，而与孔子删《诗》垂教者固有不同矣。[9]或曰："郑康成《诗谱》叙言孔子录懿王、夷王时诗，讫于陈灵公淫乱之事，谓之变风、变雅。今谓变风、变雅出于太史，其有说欤？"曰：变风、变雅之名，盖太史所旧定而孔子因而录之耳。孔子删述六艺也，皆本先王之旧史，加以王心，未尝增益其所无，即《春秋》侯国之典策，笔而削之，亦不过致谨于日月褒贬之间而已，此素王垂教之通例也。[10]若如郑君言，以变风、变雅为孔子所特创，则是孔子补《诗》而非删《诗》矣。且郑君说《诗》每兼三家，变风、变雅，《毛传》明言国史之所为，则郑君此序必非毛义也，安得据此孤证而谓《毛传》实出孔子口授耶？说见《案诗》。虽然，此不可鄙夷《毛传》也。何则？毛传所载皆周公致太平之迹，虽非孔子口说，而有周一代之政教实赖以传焉。《诗谱》叙曰："周自后稷播种百谷，黎民阻饥，兹时乃粒，陶唐之末，中叶公刘亦世修其业，以明民共财。至于太王、王季克堪顾天，文武之德光熙前绪，以集大命于厥身，遂为天下父母，使民有政有居。其时诗，风有《周南》、《召南》，雅有《鹿鸣》、《文王》之属。及成王、周公致太平，制礼作乐，而颂声兴焉，盛之至也。"观郑君序《诗》，推原于周家创业之艰难及周公之制作，亦可以见太史采诗之微意矣。《六艺论》曰："自书契之兴，朴略尚质，面称不为谄，目谏不为谤，君臣之接如朋友然，斯道稍衰，奸伪以生，上下相犯，及其制礼，尊君卑臣，君道刚严，臣道柔顺，于是箴谏者希情志不通，故作诗以诵其美而讥其过。"制礼莫直于周公，则太史采诗亦必周公所定，故《文心雕龙》曰："公旦多材，剬诗缉颂。"可证毛义之所本也。故《周南》、《召南》，文王之诗也，而列冠篇首，所以尊周公也。《商颂》上述玄鸟，周公监于前代之旨也。《邠风》多详稼穑，周公陈诵于后王，使无忘先业也。鲁升为颂，明周公得备天子礼乐也。王降于风，明周公德泽在民，虽衰而不亡也。当日周公摄政治国之规模纤悉如此，今去之数千年，犹可想见其盛焉，苟无《毛传》，则先王之旧典礼经皆渐灭而无遗矣，是其功烈岂在三家之下哉？而奈何为古文者，既以旧史诬孔子之口说，而为今文者又以口说薄周公之旧史，致太平徽烈封菑于声韵训诂之中，不能与三家同其论定焉，真《毛传》一大不幸矣。余故不惮反复明辨，通方之君子，或不以謷言为河汉也。

　　右古文三家，曰《周官》、曰《左氏传》、曰《毛氏传》，既详著其学术源流矣。若《易》古文费氏，家法久亡，虽有王辅嗣注，而后起故训不足以定先师之本旨[11]；《书》古文孔氏尚在，真伪聚讼之时，孔氏《尚书》，经之真赝无足辨者，若传则颇多可议，如梅鸷攻其注《禹贡》瀍水出河南北山一条，积石山在金城西南羌中一条，朱彝尊攻其注《书序》东海驹骊、扶余、馯，貊之属一条[12]，皆无解于驳者之口，意者《孔传》晚出，后人有所窜入欤？至近儒疑为王肃伪作，则殊不然。考《禹贡》："三百里蛮。"传云："以文德蛮之。"孔冲远疏："郑云：'蛮者，听从其俗，羁縻其人，故云蛮，蛮之言缗也。'王肃云：'蛮，慢也。礼仪简慢。'与孔异。"《洪范》："农用八政。"传云："农，厚也。厚用之，政乃成。"疏："郑云：'农读为醲。'则农是醲意，故为厚也。张晏、王肃皆言农，食之本也。食为八政之首，故以农言之。然则农用止为一食，不兼八事，非上下之例，故传不取。"足证与肃说不同。陈氏澧谓肃故为不同，以挤其作伪之迹，此则深文之言，非定谳也。余皆不得而论次焉。考辨粗定，爰总而说之曰：昔周公以多才多艺之大圣人，摄天子之位，制礼作乐，三代之治典，于斯为盛。我孔子思存前圣之业，有德无位，不能不假周公之旧史，制法后王，其中有因乎旧史者，亦有本旧史之文别创义例者，故古文诸说多有与今文家从同之义，然此从同之义只可谓孔子取诸旧史，观答颜渊为邦可见。不可谓旧史皆孔子之口说，况其同者少而不同者多乎？夫孔子，大圣人也，周公亦大圣人也，周公之圣为一代致太平，孔子之圣则为万世立名教，孔子之微言大义莫备于今文，周公之典章法度亦莫详于古文，古文明而后周公致太平之道明，周公致太平之道明而后孔子损益旧史垂教万世之义亦明，苟知此义，则古今文之哄可以不作矣。古文流别不一，最为难定，《周官》一经似孔子定礼之余，《左氏》专详本事，虽与二传异趣，然谓其亲见圣人，为《春秋》作传亦不为诬，不得但以相斫书目之，《毛传》尤多儒家之言，纵非口说，亦必七十子后学之别传，故西京虽未立学官，而儒者著书动见征引，特所载多三代制度[13]，非孔子制法后王之义耳。孟子曰："余岂好辨哉？余不得已也。"岂与夫守文之徒滞固所禀较其区区也耶？六艺归孔氏，本有两派，古文经国之业，多详于政；今文经世之业，多阐于教。政之条绪綦繁，当于外篇具之。

明　师

昔班固之叙诸子略也，儒家则曰"盖出于司徒之官"，道家则曰"盖出于史官"，阴阳家则曰"盖出于羲和之官"，法家则曰"盖出于理官"，名家则曰"盖出于礼官"，墨家则曰"盖出于清庙之守"，从横家则曰"盖出于行人之官"，杂家则曰"盖出于议官"，农家则曰"盖出于农稷之官"，小说家则曰"盖出于稗官"，兵家则曰"盖出于司马之职"，诚以世之治也，学术皆聚于官守，在官者以吏为师，先王经世之术，未有庶民得而私习者也。自六典废而百家兴，人各安其所学，而后师道始上补政教之不逮矣。以余考之，百家之学莫盛于儒家，儒家身通六艺者七十二人，无不以孔子为师矣，而抑知孔子固师老聃乎？其后田子方、段干木、吴起、禽滑厘皆受业于子夏之伦，《吕览·当染》篇："孔子学于老聃、孟苏、夔靖叔，子贡、子夏、曾子学于孔子，田子方学于子贡，吴起学于曾子。"所载较《史记》尤详。孟子受业于子思之门人，而荀卿书中盛称仲尼、子弓，或曰子弓即仲弓，《论语·微子》篇"朱张"《音义》引王弼注:"朱张字子弓,荀卿以比孔子。"余按《论语》所举逸民皆孔子前人,而荀卿以子弓系于仲尼之下,必非朱张,王说误矣。是则荀孟诸贤皆孔子再传弟子也。至于道家,《汉志》有文子、蜎子,谓为老子弟子,是老子真道家鼻祖矣,然班《志》又载《常从日月星气》二十一卷,师古注所谓"老子师之者"也,或曰商容也,《淮南子·缪称》篇亦云:"老子学商容,见舌而知守柔矣。"则老子固尝师事商容也。若学于老子者,有庚桑楚,有柏矩,老子之后又有河上公,《史记·乐毅传》赞云:"乐臣公学黄帝老子,其本师号曰河上丈人,不知其所出。河上丈人教安期生,安期生教毛翕公,毛翕公教乐瑕公,乐瑕公教乐臣公,乐臣公教盖公,盖公教于齐高密胶西,为曹相国师。"乐臣公,《史记》一作"乐巨公",《汉书》:"田叔好剑,学黄老术于乐巨公。"即一人。由是观之,固不独列子之师伯昏瞀人、《淮南》又云:"列子学壶子,观景而知持后矣。"老成子之师尹文先生为道家累世之重光矣。案两汉学道家者极多,如刘德少修黄老术,常持老子知足之计。直不疑亦学老子言。邓公子章以修黄老言显诸公间。景帝时王生善为黄老言。汲黯学黄老言,治官民,好清静。郑当时亦好黄老言,其慕长者如恐不称。太史谭则习道论于黄子。杨王孙学黄老之术。耿况与王莽从弟伋共学老子于安丘先生。任隗少好黄老,清静寡欲。郑均少好黄老书。樊准父瑞好黄老言,清静少欲。淳于恭善说《老子》,不幕荣名。翟酺好《老子》。蔡勋好黄老。矫慎少学黄老。皆见于列传中,此亦道家传习之可考者也。名家始于尹文、公孙龙。尹文子,杨倞谓宋钘弟子,钘为小说家,然余观庄生《天下》篇,往往以尹文与钘同称,意其源流之所渐欤?公孙龙尝学于孔子,说者因谓仲尼弟子,或曰即子石也,是龙之师承在儒家矣。盖正名原于礼,儒家固以礼为先者也。又《别录》言龙及其徒綦母子之属论白马非马之辨,而龙书亦载孔穿愿学之言,高诱注《吕览》,遂谓穿为龙之弟子,若然,则公孙龙之后不又有綦母子与孔穿乎?[14]由是观之,名家徒侣之盛可想见矣。法家之有韩非子,固尝与李斯同学于荀卿者也,至于商君之师则尸佼也,故班固《汉志》杂家《尸子》二十篇,注云"秦相,商君师之",岂非以杂家合名、法而商君仅传其法家一派耶?抑余又读《汉书》《史记》矣,于《韩安国传》则曰:"受韩子杂说邹田生所。"于《晁错传》则曰:"学申商刑名于轵张恢生所,与洛阳宋孟及刘带同师。"是亦可见法家之传授至汉犹未绝也。墨家说者莫不以为祖墨子,然余观《吕览》曰:"鲁惠公请郊祀之礼，天子使史角往，其后在鲁，墨子学焉。"而《淮南》又曰："墨子学儒者之业，修孔子之术。"则墨子盖学无常师者也，故当日流派之广，几与孔子中分其盛，其称巨子者，则有若腹䵍、孟胜焉，有若随巢、胡非焉，有若墨者夷之焉，其别为三墨者，则有若相夫氏、相里氏、邓陵氏焉，其再传弟子则有若庄生所载"相里勤之弟子，五侯之徒，南方之墨者苦获、已齿、邓陵子之属"焉，而《吕氏春秋·当染》篇亦云"禽滑厘学于墨子，许犯学于禽滑厘，田系学于许犯"，《尊师》篇则云"高何、县子石学于子墨子，索卢参学于禽滑黎"，语曰"杨墨之言盈天下"，岂欺我哉？此皆诸子师承之可考见于书者也。至若从横家苏秦、张仪同学于鬼谷先生，杂家尉缭亦尝师之，兵家孙膑与庞涓同师，田骈则学于彭蒙，孟孙阳、心都子师事杨朱，若斯类者，尤为更仆难数矣。两汉子学式微，其犹有可考者，如《汉书》："田蚡辩有口，学《盘盂》诸书。"孟康注："孔甲《盘盂》二十六篇，杂家书，兼儒、墨、名、法者也。"边通学短长，主父偃亦学长短从横术。东方朔十九学孙吴兵法，战阵之具，钲鼓之教，诵二十二万言。齐有驷先生，善为《司马兵法》。周纡为人刻削少恩，好韩非之术。阳球性严厉，好申韩之学。此皆师传幸存偶见于史，不可谓非九流之一绪也。虽然，不但诸子皆有师承而已，即六艺之传亦莫不然。余读《圣贤群辅录》云："颜氏传《诗》，孟氏传《书》，漆雕氏传《礼》，仲梁氏传《乐》，乐正氏传《春秋》，公孙氏传《易》。"惜其师承皆无可征，有可征者，则若如子夏、荀卿二家，《经典·叙录》《毛诗》引徐整曰："子夏授高行子，高行子授薛仓子，薛仓子授帛妙子，帛妙子授河间人大毛公，毛公为《诗故训传》于家，以授赵人小毛公。"一曰："子夏传曾申，申传魏人李克，克传鲁人孟仲子，孟仲子传根牟子，根牟子传赵人孙卿子，孙卿子传鲁人大毛公。"由是言之，《毛诗》，子夏之传也。《公羊传》徐彦疏引戴宏叙曰："子夏传与公羊高，高传与其子平，平传与其子地，地传与其子敢，敢传与其子寿，至汉景帝时，寿乃与齐人胡母子都著于行帛。"何休注亦同。由是言之，《公羊春秋》，子夏之传也。《穀梁传》杨士勋疏曰："穀梁子名俶，字元始，受经于子夏，为经作传。"《风俗通》云："穀梁子名赤，子夏弟子。"糜信则以为秦孝公同时人，而《论衡·案书》篇又称穀梁寘，颜师古《艺文志》注又云名喜，说者因谓穀梁子有四名矣，然古无易名之典，盖亦如公羊高五世相授，非一人耳。由是言之，《穀梁春秋》又子夏之传也。荀卿既承子夏传《毛诗》矣，而《汉书·

楚元王传》曰："少时尝与鲁穆生、白生、申公同受《诗》于浮丘伯。"伯者，孙卿门人也。《盐铁论》云："包丘子与李斯俱事荀卿。"刘向叙云："浮丘伯受业为名儒。"《汉·儒林传》亦曰："申公，鲁人也。少与楚元王交俱事齐人浮丘伯，受《诗》。"又云："申公卒以《诗》《春秋》授而瑕丘江公尽能传也。"由是言之，《鲁诗》，荀卿之传也。《经典·叙录》曰："左丘明作传，以授曾申，申传卫人吴起，起传其子期，期传楚人铎椒，椒传赵人虞卿，卿传同郡荀卿，名况，况传武威张苍，苍传洛阳贾谊。"由是言之，《左氏春秋》亦荀卿之传也。刘向称荀卿善为《易》，今其书不传，然荀子书时引仲尼子弓，或以为仲弓，或以为馯臂子弓，《经典·叙录》《周易》曰："孔子晚而好《易》，为之传，自鲁商瞿子木受《易》于孔子，以授鲁桥庇子庸，子庸授江东馯臂子弓，子弓授燕周丑子家，子家授东武孙虞子乘，子乘授齐田何子庄。及秦燔书，《易》为卜筮之书，独不禁，故传授者不绝。"由是言之，《周易》商瞿之传，而荀卿又商瞿之别支也。嗟乎，自六艺折入儒家，孔子之后，源远而流长，不失其传者，岂非子夏、荀卿之功哉？要之，古人学术皆是口耳相授，其微言大义非亲受业者，盖有不能尽闻者矣。后世以竹帛代口耳之传，务记诵而薄口说，师道之衰盖自此始也。余故粗考诸子六艺师承可见者著于篇，以为疏通知远之君子尚论之助，其两汉传经授受则别具《经师》篇，此不备云。

明 教

敢问教之兴何自始乎？曰：始于孔子。曰：三代以上无教乎？曰：有。曰：三代以上既有教矣，则何为始孔子？曰：三代以上之为教与我孔子之为教，其广狭盖不同科矣。三代以上贵族封建政体也，其设教也，范围至百姓而止，上不及于帝王，而下不及于民。三代时能诵习六艺以治民者谓之君子，或曰夫子，皆有德有爵者之通称，故郑康成注《少仪》曰："君子，卿大夫若有异德者。"孔颖达疏《左传》曰："身为大夫，乃称夫子。"书传所载未有言及庶民教育者，可征封建贵族制度之一端也。何以言之？三代以上，帝王皆圣人在天子之位者也，作之君，作之师，萃于一身，未有人君敢自放于礼法者[15]，故政与教皆自天子出，而天子超然于政教之外，所以示尊无二上也；三代以上之民皆萌氓也，《说文》："民，众萌也。"《礼记》有民氓之称，刘知幾《史通》自序："民者冥也，冥然罔知也。"《孝经援神契》、《毛诗笺》皆同此说，此古人称民之正义。不知教训，不知话言，圣人以刑齐之，使受约束，奉租税而已，所以示贱不屑道也。《曲礼》："礼不下庶人，刑不上大夫。"孔颖达疏："谓庶人贫，无物为礼[16]，又分地是务，不暇燕饮。《白虎通》云：'礼为有知制，刑为无知设。'礼谓酬酢之礼，不及庶人，勉民使至于士也。"皆贵士贱民之意。若百姓则皆贵族之父兄子弟，因生赐姓，与国终始者，郑康成注《尚书》："百姓，群臣之父兄子弟。"齐之以刑则伤骨肉之恩，犯而不校则违朝廷之法，于是颛设司徒一官，董其教务焉，故教也者，所以佐政之不逮而坊于未然者也。观虞廷之命契曰："百姓不亲，五品不逊，汝作司徒，敬敷五教在宽。"独以百姓为言，亦可见当日建官之初意矣。后世天子失官，典章制度治天下之具扫地尽矣，孔子崛起儒家，惧暴君污吏之接迹于史策也，删述先王之六艺以瞻养之，《诗》《书》序其志，《礼》《乐》纯其养，《易》《春秋》明其知，自是厥后，尧舜禹汤文武周公之旧史全归孔氏，而垂教之所及，始上包乎帝王而下被乎百姓与民矣。盖三代以上，未有以匹夫而为万世帝王之师者，以匹夫而为万世帝王之师，实自我孔子始。删述六艺以为万世帝王师表，此惟孔子为然，张衡《应间》曰："仲尼不遇，故论六经以俟来辟。"盖东周官失，圣人不得已而为之耳，后人学之则僭妄矣，故孔子语弟子专在儒术，忧世之心最为深远，儒者传习既久，遂不敢以万世帝王之师论定孔子，此则局于后代时势之论。孟子曰："诵其诗，读其书，不知其人，可乎？是以论其世也。"甚矣不知论世知人之法，不可以读古书也。《中庸》曰："舟车所至，人力所通，凡有血气者莫不尊亲。"《淮南》曰："孔子专行教道，以成素王。"此之谓也。

　　古之时不为帝王立教，所以尊帝王也，而帝王固非不学无术也。帝王之术，太史氏实掌焉，其后衍为道家，《汉志》曰："道家者流，盖出于史官，历纪成败存亡祸福古今之道，然后知秉要执本，清虚以自守，卑弱以自持，此君人南面之术也。"既为君人南面之术，则必非百姓所能预闻，与儒家助人君顺阴阳、明教化者不相谋矣。尝求其故，盖百姓者，事人者也，但使之父义、母慈、兄友、弟共、子孝，恂恂于法度之中，为保家令主足矣，帝王则为人所事者也，必有阴谋至计，可以戬有天位者焉。董子《蕃露》："深察王号之大意，其中有五科，皇科、方科、匡科、黄科、往科，合此五科，以一言谓之王。王者皇也，王者方也，王者匡也，王者黄也，王者往也，是故王意不普大皇则道不能正直而方，道不能正直而方则德不能匡运周遍，德不匡运周遍则美不能黄，美不能黄则四方不能往，四方不能往则不全于王。深察君号之大意，其

中亦有五科，元科、原科、权科、温科、群科，合此五科谓之君。君者
元也，君者原也，君者权也，君者温也，君者群也，是故君意不比于元
则动而失本，动而失本则所为不立，所为不立则不效于原，不效于原则
自委舍，自委舍则化不行，用权于变则失中适之宜，失中适之宜则道不
平、德不温，道不平、德不温则众不亲安，众不亲安则离散不群，离散
不群则不全于君。"盖古者君人由一群而跻元首，必其人聪明天亶，而
又能泽被生民，因祸为福，转败为功，有非常人所得窥测者。君王正
名，各具五科，阙一则不全，道家所阐，实其内术也。故道家于善败强
弱兴衰之故，言之不厌反复，所以致警于后王者不得不然也。若以百姓
所行教帝王，以帝王所术教百姓，是何异执方枘而纳圆凿乎？[17]知此则
知孔子以儒家上兼道家之微意也。孔子以儒家上兼道家也，盖欲范万世
为人君、为人臣、为民、为士，《蕃露》："士者事也，民者瞑也。士不
及化，可使守事从上而已。"士即百姓。同纳诸轨物之中而不使一夫失
其所也。东郭子惠问于子贡曰："夫子之门何其杂也？"夫子闻之，曰：
"修道以俟天下，来者不止，是以杂也。"嗟乎，修道以俟天下，此孔氏
之教所由大而无外欤。

　　三代以上，帝王无经也，史而已矣；三代以上，帝王无教也，政而
已矣。六艺皆三代之典章法度，太史职之以备后王顾问，非百姓所得而
私肆也。自六艺归于儒家，三代之典章法度一变而为孔子之教书，而后
经之名始立，故经也者，因六艺垂教而后起者也。后世辟儒，其知六艺
为史者鲜矣，其知六艺由史而为经者更鲜矣。知六艺为史者，挽近独一
章实斋，可谓好学深思不随流俗之士也。然章氏只知六艺之为史，而不
知六艺之由史而为经，故其持论曰："古之所谓经，乃三代盛时典章法
度见于政教行事之实，而非圣人有意作为文字以传后世也。"又曰："六
艺皆周公之典章，孔子有德无位，不敢操制作之权，惟取周公典章申而
明之，所以学周公也。"夫六艺为周公之典章法度，是固然已，然典章
法度历代不相沿袭者也，六艺虽周公旧史，苟非经孔子删定纂修，垂为
万世不刊之经，又何取乎历代不相沿袭之典章法度以垂教后王也？且如
章氏言，则后会典通礼，其为政教行事之实，岂不更切于周公之典章
法度乎？而章氏何以不与六艺并列为经也。既不列会典通礼于经，而独
奉孔子手定之六艺为经，则六艺因孔子而重，而非因周公之典章法度而
重，亦可知矣。如此而犹谓孔子不敢操制作之权，何其视圣人不如一钞
胥哉？以钞胥为圣人，宜其推大成于周公而不知孔子为万世之教祖

也。[18]章氏讥扬雄《太玄》、王通《元经》，以为蹈于僭窃王章之罪，而不知六艺既归孔子，立为万世不刊之书，则扬氏、王氏之拟经诬圣之罪大而僭王之罪反小矣。章氏终身不识六艺为孔子之经，故其持论相背缪如此。然则欲辨孔子之为教，宜何道之从？曰：欲辨孔子之教，亦惟正经与史之名而已。经与史之区分，政与教之所由判也。由前而言，六艺皆三代之政也，故谓之为史，由后而言，六艺皆孔子之教也，故谓之为经。史主于记事，经主于明义，孟子述孔子修《春秋》之旨曰："其事则齐桓晋文，其文则史，其义则某窃取之。"以《春秋》之为鲁史，而孔子窃取其义焉，则经固分有常尊矣。《春秋纬》曰："《礼经》三百。"又曰："《春秋》经文备三圣之度。"《孝经纬》曰："《易》建八卦，序六十四卦，转成三百八十四爻，运机布度，其气转易，故称经。"五经之本自孔氏，首谓素王而与陈寿、范晔较优劣耶？故曰：经者因六艺垂教而后起者也。

或曰："若如子言，则孔子何不自作一经以教万世，而必取周公典章法度之旧史，删之定之，笔之削之，不蹈于僭窃王章之罪欤？"曰：此未明乎三代时势之言也。三代以上，非王者不议礼、不制度、不考文，孔子在庶，有德无位，即无从操制作之权，若自作一经以代六艺，则蹈于僭窃王章之罪矣，岂删定笔削之谓乎？删定笔削，所谓述也，非所谓作也。述者，引申旧学以发明六艺之大义者也，如儒、道二家皆先王典守之遗，而孔子一以贯之，即其例矣。述者，本古人未传之义推而衍之之谓，六艺经孔子手定，皆有口说，即述也。后人仅以钞录史文为述，失其旨矣。抑更有说者，孔子纂修六艺以垂教万世，所以明先王之道也。明先王之道，必引先王已行之事实指证之，而事实不可以伪造也，苟非取周公典章法度之旧史以示义例，又岂可杜撰一子虚乌有之书如庄、列之寓言，《七发》、《七林》之假设问答哉？孔子尝言："予欲托之空言，不如见之行事深切著明。"是孔子之于六艺，惟恐其不出于周公旧史也，而今人反因六艺皆周公之旧史，而谓孔子不当删定笔削焉，亦可谓知二五而不知一十矣。虽然，旧史之事实，已陈之刍狗也，而非经孔子删定笔削，则不能传世而行远。昔司马迁采《国语》、《世本》、《国策》、《楚汉春秋》，述《史记》，而命意则在绍明世，正《易传》，继《春秋》，本《诗》《书》礼乐之际；班固采《史记》，述《汉书》，而命意则在纬六经，缀道纲，二子皆遵师孔子者也。以二子之书别识心裁观之，则可知孔子之删定笔削，虽因乎旧史，又不可谓旧史之典章法度为足尽素王之义例矣。此政与教之所以不同也。

昔章实斋有言："周公集典章法度之大成，以行其政；孔子集周公之政，以明其教。"因以为政见实用而教垂空言，儒生崇性命而薄事功，皆由于盛推孔子过于尧舜也。若然，则垂教者绌于行政矣，岂我孔子垂教之本意乎？曰：此章氏之谰言也。政与教岂可以实用空言分优劣哉？自周公至今日凡几姓矣，典章法度未闻仍沿用周公之创制，然而人莫不有亲，莫不知孝其亲，莫不有长，莫不知敬其长，则自有天地以来未闻有改焉者也。夫典章法度所谓政也，孝亲敬长所谓教也，孰可实用，孰可空言，必有能辨之者。若如章氏言，以为政见实用耶？吾未闻后世天下可以实行数千载上周公之典章法度者也。以为教垂空言耶？吾未闻有亲可以不孝，有长可以不敬者也。章氏以挽近之人服挽近之服、言挽近之言，不责人孝亲敬长而望人实行周公之典章法度，亦可谓进退失据矣。唐田再思议服制曰："若以庶事朝仪一依周礼，则古之臣见君也，公卿大夫赞羔雁珪璧，今何故不依乎？周之用刑也，墨劓宫刖，今何故不行乎？周则侯甸男卫，朝聘有数，今何故不行乎？周则不五十不仕、七十不入朝，今何故不依乎？周则井邑丘甸以立征税，今何故不行乎？周则分土五等，父死子及，今何故不行乎？周则冠冕衣裳，乘车而战，今何故不行乎？周则三老五更，胶序养老，今何故不行乎？诸如此例，不可胜述。"田氏此论可谓痛切矣，倘以此反诘章氏，吾知章氏虽辨，将无从置答也。[19]且实用空言，亦视后人力行者何如耳。无论政、教，皆有力行、不力行之分，如能力行，不但典章法度切于日用，即一时清议亦有移风易俗之效，如东汉党锢，主昏于上，俗清于下，其明著也。若不能力行，则两者均不免流蔽矣。岂可以此差等周孔之优劣哉？即使差等周孔之优劣，无宁谓孔子贤于周公，何则？周公之政，历代沿袭不同者也；孔子之教，天不变，道亦不变者也。天下有敢于更张周公典章法度之人，必无敢于灭裂孔子名教之人，周公创制典章法度，以为一世致太平，孔子本周公之典章法度，加以王心，以为万世立名教。为一世致太平，故于事实为加详；为万世立名教，故于义例为最密。荀卿曰："君者，合群者也。"人君主政，当视群治之污隆而补救之，故政治因时为变通，而有不变者存，不变者，圣人创造制度之本原，所谓教也。盖天道运行，无平不陂，无往不复，圣人为之酌盈剂虚，归之于中，如此则天人无偏胜之蔽而群治进矣。《春秋纬》："天人同度，正法相受，天垂文象，人行其事，谓之教。"《说文》："教，上所施，下所效也。"孔子删述六经，即发明天人相受，上施下效之谊[20]，与异邦宗教家微殊，余别于外篇详论之。先圣、后圣，其救世之心虽同，而功烈则不可同年而语矣[21]，此宰我所以盛推孔子过于尧舜也。唐程浩《孔子庙碑》曰："夫子，圣人也。帝之圣者曰尧，王之圣者曰禹，师之圣者曰夫子。尧之德有时而息，禹之功有时而穷，夫子之道久而弥芳，远而弥光，用之者昌，舍之者亡。"盖尧舜禹汤文武周公虽大圣人，实待我孔子称述而后显耳。宰我之言见述于孟子，使孟子而崇性命、薄事功，则章氏议之是矣，使孟子而非崇性命、薄事功也，则章氏诬圣之罪为何如哉？

章实斋先生书博学详说，余所服膺，惟斯言则害于道，由其知史而不知经也。观其《答客问》曰："典章事实，作者之所不敢忽，盖将即器而明道耳。道不明而争于器，实不足而竞于文，其弊与空言制胜、华辩伤理者，相去不能以寸焉。"又曰："夫子未删之《诗》《书》，未定之《易》《礼》《春秋》，皆先生之旧典也。然非夫子之论定，则不可以传之学者。"是先生亦不能坚守其前说矣。故敢窃附于诤友之列，赞而辨之，盖以爱护前贤而祛来学之惑耳，读者幸勿以立异罪我。孟劬自记。

通　经

今世之诵法六艺者，无不竞言汉学矣，抑知两汉儒者通经之法乎？夫六经者，先王经纬宇宙之粲然者也，我孔子纂焉，叙《书》则断《尧典》，称《乐》则法《韶》《舞》，论《诗》则首《周南》，缀周之礼，因鲁《春秋》，举十二公行事，绳之以文武之道，成一王法，至获麟而止，晚而好《易》，读之韦编三绝而为之传，皆因近圣之事以立先王之教，所以继往古、开来学而定万世太平之业者，盖若是其勤勤也。赞《易》不取《连山》、《归藏》而独取《周易》，叙《书》不取《周书》七十一篇而独取《尚书》，定《礼》不取《周官》而独取《士礼》，作《春秋》不取晋《乘》、楚《梼杌》而独取鲁史，皆圣人损益三代之微义也。故匡衡曰："臣闻六经者，圣人所以统天地之心，著善恶之归，明吉凶之分，通人道之正，使不悖于其本性者也。故审六艺之指，则天人之理可得而和，草木昆虫可得而育，此永永不易之道也。及《论语》、《孝经》，圣人言行之要，宜究其意。"翼奉曰："臣闻之于师曰：天地设位，悬日月，布星辰，分阴阳，定四时，列五行，以视圣人，名之曰道。圣人见道，然后知王治之象，故画州土，建君臣，立律历，陈成败，以视贤者，名之曰经。贤者见经，然后知人道之务，则《诗》《书》《易》《春秋》《礼》《乐》是也。"班固亦曰："古之儒者，博学乎六艺之文。六学者，王教之典籍，先圣所以明天道，正人伦，致至治之成法也。"由是观之，则六经之所包广矣，上佐人君而明教化，下诏后学而启多闻，内圣外王之道，举于六艺焉征之，所谓通经致用者，此物此志也，岂徒资为华藻馨悦之美观而已耶？或曰："六艺经传以千万数，累世不能通其学，当年不能究其礼，此太史公所以致讥于儒者也，将何所据以为致用之实欤？"曰：此不善读六艺之耳。庄生有言："世之所贵道者书也，书不过语，语有贵也。语之所贵者意也，意有所随，意之所随者，不可以言传也。"惟心知其意而勿泥于其言，而后六艺之道皆可推之而通矣。何则？六艺之为书也，虽其所言至于千万，而大义则一而已，故《系辞》述学《易》之法曰："化而裁之存乎变，推而行之存乎通，神而明之存乎其人。"后儒苟能本此义以通《易》，吾知六十四卦可坐而定焉。孟子述学《诗》《书》之法曰："说《诗》者不以文害辞，不以辞害意，以意逆志，是为得之。"又曰："尽信《书》则不如无《书》，吾于《武成》，取二三策而已矣。"《淮南》亦曰："诵《诗》《书》者期于通道略物而不期于《洪范》、《商颂》。"后儒苟能本此义以通《诗》《书》，吾知一百二篇、三百五篇可起而行焉。七十子后学述学《礼》之法曰："礼之所尊，尊其义也，失其义，陈其数，祝史之事也，故其数可陈也，其义难知也。知其义而敬守之，天子之所以治天下也。"后儒苟能本此义以通《礼》，吾知十七篇之经无聚讼之蔽矣。董仲舒述学《春秋》之法曰："见其指不任其辞，不任其辞，然后可与适道矣。"后儒苟能本此义以通《春秋》，吾知十二公之纪无束阁之叹矣。荀子曰："善为《诗》者不说，善为《易》者不占，善为《礼》者不相，其心同也。"董子《蕃露》曰："《诗》无达诂，《易》无达占，《春秋》无达辞，从变从义。"此皆古人治六艺者之通例，自章句之学兴而斯道隐矣。宋人多言汉儒正音读，通训诂，考制度，辨名物，其功最博，此不过专据许郑章句而言耳，两汉经师如伏生、韩婴、董生、贾谊、何休，其所著书今存者尚数种，何尝不以大义为先乎？著书必归之于实践，立躬必束之于中庸，勿以驰骤词章诬圣经，勿以破坏形体侮圣言，夫如是，又何患经学之不昌明哉？经学昌明，又何患不能致用哉？余尝观于两汉如楚王戊不为穆生设醴，穆生退曰："《易》称知几其神乎。几者，动之微，吉凶之先见者也，君子见几而作，不俟终日。先王之所以礼吾三人者，为道之存故也，今而忽之，是忘道也，忘道之人胡可与久处？"郎中令龚逐谏昌邑王贺曰："夫国之存亡岂在臣哉？愿王内自揆度，大王诵《诗》三百五篇，人事浃，王道备，王之所行中《诗》一篇何等也？"王式为昌邑王师，昭帝崩，王嗣位，以行淫乱废，式系狱当死，治事使者责问曰："师何以亡谏书？"式对曰："臣以《诗》三百五篇朝夕授王，至于忠臣孝子之篇，未尝不为王反复诵之也，至于危亡失道之君，未尝不流涕为王深陈之也。臣以三百五篇谏，是以亡谏书。"严彭祖以高第入为左冯翊，迁太子太傅，廉直不事权贵，或说曰："天时不胜人事，君以不修小礼曲意，亡贵人左右之助，经谊虽高，不至宰相，愿少自勉强。"彭祖曰："凡通经术，固当修行先王之道，何可委曲从俗，苟求富贵乎？"是数儒者，固不愧经明行修之选矣。至若江都相董仲舒、内史公孙弘、儿宽、通于世务，明习文法，以经术润饰吏事。平当、以经明《禹贡》，使行河，论议通明，每有灾异，当辄傅经术言得失。张敞、以经术自辅，表贤显善，不醇用诛罚。匡衡、数上疏陈便宜，及朝廷有政议，傅经以对，言多法义。孔光、守法度，修故事，上有所问，据经法以心所安而对。吴良每处大议辄据经典，不希旨偶俗，以徼时誉。亦皆能本六艺经世之旨，实事求是，而不为训诂章句所囿，《汉书》中如刘向诸封事，贾谊之奏，董仲舒之对策，谷永、杜钦、翼奉、刘陶、邟恽诸人之上疏，引据经传，根极师法，言尤剀切，此皆六艺经世之大者，足考两汉时通经致用之盛。余别有《汉儒封奏称经考》，此不具出。此诚汉学之真传而言六艺者之所当取法也。盖所贵乎汉学者，岂取其与宋儒角胜哉？亦谓去古未远，能得我孔子删定六艺之大义，以裨世用耳。乃今之为汉学者，吾惑焉，自以为明《易》矣，问以吉凶同民之义而不知也；自以为明《诗》与《书》矣，问以垂世立教之义而不知也；读《礼》则专详宫室衣服器物之异同，而安上治民之义则逊谢而不遑也；读《春秋》则专考舆地、姓名、历数之沿革，而拨乱反正之义则熟视而无睹也。四库七阁所著录，其书汗牛充栋，真有如淮南王所讥"《易》之失也卦，《书》之失也敷，《乐》之失也淫，《诗》之失也辟，《礼》之失也责，《春秋》之失也刺"者，试之于事则疏，用之于政则祸人家国，尚嚣嚣然号召于天下曰我汉学也、我汉学也，吾恐汉儒叱之而不受矣。《风俗通》曰："儒者，区也。言其区别古今，居则玩圣哲之词，动则行典籍之道，稽先王之制，立当时之事，此通儒也。若能纳而不能出，能言而不能行，讲诵而已，无能往来，此俗儒也。"故河间献王有言："实事求是。"谓即所讲诵，验诸行事之实，以求其至当不易之归耳。今汉学家所考皆古人陈迹，事既不实，又何从证其是哉？能言而不能行，谥为俗儒，殆不诬矣。班固《艺文志》曰："古之学者耕且养，二年而通一艺，承其大体，玩经文而已，是故用日少而畜德多，三十而五经立也。后世经传既已乖离，博学者又不思多闻阙疑之义，而务碎义逃难，便词巧说，破坏形体，说五字之文至于二三万言，后进弥以驰逐，故幼童而守一艺，白首而后能言，安其所习，毁所不见，终以自蔽，此学者之大患也。"徐幹《中论》曰："六籍者，群圣相因之书也，其人虽亡，其道犹存。今之学者勤心以取之，亦足以到昭明而成博达矣。凡学者大义为先，物名为后，大义举而物名从之，然鄙儒之博学也，务于物名，详于器械，考于训诂，摘其章句，而不能统其大义之所极以获先王之心，此无异乎女史诵《诗》，内竖传令也。"是则今之所谓汉学，正古之人明诏学者，悬为厉禁者耳。以古人厉禁，举世趋之而不知变，此六艺所以博而寡要，劳而少功也。董仲舒有言："能说鸟兽之类者，非圣人所欲说也。圣人所欲说，在于说仁义而理之，知其分科条别，贯所附，明其义之所审，勿使嫌疑，是乃圣人之所贵而已矣。不然，傅于众辞，观于众物，说不急之言而以惑后进者，君子之所甚恶也。"嗟乎，学者而不为汉学则已，学者而欲为汉学，其勿忘圣人之所欲说而为君子之所甚恶也哉。[22]

《朱子语类》曰："学者观书，先须读得正文，记得注解，成诵精熟。注中训释文意事物名义，发明经指相穿纽处，一一认得，如自己做出来底一般，方能玩味反复，向上有透处。若不如此，只是虚设议论，如举业一般，非为己之学也。曾见有人说《诗》，问他《关雎》篇，于其训诂名物全未晓，便说乐而不淫，哀而不伤。某因说与他道，公而今说《诗》只消八字，更添'思无邪'三字，共成十一字，便是一部《毛诗》了，其他三百篇皆成渣滓矣。因忆顷年见汪端明说沈元用问和靖，伊川《易传》何处是切要，尹曰：'体用一源，显微无间，此是切要处。'后举似李先生，先生曰：'尹说固好，然须是看得六十四卦、三百八十四爻都有下落，方始说得此话，若学者未曾子细理会，便与他如此说，岂不误他？'某闻之悚然，始知前日空言无实不济事，自此读书益加详细云。"案朱子此言，盖欲讲大义者由名物训诂以求实在下落也，故斤斤以为己之学为言，若如近儒专守名物训诂而不知大义之所归，其为空言无实，岂有异邪？凡不能起而行者，皆谓之空言无实。虽然，书不尽言，言不尽意，古人著书立言，固未有无蔽者。余此篇专以大义诏人，苟不善为之则虚设议论，亦与名物训诂之害殊途而同归耳，朱子之言足为龟鉴。余别著《两汉今古文家经义类征》十卷，专详于名物训诂，与此书相辅而行，即朱子意也。学者博观而审取焉，庶于六艺之道可以思过半矣。孟劬自记。

校勘记

[1]《史微札记》："治鲁国而已"下增注："陆贾《新语》亦曰：'深授其化以厚终始，追治去事以正来世。'"

[2] 黄曙辉云：按典瑞见《周礼·春官》。

[3]《史微札记》："约略言之"下增注："《周官》是周公摄政六年事，逾岁公即归政，或制定未全行，或行之而未久，皆无可考，历代制度沿革类此者多。"

[4]《史微札记》："一为孔子之所述"。"孔子"改"孔氏"。

[5]《史微札记》："信古而阙疑焉可也"下补注："周公定礼，下迄鲁隐，史迹多佚，春秋国别，遭时而变，先秦旧典，各记所闻，间涉二代及时王之制，礼家遇此，但当析其异同，无容强分真伪。又孔颖达《祭义疏》云：'事虽制礼大定，要亦所改有渐。'此意尤治官礼者不可不知也。"

[6]《史微札记》："皆指《仪礼》而言"。"《仪礼》"改"逸《礼》"。

[7]《史微札记》："此之谓也"下补注："案《左传》最可疑者为续经、续传，使《左氏》非旧史，则获麟之后不必有续经，使《左氏》非为《春秋》详本事，则孔子卒后亦不必有续传。杜预说续经曰：'自此以下至十六年皆鲁史记之文，弟子欲存孔子卒，故并录以续孔子所修之经。'陆德明曰：'孔子作《春秋》，终于获麟之一句，《公羊》、《穀梁》经是也，弟子欲记圣师之卒，故采鲁史记以续夫子之经，丘明因随而作传，终于哀公，从此以下无复经矣。'二解并可通。孔冲远引服虔说，亦谓弟子欲明夫子作《春秋》，以显其师，故书小邾射以下至孔子卒。冲远又谓，贾逵亦云此下弟子所记，但不言是鲁之旧史。此则因博士忿争有所讳略，盖东汉时今文学尚盛，诂《左氏》者大抵多委曲，亦其势然也。"

[8]《史微札记》："则知其变古之罪矣。""罪"改"趣"。先生自记云："杜预《左传》解于贾、服诸儒，实有廓清之可取，'罪'字太过，今改。"

[9]《史微札记》："固有不同矣"下补注："郑康成说六笙诗曰：'孔子论《诗》，雅颂各得其所，时俱在耳，篇第当在于此，遭战国及秦

之世而亡之，其义则与众篇之义合编，故存。至毛公为《诂训传》，乃分众篇之义，各置于其篇端，又阙其亡者，以见在为数，故推解什首遂通耳。而下非孔子之旧。'观此是太史诗义，儒者相传本有其书，毛公得之，遂据以作传，又不欲改三百五篇旧第，故阙其亡者，以见在为数。郑君既云孔子论诗时篇第在此，又谓而下非孔子之旧，语涉然疑，此汉人说经谨慎处，若《毛传》诂训与三家不同，则毛自据古经，以意通释，古文家学者皆如是也。"

[10] 王钟翰《读张孟劬先生史微记》云："此素王垂教之通例也"下补注云："《论衡·须颂》篇：'问说《书》者钦明文思以下，谁所言也？曰篇家也。篇家谁也，孔子也。'案'钦明文思'以下，明是史官叙事之词，亦孔子删《书》因而用之耳。仲任所言不见伏生《大传》，殆西汉俗儒陋说。"

[11]《史微札记》："不足以定先师之本旨"下补注："《经典释文》：'永嘉之乱，孟、京、费之《易》，人无传者，惟郑康成、王辅嗣所注行于世。'不言王出于费。孙盛曰：'六爻变化，群象所效，日时岁月，五气相推，弼皆摈落，多所不阐。'似与费氏家法有合，然费讲分野而王则不然，惟宋赵汝楳辈谓辅嗣用费本，此乃指古文《易》，不论其义也。今费《易》久佚，无以核正，姑从旧说。"

[12] 黄曙辉云：按见《曝书亭集》卷五十八《尚书古文辨》。《尚书序》"海东"，彝尊引误作"东海"，尔田未能纠正。

[13]《史微札记》："特所载多三代制度"。"三代"改"周代"。

[14]《史微札记》："不又有綦母子与孔穿乎"下补注："《吕览·正名》篇高诱注：'尹文，齐人，作《名书》一篇，在公孙龙前，公孙龙称之。'今《尹文子》有山阳仲长氏序，谓齐宣王时居稷下，与宋钘、彭蒙、田骈同学于公孙龙。序疑伪，不可从。又《庄子·天下》篇：'桓团、公孙龙辩者之徒。'《释文》引李颐曰：'人姓名，未详何师。'"

[15]《史微札记》："未有人君敢自放于礼法者"下补注："孔颖达《诗疏》：'礼者，称人之情而为之节文，贤者俯而就之，不肖者企而及之，是下民之所行，非圣人之所行也。'盖礼由圣制，而圣不待礼。道家之不尚礼，意主于此。"

[16] "为礼"两字，黄曙辉据《礼记注疏》补。今从之。

[17]《史微札记》："是何异执方枘而纳圆凿乎"改"是何异使天下相率而路乎"。

[18]《史微札记》："而不知孔子为万世之教祖也"改"而不知孔子万世教化之主也"。先生自记云："司马贞《史记索隐》：'孔子非有诸侯之位，以是圣人为教化之主，故称系家焉。'今遵改。"

[19]《史微札记》："将无从置答也""置答"改"作答"。先生自记云："内典佛有四种答，置答其一也。此非所用。"

[20]《史微札记》："即发明天人相受，上施下效之谊"下增注："又《说文》：'化，教行也。'教行蒸为风俗而谓之化，教目施者言，化指被者言。"

[21]《史微札记》："而功烈则不可同年而语矣"下补注："董仲舒曰：'正其谊不谋其利，明其道不计其功。'此就志言不就事言，故孟子有食志、食功之辨。圣者述经，贤者传经，所过者化，所存者神，即功烈也，特百姓日用而不知耳。"

[22]《史微札记》："君子之所甚恶也哉"下补注："博物多能，前识所缓，孟子曰：'尧舜之知而不遍物，急先务也。'《淮南》亦曰：'人不小学，不大迷，不小慧，不大愚。'惟《大学》有格物致知语，康成以来训格，以事训物，言知于善深则来善物，知于恶深则来恶物，是格物乃知至征验，古谊或如是，深解者失之。"按：《史微札记》末有识语云："右覆校札记共一百二条，皆据遁堪先生简端手写移录者。先生自识曰：'此书刻于壬子，到今十五年矣，遒暑无事，修改数处，又补注十余事，是为最后定本。段玉裁《东原集书后》云："刻版成，不欲多剜损，笺其后如此，得此书者，依此研朱校改，以俟重刊。"往见王念孙《广雅疏证》刻本，亦手自涂改，前辈精审不自满足皆如是，衰晚多病，恐不复能更进于此矣。姑留此本，他日必有定吾文者。'今谨写定，都附原刻之后，亦段笺戴集例也。"黄曙辉按：后又附补遗四条，有平毅识云："右四条系丁卯冬续得者，先生命补刊于后。姨子山阴平毅识。"

遁堪文集（节选）

卷 一

政教终始篇

人之初胎，先有教乎？先有政乎？教与政果无蒴尔乎？曰：无以蒴也。原人初离草昧也，獉獉然，狉狉然，外缚于天然之环界，而无由脱其轭，则神之观念兆。神也者，其教之初原乎？有神，于是有事神之律，则政之雏基矣。演进逾深，于是有婚姻之律而始有室，骨肉之律而始有家，大宗小宗之律而始有族，通工易事之律而始有群。有长以为之率，有君以为之奥主，设官分职，纲纪法度之，而始有国。神学谢，形学苗，天事终，人事起，教与政遂常峙于角立之位。故要而窍之，教以天诏，政以人诏，教以神治，政以形治，其大柢也。而溯其朔，二者固非崭绝不相附系也。善言天者必有谳于人，善言神者必能养其形，形睽则神离，人仉则天紊，故教与政常如车之两轮，鸟之双翼。一群之政革，则一群之教未有不随之俱蹶者。挈乎忣哉！尘尘积劫，宇宙各大教祖，其终有不血食之一日乎？虽然，吾以为政可革，而教祖必不终澌。何也？则以亘古今、弥宙合，有一物焉为人类之所不能逃者，此何物耶？吾无以名之，名之曰元。董子曰：《春秋》一谓之元。元犹原也，其义以随天地终始也。人惟有终始也，而生不必应四时之变，故元者万物之本，而人之元在焉。安在乎？乃在乎天地之前。盖元也者，人与万物同本，以成此总总林林之宇宙者也。万物所同之元无终始，而人为万物递嬗之一期，则有终始。以演化公例言之，世界末日，终有至乐之一境，而此至乐之境，为吾人所能永享与否，则尚在不可知之天。教祖者，即视元之消息盈亏，堤之导之，以增进人类于至乐之一境，而为之归墟，故其精神常超然于群治之上，而为政变之所不能荡，夫然始可建诸天地而不悖，质诸鬼神而无疑，百世以俟圣人而不惑，此泰东西各大教祖之所薪，而亦我孔子之所同也。乃若其建教之权实顺逆，则不能不因时而制宜矣，是何也？则以教祖虽聪明天亶，亦人类之首出也，人类固不能与天演之公例争，而教祖则常能左右天演潮流，而为一群谋幸福者之先导。夫是之谓时乘六龙以御天。随时者，众人也，乘时者，教祖也。教祖惟能乘时而济之以中，而后人类始有所系属，是故有人类必有教祖，无教祖即非人类。非人类，则一听天行之虐，奴隶之，狝薙之，与禽兽侪，奚不可者。今夫位于亚细亚洲之东大陆，食四千年天产之上腴，而执其牛耳者，非中国也耶？我中国之教祖，厥维孔子；我孔子之教经，厥维六艺。六艺其先，皆尧、舜、禹、汤、文、武、周公之政典也。乃者，我民脱四千年颛制之羁绁，举尧、舜、禹、汤、文、武、周公相沿之政体，改弦而更张之，沟瞀嵬琐之。夫积其仇于政者，而仇于教，而孔子非宗教之衰辩，且萌芽矣。呜呼！安得此亡种之言也！然而斯言也，我仪之，盖有缘焉。人情近新恶故也。譬若水之趋壑，兽之走圹然。刍豢悦口者，已饫粱肉，进以元醴太羹则吐矣。服制美体者，已被文绣，进以卉衣毳裘则鄙矣。当其未有粱肉，未有文绣也，厌元醴太羹而甘之，御卉衣毳裘而暖之，何也？天演之蜕化于环界者然也。今我已由蛮野，一跃而跻文明，而我教祖方欲以尧、舜、禹、汤、文、武、周公太古之政，窳败而无庸者，强聒之，其倦而掩耳也，岂待其辞之毕哉。虽然，吾敢下一诙诡之评判曰：尧、舜、禹、汤、文、武、周公之政，自尧、舜、禹、汤、文、武、周公之政，而我孔子之教，自孔子之教。六艺虽为孔子之教经，始于合，常卒于分，二而不一，一而不二者也。学者疑吾言乎？吾请更端以明之。

闻之治群学者之言曰：有游牧之群，有树艺之群，有成国之群。树艺之群之食于其地也，非其祖父，即其子孙。祖父始田者也，是为大宗，大宗立宗子；子孙始田者之佐也，是为小宗，小宗立支子，而以其羡为余子，余子统支子，支子统宗子，故其政重合族。树艺之群之食于其地也，恩祖父最严，训子孙最肃。余子奉支子为君，支子奉宗子为君，宗子抚支子为臣，支子抚余子为臣，不君臣之，则四体不勤，而农之业隳，故其政重尊君。树艺之群之食于其地也，必有律令焉，律令以先祖之训诫，辟咡而诏之，故治内也惮变古。树艺之群之食于其地也，鬼非其胤不享，人非其祖不戴，客籍入则诛，故对外也严非类。此四者，树艺民之特长，而群治由之日钝者也。然则，我中国民族果何如？我中国民族所谓以农殖民者，经传有明训矣。其脱游牧而入树艺也最先，其成国也最古。成国矣，而无外域之激荡以为驱，故其演进也亦最迟。树艺之制度，葆持于国中，历三古而不变者，凡以此也。征诸《周礼》，其在《太宰》曰：以九职任万民，一曰三农生九谷，其制地域而封沟之曰，不易之地家百亩，一易之地家二百亩，再易之地三百亩。由是以土宜之法，辨十有二土之名物，以相民宅，而知其利害，以阜人民，以蕃鸟兽，以毓草木，以任土事。辨十有二壤之物，而知其种，以教稼穑树艺。以土均之法，辨五物九等，制天下之地征，以作民职，以令地贡，以敛财赋，以均齐天下之政，而施十二教焉。十二教者，以祀礼教敬，以阳礼教让，阳礼，乡射、饮酒之礼。以阴礼教亲，阴礼，男女之礼。以乐礼教和，以仪辨等，仪谓君南面、臣北面、父坐子伏之属。以俗教安，俗谓土地所习。以形教中，以誓教恤，恤谓灾危相忧。以度教节，度谓宫室、车服之制。以世事教能，以贤制爵，以庸制禄。其有不率教者，则屏之远方，终身不齿。山川神祇有不举者为不敬，不敬者君削以地；宗庙有不顺者为不孝，不孝者君绌以爵；变礼易乐者为不从，不从者君流；革制度衣服者为畔，畔者君讨；有功德于民者，加地进律。凡以拥护树艺之制度者，至巘至悉如此。此种制度，六经中悉数之不能终，今姑举其大者，暇当专辑一书详之。是故，教缘农而立，兵缘农而出，礼缘农而作，刑缘农而制，女顺从男故贞，子系属父故驯。我民族蕃衍于此大陆，所谓长治久安者，岂不以此也哉！虽然，此善良之制度，苟无外域之激荡以为驱，则教养生息，虽谓至今存可也，吾人又孰得而议之？而无如天演之公例，固不许其如此也。故及其弊也，在下者养成依恃之性，而无沉鸷独立之概；在上者酿为竺旧之习，而无忧患前民之虑。生之者日益众，食之者日益寡，世禄之家兼并于上，而民之勤动于南亩者，终岁不足以自赡，不必遭遇外强，而内蔀固已土崩瓦解矣。尧、舜、禹、汤、文、武、周公之政，解纽于春秋末叶，而大革于秦汉之际。当春秋末叶，士固有忧之者，杨之术以"为我"为宗，从"为我"之说，则君之权可以杀。墨之术以"兼爱"为原，从"兼爱"之说，则父之权可以弛。是二氏者，使生于尧、舜、禹、汤、文、武、周公之世，必蒙行坚言辩之诛，而在当日实足表我民族思脱树艺制度以进大同之学想者也，图傲乎岂非捄时之桀哉。虽然，二氏者才士也，非教祖也，才士以其悬想诏人，其事多不察乎利害。若教祖，则牖民也，不能不有权实矣；其增进民之福利也，不能不有顺逆矣。我中国之教祖维孔子，我请继此更言孔子。

吾欲言孔子，然而有不可不先辨者一事焉，则当知孔子与儒家之不同是也。孔子虽出于儒家，而儒家实不足以尽孔子。班固《汉志》曰："儒家者流，出于司徒之官。"《周礼》大司徒之属，师氏以三德教国子：一曰至德以为道本，二曰敏德以为行本，三曰孝德以知逆恶。教三行：一曰孝行以亲父母，二曰友行以尊贤良，三曰顺行以事师长。保氏养国子以道，乃教之六艺：一曰五礼，二曰六艺，三曰五射，四曰五驭，五曰六书，六曰九数。乃教之六仪：一曰祭祀之容，二曰宾客之容，三曰朝廷之容，四曰丧纪之容，五曰军旅之容，六曰车马之容。此儒者两大支裔也。求之战代，孟子微近于师，荀子大同乎保。孔子以前之儒与孔子以后之儒不同，此举其大概相似者。实则《荀》、《孟》二书，孔子绪言最多。盖自孔子删定六经，以司徒旧学寄之弟子，儒家者流无不具有孔子教化新义矣。学者当分别参观也。其为教也，树艺之群之所特长也。何以言之？树艺民之畏其宗子也，躬躬然，儒者因诏之以隆君；树艺民之恩其宗子与我以食也，肫肫然，儒者则诏之以敬父；树艺民妇之于夫，供箕帚之役，无外事，儒者则诏之以贞；树艺民弟视其兄也，如一家之主，与父同，儒者则诏之以顺；树艺民获有羡也，率其属必报始田者，儒者则诏之以祀人鬼；树艺民木饥土壤，受天然之降罚最酷、其需之也最殷，儒者则诏之以祭四望四类之礼。而性与天道之大原，罔敢训焉。何也？恐蹂躏祖宗之成法，而乱名改作也。故其启民聪也，譬犹凿方窦然，弛其一而键其一。老子所谓《诗》、《书》也者，非以明民，将以愚之也。我孔子其先固出于儒家者，而又生于春秋末叶，当尧、舜、禹、汤、文、武、周公之政大弊之时，儒术之不能率循人国，盖已兆其端矣。虽然，我民族千余年相生相养于树艺制度之下，果可一跃而登进大同欤？登进大同矣，无元首以为之表，无部长以为统，聚如飘风，散如沃雪，人各勇于私斗，而弁髦国事，果可以御外侮欤？今夫民由无制度以入于有制度，非其始性之也，圣人冒天下之不讳而诱之，及其久，群萃而利见焉，则相与安之矣。今也举圣人所为制用前民者，一切铲夷之，大同诚大同矣，顾其国家何如哉？董子曰："天地人，万物之本也。"天生之，地养之，人成之。天生之以孝悌，地养之以衣食，人成之以礼乐。三者相为手足，合以成体，不可一无也。无孝悌则亡其所以生，无衣食则亡其所以养，无礼乐则亡其所以成。三者皆亡，则民如麋鹿，各从其欲，家自为俗，父不能使子，君不能使臣，虽有城郭，名曰虚邑。如此者，莫之危而自危，莫之丧而自亡，是谓自然之罚。自然之罚至，裹袭石室，分障险阻，犹不能逃之也。悲夫，悲夫！此驱国而弃之术也，此争肉相啖之道也。驱国而弃，无异灭我黄炎遗胤也；争肉相啖，无异灭大地人类也。彼教祖者盖痌之矣，痌之必思大为之坊，坊之奈何？则上系万物于一而属之元，而儒孔之茅藘，始自此而茂。明乎此而后可以言我孔子之教义矣。

人之一生，以生死为大剂；人类之一期，以宇宙为大剂。今试问人类何以有今日，则其始固未有不缘于争。争也者，人类所由变蛮野以趋进大同者也，然而争之不以其道，则率兽食人，人将相食，人类由之而竞存者，终必由之而竞灭，而人之元或几乎息矣。教祖曰：人类终当进于大同，而大同非幸获也，必使　循天然之轨辙，而后人类之争祸始可以弥。天然之轨辙无他，所谓演化之阶级是矣。孔子于是作《春秋》，立三世之义焉。立爱自亲始，由亲而推之，于是有传闻之世，有闻之世，有见之世。于所传闻之世，见治起于衰乱之中，用心尚粗粗，故内其国而外诸夏，先详内而后治外。于所闻之世，见治升平，内诸夏而外夷狄。至所见之世，著治太平，夷狄进至于爵，天下远近大小若一。盖必天下远近大小若一，而大同之化乃可以言。求之《礼运》曰："大道之行也，与三代之英，某未之逮也，而有志焉。大道之行也，天下为公，选贤与能，讲信修睦，故人不独亲其亲，不独子其子，使老有所终，壮有所用，幼有所长，矜寡孤独废疾者，皆有所养，男有分，女有归，货恶其弃于地也，不必藏于己；力恶其不出于身也，不必为己。是故谋闭而不兴，盗窃乱贼而不作，故外户而不闭，是谓大同。今大道既隐，天下为家，各亲其亲，各子其子，货力为己，大人世及以为礼，城郭沟池以为固，礼义以为纪，以正君臣，以笃父子，以睦兄弟，以和夫妇，以设制度，以立田里，以贤勇知，以功为己，故谋用是作，而兵由此起，禹、汤、文、武、成王、周公，由此其选也，此六君子者，未有不谨于礼者也，以著其义，以考其信，著有过，刑仁讲让，示民有常，如有不由此者，在执者去，众以为殃，是谓小康。"由是观之，小康乃我孔子教义之始基，而大同则我孔子教义之鹄也。小康之世重家育，大同之世重群育。重家育故首言孝悌，重群育故首言忠恕。尽己之心之谓忠，己所弗欲勿施于人之谓恕。求之《论语》，子曰："参乎，吾道一以贯之哉。"曾子曰："唯。"子出，门人问曰："何谓也？"曾子曰："夫子之道，忠恕而已矣。"子贡曰："我不欲人之加诸我也，吾亦欲无加诸人。"子曰："赐也，非尔所及也。"求之《中庸》，子曰："道不远人，人之为道而远人，不可以为道。"忠恕违道不远，施诸己而不愿，亦勿施于人，明忠恕为孔子教义所特粹，彼儒家者流，盖不足以尽之也。故儒家崇君权，孔子亦崇君权，孔子之崇君权也，据乱则然，升平则然，太平则不然。《春秋》之谊，大宋宣以居正，褒叔术以让国。《论语》说之曰："夷狄之有君，不如诸夏之亡也。"夷狄诸夏，文野假定之词耳。《论语》此章，苞氏注："诸夏，中国也。亡，无也。"不赘一辞，最得本旨。鲍刻皇侃《疏》则谓：此章为下僭上者发。夫下僭上者，其心目中皆欲为人上者，安得言无君？余疑此乃孔子微言，盖甚言文明时代，虽无君，犹胜于蛮野时代之称帝、称王者耳。后儒跧伏于君权之下，不敢明言，故苞氏注隐略如此。若如疏说，语意翻反，全失之矣。《春秋经》夷狄、中国之称，往往从变而移，故知此为文野之名号也。《周易》亦曰："见群龙无首，吉。"文明而可以无首，则大同矣。儒家私父权，孔子亦私父权。孔子之私父权也，据乱则然，升平则然，太平则不然。《春秋》之谊，不以父命辞王父命，不以家事辞王事。《郊特牲》说之曰："万物本乎天，人本乎祖。"《中庸》亦曰："凡有血气者，莫不尊亲，故曰配天。"又曰："万物并育而不相害。尊亲而溥于万物，则大同矣。"儒家之论治也，以变古为大诟；《春秋》之谊，重改作，然而有得与民变革者焉，徙居处也，更称号也，改正朔也，易服色也，则不以变古为嫌矣，不以变古为嫌则大同矣。儒家之为国也，以非族为大防；《春秋》之谊，不予夷狄而予中国为礼，然而夷狄进于中国则中国之，则不以非族为阈矣，不以非族为阈则大同矣。是故我孔子之教义，可一言以断之，亦曰：始于小康，终于大同而已。其始于小康而终于大同也，可一言以断之，亦曰：志在《春秋》，行在《孝经》而已。《孝经》以治小康，《春秋》以进大同。《钩命决》曰："欲观我褒贬诸侯之志在《春秋》，崇人伦之行在《孝经》。"《中庸》曰："为能经纶天下之大经，立天下之大本。"郑康成注曰："大经谓六艺，而指《春秋》，大本《孝经》也。"然则举《孝经》与《春秋》，而我孔子教义一以贯之矣。《传》有之：有始有卒者，其惟圣人乎。信乎！我孔子之教义，有始有卒也。

今既知我孔子之教义，则尧、舜、禹、汤、文、武、周公之所以为政，与我孔子之所以为教，芘以蒴矣，何则？尧、舜、禹、汤、文、武、周公之政，树艺民之制度，小康世之所必需也。若孔子则以大同为归墟矣，然而不废尧、舜、禹、汤、文、武、周公之政者，无小康以为之阶梯，则所谓大同者将如海上三神山，可望而不可即也。职是之故，六艺虽为孔子之教经，而尧、舜、禹、汤、文、武、周公之政，留遗于六艺者为独多。徐彦《公羊疏》曰：孔子未得天命之时，未有制作之意，故但领缘旧经，以济当时而已。既获麟之后，见端门之书，知天命已制作，以俟后王，于是选理典籍，欲为拨乱之道。以为《春秋》者赏善罚恶之书，若欲治世反归于正道，莫近于《春秋》。《春秋》既为我孔子进大同之新经，则尧、舜、禹、汤、文、武、周公之政典，为我孔子治小康之旧经明矣。虽然，我孔子之取尧、舜、禹、汤、文、武、周公之政典也，固非欲人塑封建而绘井田也，亦非欲人必玉帛而后为礼，必钟鼓而后为乐也。此又教与政之所以分北也，何以言之？政重乎事，而教则贵乎义。《春秋》本鲁史，孔子则曰："其事则齐桓晋文，其文则史，其义则某窃取之。"《春秋》为孔子改制之经，尚取其义，况六艺之为尧、舜、禹、汤、文、武、周公之政典者哉。《白虎通》曰：经所以有五，何？经，常也，有五常之道，故曰五经，《乐》仁、《书》义、《礼》礼、《易》智、《诗》信也。人情有五性，怀五常，不能自成，是以圣人象天五常之道而明之，以教人成其德也。以尧、舜、禹、汤、文、武、周公之政典，而可为孔子教人成德之经，则政典也，已失其为政典之作用矣。《论语》及七十子后学所记孔子之言，亦多有涉及政治者，然大都是一种训词，寓教之精神于政之中，与纯粹政谈迥然不同，其中有局于一时者，亦有统三古括言之者，应化无方，所谓大义也，而微言亦未尝不幸存一二，此当有专篇研讨之。余故曰：尧、舜、禹、汤、文、武、周公之政，自尧、舜、禹、汤、文、武、周公之政，而我孔子之教，自我孔子之教，此也。余故曰：六艺虽为孔子之教经，始于合常卒于分者，亦此也。嗟乎！我孔子闵王路废而邪道兴，删述六经，以制义法，所以使后世由小康以登进大同者，至详且备。后世之君天下者，恶大同之不便于己，而又不敢显背六经也，则假窃孔子小康之权说，袭其糟粕，以自私焉。儒者阿主苟容，不能别白政与教之异同也，则假窃尧、舜、禹、汤、文、武、周公之制度，粉饰太平，献媚于其君，以固宠希位焉。君权日以增，教权日以绌，不特大同非所期，即小康教义，古贤哲所为慨想唐虞者，亦渺不复得矣。晦盲否塞，群治之不进者，且二千余年，是岂我教祖初心所蕲望哉！今我民族承天之灵，尧、舜、禹、汤、文、武、周公竺时之制度，后世帝王盗之以愚我黔首者，既一举而更新之、荡涤之矣，则由小康而登进大同，今虽非其时，苟遵我孔子六艺成德之化，历级而驯致焉，潜孚默运意者，终有此至乐之一日乎。天地生我，父母鞠我，教祖恩我，然则吾人对于我生民未有之至圣，又安得而不馨香斋祓而颂祷之也！扬万古之天声，延斯文于未丧，不佞祷昧，且愿执简而随吾党二三子之后已。

大同之化，乃先圣教义。惟教泽广被，人民道德增高，庶几或可企及，非一种政策也，以《礼运》命篇，具有深意。自康氏辈易言之，张皇太过，遂为世人所诟病。斯文出，必有以非常异义罪我者，虽然，亦与知我等耳。真理初无避就，神而明之，以竣后人。孟劬自记。

祀天非天子私祭考

人非天不生。教祖者，覆生人之器也。惟天为大，惟教祖配之。揆诸礼文，协诸教仪，五洲凡以其类通于人者皆然。中夏而人也，何独不然？虽然吾籀三礼而稽其遗制，窃不能无疑焉。天一也，有所谓昊天上帝，有所谓五帝，有所谓感生帝。祀天一也，有所谓圜丘，有所谓郊，有所谓五时迎气，有所谓明堂。其祀之时，或谓岁一祭，或谓二祭，或谓八祭，而配之也则皆以王者之祖。若宗礼家异说，繁如聚讼，无惑乎？仇教者谓祀天为天子之私礼，而欲以废天，为废圣根柢之摧拉也。呜呼！是言也，岂特剿种堙祀而已哉，直不啻胥我数千年神明华胄而禽犊之耳！吾请折衷诸家异文而后以正义核之。考《周官·大宗伯》以禋祀祀昊天上帝，此泛言祭天也。《典瑞》四圭有邸，以祀天旅上帝；《大宗伯》以青圭礼东方，以赤璋礼南方，以白琥礼西方，以元璜礼北方；《小宗伯》兆五帝于四郊，此泛言五时迎气之祭也。《月令》于四立日及季夏土德王日，各迎其王气之神于其郊，其配祭以五人帝：苍曰灵威仰，大昊食焉；赤曰赤熛怒，炎帝食焉；黄曰含枢纽，黄帝食焉；白曰白招拒，少昊食焉；黑曰汁光纪，颛顼食焉。是为迎气之祭，迎气之祭王者岁所有，事非大祀，大祀惟郊而已。《大司乐》：凡乐，圜钟为宫，黄钟为角，大簇为征，姑洗为羽，雷鼓、雷鼗，孤竹之管，云和之琴瑟，《云门》之舞，冬日至，于地上之圜丘奏之，若乐六变，则天神皆降，可得而礼焉。凡乐，函钟为宫，大簇为角，姑洗为征，南吕为羽，灵鼓、灵鼗，孙竹之管，空桑之琴瑟，《咸池》之舞，夏日至，于泽中之方丘奏之，若乐八变，则地示皆出，可得而礼矣。以圜丘与方丘对举，即上文奏黄钟，歌大吕，舞《云门》，以祀天神；奏大簇，歌应钟，舞《咸池》，以祭地，示详略之互义，曰冬日至，曰夏日至，肄乐之时，非莅祀之时。《圣证论》载马昭之言曰：圜丘不言郊，凡地上之丘，皆可祭焉，无常处。夫南郊大祭，祀天安有无常处者，故知《周官》此文泛指肄乐而言，非必正祭时如是，读者试玩上下文理，当自明之。古之祭天也，皆一郊，安得郊之外，更有冬至圜丘之礼乎？自郑康成不得其解，注"奏黄钟，歌大吕，舞《云门》，以祀天神"曰"王者夏正月祀所受命之帝于南郊"，注"冬日至，于地上之圜丘奏之"曰："祭天圜丘"，既以郊祭昊天上帝为圜丘，于是不得不以迎气所祭之五帝，附会南郊，而感生帝之稗说，杂然出矣。夫感生帝之祭，古固有行之者，其礼则为明堂。《孝经》曰：宗祀文王于明堂，以配上帝。何休说之曰：上帝五帝在太微之中，迭生子孙，更王天下。《五经异义》引讲学大夫淳于登说：明堂在国之阳，丙巳之地，三里之外，七里之内而祀之，就阳位，上圆下方，八窗四闼，布政之宫，故称明堂。明堂，盛貌，周公祀文王于明堂，以配上帝，上帝五精之帝，太微之庭中有五帝座星。登之言取义《援神契》，《援神契》说"宗祀文王于明堂以配上帝"曰"帝者，谛也，象上可承五精之神，五精之神实在太微"，此即郑君注《礼》所谓"王者之先祖皆感太微五帝之精以生"，故特尊之也，与南郊何涉。南郊所祭惟一帝，其位在天地五帝群神之上。何休《公羊》宣三年传注：帝，皇天上帝，在北辰之中，主总领天地五帝群神也。《礼运》：祭帝于郊，所以定天位也。《尚书》：禋于六宗。欧阳夏侯说：六宗者，上不及天，下不及地，傍不及四方，居中央恍惚无有，神助阴阳变化，有益于人，故郊祭之。郊为祭天大典，非一姓王者所得而私，岂感生帝之比哉，郑君不知郊自郊，明堂自明堂，取二义乖剌不伴之语而合之，诬《周官》，诬《孝经》，并诬《尚书》矣。且郑君不独诬《周官》，诬《孝经》，诬《尚书》也，其诬《礼》也尤甚。《大传》：礼不王不禘，王者禘其祖之所自出，以其祖配之。郑君注曰：凡大祭曰禘，自由也。大祭其先祖所由生，谓郊祀天也。寻斯注也，岂不异哉。夫《大传》明言"礼不王不禘"，此禘实指禘于太庙而言，王者五年而再殷祭，三年祫，五年禘。《公羊》文二年传：大祫者何？合祭也。毁庙之主，陈于太祖。

未毁庙之主，皆升，合食于太祖。何休注：禘所以异于祫者，功臣皆祭也。祫犹合也，禘犹谛也，审禘无所遗失。周立七庙以后，稷为始，与文王为太祖，稷即配天，喾之功德，为姬氏之远祖，必不当遗，故《祭法》有禘喾之文，此云禘其祖之所自出，盖谓喾也。案两汉以后争禘祫者，訩訩如讼，而祖喾之说，转无人议及，盖为郑学汩乱久矣。今据《祭法》文发其微如此，不嫌立异也。《白虎通》曰：由亲及远，不忘先祖，与南郊专祀昊天上帝者，固不可亚为一揆矣。乃郑君横造禘为郊天之说，推郑君之意，殆以冬至圜丘之祭，三礼无文，而郊天则古有其典，不能不牵《大传》以就之耳。郑君即牵《大传》以就郊天矣，而独无辞于《祭法》。《祭法》：有虞氏禘黄帝而郊喾，夏后氏禘黄帝而郊鲧，殷人禘喾而郊冥，周人禘喾而郊稷。信如郑言，是禘之与郊一也，记者又何必析言之曰禘曰郊哉！郑君知其说之难通也，于是又以《祭法》之禘为圜丘，而以《大传》之禘为郊天，同一禘也，而或训郊，或训圜丘，一简之内，矛盾互持，《礼》为郑学，而是非相贸如此，人又安所适从耶？善哉王肃之难郑也，曰：《郊特牲》曰"郊之祭，迎长日之至"，下云"周之始郊日以至"，元以为迎长日谓夏日也。郊天日以至，元以为冬至之日。说其长日至于上而妄为之说，又徙其始郊日以至于下，非其义也。元以《祭法》禘黄帝及喾为配圜丘之祀，《祭法》言禘无圜丘之名，《周官》：圜丘不名为禘，是禘非圜丘之祭也。元既以《祭法》禘喾为圜丘，又《大传》"王者禘其祖之所自出"，而元又施之于郊祭后稷，是乱礼之名实也。案《尔雅》云：禘，大祭也。绎，又祭也。皆祭宗庙之名。则禘是五年大祭，非圜丘及郊。周立后稷庙而不立喾庙，故知周大尊喾不若后稷。而元说圜丘祭天祀大祖者，仲尼当称昔者周公禘祀喾圜丘以配天。今无此言，则禘配圜丘非也。又《诗·思文》后稷配天之颂，无帝喾配圜丘之文。知郊则圜丘，圜丘则郊。所在言之则谓之郊，所祭言之则谓圜丘。于郊筑泰坛象圜丘之形。以丘言之，本诸天地之性。《祭法》云：燔柴于泰坛，则圜郊也。此皆子雍攻郑者，箴膏肓而发墨守，可谓明辨以晰矣。虽然子雍谓圜丘即郊是也，谓郊之祭在冬至，谓兆五帝于四郊为夏正，一岁二祭，则与郑君八祭之说同为无稽之谰言也。考古之祭天皆用夏正，《白虎通》申之曰：五帝、三王祭天，一用夏正何？夏正得天之数也。天地交，万物通，始终之正。故《易乾凿度》云：三王之郊，一用夏正也。《圣证论》载马昭之言曰：《易纬》"三王之郊，一用夏正"，则周天子不用日至郊也。夏正月阳气始升，日者阳气之主，日长而阳气盛，故祭其始升而迎其盛，《月令》"正月天子迎春"是也。若冬至祭天，阴气始盛，祭阴迎阳，岂为理乎？桓五年《左氏传》：凡祀启蛰而郊。襄七年《传》：夫郊祀社稷，以祈农事，故启蛰而郊，郊而后耕。《月令》：孟春元日，祈谷于上帝。郑君注谓以上帝郊祭天也，是祈谷之祭即郊，周以寅月郊，故命鲁以子月郊。《明堂位》曰：是以鲁君孟春祀帝于郊，配以后稷。《公羊》宣三年传：春正月郊牛之口伤。明郊天之祭，惟夏正始行事。《圣证论》引张融评曰：谨案：郊与圜丘是一，《韩诗》说三王各正其郊，解者谓《韩诗》说以夏用建寅之月郊，殷用建丑之月郊，周用建子之月郊，与《易纬》不同。此说恐误。《韩诗》与《易纬》同属今文家言，必无违反之理。所谓各正其郊，当即《易纬》一用夏正意，古人语简，夏正得天言天，则夏可知矣。附辨于此，俟议礼者定之。冬至圜丘，出于注《周官》者之臆解。马昭《申郑》引《周礼》云：冬日至，祭天于地上之圜丘。遍检《周官》，实无此语。《大司乐》但云，"冬日至于地上圜丘"。"奏乐祭天"二字乃注家添出，以合古文，殆不可信。子雍不察，乃欲据此驳郑君，知黑入而不知白出，亦徒见为立异而已，宜其不足以关断断之口也。至八祭，郑君无明文，为郑学者推演而为之说。《礼》疏引皇侃曰：天有六天，岁有八祭，冬至圜丘，一也；夏正郊，二也；五时迎气，五也；九月大享，八也。雩与郊、禖为祈祭，不入数。崔灵恩《三礼义宗》则以雩为常祭，并为九。夫天道尚清静，一岁二祭，然且不可，何况至八，更何况至九。《白虎通》曰：祭天岁一何？言天至尊至质，事之不敢亵渎，故因岁之阳气始达而祭之也。既曰祭天岁一，则不并五时迎气，大享明堂数之明矣。雩与郊、禖皆祈祭，不得与祭天同论，崔氏说不可从。盖王者之事天，犹子之事父，一岁之中数有事焉，而大报本反始则惟南郊，始专其名。故七十子后学特著《郊特牲》篇以发明其义曰：郊之祭也，大报天而主日也。兆于南郊，就阳位也。扫地而祭，于其质也。器用陶匏，以象天地之性也。于郊，故谓之郊。又曰：地载万物，天垂象，取财于地，取法于天，是以尊天而亲地也，故教民美报焉。郊天而教民美报是岂一姓之兴亡所得私哉，故吾敢断之曰：五时迎气祭五帝灵威仰之属大享，明堂祭大微之精感生之帝皆祭天之别名，王者之私祭也，郊之祭也，祭昊天上帝亦谓之。皇天上帝在《周官·大宗伯》曰"禋祀"，在《月令》、《左氏春秋》曰"祈谷"，其祭之也。用夏正日用辛，礼神之玉以苍璧黄琮四圭有邸，《大宗伯》职以"苍璧礼天，黄琮礼地"，古无天地分祀者。苏东坡合祭六议荀子考之最详，不得以圜丘、方丘疑之，觐礼加方明于其上，设六玉上圭下璧。周时觐诸侯于明堂，明堂祀天之大典则祭天有璧有圭。《大宗伯》言璧不言圭，《典瑞》言圭不言璧，详略互见非圜丘与郊为二祭明矣，今据周官说之如此。牲驺犊。《大宗伯》牲币各放其器之色，乃承上文青圭等言之。此五时迎气所用者礼天地，既以苍璧、黄琮，天道尚质，则牲币自不必同色，驺犊之文，明载《郊特牲》，较《周官》为足，征乃孔颖达辈妄申郑义，指此为圜丘与郊之分，可谓碎义逃难也。其乐奏黄钟，歌大吕，舞《云门》。《大司乐》：凡乐，圜钟为宫，冬至于地上，圜丘奏之。与此不同者，肆乐时之所奏非祀天时也，方丘亦然。观下云，天神皆降，可得而礼，可悟其文义之虚实矣，康成说误甚。其坛名泰坛，亦曰圜丘。教万民报本，反始乃宗教之上仪，非王者之私祭也。私祭则王者以其祖配，非私祭则王者不必以其祖配。郑康成注：《祭法》曰：有虞氏以上尚德，禘郊祖宗，配用有德者而已，自夏以下，稍用其姓代之。郑君虽好为异说，而此言独精辟，必有所本。《公羊·宣三年传》：王者则曷为必以其祖配？自内出者无匹不行，自外至者无主不止。何休注曰：必得主人乃止者，天道阇昧，故推人道以接之。不以文王配者，重本尊始之义也。夫曰：重本尊始苟世，有王者推人道以接神明。非教祖其孰克对之，彼有虞氏郊喾，夏后氏郊鲧，殷人郊冥，周人郊稷。虽曰昭先祖明德于四方，实不啻尊之为教祖也。何者，三古君人皆以元首兼执教化之柄。故一姓崛兴在此位，则必崇报其始受命者，以塞万民之观听，使其祖而无教祖之凭藉，万民方腹诽巷议之不暇，安能喁喁以从我哉。我中夏由匹夫而尊号教祖惟孔子一人，孔子之言曰：明王不作，天下其孰能宗予？盖逆知稽古同天之典，苟非其人道不虚行而待之于后王也。《礼》有之：毋剿说，毋类同，必则古昔，称先王。又有之协诸义而协则礼，虽先王未之有可以义起。余故本此谊，详考天之祀不可废与配圣之不容不举者，以告枋政之君子，凡有血气莫不尊亲，其亦有乐于此欤。

与王静安书

兄论《公羊》"三统三世"，树义精确，可谓不随俗儒耳食之谈。惟弟尚有欲进之于兄者，则以不知兄之此言，是读书得间欤，抑从有统系中综合而得之欤？吾人研治一学必须先知家法，方有轨道可言。兄尝谓国朝三百年学术惟古韵之学成就，即以其能从至繁极赜中综合之成一统系也。虽其后有分十八部者，有分二十一部者，此不过密以加密，而终不能违越其大体。使非然者，则但可谓之读书得间。读书得间因为研治一切学术之初基，但适用于古文家故训之学或无不合，适用于今文家义理之学则恐有不合者矣。何则？故训之学可以目谳，可以即时示人以论据，义理之学不能专凭目谳，或不能即时示人以论据故也。

两汉今文家学上蜕化于战代诸子，下以开章句，佚书虽亡，今见之于世者，伏生之《书》，韩婴之《诗》，董生之《春秋》，殆无一不用周秦说经家法。周秦说经之家法大抵皆根极名学，而最通用者，在《论语》则谓之"反"，"举一隅不以三隅反，则不复也。"而在《孟子》则谓之"推"。"古之人所以大过人者无他焉，善推其所为而已矣。"七十子后学之传记，其引经演义，殆无不然。即如孟子之说《武成》、说《云汉》之诗，幸而出于亚圣，使出于后人，考据家见之，有不目笑者耶？惟其所用之家法不同，故古今文两家流别亦遂硕异。由古文考证之学言之，虽谓西京今文家说皆不出于孔子可也；若由余所论之家法言之，则虽谓西京今文家说皆不背于孔子亦可也。故弟尝谓：不通周秦诸子之学，不能治今文家言。

虽然，此之家法善用之则为益无方，不善用之亦流弊滋大。嘉道以来不乏治今文诸经者，语其成果乃无一人，终不能与金坛、高邮诸儒同其论定者，凡以此也。兄近治《公羊》，详于义例、故训、名物、历算，自是国朝治学正轨。惟弟之所言，似亦不可不存为参镜之资，否则遇无可佐证处，或恐有疑非所疑者矣。盖学各有方，即各有其应用之家法，此如水火相反而不容相非。家法譬则仪器，所研治之学譬则天体。仪器所以测天，苟所测于天不符，即当责之仪器，然断不可谈天而废仪器。前书太略，故一再申之，相知最厚，或不以鄙言为诡辩也。不宣。

答梁任公论史学书

舍弟东荪书来，承赐尊著《中国历史研究法》一巨册，并道达尊旨，嘱为提审，辞意恳重，眷逮不遗。此自先生谦挹之德，而不知臣精久已消亡也。尊撰体大思精，造峝弘肆，循诵三复，曷敢妄叹。

窃有欲复于先生者，著述之体，论断与考索殊科。国朝朴学，义据通深，尤贵家法，轶世所见，惟吾友王静安能守此律，其所著书，皆谨严不溢一辞。先生书本是讲稿，繁而不杀，体固应尔。若将来勒成定本，则藏山之业，似不宜苟。鄙意欲先生掇精取华，宁疏勿滥，宁简勿芜，凡一切聪明旁溢之语，及一时推想而尚未籀为定论者，汰之又汰，即不得已，亦必详慎而后出之。学之为道，不争异与同，但争诚与伪。诚者虽公诸四达之衢而人不能窃，伪者不旋踵且立萎。人之学识万有不齐，但求我之于学竭忠尽智，而不必有人之见存，评判之责且以竢诸后贤，一时毁誉固不足为吾病也。抑又有言者，近世学者研究邦化，大都以海彼思想为先，入主出奴，其于往古贤哲以及故国事实，非掉之以轻心，即出之以嬉笑怒骂。夫姬公孔父之书，在今人言之或无所用，然吾民族得以蕃滋于此陆，以汔于今，先民之赐又宁可厚诬。譬诸人之幼也，需恃保姆，及其长大，未有反詈保姆者。至于故国，则又为吾祖吾宗往昔所讬命。今虽龟玉改步，君臣之说固稍迂阔而远于事情矣，然即以朋友论，古之人尚有绝交不出恶声者，奈之何设淫词而助之攻也。此二者其肇端皆始于心术之微，而影响于风会则甚大。青衿学子长浇漓吊诡之习，而鄙夷灭裂一切问学，未必不由于此。先生书固异于是，惟是抑扬轻重之间偶失其平，则观者所视即最易集中于此，而返遗其美者善者。姑举一二端以为例。如尊撰既知孔子所修之《春秋》当作经读，不当作史读矣，而论史之改造，又谓史家信用坠地，其恶习出于孔子。夫以后儒效法之不善，而归罪于作始者，此何异人家子孙不肖，而谓其祖宗亦当连坐关三木耶？往见苏子瞻著论，谓李斯焚书，罪由荀卿，已窃笑之，今之竺旧家亦有因国步俶扰，而痛心疾首于戊戌变法之人者。先生之论断古人，得毋类是？又尊撰有清多尔衮烝太后语，考此事实当日一种传说，某在史局，后妃一传，即某所修，所辑长编至数十余册，而于下嫁一事，实未得有真确之佐征。且当日太后有二，一孝端，一孝庄，所谓下嫁云云者，孝庄耶，抑孝端耶？若夫皇父之称，虽亦有见于奏章者，亦犹人家侄子认叔为父，不得谓一认为父，即涉盗嫂嫌疑也。今人谈前朝轶事，置故国丰功伟烈于不论，而专喜毛举此等秽德以为嘲弄，此何说也？且其所举以为嘲弄者，又与其所主张相背。彼其所主张曰自由恋爱、曰和奸无罪，方欲揭橥此义以易天下之旧道德，而独至涉及故国则又反资之以为笑，此又何说也？尊稿中似此类失于修饰者尚多，揆诸先生求真之旨，皆不无可议。鄙意亦欲先生大加删薙，务使无几微间隙留于其间，以为异日盛德之累，则浑浑圜矣。某行年将近五十，虽有一二短书传世，覆瓿代薪，少作壮悔，诚不欲以察察之身，与庸众争一日短长。所以惓惓毕诚于先生者，亦以先生为今之古人，不敢不以古人之谊，责难于先生也。

有清一代，治经之儒多，而治史之儒少。其治史也，既无修史机缘以为之经练，故多偏重于考古而昧于才学识三长。某尝谓史之难为，不难于考古人之史，而难于自作一史。往往有史之事实极真极确，而单词孤证，无充足资料，既不能如小说家凭虚结搆，载之固失事实，不载亦失事实。例如世宗夺嗣事，某仅于宗室弘旺《皇清通鉴》中得一条，其书于抚远大将军皇十四子允禵下注云：原名允祯。由此以推，则遗诏改十四为于四，此已见雍正谕旨，详《大义觉迷录》。改祯为禛，固自易易。然试问当日造膝诡谋，以及床箦密语情状如何，则有非史官所能预闻者。史家遇此等事，又将如何载笔？则亦惟有微文以见意而已。此非曲笔，盖事实不得不尔也。故古史其载事愈简者，愈得其真，而愈详者，或且有失真者矣。《春秋》一经本非为史而作，然大圣载笔，其微言大义亦但寄之于口说，至经文则一仍旧史之所有，而未尝增益其所无。《公羊》论伯于阳一条，可覆按也。《史记》载项羽身长八尺余，班固《汉书》则实之曰八尺二寸，又如尊撰引孟子答万章谓孔子于卫主颜雠由，此在当日自必有说，特古人文简，未别著考异以明之耳。《春秋》"公子益师卒，公不与小敛，故不书日"、"有蜚不为灾，不书"，幸有《左氏》明文，苟其无此，又不知滋后人多少异论矣。修史之所凭藉，全在长编，其有稗说野记与正史不合者，必其长编漏略，抑或别有弃取，自长编不存，同异之故盖难言矣。由此例以概其余，则古史未必尽非，而今之所测亦未必尽是。故我辈居今日而论古史，宜恕不宜苛断，不可据一二孤证，轻易旧文。与其改之而失，无宁留之而失，留之而失，则是非尚可以考索，改之而失，则罅隙全泯矣。又况残编零简，及一时之所推察，纵使事实皆真，则亦但得其片段而非其全，与此而过甚其词焉，武断专辄，岂不贻误无穷耶？

新史之修固不可缓，若其修之之法，必须详加讨论。近人狃于帝代诸史不可尽信，感想观察方向因时迭变，此皆心有所蔽而不得其正者。语曰：明察秋毫而不能见舆薪，异说诐辞十九而是。甚愿先生勿效之也。学之所贵贵乎成就，常识不足以尽之，其愈成就者愈平实，而不成就者反是。近今不乏出版之作，衡以成学，大都古人所谓夹袋物耳。若就其中所引者，各以还诸其人而问其所自得者何在，未有不哑然者。是故，批评之业谈何容易。

先生天才骏发，又能参异己之长而时济之，旷代一人，吾无间然。倘由愚之说，以蕲益臻于平实，勿徇时会转移，勿恃理想予夺，深味尼父则殆之箴，恪守老氏数穷之诫，震东曙光，非先生而谁！某自顷岁多病早衰，蓬累寡殖，愧不能有埤高远，又兼北庠校务，卒卒未由面质，故谨以书白其愚，惟亮詧焉。诸希为道自爱，珍重，珍重！

与人论学术书

辱书不以愚之狂言而弘壤流之纳，匪惟学者度量宜然，益足以彰先生谦德也。愚尝谓以嵇向之交而养生设难如临大敌，以韩柳之契而子厚责退之修史俨若严师，古之人师友之间亲行之而不以为忤。何则？学问天下公器，非一己所得而私也。今何幸乃于先生见之。自顷以来，圣文埃灭，人尚流竞，发扬蹈厉之风扇，而宁静淡泊之志寡。古之学者其病征在不及，今之学者其病征在太过。以病理言，神经敏证即是脑贫血证，故过也者不及之发见也。生物之原始于浑者终于画，胎于合者卒于分。浑者盛之萌，画者衰之诊，合者生之机，而分者死之侯。大《易》之象，凡刚柔交错者卦皆吉，而阴阳睽孤者卦皆凶，故孔之术曰用中，老之术曰守静，墨之术曰上同于天。盖天人之际，无平不陂，无往不复，圣者以为大可惧也。人之籀物，恃乎官能，官能者，有涯之器也。以有涯之器而日逐无涯之真宰，其终也，未有不踬者。吾闻纬家之言曰：人之一生曰始、曰壮、曰究，人类之大齐亦然。意者，民之智也日浚，其邻于种之究也益迫乎？今也谓古哲戒律为无所用，而不惜一切溃焉而自为方，然且美其名曰"进化"。此吾所大惑不解者也。学之启也，何朕乎？亦曰征服自然而已。科学之所以研究自然者，征服之备也。夫自然之云，苞物与我而言之。今也，尽征服宙合之物，而反忘自身亦宙合之一物，举古之人所为检束官骸性命者摧陷廓清，比于武事，豢贼于室而外御其侮，胥天下不至尽返乎原人不止，然且美其名曰"解放"。此又吾所大惑不解者也。自古圣哲所以异于庸众者，盖有一大鹄焉而后道术从之而生，虽其所术不一而鹄则同。故儒墨名法交相用而皆足相济，譬诸粟焉所以疗饥，药焉所以治病，疗饥与治病其鹄，而粟与药也者，则所以达此鹄之用也。是非所在，不在粟与药，而在粟之终率是否可以疗饥，药之终率是否可以治病。是故必有鹄焉，然后用以达此鹄之术，始有研讨之价值，非是则盲从而已。今之标榜种种新主义者，听其言非不娓娓也，核其实，大都感于时与境之不得不然，至诘以最终所抱之鹄何若，殆无一人能答吾此问者，更何论乎研讨。此尤吾所大惑不解者也。

宇内三大文化，曰远西，曰印度，曰震旦。三者物极将反，至今日几几有不能左右世界之势。未必彼之为是而我之为非，为功为罪，自有末日最后之裁判，固非我辈今日所可妄下断语者也。虽然，我辈中国人也，国学真精神、真面貌，我辈自当发挥之以贡饷于世界，而断不可以远西思想先人之说进。有先人之见，则吾之国学非吾之国学矣。休宁、高邮所用以考核经史之术，其有合乎科学方法与否，吾所不敢知。即谓其全合乎科学方法，以吾国学之殊方，有断断非仅恃乎科学方法所能解决者。考据之学自是一家，我辈生千载之后而上读千载古人之书，比于邮焉。此特象胥之任耳，故东原自诡舆夫。今误认舆夫以为乘舆者，吾不知战代庄、墨、荀、孟诸大哲，无考据又将何以为学也。考据家所凭以判是非者，厥维证据。然学之为道，固有不待验之证据而不能不认其为成立者。印度古因明学有所谓譬喻量者，不识野牛，言似家牛。又有所谓义准量者，谓法无我，准知无常。如孔子之答子路曰："未知生，焉知死。"孟子之辟许行曰："百工之事，固不可耕且为也，然则治天下独可耕且为欤？"墨子之非攻曰："今有人于此，少见黑曰黑，多见黑曰白，则以此人不知白黑辨矣；少尝苦曰苦，多尝苦曰甘，则必以此人为不知甘苦之辨矣。今小为非，则知而非之，大为非攻国，则不知非，从而誉之谓之义，可为知义与不义之辨乎？"诸如此例，古人多有此，皆无需乎证据，而又无从示人以证据，但以量相衡，则观之者亦未尝不相悦以解。若必谓证据不可无，而证据之中有真伪焉，又有强弱焉，果孰从而核之？又孰从而定之？然则谓休宁、高邮之术为今日治国学者无上方法，殆所谓能胜人之口，能易人之虑，而不能服人之心者欤？愚非谓考据果可废也。考据之所贵，在能定古书之音训及其名物度数之沿革，而诂其正义，探颐索隐，固匪所长，而又必以名学公例审谛之，去其所谓便辞巧说者，乃尽善耳。然而，轶近学者则多偏重于彼而略于此，见有可与远西相缘饰者，则相与诧之曰科学方法。呜呼！为此言者，不特不知休宁、高邮之术，抑亦不知科学也乎？天下学术，争辨相寻，必综合然后是非乃见，惟其用以研究学术之方法则必先有一准式焉。苟无准式，或准式而不能正确，综合时即无由比较，此则庄生所谓"此亦一是非，彼亦一是非"，归之不相为谋而已矣。愚怀此也有年，度今之人无敢为此言者，亦无有人肯定此言者，故复为先生一倾吐之。春寒，惟餐卫纳宜，不尽愿言。

与叶长青书

春间曾致一书寄厦门，未识已詧及否？今又奉到《国学专刊》两册，总绝代之离辞，函风人之雅故，空谷跫音，何易得此，甚休甚休。籀讽数过，取材丰备，固不限一族，然总其大较，要以考据为归。吾则以为考据者所以为学之具，而未可即以为学也。原夫考据之起也，盖以去圣久远，学者无所更索，不得不假此以邮之耳。宗邦文化开明于周公，而大备于孔子，姬公孔父之书，乃其根柢。考据之所薪，薪以明此而已。三百年儒者，则古昔，称先王，率崇尚考据家言，然而恒干未亡，故为可贵，末流驰逐，便辞巧说，至今日又几几有违离道本之惧矣。若不揣其本而齐其末，则今之所谓考据者，正可谓之骨董学，不得以冒吾国学。骨董之学，欧西亦有之，所考固不局于一国，又其为学也，大都博物家好奇者之所为，学校不以设专科，学术史不以备家数。今以吾国古圣先贤开务成物之书，悉举以供研究骨董者之取给，不足夸外人，适以彰吾无学焉尔。曩客北都，见有所谓国学研究所者，败龟残楮，罗列满目，与经典比隆，窃匿笑之。及来江南，学校以国学诏弟子，则又舍缃帙外无他长，私心诚有所疑，而苦无以折悠悠者之口。考据学之创始，厥维顾亭林，而亭林所志，乃在法古涤污，变夷用夏。下逮戴东原，尤今人所称能以科学方法治考据者，而其言曰：六书九数如轿夫然，所以舁轿中人也，以六书九数等事尽我，是犹误认轿夫为轿中人也。若必如今所云云，彼三数大儒之言，不将诞我耶。虽然天下事得其实者或不必居其名，未有欲求其实而不先尽心于其名者。尊刊既以国学揭橥矣，由此驯而进焉，薪以践乎其实。姬公孔父之道，吾国学一线之曙光，将惟公等是赖，吾知必有异夫向所云者。语曰：不积跬步，无以至千里；不积小流，无以成江海。道于天壤，必不终绝，亦在乎弘之而已。仆老矣，犹愿少缓须臾无死，拭目一观宗邦文艺之兴也。旧撰《史微》四册敬赠采览，希有以教之。石遗先生闻声相思有年矣，晤祈道候。暑中惟餐卫。不宣。

与欧阳竟无书

去岁寒孟，曾通一缄，想履候纳宜，闻薰多豫，伏承梁吕诸子，皆辍讲筵。依公蒸业，无边海众，妙德庄严，第一义天，多闻围绕。从此澜翻三量，摧镍腹之宾，摄受四依，接缕悬之客，定水滓而重莹，妙义壅而复开，稽馆翘材，华阴成市，有是因也，何其乐欤。比于杂报见王君一文，思致极佳，言之成理，大旨仰推于公。尊论吾所未见觌，无以核之，然有异同，欲复执事。佛法自是佛法，此之前陈，于因明宗无同法喻，便属似立。真如理绝，法无同喻。此则可然，楷定世学，未宜戏论。宗教定诠，义本幽歧，岂局天方，将为当理。使佛法而非教者，众祐何称，慈护何被，威仪戒律，殆成缀旒，膜拜礼唱，亦等虚饰。且双林示灭，法嘱迦叶，菩萨领众，摄在声闻，一期化仪，诚证斯在，谓之非教，此复云何。又佛法一名，综贯全体，今但敷引唯识，性空净密已不能赅，十八部执，且摈佛外，格以因明，宗法不遍，即堕同品一分转之过，以此防难，未是好通。释迦垂教，有本有迹，从本而言，法尚应舍，若以迹言，迹即是教，岂可谈本而拨于迹。远西哲学，译言爱智，即谓求知。宗趣硕异，故难和会。然佛法贵证，证岂离知，境行果三，如伊三点，既有行果，非无境量。若不尔者，我佛应非正遍知。治学之方，轨物生解，当于同中见异，尤必异中见同。危言乱朱，圣所置答，苟为避就，转失谛真，乱朱当忧，失真亦蔽。傥令雅论发乎善权，则吾无说，若必以释教乖方，域之理外，窃恐宏护之道，有所未周，拔本之迷，将在今日，敢进诤言，幸往复之。弟于斯道，自惭寡闻，若乃所好，实在小宗。近治成实，略加点勘，此论破斥异计，病未善巧。盖西域经部，翳理滋纷，室利鸠摩，已分本末，五师日出，尤繁偏竞。《唯识料简》云，诸部之中，以经为量者，皆名经部，非一家说，诃梨志、怀澄汰，亦其流也。僧柔《要略》，既冥没于齐年，周颙续钞，每逇回于梁世，一二委细，迟更咨申。

与陈石遗先生书

损书先施，殷殷恳恳。某行年五十有三，先生长且过之，于某为前辈，教语太谦，非所敢当，奖借周委，又自恧也。旧撰《史微》，行世十八年矣，惟先生读之细而辨之详且尽，敢不拜嘉。虽然，先生所教自是乾嘉以来大儒相传之家法，然似微激于二十年前今古文家水火之诤，非某之书有异，观者之见自不平耳。何则？崇今文，信谶纬，丑诋许、郑，皆二十年前学术迁变状态。某书于此等处立言，固自有分寸，间有赞辨，大都从六朝遗籍绅绎而得，素不阅近儒书，同否不可知，亦无所容心于其间。考据家言，凡与前人同者，则易之，惟恐剿说不自己出，某系子书，此例在所不用。又生平为学，不取偏胜，偏胜则蔽生，故二三惟按实而说，独恨笔语冗蔓，未能尽抉其所以然，以见信于人人，然综观之，亦可谓浑浑圆矣。若乾嘉以来大儒相传之家法，某固敬之重之，而亟望后学以此植其基也，今请就先生所见教者下签以明之。先生谓今文与今文自相径庭，说各不同，某则谓此正后学推衍密处，古文学家亦然。故贾逵不必同于刘歆，康成不必同于马融，凡一学术繁变衍进，其公例皆如是。班固有言："仲尼殁而微言绝，七十子丧而大义乖。"乖者，分也。此字下得最当。大抵今文家说皆后歧于前，古文家说皆前疏于后，亦有未可执一者。治经者务宜细剖得其经宗，适从自易，但不可预存一是古非今之见耳。孔氏古文《尚书》，某亦未敢遽信为真，然界在疑似之间。夫疑与伪有辨，不定谓之疑，定则谓之伪。某不但疑孔氏古文，并疑近人攻孔氏者证据之不足，果有强有力之证据，则某不疑矣。吴氏《正辞》未见其书，先生比而论之，将无非类？康成大儒，非后学所可轻议，独谓其混合家法，实足以启魏晋新说，后来今文之亡未必不由于此，即如阳湖庄、刘诸先生过尚《公羊》，立说稍一不慎，又岂知伪《左氏》、伪诸经之无所不至乎？某治郑学三十余年，爱护郑君，而为来学立之坊，事有实予而文不予者，以立义未湛责吾，则吾知罪矣，谓诋郑君，窃所未敢。纬书诚不可信，且多术士附益之谈，然此特后世观之如是耳，若以古代论，神道设教，先民常态，某尝病我国上古神秘太少而违反世界历史公例，幸存此灰烬丛残，使吾人今日得以推测古代思想之所至，未尝非治学者之一助，讲去其附益而慎择之可耳，一切抹杀又岂可哉！若晚世康廖辈扬今文之狂焰，驾言空说，将古人成家之学全推入洸洋中去，则某虽愚，亦未忍赞同也。凡此所云云，知于先生之教无当宏旨。世变亟矣，新学小生但知有科玄之哄，告以今古文学，瞠目语难，殆不解为何物，求一熟悉二十年前学术迁变状态如先生者，相与讲明斯道而辨析之，且不可得，此某块居深念，叹斯文之将丧，而时时孤以自危者也，先生其何以释之？前与长青兄书偶涉及考据，此自有为之言，为近世谈科学方法者一发药耳，有乾嘉大儒之学识，又何不可治考据。至先生欲以考据之学淑后进，谓胜于文言数百字，五七言诗数首，则窃未敢以为然。某旅京十年矣，都讲北庠，亦且五年。十年前，北庠大师姚仲实、林琴南诸先生，皆不尚考据，但以诗古文法教授，成材斐然。近十年，有皖人某氏者，提倡科学方法，语必东原高邮，尊其名曰国故学，学子靡然向风，而考其成绩乃反远之。若夫殷墟契龟、敦煌残楮，其所以为吾经典佐证者，盖亦有限。然此乃成学者取资，今悉屏落一切，驱天下学僮惟是之从，至有正经疏注终身未读其全，而中西稗贩高谈皇古者，侮圣蔑经，行且见披发于伊川矣。某生平师友若孙仲容年丈暨王君观堂，其为学皆自有本末，乃亦为时风众势扳之而去，私心诚不能无惜，则虽谓考据之学无益于兹世，未为过也。先生笑吾有螺蛉之思，其然，其然。道远，书不尽意，伏维恕其愚而裁其所不逮，祗候动履，詹望依依。

卷　二

与人论天台宗性具善恶书

损书，具征慧眼孤炯，承示荆溪性具善恶数事，自是天台一家旨趣，依理依教依宗，甚难和会。善恶定义，此土多兼事言，内学纯就心言；五宗虽异，皆以白净法顺解脱分者目为善，以染污法未离系者说为恶。前者通有漏无漏，后者唯有漏。此义先决，方可论性。今且试问：性具善恶，为是体耶？为是用耶？若是用者，世间眼见矛之用不为盾，盾之用不为矛；善恶同时，即乱世法。若是体者，第一义谛，体尚叵说，何有善恶？进退征责，二俱有过。《十二门论》曰：诸法因缘生，无自性故；我说是空，今执性具义，岂不坏因缘法。《楞伽经》曰：如来藏是善不善因，能遍兴造一切趣生。譬如技儿，变现诸趣，离我我所，以不觉故。三缘和合而有果生，外道不知，执为作者；此说如来藏是善不善因，如说金作种种器，不说金中具种种器。今执性具义，何异外道作者论耶！小教但证生空，未证法空；于一心法，开善、染、无记为三。断染修净，部计应尔；菩萨已证法空，断与不断，是二俱遣。虽有此义，据转依边，宣说于断，亦无所妨。故嘉祥《大乘玄论》，引生公《大顿悟义》云：唯佛断惑，罗什古宗，诚证如是。纵许报应二身，相似有漏，亦是随众生所乐，示现不同。窥基《义林章》云：变化身及他受用，后得所变，本唯无漏，五八识品依之所变，皆唯有漏。同处相似，见者似一，乃至成佛，能随十方三乘所宜，现种种化。又云：诸有漏善，资助无漏，展转增明，证离系法，乃至成佛；有漏皆灭，纯无漏在，诸有受生，皆依示现，相家用中谈体，依识差别分位，说相似言，故无相违。台家建立三观，但成境唯，不说于识。相似之言，云何可通？斯乃妙而未圆，将传述者过耶？但三身义广，诸经硕异，略陈其概，病未能详，智者思之，当复有佳瘠耳。

再论天台宗性具善恶书答余居士

辱谈慰企，幽溪性善恶论，承示极感。善恶两元，西方古教多如此。释迦经典，所有事相，大都沿用旧教。十法界说，意在会通，而不悟函义之别也。仆近阅天亲《佛性论》，乃知一性皆成宗，实竺贤旧传，天台性具大旨，全从此出。惜述者不得天亲之风，致失智者宗趣耳！《佛性论·破小乘执品》云：汝说有众生无佛性者，如刹底利为具有四性及地狱人天等性；为不具有，此下有两番破斥。先破不具有云：若言不具有者，人应永无作诸道义。小乘许异生流转诸道，故此例破。次破具有云：若具足有者则违经，如经中说，如来性力，能了种种粗妙等界，此众生性，既其平等，经不证故。此言若无佛性，粗妙等界不容具有众生；性既平等，经不应言，如来性力，能了许具有者，经不证。故台家本此开立十法界，然天亲未尝以粗妙说佛性，幽溪性善恶言，殊失玄旨。而终之以若依道理，一切众生，皆悉本有清净佛性，离有离无故。日释贤洲解云：佛性是如来所证第一义空，本来清净，与妄染脱离。此法与情中有无不相应，名之为佛性。今言有者，有此第一义空也；盖第一义空，全体真如，本不可说，所可说者，皆是因中说体耳！天亲以种种因，建立众生本有佛性，何尝定执善恶具不具耶？善恶是种子因，佛性是体，善恶体一，因应无二。善恶若异，宁说体同，又二相违；如苦乐等，勿一自体，互为水火，执具不具，佛性不成。幽溪诸师，但知于具，失于不具，虽则异无，还自坠有，仍是世谛论性，非第一义空，如何可与印土古宗和会？拙论洗其具义，复引唯识傍止不具，似于天亲论旨，无相违过。研究内学，最忌优佪，尤戒随语生解。故不厌细剖，蕲与哲匠共证明之。有举某居士语云：待仁者见性后说。见性一言，古德相传，以此印心，比诸筏喻；然颙蒙如仆，终疑性无可见之能，何则？见性与见道义别；性是体义，无性《摄大乘论释》中说。唯证相应。心佛众生，只此一体，无二无三，如刃不自割，指不自触，立能立所，总属戏论，才说见时，早已不是性也。《天亲论》云：佛性真实有依，方便则可得见，见已功德无穷；此乃显现义见，现古通故。或方便言，是就真如为对治道说，不说真如体，虽他经论中，亦有言见真见俗者。然真俗是二边，二边既非中道，那得是性？若谓真如自能起照者，起照乃是性见，何云见性？凡此诸句义，智者应消息之。楞严云：知见立知。唯识云：见前立少物。谓是唯识性。两家所诃，正指此类。初发心人，第一当从经典文字中，讨一真实下落，不得举足先堕理障，滋长狂慧。至于接人，祖语佛语，要当分明，举棒不慎，为殃匪小。意寄尽此，想加然赞，临自增眷，不复多申。

此与前书所论，皆以三论为准。我所宗故，佐以唯识，不违理故。曩与亡友黎端甫，同治嘉祥之学，曾蒙故尚书嘉禾沈公印可。今端甫墓有宿草，公亦归道山久矣！惜末由起九京而质之，师资日远，为之泫然。孟劬自记。

答龙君问性具善恶疑义书

拙论性具善恶，但就荆溪一家言之耳，乃承下问经论疑义数事，甚善甚善，今具答之。答体用一如初问。贤意似以性具善恶为如，此实不然。善恶是二边，如尚非一，何得有二，善恶与如，如乳与水，乳中可得说有水，水中不容说有乳也。若许水中说有乳，则亦得许说无乳。有无性离，仍是不可说，思之。经言一切众生皆如，一切法亦如，众圣贤亦如，乃是乳中说水。答第二问。经言有漏无漏为二，若得诸法等，则不起漏不漏想，不著于相，亦不住无相，是为不二法门。今执性具善恶，正是起漏不漏想，佛性非有相，亦非无相，圣所置答，何劳相拟。答第三问。色是有为法，有为法当体性空。故曰：色即是空。虽则当体性空，而仍不碍示善示恶。故曰：空即是色。若谓善恶性中已具，即是不空。岂惟坏空，亦坏色法。性是体义，善恶种子功能。喻如刀，刀有割之功能。杀人斯恶，御盗则善，善恶果在刀乎？喻如水，水可载舟，亦可覆舟，善恶果在水乎？有为法且然，准之自悉。答第四问。法身为心佛众生所依止处，从断一切不善法集一切善法生。由白法增上所显。曰生曰显，皆就对治道说，法身一味，善恶安立。台家虽执性具，亦谓报应二身，相似有漏，不说法身，此之一难，殊违自宗。欲具知者，有亲光《佛地经论》在。答第五、第六问。世谛因缘法，皆无自性，无自性所显之真如，即是第一义谛，亦谓之无自性性。《瑜伽·决择七十六》，世尊广为胜义生菩萨说三种无性。说相无自性性，说生无自性性，说胜义无自性性。智周《义林决择记》云，上之性字，是遍计性，下之性字，三性体。故曰诸佛因缘法，名为甚深第一义，此处尚容说得具不具否。答真妄、交彻两问。毗卢性海，馨无不尽，善恶亦不得谓在性之外。然善恶皆属妄境，妄彻真源，乃是实性。此如梦中偷夺打骂，或布恩行惠，善恶亦如是。梦固不离觉者，岂容指觉为梦。圭峰禅源，分列迷悟十重两图，原本杂华，具明斯理。悬谈，无有不湿之波，无有不波之湿，亦合言即圣心而见凡心。如湿中见波，故如来不断性恶，又佛心中有众生等。若依此义，合云，真妄交彻，凡圣互收。今不尔者，明凡即同圣，以即真故，而圣不同凡，无烦恼故。如波即湿，而未必波，有静水故。又说凡即是佛，于凡有益，佛即是凡，令人妄解，此华严家融会台岭歧义，何尝定执善恶耶。广如彼宗所明，今不详出。统观问意，皆与拙论性具之旨，无相违过，学贵尊疑，不必疑而疑，亦一病也。一真法界，本非言思拟议所及。研核经论，当知悉擅，勿以体用真妄一切优侗之谈，印定眼目，则自他兼利矣。

丙寅五月，余居士稚鸿介龙君过谈。龙君对于拙论性具善恶怀疑数事，引般若华严通途大义，为台家解纷，仆具依宗答之如此。性相兼收，宗镜广开理量两门。今但约如理门辨，识是相家所立，前已简别故。龙君后又有一书来，仆以旨意前书已具，蔓引他宗，转益滋讹，殊无必答之要，遂亦置之。今闻龙君以其来书印行，则真理自有明判，仆亦不必饶舌矣。惟此书始末，预备存参，辄写数通，公之所好。嗟乎！地师南北之诤，摄论梁唐之执，自昔已然，末法多歧，各竞所闻，非圣孰质，仆之信遂止于是。孟劬自记。

论伪书示从游诸子

近日疑古之风狂炽，举凡古代相传之说，利其无史料可以证明，一切归之汉人伪造，其祸且至于非圣蔑经，铲灭文化。夫天下无无源之水，亦无无因之文化，使其说而成立也，则是各国文化皆有来源，中国文化独无来源，一切创筑于造伪者之手。此不必待真凭确据以证之也，即以论理而言，世界各国历史有如此公例乎？且伪对真而言，必以本人所作者为真也，他人所述者为伪，则今日所存之古书，孰是亲见本人所自著者？真即难征，伪将焉立？又伪者对敌之词，两敌相攻必声其为伪，方可以一观听，治学之道求是而已，伪之一字，安可滥加？是故，疑古可也，伪古则不可也。

古固无不可疑者。何则？古代载籍无多，不似后世有图书馆可供探讨，又竹帛繁重，未必人人力所能蓄，全赖一二大师口耳相授，传闻异辞，往往由斯而起。此传闻异词，但可谓之无心之误，而不得谓之造伪。无心之误，虽圣人有所不能免。有心虚造，则古人质朴，当为例外之例外。辨伪家有一新名词曰"演变"。"演变"者，犹卵生鸡，形变矣，而质固未变也。故"演变"，异也，非伪也，无演变即无文化矣。孰是非演变者？此不必辨。亦有事实多方，载之简策，各由主书者观察之不同，此亦不得谓之为伪。何则？帝王虽公，岂能无私？私者，人之所不能免也。一人然，一家一国然，推之一民族亦莫不皆然。龚定庵有《论私篇》，析义最精。圣人立教，言各有当。成人不道儿童之为，已贵不扬少贱之丑，使孔子六经专揭獉狉而忽略化成，何以为孔子？所谓言各有当也，未可妄议圣人。故韩非《显学篇》曰："孔墨俱道尧舜，而取舍不同。"岂惟孔墨，诸子皆然。尧舜一也，而取舍人异。是知善人岂无一眚，恶人岂无一美，或表其文而略其实，或掩其短而絜其长，要皆由于主书者。不得谓治如贞观必无诛二叔之愆，奸似阿瞒亦必无赎蔡琰之义也。主书者观察之不同有二，一由于宗旨，一由于时代。今之辨古史者喜谈六艺，不知六艺虽史，既由孔子删定，尊之为经，文仍旧贯，意义已殊，故六艺不能作上古纯粹史料观，此意人多不知。

例如一百余年前之戴东原，试取《汉学师承记》与近人所作传记比较参观，时代、宗旨已大不同。一则推其稽古，一则表其革新。一人所业，后先异尚，九原不作，谁证明者，然岂可谓一百余年前之戴东原非戴东原耶？希腊信神话，印度尚冥想，传述人物，喜由意造。中国自古即重文献，除庄列寓言、辞赋家假设外事，虽或有增饰，而人则必无虚构。隋唐以前小说且然，何况正史。至于邃古荒唐之遗谶，战代游说之华词，经史迁粪除者已多。今去汉时已远，既无铁证，尤不必妄疑。窃铁之喻，所当三复。今更举一例：《金楼子》载马耽事曰："耽以才学知名，谯纵文表皆耽所制。闻王命当至，耽方检封储藏，为国防守，朱龄石具以闻。耽性轩傲，故犹徙边。耽至越嶲界，谓所亲曰：'朱侯不因我下而见遣，来此必惑于众口，恐卒不免。'言讫泯然，若已绝矣。蜀使既至，一遵其言，戮尸迄无所知。"《宋书·朱龄石传》："谯纵奔于涪城，巴西人王志斩送，伪尚书令马耽封府库以待王师。"无徙越嶲事。《晋书》则言马耽引绳而死。《晋书》修于唐代，姑不具论。沈约、萧绎时代相接，同记一事而所载已详略互异。谓之为伪，则沈、萧皆非作伪者，伪一马耽，又何取义？后史且然，又况先秦上古之书，国异政，家殊俗，人各异闻，夫何足怪？知详略互异之例，古书乃可通。如《春秋》曹刿事，《左传》但详长勺之战，《公羊》则详柯之盟。乘丘一役先败后胜，《左传》但言其胜，《檀弓》则记其败。羑里之囚，谮西伯者，史书崇侯，《龟策传》则又有左强。诸如此类，必合观之，其事始备。偏执一书，而以他书为非，通识不当如是。凡此异闻，既一时无真凭确据，别黑白而定一尊，即当并存之，以待好学深思者之参考，信以传信，疑以传疑，此史家所以贵阙文也。

抑更有说者，今世所出敦煌隋唐写本经书，皆系断简残编，首尾不属，不应孔壁秦火，独完好如初，则汉人治学必有补缀。如《越绝书》相传为子贡或子胥作，虽疑莫能明，据《本事篇》云："《越绝》谁所作？吴越贤者所作也。当此之时，见夫子删《书》、作《春秋》、定王制，贤者嗟叹，决意览史记，成就其事。"《篇序》云："记陈厥说，略有其人。""文属辞定，自于邦贤。"是则其书必历古相传，断烂不具，而袁康、吴平为之补缀成之者。古代篇籍例不显主名，寺人家父，偶一自见，其他皆由学者传授，依相传之说题定，亦有书名出自后人者，篇或分内外，卷或异多寡，要皆传校者主之，不能据此即定其书为伪也。

刘歆《让博士书》曰："《尚书》初出于屋壁，朽折散绝。今其书见在，时师传读而已。"此虽但指《尚书》，诸经亦必当然。所谓"传读"者，固不仅点定文字而已也。《左传》"其处者为刘氏"，孔仲远《正义》谓是汉儒所加，似汉人传经固自有此例。此即荀悦《申鉴》所谓"先意借定"也。先意借定虽于大义无伤，然亦必依据真本。若无真本而凿空杜撰一子虚亡是之书，吾恐其书一出，不崇朝，诸儒且大哗矣。即诸儒一时或被其欺，亦必如张霸百两篇，有人以中书校之而立败也。又谁敢冒险以徼幸耶？古代大师皆不著书，遗言传世皆由后学扶助而成，例如今日教师讲授，学生笔记，学生文笔不同，则所记自各不同，然而从一统系而来则无弗同。陈东塾曰："古者记言之体有三。其一闻而记之，所记非一时之言，记之者非一时之笔，汇集成篇，《论语》是也；其一传而闻记之，所记非一时之言，记之者则一人之笔，申说引证而成篇，《坊记》、《表记》、《缁衣》是也；其一亦传闻而记之，记之者一人之笔，所记者一时之言，敷衍润色而成篇，《礼运》、《儒行》、《哀公问》、《仲尼燕居》、《孔子闲居》是也。"观此则无疑于古书文笔之不类矣。诸子中《老子》或是自著，其他大都弟子与有力焉。向、歆校书，但以家分，往往不复区别。若夫十口相传之语，发源既远，尤多互闻，或载笔者意取文便，举后以明前，引彼以足此，未必初见者即在先，习见者即在后。后人不察，必斤斤考辨书出之早晚，以定其真伪，徒多事尔。

又古人重文，言之不文，行之不远。如桓宽《盐铁论》所载贤良文学与桑弘羊辩论之事，当日自未必如此繁缛，此皆次公润色推演之所为也。诸子中如《管子》，一望而知为后学增饰者，然亦必有相承之统系。近人遇此等处辄谓之托古改制，一似古人本无此事，而诸子造伪以欺人者。无因生果，何以使诸子心服？又周人尚文，经传中所述古事，当亦必有后史修饰者。学者但当取其史实，而不必深泥其文，罗织单词，妄思翻案。非愚断不至此，毁己蔑先，隐有所恃，尤须深戒。

理论者，事实之启道，而事实者，又理论之凭藉。诸子，理论也，亦必假事实以资证之。事实传闻，诸子各有传本，韩非《储说》即其征也。其奇零者，刘向校书时，无家可归，多散见于《说苑》、《新序》。其中年代之倒置，人名之舛错，殆难更仆数。后人或以此为刘向病，而不知非病也。此类记载，本重在理，而不重在事。吾尝譬之，今有一方，案题曰张仲景，使善知医者观之，则必问其方之能治病否也。今不问方之能治病与否，而但争仲景之真伪，则必非善知医者矣。今之辨伪者，何以异于是？是故以辨伪之见观书，必无一书可读，以辨伪之见论事，必无一事可信。何也？事实者，表见于外者也。事实尚有其里，所谓文实是也。文如是，而其实往往不尽如是，原始如是，而其后或且不必如是。此在历史，实亦恒有之事。事实各有其表里，里固事实，表亦事实。据事直书，使人由表以知里，良史也。今人以事实为未足，必探求其内幕，不可知则牵合而臆度之，伪未必明而真先失矣。其蔽正坐不通史学。

今辨伪者之言曰，事实非真也，伪也。尧舜之禅让固伪，汤武之革命亦伪，推孔子之公认为圣，"若圣与仁，则吾岂敢！"此孔子所自言，谦词也。但教化大行以后，后人崇德报功，即不能不尊之为圣。太史公为孔子立世家，亦以世人已承认其为圣，故特笔以尊之。譬之帝王，起于匹夫，既跻帝王，即无再称之为匹夫之理。此乃事实，而今则一切反是。释迦之公认为佛，基督之公认为教主，亦无不皆伪。如此则不但颠倒理论，抑且变乱事实。事实一经变乱，则不但无经，抑且无史，直无异取吾国三千年之文化而摧拉之也。故曰疑古可也，伪古则不可也。

古何以当疑？曰：古人往矣。一事也，说之者不一端；一书也，传之者不一人。事既如上所述矣。以书而论，又有由金迻竹之误，有由竹迻帛之误，有由帛迻纸之误，有由写官迻契工之误。古书文句简奥，亦有经后人读之而误者。如司马迁《报任安书》"左丘失明，厥有《国语》。不韦迁蜀，世传《吕览》"，左氏但举《国语》而不言《左传》者，为其与上句左字犯复，文则不美，故单举《国语》以代表之。《吕氏春秋》而单称《吕览》，亦是此例。世传者，《吕氏春秋》虽成于相秦之时，而传世则在晚年也。后人遂据此谓左传不出于丘明，又有讥史公误以《吕览》为迁蜀始作者，此则又非古书之误，而不善读古书者之误矣。自来笺注，似此者多是。故治古书者不可不先讲文法，既欲正古书之误，尤必先正误读古书者之误。读古书者之误，条例綦繁，当更端论之。凡此之误，皆非出于有意造伪者。我从而理其纷焉，析其异焉，必也持之以至矜慎之心，辅之以至精密之法，而又临之以至公正之度量，夫然后古书乃可以读。古书可读，古谊乃可大明。此正考文之圣所期，而亦乾嘉朴学诸大儒之所有事也。

虽然，疑古亦须有断限。文字前后之参差，年月人地彼此之舛错，此其所当疑者。书阙有间矣，以《汉·艺文志》考之，十九不存，古人所凭藉，安知不在亡佚之数乎？即如《史记》称"项羽身长八尺余"，而班固则实之曰"八尺二寸"，此非亲见史料，必不敢下此语。又如鲁《诗》，若非近日石经出土，又安知其章第与毛《诗》之不同？推此以言。则古书纵有抵牾，亦只能存疑而已，不宜遂断某说必真，某说必伪也。古书未经刘向校定以前，篇章单行，多无最录，引者或据残本，或凭默记，或约其词而取其意，或用其语而略其出。又古字皆先有声而后取于形，故形声多通假，此亦致误之一端，尤须善思之。若夫群经有家法，诸史有义例，一时有一时习尚之殊，一时有一时信仰之别，此其所不当疑者也。《周易》卜筮书也，而为哲理所资；《诗》民俗歌谣也，而为教化所寄。若忽略其哲理教化，则原人浅化而已，有何奇特？是故孔子以前之六经与孔子以后之六经，本无可疑，观察之者自不同耳。成人不离乎初孩，为山要因乎篑土，文化通则也。章实斋有言："古人不著书，古人未尝离事而言理。"此类皆不当以疑论。

自宋儒治学，但凭主观，不知讲辨证方法，疑其所不当疑，于是则有如乐史之议《仪礼》，欧阳修之议《系辞》，李泰伯之诋《孟子》，朱晦翁之攻《诗小序》，凭虚任臆，翻案别解，是非之见，纷然杂陈矣。有清一代，惟阎百诗、崔东壁诸人，考信六艺尚未脱尽宋儒结习，其余则大都谨慎，虽亦间出古人之误，而未尝欲将古人所著之书根本推翻。古人著书各有体要，小小疏失无妨大体，匡之补之，正赖后人。若因发见一二小差，辄推论以概其余，此陈元所讥"扶瑕摘衅，掩其弘美者也"。考据者，治学之一端耳，非学问尽于考据也，不可不知。乃不意二十年来，竟有一辈学者扬百诗、东壁之余波，而又文之以西洋科学方法，变本加厉，一返乎宋儒之所为，治学须充足常识，无常识而但拘牵后代时势以观古人，未有不流于疑古者。宋儒读古书，尚论人物，此蔽尤多，由其心理囿于环境，不能深体过去社会情形。故圣人异乎人者神明，而同乎人者五情，古今风会殊方，隐圣同凡夫岂独异。论人者慎之。名为承袭前人考据家法，而所效者乃非其长，而适得其病。今人治考据往往喜用反证，如见《论语》未言《春秋》，即断孔子无修《春秋》之事是也。此种方法若不以名学严格审之，危险最大。乾嘉诸儒虽偶有用者，乃其病也，不易轻效。治学之道，先求本证，本证所无，始用反证，亦必衷诸论理无例外者，方可以下断判。若孔子删定六经，见之秦汉者，本证已多，岂一二反证所能推翻，况所用反证又不合乎论理乎？多见其不知量也。他皆类此。

政教失正轨，而学术亦发生畸形。释迦氏有言："吾如师子王，不畏百兽，畏师子身自生蛆虫，啖师子肉。"循此以往，吾恐经艺之亡，不亡于异学外入者，而亡自身之蛆虫，可以断断无疑也。义宁陈寅恪尝有一名言曰："谨愿之人而治经学，则但能依据文句，各别解释，而不能综合贯通，成一有统系之论述；夸诞之人而治经学，则不甘以片段之论述为满足，因其材料残阙寡少及解释无定之故，转可利用一二细微疑似之单证，以附会其广泛难征之结论。其论既出之后，固不能犁然有当于人心，而人亦不易标举反证，以相诘难。"夫不能犁然有当于人心，此正是其受病之特征，亦正是吾人今日所当倾注之要点。彼其为说也，是否果有证据？有证据矣，而彼所认为证据者是否别有隐歧？此皆今日所当逐一审察评量者。疑者工于疑古人，吾人即以疑古人者疑疑者，如此方是根本怀疑之学问。既返之于心而有疑，则必思有以释其疑，学者研究之功，努力正在于此。今之疑古家遇不通处，即以一伪字了之，更不研究其何以致此之故。譬诸仪器所以测天，仪器未准而责天行，或忒前提舛讹，轻下结论，岂是学问。不可怵于便辞巧说，昧昧然为其所愚也。黄冈熊子真亦云："今日考史者，皆以科学方法相标榜，不悟科学方法须有辨。自然科学可资实测，以救主观之偏蔽，社会科学不先去其主观之偏蔽者，必不能选择适当资料以为证据，则将任意取材以成其僻执之论。今人疑古，其不挟偏见以取材者几何？真考据家亦须有治心一段工夫。"斯言也，吾尤韪之。不观今之治国故者乎，其人中国人也，其心则皆外国心也。以外国之心理治中国之书，其视先秦上古之文化也，直等于莫名其妙。由不了解而妄疑，由妄疑而起执，而又有现代化观念先入为主，今人反对宗教，则并古人崇信宗教而反对之，丑诋封建制度，则并古人封建制度而丑诋。古人重视者，今人或不重视，古人不重视者，今人或且重视，皆此现代化从中作梗也。现代化者，演变中一过程耳，是否可以为量，评论古人是否可以现代化为量，疑问甚多，若别有作用，不以学论，不在此科。如此观书，又安往而不伪？是故治学莫要于治心。治心之道无他，一言以蔽之曰："玄囿。"务使吾心依乎思位，而不为风会所左右，此又在乎学者平时之自反，无待余言也。王仲壬问孔刺孟，刘子玄疑古惑经，守文失旨，逞意高谈，实为今日辨伪家所本，须逐条详辨之，此不能具也。

章氏遗书序

实斋先生著述宏富，易箦时以全稿属萧山王谷塍编定。今所行世《文史通义》、《校雠通义》盖不及全稿三分之一，且多其子姓丐人窜改，识者病之。吴兴刘翰怡京卿得嘉兴沈寐叟丈暨王雪澄廉访所藏先生原稿，则谷塍所编次皆在焉，又益以未刻诸书，鸠缉最录，合若干种若干卷，于是先生之学赅备。杀青可缮写，以序命余。余曰："此夙昔之志也。"书既成，序之曰：

宙合之学之肇也，因夫恒干皆有所藉。瞿昙氏观十二因缘而悟道，海彼之学纯籀物质，邦学而无藉也，如其有，则非史不足以当之。人之一生，曰始曰壮曰究，人类之一期亦然。彼其古今成败祸福存亡之迹，与夫蕃变之所由然，苟无史焉，虽圣者无所丽其思，而一切道术且将不立。史也者，彰往而察来者也。老之术葆之于始孩，孔之术瞻之于既壮，而皆所以坊其究，究则圣者不忍言矣。故六艺大原厥维史，诸子立言虽精粗本末不同，而皆籀于史。自刘向氏后，经籍道熄，缀学沟犹以自为方。晋汩于玄，宋明以来蔀于理，乾嘉间，休宁、高邮诸儒起，始稍稍窥于遗经，然而一出一入焉，恒干之亡已伏于兹。儒者智不足以知圣，其于六籍之原，匪特不敢言，抑且不能言，则相与正训诂、明音韵、考名物、核度数，曰：吾且为之邮焉。及其蔽也，弃本逐末，至视前经往诰，与商之龟甲文，周之毛公鼎、散盘，秦汉之瓦当，曾无以异，暧昧相循，泛今若绝而未遽绝者，恃好古之一念，懂以维系于人心也，一旦好古之念去，而人之祸亟矣。

先生当举世溺于训诂、音韵、名物、度数之时，已虑恒干之将亡，独昌言"六艺皆史"之谊，又推其说施之于一切立言之书，而条其义例，比于子政辨章旧闻，一人而已。然而世之宗休宁、高邮者，其议先生也且百端，吾则以为先生之召世疾也，盖有五焉。何则？为休宁、高邮之学者凭据左验，得一孤证即可间执承学之口，而不必问其全书宗旨如何之不通，则引申假借以说之，又不通，则错简衍文以迁就之。为先生之学则每立一例，必穿穴群籍，总百氏之所撢，而我乃从而管之，故为先生之学也拙，而为休宁、高邮之学也巧。人情喜巧而恶拙，一也。为休宁、高邮之学者，劳于目治逸于心获，但使有古类书、字学书数十种，左右钩稽，一日可以得三四条。为先生之学，则其立义也，探颐甄微，彷徨四顾，有参考数年而始得者，亦有参考数十年而始得者。及其得也，适如人所欲言，则人之视之也，亦与常等矣。故为先生之学也难，而为休宁、高邮之学也易。人情趋易而避难，二也。为休宁、高邮之学者，严绝剿说，故必引据成文往见、时贤解经之书，王伯申说、段茂堂说，开卷烂然，非是则人以为陋。为先生之学则不然，有櫽栝成文者焉，亦有不必櫽栝成文者焉，同不是，异不非，惟义之与比，放诸四海而准，公诸四达之衢而人不能窃。故为先生之学也约，而为休宁、高邮之学也博。人情尚博而鄙约，三也。为休宁、高邮之学者，意主疏通以求是，解一名详一训，虽繁杀殊科，而其义也皆有所底。为先生之学，则规榘诚设，其用无乎不在，有略引其崝，以俟好学深思之自反者，有泛称广譬，验之造述而后确者，虽复节目有疏略，援考有舛缪，而正无害其大体。故为先生之学也虚，而为休宁、高邮之学也实。人情畏虚而夸实，四也。抑又有其可异者，为休宁、高邮之学者，以墨守为宗，再传而后，疲精许郑，至甘以大义微言拱而让之宋儒，佞程朱者喜其不我牴轢也，则往往援之以自重。为先生之学，则务矫世趋，群言殽列，必寻其原，而遂之于大道，虽以举世所鄙弃之郑渔仲，举世所訾毁之象山、阳明先生，扬攉所及，亦且时时称道焉。先生以不党救党，而守门户者以为党，先生以不袤治袤，而昧别识者以为袤。故为先生之学也逆风会，而为休宁、高邮之学也顺风会。逆则不乐从，而顺则人人皆骛之，五也。五者浸以成俗，则先生之书之不大显于时也，固其宜矣。

虽后学之为术，有统有宗，必伦必脊，或治其分，或揽其总，虽相连而实相济，譬则振裘，先生挈其领，而休宁、高邮诸儒则理其麤。为先生之学，而不以休宁、高邮精密征实之术佐之，凭臆肤受，其病且与便辞巧说者相去不能以寸。为休宁、高邮之学者，苟无先生，则经艺大原、学之恒干，必至尽亡，始也以古为蒭荟者，继且敝之而荐刍狗。以刍狗为学，则我宗邦之学乃真可以拉杂而烧之矣。今者圣伏神徂，一二儒子守见闻，槁项箝舌，日乞残铅蠹椠以自活，向之训诂、音韵、名物、度数之学，举不足以堙断流之祸，而先生之书乃稍稍有好之者出焉。意者，古哲人忧患前民之一恉，其将自先生而复欤？抑惟异欲闻或借先生之说，摧陷旧藩，以为秦火之导欤？宣尼悲麟出非时，反袂沾袍而伤道穷。吾今幸见先生之书之传，虽喜也而又不能无惧焉。已丧乱余生，精神遐漂，不复欲以语言文字祸古人，感京卿继绝之雅，心所蕴辐，聊复一书。

章氏遗书序（代）

我朝学派开自亭林，其后婺源有江慎修，休宁有戴东原，歙有程易畴，由声韵训诂，名物度数，以返求之于诸经，一洗前代儒者肤受之陋，其所变易，灼然如晦之见明，其所弥缝，奄然如合符复析。三吴间，则惠定宇治《易》，庄方耕治《春秋》，西京坠绪亦稍稍萌芽。东原之学，传于南有段若膺，传于北有孔巽轩、郝兰皋，其在江淮者，汪容甫、刘端临之伦翕声而桴应之，而高邮父子则以朴才精识，谇正晚周先秦书，哀然为乾嘉大师。说者谓古学复兴，远迈唐宋，而吴、皖、淮、鲁诸儒实启其先，可谓盛已。然此皆浙西产也。当时浙东与亭林并世，则黄梨洲氏独衍蕺山之传，下开二万兄弟，再传而得全谢山，三传而得邵二云，而实斋先生实集其成焉。先生之学，其缜密繁博或不逮吴、皖、淮、鲁诸儒远甚，即其文事僿蔓亦不如容甫辈之渊雅，然识足以甄疑似、明正变，提要契纲，卓然有以见夫经史百家之支与流裔而得大原，则有非诸儒所能谛言者。盖吴、皖、淮、鲁诸儒之学精于核，而先生之学则善于推；吴、皖、淮、鲁诸儒之学谞于析，而先生之学则密于综；吴、皖、淮、鲁诸儒所用以为学之术径，惟先生能会其通，亦惟先生能正其谬。以唐宋以下言之，吴、皖、淮、鲁诸儒实为古学之功臣，而以国朝一代言之，则先生又为吴、皖、淮、鲁诸儒之诤友，二者如两曜之丽乎天，非是则不能以代明，又如车之双毂，非是则不能以致远。吴、皖、淮、鲁诸儒之学，既世学者承习寖成风会，破坏形体，支离大道，而治西京言者，则又敢为非常异义可怪之论，其所治也益精，其为效也益小，而见之于世也益荒。盖自道光中叶以迄于今，八九十年间，学统凌夷，由盛而衰，駸駸绝矣。《易》曰：穷则变，变则通，通则久。然则居今日欲挽末流回冗之失而纳诸正轨者，舍先生将何从哉？世衰道微，邪说诬民又作，至有奉吴、皖、淮、鲁诸儒为正宗，谓曲符乎科学方法者。夫彼以其异域谲觚之谭，文之以苟钩铢析乱之术，而强附于吴、皖、淮、鲁诸儒，使吴、皖、淮、鲁诸儒有知，其许之乎？其必黜夫外袭者，而引先生为知己，可断言也。先生书曾一刻于大梁，再刻于浙江、贵州，乃其子姓改窜者，钞本流传，歧异错出。前岁始得见王谷塍原编于沈子培《尚书》，许爰录而复刊之，又益以已刊未刊诸书，都为一集，以备先生一家之言。世有精研浙东之学者，得先生说，因其已知而益穷之，以蕲与吴、皖、淮、鲁诸儒之学沟遂相通，斯固先生未竟之绪，抑亦余小子区区纂春之意也夫。

汉书艺文志举例序

目录之学何昉乎？昉于史，而大别则有三：《七略》、《中经簿》、《崇文总目》，则官家之目录也；《直斋解题》、《郡斋读书志》，下至《绛云楼》、《爱日精庐》诸书，则藏家之目录也；各史《艺文》、《经籍》诸志，则史家之目录也。三者惟史家目录其体最尊。《隋书·经籍志》序既以经籍之用，探原于史，而史部簿录类则云："古者史官既司典籍，盖有目录以为纪纲。"征之古，《周官》五史皆掌书，而外史且达书名于四方，史既掌书则必有书录以载之。目录之见于史者，厥惟班氏《艺文志》。班《志》之部居群籍也，考镜源流，辨章旧闻，不诩诩侈谈卷册，与藏家目录殊；不断断详论失得，与官家目录亦异。盖所重在学术，用吾识别，以示隐括，同于法家之定律，所谓例也。《史通·序例》篇云："史之有例，犹国之有法，国无法则上下而靡定，史无例则是非莫准。"此虽指全史言，而艺文为学术流别所关，尤不能外是。昔王俭撰《七志》，尝作条例九篇，编乎卷首，目录之有例，实自俭始。夫《七志》官家之目录耳，尚有条例，以明笔削之义，曾谓囊括一代之国史，纬六经，掇道纲，而如《春秋》之无达例乎。且史家目录，详备不及官家，繁密不及藏家，正赖有例，提挈纲要，所以卓然成一家之学，使艺文而无例，虚占篇幅，将焉用之。无惑乎刘子元旷代通人，谓凡撰志者，宜除此篇也。吾友孙君益荪，于学无所不窥，姤精诸子，而尤邃于流略，冥心捷获，援王俭之法，创通班《志》，成《举例》一卷，宏纲细领，恢恢康庄，班《志》之例定，而后族史之得失定，即一省一府一县征文考献之书，亦莫不定，整派者依源，理枝者循干，为功史学，盖不在刘子元下。夫自来治班《志》者多矣，在宋则有王伯厚、郑渔仲两家，王但详于考古，于史无裨；郑亦惟辨其编次之当否而已。至近代章实斋，始深痼官师合一之旨，其所著《校雠通义》广业甄微，杰然知言之选，而史家发凡起例，为后世著录成法，则未及条别，尚不能无待于后人。君素服膺章氏者，此书补实斋之未获，推见孟坚之至隐，不独为史家祛惑，实可为目录家起衰。近今之骛鉴别者，百宋千元，矜多炫秘，不有君书，又安知目录一学之关系史裁，若是之钜且要乎。呜呼！二千余年无此作也。君书成，谓必得深于实斋之学者，序我书。余之服膺实斋也与君同，曩尝纂《史微》，阐明实斋六经皆史之谊，每相与抚尘而笑，莫逆于心，海内同志，落落两人。今籀君书，虽不能文，泚笔以附简端，所不辞云。

集外文

历史五讲[①]

余自燕庠罢校，生徒雨散，屏迹陋巷，又兼患目，不能阅书。时惟张君芝联，从问历史大义，每有所告，辄归而记之，已录成《谈撷》一册。继复以中国文化真相为问，因思此问题繁广，关系历史全部，非作有统系之叙述，不能详明。余既略述梗概，芝联复为之记录，竟成一小册，即名之曰《历史五讲》。芝联为吾老友咏霓先生之子，少年好学，兼通英法文。余嘉其守志之敦，衰年得此，吾道嘱累为有人矣。书成，辄题数语志之。癸未五月。张尔田记。

宗教也，文化也，道德也，是三者如连锁然：无宗教即无文化可言，无文化即无道德可言。凡一民族，当社会秩序安宁之时，人人游于文化范围之中，饮食教诲，群居乐业，而不自知其所以然，此即所谓文化圈也。在此圈内，维持社会之安宁者，有一共同遵守之标准，即道德也。此种共同遵守之道德，其尊严殆与天条等。宗教家因名之曰天经地义。有犯此天经地义者，则为文化所不许，不特人人得而诛之，即自己良心亦且得而责备之。及至甲乙两文化互相接触，因形式上之不同而不能调和，甲文化之外廓遂发现破裂，而道德上之标准，亦遂因之而紊乱，社会秩序亦日在不宁之中矣。然则当此之时，全国人民遂全无道德乎？曰：

---

① 此文刊于《同声月刊》第 4 卷第 2 号（1944 年 11 月），亦以《论中国文化及其宗教道德》为题刊于《汉学》第 1 辑（1944 年 9 月），两文略有异同，其中原委，见文后龙沐勋跋。现据《同声月刊》本收录。本文著者处标明为："钱塘张尔田讲稿，受业张芝联记录"。

是又不然。《中庸》曰："小德川流，大德敦化。"道德之为物，其不息如川之流，不为尧存，亦不为桀亡。不过文化一经破裂，人人各以其所习惯信仰者为道德，由一敦化变而为无数敦化，而无一共同遵守之道德耳。当此之时，文化已失去重心。大闲逾矣，而但责小德之出入，实为甚难！以今时现状而言：遗老以忠故君为道德，党人以忠领袖为道德。或借口于肃正思想，或借口于维持风化。彼亦一是非，此亦一是非，道德愈讲，天下愈乱，社会秩序亦愈不得安宁。何以故？则以全国人民但有一二个别之道德，而无一共同遵守之道德故。既无一共同遵守之道德，而道德之为物又非可以消灭者，而于是遂现出一种分崩离析之状态。当此之时，而欲以道德责人，此《孟子》所谓"不能三年之丧，而缌小功之察；放饭流歠，而问无齿决"也。岂非甚难！故为一民族社会秩序安宁计，非提倡一共同遵守之道德以为之标准不可，而第一步则尤在巩固其最高文化圈。

道德之为物，其原本起于人类一种同情之爱。由同情之爱，发生两种作用。就对人言之，则谓之"仁"；就律己言之，则谓之"义"。积极谓之"仁"；消极谓之"义"。汉儒训"仁"曰："相人偶"，即谓人类相偶，发生一种同情之爱也。此种同情之爱，最初本是一种盲目作用，然而实为宗教家立教之所本。故宗教家无不言爱。但教主主张则互有不同。佛教主张"去爱"，即所谓无缘大悲；基督教主张"博爱"，即所谓一视同仁；若孔子之教，则主张"爱有差等"。中国之伦理道德，即基于爱有差等之理而建设者也。孟子曰："亲亲而仁民，仁民而爱物。"亲也，仁也，爱也，实一事也，不过因所施有厚薄高下之不同而异其名耳。故《中庸》曰："尊贤之等，亲亲之杀，礼所生也。"此种礼教渗透于社会各方面，成为一种生活习惯时，吾人即名之曰文化。文化定义，学者说各不同，实则人类共同生活所表现者，是其基本定义，其余大都由此定义而加之以圆满者也。例如佛教名相小乘是其基本之义，大乘则每一名相必开出无数，此亦如是。非所说文化不同，乃逻辑上公式之不同耳。观余书者，幸勿不揣其本而齐其末也。是故有一殊特之宗教，即有一殊特之文化；有一殊特之文化，即有一殊特之道德。至于道德之原理，则一而已。蒙古人丈夫死，则同族即收其妇为己妻，外嫁则人笑其不能赡其妇。由吾人观之，可谓不道德矣，然彼固自以为道德也。波斯当十六世纪前，有一古教，其人曰慕阇，谓妇女如桥梁、杵臼，桥梁人人可走，杵臼人人可用。由今日观之，亦可谓不道德矣，然彼当日亦自以为道德也。故吾谓：不言宗教，即无文化；不言文化，即无道德。此征诸历史而历历可信者。若夫道德之原理，则当听哲学家探讨，不在吾人本论中矣。

道德之由来及其重要，即闻命矣，然则何以推行道德？曰：前已言之矣，道德本是人类行为上一种盲目作用，故欲其推行尽善，必须恃智慧以领导之。有智慧领导于前，而后行为始能发生善果，而后道德始有信用。不然，如俗语所谓愚忠愚孝者，又何尝非道德也耶？割股庐墓之为孝也，未婚守志之为节也；爱国转以祸国，忠君转以陷君。非徒无益，而又害之矣！亦有表面看来似不道德，而实际即是道德者。如违父，不孝也，父教以不道而违之，即为孝。背友，不义也，友诱以为非而背之，则为义。醇酒妇人，至堕落者也，信陵行之，适以见其高。轻生自杀，至卑怯者也，屈原行之，适以表其洁。他若石碏之大义灭亲，祭仲之废君存国，反经合权，可谓极不道德矣，然而《春秋》皆许之。何则？天下无刻板之行为，即亦无刻板之道德。道德者，人与人相互间一原则耳。至如何达成此原则，则有开有遮，有从有违，不能以一例。苟无智慧权术衡于其间，则必有自以为道德，而其究也，反因道德而招受恶果矣。《论语》曰："信近于义，言可复也。恭近于礼，远耻辱也。"此孔子言仁，必兼言智也。圣也者，即合仁与智而名之者也。

上来论道德问题，而有与道德相关联一问题：则美与不美是也。美与不美之问题，本是哲学上一问题，但既欲解决此问题，必先解决善与不善之问题。善与不善之定义，大都根据于其道德观念而来。《说文》曰："善者，宜也。"适当其可谓之宜，不能适当其可则谓之不宜。宜则谓之善，不宜则谓之不善。好色可也；好色而至于淫，不可也。怨诽，可也；怨诽而及于乱，不可也。不可则不宜也。《记》曰："圣人之制礼也，贤者附而就之，不肖者跂而及之。"又曰："之死而致死之，不仁而不可为也。之死而致生之，不智而不可为也。"皆所以示人以可，而防止其不可也。善与不善之义定，而后美与不美之标准始定。何谓美与不美之标准？曰：合乎善之条件者，则谓美；不合乎善之条件者，则谓之不美而已矣。毛嫱西施，古之美人也，然问其何以美？则宋玉《赋》所云："敷粉则太白，施朱则太赤；增之一分则太长，减之一分则太短。"乃所以为美也。若使毛嫱西施，浓脂厚粉，裸体露胸，则人必以不美笑之矣。是故论音乐之美，则必曰八音克谐。八音克谐，则音和矣，和则美矣。论绘绣之美，则必曰五采相宜。五采相宜，则色称矣，称则美矣。建置之美，左箱右个，若直矗矗之洋楼，则中国无有也。文辞之美，意内言外，若赤裸裸之新诗，则中国弗尚也。是何也？皆俗语所谓过火也。此例甚多，不遑枚举。其一二畸形发展者不在此例。大抵中国人无纯美之观念。中国人美之观念，无不与善之观念相联。此是受中国文化洗礼使然。彼西洋人研究纯美之书，自中国人观之，直不足当其一盼耳。《论语》："子谓武，尽美矣，未尽善也。谓韶，尽美矣，又尽善也。"又曰："质胜文则野，文胜质则史。文质彬彬，然后君子。"此两言者，即代表中国文化上美之观念者也。

由此而观，中国文化特殊之点，可一言断之曰：不以人凿天，不以天废人而已。此于百姓日用中即可见之。如饮食则尚完谷，而不尚面包，衣服则但取其蔽体，而不取其称身；文字则谐声与象形混合，园林花木，听其自然茂盛，若西洋之剪伐整齐，中国人不以为美也。中国人对于天人之观念如此。故曰：天非人不因，人非天不成。天人合一，实即中国人一种传统之观念。由此观念，政与教亦主张不分。中国无西洋之纯粹宗教。中国宗教即寓于政治之中。中国亦无西洋之纯粹政治。中国政治皆兼具教化之意。而最显著者，则为中国之刑律。中国之刑律，实即中国人之教规也，故服制之罪，较诸凡人为特重。至于中国人之观物也，能所一如，而无"心"、"物"之分。故中国哲学上无西洋唯心唯物之争。其言道也，亦无体用之分；道之一字，即兼具动静两义。宋儒始渐有分心物体用者，盖是受佛学影响。他若即事以明理，即理以证事；不行不可谓知，不知不可谓行；内圣必兼外王，治人必兼修己；文丽于学，艺通乎道。凡当代大儒所以诏人者，无不如是。职是之故，中国人无论治一学或观察一事，即最易发生一种笼统概念，又最易发生一种对人观念，求如西洋风气，以客观态度分类识别一切者，殆无有焉。何也？则以中国民族实一理智与感情不分之民族也。惟大圣人始能理智与感情平均，始能超然于理智感情之上，因乎此种民族性而利导之耳。此中国宗教化民成务，所以不与各教全同也。基督教三位一体，回教一切非主，惟一上帝，中国之教，天人合一，皆由于民族性不同，故立教亦异。今人谓中国无宗教，盖未之深考也。

理智与感情不分，既为中国民族原始以来之特性。圣人化民成务，如何因而利导之？曰：中国宗教，实为一保种之宗教也。此义当于下面论之。然既欲保种，则须知种族存亡之历史。在历史有一必不可免之公例焉：所谓"有盛必有衰，有进必有退"是也。故欲其不衰，必先使之不遽盛；欲其不退，必先使之不遽进。孟子曰："其进锐者，其退速。"《论语》曰："过犹不及。"盖此理如抛物线然，抛之愈远，则成一椭形，其回激之力愈大。老氏主张"致虚守静",即是有见于此。但孔子之教则不然。孔子以为天下之动,贞乎一者也。物无有不盛,亦无有不进。盛与进,天也;而使之不遽盛不遽进,则人也。故天工必以人代之,是之谓"中"。凡毗阴毗阳,皆为失中。中也者,中道而立,无过不及之谓也。然中又非株守而不变者也。株守不变,则孟子所谓"执一",而非"执中"矣。故又须随时代之推移,环境之转换,而认清中位之所在。孔子于是又名之曰"时中"。果能"时中",则能常常保持其平衡矣。人类之所以失其平衡者,皆由于畸形之发展。理智与感情平均,即所以防止其畸形之发展者也。教育学术,无不以此为目标。器取其朴而不尚淫巧,道取其久而不重改。去泰去甚,戒满戒盈。中国民族,数千年来涵濡于此种教义之下,遂以造成今日之文化。如此则虽不能必其终不衰,终不退,然至少可以使文化延长,实力多少保存。语曰:"天定胜人,而人定亦可胜天",即是此义。孔子之删述六经,大都为天人大义而发,而《周易》是其发源:此孔子之教最高哲理也。

孔子之教义,既以"时中"为揭橥,使中国民族常保持其潜在力,而于是文化上遂发生一种弹性作用。其对外也,有时抵抗,有时则又以不抵抗为抵抗。蒙古博尔济锦,满洲爱新觉罗,当其盛也,中国人至伏手帖耳而臣之;及其既衰,则摧枯拉朽而去之矣。其于文化也亦然。遇文化弱于我者,则以中国文化而同化之。遇文化强于我者,则不惜一切突变而同化于彼。此种同化,非心悦诚服之同化也,一时怵于其势,乘间以达其所也。征之历史,佛教之入中国,可谓盛矣。帝王顶礼膜拜而师之,士大夫舍宅造寺以奉之;儒者曾无一人发言反抗者。曾几何时,势力一衰,而昌黎之《原道》出矣。昌黎之文,至不足道,而其收效乃在荀济傅奕之上。是何也?孟子所谓"虽有镃基,不如待时也"。《论语》之格言有之曰:"用之则行,舍之则藏。"又曰:"邦有道,危言危行;邦无道,危行言逊。"又曰:"邦有道则智,邦无道则愚"。盖历史公例,有盛则必有衰,古今之变无常,而天人倚伏之理则有常。孔子教人知其常以应其变。中国人受此种哲理之暗示,故其对外也,能始终坚忍一时,因祸以为福,转败以为功;不但厄穷有所不辞,亦且诡随有所不避。吾故谓中国文化最富于弹性者此也。

综以上所说,则吾人可以得一结论。结论维何?则中国文化主合不主分离也,主中不主偏颇也。因主合主中,而遂富有弹性也。在此种文化之下,除贵贱阶级外,贫富无大悬殊,愚智亦无大悬殊;无资本与劳动之争，无政治与宗教之争，无民主独裁之分，无"左倾"过激之患（例外者不论）。此皆中国文化之优点也。而其弱点则曰：保守。然中国文化亦非偏于保守也。中国文化，一方面趋向保守，而他方面又趋向扩充。扩充者，即《中庸》所谓"放之四海而皆准"是也。譬诸草然，不抽条而滋蔓。此可于《公羊春秋》征之。《公羊春秋》假二百四十年之史事，以当人类进化之大剂，而于其中分为三世焉：一曰据乱世，二曰升平世，三曰太平世。三世之治虽同，而范围广狭则逐渐不同。至太平世，天下大小远近若一，夷狄且进而称王矣。文化扩充至于此，人事浃，王道备，孔子之教义始为圆满。是故中国文化，"保世滋大"四字，可以尽之。保世故重保守，滋大故重扩充。孟子曰："苟能充之，足以保四海；苟不充之，不足以事父母"。大同小康之治，一以贯之，此之谓也。今人只知孔子为保守，而不知有扩充，是以西洋文化为主体而评判中国之文化者，皆未能深考孔子教义者耳。

或曰：中国道术，如战国诸子者多矣，而子言中国文化，独据孔子为说，得无偏乎？曰：战国诸子，如道家之老庄，法家之申韩，名家之公孙龙等，皆学者也。惟墨家是中国之古教，如佛家外之有耆那教，虽是文化上一问题，而于文化皆无若何影响。其于文化上发生甚深极大之影响，惟孔子之教为然。孔子者，中国道术直系也，故言我国中古之文化，即不能不言孔子。两汉以后，治经之儒多矣，如许叔重、郑康成，亦皆学者也。惟宋儒程朱，于文化上发生甚深极大之影响，故言我国近古文化，即不能不言程朱；而程朱又孔子教中之一种新教义也。故言程朱，即又不能不先言孔子，此皆于历史上不能否认者也。自有一般学者，不承认孔子为教祖，欲夷孔子与诸子为伍。其讲孔子也，则杂之于道、法、名、墨之中，而于是中国文化之来源，永无明了之一日矣。吾今所说，与一般学者不同。吾以为若不承认孔子为教祖，则中国即无宗教；无宗教之信仰，则中国即无文化；中国无文化，必不能立国至于今日。文化之繁荣滋长，犹如树木然，天下无无根之木，天下又岂有无源之文化哉？甚矣今之学者对于国学之未能澈底也！

中国文化之优点，征诸历史，是固然也。然此皆已往之事实也。今则西洋文化又见告矣。往者印度文化之入中国也，中国文化已感受一部分影响；然而中国文化之重镇，所谓伦理上君君、臣臣、父父、子子者，固自若也。若西洋文化，则又非印度文化可比。印度文化，是出世之文化；西洋文化，与中国文化则皆为入世之文化。入世虽与中国同，而其相反也，乃如水之与火。中国文化，遇此劲敌，而欲常保持其优胜，又安可能？是故西洋文化一入，平等自由之说起，首受其影响者，厥为君臣一伦；君臣之观念变，而国之组织非昔矣。其次受其影响，则为夫妇一伦；夫妇之观念变，而家之组织又非昔矣。凡西洋人所谓科学也，哲学也，生理学也，社会学也，无一不变而为破坏伦理之工具。数千年中国文化经宋儒之手，从佛教后振兴而培植者，至今日全摧拉而无孑遗矣。然则中国文化，其将从此而一蹶不振乎？曰：是又不然。凡人之接受他人之物也，有一先决之条件焉，曰："需要"。需要者，今日缺少某物，则接受某物；他日又缺少某物，则又接受某物。如此则其物方能为我所用。为我所用，则其物方能为我所有。未有倾筐倒箧，不择缓急，浑浑而取之者。倾筐倒箧，不择缓急，浑浑而取，则必非需要也明矣。今中国人之于西洋文化也，倾筐倒箧而取之，试问此是需要乎？抑漫然而为之乎。吾知其无以答也。或曰：今之中国，学则西学也，教则西教也，自政府以至百职事，无往而非西也，而子谓非出于中国人所必需，岂有说欤？曰：今日中国所谓西洋文化者，实际非西洋文化也，纸上之西洋文化耳。试与子尽屏各种书报不观，而一游乎都市，除洋靴洋帽及一二不中不西之娱乐场外，何则是西洋文化？又试与子一造人之家，除洋凳洋榻一二需用者外，起居服御，应对进退，又何者全是西洋文化？吾尝谓：中国事事皆可模仿外人，惟蓝睛黄发，不能模仿外人。斯言虽小，可以喻大。而乃谓中国文化完全被西洋文化征服也，岂非过谈？《易》曰："阴疑于阳，必战"。观于今日之社会，道德之堕落，百度之窳败，即可知甲乙两文化尚在战时情状中矣。然则将如何而可？曰：则亦惟有听诸将来之天择而已。何谓天择？曰：凡一民族之文化，其存在也，须视其自力如何，非他力之所能存，亦非他力之所能亡。乃若其趋势，则又有三焉。三者何？（一）甲文化不幸而老，老而以至于亡；（二）甲文化不亡，而有新芽发生，以与乙文化提携；（三）乙文化没落时，而后甲文化又起而重活。前二于历史上皆有先例，后一以文艺复兴言之，亦非例外。任归其一，是即所谓天择也。若今人之狂奔于西洋文化也，取外人之所有，而享其现成，且不惜自毁其文化，吾无以名之，名之曰"应付外人"而已矣！一旦飞机大炮失其效用时，必有能证明吾言者，文化云乎哉！以上言文化处，皆就表现者综合之而指其意义。以文化若但就散殊者言之，实无从共喻也。今人著中国文化史，罗列昔人物质上种种制造，而不能说其义，如此则直可谓之中国科学史矣，所谓文化者安在？且文化之表现，亦不能仅限于物质，读者不察，或有因彼而妄疑余说者，故附辨之。

文化之形成，虽殊方百变，而其始实皆由于一种信仰而来，即所谓宗教也。今当继文化而言中国之宗教矣。凡一民族，当原人时代必有宗教，中国亦岂能例外？但中国史迹，讬始于五帝以来，五帝皆天子也。天子以前，则无可考。夏穗卿先生谓中国宗教，起源于巫，其说当信。巫在上古时代，地位殊高。又不知经若干年，由巫之制度一变而为天子制度，天子遂代巫执其教权，而巫反降而为天子之贰。天子制度者，由无数酋首之中，拥戴一最高酋首，而听其号令焉。封拜黜陟，略等于回部之有合里发，是之为天子。天子者，教皇之尊称，即基督教所谓耶和华之子也。故天子必受命于天。然则天子之受命也，天果谆谆然命之乎？曰：不然，但以瑞应示之而已。故每一天子出，则必有祥瑞焉，以明受命之符。古代天子御宇，必假符命，亦如达赖喇嘛出世，必假预言。此种权用，惟宗教始有之。天子之最大职权在主祭，犹希腊、犹太人之祭司长。天下大矣，天子不能遍祭，则又设诸侯以代之。诸侯者，犹希腊、犹太各地方之祭司长。天子祭天之处，则曰合宫，亦曰明堂。明堂者，天子教堂也。听政于此，布教于此，诸侯朝觐受训于天子亦于此。而明堂中又有一殊特之制度焉，曰"方明"。《尚书》曰："诞资有牧方明。"方明，木也，上玄下黄，四方各以其色，诸侯觐于天子则设之。方明神明之象，殆如西洋教堂有十字架焉。此种制度自周以后，逐次渐变，而教权之掌于天子也则如故。平王东迁，周之号令不行于天下，天子之威信，扫地尽矣。孔子乃以匹夫崛起布衣之中，删述六经，宪章前圣，自是上古治天下之具，遂全集于孔子一人。故自孔子以前言之，代表中国宗教者为天子；而自孔子以后言之，代表中国宗教者则为孔子。孔子一方面接收旧教，而一方面又自成一种新教。旧教其后演为古文诸经之说，新教其后演为今文诸经之说；亦如佛教之后分为大小二乘。此皆中国古代有宗教之征。不过中国宗教与政治不分，言教则必兼政，言政又必兼教，而无离政治而独立之宗教耳。

然则中国宗教之仪式若何？曰：中国宗教之仪式即礼也。礼为天子所制。《中庸》曰："非天子不议礼"。天子本天之意，制为宪典，俾万民率循，是曰礼。礼之字，从示从豊；豊者，祭天时行礼之器也。故中国之礼，即从宗教神秘而来，即是中国宗教上一种教仪。天子之礼，中央祭司长之教仪也；诸侯之礼，各地方祭司长之教仪也。士大夫，佐天子诸侯宣教化者也。士大夫之礼，又即诸奉教者之教仪也。惟庶人无教仪，有事则假士礼行之。故《曲礼》曰："刑不上大夫，礼不下庶人。"以庶人皆教外未受化之民故也。自天子之权归于孔子，孔子于是删定旧教仪式，取其可以为后世模范者十七篇，是为《士礼》。古之士，即教士也。教士皆官为之，言士则大夫以上并举之矣。而其中最要者，则尤在丧服制度。民间行用，尚相沿至今，而历代刑律，且准之以定罪焉，犯此者则为违背名教。是故中国宗教，非无教仪也，中国宗教之教仪，即寓于社会习惯之中。欲受教者皆在于学，更不必别有教会。盖合全社会而为一教会也，亦即中国宗教与政治不分之一现象也。回教亦是政教不分者，今回民礼节皆阿拉伯人风俗习惯，亦即回教之仪式也，可以比证。

既知教仪，则当知教义。然则中国宗教之教义若何？曰：中国宗教者，树艺民之宗教也，吾尝为之创一名词，曰："保种之宗教。"质言之，亦可谓之"种教"。何则？中国宗教，尊天与敬祖并重，以祖配天，是之谓天人合一。故礼之大者为祭天祭祖。祭天，天子代万民所有事，祭祖则自天子以至于庶民皆有事焉。中国宗教所以重视敬祖者何？其意盖以为我先祖自天感生，艰难缔造于此大陆，以有今日，我子孙不可不有以报之也。且探先祖之意，艰难缔造于此大陆者，所以繁殖其子孙也。则我子孙尤不可不上承先志也。由前之说，是曰"追远"；由后之说，是曰"慎终"。是故不胜丧而死，比于不孝，谓其自绝于先祖也。妇人恶疾无子者，则在"七出"之条，谓其不能承宗庙之祭也。无子则以同姓为之后，而不取异姓，谓其非我先祖血胤也。鬼非其类不享，神非其族不歆。由此遂产生一种宗法社会，大宗统远族，小宗统近族；又由此而产生一种一夫多妻制度，天子一娶十二女，诸侯一娶九女，士大夫得备姜媵。问其何以如此？则曰为无后也。此种制度，合理与否，姑不论，要其所以如此，则实受中国宗教之暗示而然也。《丧服传》曰："兽知母而不知父。野人曰：父母何算焉。都邑之士，则知尊祢矣。大夫及学士，则知尊祖矣。"语有之：万物本乎天，人本乎祖。保家由于此，爱国亦由于此。子子孙孙，勿替引之。吾民族所以繁衍至于今日，屡为外族所侵而不之仆者，由此观念也。吾故曰：中国宗教，为一保种之宗教也。

今且置中国旧教不言，而言孔子之新教也。曰：孔子未尝于旧教之外，别创一新教也。孔子不过因旧教而损益之，加之以意义而已。加之以意义，是即为孔子之新教。印度有婆罗门教，而释迦创而新之。大食、以色列亦皆有其古教，而穆洽默德、耶稣创而新之。宗教史上本有此公例，余别有说。若夫社会上君臣、父子、兄弟、夫妇，组织之方式，自孔子以前即有之矣。非孔子之所能创，亦非孔子之所能革也。然则加之意义者何？曰：周末文胜，旧教相沿，已渐有不能应付环境之势，但有形式而意义全失。君不君，则失其所以为君；臣不臣，则失其所以为臣；父不父，则失其所以为父；子不子，则失其所以为子。孔子乃一一加之以意义。"礼，与其奢也，宁俭"。自有此义，而后世祭礼但以繁多为敬者，可以知其所从也。"丧，与其易也，宁戚"。自有此义，而后世丧礼但以周备为孝者，又可以知所从矣。何也？以此皆合乎教义者也。若其不合乎教义而大相抵触者，则又为孔子之所不许。"拜下，礼也；今拜乎上，泰也；虽违众，吾从下"是也。他如君臣不贰者也，而佛肸之召，有时则表示欲往，示人以合权也。男女有别者也；而南子之见，有时则表示无嫌，示人以达节也。皆所谓"通其变，使民不倦；神而化之，使民宜之"也。至于王孙贾之问媚灶，以天晓之。子路之问事鬼，以人诘之。则又以其与天人立教之义相歧，而反答以答之者也。故其因鲁史而作《春秋》也，文成数万，其旨数千。或褒贬损益，不拘故常，一视其义以为衡。然则孔子之于旧教也，亦曰"窃取其义"而已矣。苟得其义，则文为末节，仍之可也，改之亦可也；苟失其义，改之固不可，即仍之亦非孔子之所谓可也。《记》有之："礼之尊，尊其义也；失其义，陈其数，祝史之事也。"故其数可陈也，其义难知也。知其义而敬守，天子之所以治天下也。又曰："协诸义而协，则礼虽先王未之有，可以义起也。"此七十子后学治经之通例，亦即孔子之新教也。自有孔子之新教，而旧教始活，而后旧教始能运化普被于后世。汉兴，孔氏相传之六经，咸立于学官，称之曰"六艺"。艺，殖种也，言以此为基本教育，犹农夫之播殖新种也。故太史公曰："自天子王侯，中国言六艺者，折中于夫子。"此之谓也。若使中国无孔子，彼六经所以称为圣典者，徒足以供考古者之史料，几何而不等于糟粕也哉！古代政教不分，故两汉人皆称孔子为素王，以其兼代表政与教也。亦犹耶稣之称犹太人王，当时本无所忌讳。宋以后始但称之为圣人，儒者遂不敢以素王目孔子矣，此由于孔子之尊，压于君王故然也。

孔子之教，在当时不过其徒尊而奉之，未能遍行于天下也。战国一代，诸子争鸣，其高视孔子者，亦不过孔墨并称而已。此在各教初期，莫不皆然。自汉人表彰六经，黜废百家，置博士，增广弟子员，非孔氏之业者不进。孔子教义，始克实现于教育，而今古文之争议，又缘隙而起矣。凡物合则必分，即合于一，本身亦必分而为二。此亦历史公例所不能免者。两汉今古文家，争立学官，其后今文家败绩失据，而古文独行，又有贾、马、许、郑诸大儒以羽翼之，下迄于唐人之《义疏》，大半皆古学也。故当时为之语曰："宁道孔圣误，讳言服郑非。"又值其时印度文化渐次侵入；人尚玄学，而方士者流，又创为一种伪道教，以与之对立。思想渐不统一，民间信仰，不归于佛，则归于道。守文之徒，抱残守缺，仅能寻章摘句，已名为儒林矣，无有一人阐明孔子之微言与七十子之大义。虽江左诸儒，间采佛义，别立新说，而又大都经生之业，人亦不甚重视之。唐之季也，韩昌黎著《原道篇》，李习之著《复性书》，儒术始渐开明。及宋儒出，从颜、曾、思、孟以上承孔氏儒学之正统，今文庙立颜、曾、思、孟为四配，即本宋儒学统者，宋以前尚无是也。一面辟佛，一面辟道，一面又接受诸经一部分哲理，身体而力行之，而其最大之贡献，厥维讲学。于是孔子经世立教之一继，乃不绝而续，如日中天。是为两汉经治之后，儒家新教义时期。故世俗称孔子为孔夫子，称宋儒则曰二程夫子、朱夫子，此外诸儒未有以夫子称之者。譬之继别成宗，亦可见其权威矣。

然宋儒之学，虽自谓承孔子之统，而所得于孔子者，则又不同。其言治理也，偏于内圣而轻于外王。其言伦理也，严于守常而短于通变。其于教育也，但可养成承平独善之士，而不能造成乱世反正之才。而其所以然者，则以孔子言道，有大义，有微言，与立与权，具宗教作用，民无能名；而宋儒之学，近于纯理，已渐有哲学家之倾向也。孔子之后，思、孟言性，已多有此趋势，然犹不似宋儒必推到太极无极也，其异同戴东原《绪言》详之。宋儒理学，大都根据于其形而上学而来。宋儒形而上学，实从河洛先天图说发源，而又兼采禅家静坐修养之法，此无可讳言。本此，故宋儒无不好言心言性，又无不好言"存天理、去人欲"。心性天人之奥，孔子非不言，然而言之必视其人。故《论语》曰："夫子之文章，可得而闻也，夫子之言性与天道，不可得而闻也。"又曰："中人以上，可以语上也；中人以下，不可以语上也。"所谓应教作机，事无常准也。宋儒则以此为家常话矣。至问其何以必如此，则宋儒目的固在拥护人纪也，故欲从形而上学寻求一根据，以为人纪最高之托命也。此是受佛道二氏之反应使然。宋儒执此理以与二氏周旋，使天下求佛教者，不必求之于寂灭；使天下求道教者，不必求之于虚无。隐然将二氏势力，驱之于民生日用彝伦之外，而吾儒之道德基础，遂日以巩固，是为宋儒一大成功。是故朱、陆之所争者，学问从入耳；朱子从入，主张"即物穷理"；陆子从入，主张"即心明理"。至于两家之实践道德，则无弗同也。有宋儒之实践道德，示人以模范，一时清议，遂有所归，而元、明以来士大夫之风气，亦为之一变。"父子定理无所逃于天地"之说出，而子无不孝者矣。"饿死事小，失节事大"之说出，而妇无不贞者矣。以上皆就大多数知识阶级而言，民间少数除外，余仿此。"尊王攘夷"之说出，而夷夏之辨深入于人心矣。"成仁取义"之说出，而忠臣义士，断腰绝胸，不绝于世矣。唐以前得天下者，无不假禅让以行其篡窃；自宋儒贬曹操，退扬雄，而以臣篡君之局，遂绝迹于史册矣。即有之而人心不予，亦必有所顾忌而不敢显为。其移风易俗之化，较之信仰宗教者，为何如哉？宋儒理学，代两汉经教而兴，既已深入人心，成为风气。朝廷因之，俎豆两庑，设科立学，支配天下，至今日已八百余年。清之初也，黄梨洲宗陆、王，顾亭林宗程、朱，王船山宗横渠，虽一变而为考据，而恒干依然存在。中间虽有颜习斋、戴东原辈，著书立说，欲援古训以与之抗，而建设不足，终不能夺而易之，非无故也。今日则西洋诸学说，浑浑入于中国，宋儒形而上学之基础，遂渐有摇动之势。形而上学基础摇动，而其实践道德，亦遂有不能立足之势。此后为胜为败，尚不可知。若今人之研究哲学者，往往喜兼及宋儒，此不过取以备哲学中之一种，而于宋学之兴废固无与也。

或谓宋学之昌，由于帝王设科取士利用之故，此说殊不尽然。无论一学或一教，其盛也。皆起先于下，而非起于上。两汉之立五经博士，实在孝武之世，其时孔子教义传习，早有人矣。佛教之入中国，亦是先被于民间，而后帝王从而信奉之耳。宋儒之学，在当时固不仅传于中国本土，亦且传于日本。彼日本之宋学，又岂帝王利用而然耶。宋儒之学，志在立人纪，而非以之媚时君。后世帝王知其说之不可侮也，设科取士，欲藉此牢笼人心，而又期以便其私图耳，于宋学何损焉？近人治历史之学，好谈背景，实则自有其背景。观者不可不慎择之也。

就以上所论，皆历史家所应知者，亦为历史上必须解决之问题，今将继此略言历史。西洋历史之学，吾不得而知，若中国学术之重要，则吾以为莫历史若矣。中国人不喜研究物理，无西洋之纯粹科学；又不甚研究心理，无西洋之纯粹哲学。而中国学术所据以研究之对象，则事理也。欲研究事理，即不能不凭藉事实。一事也，具体观之则为事实；抽象观之则为理论。中国学术，大都乞灵于此，而历史则搜聚事实材料之总汇也。事实之表现于文字谓之文，然古代简略，其表现于文字者，不及其未表现者之多。未表现之事实，于何征之？则征之于"献"。"献"也者，前辈识古事者也。如孔子问礼于老聃，问官于郯子皆是。故上古史料，统谓之文献。太史公之作《史记》也，"麟趾以前，鸠诸国史，殷周以往，访彼家人"。而又于《五帝本纪》发其凡曰："书缺有间矣。其轶乃时时见于他说。"又曰："要之不离古文者近是。"盖文不足则考之于献，献不足则征之于文。此古代史家之通例也。然则征文考献，遂足尽史家之能事乎？曰：非也。征文考献者，史家之工具，而非史家之目的也。史家之目的，班固所谓"历纪古今成败祸福存亡之道"尽之矣。道犹路也，谓人类动力推进之路也。历史本全世界人类动力推进之一过程，而所谓"古今成败祸福存亡"者，则人类推进过程中之一波纹耳。老子观此而悟道，则教人葆之以虚。孔子观此而悟道，则教人用之以中。其他若墨家也，法家也，杂家也，虽所术不同，而言治言理，无有不凭藉于历史者。吾故曰：中国学术之重要，莫历史若也。或曰：前人之论史也，"诛奸谀于既死，发潜德之幽光"，然则独非史家目的欤？曰：此盖以《春秋》之法为史法，而不知史固自有其法也。《春秋》之法，贬天子，退诸侯，讨大夫，以达王事，此孔子之教经也。非所论于历史也。历史若以褒贬为目的，则不过一家之言耳，必不能通百家之用矣。然则史家之法若何？曰：史家之法，第一重在治乱，即班固所谓"历纪古今成败祸福存亡"者是也。而其纪治乱也，则又须不隐不虚，吾人所集之材料，举其大数，综合之而成一公例。彰往以察来，见微而知著，斯乃史家之天职也。史也者，变动不居者也。所用之因果律，本与其他科学严格不同。苟悬此以为量而加密焉，虽不能至，亦庶几不负所学矣。若夫褒贬善恶，则一听观之者自断之，史家无容心焉。即如今者我之所谈，亦但就历史上不能否认者一陈之耳。譬之观水者，先观其澜；识人者，先观其面。谁毁谁誉，而我不参末议于其间，是亦我之史法也。至于如何审查史料，如何分配史文，此专门研究者所有事，刘知幾、章实斋言之详矣。当于历史方法书中讨论之，今亦不复言也。

此文成后，始见于近年新印《刘申叔遗书》。其《古政原始篇》，亦谓天子即教王，又谓古代学术，皆源于宗教。实发前人所未发，颇可与余说相发明，但不承认孔子为教主耳。申叔之学，长于经而疏于史，其于经也，长于古文家说，而疏于今文家说，又未参阅耶、回、释迦诸经典，较其离合，故其持论如此。余说虽引证不甚繁富，视彼则为圆满矣。孟劬附记。

孟劬先生此文，乃去夏讲稿，由及门张君记录者也。适中法研究所主者见之，拟登载所创办之《汉学》杂志，排印甫毕，乃因手民关系，迟延半年，至今未能出版。今春沐勋北游，访先生于大觉胡同寓斋，得最见后改本，语意较前稿更为完善。窃以为先生此文，乃天下之公言，非一家之私言也。其是其非，自当予天下人以共见。辄援章实斋言公之例，先行转载本刊，异日《汉学》杂志出版，前后两稿。不妨并行于世。立言不为一时①，识者谅之。甲申重九前十日。龙沐勋识。

史传文研究法②

考论记之文，发源史传。刘彦和《文心雕龙·论说》篇云："辨史，则与赞评齐行"，虽议、说、传、注、叙、引诸体，"一揆宗论"，而要以史传为大宗。又《文心·史传》篇云："《曲礼》：史载笔。史者，使也。执笔左右，使之记也。古者左史记事，右史记言。"是记之起也，铨序本末，亦莫古于史。故不明乎史传文法，不能为论记之文。今先述史传文研究法，以为论记前导。余当次第论列焉。

一、总论

何谓史传之文？质言之，即所以铨配事实之一种程式也。刘知幾谓史有三长：曰才，曰学，曰识。史文者，质言之，又所以表现此才学识之一种方法也。夫史之叙事也，不过故实而已，故实不能杜撰也。故实既不能杜撰，而欲适如其量焉。又史之叙事也，叙述未终，不能参以议论。既不能参以议论，而欲于适如其量之中，见吾之才、学、识焉，则非史文不为功。譬诸人然，故实者所以为人之具，而才、学、识则其精神焉，无具不得谓之人，有其具矣，而无精神，犹之乎非人也。是故史传之文，大别有三，一曰体、二曰例、三曰义法。体例义法具，而后吾之才、学、识寓焉已。古来论史者多矣，而卒鲜论史文者。非不论史文也，论史体、论史例、论史之义法，即所以论史文也。虽然，史文固不

---

① "时"原文为"诗"，应为印刷错误。今改。

② 本文原刊《学衡》杂志第 39 期（1925 年）。

能离体例义法而独立，而即谓体例义法为史文，则又不可，何则？体例义法有固定性，不变者也。而史文则无固定性，至变者也。惟执不变以御至变而后成其为史，惟能纳至变于不变之中而后成其为良史，反是则为秽史。姚姬传论文有云："始也得其粗者，中也遇其精者，终则执其粗以御其精者。"《古文辞类纂》序斯言虽为文发，可以况史。故研寻史文者，必先明乎体例义法，进而讲求所以表现才、学、识之道，神而明之，庶乎几矣。唐代善论史者有刘知幾，宋有郑渔仲，清则有章实斋，三子者之言史也，大都引而未发，以俟好学深思者之自瘝，而于其奥藏之所在，不轻言也。彼非不欲言，盖可以言者体例义法，此有实可征者也；而不可言者，才与学识，此无实可征者也。无实可征而强征之于言，其困难较治他学者且倍蓰。古人修史，文成法立，其神圆法天，其智方效地章实斋语，苟非亲执简牍者，殆莫能喻其甘苦，及其书之成也，观之者以其所重在事，则往往易谝于事，而略于其文。心知其意者既鲜，而又无机遇载笔，以为揣摩简练之资，于是史之为文，且与文案、孔目、簿书、谱牒同类而等视矣。宋儒稍有志于此，思所以尊史而不知所以尊之，则以为史也者，圣人彰善瘅恶之书也，一字之褒，荣于华衮；片言之贬，严于斧钺。如朱子《纲目》诸书，且纷纷然上拟《春秋》，此误以经法治史，而不知史固自有其法也。惟清儒能悟其失，又鉴于昌黎人祸天刑之说，不敢议史，则相率而治考据家言。试一翻四库七阁所著录，所谓史纂史考者，汗牛充栋于乙部，而求一别识心裁之书，殆无有焉。史学之晦，由于史文之不讲，盖数百年矣。仆少好会稽章氏学，晚而从事史局，经验所得，窃比老马。今既讨论史传之文，不揣梼昧，勒成一书。先论体例义法，为讲史文之前方便借用佛典名词，欒括古说，使就绳墨，即所谓不变者也。次论铨配结撰诸方法，推见良史之才学识所由本，为讲史文之正宗分亦用佛书名词，则不佞心得为多，即所谓至变者也。而以考究史职之得失，与夫所以养成史才之道，为余论终焉。庶几秉笔之士，有涂辙可循，如曰未善，请俟来哲。

二、论史与其他叙事之文不同

欲研究史文，有一不可不先知者，即史为何物是也。考史之定诂，许慎《说文》云："史，记事者也。"《尚书·酒诰》郑康成注云："太史内史，掌言记言记行。"《周易·巽卦》荀爽注云："史以书勋。"言也、行也、勋也，皆事也。综以上所说，史之为义，自以许叔重记事之训为正诂。《玉藻》虽有"言则左史书之，动则右史书之之文。"然载言者岂能不载事，而载事者又岂能不载言，事可包言，而言则不能包事，仍以许说为长。虽然，史固重在叙事，而叙事之文则又未必皆史，故史文有与其他叙事之文不同者三焉，一曰不同碑志，二曰不同行状，三曰不同小说传记，今分列而论之。

何谓不同碑志也？碑志之体，主于颂德铺叙，如传结铭类诗，所以标扬盛美，昭纪鸿懿，使观之者兴起，读之者感泣，此碑志所职也。史则不然，其书恶也，直而无挠，其表善也，尽而不污，不得于文中入华词，亦不得于文外缀叹语，虽属碑之体，必资乎史才刘彦和《文心雕龙》语，而修史之才，固无藉于碑体。又碑志之叙事也，或其人德行无闻，事功不著，则泛论交游谦衍之乐，虚述家门鼎盛之美，刊之于石，固所应尔，载之于史，则宜从删，此史文所以必不可同于碑志也。

何谓不同行状也？行状叙述其人生平事迹，或上太常请谥，或咨史馆立传，丧则有哀赴，寿则有征言，故必于其人之道德学问官阀世族，详悉靡遗，其为文也，繁而不杀。史传则无论贤与不肖也，其有关于国家政治则书之，其有涉于社会文化则书之，非是，虽洁如夷惠，孝如曾闵，但于传中牵连数语，有不必悉加详录者矣。又史之书事也，以事为经，而以人为纬，同一事而数人共之，则同聚一处焉，或散见他处焉，于是有附载之例，有互著之例，盖行状不过叙述个人事迹，而史文则必统全局，不能于此人独详，而于他人从略也。此史文所以必不可同于行状也。

何谓不同小说传记也？考小说传记，其体不一，有杂记体，如干宝《搜神记》、徐铉《稽神录》、洪迈《夷坚志》之类是也；有传奇体，如《虬髯客传》、《李娃传》、《霍小玉传》之类是也；有平话体，如《宣和遗事》、《五代史平话》、《唐三藏取经诗话》之类是也。虽流别不同，然大较不出二途，或实有其事而为文人粉饰者，或本无其事而为才士依托者。故其叙事也，大都写此人即化身为此人，于是冥想其人之容止，冥想其人之言动，冥想其人之情绪，凡床箦媟语，造膝密谋，无不摹声范影，纤悉必肖。今试问作者既未身入其中，则于其人隐私，何从而闻见之？如谓得诸传闻，而此传闻既非其人亲述，真之与伪又何从而证明之？则亦同归于寓言而已矣。纪晓岚有论《聊斋志异》一条，引之以证余说：

《聊斋志异》盛行一时，然才子之笔，非著书者之笔也。虞初以下，干宝以上，古书多佚矣。其可见完帙者，刘敬叔《异苑》、陶潜《续搜神记》，小说类也；《飞燕外传》、《会真记》，传记类也；《太平广记》，事以类聚，故可并收。今一书而兼二体，所未喻也。小说既述见闻，即属叙事，不比戏场关目，随意装点。伶元之传，得诸樊姬，故猥琐具详；元稹之记，出于自述，故约略梗概。杨升庵伪撰《秘辛》，尚知此意，升庵多见古书故也。今燕昵之词、蝶狎之态，细微曲妙，摹绘如生。使出自言，似无此理，使出作者代言，则何从而闻见之？又所未喻也。留仙之才，余诚莫逮其万一；惟二事，则夏虫不免疑冰。心知其意，倘有人乎？（《阅微草堂笔记》跋）

　　纪氏之论可谓通矣。虽然，小说家言，或有闻必录，或因寄所托，子虚亡是，古人不嫌，亦以其体本应尔也，若施之于史，则大不可矣。史之书事，皆据其事之显著者，笔之于书，不能以己之理想推测于其间，亦不能以己之爱憎增损于其间。盖天下事无无因而至者，亦无无果而成者，事与言行，实有互为因果之道。其因如是，则其得果如是，或不如是，史但据事直书，则人之观之者，亦可推类而知其故矣，此史之所得为者也。若夫其事之隐微，与其人之密忽，亲之者既未宣之于言，传之者亦恐或有失实，此史之所不得为者也。虽不得为，然苟有一二流露于事实，则作史者亦必谨书之，使人睹指即可以知归，见微或可以知著。如霍光之废昌邑王也，当时实因昌邑有图光之心，故先发以制之。其诛昌邑群臣也，班固于《光传》特著之曰："诸人皆大呼于市，曰：'当断不断，反受其乱。'"盖昌邑王之图光，其事未成，作史者固不能详知，而"当断不断"二语，则实当时之所共闻者也，故孟坚于此特载之传中，即此以推霍光废君之故，亦可知矣。此一例也。又有传闻异辞，则微婉其文以见意者。如魏郭太后为明帝逼杀，当时本有两说，据《汉晋春秋》，谓文帝宠郭后而赐甄后死，即命郭母养其子明帝，明帝即位，数向郭后问母死状，遂逼杀之，使如甄后故事以殓；据《魏略》，则谓甄后临殁，以明帝托李夫人，及郭太后崩，李夫人始说甄被谮死不得大殓之状，帝哀感流涕，令殡郭太后，一如甄法。由前之说，则郭被明帝逼死也；由后之说，则郭死后，明帝始知旧事而以恶殡也。此两说当时盖莫衷一是，陈寿《三国志》，于《甄后传》，既大书被谮赐死事矣；而于《郭后传》，但云太后崩于许昌。盖甄之赐死系实事，故传书之；郭之逼杀系传说，故传不书，而以"崩于许昌"四字，略见其不在宫闱，则传说之不为无因可知矣。此又一例也。至于事实明知确凿，而所搜证据无征不信，则作史者又有信以传信、疑以传疑之一法。如《春秋》昭公十二年春，齐高偃帅师纳北燕伯于阳。《公羊传》云："伯于阳者何？公子阳生也。子曰：'我乃知之矣。'在侧者曰：'子苟知之，何以不革。'曰：'如尔所不知何？'"盖史之所凭者事，而事之所凭者证据，证据苟不能见信于人，则留之以待后来者之审定，而不敢以己之所知变易其真，史之所以贵阙文也。此又一例外之例也。凡此诸例，其类尚多，当于后章详之。凡此三例，皆史文所特创，而为小说传记家之所无，非是则谓之不中律令。故小说传记，可以幻虚为实，而史则断不容以疑为信也，此史文所以必不可同于小说传记也。小说传记一条，古人皆知厉禁，本可不论。惟默观近世此风大行，如商务印书馆所有清代载记等，大都犯此弊。新学后生，最易陷溺其中，循是以往，中国将无史才矣。故特详于此，以为之坊。由是观之，则史之为文，固不可与其他叙事之文同类而滥施矣。是何也？曰：史之为文，有体焉、有例焉、有义法焉。有体、有例、有义法，而后史文始不跻于碑志、行状、小说传记，不跻于碑志、行状、小说传记而后史之道尊，而后史之文始可传世而行远。故不知体例义法者，不可与论史文。

三、论史有成体之文与不成体之文

今且先辨体。夫载籍博矣，而史部尤繁，自秘阁所储，以及民间所行，官私著述，浩如烟海。昔刘向《七略》、王俭《七志》，并以众史合于《春秋》，至阮孝绪《七录》，始立史部，盖由其书既多，所以别为一类。今以《隋经籍志》考之，乙部诸书，则有正史、有古史、有杂史、有霸史、有起居注、有旧事、有职官、有仪注、有刑法、有杂传、有地理、有谱系、有簿录，皆史也。后世著录，区分益详，不特观者无所适从，即作者亦苦难于分别，既欲辨体，宜何道之从？曰是不难，史文虽博，可以两言约之：一曰成体之文，二曰不成体之文而已。成体之文，所谓史也；不成体之文，则类乎史而不得谓之史者也。虽不得谓之史，而实为史之所取资，则其重要且与史等。盖苟无不成体之文，则虽欲为成体之文，而亦无所凭藉矣。不成体之文，其大类约分为三，今试论之。

一曰史稿。此类皆随时撰辑，以备后史采择而略具史裁者。昔尼父修《麟经》，而先有未修之《春秋》，此类即所谓未修之史也。司马迁绌史记石室金匮之书，而述《太史公书》。汉法，天下计书，先上太史，副上丞相，叙事如《春秋》。中兴以后，设兰台东观，以为著述之所，改书体为纪传，诏班固等撰《光武本纪》，及功臣、新市、平林、公孙述事，作列传载记二十八篇；又诏刘珍、李尤杂作纪表，名臣、节士、儒林、外戚诸传；黄景作诸王、王子、功臣、恩泽侯表，南单于、西羌传，地理志；曹寿等作《顺烈皇后传》；又增外戚，入安思等；后儒林入崔篆诸人；又与廷笃作百官表、顺帝功臣等传，号曰《汉纪》；其后蔡邕、杨彪、卢植，迭有增加，以至建安。即今所行《东观汉纪》是也，斯实为官修国史之祖。自是以来，历代相沿，如曹魏则卫觊、缪袭草创纪传；吴则丁孚、项峻、韦曜等受敕撰《吴书》；晋时陆机始撰《三祖纪》，束皙又撰十志，王隐则受诏撰《晋文》，何法盛撰《晋中兴书》；宋史则何承天草创纪传，徐爰踵成前作；齐史则江淹受诏著十志；梁史则沈约、周兴嗣等，相承撰录；元魏时诏集文士崔浩等撰《国书》三十卷；高齐时阳休之等相继注记；李德林预修国史，又独创纪传书二十七卷；隋史则有王劭书八十卷。唐制既有实录，又别修国史以纬之，先是吴竞撰《唐书》未成，凡六十余篇；开宝间韦述续撰一百十二卷，并史例一卷；肃宗时又命柳芳与韦述缀辑吴竞所次国史，述死，芳续成之，然所作止于大历；至宣宗时，乃诏崔龟从等分年撰次，至元和，为《续唐历》三十卷。自宋以后，编次尤详，如太祖太宗国史，则吕夷简、夏竦等所修；神、哲、徽、钦四朝国史，则赵雄等所修，其列传则王淮等所修；高、孝、光、宁四朝国史，则李心传所修；理宗时史嵩之上中兴四朝国史，谢方叔又上中兴四朝志，洪迈入史馆，亦尝修四朝帝纪及一祖八宗事迹为一书。辽金两代，史事举废，不恤厥职。元则但有脱卜赤颜，亦作脱必赤颜，译为圣朝开天纪，乃元代开国时一种起居注也。及实录等，而无正史。明代亦但有实录，其国史，万历间大学士陈于陛曾建议创修，事亦寻罢。惟有清国史，乾隆中敕修，今存史宬，粗具规摹而已。此外则又有起居注及实录。起居注亦谓之日历，亦谓之时政记；实录亦谓之纪年录。起居注始于《汉武禁中起居注》，《穆天子传》，目录家多列入起居注类。盖即起居注之最古者，至汉而其名始定。实录则昉自萧梁，今见之于著录者，有周兴嗣《梁皇帝实录》、《梁太清实录》等皆是。隋唐以后皆因之。五代时赵凤纪后唐献祖朱邪执宜、懿祖李国昌、太祖李克用前事，变其名曰纪年录。宋则实录而外又辅之以日历。故五代李谷云："起居注创于累朝，时政记兴于近代。"宋汪藻亦云："书榻前议论之词，则有时政记录；柱下见闻之实，则有起居注；类而次之，谓之日历；修而成之，谓之实录。"凡此皆是后来修史之底本也。历代实录，今可见者，只韩退之《顺宗实录》，附《昌黎集》后。

《宋太宗实录》残本，闻江南藏书家有之，《明实录》则自万历以上尚存。前代实录体裁，于臣工多载言行，大臣卒下略注其人之生平事实，惟清代实录，不载臣工言行事实，但录谕旨，与历代实录不同。《清实录》曾两次修改，其初有《太祖实录》，而孝慈皇后另有实录。今所存实录，则乾隆间重修，原稿残本存于内阁者，今闻在国子监，如能整理，亦一代掌故也。他如王称《东都事略》、李焘《续通鉴长编》、王世贞《嘉靖以来宰辅列传》、万斯同《明史稿》等书，虽属私撰，而皆略具正史雏形，与野史纪载迥不同科，其流实繁，总归此类。

二曰史纂。史之为书，整齐故事，辩章旧闻，条流繁博，不独取资国史底稿即足以载笔也。昔尼父修《春秋》，先聚百二十国宝书；左丘明述《传》，亦先求《周志》、《晋乘》、《楚杌》、《郑书》乃成；马迁《史记》则采《世本》、《国语》、《战国策》、《楚汉春秋》，麟止以前，鸠诸国史，殷周以往，访彼家人。班氏因之，靡违前式，缀孙卿之词，以述《刑法》；采孟轲之书，用序《食货》；《五行》则本之更生《洪范传》，《律历》则本之子骏《三统术》。刘昭《续汉书志》，亦云《律历》之志，仍乎洪刘洪、邕蔡邕所构；《车服》之本，即依董董巴、蔡蔡邕所立，《仪祀》得于往制，《百官》就乎故簿。盖史文不能虚造，故史事先贵博收。宋至和中，诏欧阳修、宋祁，刊修《唐书》。修上言，唐自武宗以下，并无实录，西京内中省寺诸司御史台及銮和诸库，有唐自五代以来奏牒、案簿尚存，欲差吕夏卿就彼检寻。从之。可见修史之业，所资者甚广，固不能专恃乎史稿而已也。惟其如此，于是后人鸠集材料，往往分类勒成专书，以备后史之要删。其书维何？则所谓史纂是已。此类诸书，约分数种，其有关于掌故仪制者，则有如通典、通考、会要、会典、通礼、仪注、则例、格令等书是也。清代官撰书外，如内阁月折、军机随手挡，皆足以资史料。他如唐开元杂报、梁宣底、宋学士院谘议报，亦皆为前史所采掘。其有关于舆地者，则有如方州志乘、一统舆图、宫殿簿、风土记等书是也。其有关于谱录者，则有如家传、年谱、四部书目等书是也。述故事，则如名臣言行、耆献类征；广异闻，则如《淮海乱离》、《朝野金载》；《登科壁记》，但考官除，玉牒、仙源，专诹帝系，荒裔则有海国、康辅之录，宫掖则有酌中、彤管之编。条分件系，类聚区分，其书大都聚敛而成，其事大都渔猎所得，或为官修，或属私撰，虽不能尽如史稿之纯，而实足为作史者笔削之资，则亦不可废也。至若《北梦琐言》、《东京梦华》、《温公纪闻》、《江氏类苑》之流，凡涉及朝章国故者，亦皆统归此类。

三曰史考。史之有待乎考也尚矣。一事也，记之者有详略，传之者有异同，不特真伪肴惑，亦且是非紊乱，不归一是，曷称良史。司马迁述《史记》，尝于《五帝本纪》发其例曰："学者多称五帝，然《尚书》独载尧以来，而百家言黄帝，其文不雅驯，荐绅先生难言之。"又曰："余并论次，择其言尤雅者，故著为本纪书首。"所谓"言不雅驯"与"其言尤雅"之分别，非参互稽求，岂易遽断，此即作史者必待考据之一证。范蔚宗广集学徒，穷览旧籍，删烦补略，作《后汉书》。其所取资，则《东观记》也。今以《记》勘之，或详或略，有书有不书，古人别识心裁，自当有说，特未尝专著一书，以晓后人耳。专著一书以与正史相辅而行者，则实自司马温公《通鉴考异》始。案温公《考异》之作，乃史家最要者。《四库提要》云："光撰此书于元丰七年，随《通鉴》同奏上。传闻异词，稗官既喜造虚言，正史亦不皆实录，光既择可信者从之，复参考同异，别为此书，辨正谬误，以祛将来之惑。昔陈寿作《三国志》，裴松之注之，详引诸书错互之文，折衷以归一是，其例最善，而修史之家，未有自撰一书，明所以去取之故者，有之实自光始。其后李焘《续通鉴长编》、李心传《建炎以来系年要录》，皆沿其义，虽散附各条之下，为例小殊，而考订得失则一也。"清初纂修《明史》，亦尝别著《考异》，逐条修改，其书未刊，藏诸广内，近王颂蔚始辑出之，改题曰《明史捃逸》，则知历代修史皆有此种以资审定明矣。此皆当时载笔者所自为也，其有史成之后，后人追加考证者，则其类尤广。《史记》则有谯周之《古史考》，《汉书》则有刘宝之《驳义》、姚察之《定疑》、颜游秦之《决疑》、李善之《辨惑》，《前汉考异》失撰人名，《后汉书》则有刘攽之《刊误》，《唐书》则有吴缜之《纠谬》，《五代史》则有吴缜之《纂误》。乾隆四年，刊刻诸史于武英殿，亦敕命儒臣分纂考证，列入卷中。其他然疑、商榷等类，尤不胜枚举，对于古史或补或纠，虽所引证，大都为载笔者所弃余，亦或为传写者所讹脱，要亦足为史家借镜也。至如病诸史太略，则搜罗余渖以弥缝阙失，如裴松之《三国志注》，松之注《三国》，实意在补史，与颜师古、章怀太子但明音义，详故训者不同。彭元瑞《五代史注》、《十国春秋》、《辽史拾遗》等，苟与史考有涉，亦当附庸此类。

以上三类，以浅学观之，则固皆史也。若例以严格，则实类乎史，而尚未成其为史，何则？史之为文，贵真贵确。史稿虽系国史，然实为当时一种纪录，或因时忌而讳其所讳，或徇党局而书非所书，仅足以备要删而实不得资为定论。史纂则分类采摭，繁简区分，体既不纯，例尤匪一，所谓俎豆之有司，而非规矩之大匠。史考一门，比诸审查，有事前审查者，此为修史者所必经，若《通鉴考异》等；有事后审查者，此为研史者所有事，如《汉书辨惑》等。虽史学必资乎审查，而岂得以审查即为史学？盖治史如治狱，史文，爰书也；史稿则两造供词，史纂则旁证人证据，而史考则律师之辨论也。有两造供词、旁证人证据律师之辨论，而后爰书乃定。爰书固不能不凭供词、证据及律师之辨论，若但有供词、证据、律师之辨论，而无爰书，则士师一官，不几等于虚设乎。由此论之，史稿、史纂、史考而不得为史也，章章明矣，惟其不得为史，是以谓不成体之文。今引万季野、章实斋、王西庄三氏之说，以为此章结论。万氏曰："史之难为久矣，非论其世，知其人，具见其表里，则吾以为信而人受其枉者多矣。吾少馆某氏，其家有列朝实录，吾默识暗诵，未敢有一言一事之遗也。长游四方，从故家求遗书，旁及郡志邑乘、杂家志传之文，莫不网罗参互，而要以实录为指归。盖实录者，直载其事与言而无所增饰者也。因其世以考其事，核其言而平心察之，则其人之本末，十得八九矣。然言之发，或有所由；事之端，或有所起；而其流，或所有激；则非他书不能具也。凡实录之难详者，吾以他书证之；他书之诬且滥者，吾以所得于实录者裁之。约以义法，而经纬其文，死不恨矣！"此为史稿言之也。章氏曰："比次之书，则掌故令史之孔目，簿书记注之成格，其原虽本柱下之所藏，其用只于备稽检而供采择，初无他奇也。然而独断之学，非是不为取裁；考索之功，非是不为按据。如旨酒之不离乎糟粕，嘉禾之不离乎粪土，是以职官故事案牍图牒之书，不可轻议也。然独断之学，考索之功欲其智，而比次之书欲其愚。亦独酒可实尊彝，而糟粕不可实尊彝；禾可登簠簋，而粪土不可登簠簋，理至明也。古人云：'言之不文，行之不远。''文不雅驯，荐绅先生难言之。'为职官故事案牍图牒之难以萃合而行远也，于是有比次之法。不名家学，不立识解，以之整齐故事，而待后人之裁定，是则比次欲愚之效也。举而登诸著作之堂，亦自标名为家学，谈何容易耶？"此为史纂言之也。王氏曰："史家所记典制，有得有失，读史者不必横生意见，驰骋议论，以明法戒。但当考其典制之实，俾数千百年建置沿革了若指掌，而或宜法，或宜戒，待人之自择焉。其事迹则有美恶，读史者亦不必强立文法，擅加与夺，以为褒贬也。但当考其事迹之实，俾年经事纬，部居州次，纪载之异同，见闻之离合，一一条析无疑，而若者可褒，若者可贬，听诸天下之公论焉。"此为史考言之也。是三说者，皆至明晰。知乎此，然后可以进而论成体之文矣。

四、论史有六家三体

史之大别，约有六家，而就其流析之，可以分为三体，三体又可总归一体。今且先辨六家，六家之说，昉自刘知幾《史通》。一曰《尚书》家，其先出于太古，至孔子得虞、夏、商、周四代之典，乃删其善者，定为《尚书》。其所载录，皆系典、谟、训、诰、誓、命之文。虽《尧》、《舜》二典直序人事，《禹贡》一篇惟言地理，《洪范》总述灾祥，《顾命》都陈丧礼，而综其大体，要以谇谋号令为归。凡汲冢《周书》、孔衍《汉魏尚书》等，皆其流亚，此即所谓记言家也。二曰《春秋》家，其先出于三代。至孔子笔削鲁史，为不刊之言，定将来之法，以事系日，以日系月，据行事，仍人道，就败以明罚，因兴以立功。后来如《朱子纲目》等书，略用其体，此即所谓记事家也。三曰《左传》家，其先出于左丘明。孔子既著《春秋》，丘明受经作传。观其叙事也，言见经文而事详传内，或传无经有，或经阙而传存。其后乐资、荀悦、干宝、王邵诸人，竞相祖述，至司马《通鉴》而集大成焉，此即所谓编年家也。四曰《国语》家，其先亦出于丘明。丘明既作《春秋内传》，又稽其逸文，纂其别说，分周、鲁、齐、晋、郑、楚、吴、越八国，起自周穆，迄于鲁悼，以邦为区而不以年为纬。自是以后，如《战国策》、《春秋后语》、《九州春秋》，寻其体统，如出一揆，此即所谓国别家也。五曰《史记》家，其先出于司马迁。迁病百家竞列，事迹错糅，于是鸠集国史，采访家人，上起黄帝，下穷汉武，纪传以统君臣，书表以谱年爵。自有此体，而史裁始定，惟所纪述，不为断限。后来梁武济阴，下逮渔仲，纷纷仿效，芜累遂深，孟坚后起，用专其美矣，此即所谓通史家也。六曰《汉书》家，其先出于班固。司马迁既撰《史记》，终于今上太初，以下阙而不录，班彪因之，演成《后记》，至子固乃断自高祖，尽于王莽。昔《尚书》记周事，终秦穆，《春秋》述鲁文，止哀公，《纪年》不逮于魏亡，《史记》惟论于汉始。班《书》则究西都之首末，穷刘氏之废兴，包举一代，撰成一书。自是正史皆宗其例，此即所谓断代家也。斯六家者，必原其归趣，可得而言。《尚书》、《春秋》尚矣，斯盖史体初萌，明而未融，既属经科，难以史论。左氏传经，本为《春秋》本事而作，发凡起例，纬月经年，史体创兴，实始于此。而又自述《国语》以该括之，内传为纵，而外传为横，内传比事，事明而辞彰，外传属辞，辞显而事著也。其后司马迁病左氏之体直，而分之以类例，班固又病司马之用疏，而检之以绳墨，《史记》为通，而《汉书》为局，《史记》贯百代，所以示该综，《汉书》统一朝，所以严限制也。《国语》一家，文绳继武。后代所行，则《左传》、《史记》、《汉书》三家而已。三家之中，又分二体，二体维何？则一曰依年铨次之体，二曰依类叙述之体而已。依年铨次之体亦谓之编年体，依类叙述之体亦谓之纪传体。前者为左氏之遗，而后者为马班之衍。惟此外则尚有一体，是曰纪事本末体。章实斋尝谓其合于《尚书》，其论袁枢《通鉴纪事本末》也，有云："本末之为体也，因事命篇，不为常格，非深知古今大体，天下经纶，不能网罗隐括，无遗无滥。文省于纪传，事豁于编年，决断去取，体圆用神，斯真《尚书》之遗也。在袁氏初无其意，且其学亦未足与此，书亦不尽合于所称，故历代著录诸家，次其书于杂史，但即其成法，沉思冥索，加以神明变化，则古史之原，隐然可见。"其推挹斯体也可谓至矣。虽然，吾则谓编年也，纪事也，纪传一体皆足以赅之，何则？纪以包举大端，传以委曲细事，表以谱列年爵，志以总括遗漏。观夫本纪之为体也，系日月而为次，列时岁以相续，一朝大政，纂要钩元，拟诸丘明，岂非同轨。故刘知幾有言："纪者，编年也；传者，列事也。编年者，历帝王之岁月，犹《春秋》之经；列事者，录人臣之行状，犹《春秋》之传。《春秋》则传以解经，《史》、《汉》则传以释纪。"至于天文以下诸志，或以大致沿革为始终，或以庶绩废兴为经纬，言行并载，本末毕赅，袁枢纪事，又何足矜？若谓诸志但详典章掌故，而于行事首尾或嫌太略，则司马迁本有《秦楚之际月表》，专详刘项大事；而《汉兴以来将相名臣年表》，亦列大事记一栏，神而明之，非无前准。若乃事当冲要，必盱衡而备言，迹在沉冥，不枉道而详说；论其细则纤芥无遗，语其粗则丘山是弃，斯又编年、纪事二体之所未周，而必假纪传始能曲备者矣。故历代以来，皆以马、班为正史之宗，而以编年、纪事为别子。虽知幾尝谓纪传、编年，不可偏废，然观其纠弹，皆以《史》、《汉》为鹄，则固仍挈不祧之统以与班、马也。赵氏翼云："纪事者，以一篇记一事，而不能统贯一代之全；编年者，又不能即一人而如见其本末。司马迁参酌古今，发凡起例，创为全史。本纪以序帝王，世家以记侯国，十表以系时事，八书以详制度，列传以志人物，然后一代君臣政事，贤否得失，总汇于一编之中。自此例一定，历代作史者遂不能出其范围。至于篇目之类，固不必泥于一定，或前代所有而后代所无，或前代所无而后代所有，自不妨随时增损。"斯真通论，足祛拘墟。今即引赵氏《各史例目异同》，以明纪传一体，未尝无圆神方智之规，通变宜民之用。

本纪　古有《禹本纪》、《尚书世纪》等书，迁用其体以叙述帝王。惟项羽作纪颇失当，《汉书》改为列传。《三国志》亦但有《魏纪》，而吴、蜀二主皆不立纪，以魏为正统故也。《后汉书》又立《皇后纪》，盖仿《史》、《汉》《吕后纪》之例，不知史迁以政由后出，故《高纪》后即立《后纪》，至班固则先立《孝惠纪》，孝惠崩始立《后纪》，以少帝既废，所立者非刘氏子，故不得以伪主纪年，而归之于后也。若东汉则各有帝，即女后临朝，而用人行政已皆编在帝纪，何必又立《后纪》。《新唐书》武后已改唐为周，故朝政则编入《后纪》，宫闱琐屑事，仍立《后传》，较有斟酌。《宋史·度宗本纪》后附瀛国公及二王，不曰帝而曰瀛国公、曰二王，固以著其不成为君，而独附于纪后，则以其正统绪余，已登极建号，不得而没其实也。至马令、陆游《南唐书》作《李氏本纪》，吴任臣《十国春秋》为僭大号者皆作纪，殊太滥矣。《金史》于《太祖本纪》之前，先立《世纪》，以叙其先世，此又仿《尚书世纪》之名，最为典切。

世家　《史记·卫世家》赞"余读世家言"云云，是古来本有世家一体，迁用之以记王侯诸国。《汉书》乃尽改为列传。按：班固改世家为列传，系其父彪变例。传者，传一人之生平也。王侯开国，子孙世袭，故称世家。今改作传，而其子孙嗣爵者，又不能不附其后，究非体矣。然自《汉书》定例后，历代因之。《晋书》于僭伪诸国数代相传者，不曰世家，而曰载记。盖以刘、石、苻、姚诸君，有称大号者，不得以侯国例之也。欧阳修《五代史》，则于吴、南唐、前蜀、后蜀、南汉、北汉、楚、吴越、闽、南平皆称世家。《宋史》因之，亦作十国世家。《辽史》于高丽、西夏，则又变其名曰外纪。

表　《史记》作十表，昉于周之谱牒，与纪传相为出入。凡列侯将相三公九卿功名表著者，既为立传，此外大臣无功无过者，传之不胜传，而又不容尽没，则于表载之。作史体裁，莫大于是。故《汉书》因之亦作七表，以《史记》中《三代世表》、《十二诸侯年表》、《六国表》，皆无与于汉也，其余诸侯，皆本《史记》旧表而增，武帝以后，沿革以续之。惟《外戚恩泽侯表》，《史记》所无，又增《百官公卿表》，最为明晰，另有《古今人表》。后汉、三国、宋、齐、梁、陈、魏、齐、周、隋及南北史，皆无表。《新唐书》宰相、方镇、宗室世系三代，薛《五代史》无表，欧《五代史》亦无表，但有十国世家年谱。《宋史》有宰相、宗室二表，《辽史》立表最多，有《世表》、《皇子表》、《公主表》、《皇族表》、《外戚表》、《游幸表》、《部属表》、《属国表》。表多则传可省，此作史良法也。《金史》宗室、交聘二表，《元史》后妃、宗室、世系、诸王公主、三公、宰相六表，《明史》诸王、功臣、外戚、宰辅、七卿共五表。后人有因各史无表而补之者：袁希之有《汉表》，熊方有《后汉表》，李焘有《历代宰相年表》。万斯同又取历代正史之未著表者一一补之，凡六十篇，益以《明史》表十三篇，最为详赡。

书志　八书乃史迁所创，以纪朝章国典。《汉书》因之作十志，《律历志》则本于《律书》、《历书》也，《礼乐志》则本于《礼书》、《乐书》也，《食货志》则本于《平准书》也，《郊祀志》则本于《封禅书》也，《天文志》则本于《天官书》也，《沟洫志》则本于《河渠书》也，此外又增《刑法》、《五行》、《地理》、《艺文》四志。其后《律历》、《礼乐》、《天文》、《地理》、《刑法》，历代史皆不能无。《后汉书》改《地理》为《郡国》，又增《礼仪》、《祭祀》、《百官》、《舆服》四志。《三国》无志，《晋》、《宋》、《齐书》，大概与前书同，惟《宋书》增《符瑞志》，《齐书》亦有《祥瑞志》。《梁》、《陈书》及《南史》无志，《魏书》改《天文》为《天象》，《地理》为《地形》，《祥瑞》为《灵征》，余皆相同，而增《官氏》、《释老》二志。《齐》、《周》及《北史》皆无志，《隋书》本亦无志，今志乃合梁、陈、齐、周、隋并撰者，其《艺文》则改为《经籍志》。《新唐书》增《仪卫》、《选举》、《兵制》三志。薛《五代史》，志类有减无增，欧《五代史》另立《司天》、《职方》二考，亦即《天文》、《地理》而变其名也。《宋史》诸志，与前史名目多同，惟《辽史》增《营卫》、《捺钵》、《部族》、《兵卫》诸志，其国俗然也。金、元二史志目与《宋史》同，惟少《艺文》。《明史》志目与《宋史》同，其《艺文志》内专载明人著述，而前代书流传于世者不载。

列传　古书凡记事立论及解经者，皆谓之传，非专记一人事迹也。其专记一人为一传者，则自迁始。又于传中分公卿将相为列传，其《儒林》、《循吏》、《酷吏》、《刺客》、《游侠》、《佞幸》、《滑稽》、《日者》、《龟策》、《货殖》等，又别立名目，以类相从。自后作史者，各就一朝所有人物传之，固不必尽拘迁史旧名也。如《汉书》少《刺客》、《滑稽》、《日者》、《龟策》四传，而增《西域传》。盖无其人不妨缺，有其事不妨增。至《外夷传》则又随各朝之交兵通贡者而载之，更不能尽同也。惟《货殖》一款，本可不立传，而《汉书》所载《货殖》，又多周秦时人，与汉无涉，殊亦赘设。《后汉书》于列传，《儒林》、《循吏》、《酷吏》外，又增《宦者》、《文苑》、《独行》、《方术》、《逸民》、《列女》等传。《三国志》名目有减无增。《晋书》改《循吏》为《良吏》，《方术》为《艺术》，不过稍易其名，又增《孝友》、《忠义》二传，其逆臣则附于卷末，不另立逆臣名目。《宋书》但改《佞幸》为《恩幸》，其二凶亦附卷末。《齐书》改《文苑》为《文学》，《良吏》为《良政》，《隐逸》为《高逸》，《孝友》、《忠义》为《孝义》，《恩幸》为《幸臣》，亦稍变其名，其降敌国者亦附卷末。《梁书》改《孝义》为《孝行》，又增《止足》一款，其逆臣亦附卷末。《陈书》及《南史》亦同，惟侯景等另立贼臣名目，后《魏书》改《孝行》为《孝感》，《忠义》为《节义》，《隐逸》为《逸士》，《宦者》为《阉宦》，亦稍变其名，其刘聪、石勒、晋、宋、齐、梁俱入《外国传》。《北齐》各传名目无所增改，《周书》增《附庸》一款。《隋书》改《忠义》为《诚节》，《孝行》为《孝义》，余皆与前史同，而以李密、杨元感次列传后，宇文化及、王世充附于卷末。《北史》各传名目，大概与前史同，增《僭伪》一款。《旧唐书》诸传名目亦与前史同，其安禄山等亦附卷末，不另立逆臣名目。《新唐书》增《公主》、《藩镇》、《奸臣》三款，《逆臣》中又分叛臣、逆臣为二，亦附卷末。薛《五代史》增《世袭》一款，欧《五代史》另立《家人》、《义儿》、《伶官》等传。其历仕各朝者，谓之《杂传》，又分《忠义》为《死节》、《死事》二款，又立《唐六臣传》。盖五代时事多变局，故传名亦另创也。《宋史》增《道学》一款及《周三臣传》，余与前史同。《辽史》改《良吏》为《能吏》，余与前史同，另有《国语解》。《金史》无《儒学》，但改《外戚》为《世戚》，《文苑》为《文艺》，余与前史同，亦另有《国语解》。元史增《释老》，余亦与前史同。《明史》各传，名目亦多与前史同，增《阉党》、《流贼》及《土司传》。

就以上所列历代史目增损出入观之，可见古人修史皆本其时代所要需，变通以为运用之方，所谓规矩诚设，则方圆不可胜用者，此也。例如近修清史，余在馆中，其德宗以前，事变无多，一依旧簙。其德宗以后，新政繁多，有类可归者，法律则归入《刑志》，陆军、海军则归入《兵志》，使命往还归入《交聘表》，教育、警察、审判、官制，分叙于《选举》、《职官志》中。若非旧例所能囿者，则于书内增加《交通》、《邦交》、《宗教》诸志，而《宰辅表》改为《军机大臣年表》，《藩镇》

改为《督抚年表》,《儒林》、《文苑》以外,又别立《畴人》诸传,皆因历史旧体,改弦而更张之,已足应变无方矣。固不必缅规越律,纷纷然破坏史体,而后谓能毕乃事也。顾或谓中邦旧史,皆帝王时代之所产,故本纪以记天子,世家以表王侯,列传以载臣工。今国体既更,则史体亦宜革。呜呼!为此言者,其殆不通史学也乎!夫本纪者,司马贞云:"本其事而记之",其纲纪庶品,网罗万物,所重实在一代大政。古者政自天子出,故不能不以天子编年,所谓纪之为体,犹《春秋》之经,系日月以成岁时,书君上以显国统,岂沾沾焉为帝者一人叙家谱哉?昔魏彦渊、李安平撰魏、齐二史,于诸帝篇,或杂载臣下,或兼言他事,巨细毕书,洪纤备录,刘子元已讥其全为传体,有异纪文。可知本纪之体,与一人之私传截然不同,纵使国体变更,而大政不能无出,发号施令,考绩敷猷,岂异帝时?共和表年,有先例也。必谓本纪有滥天子,自可依皇甫谧、何茂林之例,改为《世纪》;或依竹书之例,称为《年纪》。至于一期元首,有大事可书者,则见之于年月,其书事委曲者,则付之于列传。欧阳《唐书》武后一人而分载传纪,盖史也者,以事为经而非以人为本,苟其于事相合则自于例无嫌。世家一体,侯封制废,班固已革前型,其新林、平市及雄长一方者,既非正朔所加,后史统谓之《载记》。至薛居正《五代史》,又因吴越、南平传代相继,别立《世袭》一门,归诸列传。夫有之既可增,则无之亦可减,法之因创,岂局方隅?他如哲学、文学、教育诸科,凡为后来所有,而为前代所无者,但当于列传中多立篇目,废臣工之标题,以叙社会人物。吾未见古人成规,不能适应于后世也。语曰:"神而明之,存乎其人。"若必惟新是求,而以旧为诟,升袁枢为大宗,而祧迁、固以下于毁主,此则挈瓶庸受之谈,异乎禹域方闻者已。(第四章完 全文未完)

刘向校雠学纂微序[①]

《纂微》之作,孙君益荨所以表纂刘向氏一家之学也。自来为校雠者夥矣,莫高刘向氏。顾向之所以为学,则人多未之知,杀青斯竟,爰命撮其总要以为读者告曰:大哉校雠之为学也,非其人博通古今道术而

---

① 此文曾刊《学衡》第 24 期(1923 年),亦刊《昌明孔教经世报》第 2 卷第 12 期(1924 年)。现据《学衡》本录入。

又审辨乎源流失得，则于一书旨意必不能索其奥而诏方来。当汉成世，既命谒者陈农求遗书，向独为之检校区分类例。今观所传《叙录》，提要钩元，往往一二语即洞明流变，有不待详说而牦然者。故孟坚撰史，至以辩章旧闻，推为司籍之功。所谓辩章旧闻者，盖不徒鳃鳃于写官之异同，与夫官私著录之考订而已。若但取古今藏本诹正文字，斯乃始事之所为，向不如是也。《隋志》簿录篇云："古者史官既司典籍，盖有目录以为纲纪。汉时刘向《别录》、刘歆《七略》，剖析条流，各有其部，推寻事迹，疑则古之制。"知校雠者，目录之学也。目录之学，其重在周知一代之学术，及一家一书之宗趣，事乃与史相纬。而为此学也，亦非殚见洽闻、疏通知远之儒不为功。乃世之号称目录家者，一再传后，浸失其方，百宋千元，标新炫奇。其善者为之，亦不过如吾所谓鳃鳃于写官之异同，官私著录之考订而止，剖析条流以为纲纪，固概乎未之有闻，方且以此仰推于向，曰："吾之学，乃向之学也。"夫宁非蔽欤？寥寥数千载，能知向之学者，殆不数人。宋之郑渔仲，清之章实斋，盖尝有慨于斯矣。渔仲之《校雠略》，于编治之法，论之极为详备，然责向不收萧何律令、张苍章程，又以经传诸子诗赋不存图谱，斥之为章句之儒，则犹未为知向者也。实斋之书，折衷诸家，究极源委，有见于官师合一，是其所长。其为《校雠通义》也，特著《宗刘》一篇，以示学者趋向，可谓有功于向者。顾其意亦但以四部既分，欲人于类别中略附辨章之义，如斯而已。至于向之所以为学，不特语焉未详，亦且蓄焉而未发，抑其疏矣。君曩著《汉书艺文志举例》，余尝举"史家目录于道最高"语为之序，今复成此专书，于以阐扬向之所以为学，千载绝谊，待君而发其覆，夫岂偶然。董仲舒有言："知其旨者不任其辞。不任其辞，则可以适道矣。"惟不任其辞而通其旨，其于读君书也，庶有当乎？彼但见备众本订脱误诸篇，遂谓之为刘向氏之学，而疑君书所重在是，则亦浅之乎视君也已。癸亥秋八月。

入阿毗达磨论讲疏玄义①

原夫法海渊深，应机示说，圆音湛妙，随类得解。自双林掩曜，五氎分流，十八部执，驰妙誉于中天，五百邻圣，扇芳猷于北印。有塞建地罗阿罗汉者，唐言悟入，即雹论众贤之师也，洞达四含，深解六足，始穷核于有宗。继采翰于众事，曲为初机，缉述此论。其为论也，确乎难拔，卓尔迥秀，文虽略而义周，言虽简而理赜，陶炼本宗，刊落异计，实乃数论之总龟，对法之秘钥也。余艟辰始秀，早预法筵，嶷景奄及、欣遭兹典，剪乌奴之蔓词，补丰山之阙义。研寻婆沙，重奥犹拥，决择正理，宿滞顿释。爰因讲次，出此略疏，深愧泻瓶之智，敢让增乳之诮，若使毗昙妙义，不辍响于明时，罽宾正宗，得传芳于季绪，亦冀后之览者，不远而复。

将释此论，略以五门分别：一、明论所依，二、明论所宗，三、述缘起，四、释题号，五、解造译。且初明论所依者，释迦说法，一期时教，总分三藏：依增上定学说素怛缆藏、依增上戒学说毗奈耶藏、依增上慧学说阿毗达磨藏。西域部执，各尊所闻，三藏硕异。若说一切有部，素怛缆即《四阿含经》，毗阿奈耶即《十诵律》，阿毗达磨即对法诸论也。阿毗达磨有二：有佛自说者，有佛弟子承佛而说者。佛自说者，据嘉祥师《三论疏》云：佛说毗昙，西域盛行，不传此土。然依基法师《义林章》，西域相传有二说：一师云：世尊亦有别部类说，《华严》、《般若》如是等经，是素怛缆藏；《阿毗达磨》、《深密》等经，是阿毗达磨藏；《毗奈耶瞿沙经》，是毗奈耶藏。此藏梵本，西国施无厌寺，犹有小分。第二师云：随于所诠，以分三藏，无别部类。《解深密经》，多诠慧学；《文殊问经》等，多诠戒学；《首楞严经》，多诠定学；随多所诠，以分三藏。三学俱多，唯素怛缆。戒学多者，唯毗奈耶。唯慧多者，对法藏摄。此约佛说，若弟子说，亦有别部。唯对法藏，佛弟子承佛而说者，舍利子造《集异门足论》，一万三千颂，略本八千颂。唐译二十卷十三品。大目乾连造《法蕴足论》，六千颂。唐译十卷十一品。大迦多

① 本文曾刊登《光华期刊》第 2 期（1928 年），后刊《新民月刊》第 2 卷第 3 期（1936 年 5 月）。《现代佛教学术丛刊》第 95 册《部派佛教与阿毗达磨》（张曼涛主编，北京图书馆出版社，2005 年）据《新民月刊》收入此文。现据《部派佛教与阿毗达磨》本收录，标点略有改订。

衍那造《施设足论》，一万八千颂。唐未译，宋法护译出三卷。以上三论，佛在世时造。佛涅槃后一百年中，提婆设摩造《识身足论》，七千颂。唐译十六卷。至三百年初，筏苏密多罗造《品类足论》，六千颂。即旧众事分阿毗昙，唐译十八卷。又造《界身足论》，广本六千颂，略本七百颂。广译二卷。至三百年末，迦多衍尼子造《发智论》，二万五千颂，广略有二：一本一万八千颂，一本一万六千颂。唐译二十卷。前之六论，义门稍少，《发智》一论，法门最广。故后代论师，说六为足，《发智》为身，身可摄足故。六朝译家翻足为分发智为八犍度，《大智度论》有八犍度，阿毗昙即《发智论》，六分阿毗昙即六足也。四百年初，犍陀罗国有王，名迦腻色迦，感胁尊者言，于迦湿弥罗，召集圣众，满五百人。世友商确，马鸣采翰，重释三藏。初集十万颂，释素怛缆藏，次造十万颂，释毗奈耶藏。后造十万颂，释阿毗达磨藏，即今《大毗婆沙》，是有部根本之论也。盖六足以释《阿含》，《发智》决择六足，《婆沙》广解六足、《发智》，此论因婆沙繁广，为观要之宾，错综名相，略为一聚，又所以羽翼婆沙，此即明论所依也。二明论所宗者，此土判教，六朝以降，约有数家，天台四仪，贤首开五，摄以六宗，既属一家，难可和会。且叙西域，依义净《南海寄归内法传》，西域流行，只有三宗：一、空宗，龙树提婆所传。二、中道宗，弥勒无著所传。三、小乘宗，十八部之徒所传。其十八部中，依基法师《法华玄赞》，又分六种：（一）犊子部、法上部、贤胄部、正量部、密林山部、经量之根本部，为我法俱有宗，如犊子部立五法藏，补特伽罗在不可知藏，经量本部，执有胜义补特伽罗，微细难可施设，正量部执蕴外副有我体，虽所计不同，大要皆谓不唯法有，虽我亦有。（二）一切有部、多闻部、雪山部、饮光部，为法有我无宗。谓我体无，唯法体实有。（三）大众部、鸡胤部、化地部、制多山部、西山住部、北山住部、法藏部，为法无去来宗。谓过未法无体，现在及无为法，皆实有体。（四）说假部、经量末部，为现通假实宗。谓过未无体，现法通二。（五）说出世部，为俗妄真实宗。谓世间法皆虚妄无体，真实唯出世法。（六）一说部，为诸法俱名宗。谓一切法皆无体，但有假名，六宗除一说部，皆计心外实有法体，广如唯识所破，此论正明婆沙是彼流类，于六中即当法有我无宗也。三述缘起者，佛所说经，总有三法印：一、诸行无常。二、诸法无我。三、涅盘寂静。若顺此三印，即是佛说。若违此三印，即非佛说。喻如世玺，能辨真伪，后作论者，并皆祖述。但具略不同，《五蕴论》等唯解诸行无常，《涅槃论》等唯释涅盘寂静，《俱舍》《百法论》等唯明诸法无我，此即偏释也。如光法师《俱舍记》，明毗婆沙宗计三世实有，法体恒有。但于诸法无主宰者，众生不了诸法无我，妄执取蕴，计我我所，三道流转，苦轮无罢，是以对法诸论，广辨诸法自共相，示正缘起，斥我我所。欲令众生依此正法，如理作意，伏灭烦恼，发生净慧，证入正性离生，六足、《发智》，皆明此义。此论总释有为无为诸法，其说有为法生灭相者，即诸行无常印。其说有为法自共相者，即诸法无我印。其说无为法择灭相者，即涅槃寂静印。然此是论家通途，若今论兴世，又有别因。依宝法师《俱舍疏》：世亲菩萨，犍陀罗国人也。先于有部出家，后学经部，将为当理，于有部义，时怀取舍，遂改本名。潜往迦湿弥罗，研核四载，文义无遗，数以经部异义，难破有宗。时此阿罗汉，被诘难通，入定观察，知是世亲，恐当致害，劝归本土，还制论颂，使人赍往迦湿弥罗。僧众欢喜，谓弘我宗。时此阿罗汉，又告众言，此非专弘有部，颂置传说，似为不信，如其不尔，请释即知。后世亲《释论》至，果如所言。此论盖感世亲菩萨，频以经部义难破有宗。故还以有部义，弹斥经量，论主悲智平等。但扶本宗，不显出人过。是以《流通分长行》云：为初业者，爱乐勤学，离诸问答，略制斯论。诸未遍知《阿毗达磨》《深密》相者，随自意乐，诸戏论聚，置于现前，妄构邪难，欲相诽毁，彼即谤佛所说至教。造论缘起，意在于斯。乌水通解，谓此论阳通俱舍，实阴救正理。今谓不然，俱舍师释无表相中，立四种位，于散心位。立乱不乱二位；又于定心位，立有心无心二位。正理则但立三位；乱不乱及与无心；而无有心位。此论立五，不取有心，全同正理，诸师解此文皆作六位睡眠觉为一对，乱不乱为一对，心及无心为一对，今谓心字当属上读，谓乱心及不乱心，与正理不立有心位同，加睡觉一对，但五位耳。增睡眠与觉。随作论者，意乐说故。当日有宗研习婆沙，人尚新解，《杂心》等论，所立皆是。如有部计俱有因，唯同一果。此论取互为果义，从有余师说，光师《俱舍记》谓此论造于俱舍之后，互为果义取之俱舍通解谓是古萨婆多说，《杂心》《正理》均有明文，普寂《要解》于光说有破，寻检可知。以理为量未必影斥他朋。若不尔者，正理师执众多极微，有和集，相与识为缘。虽通诸难，显违婆沙，新旧乖净，论何不救，此既不然，故知空说非也。四释题号者，入是能入，通达为义，无性《摄论释》云，入者即是通达。阿毗达磨是所入，此翻对法，对谓对向对观。法有二义：一、能持自性，谓一切法各守自性，如色等性，常不改变。二、执生胜解，如无常等，能生无常等解，释此对法。光师《俱舍记》有六义：一、自性对法，此为无漏之慧。二、随行对法，是无漏慧之相应俱有法。三、方便对法，是有漏闻。思修生得慧，闻慧谓五停心观，思慧谓总副念住，修慧谓暖等四善根生，得慧谓能受持三藏教法。此有漏四慧，能生无漏慧，或为无漏慧作方便，故从本为名，亦称对法。四、资粮对法，即六足等论。能生无漏慧，而为无漏慧作资粮。此四皆能对对法。五、境对法，即四谛，以无漏慧为能观。六、果对法，即涅槃，以无漏慧得离系果。此二所对对法。六种对法，世亲《俱舍论》中，总合为二：一、胜义，谓无漏净慧及彼随行。净慧眷属曰随行慧，相应心及受想等诸心所法四相及得道共无表法等诸法是慧眷属，随慧行故，宝法师《俱舍疏》不取于得，得有法前、法后不定故，非俱有因，光师释随行有二义，一俱有因，二相随顺得，为随行是相随顺，即于此义诸师争辩不同，如俱舍诸书具明。二、世俗，谓能得此净慧对法诸慧诸论。诸慧，即闻思修生得慧及随行，论即六足等论。由此诸慧诸论，能对向涅槃，或能对观四圣谛法，故名对法，法之对故。杀三磨婆释中，是依主释。梵言奢萨咀罗，此译为论，即是言论，教诫学徒，修善断恶，故称为论。入阿毗达磨之论，亦依主释。由此论能成彼入阿毗达磨，即持业释也。五解造译者，塞健地罗，唐言悟入，即正理论众贤本师。高丽藏本，作塞健陀罗。宝法师《俱舍疏》，作塞健陀，梵音夏楚故。梵言地罗，旧译为取，与入义近，作陀罗者，疑讹略也。《西域记》云：迦湿弥罗国，佛牙伽蓝东十余里，北山崖间，有小伽蓝，是索健地罗大论师，于此作《众事分毗婆沙论》。此论未度藏收《众事分阿毗昙》十二卷，刘宋求那跋陀罗译，即唐译世友《品类足论》，故丰山谓是论主释世友书作。今论唐高宗显庆三年，玄奘法师于大慈恩寺，翻成二卷，十月八日操翰，六日讫功，详《贞元释教录》。如是已说五门分别竟，余义至文当辨。

以旧撰《史微》赠野侯滕之以诗[①]

董生繁露毛公传，故训篇家本两途。汉学师承前辈在，只应著论号

① 原刊《学衡》第 49 期（1926 年）。

潜夫。汉儒著书有两体。毛诗故训传说，经体也。董仲舒《春秋繁露》，本非扶助经言，盖欲自成一子，所谓篇家也。仆学无似，窃愿附于后者，不中与怀祖诸儒作仆耳。

敢将家法变雍乾，此是王充谈助篇。一样圣文埃灭感，他年或配北山玄。唐释神清《北山录》书久佚，近始见宋椠本，其书通论佛，故文辞茂美。考其著书之时，盖当佛学极弊之际，命义与余书大旨略同，虽儒释异谈，事有可方，不嫌非类也。《北山录》一名《北山参玄语录》，见赞宁《高僧传》。

东原妙喻比舆夫，起废箴盲剧可吁。寄语刘兰休毁辱，更生学本大官厨。三百年经学专尚古文一派，自庄方耕、刘逢禄出，始兴诤议。仆自用中垒家法，于古今文两家无所尊，无所废。

诸老区区事太勤，后来谁与定吾文。实斋自有金刚眼，莫把中郎拟虎贲。仆之学从实斋出，不从实斋入。少与吾友元和孙益荃同好章氏书，益荃优于类例，实为会稽嫡传，而仆则未也。世多以我两人并称者，愧不敢承。

中天学统溯炎羲，亭林、梨洲。转益多师是我师。囊括微言归派别，横流坐看壑舟移。

开元四部部居难，谁识源流出议官。他日典农如借刺，廿篇鸿烈待君传。传字用鲁读协韵。

张尔田年谱简编

1874 年（同治十三年）一岁

农历正月二十九日生于浙江杭州府钱塘县，原名采田，后改今名，字孟劬。父张上龢。

1881 年（光绪七年）八岁

父上龢调补塞北万全县知县。先生从宦直隶。少曾师武进屠寄、固始秦树声、长洲章钰学制艺文，并与闻乡先生谭献（复堂）绪论。

1886 年（光绪十二年）十三岁

农历十一月十四日，弟东荪生于直隶内邱。原名万田，字圣心，后改今名。

1889 年（光绪十五年）十六岁

1 月 7 日，妻陈氏去世。陈氏乃先生母兄陈璋之女，与先生同岁，结婚仅五月即逝。

继娶潘氏，江苏溧阳人，宛平县潘瀛次女，无子。（继娶时间无考，暂系于此。）先生中年丧偶，未曾续弦。（丧偶时间无考，暂系于此。）

1893 年（光绪十九年）二十岁

1 月，母陈氏病逝，先生与弟东荪随父扶官回籍，葬陈氏于浙江丁家山祖坟。先生以兄长承担抚教幼弟东荪之责。

1894 年（光绪二十年）二十一岁

甲午中日战争爆发，先生侍父归吴门，始与元和孙德谦订交，"相约治许氏《说文》、江都《文选》之学"。

1895 年（光绪二十一年）二十二岁

报捐主事，签分刑部广西司学习行走。

1896 年（光绪二十二年）二十三岁

夏曾佑是年九月入都，任职礼部，等候外放知县。十月结识夏氏，十月二十八日夏氏移寓千佛庵，与先生同寓。是年十二月十三日，夏氏离京赴津。二人同寓近二月，过从甚密，共同讨论宗教、佛学，相约夏氏治大乘，先生治小乘。

1899 年（光绪二十五年）二十六岁

与孙德谦同服膺章学诚之学，其后先生治六艺百家之学，孙德谦则潜研丙部。

1900 年（光绪二十六年）二十七岁

庚子之变，护送朱祖谋家眷南归沪上。

1902 年（光绪二十八年）二十九岁

任江苏试用知府，赴任居苏州。其时，父张上龢亦辞官居苏州。在苏期间，与郑文焯、王鹏运、朱祖谋、夏敬观等人诗酒唱和，交流词学。

1903 年（光绪二十九年）三十岁

《白喉症治通考》刊行。

1904 年（光绪三十年）三十一岁

弟张东荪赴日本留学，先生赋词送别。

王国维受罗振玉之邀于 1904 年 12 月至 1905 年 11 月任教苏州江苏师范学堂，二人结交。

1906 年（光绪三十二年）三十三岁

"元夕后五日"，撰《新学商兑》（原名《辨宗教改革论》）成。

1908 年（光绪三十四年）三十五岁

刻《史微》四卷于上海。

《新学商兑》刊行，署名孙德谦辩证、张采田申义，1908 年多伽罗香馆活字本，多伽罗香馆丛书第五种。

《古律书篇目源流考》刊登于《国粹学报》第 4 卷第 11 期（1908）、第 5 卷第 7 期（1909）。

1910 年（宣统二年）三十七岁

以杨文会（仁山）为会长的佛教研究会成立于金陵刻经处，先生与沈曾植、陈三立、章太炎、欧阳竟无等多人入会。

1911 年（宣统三年）三十八岁

《梁说驳谬》刊登于《克复学报》第 1 期，《梁说驳谬续完》刊登于《克复学报》第 2 期。

辞官，以遗老自居。

山阴平毅聚珍本《史微》四卷刊行。

朱孝臧选编《沧海遗音集》，收入先生《遁庵乐府》一卷。

初写成《玉溪生年谱会笺》。

1912 年（民国元年）三十九岁

弟东荪自日本归。

夏，五屠守斋重订《史微》八卷刊行。

1912 年 10 月孔教会在上海成立，次年 2 月在上海创刊《孔教会杂志》。先生与孙德谦受陈焕章之邀，主持《孔教会杂志》编辑部事务。

1913 年（民国二年）四十岁

"始谒嘉兴沈公（曾植）于沪舍"。

2 月 22 日，沈曾植、陈三立、缪荃孙等作超社第一集于樊园，先生参加之。

4 月 9 日上巳日，周庆云与淞社同人修禊徐园，先生参加之。

《释君篇》、《明教》、《原史》、《史学》（附史官沿革考）、《遁堪撼言：论考据当注重微言大义》、《孟劬先生来书》刊登于《孔教会杂志》1913 年 2 月第 1 卷第 1 号，《政教终始篇》、《原艺》（附郑学辨）刊登于《孔教会杂志》第 1 卷第 2 号，《释鬼神篇》、《张儒篇》、《明儒学案点勘》、《案诗书》、《遁堪撼言：论六经为经世之学》、《闻广州一月三丁祭感慰恭赋》刊登于《孔教会杂志》1913 年 4 月第 1 卷第 3 号，《说群》、《明儒学案点勘》、《案礼》、《张孟劬先生来书》刊登于《孔教会杂志》1913 年 5 月第 1 卷第 4 号，《祀天非天子之私祭考》、《与人论昌明孔教以强固道德书》、《案易》刊登于《孔教会杂志》1913 年 6 月第 1 卷第 5 号，《通经》、《明儒学案点勘》、《原道》、《陈重远先生来书》、《史微题辞》刊登于《孔教会杂志》第 1 卷第 6 号，《经辨》、《宾孔》刊登于《孔教会杂志》第 1 卷第 7 号，《论孔教与东南兵祸之关系及一年来对于孔教诋毁者之心理》、《古经辨》刊登于《孔教会杂志》1913 年 9 月第 1 卷第 8 号。《为定孔教为国教事敬告两院议员》刊登于《孔教会杂志》第 9 号，《礼论》刊登于《孔教会杂志》第 10 号，《驳某君论孔教非宗教孔子非宗教家书》刊登于《孔教会杂志》第 11 号。

9 月 16 日，《为定孔教为国教事敬告两院议员》刊登于《庸言》第 1 卷第 2 号。

1914 年（民国三年）四十一岁

清史馆开，应聘入馆任纂修，前后达十年。撰写了《乐志》八卷，

《刑法志》二卷，《地理志·江苏篇》一卷，《图海、李之芳列传》一卷。亦撰《后妃传》，未被采用。

在京期间，兼任北京大学、北京师范大学教授。

《孔教五首》刊登于《甲寅杂志》第 1 卷第 3 号（1914 年 8 月 10 日）。

词《浣溪沙》二首刊登于《民权素》1914 年 4 月第 1 集。

1915 年（民国四年）四十二岁

应沈曾植邀，参加编修《浙江通志》。先生与王国维共同负责贤寓、掌故、杂记、仙释、封爵五门之撰述。

《杨仁山居士别传》刊登于《甲寅》1915 年第 6 期。

3 月，词《金缕曲》、《阮郎归》、《寿楼春》刊登于《民权素》第 5 集。

5 月，词《鹧鸪天》、《浣溪沙》、《临江仙》刊登于《民权素》第 6 集。

6 月，词《望海潮》、《南歌子》刊登于《民权素》第 7 集。

7 月，词《绛都春》、《上行怀》刊登于《民权素》第 8 集。

8 月，词《烛影摇红》、《八声甘州》刊登于《民权素》第 9 集。

9 月，词《阮郎归》刊登于《民权素》第 10 集。

10 月，词《双双燕》刊登于《民权素》第 11 集。

11 月，词《蝶恋花》刊登于《民权素》第 12 集。

12 月，词《踏莎行》刊登于《民权素》第 13 集。

1916 年（民国五年）四十三岁

父亲病逝于上海。

2 月 9 日，王国维自日本返沪，与先生再次"相聚海上，无三日不晤"。王氏因先生之介，结识孙德谦。张、王、孙"齐名交好，时人目为海上三子"。

《史微》之"郑学辨"、"百家篇"、"原道篇"、"原墨篇"、"原杂篇"、"原名篇"连载于《中国学报》1916 年 1 月第 1 期至 1916 年 5 月第 5 期。

《孔教会上参众两院请定国教书》刊登于 1916 年 9 月第 17 号第 2 卷第 5 册。

1 月，词《点绛唇》、《前调》刊登于《民权素》第 14 集。

2 月，词《鹧鸪天》刊登于《民权素》第 15 集。

1917 年（民国六年）四十四岁

1917 年 9 月 11 日，孔教总会代表陈焕章、张尔田、林传甲等人；再次上书参众两院，请定孔教为国教。

《张尔田君对于李佳白教士演说之意见》刊登于《宗圣学报》1917 年第 2 卷第 6 册。

《玉溪生年谱会笺》刊行，收入南林刘氏求恕斋丛书。

1920 年（民国九年）四十七岁

刘承幹编《章氏遗书》刊行，前有孙德谦、张尔田序以及刘承幹序（张尔田代）。刘承幹《章氏遗书例言》云："遗书之刊，其竭力怂恿者，则朱古微侍郎、张孟劬太守、孙隘堪广文也。"

词《浣溪沙》、《霜花腴》刊登于《音乐杂志》第 1 卷第 2 期。

1921 年（民国十年）四十八岁

秋，亚洲学术研究成立于上海，出版《亚洲学术杂志》。孙德谦为编辑人，汪钟霖、邓彦远为理事人，任稿会员有王国维、罗振玉、曹元弼、张尔田等。先生在该杂志发表《论六经为经世之学》（第 1 期）、《章氏遗书序》、《汉书艺文志举例序》（第 2 期），《答梁任公论史学书》、《昭明太子赞》（第 3 期），《与人论学术书》、《清史乐志序》（第 4 期）等。

《梁昭明太子赞》刊登于《宗圣学报》1921 年 5 月第 25 号第 3 卷第 3 册。

1923 年（民国十二年）五十岁

离清史馆，返上海。20 年代，张东荪主持中国公学，并先后就教于中央政治大学、光华大学，教授西方哲学和伦理学；先生同样受聘上述学校，教授历史学。

吴宓拜访先生及孙德谦于上海。应吴宓之邀，为《学衡》投稿。本年，先生在《学衡》杂志发表《与王静安论治公羊学书》、《与王静安论今文家学书》、《与欧阳竟无书》、《答王君恩洋书》（第 23 期），《刘向校雠学纂微序》、《耆献史公清德之碑》（第 24 期），《传经室文集序》（第 26 期），《黄晦闻鲍参军诗注序》（第 27 期）。

《答梁任公论史学书》刊登于《宗圣学报》1923 年 9 月第 26 号第 3 卷第 3 册，另刊《来复》第 237 期。

《孔教会国教意见书》刊登于《昌明孔教经世报》第 2 卷第 3 期。

1924 年（民国十三年）五十一岁

《九十者一子不事八十者二算不事答问》刊登于《学衡》第 28 期。

"词录"《浣溪沙》刊登于《学衡》第 33 期。

《刘向校雠学纂微序》刊登于《昌明孔教经世报》第 2 卷第 12 期。

1925 年（民国十四年）五十二岁

3 月，花朝日，淞社第五十七集于沪上周氏园圃，先生参加之。淞社至此止。

5 月，东方文化总委员会在北平成立，续修《四库全书提要》，重币聘先生，先生峻拒之。

《史传文研究法》（第一至第四章）刊登于《学衡》第 39 期，"词录"《木兰花慢》刊登于《学衡》第 40 期，《清史后妃传序》、"词录"《浣溪沙》刊登于《学衡》第 43 期，《彊村语业序》刊登于《学衡》第 45 期。

1926 年（民国十五年）五十三岁

五屡守斋《史微》再版，增《史微札记》一卷。

"诗录"《新翻杨柳枝》刊登于《学衡》第 49 期，"诗录"《以旧撰〈史微〉赠野侯縢之以诗》刊登于《学衡》第 52 期，《与人论天台宗性具善恶书》、《再论天台宗性具善恶书答余居士》刊登于《学衡》第 54 期，《答龙君问性具善恶疑义书》刊登于《学衡》第 56 期，《报叶君长青书》、诗《和缘裘韵同古微书》刊登于《学衡》第 57 期，《上陈石遗先生书》、诗《奉和晦闻先生池荷披谢之作》刊登于《学衡》第 58 期，《与黄晦闻书》、诗《哭静安》刊登于《学衡》第 60 期。

《昭明太子赞》刊登于《国学专刊》第 1 卷第 3 期。

1927 年（民国十六年）五十四岁

夏，获交姜忠奎（叔明）。

《先考灵表》、《张孟劬先生与叶长青社长书》、《张孟劬先生复叶长青社长书》刊登于《国学专刊》第 1 卷第 4 期。同期刊《叶长青社长复张孟劬先生书》。

1928 年（民国十七年）五十五岁

《黄晦闻诗集序》刊登于《学衡》第 64 期，《与大公报文学副刊编者书》（之一"论清史稿乐志体例"，之二"论史例"，之三"论清史稿艺文志作法"）、"诗录"《无题》刊登于《学衡》第 66 期。

《入阿毗达磨论讲疏玄义》刊登于《光华期刊》第 2 期。

1929 年（民国十八年）五十六岁

秋，任上海交通大学中国文学系主任，未半载以病辞职。因孙德谦之介，获交陈柱尊。

《清列朝后妃传稿》二卷刊行，山阴平氏绿樱花馆墨板。

交万载龙榆生（沐勋）。

《与大公报文学副刊编者书》（之四"论清列朝后妃传稿"，之五"论研究古人心理"，之六"论作史之方法与艺术"）、"诗录"《乙卯南归杂诗》刊登于《学衡》第71期，《答德国颜复礼博士问管子轻重书》刊登于《史学杂志》1929年12月卷1第6期。

1930年（民国十九年）五十七岁

秋，弟东荪北上任燕京大学哲学系教授，先生同时受聘该校，教授中国历史。曾为历史系学生开设《史微》一课，燕大学生瞿同祖曾听过此课。

冬，夏敬观与黄孝纾于家宅倡立同人词社——沤社，先后加入者二十九人。《沤社词钞》后附《和作同人姓字籍齿录》十二人，先生列名其中。

《与大公报文学副刊编者书》（之七"论李义山恋爱事迹"）刊登于《学衡》第74期，《真诰跋》刊登于《史学杂志》1930年9月卷2第3、4期。

1931年（民国二十年）五十八岁

于饮席结识杨树达，此后两人长期通信论学。

在京期间曾参加吴承仕等人组织的"思辨社"。

5月，词《虞美人》刊登于《国闻周报》第8卷第17期。

12月，词《渡江云》刊登于《国闻周报》第8卷第48期（亦刊《青鹤》1932年12月第1卷第3期）。

1932年（民国二十一年）五十九岁

夏，校补沈曾植《蒙古源流事证》。同年，《蒙古源流笺证》出版，署名沈曾植笺证，张尔田校补，海日楼遗书之一，1932年屦守斋校补本。

旧历十月，张尔田应夏孙桐及龙榆生之请，撰《彊村遗书序》。

夏承焘致函先生，请作彊村语业卷三序，先生复信，二人订交，此后长期通信论学。

1933年（民国二十二年）六十岁

退休于燕京大学。

与邓之诚合著之诗集《槐居唱和集》刊印，又载《学衡》第79期。

4月10日，《与顾颉刚先生论张君墨经作者考书》刊登于《北平晨报艺圃》第701期。

同月，《遁堪乐府七阕》、《彊村遗书序》、《与榆生论彊村遗文书》、《与榆生言彊村遗事书》刊登于《词学季刊》创刊号。

8月，《与榆生论彊村词书》刊登于《词学季刊》第1卷2号。

12月，《近人词录：张尔田八阕》、《与龙榆生言碧桃仙馆词书》、《与龙榆生言郑叔问遗札书》、《与龙榆生言词事》、《词林新语》（三则）刊登于《词学季刊》第1卷3号。

1934年（民国二十三年）六十一岁

任燕京大学研究院导师。

与夏承焘书，论永嘉之学。

1928年徐世昌组织人力编纂《清儒学案》。本年，先生以夏孙桐之荐，参与《清儒学案》编纂，任"帮总纂"。因所论与参纂众人多不合，在社不足四月，拂袖而去。先生为重辑《钱大昕学案》及代撰《清儒学案序》，亦均未收入《清儒学案》。

重订《蒙古源流笺证》刊行。

4月，《与龙榆生论彊村词事书》、《再与龙榆生论彊村词事书》、《三与龙榆生论彊村词事书》、《四与龙榆生论彊村词事书》、《芳菲菲堂词话》（三则）（署名：毕几庵）刊登于《词学季刊》第1卷4号。

10月，《与龙榆生论温飞卿贬尉事》、《再论温飞卿贬尉事》、《三论温飞卿贬尉事》刊登于《词学季刊》第2卷1号。

《与顾颉刚先生论张君墨经作者考书》刊登于《国风》半月刊第5卷第6、7期，《彊村遗书序》、《清儒学案序（代某公作）》刊登于《国风》半月刊第5卷第8、9期。

1935年（民国二十四年）六十二岁

《入阿毗达磨论讲疏玄义》一册刊行。

《清列朝后妃传稿》再版刊行。

《近人词录：张尔田一阕》刊登于《词学季刊》第2卷2号，《近人词录：张尔田三阕》、《与龙榆生论苏辛词》、《再与榆生论苏辛词》刊登于《词学季刊》第2卷3号，《近代词人逸事》（蒋鹿谭、大鹤山人、况夔笙、沈寐叟逸事）刊登于《词学季刊》第2卷4号。

《张尔田与陈柱尊教授论学书》三首刊登于《学术世界》第1卷第1期，《与陈柱尊教授论学书》一首刊登于《学术世界》第1卷第3期，

《与陈柱尊教授论大同书》、《与陈柱尊教授论道家书》、《与陈柱尊教授论学书》刊登于《学术世界》第 1 卷第 6 期,《与陈柱尊教授悼孙隘堪教授书》刊登于《学术世界》第 1 卷第 8 期,《与陈柱尊教授论孙隘堪行状书》刊登于《学术世界》第 1 卷第 9 期。

《与吴宓论学书》刊登于《国风》半月刊第 7 卷第 1 期。

1936 年（民国二十五年）六十三岁

是年,燕大历史系三年级学生王钟翰拜见先生于燕大东大地外侧王家花园寓所。王氏跟随先生近十年,从先生学习文章、清史,王氏此期发表文章,皆经先生指点并删改而成。王氏先后搜集抄录先生发表与未发表文章和书题数百篇,经先生审阅删定,复经邓之诚过目,删余约二三十篇,分别编成《遯堪文录》与《张孟劬先生遯堪书题》二书。

2 月,《与吴雨僧论陈君寅恪李德裕归葬辩证学》刊登于《北平晨报艺圃》(1936 年 2 月 3 日),亦刊《学术世界》1936 年 4 月第 1 卷第 10 期。

3 月,《近人词录:张尔田四阕》、《与夏瞿禅论词人谱牒》、《与龙榆生言况惠风逸事》刊登于《词学季刊》第 3 卷 1 号。

5 月,《入阿毗达磨论讲疏玄义》刊登于《新民月刊》第 2 卷第 3 号。

6 月,《近人词录:张尔田六阕》刊登于《词学季刊》第 3 卷 2 号。

7 月,《论伪书示诸生（疑古问题）》刊登于《学术世界》第 1 卷第 12 期。

10 月,《汉书窥管序》,刊登于《学术世界》第 2 卷第 1 期。

11 月至次年 4 月,《汪悔翁乙丙日记评》刊登于《学术世界》第 2 卷第 2—4 期。

《答熊子真论学书》刊登于《学术世界》第 2 卷第 3 期,《与陈柱尊教授论李义山万里风波诗书》、《再陈柱尊教授论李义山万里风波诗书》刊登于《学术世界》第 2 卷第 5 期。

1937 年（民国二十六年）六十四岁

12 月,《与邓文如先生书》（论清列朝后妃传稿校记）、《与李沧萍及门书》（论李义山万里风波诗）、《先师章式之先生传》刊登于《史学年报》第 2 卷第 4 期。

1938 年（民国二十七年）六十五岁

12 月,《孱守斋日记》、《张孟劬先生遯堪书题》（王钟翰辑录）、

《清史稿纂修之经过》（王钟翰笔录）刊登于《史学年报》第2卷第5期。

1939年（民国二十八年）六十六岁

与夏承焘、龙榆生等通信论词乐。

4月1日，王钟翰《读张孟劬先生史微记》刊登于《燕京大学图书馆报》第128期。

12月，《清故学部左丞柯君墓志铭》、《清故朝议大夫湖南优贡知县汪君墓志铭》刊登于《史学年报》第3卷第1期。

1940年（民国二十九年）六十七岁

在燕京大学历史学会系统演讲中讲"中国过去之史学界"。

写定《遁庵文集》二册，吴庠、夏承焘、龙榆生、陈柱尊等谋为刊刻之。

与吴庠、夏承焘、夏敬观等通信论词学。

10月5日，与夏承焘书，自述学佛经历。

11月，夏承焘作《遁庵菊轩二乐府跋》。

12月20日，龙榆生创办《同声月刊》创刊号出版，刊《遁庵诗五首》（《追和晦闻池荷向尽之作》二首、《闻上丁重举祀事感而有作》三首）、《遁庵乐府四首》（《满庭芳》、《木兰花令》、《临江仙》、《丹凤吟》），亦刊《内藤湖南博士手书诗稿（张孟劬先生寄赠）》。

1941年（民国三十年）六十八岁

秋，张芝联考入燕京大学研究院，攻读历史。张氏拜访先生，从此至1944年底张氏离京返沪，共三年余，张氏不间断向先生请教，并将其答问写成摘记。惜两本答问录在"文化大革命"中遗失。

12月8日，太平洋战争爆发，日军占领燕京大学，搜捕进步师生。是日，弟东荪因"抗日"罪名被日本宪兵逮捕。先生受惊发病，不得不从西郊迁居西城。张芝联应东荪夫人要求与先生同住，照顾起居，直至翌年6月18日东荪先生出狱。先生移居城内后，治学不辍，"夏日尤与三五及门，以治学为事"。

1月，《遁庵乐府三首》（《卜算子慢》、《拜星月慢》、《永遇乐》）刊《同声月刊》第1卷第2号。

2月，《同声月刊》第1卷3号刊《与龙榆生论词书》、《遁庵乐府五首》（《沁园春》、《满江红》、《木兰花慢》、《相见欢》二阕），同号刊吴庠《与夏瞿禅等论词书》四通。

3月，《同声月刊》第1卷4号刊《郑文焯与张孟劬论词书》。

6月，龙榆生为张尔田校刻《遁庵乐府》二卷一册成，吴庠题署扉页，为《沧海遗音集补编》之一种。

同月，夏敬观《遁庵乐府序》刊于《同声月刊》第1卷第7号。

7月，《与龙榆生论四声书》、《与龙榆生论词书》刊登于《同声月刊》第1卷第8号，同号刊龙榆生《遁庵乐府小引》，吴庠（眉孙）《与张孟劬先生论四声第一书》、《与张孟劬先生论四声第二书》。

9月，《遁庵乐府二首》（《金缕曲》、《鹧鸪天》）刊登《同声月刊》第1卷第10号。

10月，《与龙榆生论云谣集书》刊登于《同声月刊》第1卷第11号。

11月，《龙母杨恭人家传》、《遁庵乐府》一首（《定风波》）刊登于《同声月刊》第1卷第12号。

《清故朝议大夫湖南优贡知县汪君墓志铭》刊登于《国艺》第3卷第3期。

《遁庵乐府》（张尔田撰、龙榆生校刻）二卷一册，约于本年8月刊行。

《汪悔翁乙丙日记纠谬》（张尔田评、吴丕绩录）刊行，铅印本。

1942年（民国三十一年）六十九岁

本年，龙榆生有诗《雪夜寄孟劬先生燕京》。

9月28日，与夏承焘书言"佛典只能论理，不能考古"，并言"兄研究教宗固善，但弟则以为中邦必不终亡，中邦文艺亦终有复兴之一日。甚愿兄阐明永嘉经制之学，以待将来，其有意乎。弟生平研讨佛学最深，颇以为中邦今日尚不宜此学。中邦今日而欲立国，必须讲求实际。岂独佛学，即西洋哲学，吾亦以为必须从缓也"。吴庠与夏承焘言，"甚佩孟劬，谓当今师友间第一人"。

3月，诗《有感一章寄酬榆生》刊登于《同声月刊》第2卷第3号。

6月，诗《题罗昭谏集》刊登于《同声月刊》第2卷第6号。

7月，《玉溪生诗题记》刊登于《同声月刊》第2卷第7号。

8月，《大鹤山人遗札（与张孟劬五通）》刊《同声月刊》第2卷第8号。

10月，《株昭集自序》刊登于《同声月刊》第2卷第9号。

12月，《玉溪生诗评》刊登于《同声月刊》第2卷第11号。

1943年（民国三十二年）七十岁

1月，词《贺新郎》刊登于《同声月刊》第2卷第12号，另同号刊陈柱尊《遁庵文集序》。

3月，《玉溪生诗评》（续）、《龙榆生词序》刊登于《同声月刊》第3卷第1号。

4月，《玉溪生诗评》（续）刊登于《同声月刊》第3卷第2号。

5月，张芝联从问中国文化真相，先生略述梗概，张芝联为之记录，名之曰《历史五讲》。

6月，诗《漫成》二首、词《望江南》刊登于《同声月刊》第3卷第4号。

7月，《株昭集》（诗95首）刊登于《同声月刊》第3卷第5号，龙榆生作跋。

8月，龙榆生携长女顺宜北上游历。在北平，晤阔别十四年之久的张尔田。张尔田有词《忆旧游》（榆生北来见访，不相见者十四年矣，喜而赋之），载《同声月刊》第3卷第6号。另，《株昭集刊误》刊登于同号。

1944年（民国三十三年）七十一岁

与钱仲联通信订交，讨论学术。"复治三礼，考订服制，多正前人违失"。

4月，诗《答五石和诗》刊登《同声月刊》第3卷第11号。

6月，《滇语序》、诗《涿州》二首刊登于《同声月刊》第3卷第12号。

7月，《曹君直庶子出后为本生他庶母无服议书后》、词《金缕曲》刊登于《同声月刊》第4卷第1号。

9月，《论中国文化及其宗教道德》（即《历史五讲》）刊登于《汉学》第1辑。张芝联撰《〈资治通鉴〉纂修始末》发表于同期，该文由先生与聂崇岐指导。

11月，《历史五讲》最后改本、诗《论词绝句八首》、《奉答郭啸麓》四首刊登于《同声月刊》第4卷第2号。

1945年（民国三十四年）七十二岁

1月26日，龙榆生动身北上由徐州转北平。在北平晤张尔田等人。2月11日（除夕前一日）返南京。

农历正月初七日卒，葬于北京香山万安公墓。

11 月，《钱仲联海日楼诗注序》、《父卒继母嫁从为之服报说》、词《念奴娇》刊登于《同声月刊》第 4 卷第 3 号。

1946 年（民国三十五年）

邓之诚《张君孟劬别传》刊载于《燕京学报》第 30 期。

1947 年（民国三十六年）

龙榆生函嘱夏承焘、唐圭章等印张孟劬《遁庵乐府》、陈苍虬《旧月簃词》、夏闰枝《悔龛词》续。三书皆已交南京姜文卿刊印，因循未印。

1948 年（民国三十七年）

王钟翰辑录《遁堪文集》二卷由张芝联刊行，排印本。

12 月，齐思和《遁堪文集》书评刊于《燕京学报》第 35 期。

1950 年

吴丕绩辑录《遁堪文集附录》一卷由张芝联刊行，油印本。

夏承焘以先生及吴梅遗札装订付裱，共 104 笺。

1960 年

中秋后二日，龙榆生作《钱塘张尔田〈清史后妃传〉跋》。

1966 年

2 月 3 日，龙榆生作《钱塘张孟劬先生尔田遗稿跋尾》、《书彊村遗札后》二跋，并将《遗稿》、《遗札》捐献浙江省文物管理委员会。

柳诒徵卷

国史要义十篇

史原第一

史之初兴，由文字以记载，故世称初造文字之仓颉、沮诵为黄帝之史。

《世本》：沮诵、苍颉作书。宋衷曰：黄帝之世，始立史官，苍颉、沮诵居其职。（《初学记》）为黄帝左右史。

纪述事迹，宣明时序，推迁之久，历数以兴，故世亦称羲和、大挠之伦为黄帝之史。

《世本》：黄帝使羲和占日，常仪占月，臾区占星气，伶伦造律吕，大挠作甲子，隶首作算数。容成综此六术，著调历。（《史记·历书·索隐》）宋衷曰：皆黄帝史官也。（《左传序疏》）

盖先有创作，而后人追溯而锡之职名，非当部族初兴之时，已有史官也。然经籍论文字历数之用，皆重在施政教民。

《易·系辞》：上古结绳而治，后世圣人易之以书契，百官以治，万民以察。

《说文序》：黄帝之史仓颉，见鸟兽蹄迒之迹，知分理之可相别异也，初造书契。百工以乂，万品以察。

《尧典》：钦若昊天，敬授人时。

则凡民众之需要，皆恃部落酋长左右疏附者之聪明睿知以启之，而后凡百事为，乃有所率循而不紊。民之所仰，职有所专，由是官必有史。而吾国之有史官乃特殊于他族。《说文》释"史"字曰："史，记事者也。"是为通义。吾国与他族之史，皆记事也。《周官》释史曰："史掌官书以赞治。"此为吾史专有之义。由赞治而有官书，由官书而有国史。视他国之史起于诗人、学者得之传闻，述其轶事者不同。世谓吾民族富于政治性，观吾史之特详政治及史之起原，可以知其故矣。

《周官》：宰夫掌百官府之征令，辨其八职。……六曰：史掌官书以赞治。

国产多竹，编削为书，可执可记，可阁可藏，是亦异于他族，而言史原者所宜究也。《王制》曰：太史执简记。《国语》曰：右执鬼中。皆执竹也。与竹并用者，亦有木版，曰方。《聘礼记》曰：百名以上书于策，不及百名书于方。《中庸》曰：文武之政，布在方策。《周官》：司书掌邦中之版。木版固与竹简并用，然以其不利于编排，故用竹为多。编集竹片，则名曰册。重要之册，以丌阁藏，则名曰典。司此要籍，因亦曰典。

《说文》：典从册在丌上，尊阁之也。

古史孔多，唐虞时已有五典。史克述《虞书》慎徽五典。《左传·文公十八年》《皋陶谟》称五典五惇。是唐虞之前，已有若干典也。五惇之义，自来未析，稽之《内则》，盖古有惇史，记载长老言行。《皋陶谟》所谓五典五惇，殆即惇史所记善言善行可为世范者。故历世尊藏，谓之五典五惇。惇史所记，谓之五惇，犹之宋元史官所编之书，谓之《宋史》、《元史》矣。

《内则》：凡养老，五帝宪，三王有乞言。五帝宪，养气体而不乞言，有善则记之为惇史。（吾史注重嘉言懿行，盖自惇史以来即然。）三王亦宪，既养老而后乞言，亦征其礼，皆有惇史。

典册相承，历世滋多。周公诰多士曰："惟尔知：惟殷先人有册有典。"吾史首《尧典》，固即夏商相传之典矣。史典旧典，通知程式，记事命官，必资史以作册。《周书·克殷》载尹佚筴，《洛诰》曰：王命作册，逸祝册。世存金文，亦多本史册。史册之积累者，不知凡几。今所传诵，特选择宝藏亿万中之一二耳。第竹简短狭，不能多书，一简裁二十许字。记事尚简，实缘限于工具，故必扼要而言，或为综述之语。今人以他国古代诗歌繁衍，或近世史传详赡，病吾古史之略，至诋《春秋》为账簿式，不足称史书者，皆未就古人用竹简之时代着想。即刘氏《史通》谓叙事之工者，以简要为主，推本《尚书》寡事，《春秋》省文，亦未能说明其所以寡事省文之原也。

古史官之可考者，盖始于虞之伯夷。

《大戴记·诰志》：丘闻周太史曰：政不率天，下不由人。则凡事易坏而难成。虞史伯夷曰：明，盂也。幽，幼也。……雌雄迭兴，而顺至正之统也。（孔广森曰：引之言率天之事。）

孙星衍《尚书今古文注疏·皋陶谟疏》：史公云：禹、伯夷、皋陶相与语帝前。经文无伯夷者，《大戴礼·诰志篇》子引虞史伯夷曰：明，盂也。幽，幼也。以解幽明庶绩咸熙。是伯夷为虞史官。史迁以皋陶方祗厥叙，及夔曰戛击鸣球至庶尹允谐，为史臣叙事之文，则即伯夷所述语也。

夏商之史，相传有终古及向挚，皆掌图法。

《吕氏春秋·先识》：夏桀迷惑，太史令终古出其图法，执而泣之。殷纣迷惑，内史向挚载其图法，出亡之周。

《酒诰》称太史友、内史友，足证商代有太史、内史诸职，第其职务不可详考。周之史官若史佚、辛甲之伦，皆开国元老，史官地位特尊，故设官分职，视唐虞夏商为多，而其职掌又详载于《周官》。自《隋志》以来，溯吾史原，必本之周之五史。惟后世囿于史官但司记注撰著，初不参加当时行政，故于《周官》五史之职掌，若与史书史学无关，但知溯职名所由来，而不悟政学之根本。实则后史职权，视周代有所减削而分析，而官书史体，及其所以为书之本，皆出于周也。

《周官·春官宗伯》序官：太史下大夫二人，上士四人，小史中士八人，下士十有六人，府四人，史八人，胥四人，徒四十人。……内史中大夫一人，下大夫二人，上士四人，中士八人，下士十有六人，府四人，史八人，胥四人，徒四十人。外史上士四人，中士八人，下士十有六人，胥二人，徒二十人。御史中士八人，下士十有六人，其史百有二十人（此句特殊，载明其史，且载于府之上），府四人，胥四人，徒四十人。

又，太史掌建邦之六典，以逆邦国之治，掌法以逆官府之治，掌则以逆都鄙之治。凡辨法者考焉，不信者刑之。凡邦国都鄙及万民之有约剂者藏焉，以贰六官。六官之所登，若约剂乱，则辟法，不信者刑之。

正岁年以序事，颁之于官府及都鄙，颁告朔于邦国。闰月，诏王居门终月。大祭祀，与执事卜日。戒及宿之日，与群执事读礼书而协事。祭之日，执书以次位常，辨事者考焉，不信者诛之。大会同朝觐，以书协礼事，及将币之日，执书以诏王。大师，抱天时，与太师同车。大迁国，抱法以前。大丧，执法以莅劝防，遣之日，读诔，凡丧事考焉。小丧，赐谥。凡射事，饰中舍算，执其礼事。

又，小史掌邦国之志，奠系世，辨昭穆，若有事，则诏王之忌讳。大祭祀，读礼法，史以书叙昭穆之俎簋。大丧、大宾客、大会同、大军旅，佐太史。凡国事之用礼法者，掌其小事。卿大夫之丧，赐谥读诔。

又，内史掌王之八枋之法，以诏王治。一曰爵，二曰禄，三曰废，四曰置，五曰杀，六曰生，七曰予，八曰夺。执国法及国令之贰，以考政事，以逆会计。掌叙事之法，受纳访，以诏王听法。凡命诸侯及孤卿大夫，则策命之。凡四方之事书，内史读之。王制禄，则赞为之，以方出之。赏赐亦如之。内史掌书王命，遂贰之。

又，外史掌书外令，掌四方之志，掌三皇五帝之书，掌达书名于四方。若以书使于四方，则书其令。

又，御史掌邦国都鄙及万民之治令，以赞冢宰。凡治者受法令焉，掌赞书，凡数从政者。

总五史之职，详析其性质，盖有八类。执礼，一也。掌法，二也。授时，三也。典藏，四也。策命，五也。正名，六也。书事，七也。考察，八也。归纳于一则曰礼。五史皆属春官宗伯。春官为典礼之官，即《尧典》之秩宗。伯夷以史官典三礼，其职犹简。故宗伯与史不分二职。历夏商至周，而政务益繁，典册益富，礼法益多，命令益夥，其职不得不分。然礼由史掌，而史出于礼。则命官之意，初无所殊。上溯唐虞，下及秦汉，官制源流，历历可循。《汉书·百官公卿表》：奉常，秦官，掌宗庙礼仪，属官有太史令、丞。景帝更奉常为太常，后汉因之，太史仍属太常。此非本于《周官》五史之隶春官宗伯欤！

于此有最宜注意之一事，即《曲礼》述古官制，太史与太宰，同为天官，典司六典。与五官之典司五众者，显有司天与治人之分。而《周官》则冢宰为天官，太史属春官，皆为治人事之官也。

《曲礼》：天子建天官，先六大，曰大宰、大宗、大史、大祝、大士、大卜，典司六典。天子之五官，曰司徒、司马、司空、司士、司寇，典司五众。

推迹初民，震耀于自然现象，祷祈祭祀，最归仰于神明。故宗祝卜史，皆司天之官。而所谓太宰者，实亦主治庖膳，为部落酋长之下之总务长。祭祀必有牲牢，故宰亦属天官。《曲礼》所述，盖邃古之遗闻，距周已久远矣。颛顼以来，绝地天通，司天者渐趋重于司人。观《楚语》观射父述天地神明类物之官之演变可见。其中论宗之职，以能知牺牲之物而又心率旧典者为言，足知宗与宰史之联系。

《楚语》：观射父曰：古者民神不杂。……使名姓之后，能知四时之生，牺牲之物，玉帛之类，采服之仪，彝器之量，次主之度，屏摄之位，坛场之所，上下之神，氏姓之出，而心率旧典者为之宗。

舜命伯夷典三礼，即以其心率旧典也。《吕刑》述"命重黎绝地天通"之后，称伯夷降典，折民惟刑，在禹平水土、稷降播种之上。知伯夷所典之礼之中，已有法制刑章，而非徒专治祭祀矣。马融释三礼，为天神、地祇、人鬼之礼。郑玄易之曰：天事、地事、人事之礼也。义各有当。最古之礼，专重祭祀，历世演进，则兼括凡百事为。宗、史合一之时已然，至周则益崇人事。此宗与史古为司天之官，而后来为治人之官之程序也。

古之宰为天官也，与史联事。周之冢宰为天官也，仍与史联事。盖部落酋豪之兴，必倚一人副之以绾百务，又必倚一人随之以记所为。于是总务长与秘书长之两员，为构成机关必不可少之职务。相沿既久，而史与相乃并尊。相绾百务，史司案牍，互助相稽，以辅首领。故虽由司天者演变而治人事，其联系不可变也。周之六官，惟宰握典法则柄全权，其他百僚，不能相抗，惟史所掌，与宰均衡。虽宰之所属，如小宰司会司书，亦掌典法则之贰。但小宰等仅以助长官之本职，非相考察也。五史之职则全部官书咸在，据之以逆、以考、以辨、以赞，非司会司书之比。宰及百官，不能紊法违章，实由于此。行政妙用，基于累世之经验，非一时一人凭理想而制订也。

《大戴记》曰：德法者，御民之衔勒也。吏者，辔也。刑者，策也。天子御者，内史、太史左右手也。古者以法为衔勒，以官为辔，以刑为策，以人为手。故御天下数百年而不懈堕。又曰：是故天子御者，太史、内史左右手也。六官亦六辔也。天子三公，合以正六官，均五政，齐五法，以御四者，故亦惟其所引而之。《盛德篇》此解释周官史职，最为精卓。古之有史，非欲其著书也，倚以行政也。然倚史以行政，而又属之春官，不为天子私人，其秩亦止中下大夫，而非公卿。虽得考察冢宰及百官，而必守礼奉法，有宗伯以临之，有冢宰以统之。尊卑总别之间，所以能得设官之利而无其弊也。

古制既明，史原乃有可考。史官掌全国乃至累世相传之政书，故后世之史，皆述一代全国之政事。而尤有一中心主干，为史法、史例所出，即礼是也。传称韩宣子适鲁，观书于太史氏，见《易》、《象》与《鲁春秋》，曰：周礼尽在鲁矣。吾乃今知周公之德与周之所以王也。《左传·昭公二年》此《春秋》者，鲁史官相传之书，尚非孔子所修者。然已非泛泛记事之书。其所书与不书，皆有以示礼之得失。故韩起从而叹之。使为普通书记所掌档案，他国皆有，韩起何必赞美？故世谓古者止有书记官之史，而无著作家之史，必至汉魏以来始有著作家之史者，正坐不知此义也。古史浩繁，人难尽阅，掌档案者，既有全文，必为提要。苟无提要，何以诏人？故史官提要之书，必有定法，是曰《礼经》。《左传·隐公七年》春，滕侯卒，不书名，未同盟也。凡诸侯同盟，于是称名，故薨则赴以名，告终称嗣也，以继好息民，谓之《礼经》。杜预谓此言凡例，乃周公所制《礼经》也。周公所制，虽无明文，要以五史属于礼官推之，史官所书早有《礼经》以为载笔之标准，可断言也。

世传夏殷已有《春秋》，墨子尝见百国《春秋》。

《史通》：春秋家者，其先出于三代。案《汲冢琐语》记太丁时事，目为夏殷《春秋》。……《孟子》曰：晋谓之《乘》，楚谓之《梼杌》，而鲁谓之《春秋》，其实一也。然则《乘》与《纪年》、《梼杌》，其皆《春秋》之别名者乎？故墨子曰：吾见百国《春秋》。盖皆指此也。

鲁之《春秋》何以能见周礼，而他国之《春秋》不能见乎？此一疑问也。学者但取《墨子·明鬼篇》所述周之《春秋》、燕之《春秋》、宋之《春秋》、齐之《春秋》所载神鬼之事，与孔子所修之鲁之《春秋》相较，即知鲁之《春秋》，最重人事，不载一切神话，其体最为纯洁，其书最有关于政治。故韩愈以谨严二字目之。古史起于神话，吾国何独不然。惟礼官兼通天人，而又总摄国政，知神话之无裨人事，乃有史例以定范围。《史记》析《封禅书》与《礼书》为二。《汉书·郊祀志》亦不并入《礼乐志》。皆以别神话史与人事史也。虽周宣王时之《春秋》，尚记杜伯之事，亦见《国语》，非墨子所臆造。以至左丘明之所传，《山海经》之所载，搜神述异，往往而有。而鲁之《春秋》，不此之务，惟礼为归。此韩起所以云然。惟鲁史虽一禀礼经，而犹有未尽谛者。如晋侯召王，虽为实事，不明君臣之分，故必改书曰：天王狩于河阳。

《左传·僖公二十八年》：晋侯召王，以诸侯见，且使王狩。仲尼曰：以臣召君，不可以训。（据此知鲁旧史盖据实书晋侯召王。）故书曰：天王狩于河阳。言非其地也，且明德也。

又有属辞未简，有所改订。如雨星不及地尺而复，修之曰：星陨如雨。则著作之演进而益精者也。

《公羊传·庄公七年》：不修《春秋》曰，雨星不及地尺而复。君子修之曰，星陨如雨。

三传之释《春秋》也，各有家法，不必尽同，而其注重礼与非礼则一也。例如天王使家父来求车，丹桓宫楹，刻其桷，三传皆言其非礼。

《左传·桓公十五年》：春，天王使家父来求车，非礼也。

又，庄公二十三年秋，丹桓宫之楹。二十四年春，刻其桷。皆非礼也。

《公羊传·桓公十五年》：春二月，天王使家父来求车。何以书？讥。何讥尔？王者无求，求车非礼也。

庄公二十三年秋，丹桓宫楹。何以书？讥。何讥尔？丹桓宫楹，非礼也。二十四年春王三月，刻桓宫桷。何以书？讥。何讥尔？刻桓宫桷，非礼也。

《穀梁传·桓公十五年》：春二月，天王使家父来求车。古者诸侯时献于天子，以其国之所有，故有辞让而无征求。求车非礼也。求金甚矣。

庄公二十三年秋，丹桓宫楹。礼，天子诸侯黝垩，大夫仓，士黈。丹楹非礼也。二十四年春王三月，刻桓宫桷。礼，天子之桷斫之砻之，加密石焉。诸侯之桷斫之砻之，大夫斫之，士斫本。刻桷非正也。夫人，所以崇宗庙也，取非礼与非正而加之于宗庙，以饰夫人，非正也。（《穀梁》尤尚正义，故迭言非正非礼之原起于非正之心，斥庄公以非正之心饰夫人，因之肆行非礼也。）

其他言礼与非礼者，不可胜举。后史承之，褒讥贬抑，不必即周之典法，要必本于君臣、父子、夫妇、兄弟之礼，以定其是非。其饰辞曲笔无当于礼者，后史必从而正之。故礼者，吾国数千年全史之核心也。伯夷所典，五史所掌，本以施于有政，范畴当时。久之社会变迁，人事舛牾，史官所持之礼，仅能为事外之论评，不能如周官之逆辨考赞矣。而赖此一脉之传，维系世教，元凶巨慝有所畏，正人君子有所宗。虽社会多晦盲否塞之时，而史书自有其正大光明之域。以故他族史籍，注重英雄宗教物质社会，第依时代演变，而各有其史观，不必有缊缊相承之中心思想。而吾国以礼为核心之史，则凡英雄、宗教、物质、社会依时代之演变者，一切皆有以御之，而归之于人之理性，非苟然为史已也。

《史通·书志篇》：夫刑法礼乐，风土山川，求诸文籍，出于三礼。及班马著史，别裁书志，考其所记，多效礼经。章学诚《礼教篇》亦曰：史家书志之原，本于《官》、《礼》。《史记》《天官》、《平准》等书，犹以官职名篇，惜他篇未尽然也。两君皆以史之书志本于官礼，盖仅就著述之形式言之，而不知史家全书之根本皆系于礼。何其视礼之隘也！夫《本纪》、《世家》何以分？分于礼也。封爵、交聘何以《表》？《表》以礼也。《列传》之述外戚、宦官、佞幸、酷吏、奸臣、叛逆、伶官、义儿，何以定名？由礼定之也。名臣、卓行、孝友、忠义，何以定名？以礼定之也。不本于礼，几无以操笔属辞。第以镕冶之深，相承有自，漫谓故事当尔，遂未溯其本原，斯则就史言史者之失也。然即就史言史，亦必基于此中心思想而后有所评衡。例如马迁之纪项羽，蔚宗之纪后妃，刘氏何以讥之？见《史通·本纪》、《列传》等篇。《晋史》党晋而不有魏，《齐史》党齐而不有宋，郑氏何以讥之？见《通志序》。一经谛思，本末具见。特前人习之而不必言，今人忘之而以为不足言耳。

以史言史者之未识史原，坐以仪为礼也。仅知仪之为礼，故限于史志之纪载典章制度，而若纪表列传之类不必根于《礼经》。不知典章制度节文等威繁变之原，皆本于天然之秩叙。故《皋陶谟》之言典礼，曰：天叙天秩，天不可见，则征之于民。曰：天聪明自我民聪明，天明畏自我民明威。

《皋陶谟》：天叙有典，敕我五典五惇哉。（郑玄曰：五典，五教也。五教据《左传》谓父义、母慈、兄友、弟恭、子孝。据《孟子》谓父子有亲、君臣有义、夫妇有别、长幼有序、朋友有信。）天秩有礼，自我五礼有庸哉。（郑玄曰：五礼，天子也，诸侯也，卿大夫也，士也，庶民也。）天命有德，五服五章哉。天讨有罪，五刑五用哉。天聪明自我民聪明，天明畏自我民明威。

五典由惇史所传，条举人类之伦理，而爵赏刑章由之而渐行制定。此五种伦理思想，必非一王一圣所创垂，实由民族之聪明所表现。于何征之？《尧典》曰：放勋乃殂落，百姓如丧考妣，三年，四海遏密八音。可见唐虞以前，吾民族早有孝念考妣之风尚，故史臣举此以形容其思君之哀。使其时民众但知暱其妻孥，不知有考妣，则状况哀痛，当曰：如丧艳妻爱子。胡为举考妣乎？民俗之兴，发源天性，圣哲叙之，遂曰天叙。推之天子、诸侯、大夫、士庶，宜有秩次，亦出于天。而礼之等威差别，随以演进矣。从民俗而知天，原天理以定礼。故伦理者，礼之本也；仪节者，礼之文也。观秩叙之发明，而古史能述此要义。司马迁所谓究天人之际者，盖莫大乎此。徒执书志以言礼，不惟隘于礼，抑亦隘于史矣。

天人之际，所包者广。本天叙以定伦常，亦法天时以行政事。故古者太史之职，在顺时覛土，以帅阳官，守典奉法，以行月令。

《周语》：古者太史顺时覛土。……先时九日，太史告稷曰：自今至于初吉，阳气俱蒸，土膏其动。……稷以告王，曰：史帅阳官，以命我司事。……太史赞王，王敬从之。……后稷省功，太史监之。

《月令》：先立春三日，太史谒之天子曰：某日立春。……（夏、秋、冬同）乃命太史守典奉法，司天日月星辰之行，宿离不贷，毋失经纪，以初为常。……季冬之月……天子乃与公卿大夫共饬国典，论时令，以待来岁之宜。乃命太史次诸侯之列，赋之牺牲，以共皇天上帝社稷之飨。

《周官》太史之职，赈之曰正岁年以叙事。此叙事二字，固广指行政。而史书之以日系月，以月系时，以时系年，所以纪远近别同异者，亦赈括于其内矣。古史年月，或有简略。《周书》宝典，首曰：维王三祀二月丙辰朔，王在鄗，则年月日地四者具焉。其纪时者，若尝麦书维四年孟夏，王初祈祷于宗庙。又曰：太史乃藏之盟府，以为岁典。其后史例益进，则虽无事必书首时，编年史之渊源若此。视他族由教堂纪事之牌乃渐汇而为编年史者，何如乎？

复次，古史授时，重在行政。记言记事，挚乳相因，其体制必多复杂。孔子曰：我欲载之空言，不如见之行事之深切著明也。而纯粹记事不杂空言之《春秋》乃成定体。其后若《虞氏春秋》、《吕氏春秋》，殆沿古者有杂记空言之《春秋》而为之。而《吕览》首十二纪，尤可见其名"春秋"之意。战国时，孔子所修之《春秋》已盛行，观《庄子》、《韩非子》所称《春秋》可见。亦有记空言之《春秋》，如《桃左春秋》曰：人主之疾死者，不能处半。《韩非子·备内篇》即记空言者也。为《吕览》者，首陈时令，而又以纪治乱存亡，盖欲在孔子所修《春秋》之外，别树一记言之《春秋》之帜。要亦出于古法，不得谓之非史。故史公与孔子之《春秋》牵连言之。刘知幾不明斯义，世之专攻吕书者亦未之思也。

《吕氏春秋·序意》：凡十二纪者，所以纪治乱存亡也（推当时人著书之意，盖重在能使读此书者知治乱存亡，不必逐年依次书写事实。且人之所以欲知前古之治乱存亡者，在能本之以治当时之国政。故摘取史实，参以议论，以证明其授时行政之重要而已。孔子之《春秋》，主旨亦在纪治乱存亡，而其言约义丰，别有《左氏春秋》辅之，纲举目张，不同诸子。且其法在假日月以定历数，藉朝聘以正礼乐。《吕纪》授时行政之意，亦在其中矣），所以知寿夭吉凶也。上揆之天，下验之地，中审之人。若此则是非可不可，无所遁矣。行也者，行其理也，行数循其理。（今《月令》在《小戴记》中，即礼也，礼即循理之谓。）

《史记·十二诸侯年表序》：赵孝成王时，其相虞卿上采《春秋》，下观近世，亦著八篇为《虞氏春秋》。吕不韦者，秦庄襄王相，亦上观尚古，删拾《春秋》，集六国时事，以为八览六论十二纪，为《吕氏春秋》。及如荀卿、孟子、公孙固、韩非之徒；往往捃摭《春秋》之文以著书，不可胜纪。

《史通·六家》：儒者之说《春秋》也，以事系日，以日系月，言春以包夏，举秋以兼冬。年有四时，故错举以为所记之名也。苟如是，则晏子、虞卿、吕氏、陆贾，其书篇第本无年月，而亦谓之《春秋》，盖有异于此者也。（刘书专泥形式，故拘守《汉志》左史记言、右史记事，事为《春秋》、言为《尚书》之语，谓《尚书》为例不纯，执班书为断代史，力诋《古今人表》，皆未观其通也。）

举百国《春秋》、《桃左春秋》、《吕氏春秋》，与孔子所修之《春秋》及《左氏春秋》相较，皆有不逮。故治史者祖之，非漫然传习其术也。知《春秋》者，莫若庄周，揭其要旨，曰：《春秋》以道名分。《庄子·天下篇》名分者何？礼也。礼者，史之所掌。天子、诸侯、卿大夫、士之于君臣、父子、夫妇、兄弟及国际友朋之礼，胥有典法，示人遵守。故《春秋》依其名分，辩其是非，以求治人之道。《记》曰：名者，人治之大者也。《春秋》操之，故长于治人。

《史记·太史公自序》：《春秋》辨是非，故长于治人。

《大传》：名者，人治之大者也，可无慎乎！

顾名之源流，亦多曲折，治史者不可不知也。古之文字，即曰名。

《祭法》曰：黄帝能正名百物，以明民共财。当时之所谓正名，盖推行仓、沮之文字，使知分理之相别异，远夷邈方，盖不相通。《禹贡》曰：揆文教。又曰：声教讫于四海。则吾华夏之族，推行文字，教之发音，渐广而及于其时之四海矣。《周官》外史，掌达书名于四方。《大行人》曰：王之所以抚邦国诸侯者……九岁属瞽史，谕书名，听声音，明文字，为史之专职，而其赞治之效不徒记事，尤重同文。周宣王太史籀作大篆，秦太史令胡毋敬作博学七章，皆史官所有事。汉法，太史试学僮能讽书九千字以上，乃得为吏，故其时谓通行之文字为史书。段氏《说文注》详述汉人之习史书。则据古谊而言，后世谓乙部为史书者，乃冒古者文字之名。而世所矜言之小学出于保氏六书者，亦当谓之史学矣。惟此史学为后世经生及闾里书师所尸，而史官不之重，故迄今同文正名之功，犹有未竟。苗猺诸族，不能通吾秦汉以来之文字，则由古史职之义不明也。

名之为用，明民广教，为政治统一之工具，初非为礼家表文彰，史家立义法也。然世变相沿，文质递变，为礼者乃详为区别，以表文彰。如同一祭祀也，别之以祠、礿、尝、烝；同一田猎也，别之以苗、搜、狩、狝。名号凡目，樊然各殊，在今人视之，若甚无谓；而深察其意者，且以之言天人之际焉。

《春秋繁露·深察名号篇》：名也者，名其别离分散也。号凡而略，名详而目。目者遍辩其事也，凡者独举其大也。享鬼神者，号一曰祭。祭之散名，春曰祠，夏曰礿，秋曰尝，冬曰烝。猎禽兽者，号一曰田。田之散名，春苗秋搜冬狩夏狝。无有不皆中天意者。物莫不有凡号，号莫不有散名。如是，是故事如顺于名，名各顺于天，天人之际，合而为一。

推之人之命名，以昭彼己之别。生之有死，初无贵贱之殊。男女之有匹偶，公务之有主从，由质而言，均可表示。而尚文之世，必广为之礼，以寓其教民淑世之旨。如《记》称周道幼名，冠字，五十以伯仲，死谥，一人之身，自氏族外，复有若干称谓。他族读吾书者，每不之解，即吾国治史者亦多病之。章氏《繁称篇》及《陔馀丛考》卷二"《左传》叙事氏名错杂"条均言之。原礼之初意，由幼而冠，由冠而艾，勗以成人，昭其进德。要之没身加以考核，大行受大名，细行受细名，其律人若是之严也。

《周书·谥法》：谥者行之迹也，号者功之表也，车服者位之章也。是以大行受大名，细行受细名，行出于己，名生于人。

太史治大丧，于遣之日读诔，盖告于南郊，称天以诔。

《曾子问》：贱不诔贵，幼不诔长，礼也。惟天子称天以诔之。

《白虎通义》：天子崩，大臣至南郊谥之者何？以为人臣之义，莫不欲褒称其君，掩恶扬善者也。故之南郊，明不得欺天也。

故孟子曰：名之曰幽厉，虽孝子慈孙百世不能改。楚共王之殁，自请为"灵"若"厉"。《左传·襄公十三年》躬之不淑，则受谴人天。元首之尊，莫逃公议，此所以为名教。嬴政不知，但取世及以暨万世，虽亦不过由文而质，而礼意之亡，祚亦寻蹙。汉人复之，谥兼美恶。宋后始止美谥。详《陔馀丛考》卷十六"两汉六朝谥法"条历举诸史之争谥议者。而师儒锡字，多有字说以教青年，盖无往而非使人顾名思义也。

史本于礼而尚文，故曰文胜质则史。说《春秋》者，遂谓孔子之修《春秋》，欲反周之文从殷之质。其义深博，兹不缕举。第就《春秋》道名分言之。卫侯复国，灭同姓而称名。

《左传·僖公二十五年》经：春王正月丙午，卫侯毁灭邢。杜注：卫、邢同姬姓，恶其亲亲相灭，故称名罪之。

《曲礼》：诸侯不生名，诸侯失地名，灭同姓名。

杞君来朝，用夷礼而称子。

《左传·僖公二十七年》春经：杞子来朝。传：杞桓公来朝，用夷礼，故曰子。

郑克叔段，示灭兄弟之恩。

《左传·隐公元年》：郑伯克段于鄢。段不弟，故不言弟。如二君，故曰克。称郑伯，讥失教也。

晋杀申生，以彰父子之变。

《左传·僖公五年》经：晋侯杀其世子申生。杜注：称晋侯，恶用谗。

《公羊传》：晋侯杀其世子申生。曷为直称晋侯以杀？杀世子母弟，直称君者，甚之也。

崩薨卒葬，区内外而有书否。

《公羊传·隐公三年》：三月庚戌，天子崩。何以不书葬？天子记崩不记葬，必其时也。诸侯记卒（《春秋》鲁公书薨，诸侯则书卒）记葬，有天子存不得必其时也。曷为或言崩，或言薨？天子曰崩，诸侯曰薨，大夫曰卒，士曰不禄。

又十一年：春秋君弑贼不讨，不书葬，以为无臣子也。子沈子曰：君弑，臣不讨贼，非臣也；子不复仇，非子也。

州国名字，别夷夏而示进退。

《公羊传·庄公十年》：荆者何？州名也。州不若国，国不若氏，氏不若人，人不若名，名不若字，字不若子。

《穀梁传·庄公十四年》：州不如国，国不如名，名不如字。

伯姬朝子，则一语参讥。

《穀梁传·僖公五年》：杞伯姬来朝其子。妇人既嫁不逾竟，逾竟非正也。诸侯相见曰朝，伯姬为志乎朝其子也。伯姬为志乎朝其子，则是杞伯失夫之道矣。诸侯相见曰朝，以待人父之道待人之子，非正也。故曰杞伯姬来朝其子，参讥也。

缯子同谋，则婚姻不正。

又十四年：季姬及缯子遇于防，使缯子来朝。遇者同谋也，来朝者来请己也。朝不言使，言使非正也，以病缯子也。

其文极简，而示礼极严。执名分以治人，而人事悉括于其中而无所遁。后史视之，倜乎远矣！

古史限于工具，则文简。后史利用缣纸，则文丰。丰者详举事状，不必约以一辞。而史义相承，仍必谨于名分。如陈寿《魏志》，已逊范书，而于魏武之自进爵位，犹必临以天子，固亦自谓不失名分也。

《魏志·武帝纪》：建安元年，天子假太祖节钺，录尚书事。……天子拜公司空，行车骑将军。……十三年，汉罢三公官，置丞相御史大夫。夏六月，以公为丞相。……十八年，天子使御史大夫郗虑持节策命公为魏公。

《后汉书·献帝纪》：建安元年，镇东将军曹操自领司隶校尉，录尚书事。……曹操自为司空。……十三年，曹操自为丞相。……十八年，曹操自立为魏公，加九锡。

唐初玄武门之变，明代靖难兵之起，据事书之，可以见修史者进而益严。

《旧唐书·高祖纪》：武德九年六月庚申，秦王以皇太子建成与齐王元吉同谋害己，率兵诛之，诏立秦王为皇太子。

《新唐书·高祖纪》：九年六月丁巳，太白经天。庚申，秦王世民杀皇太子建成、齐王元吉。《太宗纪》：太子建成与齐王元吉谋害太宗，未发。九年六月，太宗以兵入玄武门，杀太子建成及齐王元吉。高祖大惊，乃以太宗为皇太子。

傅维鳞《明书·建文帝本纪》：建文元年秋七月癸酉，燕王棣兵起，号靖难。

《明史·建文帝本纪》：建文元年秋七月癸酉，燕王棣举兵反。

《史记·平准书》之终曰：烹弘羊，天乃雨。《汉书·张禹传》曰：上临候禹，禹数视其小子。范书《荀彧传》：彧饮药而卒，明年操遂称魏公云。以此知纪传之文，虽视《春秋》为详，而属辞严简，仍一脉也。《史通·称谓篇》首述孔子正名之说，次论诸史讹谬，谓何以申劝沮之义，杜渝滥之端。至清儒治史，偏尚考据矣，然论迁《史》而上推《舜典》。

《陔馀丛考》：《史记·高祖本纪》先总叙高祖一段，及述其初起事，则称刘季；得沛后称沛公；王汉后称汉王；即帝位后则称上。后代诸史皆因之。其实此法本于《舜典》，未即位以前称舜，即位之后分命九官即称帝曰。古时虽朴略，而史笔谨严如此。

论《通鉴》而兼驳辛楣。

《东塾读书记》：朱子答尤延之书云：温公旧例，凡莽臣皆书死，如太师王舜之类。独扬雄匿其所受莽朝官称，而以卒书，似涉曲笔。不免却按本例书之，曰莽大夫扬雄死。澧谓王莽篡汉，曹丕亦篡汉，仕于莽者皆书死，仕于丕者书卒（《纲目》书陈群卒），不能画一也。然钱辛楣谓史家通例，未有书死者（《春秋论》），则非也。《汉书·王莽传》书太师王舜死，大司马甄邯死，而《通鉴》因之，岂得云非史例乎？……《史记·秦始皇本纪》：三年，王龁死。七年，将军骜死。夏，太后死。十二年，文信侯不韦死。《秦楚之际月表》：二世元年，周文死，陈涉死。《郑世家》：郑子十二年，祭仲死。《赵世家》：肃侯十二年，商君死。孝成王十四年，平原君赵胜死。《韩世家》：昭侯二十二年，申不害死。

《韩长孺传》：丞相田蚡死。《匈奴传》：骠骑将军去病死。以后诸史书死者亦不少。

义法之严，至一字必争其出入。由此可知名者人治之大。古人运之于礼，礼失而赖史以助其治。而名教之用，以之为约束联系人群之柄者，亘数千年而未替。以他族之政术本不基于礼义名教，而惟崇功利之史籍较之，宜其凿枘而不相入矣。夫人群至涣也，各民族之先哲，固皆有其约束联系其群之枢纽。或以武功，或以宗教，或以法律，或以物资，亦皆擅有其功效。吾民族之兴，非无武功，非无宗教，非无法律，亦非匮于物资，顾独不偏重于他民族史迹所趋，而兢兢然持空名以致力于人伦日用。吾人治史，得不极其源流而熟衡其利弊得失之所在乎！

老庄之学，最深于史，病儒者及史家之持空名，而为奸宄所盗也，则以礼教名义为不足恃。如曰：田成子一旦杀其君而盗其国，所盗者岂独其国耶？并与其圣知之法而盗之。圣人不死，大盗不止。其言若甚激切矣，然老庄所持以斥奸宄者，犹必用大盗之一辞，则是仍以名教也。《穀梁》曰：《春秋》有三盗。微杀大夫谓之盗，非所取而取之谓之盗，辟中国之正道以袭利谓之盗。哀公四年。故老庄之恶大盗，无以异于《春秋》也。往有新闻记者，以史学相质，谓治史于今日，不必本之《春秋》矣。应之曰：君日从事于新闻，日操《春秋》之法，胡为有此言？使不操《春秋》之法，何必日日斥侵略国、书伪组织乎？此君闻之，恍然若失。由此可以知吾史之原，迄今日未失其功用也。

史权第二

吾国史家，艳称南、董。秉笔直书，史之权威莫尚焉。

《左传·宣公二年》：晋灵公不君。……赵穿攻灵公于桃园，宣子（赵盾）未出山而复。太史书曰：赵盾弑其君。以示于朝。宣子曰：不然。对曰：子为正卿，亡不越竟，反不讨贼，非子而谁？宣子曰：乌乎，我之怀矣！自诒伊戚，其我之谓矣。孔子曰：董狐，古之良史也，书法不隐；赵宣子，古之良大夫也，为法受恶。

《公羊传·宣公六年》：亲弑君者，赵穿也。亲弑君者赵穿，则曷为加之赵盾？不讨贼也。何以谓之不讨贼？晋史书贼曰：晋赵盾弑其君夷皋。赵盾曰：天乎！无辜！吾不弑君，谁谓吾弑君者乎？史曰：尔为仁为义，人弑尔君，而复国不讨贼，此非弑君而何？

《穀梁传·宣公二年》：秋，九月乙丑，晋赵盾弑其君夷皋。穿弑也，盾不弑，而曰盾弑，何也？以罪盾也。其以罪盾何也？曰：灵公朝诸大夫而暴弹之，观其辟丸也。赵盾入谏，不听；出亡，至于郊。赵穿弑公，而后反赵盾。史狐书贼曰：赵盾弑公。盾曰：天乎！天乎！予无罪，孰谓盾而忍弑其君者乎？史狐曰：子为正卿，入谏不听，出亡不远。君弑，反不讨贼，则志同。志同则书重，非子而谁？故书之曰晋赵盾弑其君夷皋。

《左传·襄公二十五年》：崔杼妻棠姜美，庄公通焉。……夏五月乙亥，公问崔子，遂从姜氏。……侍人贾举止众从者，而入闭门。甲兴，公登台而请，弗许；请盟，弗许；请自刃于庙，勿许。……公逾墙，射之，中股；反队，遂弑之。……太史书曰：崔杼弑其君。崔子杀之，其弟嗣书而死者二人；其弟又书，乃舍之。南史氏闻太史尽死，执简以往，闻既书矣，乃还。

然赵盾、崔杼，当国重臣。史氏书事，公开不惧。崔杀三人，视赵盾之甘受恶名者，已大不同，而犹有踵而书者，杼亦无如何而听其书之。此事之大可疑者也。司马昭之弑逆，陈泰但敢曰：诛贾充以谢天下，而其进于此者乃不敢直言。

《魏志·陈泰传》注：干宝《晋纪》：高贵乡公之杀，司马文王会朝臣谋其故，太常陈泰不至。使其舅荀𫖮召之……子弟内外咸共逼之，垂涕而入。王待之曲室，谓曰：玄伯，卿何以处我？泰曰：诛贾充以谢天下。文王曰：为吾更思其次。泰曰：泰言惟有进于此，不知其次。文王乃不更言。《魏氏春秋》：帝之崩也，太傅司马孚、尚书右仆射陈泰枕帝尸于股，号哭尽哀。时大将军入于禁中，泰见之悲恸。大将军亦对之泣，谓曰：玄伯，其如我何？泰曰：独有斩贾充，少可以谢天下耳。大将军久之，曰：卿更思其他。泰曰：岂可使泰复发后言。遂欧血薨。

使晋、齐诸国史官，无法守可据，纵一二人冒死为之，不能必四五人同执一辞，必书之而不顾一切。刘知幾但曰：为于可为之时则从，为于不可为之时则凶。又曰：烈士殉名，壮夫重气；宁为兰摧玉折，不作瓦砾长存。而董狐之时所以可为，顾未深考。盖时代悬隔，法制迥殊。止知重个人之气节，不知究古史之职权也。

《史通·直书》：夫为于可为之时则从，为于不可为之时则凶。如董狐之书法不隐，赵盾之为法受屈。彼我无忤，行之不疑，然后能成其良直，擅名今古。至若齐史之书崔弑，马迁之述汉非，韦昭仗正于吴朝，崔浩犯讳于魏国。或身膏斧钺，取笑当时；或书填坑窖，无闻后代。夫世事如此，而责史臣不能申其强项之风，励其匪躬之节，盖亦难矣。……盖烈士殉名，壮夫重气；宁为兰摧玉折，不作瓦砾长存。若南、董之仗气直书，不避强御；韦、崔之肆情奋笔，无所阿容。虽周身之防有所不足，而遗芳余烈，人到于今称之。

春秋之时，史官盖有共同必守之法，故曰君举必书。

《左传·庄公二十三年》：夏，公如齐观社，非礼也。曹刿谏曰：不可。夫礼所以整民也，故会以训上下之则，制财用之节；朝以正班爵之义，帅长幼之序，征伐以讨其不然。诸侯有王，王有巡守，以大习之，非是则君不举矣。君举必书，书而不法，后嗣何观！

又曰：德刑礼义，无国不记。

《左传·僖公七年》：管仲曰，夫合诸侯以崇德也，会而列奸，何以示后嗣。夫诸侯之会，其德刑礼义，无国不记。记奸之位君盟替矣。作而不记，非盛德也。

故一国君臣之大事，他国史策亦皆书之。如孙林父、宁殖出其君，名在诸侯之策。知一国之事，非仅本国记之，他国之史官有共同之书法以记之矣。

《左传·襄公二十年》：卫宁惠子（宁殖）疾，召悼子（宁喜）曰，吾得罪于君，悔而无及也。名藏在诸侯之策，曰孙林父、宁殖出其君。君入则掩之。若能掩之，则吾子也；若不能，犹有鬼神，吾有馁而已，不来食矣。

世之考史者，徒知考辨古史记言记事孰左孰右，而不措意于春秋诸史无国不记之法，未为知要也。

《礼记·玉藻》：天子玄端而居，动则左史书之，言则右史书之。

《汉书·艺文志》：古之王者，世有史官，君举必书，所以慎言行，昭法式也。左史记言，右史记事。事为《春秋》，言为《尚书》。帝王靡不同之。

夫备物典策，祝宗卜史，惟伯禽始封为备。故曰周礼尽在鲁。他国史官，似不能尽秉周礼。

《左传·定公四年》：分之土田陪敦，祝宗卜史，备物典策，官司彝器。因商奄之民，命以伯禽，而封于少皞之虚。……分唐叔以大路、密须之鼓，阙巩、姑洗，怀姓九宗，职官五正。命以康诰，而封于夏虚。

然观传文鲁举卜史典策，晋举职官五正，盖辞避重复，故官不列举。列国之有史官，遵用周制，当日始封已然。其史官出于王朝，守其世学者，殆尤笃于史德。董狐家世董晋典籍，推其远源，盖出于辛甲。

《左传·昭公十五年》：王（景王）语籍谈曰：昔而高祖孙伯黡，司晋之典籍，以为大政，故曰籍氏。及辛有之二子董之，晋于是乎有董史。杜注：辛有，周人也。其二子适晋为太史，籍黡与之共董督晋典，因为董氏。董狐其后。

《晋语》：文王访于辛、尹。韦注：辛，辛甲。尹，尹佚。皆周太史。

《汉书·艺文志》：道家，《辛甲》二十九篇。注：纣臣，七十五谏而去，周封之。

《左传·襄公四年》：昔周辛甲之为太史也，命百官，官箴王阙。

其治典籍以为大政，非有王章，何所依据？故于君臣变故，奋死不顾。而巨憝权臣，亦有所严惮而莫之敢夺。《左氏》凡例，弑君书法，有称君、称臣之别。此凡例者，殆董史等所共知。

《左传·宣公四年》：凡弑君，称君，君无道也；称臣，臣之罪也。

文公十六年：书曰，宋人弑其君杵臼，君无道也。

其究主名，申大义，或别有详于官制者。守道守官，甘以身殉，宜矣。

《左传·昭公二十年》：仲尼曰，守道不如守官，君子韪之。

又，定公四年：子鱼曰，社稷不动，祝不出竟，官之制也。（祝史同官。祝有官制，史亦有官制可见。）

公羊家之说，《春秋经》书弑君之贼不再见，而赵盾卫孙免侵陈，再见于宣公六年，以见盾不亲弑。谓史狐所书者为史例，孔子所书者为经例。

《春秋繁露·玉杯篇》：赵盾弑君四年之后，别牍复见，非《春秋》之常辞也。……盾之复见，直以赴问而辨不亲弑，非不当诛也。

王闿运《公羊传笺》：晋史书贼曰：晋赵盾杀其君夷獆。此史例也。

《春秋》经例，不可用史例。用史例，则盾反有词，故以经助史。……据晋史之言，如《春秋》之例，则盾亦不当复见。今复见者，正所以治之也。

盖孔子修《春秋》，据旧史而益加精严。而旧史之书事，久有义例，故恒见经、史之殊。宁殖出君，自知其名在诸侯之策，而今之《春秋》乃书曰：卫侯出奔齐。襄公十四年。尤可见孔子之《春秋》异于旧史，而宁殖所言，必属实事。使诸侯之策固无其文，何为以此自诬乎？

春秋国君之于史，谓之社稷之臣。

《檀弓》：卫有太史曰柳庄，寝疾。……公曰：若疾革，虽当祭必告。公再拜稽首，请于尸曰：有臣柳庄也者，非寡人之臣，社稷之臣也。

军不先史，不能得人之国。

《左传·闵公二年》：狄人囚史华龙滑与礼孔以逐卫人。二人曰：我太史也，实掌其祭，不先，国不可得也。乃先之，至则告守者曰：不可待也。夜与国人出。

将帅进退，有史参加。

《左传·襄公十四年》：左史谓魏庄子曰：不待中行伯乎？庄子曰：夫子命从帅。

盟誓朝贡，史悉纪载。

《左传·襄公二十三年》：将盟臧氏，季孙召外史掌恶臣而问盟首焉。

二十九年：鲁之于晋也，职贡不乏，玩好时至，公卿大夫相继于朝，史不绝书，府无虚月。

不第君臣命位，司其策授已也。

《左传·僖公二十八年》：王命尹氏及王子虎、内史叔兴父策命晋侯为侯伯。

襄公十年：逼阳妘姓也。使周内史选其族嗣纳诸霍人，礼也。

哀公三十年：郑伯有既死，使太史命伯石为卿，辞。太史退则请命焉，复命之，又辞。如是三，乃受策入拜。

至如鲁之史革，更书断罟。

《鲁语》：莒太子仆弑纪公，以其宝来奔。宣公使仆人以书命季文子曰：夫莒太子不惮以吾故杀其君，而以其宝来，其爱我甚矣！为我与之邑，今日必授，无逆命矣。里革（即《左传》之太史克）遇之，而更其书曰：莒太子杀其君而窃其宝来，不识穷固，又求自迻。为我流之于夷，今日必通，无逆命矣。（按此即后世给事中中书舍人封驳之权舆。）明日有司复命，公诘之，仆人以里革对。公执之，曰：逆君命者，女亦闻之乎？对曰：臣以死奋笔（此与董狐、南史同一不畏死者），奚官其闻之也。臣闻之曰：毁则者为贼，掩贼者为藏，窃宝者为宄，用宄之财者为奸。使君为藏奸者，不可不去也；臣违君命者，亦不可不杀也。公曰：寡人实贪，非子之罪。乃舍之。《左传》文公十八年载是事出于季文子，惟宣公问之，则使太史克对，其言述周礼誓命尤详。盖即季文子主动，亦必以史官格君之非也。

又，宣公夏滥于泗渊，里革断其罟而弃之。公闻之曰：吾过而里革匡我，不亦善乎？是良罟也。为我得法，使有司藏之，使吾无忘谂。师存侍曰：藏罟不如真里革于侧之不忘也。（可见其史官当在君侧。）

晋史黯之箴赵鞅，楚倚相之谤申公，侃侃直言，廷争面折。

《晋语》：赵简子田于蝼，史黯闻之，以犬待于门。简子见之，曰：何为？曰：有所得犬，欲试之兹圃。简子曰：何为不告？对曰：君行，臣不从，不顺。主将适蝼而麓不闻，臣敢烦当日。简子乃还。

《楚语》：左史倚相廷见申公子亹，子亹不出，左史谤之，举伯以告。子亹怒而出曰：女无亦谓我老耄而舍我，而又谤我！左史倚相曰：唯子老耄，故欲见以交儆子；若子方壮，能经营百事，倚相将奔走承序，于是不给，而何暇得见。

是当时各国史官职权之尊，实具有特殊地位，非后世史官仅掌撰述之比。近人论史者，比之司法独立，然亦未能推其比于司法独立之由来。盖非从五史职掌观之，无以知其系统矣。

周之太史所掌典则法制，既与冢宰相同，而王者驭臣出治之八枋，悉由内史所诏。国法国令之贰，咸在史官，以考政事，以逆会计。胪举其目，则治、教、礼、政、刑、事，总摄六官。官属、官职、官联、官常、官成、官法、官刑、官计，赅括百职。祭祀、法则、赋贡、礼俗、田役，既无不知，而所谓禄、位、刑、赏、废、置，尤为有国大权，必操于元首及执政者。太史掌之，内史亦掌之。举凡爵禄废置、杀生予夺，或王所未察及其未当者，均得导之佐之。是史虽仅仅文官幕僚之长，而一切政令，皆其职权所司。由是可知周之设官，惟史权高于一切。诸侯之国，其有太史、内史诸职者，王朝当亦规定其职权，必非各国自为风气，或一二史官沽名市直也审矣。韩起曰：周礼尽在鲁。盖鲁特完备，他国非不知周之礼经，特不如周之详尽耳。

且史之掌典法则也，与小宰司书司会虽同；而礼书礼法四方之志，三皇五帝之书，则小宰司书诸官所不备也。故周之史官，为最高之档案库，各官之档案，有各官之史掌之。其成为典则礼法者，计已刊修，如后世之会典。为实施之礼制馆，为美备之图书府，冢宰之僚属不之逮也。由是论之，后世史籍所以广志礼乐、兵刑、职官、选举、食货、艺文、河渠、地理，以及诸侯世家、列国载记、四裔藩封，非好为浩博无涯涘也。自古史职所统，不备不足以明吾史之体系也。而本纪所书、列传所载、世表所系，命某官、晋某爵、设某职、裁某员、变某法、诛某罪、录某后、祀某人，一一皆自来史职所掌，而后史蹑其成规，当然记述者也。惟古之施行记述，同属史官；后世则施行记述，各不相谋。而史籍乃专属于执笔者之著述耳。他族立国，无此规模，文人学者，自为诗文，或述宗教，或颂英雄，或但矜武力而为相斫书，或杂记民俗而为社会志，其体系本与吾史异趣。或且病吾史之方板简略，不能如其活动周详。是则政宗史体，各有渊源，必知吾国政治之纲维，始能明吾史之系统也。

周官史职，不言谏争，惟曰赞、曰诏、曰考、曰逆。则施行之当否与随事之劝戒，已寓其中。且曰逆者，预事防维，夙申法守，则消弭于未然者多，而补救于事后者少矣。《王制》有天子受谏、百官受质之文，皆承太史典礼执简记之下，则谏及质者，史所有事也。

《王制》：太史典礼，执简记，奉讳恶。天子斋戒受谏，司会以岁之成质于天子，冢宰斋戒受质。大乐正、大司寇市三官以其成，从质于天子，大司徒、大司马、大司空斋戒受质。百官各以其成质于三官，大司徒、大司马、大司空以百官之成质于天子，百官斋戒受质。

殷史辛甲执图法而谏至七十五次。及在周为太史，且命百官官箴王阙。则史之据法典以谏君，其来久矣。《大戴记》谓三代之礼，天子不得为非，失度则史书之，工读之。

《大戴记·保傅篇》：三代之礼，天子春朝朝日，秋暮夕月。……食以礼，彻以乐，失度则史书之，工诵之，三公进而读之，宰夫减其膳。是天子不得为非也。

召公所述瞽史献典教诲，为天子听政旧制。

《周语》：天子听政，使公卿至于列士献诗，瞽献典，史献书，师箴，瞍赋，矇诵，百工谏，庶人传语，近臣尽规，亲戚补察，瞽史教诲，耆艾修之，而后王斟酌焉。是以事行而不悖。

师旷述史之为书，自《夏书》官师相规而来。

《左传·襄公十四年》：师旷曰，夫君，神之主也，民之望也。若困民之主，匮神乏祀，百姓绝望，社稷无主，将安用之？弗去何为。天生民而立之君，使司牧之，勿使失性；有君而为之贰，使师保之，勿使过度。……自王以下，各有父兄子弟以补察其政，史为书，瞽为诗，工诵箴谏，大夫规诲，士传言，庶人谤，商旅于市，百工献艺。故《夏书》曰：遒人以木铎徇于路，官师相规，工执艺事以谏。正月孟春，于是乎有之，谏失常也。天之爱民甚矣，岂其使一人肆于民上，以从其淫，而弃天地之性？必不然矣。

则古史之职，以书谏王，其源甚古，不必始于周代。其原则实在天子不得为非一语。使一人肆于民上，以从其淫，其祸至烈。而吾族圣哲深虑预防之思想，乃以典礼史书，限制君权；其有失常，必补察之，勿使过度。虽其事不似他族之以宪法规定，而历代相传，以为故事，则自甚恶如桀、纣、厉、幽失其约束之效力者外，凡中材之主，皆可赖此制以维持于不敝。夫自天子失度，史可据法以相绳，则冢宰以降，孰敢纵恣。史权之高于一切，关键在此。后世台谏之有监察权，不仅监察官吏，实历代一贯相承之良法美意。苏轼所谓委任台谏一端，是圣人过防之至计。风采所系，不问尊卑。"言及乘舆，则天子改容；事关廊庙，则宰相待罪"者，苏轼上神宗书中语。非由自古虽天子不得为非之定义而来乎？

惟是吾国史权之尊，固仿佛有他国司法独立之制度。然其精义，又与他族之言权者有别。他族之言权者，每出于对待而相争；吾国之赋权者，乃出于尚德而互助。此言史权者最宜郑重辨析者也。历世贤哲，主持政权，上畏天命，下畏民喦，惟虑言动之有愆，致贻国族以大患。乐得贤者，补阙拾遗于左右。爰有动则左史书之，言则右史书之之法，其初以备遗忘，其后以考得失，相勉于善，屈己从人。而史之监察权，由是树立。主持大政者，不惟不之防禁，且欣受而乐从。《皋陶谟》曰："臣哉邻哉！邻哉臣哉！"又曰："予违汝弼，汝无面从，退有后言，钦四邻。"古之君臣，犹之宾主，其谓之邻者，取其密迩而相辅助。故太史、内史，皆若友朋，共为大政。又惧后世不知此义，定为四辅之制。《洛诰》曰：乱为四辅，所以诞保文武受民。其法固传自《虞书》，非周特创。《大戴记》述明堂之位史佚与周、召、太公同为四圣，即所谓乱为四辅也。

《大戴记·保傅篇》：明堂之位曰：笃仁而好学，多闻而道慎。天子疑则问，应而不穷者，谓之道。道者，导天子以道者也。常立于前，是周公也。诚立而敢断，辅善而相义者，谓之充。充者，充天子之志也。常立于左，是太公也。絜廉而切直，匡过而谏邪者，谓之弼。弼者，拂天子之过者也。常立于右，是召公也。博闻强记，接给而善对者，谓之承。承者，承天子之遗忘者也。常立于后，是史佚也。故成王中立而听朝，则四圣维之，是以虑无失计，而举无过事。殷周之所以长久者，其辅翼天子有此具也。

中央政府如此，诸侯之国亦然。观卫武公抑戒之自儆，可以知此种根本观念，非出于臣下要求权利，而为主持政务者要求互助。盖深知匡弼箴规，不惟有益于国事，实则有益于其身家。保世滋大，与覆宗陨命相较若何？故贤者乃勤求如恐不及。

《楚语》：左史倚相曰：昔卫武公年数九十有五矣，犹箴儆于国曰：自卿以下至于师长士，苟在朝者，无谓我老耄而舍我。必恭恪于朝，朝夕以交戒我。闻一二之言，必诵，志而纳之，以训导我。在舆有旅贲之规，位宁有官师之典，倚几有诵训之谏，居寝有亵御之箴，临事有瞽史之导，宴居有师工之诵。史不失书，矇不失诵，以训御之，于是乎作抑戒以自儆也。及其没也，谓之睿圣武公。

后世古意寝湮，然如唐太宗之欲观国史，犹以知前日之恶为后来之戒为言。此中国之政术特异于他族者也。

《通鉴·唐纪》：太宗贞观十七年，上谓监修国史房玄龄曰：前世史官所记，皆不令人主见之，何也？对曰：史官不虚美隐恶，人主见之必怒，故不敢献。上曰：朕欲自观国史，知前日之恶，为后来之戒，公可撰次以闻。

复次，吾国史权，虽无明文规定，若他族之争立国宪以保障言论之自由；然亦未尝无明定之责任。《保傅篇》曰：太子有过，史必书之。史之义不得不书过，不书过则死。此即古史有明定责任之证。且非独太子之史如此，即宫中之女史亦然。

《大戴记·保傅篇》：太子既冠，成人，免于保傅之严，则有司过之史，有亏膳之宰。太子有过，史必书之，史之义不得不书过，不书过则死。过书而宰彻去膳，夫膳夫之义，不得不彻膳，不彻膳则死。

《诗·卫风·静女》毛传：古者后夫人必有女史彤管之法，史不记过，其罪杀之。后妃群妾以礼御于君所，女史书其日月，授之以环，以进退之。生子月辰则以金环退之，当御者以银环进之，著于右手。既御，著于左手。事无大小，记以成法。

《周官》誓太史曰杀，誓小史曰墨。说者疑"史"为"事"字之讹，或谓为后人所窜改。不知此乃使史官自勉于职，不避权势最要之条文，与《戴记》、《毛传》可以互证。

《周官·秋官》：条狼氏誓邦之太史曰杀，誓小史曰墨。

故蔡墨曰：一日失职，则死及之。

《左传·昭公二十九年》：蔡墨曰（杜注：蔡墨，晋太史）：物有其官，官修其方，朝夕思之。一日失职，则死及之。

不然，齐史何以视死如归，里革何以以死奋笔，史鱼何以甘以尸谏哉！

《大戴记·保傅篇》：卫灵公之时，蘧伯玉贤而不用，迷子瑕不肖而任事。史鰌患之，数言蘧伯玉贤而不听，病且死，谓其子曰：我即死，治丧于北堂。吾生不能进蘧伯玉而退迷子瑕，是不能正君者，死不当成礼，而置尸于北堂，于我足矣。灵公往吊，问其故，其子以父言闻。灵公造然失容曰：吾失矣。立召蘧伯玉而贵之，召迷子瑕而退之。徙丧于堂，成礼而后去。卫国以治，史鰌力也。

《孟子》曰：《春秋》天子之事。赵注曰：孔子惧王道遂灭，故作《春秋》。因鲁史记，设素王之法，谓天子之事也。杜预《左传集解序》亦曰：说者以为仲尼自卫反鲁，修《春秋》，立素王，丘明为素臣。盖谓孔子以《春秋》为无冕之王也。素王之称，自伊尹时已有之。

《史记·殷本纪》：伊尹处士，汤使人聘迎之，五反然后肯往，从汤言素王及九主之事。《集解》引刘向《别录》曰：九主者，有法君、专君、授君、劳君、等君、寄君、破君、国君、三岁社君，凡九品，图画其形。

庄周亦言玄圣素王之道。《天道篇》素王疑即古史相传纪述天子得失之事。孔子修《春秋》，用古史之法，故曰设素王之法。然孔子以鲁臣何以得行天子之事？以《周官》证之，其义自明。古之史官，本以导相天子为职，其所诏告及所记录爵禄废置、杀生予夺，何一非天子之事？孔子修《春秋》，特遵史官之职而为之，非欲以私人僭行天子之事。其恐人之罪之者，以为虽遵史法，而身非史官耳。《穀梁传》谓《春秋》有临天下之言，说者亦以王者抚有天下解之。

《穀梁传·哀公七年》：《春秋》有临天下之言焉，有临一国之言焉，有临一家之言焉。注：徐乾曰：临者，抚有之也，王者无外，以天下为家，尽其有也。

实则《春秋》所治，自天王始，如天王使家父求车，讥其非礼之类。岂惟以天子之事治天下。第其治天子诸侯者，必本周之典礼，故虽严而非僭也。

后世史职，远逊于古矣。其踪迹迁流，犹断续可见。《史通》称赵鞅晋一大夫，犹有直臣书过。

《说苑》：昔周舍事赵简子，立于门三日。简子问之，舍曰：愿为谔谔之臣，墨笔操牍，司君之过而书之。日有记，月有效，岁有得也。简子说。

陈胜、萧何，犹踵其法。

《史记·陈涉世家》：以朱防为中正，胡武为司过，主司群臣。

《后汉书·文苑传·崔琦传》：萧何佐汉，乃设书过之吏。刘攽曰：吏当作史。

而君举必书之语，亦几等于固定之宪章。汉唐学者，时时称述以资谏戒。

《后汉书·荀悦传》：悦言古者天子诸侯，有事必告于庙。朝有二史，左史记言，右史记事，事为《春秋》，言为《尚书》。君举必记，善恶成败，无不存焉。下及士庶，苟有茂异，咸在载籍。或欲显而不得，或欲隐而名章。得失一朝，而荣辱千载。善人劝焉，淫人惧焉。

又《酷吏传·阳球传》：奏罢鸿都文学曰：伏承有诏敕中尚方为鸿都文学乐松、江览等三十二人图象立赞，以劝学者。臣闻传曰：君举必书。书而不法，后嗣何观？案松、览等皆出于微蔑，斗筲小人……有识掩口，天下嗟叹。臣闻图象之设，以昭劝戒，欲令人君动鉴得失。末闻竖子小人诈作文颂，而可妄窃天官，垂象图素者也。

《旧唐书·魏知古传》：知古累修国史……睿宗女金仙、玉真二公主入道，有制各造一观。季夏盛暑，营造不止，知古上疏谏曰……且国有简册，君举必记，动则左史书之，言则右史书之。是以非礼勿言，非礼勿动。夫如是则君之所举，可不慎欤！臣备位谏诤，兼秉史笔，书而不法，后嗣何观？臣愚以为不可。

又《徐坚传》：监修唐史，神龙初，再迁给事中。时雍州人韦月将上书告武三思不臣之迹，反为三思所陷，中宗即令杀之。时方盛夏，坚上表曰：月将诬构良善，故违制命，准其情状，诚合严诛，但今朱夏在辰，天道生长，即从明戮，有乖时令，致伤和气。君举必书，将何以训？伏愿详依国典，许至秋分，则知恤刑之规，冠于千载；哀矜之惠，洽乎四海。中宗纳其所奏，遂令决杖配流岭表。（《册府元龟·国史部叙》亦曰：古之王者，世有史官。君举必书，书法不隐。所以慎言行，示劝戒也。）

柳虬当西魏时，犹以直笔于朝显言其状为请，史且称其事遂施行。是《春秋》故事，至北朝时犹若伏流之一现。纵当时法意，久异成周，史之职掌，亦已迥殊，而其遗风善制，流传之久，可以概见。

《北周书·柳虬传》：虬以史官，密书善恶，未足惩劝，乃上疏曰：古者人君立史官，非但记事而已，盖所以为监诫也。动则左史书之，言则右史书之。彰善瘅恶，以树风声。故南史抗节，表崔杼之罪；董狐书法，明赵盾之愆。是知直笔于朝，其来久矣。而汉魏以还，密为记注，徒闻后世，无益当时。非所谓将顺其美，匡救其恶者也。且著述之人，密书其事，纵能直笔，人莫之知，何止物情横议，亦自异端并起。故班固致受金之名，陈寿有求米之论。著汉魏者非一氏，造晋史者至数家。后代纷纭，莫知准的。……诸史官记事者，请皆当朝显言其状，然后付之史阁。庶令是非明著，得失无隐，使闻善者自修，有过者知惧。敢以愚管，轻冒上闻，乞以瞽言，访之众议。事遂施行。

观高澄及韦安石之言，都甚敬畏史权。

《北齐书·魏收传》：齐文襄谓司马子如曰：魏收为史官，书吾等善恶。闻北伐时，诸贵常饷史官饮食，司马仆射颇曾饷不？因共大笑。仍谓收曰：卿勿见元康等在吾目下趋走，谓吾以为勤劳。我后世身名在卿手，勿谓我不知。

《新唐书·朱敬则传》：请高史选，以求名才。侍中韦安石尝阅其稿史，叹曰：董狐何以加，世人不知史官权重宰相。宰相但能制生人，史官兼制生死。古之圣君贤臣，所以畏惧者也。

惟韩愈猥以人祸天刑为虑，其识乃不逮柳宗元。合观其言，亦可知政宗隆替史职伸屈之因。

韩愈《答刘秀才论史书》：孔子圣人，作《春秋》，辱于鲁、卫、陈、宋、齐、楚，卒不遇而死；齐太史氏兄弟几尽；左丘明纪春秋时事以失明；司马迁作《史记》刑诛；班固瘦死；陈寿起又废，卒亦无所至；王隐谤退死家；习凿齿无一足；崔浩、范晔赤诛；魏收天绝；宋孝王诛死。足下所称吴兢，亦不闻身贵，而今其后有闻也。夫为史者，不有人祸，则有天刑，岂可不畏惧而轻为之哉！

柳宗元《与韩愈论史官书》：退之以为纪录有刑祸，避不肯就，尤非也。……又言不有人祸，必有天刑。若以罪夫前古之为史者，然亦甚惑。凡居其位，思直其道。道苟直，虽死不可回也；如回之，莫如亟去其位。孔子之困于鲁卫宋蔡齐楚者，其时暗，诸侯不能以也，其不遇而死，不以作《春秋》故也。当其时虽不作《春秋》，孔子犹不遇而死也。若周公史佚，虽纪言书事，犹遇而显也。又不得以《春秋》为孔子累。范晔悖乱，虽不为史，其族亦赤。司马迁触天子喜怒，班固不检下，崔浩沽其直以斗暴虏，皆非中道。左丘明以疾盲，出于不幸。子夏不为史亦盲，不可以是为戒。其余皆不出此。是退之宜守中道，不忘其直，无以他事自恐。退之之恐，惟在不直不得中道，刑祸非所恐也。

降至唐文宗时，郑朗犹能守职。

《新唐书·郑朗传》：开成中，权起居郎。文宗与宰相议政，适见朗执笔螭头下，谓曰：向所论事，亦记之乎？朕将观之。朗曰：臣执笔所书者，史也，故事，天子不观史。昔太宗欲观之，朱子奢曰：史不隐善，不讳恶。自中主以下，或饰非护失。见之则史官无以自见，且不敢直笔。褚遂良亦称史记天子言动，虽非法必书，庶几自饰。帝悦，谓宰相曰：朗援故事，不异朕见起居注，可谓善守职者。然人君之为，善恶必记，朕恐平日言之不协治体，为将来羞，庶一见得以自改。朗遂上之。

苏轼之谏神宗，以"国史记之为"神宗惜。是皆踪迹迁流，断续可见者也。

苏轼《上神宗书》：青苗放钱，自昔有禁。今陛下始立成法，每岁常行。虽云不许抑配，而数世之后，暴君污吏，陛下能保之欤？异日天下恨之，国史记之，曰：青苗钱自陛下始。岂不惜哉！

综观史迹，古史之权，由隆而替；古史之职，亦由总而分。夫古之五史，职业孔多，蔽以一语，则曰掌官书以赞治。由斯一义，而历代内外官制，虽名实贸迁，沿革繁赜，其由史职演变者乃特多。是亦研究史权所宜附论及之者也。吾国自《周官》以后，殆无一代能创立法制。设官分职，大抵因仍演变，取适一时。故虽封建、郡县，形式不同，地域广轮，日增于昔，而内外重要职务，恒出于周之史官。其由周代中士、下士之御史，演变为御史大夫、中丞，建立台察之制，为世所共知者，无论矣。秦汉京师地方长官，实曰内史。秦以御史监郡，汉由丞相遣史刺州，嗣遂演为刺史州牧之职。均见《汉书·百官公卿表》。盖史本秘书幕职，近在中枢，熟谙政术，且为政治首长所亲信。故对于首善之区，及地方行政，典司督察，胜于外僚。后世如金元行省以中书省臣出领，清之督抚犹带尚书侍郎职衔，均此意也。

《周官》之制，相权最尊，而太史、内史执典礼以相匡弼。法意之精，后世莫及。秦汉不知礼意，而以丞相总大政，御史大夫贰之，犹存周制于什一。武、宣以降，丞相与御史大夫之权浸微，大权悉操于人主。此其与古制最相舛戾者也。观《周官》国政咸总于冢宰，知其时王者实垂拱无为。然人主以私意而忘礼意，而事实所需，仍不能出于古制。爰有中书、尚书，近在宫禁，典治官书，出纳诏奏，其职实周之内史。惟周之内史，为外廷之要职，而中书、尚书为天子之私人耳。司马迁以太史令为中书令，即以外廷之史变为内廷之史之证。成帝罢宦官，增置尚书，分曹治事。迄东汉而政归台阁，三公徒拥虚名，居相位者非领尚书录尚书事，不得与闻机要。盖以内史掌相权，而又惧内外之隔阂，复以宰相参加内史，与周制适成一反比例矣。知中书、尚书之为内史，则知魏晋以降演变至唐为中书、尚书、门下三省，至宋为中书门下，至元及明初为中书省，明中叶至清初为殿阁大学士，清雍、乾以降为军机大臣者，皆内史也。门下省由汉之仆射、侍中、给事中演变，亦即内史。故给事中掌封驳，以其职在内廷，得进言于人主，与闻用人行政也。而尚书由汉之六曹，演变而为六部，则又以内史而变为行政长官，与内史之出为地方长官，同一性质。故吾谓历代内外重要官制，皆出于史也。唐宋时内史变为相矣，史职仍不可阙，于是有翰林学士掌内制，中书舍人掌外制，即古史之掌策命者也。翰林学士号为内相，演变而为明之大学士。史又变为相矣。上下二千年，或以史制相，或以相领史，及史变为相，复别置史，而史又变为相。故二千年中之政治，史之政治也；二千年中之史，亦即政治之史也。子母相生，最可玩味。而其利弊得失，亦复循环相因。无论武人崛起，裔族勃兴，苟欲经世保邦，必倚史以成文治，此其利与得也。君主专制，不知任相，而所倚以为治者，因亦不能创制显庸，第以奉行故事、熟习例案、救弊补偏、适应环境为事，此其弊与失也。夫以进化公例言，万事演蜕，胥由混合而区分。吾国史权最隆之时，乃职权混合之时；至其区分，则行政监察著述，各席其权，而分途演进，不得谓史权之没落。惟不综观官制及著作之渊源，乃不能得其条理脉络之所在耳。章氏《史释篇》略论内阁六科翰林中书之属比于古史，顾氏《日知录》极论唐宋及明代封驳之制之善，第都未能从源及流，为吾国史职作一整个有系统之叙述。清代所定《历代职官表》，以清为主，而上溯之，尤未明于官制递嬗之故。爰为纵论及之。

汉之尚书　附

尚书即今所谓秘书处，典其事者即曰尚书，犹今之治秘书者即曰秘书也。秦时相府有尚书。

《秦策》：文信侯相秦，臣事之为尚书，习奏事。

汉则为内廷之职，以能史书者为令史。

《汉书·艺文志》：汉兴，萧何草律，著其法曰：太史试学童，能讽书九千字以上，乃得为史。又以六体试之，课最者以为尚书、御史、史书令史。韦昭曰：若今尚书，兰台令史也。（按萧何律文之意，盖谓最工书者，得为尚书之史书令史，或为御史之史书令史。韦注似未分析。

又据萧何律，知西汉开国，即有所谓尚书，故文帝诛薄昭之故事在尚书。特自成帝以后，设官始多，权亦日重耳。）

郎官善书者，亦给事其中。

《汉书·张安世传》：少以父任为郎，用善书给事尚书。（师古曰：于尚书中给事也。）精力于职，休沐未尝出。上行幸河东，尝亡书三箧，诏问莫能知，唯安世识之，具作其事。后购求得书，以相校，无所遗失，上奇其材，擢为尚书令。（按此三箧，殆犹今之所谓公事箱，观下云具作其事，盖箧中文书，各有应行事件，安世能识其纲要，故作书施行。若是古书，不当云具作其事也。）

西汉之季，以博士高第为尚书，盖必经光禄选试。

《汉书·孔光传》：是时博士选三科（言分三等也），高为尚书，次为刺史，其不通政事，以久次补诸侯太傅。光以高第为尚书，观故事品式，数岁，明习汉制及法令。上甚信任之，转为仆射尚书令。

东汉之季，则由三公选荐，或出特拜，不经选试。

《后汉书·李固传》：旧任三府选令史，光禄试尚书郎。（言旧制尚书郎由光禄试之也。）时皆特拜，不复选试。

又《王畅传》：是时政事多归尚书，桓帝特诏三公令高选庸能。太尉陈蕃荐畅清方公正，有不可犯之色。由是复为尚书。

《汉书·百官公卿表》不详其职掌。

《汉书·百官公卿表》：仆射，秦官，自侍中、尚书、博士、郎皆有。孟康曰：皆有仆射，随所领之事以为号也。侍中左右曹诸吏散骑中常侍，皆加官。侍中中常侍得入禁中诸曹受尚书事。[按《后汉书·朱穆传》：汉家旧典，置侍中中常侍各一人，省尚书事。（注：省，览也。）黄门侍郎传发书奏，皆用姓族。自和熹太后以女主称制，不接公卿，乃以阉人为常侍小黄门通命两宫。知《百官公卿表》所谓侍中、中常侍得入禁中诸曹受尚书事者，即穆所谓省尚书事也。武帝游宴后廷，用宦者为中尚书（见《萧望之》及《石显传》），而侍中、中常侍仍用姓族，不皆阉人。其侍中、中常侍尽用阉人，自和熹太后称制始。故《百官公卿表》曰侍中、中常侍得入禁中诸曹受尚书事，明其为姓族，非阉人，而以有此加官，故得入禁中也。若如后汉之中常侍常在禁中，不必曰得入禁中矣。]

《续汉志》始详著之。

《续汉·百官志》：尚书令一人，千石。本注曰：承秦所置，武帝用宦者，更为中书谒者令。成帝用士人，复故，掌凡选署及奏下尚书曹文书众事。尚书仆射一人，六百石。本注曰：署尚书事，令不在，则奏下众事。尚书六人，六百石。本注曰：成帝初置尚书四人，分为四曹（曹犹今之科也）。常侍曹尚书主公卿事，二千石；曹尚书主郡国，二千石事；民曹尚书主凡吏上书事；客曹尚书主外国夷狄事。世祖承遵，复分二千石曹，又分客曹为南主客曹、北主客曹，凡六曹。左右丞各一人，四百石。本注曰：掌录文书期会。左丞主吏民章报及骑伯史，右丞假署印绶及纸笔墨诸财用库藏。侍郎三十六人，四百石。本注曰：一曹有六人，主作文书起草。令史十八人，二百石。本注曰：曹有三主书，后增剧曹三人，合二十一人。［按尚书为天子之秘书处，分曹办事，与相府之分曹者内外相当。相府之诸曹掾史，丞相之秘书也。《汉书·百官公卿表》亦未详言。《续汉书·百官志》太尉公一人，长史一人，千石。本注曰：署诸曹事。掾史属二十四人。本注曰：汉旧注，东西曹掾，比四百石，余掾比三百石，属比二百名[①]，故曰公府掾比古元士三命者也。或曰：汉初掾史，辟皆上言之，故有秩比命士，其所不言，则为百石属（此犹今之简任委任），其后皆自辟除。故通为百石云。（此则一律为委任也。）西曹主府史署用，东曹主二千石长史迁除及军吏，户曹主民户祠祀农桑，奏曹主奏议事，辞曹主辞讼事，法曹主邮驿科程事，尉曹主卒徒转运事，贼曹主盗贼事，决曹主罪法事，兵曹主兵事，金曹主货币盐铁事，仓曹主仓谷事。黄阁主簿录省众事。令史及御属二十三人。本注曰：汉旧注，公令史百石。自中兴以后注不说石数。御属主为公御，阁下令史主阁下威仪事，记室令史主上表章报书记，门令史主府门，其余令史各典曹文书。合相府（即太尉府）之秘书处与内廷之秘书处，设立多职，分曹办事观之，可见中央政府统治各地，文书猥多，性质复杂，非设多曹，不能赅括。而内廷尚书有视相府诸曹为少者，赵瓯北所谓其所不掌者惟刑罚有廷尉，礼仪有太常，军马有大司马，赋税有大司农，纠劾有御史而已。然汉旧仪，三公曹主断狱及天下岁尽集课事，又典斋祀，则亦总持刑狱财赋礼仪也。二千石曹民曹皆兼主盗贼。汉旧仪，二千石曹尚书，掌中郎官水火盗贼辞讼罪眚。民曹尚书，典缮

---

① 此处"名"字误，应为"石"。

治功作监池苑圈盗贼事。则《续汉志》本注所引尚书六曹职务，特举其略，不可以其文之不备，即谓为职所不统也。]

尚书在帝左右。

《汉书·霍光传》：尚书左右皆惊。

掌制诏下御史。

《史记·三王世家》：三月乙亥，御史臣光守尚书令奏未央官。制曰：下御史。六年三月戊申朔乙亥，御史臣光守尚书令丞非下御史。

读章奏。

《汉书·霍光传》：尚书令读奏……尚书令复读。

主封事。

《汉书·魏相传》：故事，诸上书者皆为二封。署其一曰副，领尚书者先发副封，所言不善，屏去不奏。相复因许伯白去副封，以防壅蔽。

累朝故事皆归掌录。

《汉书·元后传》：诏尚书奏文帝时诛将军薄昭故事。（按《汉书》文帝十年冬，将军薄昭死，注引郑氏曰：昭杀汉使者，文帝不忍加诛，使公卿从之饮酒，欲令自引分，昭不肯，使群臣丧服往哭之，乃自杀。郑氏所述，当即出于尚书所记之故事。）

故尚书号为百官之本，枢机重职。

《汉书·贾捐之传》：尚书，百官本。

《石显传》：尚书，百官之本。

又《萧望之传》：中书令弘恭、石显久典枢机。

《孔光传》：凡典枢机十余年。

以慎密而能守法为贵。

《孔光传》：领尚书事，后为光禄勋，复领尚书诸吏给事中如故。……守法度，修故事……上有所问，据经法以心所安而对，不希指苟合。如或不从，不敢强谏争。以是久而安。时有所言，辄削草槁，以为章主之过，以奸忠直，人臣大罪也。有所荐举，唯恐其人之闻知。沐日归休，兄弟妻子燕语，终不及朝省政事。或问光温室省中树皆何木也，光嘿不应，更答以它语，其不泄如是。

臣门如市，臣心如水。世传为名言。

《汉书·郑崇传》：上责崇曰：君门如市人，何以欲禁切主上？崇对曰：臣门如市，臣心如水。

顾以士大夫为人主治秘书，犹不便于燕私。故自武帝至宣、元时，以宦者为中书令，于出入内庭尤便。弘恭、石显所由宠任也。

《汉书·萧望之传》：宣帝以史高为大司马车骑将军，望之为前将军，周堪为光禄大夫，皆受遗诏辅政，领尚书事。……初，宣帝不甚从儒术，任用法律，而中书宦官用事。中书令弘恭、石显久典枢机，明习文法，亦与车骑将军高为表里，论议常独持故事，不从望之等。……望之以为中书政本，宜以贤明之选。自武帝游宴后廷，故用宦者，非国旧制；又违古不近刑人之义。白欲更置士人，繇是大与高、恭、显忤。

又《佞幸传》：石显字君房，济南人。弘恭，沛人也。皆少坐法腐刑为中黄门，以选为中尚书。宣帝时任中书官，恭明习法令故事，善为请奏，能称其职。恭为令，显为仆射。元帝即位数年，恭死，显代为中书令。是时元帝被疾，不亲政事，方隆好于音乐。以显久典章奏，中人无外党，精专可信任，遂委以政，事无小大，因显白决。贵幸倾朝，百僚皆敬事显。显为人巧慧习事，能探得人主微指，内深贼，持诡辩以中伤人，忤恨睚眦，辄被以危法。初元中，前将军萧望之及光禄大夫周堪、宗正刘更生皆给事中。望之领尚书事，知显专权邪辟，建白以为尚书百官之本，国家枢机，宜以通明公正处之；武帝游宴后廷，故用宦者，非古制也，宜罢中书宦官，应古不近刑人。元帝不听，繇是大与显忤，后皆害焉。……自是公卿以下畏显，重足一迹。显与中书仆射牢梁、少府五鹿充宗结为党友，诸倚附者，皆得宠位。……其后御史大夫缺，群臣皆举大鸿胪冯野王行能第一。天子以问显，显曰：九卿无出野王者，然野王亲昭仪兄，臣恐后世必以陛下度越众贤，私后宫亲，以为三公。上曰：善，吾不见是。乃下诏嘉美野王，废而不用。

成帝时罢中书宦官，成帝建始四年。自是迄东汉权在尚书。而魏晋以降士大夫为中书令者，又为政权所萃，其势轶于尚书。盖尚书、中书皆人主之秘书，重尚书则尚书握其权，重中书则中书握其权也。

《陔馀丛考》：尚书本秦官少府之属，在内掌文书者，汉因之。武帝始用宦官为中书谒者令，于是尚书与中书职事多相连。其时中书如唐之枢密使，明之司礼监。而尚书通掌章奏，出诏命，参决众事，如唐之中书门下，明之内阁也。……曹操以刘放、孙资为秘书郎。文帝即位，更秘书为中书，以放为监，资为令，遂掌机密。明帝益任焉。其时中书监令号为重任，蒋济曰：今外所言，辄云中书。《晋书》荀勖由中书监除尚书令，或贺之，而勖有夺我凤池之叹。至晋惠帝时，孙秀为中书监，王威为中书令，权倾中外。则更任之极重者矣。

东汉开国，以侯霸为尚书令，始能定当时之政制。

《后汉书·侯霸传》：族父渊以宦者有才辨任职。元帝时，佐石显等领中书，号曰大常侍。成帝时，任霸为太子舍人。……建武四年，光武征霸，与车驾会寿春，拜尚书令。时无故典，朝廷又少旧臣，霸明习故事，收录遗文，条奏前世善政法度有益于时者，皆施行之。（据此知霸之明习故事，盖自其族父尝领中书，故能记识前世善政法度也。）

其时大臣难居相任，亦见《侯霸传》。政归台阁，封爵进退，一出尚书。

《后汉书·冯勤传》：给事尚书，以图议军粮，任事精勤，遂见亲识。每引进，帝辄顾谓左右曰：佳哉，吏也！由是使典诸侯封事。勤差量功次轻重，国土远近，地势丰薄，不相逾越，莫不厌服焉。由是封爵之制，非勤不定，帝益以为能。尚书众事，皆令总录之。

积之既久，尚书操实权而非相。三公以虚名而受责，选举诛赏，都由尚书。质言之，则东汉之政府，一秘书之政府也。

《后汉书·陈忠传》：时三府任轻，机事专委尚书，而灾眚变咎，辄切免公台。忠以为非国旧体，上疏谏曰：臣闻君使臣以礼，臣事君以忠。故三公称曰冢宰，王者待以殊敬，在舆为下，御坐为起。入则参对而议政事，出则监察而董是非。汉典旧事，丞相所请，靡有不听。今之三公，虽当其名，而无其实，选举诛赏，一由尚书。尚书见任，重于三公，陵迟以来，其渐久矣。

秘书所重在例案，援据例案，则是非有准。故自孔光、石显皆以明习故事，久居尚书。东汉尚书之称职者，亦莫不曰晓习故事，闲达国典。所谓"万事不理问伯始"者，徒以胡广"达练事体明解朝章"耳。

《后汉书·蔡茂传》：郭贺能明法，建武中为尚书令。在职六年，晓习故事，多所匡益。

又《黄香传》：帝惜香干用，久习旧事，复留为尚书令。

又《黄琼传》：稍迁尚书仆射，琼随父（即香）在台阁，习见故事。及后居职练达，官曹争议，朝堂莫能抗夺。

又《刘祐传》：补尚书侍郎，闲练故事，文札强辨，每有奏议，应对无滞，为僚类所归。

又《窦武传》：尚书郎张陵、妫皓、苑康、杨乔、边韶、戴恢等，文质彬彬，明达国典。

又《阳球传》：补尚书侍郎，闲达故事，其章奏处议，常为台阁所崇信。

又《胡广传》：达练事体，明解朝章，虽无謇直之风，屡有补阙之益。故京师谚曰：万事不理问伯始。

故事不赅，则求之经训。

《后汉书·张敏传》：为尚书。建初中，有人侮辱人父者，而其子杀之。肃宗贳其死刑而降宥之。自后因以为比，是时遂定其议，以为轻侮法。敏驳议曰……孔子曰：民可使由之，不可使知之。《春秋》之义，子不报仇，非子也。而法令不为之减者，以相杀之路不可开故也。……议寝不省，敏复上疏：……孔子垂经典，皋陶造法律，原其本意，皆欲禁民为非也。未晓轻侮之法，将以何禁？……和帝从之。

又《韩棱传》：窦宪与车驾会长安，尚书以下议欲拜之，伏称万岁。棱正色曰：夫上交不谄，下交不黩。礼无人臣称万岁之制。议者皆惭而止。

经典故事，咸得其比，则权幸畏之。亦犹民主国家，必援据宪法。其限制君权，体恤民物，有时且可独申己意，不为群议所挠。

《后汉书·杨秉传》：劾奏中常侍侯览、具瑗等……书奏，尚书召对秉掾属曰：公府外职，而奏劾近官，经典汉制，有故事乎？秉使对曰：春秋赵鞅以晋阳之甲逐君侧之恶，传曰：除君之恶，惟力是视。邓通慢慢，申屠嘉召通诘责，文帝从而请之。汉世故事，三公之职，无所不统。尚书不能诘。帝不得已，竟免览官，而削瑗国。

又《朱晖传》：元和中，召拜为尚书仆射。……是时谷贵，县官经用不足，朝廷忧之。尚书张林上言谷所以贵，自钱贱故也，可尽封钱，一取布帛为租，以通天下之用。又盐食之急者，虽贵人不得不须，官可自鬻。又宜因交趾、益州上计吏往来，市珍宝，收采其利，武帝时所谓均输者也。于是诏诸尚书通议。晖奏据林言不可施行，事遂寝。后陈事者复重述林前议，以为于国诚便。帝然之，有诏施行。晖复独奏曰：《王制》天子不言有无，诸侯不言多少，食禄之家不与百姓争利。今均输之法，与贾贩无异。盐利归官，则下人穷怨；布帛为租，则吏多奸盗。诚非明主所当宜行。帝卒以林等言为然，得晖重议，因发怒切责诸尚书。晖等皆自系狱。三日，诏敕出之，曰：国家乐闻驳议，黄发无愆，诏书过耳，何故自系？晖因称病笃，不肯复署议。尚书令以下惶怖。诏晖曰：今临得谴让，奈何称病？其祸不细。晖曰：行年八十，蒙恩得在机密，当以死报。若心知不可，而顺旨雷同，负臣子之义。今耳目无所闻见，伏待死命。遂闭口不复言。诸尚书不知所为，乃共劾奏晖。帝意解，寝其事。后数日，诏使直事郎问晖起居，太医视疾，太官赐食。晖乃起谢。

又《虞诩传》：迁尚书仆射。……先是宁阳主簿诣阙诉其县令之枉，帝大怒，持章示尚书，尚书遂劾以大逆。诩驳之曰：主簿所讼，乃君父之怨；百上不达，是有司之过。愚蠢之人，不足多诛。帝纳诩言，答之而已。诩因谓诸尚书曰：小人有怨，不远千里，断发刻肌，诣阙告诉，而不为理，岂臣下之义？君与浊长吏何亲，而与怨人何仇乎？闻者皆惭。

故汉廷之优礼尚书，冠冕百僚，良以尚书能为元首处理国事，恒得其宜，不独司喉舌，工文牍，以精勤自效为人主私人已也。

《后汉书·宣秉传》：光武特诏御史中丞与司隶校尉、尚书令会同，并专席而坐，故京师号曰三独坐。

又《钟离意传》：药崧者，河内人。天性朴忠，家贫为郎。常独直台上，无被，枕杜，食糟糠。帝每夜入台，辄见崧，问其故，甚嘉之。自此诏太官赐尚书以下，朝夕餐给，帷被皂袍，及侍史二人。《汉官仪》：尚书郎入直台中，官供新青缣白绫被或锦被，昼夜更宿，帷帐画，通中枕，卧旃蓐，冬夏随时改易。太官供食，五日一美食，下天子一等。尚书郎伯使二人，女侍史二人，皆选端正者。伯使从至止车门还。女侍史洁被服，执香炉烧熏，从入台中，给使护衣服也。

又《张禹传》：延平元年，迁为太傅，录尚书事。邓太后以殇帝初育，欲令重臣居禁内，乃诏禹舍宫中，给帷帐床褥，太官①朝夕进食，五日一归府。每朝见，特赞，与三公绝席。……数上疾乞身，诏遣小黄

---

① "宦"字误，应为"官"。

门问疾，赐牛一头，酒十斛，劝令就第，其钱布、刀剑、衣物，前后累至。

又《韩棱传》：五迁为尚书令，与仆射郅寿、尚书陈宠同时，俱以才能称。肃宗尝赐尚书剑，唯此三人，特以宝剑，自手署其名，曰：韩棱楚龙渊，郅寿蜀汉文，陈宠济南椎成。时论者为之说，以棱渊深有谋，故得龙渊；寿明达有文章，故得汉文；宠敦朴，善不见外，故得椎成。……窦氏败，棱典案其事，深竟党与，数月不休沐。帝以为忧国忘家，赐布三百匹。

又《周荣传》：子兴少有名誉。永宁中，尚书陈忠上疏荐兴曰：古者帝王有所号令，言必弘雅，辞必温丽，垂于后世，列于典经。故仲尼嘉唐虞之文章，从周室之郁郁。窃见光禄郎周兴，孝友之行，著于闺门，清厉之志，闻于州里，蕴椟古今，博物多闻，《三坟》之篇，《五典》之策，无所不览，属文著辞，有可观采。尚书出纳帝命，为王喉舌。臣等既愚暗，而诸郎多文俗吏，鲜有雅才，每为诏文，宣示内外，转相求请，或以不能，而专己自由，辞多鄙固。兴抱奇怀能，随辈栖迟，诚可叹惜。诏乃拜兴为尚书郎。

又《黄香传》：祗勤物务，忧公如家。……帝知其精勤，数加恩赏。

又《冯衍传》：子豹拜尚书郎，忠勤不懈。每奏事，未报，常俯伏省阁，或从昏至明。肃宗闻而嘉之，使黄门持被覆豹，敕令勿惊。

西汉重臣，率称领尚书，或平尚书事、视尚书事，并参尚书事。

《汉书·霍光传》：霍山自承领尚书。（萧望之、孔光领尚书事见前。）

《张安世传》：拜为大司马车骑将军，领尚书事。

《张敞传》：为太中大夫，与于定国并参尚书事。

《张禹传》：为诸吏光禄大夫，秩中二千石，给事中领尚书事。

《史丹传》：父高，宣帝疾病，拜高为大司马车骑将军领尚书事。

《师丹传》：哀帝即位，为左将军，赐爵关内侯，食邑，领尚书事。

《何并传》：大司马车骑将军王音内领尚书，外典兵马。

《薛宣传》：复召宣给事中，视尚书事。

《成帝纪》：以元舅侍中卫尉平侯王凤为大司马大将军，领尚书事。

《董贤传》：为三公，常给事中领尚书。

东汉则曰录尚书事。其两人并命，则曰参录尚书事。

《后汉书·章帝纪》：以赵憙为太傅，牟融为太尉，并录尚书事。

《和帝纪》：以邓彪为太傅，赐爵关内侯，录尚书事，百官总己以听。

又，大司农尹睦为太尉，录尚书事。

《殇帝纪》：太尉张禹为太傅，司徒徐防为太尉，参录尚书事。

《安帝纪》：太尉冯石为太傅，司徒刘熹为太尉，参录尚书事。

《顺帝纪》：太常桓焉为太傅，大鸿胪朱宠为太尉，参录尚书事。

又，刘光为太尉，录尚书事。

又，大鸿胪庞参为太尉，录尚书事。

《冲帝纪》：以太尉赵峻为太傅，大司农李固为太尉，参录尚书事。

《质帝纪》：司徒胡广为太尉，司空赵戒为司徒，与梁冀参录尚书事。

《灵帝纪》：以前太尉陈蕃为太傅，上窦武及司徒胡广参录尚书事。

又，司徒胡广为太傅，录尚书事。

又，后将军袁隗为太傅，与大将军何进参录尚书事。

《献帝纪》：司徒王允录尚书事，总朝政。

又，司空淳于嘉为司徒，光禄大夫杨彪为司空，并录尚书事。

又，光禄大夫马忠为太尉，参录尚书事。

又，太仆朱俊为太尉，录尚书事。又，太常杨彪为太尉，录尚书事。

又，卫尉赵温为司徒，录尚书事。

又，镇东将军曹操自领司隶校尉，录尚书事。

夫以一文牍秘书之机构，而内外演变，极其复杂而重要者，何也？准故事则有例案可循，而行政合于心习，操命令则有威权可擅，而事先宜慎防维。贤明之主，以太史、内史隶六官，则政治无不公开；专制之世，以尚书、中书为内职，则宰制任其私便。故观于两汉尚书之职，可以得政权之要义焉。分职愈多，辖地愈广，集权愈尊。委任大臣，则虑两府三公夺其魁柄；总持禁近，则惟左右侍从为其腹心。于是由龃龉而调整，又必就外官之可倚重者，总领其事。而其他重臣不参机密，仅能负其所掌一机关之责，于大政无与焉。明之各部尚书不入内阁者，不敌大学士之尊；清之大学士不入军机者，亦不过虚拥中堂之名。前后一辙也。顾此秘书文牍之职，由人主与大臣争权，而为此因龃龉而调整之机构，又别有两患焉。禁近复藏内幕，则宦竖之力得而驾之；外官或擅兵柄，则武人之力得而夺之。历朝已事，不可缕举，要皆集权之必然趋势也。东汉陈忠、李固等，恒思调燮内外。

《后汉书·陈忠传》（其谏疏前半见前）：近以地震策免司空陈褒，今者灾异，复欲切让三公。昔孝成皇帝以妖星守心，移咎丞相，使贵丽纳说方进，方进自引，卒不蒙上天之福，徒乖宋景之诚。故知是非之分，较然有归矣。又尚书决事，多违故典，罪法无例，诋欺为先，文惨言丑，有乖章宪。宜责求其意，割而勿听。……忠意常在褒崇大臣，待下以礼。其九卿有疾，使者临问，加赐钱布，皆忠所建奏。顷之，拜尚书令。延光三年，拜司隶校尉，纠正中官外戚宾客。近幸惮之，不欲忠在内。

又《李固传》：陛下之有尚书，犹天之有北斗也。斗为天喉舌，尚书亦为陛下喉舌。斗斟酌元气，运平四时。尚书出纳王命，赋政四海，权尊势重，责之所归。若不平心，灾眚必至。诚宜审择其人，以毗圣政。今与陛下共理天下者，外则公卿尚书，内则常侍黄门。譬犹一门之内，一家之事，安则共其福庆，危则通其祸败。

而窦武之败，乃由宦竖盗发其书。则内幕之内幕尤可惧也。

《后汉书·窦武传》：武奏免黄门令魏彪，以所亲小黄门山冰代之。使冰奏素狡猾尤无状者长乐尚书郑飒，送北寺狱。蕃谓武曰：此曹子便当收杀，何复考为？武不从。令冰与尹勋、侍御史祝瑨杂考飒，辞连及曹节、王甫。勋、冰即奏收节等，使刘瑜内奏。时武出宿归府典，中书者先以告长乐五官史朱瑀，瑀盗发武奏。

论汉尚书之职，必上推之于周之史职，下极之于后世之秘书，其义始备。古史起源，固亦不过专司记录。以其切近主权者，谏争规劝，易于进言，而史权由之而重。汉之尚书非其比矣。然如申屠刚、钟离意、张陵诸贤，焜耀史策，实亦可以成主德而申公宪。

《后汉书·申屠刚传》：迁尚书令。光武尝欲出游，刚以陇蜀未平，不宜宴安逸豫。谏不见听，遂以头轫乘舆轮，帝遂为止。

又《钟离意传》：征为尚书。时交阯太守张恢坐赃千金，征还伏法。以资物簿入大司农，诏班赐群臣。意得珠玑，悉以委地，而不拜赐。帝怪而问其故，对曰：臣闻孔子忍渴于盗泉之水，曾参回车于胜母之闾，恶其名也。此藏秽之宝，诚不敢拜。帝嗟叹曰：清乎尚书之言。乃更以库钱三十万赐意，转为尚书仆射。车驾数幸广成苑，意以为从禽废政，常当车陈谏般乐游田之事，天子即时还宫。永平三年夏旱，而大起北宫，意诣阙免冠上疏……诏因谢公卿百僚，遂应时澍雨焉。时诏赐降胡子缣，尚书案事，误以十为百。帝见司农上簿，大怒，召郎，将笞之。意因入叩头曰：过误之失，常人所容，若以懈慢为愆，则臣位大罪重，郎位小罪轻，咎皆在臣，臣当先坐。乃解衣就格。帝意解，使复冠而赏郎。帝性褊察，好以耳目隐发为明，故公卿大臣数被诋毁，近臣尚书以下，至见提拽……朝廷莫不悚慄，争为严切，以避诛责。唯意独敢谏争，数封还诏书，臣下过失，辄救解之。……帝虽不能用，然知其至诚，亦以此故不得久留，出为鲁相。后德阳殿成，百官大会，帝思意言，谓公卿曰：钟离尚书若在，此殿不立。

又《张陵传》：官至尚书。元嘉中，岁首朝贺，大将军梁冀带剑入省，陵呵叱之，令出，敕羽林虎贲夺冀剑。冀跪谢，陵不应，即劾奏冀，请廷尉论罪。有诏以一岁俸赎，而百僚肃然。初冀弟不疑为河南尹，举陵孝廉，不疑疾陵之奏冀，因谓曰：昔举君，适所以自罚也。陵对曰：明府不以陵不肖，误见擢序，今申公宪，以报私恩。不疑有愧色。

故制度无定，亦视居其职者之若何。至如翟酺之诈孙懿以求为尚书，则学者之无行，可资监戒者耳。

《后汉书·翟酺传》：时尚书有缺，诏将大夫六百石以上，试对政事、天文、道术，以高第者补之。酺自恃能高，而忌故太史令孙懿，恐其先用，乃往候懿。既坐，言无所及，惟涕泣流连。懿怪而问之，酺曰：图书有汉贼孙登将以才智为中官所害，观君表相，似当应之。酺受恩接，凄怆君之祸耳。懿忧惧移病，不试，由是酺对第一，拜尚书。（试尚书以天文、道术，亦可见尚书性质与古史官相近。）

史统第三

史之所重在持正义。梁、隋以来，爰有正史之名，历代相沿，充溢簿录。顾正史二字，初未有确定界说。《隋志》称世有著述，皆拟班、马，以为正史。乃依其世代聚而编之，以备正史。故《唐六典》曰：乙部为史，其类一十有三。一曰正史，以纪纪传表志。《四库提要》曰：总括群书，分十五类。首曰正史，大纲也。章学诚辨其类例不同，亦未陈正史之定义。

章学诚《论修史籍考略》：旧例以二十一家之书，同列正史，其实类例不清。马迁乃通史也，梁武《通史》、郑樵《通志》之类属之。班固断代专门之书也，华、谢、范、沈诸家属之。陈《志》分国之书也，《十六国春秋》、《九国志》之类属之。《南北史》断取数代之书也，薛、欧五代诸史属之。《晋书》、《唐书》集众官修之书也，宋、辽、金、元诸史属之。

梁启超以官书目之，义亦未谛。官书不限于正史，正史亦不尽官书也。

梁启超《中国史籍十类表》：第一正史。甲，官书。所谓二十四史是也。乙，别史。华峤《后汉书》、习凿齿《蜀汉春秋》等其实皆正史。（习凿齿《汉晋阳秋》是编年体，非华氏《后汉书》一类。）

寻《六典》之说，盖世所公认。诸史不尽有表志，而纪传之体实同。故自《隋志》以降，编年之体皆别为类，不入正史。纪传体之为正史，允足备一义矣。第正史之名，始于梁阮孝绪，其《正史削繁》一书，今虽不传，疑其所谓正史，即《七录》所谓国史，取别于伪史者也。

《隋书·经籍志》杂史类：《正史削繁》九十四卷，阮孝绪撰。

阮孝绪《七录》：纪传录十二类。一曰国史。……七曰伪史。

梁武《通史》，吴蜀二主皆入世家，五胡及拓跋氏列于夷狄传。见《史通》史记家。阮氏所持之义，必与《通史》相同。五胡、拓跋，概非正史，其于曹魏不用习氏之说，则萧梁受禅，不能斥魏也。准此以言，《隋志》之载正史，已不同于阮氏。魏周诸书次于齐、梁，则以隋承周后，不得外拓跋于夷狄矣。至刘知幾《史通》历举正史，并及《十六国春秋》，则又大异于《隋志》。崔书在《隋志》，属于霸史，《唐志》亦列伪史。其不得为正史，尽人所知也，即刘氏亦屡称为伪史，顾置之正史之列。

《史通·正史篇》：贞观中，诏以前后晋史十有八家，制作虽多，未能尽善。乃敕史官更加纂录，采正典与杂说数十余部，兼引伪史《十六国书》。……崔鸿殁后，永安中，其子续写奏上，请藏诸秘阁。由是伪史宣布，大行于时。

岂以鸿书纪纲皆以晋为主，故特重之耶？然国书曰录，主纪曰传，亦与《三国志》不同。列之正史，未审其何所取义也。

《史通·正史篇》：崔鸿考核众家，辨其同异，除烦补阙，错综纲纪，易其国书曰录，主纪曰传，都谓之《十六国春秋》。

又《探赜篇》：崔鸿鸠诸伪史，聚成《春秋》，其所列者，十有六家而已。魏收云：鸿世仕江左，故不录司马、刘、萧之书，又恐识者尤之，未敢出行于外。案于时中原乏主，海内横流，逖彼东南，更为正朔，适使素王再出，南史重生，终不能别有异同，忤非其议。安得以伪书无录，而犹归罪彦鸾者乎！且必以崔氏祖宦吴朝，故情私南国；必如是则其先徙居广固，委质慕容，何得书彼南燕，而与群胡并列？爱憎之道，岂若是邪！且观鸿书之纪纲，皆以晋为主，亦犹班书之载吴项，必系汉年；陈寿之述孙刘，皆宗魏世。何止独遗其事，不取其书而已哉！但伯起躬为魏史，传列岛夷，不欲使中国著书，推崇江表，所以辄假言崔志，用纾魏羞。

《唐志》正史内附集史，李氏《南北史》列焉。郑樵《艺文略》正史末有通史，亦即所谓集史也。元主中夏，以辽、金之史与宋并列。辽、金虽未统一，以魏、齐、周之史为正史例之，固承《隋志》之义也。自元及清，盖无所谓霸史、伪史之说。章氏生清代，虽熟于史义，顾亦不能质言，姑以辽、金、元史为集众官修之书比之晋、唐；而阮氏正史之义，讫未有人发之。今之政体，既异前世，正、伪、杂、霸之辨，似可存而不论。然民族主义及政权统一，皆今之所最重，亦即吾史相承之义有以启之。故由正史之名，推其义之从来，则三统五德及后世正统之辨，固今日所当理董，不必为清人隐讳之辞及前哲辨析未精者所囿矣。

《公羊传·隐公元年》曰：何言乎王正月？大一统也。三年曰：故君子大居正。一统与居正，实贯上下千古而言，故董仲舒《对策》曰：春秋大一统者，天地之常经，古今之通谊也。炎黄以来，吾史虽有封建郡县之殊，禅让世及之制，而群经诸子以迄秦汉纪载，述吾政教所及之区域，赢缩不同，地望互异，要必骈举东西南朔所届，以示政权之早归于一。

《尧典》：宅嵎夷曰旸谷，平秩东作。宅南交，平秩南讹。宅西曰昧谷，平秩西成。宅朔方曰幽都，平在朔易。

《禹贡》：东渐于海，西被于流沙，朔南暨，声教讫于四海。

《王制》：西不尽流沙，南不尽衡山，东不尽东海，北不尽恒山。凡四海之内，断长补短，方三千里。

《尔雅》：东至于泰远，西至于邠国，南至于濮铅，北至于祝栗，谓之四极。觚竹、北户、西王母、日下，谓之四荒。岠齐州以南戴日为丹穴，北戴斗极为空桐，东至日所出为太平，西至日所入为大蒙。

《大戴记·五帝德》：北至于幽陵，南至于交趾，西济于流沙，东至于蟠木。

《吕氏春秋·任数》：东至开梧，南抚多䫞，西服寿麋，北怀儋耳。

又《为欲》：北至大夏，南至北户，西至三危，东至扶木。

又《求人》：禹东至榑木之地，南至交趾孙朴续樠之国，西至三危之国，北至人正之国。

秦《琅琊台刻石文》：西涉流沙，南尽北户，东有东海，北过大夏。

《史记·五帝本纪》：黄帝东至于海，西至于空桐，南至于江，北逐荤粥。……颛顼北至于幽陵，南至于交趾，西至于流沙，东至于蟠木。

故其思想之广大，动以天下为言。《皋陶谟》曰：光天之下，至于海隅苍生，万邦黎献，共惟帝臣。《立政》曰：方行天下，至于海表，罔有不服。《北山》之诗曰：溥天之下，莫非王土；率土之滨，莫非王臣。战国时人且以为自舜以来之诗。《吕氏春秋·慎人》是以部落酋长不妨以千百计，而统治之者必归于一个中央政府。此其与他族史迹之型成，徒以一都、一市、一国、一族与其他市、府、国、族颉颃杂立，代兴争长，垂数千年不能统于一者，迥殊之特色也。

由天下之观念，而有天下非一人之天下也，天下之天下也之观念《吕氏春秋·贵公》；又有天下非一家之有也，有道者之有也之观念。《逸周书·殷祝》故曰垂三统，列三正，去无道，开有德，不私一姓。此实吾民族持以衡史最大之义。其衡统一之时代，必以道德为断。三统五德，不必拘一姓之私。而无道者虽霸有九州，不得列之正统。虽曰五德本于五行，其取相胜或相生，本无定说。学者多病其诞妄，然以道德表治统，固不得为迷信也。

《汉书·谷永传》：天生蒸民，不能相治，为立王者以统理之。方制海内，非为天子；列土封疆，非为诸侯，皆以为民也。垂三统，列三正，去无道，开有德，不私一姓，明天下乃天下之天下，非一人之天下也。

《春秋繁露·三代改制质文篇》：三正以黑统，初正日月朔于营室，斗建寅，天统气始通化物，物见萌达，其道黑，故朝正服黑。……正白统者，历正日月朔于虚，斗建丑，天统气始蜕化物，物始芽，其色白，故朝正服白。……正赤统者，历正日月朔于牵牛，斗建子，天统气始化物，物始动，其色赤，故朝正服赤。（据卢文弨校补。）……三统之变，近夷遐方，无有生煞者，独中国后。（按此文即谓近夷遐方不能以相生相胜之义得吾治统，得吾治统者，独中国之民族耳。）而三代改正，必以三统天下，曰三统五端化四方之本也。天始废始施地必待中，是故三代必居中国，法天奉本，执端要以统天下，朝诸侯也。是以朝正之义，天子纯统色衣，诸侯统衣，缠缘纽，大夫、士以冠参，近夷以绥，遐方各衣其服而朝，所以明乎天统之义也。其谓统三正者，曰正者正也，统改其气，万物皆应而正，统正其余皆正。

《史记·秦始皇本纪》：始皇推终始五德之传，以为周得火德，秦代周德从所不胜，方今水德之始。（此以相胜为义。）

《汉书·律历志·世经》：炮牺继天而王，为百王先，首德始于木，故为帝太昊。……共工氏伯九域。虽有水德，在火木之间，非其序也。任知刑以疆，故伯而不王。秦以水德在周汉木火之间，周人迁其行序，故易不载。炎帝……以火承木，故为炎帝。……黄帝氏作，火生土，故为土德。……少昊……挚立，土生金，故为金德。……颛顼受之……金生水，故为水德。帝喾受之……水生木，故为木德。帝尧封于唐……木生火，故为火德。……尧嬗舜以天下，火生土，故为土德……舜嬗禹以天下，土生金，故为金德。……成汤伐夏，金生水，故为水德。……武王伐纣，水生木，故为木德。……汉高祖……伐秦继周，木生火，故为火德。（张苍以汉为水德，公孙臣以汉为土德。其说不一。）

《史记·高祖本纪赞》曰：汉兴承敝易变，使人不倦，得天统矣。此言其道能承天之统也。《汉书·郊祀志》：宣帝即位，由武帝正统兴。则谓一姓传位之正统也。《师丹传》称劾奏董宏知皇太后至尊之号，天下一统，而称引亡秦以为比喻。则以太后之称不宜有二为一统。又称为人后者为之子，故为所后服斩衰三年，而降其父母期，明尊本祖而重正统也。亦以哀帝之嗣成帝为正统。皆帝王家事，非指国权之迁变。故治史者谓后儒误用正统二字，不知汉人所谓正统，固有专义。然《世经》谓秦在木火之间，颜师古曰：志言秦为闰位。《王莽传赞》曰：紫色蛙声，余分闰位。则正闰之辨，汉已有之矣。秦、新失德，均不得为正统；曹魏篡逆，同于新莽，故习凿齿斥魏而正蜀。

《晋书·习凿齿传》：桓温觊觎非望，凿齿著《汉晋春秋》以裁正之。起汉光武，终于晋愍帝。于三国之时，蜀以宗室为正；魏虽受汉禅晋，尚为篡逆。至于文帝平蜀，乃为汉亡，而晋始兴焉。

《世说注》引习凿齿《汉晋春秋·晋承汉统论》曰：若以魏为有代王之德，则其道不足；道不足，则不可谓制。当年若以有靖乱之功，则孙、刘鼎立。共工秦政，犹不见叙于帝王，况暂制数州之众哉！

其所持义，地未统一，道不足称，蜀为宗室，实兼三义，初非止私一姓。《史通》既辨《晋书》之非，又以《通史》为当，说似两歧。然《探赜篇》所谓"定邪正之途，明顺逆之理"，则固深得习氏之用心也。

《史通·探赜篇》：习凿齿之撰《汉晋春秋》，以魏为伪国者，此盖定邪正之途，明顺逆之理耳。而檀道鸾称其当桓氏执政，故撰此书，以绝彼瞻乌，防兹逐鹿。……安有变三国之体统，改五行之正朔，勒成一史，传诸千载，而藉以权济物议，取诚当时。按此驳《晋书》承檀氏之说，命意尤正。有所为而为者，固不逮无所为而为。后世以朱子当南宋，故取习氏之说者，其识乃下于刘氏。

《史通·世家篇》：魏有中夏，而扬益不宾，终亦受屈中朝，见称伪主。为史者必题之以纪，则上通帝王；牓之以传，则下同臣妾。梁主敕撰《通史》，定为吴蜀世家，持彼僭君，比诸列国，去太去甚，其得折中之规乎？

自宋以来，持正统论与不持正统论者迭作。而传授之正，疆域之正，种族之正，道义之正，诸观念恒似凿枘而不能相通。使四者皆备，则固人无异词，而史实所限，则必一一精析而后得当。骤视之似持论不同，切究之则固皆以正义为鹄也。兹先就不持正统论者言之。司马温公之为《通鉴》，自谓臣愚诚不足以识前代之正闰。又曰：正闰之论，自古及今，未有能通其义，确然使人不可移夺者。然必曰：苟不能使九州合为一统，皆有天子之名而无其实者也。又曰：正闰之际，非所敢知。但据其功业之实而言之。周、秦、汉、晋、隋、唐，皆尝混壹九州，传祚于后，子孙虽微弱播迁，犹承祖宗之业，有绍复之望。四方与之争衡者，皆其故臣也。故全用天子之制以临之。其余地丑德齐，莫能相壹，名号不异，本非君臣者，皆以列国之制处之。彼此均敌，无所抑扬，庶几不诬事实，近于至公。均见《通鉴·魏纪论》。是其主张惟以能统一九州为正，而于秦、隋不加贬削。则国族之不自力，虽以种族之正，屈于偏安者，可以鉴此而知自奋。义固未可非也。然于纪年之法，不得不取列国之一以系他国之事，故又曰：天下离析之际，不可无岁时月日以识事之先后。据汉传于魏而晋受之，晋传于宋以至于陈而隋取之，唐传于梁以至于周而宋承之，故不得不取魏、宋、齐、梁、陈，后梁、后唐、后晋、后汉、后周年号以纪诸国之事，非尊此而卑彼，有正闰之辨也。则不逮《纲目》并书之允。《史通》曰：纪之为体，犹《春秋》之经，系日月以成岁时，书君王以显国统。《本纪篇》是纪年即显国统。不辨正闰，不分尊卑，则择取其一者，不如列国并书矣。

王船山亦不持正统论者也。然生际明清之交，又丁元室之后，人力所穷，史实又异，而其孤怀宏识，又深病李槃等之局于一姓之私，则宁归之于一治一乱，而不忍承认元、清之统一。故船山之不持正统论，与温公相似而实不同。然其不持私己之偏辞，务求大公之通论，与温公之意，亦无不合。

王夫之《读通鉴论》卷十九：三代而下，吾知秦、隋之乱，汉、唐之治而已；吾知六代、五季之离，唐、宋之合而已。治乱合离者，天也；合而治之者，人也。舍人而窥天，舍君天下之道而论一姓之兴亡，于是而有正闰之辨，但以混一者为主。故宋濂作史，以元为正，而乱华夷，皆可托也。夫汉亡于献帝，唐亡于哀帝明矣。延旁出之孤绪，以蜀汉系汉，黜魏、吴，而使晋承之，犹之可也。然晋之篡立，又奚愈于魏、吴，而可继汉邪？萧詧召夷以灭宗国，窃据弹丸，而欲存之为梁统；萧衍之逆，且无以愈于陈霸先，而况于詧？李存勖，朱邪之部落，李昇，不知谁氏之子，必欲伸其冒姓之妄于诸国之上，以嗣唐统而授之宋；则刘渊可以继汉，韩山童可以继宋乎？（近世有李槃者云然。）一合而一离，一治而一乱，于此可以知天道焉，于此可以知人治焉。

又《叙论一》：天下之生，一治一乱。当其治，无不正者以相干，而何有于正？当其乱，既不正矣，而又孰为正？有离有绝，固无统也，而又何正不正耶？以天下论者，必循天下之公，天下非一姓之私也。惟为其臣子者，必私其君父，则宗社已亡，而必不忍戴异姓异族以为君。若夫立乎百世以后，持百世以上大公之论，则五帝三王之大德，天命已改，不能强系之以存。故杞不足以延夏，宋不足以延商，夫岂忘禹、汤之大泽哉！非五子不能为夏而歌雒汭，非箕子不能为商而吟麦秀也。故昭烈亦自君其国于蜀，可为汉之余裔，而拟诸光武，为九州兆姓之大君，不亦诬乎？充其义类，将欲使汉至今存而后快，则又何以处三王之明德，降苗裔于编氓耶？蜀汉正矣，已亡而统在晋；晋自篡魏，岂承汉而兴者？唐承隋，而隋抑何承？承之陈，则隋不因灭陈而始为君；承之宇文氏，则天下之□□①已乱，何统之足云乎！无所承，无所统，正不正，存乎其人而已矣。正不正，人也；一治一乱，天也。犹日之有昼夜，月之有弦望晦朔也。非其臣子以德之顺逆定天命之去留，而詹詹然为已亡无道之国延消谢之运，何为者耶？宋亡而天下无统，又奚说焉！近世有李槃者，以宇文氏所臣属之萧岿为篡弑之萧衍延苟全之祀，而使之统陈；沙陀夷族之朱邪存勖，不知所出之徐知诰，冒李唐之宗，而使之统分据之天下。父子君臣之伦大紊，而自矜为义，有识者一哂而已。（按船山之言，不私一姓，痛斥李槃，则延南明之绪者，在船山犹未以为然也。但船山于华夷之辨极严，则又深憾于吾族之不自力。故其责治乱于人，与温公之义初不相悖，且与五德代兴及《纲目》无统之说，亦不相悖。李槃等之识，正坐不解五德代兴及无统之说耳。）

又其论石勒、拓跋宏之事曰：天下所极重而不可窃者二：天子之位也，是谓治统；圣人之教也，是谓道统。而痛责败类之儒鬻道统以教之窃。《读通鉴论》卷十三。是船山论史，固自有所谓统，专以华夷道义为衡，非漫然无所统也。故主萧齐以存华夏，斥杨广以诛篡逆，又与尊南朝而闰秦、隋者，持义相等矣。

《读通鉴论》卷十六：齐高帝……凡篡位者未即位皆称名，已即位则称帝，史例也。萧齐无功窃位，不足列于帝王之统系；而以帝称者，以北有拓跋氏之称魏，故主齐以存华夏。

又卷十九：凡六代不肖之主，皆仍其帝称。篇内独称炀帝曰逆广，以其与刘劭同其覆载不容之罪；且时无夷狄割据，不必伸广以明正统。据此，知船山存六代之帝称，即以明正统。

清鲁一同亦不持正统论者，曰：去一无实之名而各如其所自为，帝则曰帝，王则曰王。是其论正统虽与欧阳修异，而仍是欧著《五代史》帝梁之法。参阅《五代史记·梁本纪论》。

鲁一同《正统论》：重正统则穷于夺，轻正统则穷于予。且夫既已谓之正矣，而轻以予夫盗贼篡弑极不正之人，此人之所以滋不服也。故

---

① 此处原文阙，应为"大防"二字。

曰莫若并去正统之名。去正统之名，而后可以惟吾所予。篡而得者谓之篡，盗而得者谓之盗，而皆不绝其为君，而卒亦不予之为正。《春秋》之法，用夷礼则夷之，通上国则进之。予夺何常，惟变所适。今去一无实之名，而各如其所自为，帝则曰帝，王则曰王。高光崛起，李赵徬徨，魏晋篡窃，秦隋疆梁，偏安割据，画土分疆，无所拘滞，安所纷扰哉！

周树槐之持论，亦曰：必也去其正统之名，纷纷异同之论皆息。然亦曰：元人之以宋、辽、金列为三史，非公论。而于蜀汉、南宋又以其人而重之。则未尝不持种族之正、道义之正也。惟其生于清世，恶清室之窃正统，而不敢昌言，乃以不持正统之说为得。故不持正统者，即不承认清之统一天下为正统也。

周树槐《书苏文忠正统论后自记》：必也去其正统之名，纷纷异同之论皆息矣。

《再书正统论后》：元人之以宋、辽、金列为三史也，非公论也。至明人病之，欲黜辽、金，悉从《晋书·载记》之例，亦非公论也。从《载记》之例，辽可也，金不可也；于宋可也，于南宋不可也。……蜀汉列于正统者，以有武乡侯、汉寿亭侯也；南宋列于正统者，以有岳忠武、紫阳诸贤也。贤者之益于人国如是哉！

梁启超《新史学》，谓中国史家之谬，未有过于言正统者。其所举例，以《纲目》及乾隆间《通鉴辑览》为主，而断之曰：不论正统则亦已耳，苟论正统，吾敢翻数千年之案而昌言曰：自周秦以后，无一能当此名者也。第一夷狄不可以为统，则胡元及沙陀三小族在所必摈，而后魏、北齐、北周、契丹、女真更无论矣；第二篡夺不可以为统，则魏、晋、宋、齐、梁、陈、北齐、北周、隋、后周、宋在所必摈，而唐亦不能免矣；第三盗贼不可以为统，则后梁与明，在所必摈，而汉亦如唯之与阿矣。然则正统当于何求之？曰统也者，在国非在君也，在众人非在一人也。舍国而求诸君，舍众人而求诸一人，必无统之可言。此梁氏当清季在海外之言论，自谓能翻数千年之案，其实不予夷狄、篡夺、盗贼，即吾史数千年相承之义，并未能于传统之学说之外，有所发明。且所谓统在国，非在君，在众人，非在一人，则国族之统，正当求诸众史矣。梁氏又谓：若夫以中国之种族而定，则诚爱国之公理，民族之精神，虽违于统之义，犹不悖于正之名也。而惜乎数千年未有持此以为鹄者也，则尤为失言。元明以来不必论，即唐皇甫湜《东晋正闰论》，力诋元魏，非以种族论正闰者乎？湜之言曰：昔之著书者有帝元，指元魏。今之为录者皆闰晋，可谓失之远矣。或曰：元之所据，中国也。曰：所以为中国者，以礼义也；所以为夷狄者，无礼义也，非系于地。晋之南渡，文物攸归，礼乐咸在，流风善政，史实存焉。魏氏恣其暴强，虐此中夏，斩伐之地，鸡犬无余，驱士女为肉篱，委之戕杀，指衣冠为刍狗，逞其屠刈，种落繁炽，历年滋多。此而帝之，则天下之士有蹈海而死，天下之人必登山而饿，忍食其粟而立其朝哉！是其持论之严，虽郑所南无以过也。

既知不持正统论者之同一尚统一、尚正义，其所持之正义，同一去无道开有德，不私一姓，是实吾国传统之史义。即亦可以明于持正统论者之基本观念，亦无异于不持正统论者也。宋人反复详究正统论者，以欧公为最。欧公《外集》论此者凡七篇，《居士集》论之者三篇，而《外集》又有《正统辨》上下二篇。二篇之论最严，以汉、唐、宋继三代，不数秦、隋。《居士集》之论，则予秦、隋而绝东晋，谓正统至汉而绝，晋得之而又绝，隋、唐得之而又绝。自尧舜以来三绝而复续。惟有绝而有续，然后是非公，予夺当，而正统明。其意亦与《通鉴》之论相同，且开《纲目》无统之说。惟绝东晋，未就夷夏之义析之耳。

欧阳修《正统论》下：居天下之正，合天下于一，斯正统矣，尧、舜、夏、商、周、秦、汉、唐是也。始虽不得其正，卒能合天下于一，斯谓之正统可矣，晋、隋是也。天下大乱，僭窃并兴，正统无属，则正统有时而绝。故正统之序，上自尧舜，历夏、商、周、秦、汉而绝，晋得之而又绝，隋、唐得之而又绝。自尧、舜以来，三绝而复续。惟有绝而有续，然后是非公，予夺当，而正统明。

同时有章望之著《明统论》，立正统、霸统二说。以秦、晋、隋为霸统，谓欧公既曰君子大居正，而以不正人居之，是正不正之相去未能相远也。苏轼著论辨之，谓欧阳以名言，章以实言，名轻而后实重。欧阳子重与之，而吾轻与之。正统听其自得者十，曰：尧、舜、夏、商、周、秦、汉、晋、隋、唐。序其可得者六，亦以存教，曰：魏、梁、后唐、晋、汉、周。使夫尧、舜、三代之所以为贤于后世之君者，皆不在乎正统。故后世之君不以其道而得之者，亦不以为尧、舜、三代之比，于是乎实重。详苏集《正统论》上、中、下篇。夫史家所持者名教也，辨统以名，责实亦以名。苏氏第谓论统犹不足以别其实耳。而予之以统之后，又一一判其贤不肖，则仍持名教也。且一代之统之正否，大共之名也；某君某主之贤否，个别之名也。史家已于个别各有论赞，而犹欲总其全体而判其正否。犹之学校诸生之成绩，既已科别高下，而又有总平均之高下，以示奖惩。如苏之意，则轻于总平均，而专责科别之谓。譬之学校生徒，概予毕业，而优劣任人评之耳。

郑樵之为《通志》也，三国、南北朝并次为纪。正闰泯焉，夷夏亦无别也。是虽效梁武为《通史》，仅仅汇录旧史，未能精别名分也。朱子踵《通鉴》为《纲目》，虽多门人本其意为之，而凡例则朱子所自定也。其于统系，有正统与无统之别。盖合温公天子列国之判，及欧公正统三绝之说，而釐然各当矣。其于汉也迄炎兴，异于温公，重正义也；其于晋也迄元兴，异于欧公，重华夏也。惟宋魏对峙以后归于无统，未以四朝为正，则犹有待于郑所南之更定焉。

专持夷夏之义以论正统者，莫严于郑所南之《心史》。谓正统惟三皇、五帝、三代、西汉、东汉、蜀汉、大宋而已。两晋、宋、齐、梁、陈可以中国与之，不可列之于正统。李唐实夷狄之裔，其诸君家法甚缪戾，特以其并包天下颇久，贞观、开元太平气象，东汉而下未之有也，姑列之于中国，特不可以正统言。又谓《南史》宜曰"四朝正史"，《北史》宜黜曰"胡史"。是专持种族之正之义也。惟谓不以正而得国，则篡之者非逆，以为宋解，尚属私于所君之词。然举汉取嬴政之国、唐取普六茹坚之国以为例，则说亦可通。全谢山力言《心史》为伪书，然即明人所托，郑氏之言，亦明人持正义以论史之特识也。

《心史·古今正统大论》：中国之事，系乎正统。正统之治，出于圣人，以教后世天下之人所以为臣为子也。岂宜列之以嬴政、王莽、曹操、孙坚、拓跋珪、十六夷国等与中国正统互相夷虏之语杂附于正史之间，且书其秦、新室、魏、吴、元魏、十六夷国名年号及某祖某帝朕诏天子封禅等事，竟无以别其大伦。……臣行君事，夷狄行中国事，古今天下之不祥，莫大于是。……若夫夷狄风俗兴亡之事，许存于本史，若国名素其猃狁单于之号及官职州县并从之。……其曰《北史》，是与中国抗衡之称，宜黜曰"胡史"。仍修改其书，夺其僭用天子制度等语。其曰《南史》，实以偏方小之，然中国一脉系焉，宜崇曰"四朝正史"。……嬴政不道，王莽篡逆，刘玄降赤眉，刘盆子为赤眉所挟，五代篡逆尤甚，冥冥长夜，皆不当与之。普六茹坚小字那罗延，夺伪周宇文辟之土，而并僭陈之天下，本夷狄也。魏徵犹引杨震十四世孙书之，此必普六茹坚援引前贤以华族谱云，并宜黜其国名年号，惟直书其姓名及甲子焉。……若论古今正统，则三皇、五帝、三代、西汉、东汉、蜀汉、大宋而已。司马绝无善治，或谓后化为牛氏矣。宋、齐、梁、陈巍然缀中国之一脉，四姓廿四帝，通不过百七十年，俱无善治，俱未足多议，故两晋、宋、齐、梁、陈可以中国与之，而不可列之于正统。李唐为《晋载记》凉武昭王李暠七世孙，实夷狄之裔，况其诸君家法甚缪戾，特以其并包天下颇久，贞观、开元太平气象，东汉而下未之有也，姑列之于中国，特不可以正统言。……以正而得国，则篡之者逆也，如逆莽逆操之类是也。不以正而得国，则篡之者非逆也，汉取嬴政之国，唐取普六茹坚之国，大宋取柴宗训之国是也。

方正学《释统》之言曰：天下有正统一，变统三。三代，正统也。如汉如唐如宋，虽不敢几乎三代，然其主皆有恤民之心，则亦圣人之徒也，附之以正统，亦孔子与齐桓、仁管仲之意也。奚谓变统？取之不以正，如晋、宋、齐、梁之君，亦不可为正矣；守之不以仁义，戕虐乎生民，如秦如隋，使传数百年，亦不可为正矣；夷狄而僭中国，女后而据天位，治如苻坚，才如武氏，亦不可继统矣。二统立而劝戒之道明，侥幸者其有所惧乎？《释统》上变统之说，视章望之所定霸统较赅，霸统不及武周之窃唐，变统则赅之矣。又曰：变统之异于正统者，何也？始一天下而正统绝，则书甲子而分注其下。《释统》下是亦欧公所谓三绝，朱子所谓无统之意也。魏禧《正统论》，历举欧、苏、郑三家之说，谓郑氏为尤正，顾未及方氏《释统》。而其所创正统、偏统、窃统三目，亦即章氏霸统、方氏变统而小易之耳。

方氏生当明初，吾族习于蒙古者久，闻其言者多訾之。故又作《后正统论》，专伸夷夏之义。

方孝孺《后正统论》：俗之相成，岁薰月染，使人化而不知。在宋之时，见胡服闻胡语者，犹以为怪；主其帝而虏之，或羞称其事。至于元，百年之间，四海之内，起居饮食，声音器用，皆化而同之。斯民长子育孙于其土地，习熟已久，以为当尔。昔既为其民矣，而斥之以为夷狄，岂不骇俗而惊世哉！然顾嫌者乃一时之私，非百世不易之道也。贤者之虑事，当先于众人，而预忧于后世。苟以夷狄之主而进之于中国，则无厌之虏，何以惩畏，安知其不复为中国害乎？如是则生民之祸大矣，斯固仁者之所不忍也。然则当何为？曰其始一天下也，不得已以正统之法书其国号，而名其君；于制诏号令变更之法，稍异其文；崩殂薨卒之称，递降之；继世改元之礼，如无统，一传以后，分注之。凡所当书者，皆不得与中国之正统比，以深致不幸之意。使有天下者惩其害，而保守不敢忽；使夷狄知大义之严，正统之不可以非类得，以消弭其觊觎之心。

邱琼山作《世史正纲》，即本方氏之法书元世史，至明太祖始复中国之统。其于中国之人渐染元俗，日与之化，身其氏名，口其言语，家其伦类，忘其身之为华，十室而八九，言之尤极沉痛。而仍元之世，第谓世道至此，坏乱已极，亦不似王洙《宋史质》之以明之先祖虚承宋统，则于正义之中，亦不抹杀史实。胡应麟以是书继《纲目》，非过言也。

《世史正纲》：有华夏纯全之世，汉、唐是也。有华夏割据之世，三国是也。有华夷分裂之世，南北朝及宋南渡是也。有华夷混乱之世，东晋及五代是也。若夫胡元入主中国，则又为夷狄纯全之世焉。噫！世道至此，坏乱极矣。此《世史正纲》所由作也。……窃原天地之理，惟圣贤之意，以严万世夷夏之防。于元之混一天下，依《纲目》南北朝五代例，分书其年号子甲子之下。

又：洪武元年春正月，太祖即皇帝位，复中国之统。……自有天地以来，中国未尝一日而无统也。虽五胡乱华，而晋祚犹存；辽、金僭号，而宋系不断。未有中国之统尽绝，而皆夷狄之归，如元之世者也。三纲既沦，九法亦斁，天地于是乎易位，日月于是乎晦冥，阴浊用事，迟迟至于九十三年之久。中国之人，渐染其俗，日与之化，身其氏名，口其言语，家其伦类，忘其身之为华，十室而八九矣。不有圣君者出，乘天心之所厌，驱其类而荡涤之，中国尚得为中国乎！

《四库提要》：《世史正纲》三十二卷，明邱濬撰。是书本明方孝孺《释统》之意，专明正统。起秦始皇二十六年，讫明洪武元年，以著世变事始之所由。于各条之下随事附论。……王士祯《池北偶谈》称其议论严正；陶辅《桑榆漫志》称其义严理到，括尽幽隐，深得《麟经》之旨；胡应麟《史学占毕》称《春秋》之后有朱氏，而《纲目》之后有邱氏。

又：《宋史质》一百卷，明王洙撰。是编因《宋史》而重修之。别创义例，大旨欲以明继宋，非惟辽、金两朝皆列于外国，即元一代年号，亦尽削之。而于宋益王之末，即以明太祖之高祖追称德祖元皇帝者承宋统。

华夏之人，服习名教，文儒治史，不能禁世之无乱，而必思持名义，拨乱世而反之正。国统之屡绝屡续者恃此也。缘此而强暴者虽专恃力征经营，而欲其服吾民族之心，则虽据有其实，犹必力争于名。如清之入主中夏，以兵力耳，而多尔衮致史忠正书，必曰：国家之抚定燕都，乃得之于闯贼，非取之于明朝也。此即以名义图服民心也。享国百年，犹惧不义，乃修馆书，乃辨正统。于明人之思宋，可以启清人之思明也，则力斥之。虽操笔诸臣，即王船山所谓败类之儒，而其意必受之于清室，观其力斥《宋史新编》，已可概见。使儒者阐明史统，无碍于盗窃攘夺者之所为，则据其实者何必争此已往之名？以此思之，则知史统之关系矣。

柯维骐《宋史新编·凡例》：宋接帝王正统。契丹、女真相继起于西北，与宋抗衡。虽各建号享国，不过如西夏元昊之属，均为边夷。今会三史为一，而以宋为正。辽、金与之交聘、交兵，及其卒其立，附载本纪，仍详君臣行事为传，列于外国，与西夏同。

《四库提要》：《宋史新编》二百卷，明柯维骐撰。……托克托等作《宋史》，其最有理者，莫过于本纪终瀛国公，而不录二王；及辽、金两朝各自为史。……元破临安，宋统已绝，二王崎岖海岛，建号于断樯坏橹之间，偷息于鱼鳖鼋鼍之窟，此而以帝统归之，则淳维远遁以后，武庚构乱之初，彼独非夏、商嫡冢神明之胄乎？何以三代以来，序正统者不及也？他如辽起滑盐，金兴肃慎，并受天明命，跨有中原，必以元经帝魏，尽黜南朝，固属一偏。若夫南北分史，则李延寿之例，虽朱子生于南宋，其作《通鉴纲目》，亦沿其旧轨，未以为非。元人三史并修，诚定论也。而维骐强援蜀汉，增以景炎祥兴，又以辽、金二朝，置之外国，与西夏、高丽同列，又岂公论乎？

吾族由大一统而后有所谓正史，由正史而后有所谓通史、集史。而编年与纪传之体虽分，要皆必按年记录。虽史才之高下不同，而必持义之正，始足以经世而行远。当时之以偏私为正者，后史又从而正之。是即梁氏所谓统在国在众人也。明于三统五德之义，则天下为公，不私一姓，而前史之断断于一家传统者，非第今不必争，亦为昔所不取。而疆域之正，民族之正，道义之正，则治史者必先识前贤之论断，而后可以得治乱之总因。疆域不正则耻，民族不正则耻。推此二耻之所由来，则自柄政者以至中流士夫全体民众，无不与有责焉。吾史之不甘为偏隅，不甘为奴房，不甘为附庸，非追往也，以诏后也。蒙文通氏谓持正闰论者固政治民族主义，盖有见于此，而未详举各家之说。故备论之。

　　蒙文通《肤浅小书》：史家正闰之论，肇于《汉晋春秋》，而极于《宋史质》。粗视之若无谓，而实有深意存焉。《世经》言炎帝受共工，共工受太昊。《祭典》曰：共工氏霸九域。言虽有水德，在火木之间，非其序也，故《易》不载。《易》曰：炮牺氏没，神农氏作。言共工霸而不王，虽有水德，非其序也。共工固为天子，而《易》、《书》家（《尚书大传》、《易·系辞》）黜之也。《秦始皇本纪》后附班固《典引》曰：周历已终，仁不代母，秦值其位。《索隐》言秦值其闰位，德在木火之间。《郊祀志》亦言昔共工氏以水德间于木火，与秦同运，非其次序。《索隐》之言，即据《郊祀志》文。是秦与共工实为天子，而汉师不以为天子也。习凿齿作《汉晋春秋》，其《晋承汉统论》曰：昔共工氏霸有州九，秦政奄平区夏，犹不见序于帝王。今若以魏为有代王之德，则其道不足，道不足则不可谓制当年。当年不制于魏，则魏未曾为天下之王。王道不足于曹，则曹未始为一日之王也。于是习氏之书，以蜀汉为正统而黜魏。萧颖士亦作《黜陈闰隋论》，以唐承梁，固以唐人以南朝为僭伪故也。朱子《纲目》亦沿习氏，以南为正统。陆游之作《南唐书》，称本纪，以易马令之书，是亦欲以南唐继唐，而斥北宋人五代正统之论。明时王洙作《宋史质》一百卷，以明继宋，非惟辽、金两代皆列于外国，即元一代年号亦尽削之；而于宋益王之末，即以明太祖之高祖追称德祖元皇帝者承宋统，于瀛国公降元以后，岁岁书帝在某地。王洙之书，显为种族之痛，朱氏、陆氏固以痛及于金祸，习氏固以痛于五胡。共工姜姓，为苗黎之族；秦人之事，吾固考其为西戎。则正闰论者，固政治民族主义也。

史联第四

　　纪传表志体之积为正史，而编年、本末诸体卒莫能敌之者，何也？以其持义之正，则固有各徇其私而不相合者；以其累世相续，则未若编年之起讫相衔；以其叙事之详，则未若本末之系统尤著。顾治史者既莫之易，而又相率病之。胡越相悬，参商是隔，断续相离，前后屡出。刘知幾既迭述其短，又谓交错纷扰，古今是同，前史未安，后史宜革。

　　《史通·六家》：寻《史记》疆宇辽阔，年月遐长，而分以纪传，散以书表。每论家国一政，而胡越相悬；叙君臣一时，而参商是隔。此其为体之失者也。

又《二体》：若乃同为一事，分在数篇，断续相离，前后屡出。于《高纪》则云语在《项传》，于《项传》则云事具《高纪》。又编次同类，不求年月，后生而擢居首帙，先辈而抑归末章。遂使汉之贾谊，将楚屈原同列；鲁之曹沫，与燕荆轲并编。此其所以为短也。

又《载言》：《左氏》为书，言事相兼，烦省合理，故使读者寻绎不倦，览讽忘疲。至于《史》、《汉》则不然，凡所包举，务存恢博；文辞入记，繁富为多。是以贾谊、晁错、董仲舒、东方朔等传，唯上录言，罕逢载事。夫方述一事，得其纪纲，而隔以大篇，分其次序。遂令披阅之者，有所懵然。后史相承，不改其辙，交错纷扰，古今是同。

又于《表历》深诋迁史，外篇《杂说》，虽颇易辞，要于纪传表书相联之谊，未能明也。

《史通·表历》：文尚简要，语恶烦芜，何必款曲重沓，方称周备？观马迁《史记》，则不然矣。天子有本纪，诸侯有世家，公卿以下有列传。至于祖孙昭穆，年月职官，各在其篇，具有其说，用相考核，居然可知。而重列之以表，成其烦费，岂非谬乎？且表次在篇第，编诸卷轴，得之不为益，失之不为损。用使读者莫不先看本纪，越至世家；表在其间，缄而不视。语其无用，可胜道哉！既而班、《东》二史，各相祖述，迷而不悟，无异逐狂。必曲为铨择，强加引进，则列国年表，或可存焉。何者？当春秋战国之时，天下无主，群雄错峙，各自年世。若申之于表，以统其时，则诸国分年，一时尽见。如两汉御历，四海成家，公卿既为臣子，王侯方比郡县，何用表其年岁，以别于天子哉！

又《杂说上》：观太史公之创表也，于帝王则叙其子孙，于公侯则纪其年月。列行萦纡以相属，编字戢𪭮而相排。虽燕越万里，而于径寸之内，犬牙可接。虽昭穆九代，而于方尺之中，雁行有叙。使读者阅文便睹，举目可详，此其所以为快也。

章氏《史篇别录例议》，申马班之例，议刘氏所讥，欲以子注标题，定著别录。其为读史者之计良得，而于作史者之善犹未尽量而言。第曰纪传苦于篇分，别录联而合之，分者不终散矣；编年苦于年合，别录分而著之，合者不终混矣。而不知表志即所以联合，纪传即所以分著。又其分合均所以为联，乃纪传体之特色。徒曰纪传区之以类，事有适从，寻求便易，故相沿不废。盖犹未能深求史之起源，乃吾族立国行政与史义、史法一贯之故也。《章氏遗书》卷七《史篇别录例议》甚长，不具录。邃古以来，史参行政。政治组织，日进文明，因事设官，各有专职。礼教兵刑，厘然不紊，而其所重，尤在官联，不联无以为组织也。是故《周官》小宰以六联合邦治，且曰凡小事皆有联。

《周官》：小宰以官府之六联合邦治。一曰祭祀之联事，二曰宾客之联事，三曰丧荒之联事，四曰军旅之联事，五曰田役之联事，六曰敛弛之联事。凡小事皆有联。

说者谓《周官》联六事之意，不特六职也。在乡则比闾族党州为联，在遂则邻里酇鄙县为联。司徒之安民，曰联兄弟，联师儒朋友。惟联而后骨理相凑，脉络相通，而合天下为一家之气象可见矣。宋叶时语。举史官以为例。太史凡射事饰中舍算，执其礼事，射人与太史数射中，此其联之互著者也。小司寇大比登民数，自生齿以上登于天府，内史、司会、冢宰贰之，司民之职又载之。冢宰、司会之职不著，内史之职亦不著也。故在《周官》之书，有分有联，已具史法，交互错综，各视其性质之特重者分之，又视其平衡或主从者著之。要皆就事实而权衡，非持空论以载笔。且官之有联，仅同时间之行事也。史之所纪，则若干时间，若干地域，若干人物，皆有联带关系，非具有区分联贯之妙用，不足以胪举全国之多方面，而又各显其特质。故纪传表志之体之纵横经纬者，乃吾大国积年各方发展、各方联贯之特征，非大其心以包举万流，又细其心以厘析特质，不能为史，即亦不能读史。故刘氏所谓疆宇辽阔、年月遐长者，即足解释其所谓胡越相悬、参商是隔之由来。又所谓披阅懵然缄而不视者，正坐未悟斯义耳。

古代史籍体制孔多，申叔时所举，有春秋、世、诗、礼、乐、令、语、故志、训典诸种。后世体制，要皆由之演进。其最著者，则本纪、世家、表、书、列传，都出于《世本》也。秦嘉谟所辑《世本》，分帝系、纪、王侯谱、世家、大夫谱、传、氏姓、居、作、谥法，凡十篇。洪饴孙辑《世本》，言之尤详，谓太史公述《世本》以成《史记》，纪传不自《史记》始也。又曰：《左传正义》引《世本》记文，《史记索隐》、《路史注》引《世本》纪文，记、纪音同，此即《史记》本纪之所本。桓谭曰：太史公三代世表，旁行斜上，并效《周谱》。按《隋·经籍志》，《世本王侯大夫谱》二卷。是《世本》即《周谱》也。又《世本》有《帝系篇》，又有《作篇》记占验、饮食、礼乐、兵农、车服、图书、器用、艺术之原，即太史公八书所本，后世诸志之祖。又有《居篇》，记帝王都邑，亦后世地理志所仿。而何焯谓《汉书古今人表》权舆于《世本》《义门读书记》，姚振宗因之悟得《人表》即据楚汉之际所传之《世本》。楚汉之际好事者为《世本》十五篇，见《史通》。足知史体相沿，有演变综合而无创作。而人事之有联属者，必各就其特质分著于某篇某体之中。纵横交错，乃有以观其全，而又有以显其别。如黄帝生元器及生昌意，载之《帝系》；黄帝造火食疏冕，作宝鼎，使羲和占日，使伶伦造磬，则载之《作篇》。昆吾者卫是也，参胡者韩是也，季连者楚是也，载之《帝系》；而卫、韩、楚后世之君，又载之《王侯谱》。皆分析其性质，而各有专属。《易》曰：君子以类族辨物。史体之区分综合，即由先哲类族辨物之精心也。

班书裁节《史记》，于《项羽传》汉王乃与数十骑遁去下曰：语在《高纪》。于与陈平金四万斤以间楚君臣下曰：语在《陈平传》。一则以其为汉王家事，一则以其为陈平秘计，故明示其分析之由。于汉王数羽十罪下曰：语在《高纪》。则为史公补注。迁书《羽纪》固亦未载十罪也。至鸿门之宴曰：语在《高纪》。则示其详略之宜。又非不略载其经过，盖事之相联者，有宾主焉，有轻重焉。为一人之传记，与为一时各方面之纪传之法不同，必权其主宾轻重之孰当，而后可支配其事实。不得以各方面之与此一人有关系者，悉入于此一人传中。故戴名世《史论》曰：譬如大匠之为巨室也，必先定其规模，向背之已得其宜，左右之已审其势，堂庑之已正其基；于是入山林之中，纵观熟视，某木可材也，某木可柱也，某木可栋也、榱也，某石可础也、阶也；乃集诸工人，斧斤互施，绳墨并用，一指挥顾盼之间，而已成千门万户之巨观。良将之用众也，纪律必严，赏罚必信，号令必一，进退必齐，首尾作应，运用之妙成于一心，变化之机莫可窥测；乃可以将百万之众，而条理不紊，臂指可使。兵虽多而愈整，法虽奇而实正。《戴南山集》盖即指《史》、《汉》诸良史支配史迹错综离合以见其联系，而各显其特性之妙而言。而凡诸史之所谓语在某篇者，不过略示义例，亦不碍其截断语气。凡纪传表志相联之事，不可缕举，胡尝一一注之。读史者所贵心知其意也。

章氏以诸史自注语在某篇，等于杜氏《左传注》某事为某年某事张本之例，语固有见。

《史篇别录例议》：杜氏之治《左》也，于事之先见者，注曰：为某年某事张本。于事之后出者，注曰：事见某公某年。乃知子注不入正文，则属辞既无扦格，而核事又易周详，斯无憾矣。马班未见杜氏治《左》之例，而为是不得已，后人盍亦知所变通欤！

然未知史之有联，以正文表示其在他书者，《左氏》先有其例，非若杜氏只述本书之先后错见也。申叔时之言教学，《春秋》、《世》、《诗》诸书并举。知读《春秋》亦必读《世》、读《诗》，而后见其分篇相联。《左氏传》载庄姜之美曰：卫人所为赋《硕人》也。以及许穆夫人赋《载驰》，郑人赋《清人》，均杂见传中。是非后史自注语在某篇之权舆乎？《诗》与《春秋》非一书，犹之纪与传非一体。使非古人之讲《春秋》兼讲《风诗》，作传者何故著此语？即著此语，亦不知其何谓矣！

《左传·隐公三年》：卫庄公娶于齐东宫得臣之妹，曰庄姜。美而无子，卫人所为赋《硕人》也。

闵公二年：立戴公以庐于曹，许穆夫人赋《载驰》。……郑人恶高克，使帅师次于河上，久而弗召。师溃而归，高克奔陈，郑人为之赋《清人》。

又凡史事无往不联，而纪传有注有不注，亦就《左氏传》熟玩，而可得之。《清人》、《载驰》之类见于《诗》，传中注之。《新台》、《南山》之诗，则不注矣。此示读者举一反三，而非泥于定体。推之管仲作内政寄军令，秦穆作誓，咸不之及，则以其别有语与训典、故志诸书相联，不必备载，亦不必尽注也。故《世本》一书，有分类相联之法。《诗》、《书》、《春秋》、《国语》，亦复分书而相联。由此而演进为纪传世家书表之史。历世相承，他族莫比。非切究其内容，不能漫议其形式也。

史之为体，一时代有一时代之中心人物；而各方面与之联系，又各有其特色，或与之对抗，或为之赞助，而赞助者于武功文事内务外交之关系又各不同。为史者若何而后可以表示此一中心？若何而后可以遍及各方面？则莫若纪传表志之骈列为适宜矣。如汉武帝为一中心人物，而其关系之多，不能尽见于纪也。家族之事，在《景十三王》、《武五子》、《外戚窦田》、《卫霍》、《东方朔》、《车千秋》、《江充》、《霍光》诸传，及《外戚恩泽侯表》；武功之盛，载《卫霍》、《张骞李广利》、《司马相如》、《严助》及《朝鲜》、《南粤》、《闽粤》、《西南夷》、《匈奴》、《西域》诸传，《功臣表》、《地理志》。而太初改历，天马作歌，见知故纵之法，均输告缗之事，登封郊祀之仪，宣防白渠之利，分见诸志。文史儒术，有专传，有汇传；而儒林学派，又与《艺文志》相联。酷吏任刑，有专传，有汇传；而廷尉迁除，又与《百官公卿表》相联。故其妙在每一事俱有纵贯横通之联络，每一人又各有个性共性之表见。若第为汉武专传，不第不能尽量胪举，而上溯文景，下泊昭宣，家国事物迁变演进之风，尤难贯摄。此为专传不能如纪传表志之善之最易见者也。即由《通鉴》而编《本末》，就武帝时事，分立诸题，其不赅不备，亦犹专传。推之唐太宗、王安石诸人，其广狭不侔，而多方面之联系不能但作一传则同也。

纪传易复，编年无重。《史通》所谓《春秋》之善，语无重出也。然《左氏传》按年叙事，亦不免有重复。如郑忽怒鲁，齐桓封卫，语皆复见，未为疵颣。

《左传·桓公六年》：诸侯之大夫戍齐，齐人馈之饩，使鲁为其班，后郑。郑忽以其有功也，怒，故有郎之师。

又，十年：初北戎病齐，诸侯救之，郑公子忽有功焉。齐人饩诸侯，使鲁次之。鲁人以周班后郑，郑人怒，请师于齐，齐人以卫师助之。

又，闵公二年：僖之元年，齐桓公迁邢于夷仪。二年，封卫于楚丘，邢迁如归，卫国忘亡。

又，僖公二年：诸侯城楚丘而封卫焉。

至于迁史，本纪、世家、年表、列传错综离合，复笔尤多。有整齐杂语，或略或复者，如《周本纪》止载穆王征犬戎及甫侯作修刑辟，而西征之事，则载《秦本纪》、《赵世家》。

《史记·秦本纪》：造父以善御幸于周缪王，得骥、温骊、骅骝、騄耳之驷，西巡狩，乐而忘归。徐偃王作乱，造父为缪王御，长驱归周，一日千里以救乱。

《赵世家》：造父幸于周缪王，造父取骥之乘匹与桃林，盗骊、骅骝、騄耳献之缪王。缪王使造父御，西巡狩，见西王母，乐之忘归。而徐偃王反，缪王日驰千里马，攻徐偃王，大破之。

有别裁互著，旁见侧出者，如子产事具《郑世家》，又著之《循吏传》；范蠡事具《越世家》，又著之《货殖传》是也。而其错综之妙，有以见其中心思想者，尤莫如书孔子之事。孔子既有世家，生卒事迹又见年表《鲁世家》，而周、秦本纪各国世家又多载其行事及卒年。大书特书不一书，尤可见其用意。

　　《史记·周本纪》：敬王四十一年，孔子卒。

　　《秦本纪》：惠公元年，孔子行鲁相事。……孔子以悼公十二年卒。

　　《吴太伯世家》：阖庐十五年，孔子相鲁。

　　《齐太公世家》载夹谷之会，孔丘相鲁事，特详。

　　《燕召公世家》：献公十四年，孔子卒。

　　《管蔡世家》：蔡昭侯二十六年，孔子如蔡。

　　《陈杞世家》：孔子读史记至楚复陈云云。……缗公六年，孔子适陈。……十三年，楚昭王卒于城父，时孔子在陈。……二十四年，楚惠王复国，遂灭陈而有之。是岁孔子卒。

　　《卫康叔世家》：灵公三十八年，孔子来，禄之如鲁。后有隙，孔子去。后复来。……出公八年，孔子自陈入卫。九年，孔文子问兵于仲尼，仲尼不对。其后鲁迎仲尼，仲尼反鲁。……庄公二年，鲁孔丘卒。

　　《宋微子世家》：景公二十五年，孔子过宋，宋司马桓魋恶之，欲杀孔子。孔子微服去。……太史公曰：孔子称微子去之云云。

　　《晋世家》：定公十二年，孔子相鲁。……三十三年，孔子卒。

　　《楚世家》：昭王十六年，孔子相鲁。……二十七年，孔子在陈，闻是言曰：楚昭王通大道矣。

　　《郑世家》：孔子尝过郑，与子产如兄弟云。及闻子产死，孔子为之泣曰：古之遗爱也。……声公二十二年，孔子卒。

**　　钱竹汀乃转以诋毁史迁。**

　　《廿二史考异》：《周本纪》孔子卒。……周、秦二本纪，鲁、燕、陈、卫、晋诸世家，皆书孔子卒；而吴、齐、蔡、宋、楚世家，则不书。夫孔子鲁人也，其卒宜书于《鲁世家》。孔子有东周之志，孔子卒而周不复兴矣。以其卒之系于周，则书于《周本纪》，亦宜也。若秦、若卫、若陈、若晋与燕，于孔子何与，而亦书孔子卒也？或曰：孔子之卒，史迁为天下惜之，故不独于鲁书。若然，则十二国皆宜书，何为又有书，有不书也？且孔子之先，宋人也，齐、楚与蔡，孔子尝至其国焉，视秦、晋、燕之从未一至者，有间矣，何为乎宜书而反不书也？

　　殆未熟复迁书，观其比事属辞，力求联系，而又不嫌方板之法。若十二世家一一书孔子卒，则庸手所为，尚成义法乎？钱氏固未知史意。即苏魏公以此为强记之诀，亦是后世以博见强识为读史要务之见，未为知言也。

《宋名臣言行录》载苏氏家训，王禹玉、元厚之诸公，尝询祖父（即苏颂）曰：公记之博，以至国朝典故，本末无遗，日月不差，用何术也？祖父曰：亦有一说。某每以一岁中大事为目，欲记某年事，则不忘矣。如某年改元，其年有某事；某年上即位，其年有某事；某年立后若太子，其年有某事；某年命相，其年有某事。则记事之一法也。复观太史公书，是岁孔子生，是岁孔子卒，是岁齐桓公会于葵丘，是岁晋文公始霸之类，恐亦此意也。

后史无有如孔子之足以表见中心思想者，故史公之法不传。然如陈寿之于《蜀志》，隐然有以见诸葛亮之为中心，故诸传载亮言行最多；而《出师表》既载本传，《董允向宠传》中又节载之，不避复见，似亦史公遗意。钱氏亦病其重出。要之史之重出，有成书时失于检校者，如欧公《五代史记》多无关系之重复。有著者实具深意者，不可不分别论之。章氏于校勘目录，盛称别裁互著之善；而于纪传之互著未为阐明。其实一理也。

《廿二史考异》：《诸葛亮传》……侍中、侍郎郭攸之、费祎、董允等。案诸葛亮《出师疏》，本传已载其全文。而侍中郭攸之、费祎，侍郎董允等云云，复载允传。将军向宠云云，又载《向朗传》。亦重出也。

史有同一性质，而有数十百事者。著之纪传，则不可胜载；略之则不赅不备。表以列之，志以详之，则相得益彰焉。如汉高大封功臣，吕后定列侯功次，本纪约言之，诸人亦不能尽传；有《功臣侯表》，则百数十人之事迹世系兴废具见；而风云际会，事资群力，非少数人所得专擅其功之义彰矣。光武功臣封者三百六十五人，外戚恩泽封者四十五人，《后汉书·光武本纪》建武十三年。范书自云台列将二三十人及樊宏、阴识、马援诸家外，不能一一缕举，则无表之故也。《王莽传》为史传最长者，其于更定地名，不能悉载，第撮举其悖谬，曰：一郡至五易名，而还复其故，吏民不能纪。每下诏书，辄系其故名。曰制诏陈留大尹太尉，其以益岁以南付新平，新平故淮阳；以雍丘以东付陈定，陈定故梁郡；以封丘以东付治高，治高故东郡；以陈留以西付祈隧，祈隧故荥阳。陈留已无复有郡矣，大尹太尉皆诣行在所。其号令变易，皆此类也。而《地理志》一一载莽所易之名，虽无关于闳旨，而王莽地名，乃比光武功臣为能备著于后世。若货币之于莽传明著语在《食货志》

者，更无论矣。故有表志而纪传可简，无表志则纪传虽详而不能备。且其备也，必资官书；无当时之官书，虽极读史之勤，穿穴纪传而补为之表，必不能免绠漏。治史而病官书，尚野史，非知史之全体者也。顾史家有以表补纪传者，亦有以纪示传所不书者。如《汉书·百官公卿表》于见于纪传之人，不书地名；其不见者，则以地名表之。若天汉元年济南太守琅邪王卿为御史大夫，二年有罪自杀之类，是也。或书其地兼及其字，如元凤五年巨鹿太守淮阳朱寿少乐为廷尉，坐侍中邢元下狱风吏杀元弃市之类，是也。《后汉书》转用此例以为纪。三公有传者，不著其地；其无事迹可见者，则以地名表之。如《明帝纪》，永平十四年，巨鹿太守南阳邢穆为司徒；《和帝纪》，永元十年，太常太山巢堪为司空之类，是也。使其有表，则此等无事迹之高官，正不必浪载于纪矣。

世人矜言创作，动辄诋诃古人，而于古人政治学术著作之精微，都不之察。史公创制之精，纪传书世皆摄于表，旁行斜上，纵横朗然，琐至逐月，大兼各国。读此者第一须知在西历纪元前百年间，何国有此种史书，详载埃及、巴比伦、腓尼基、波斯、希腊、罗马各国行事，年经月纬本末灿然者乎？且史公端绪，上承《周谱》，在西元前更不止百年。盖吾政教所包者广，故其著作所及者周。竹素编联，乃能为此表谱。《春秋》书之竹简，表谱殆必书之缣素。下迨秦楚之际，世乱如麻，而群雄事迹，亦能按月记注。他国同时之史，能若是乎？《史通》初病表历，后亦赞美。止就国史评衡，未与殊方比勘。今人论史，尤宜比勘外史，始有以见吾史之创制为不可及矣。又如今人病吾国族记载户口数字多不确实，是诚亟宜纠正。然因以谯诃昔人，则又未知吾史之美。如《汉书·地理志》详载郡国户口，吾尝询之读域外书者，当西历纪元时，有详载今日欧洲大小都市户口细数者乎？且《汉志》之纪户口，又非自平帝时始有记录，其源自周代司民岁登下万民之生死而来。民政之重户口，孰有先于吾国者乎？徒以近百年间，国力不振，遂若吾之窳敝，皆受前人遗祸，而不知表章国光，即史之表志一端观之可以概见矣。

史之为义，人必有联，事必有联，空间有联，时间有联。纪传表志之体之善，在于人事时空在在可以表著其联络。而凡欲就史迹纵断或横断之以取纪述观览之便者，皆于史实不能融合无间也。《左氏》始于隐公，而有时必上溯惠公某年。

《左传·隐公元年》：惠公之季年，败宋师于黄。

又，桓公二年：惠之二十四年，晋始乱。……惠之三十年，晋潘父弑昭侯，而立桓叔不克。……惠之四十五年，曲沃庄伯伐翼。

《史记》始于黄帝，而《历书》、《货殖传》屡称神农。史之不可限断若是。《史通》以班书为断代之史，后世信之无异词。第一察班书志表，即知其不然矣。班承迁史，整齐其文，补所未备。《律历》则始自伏羲，迄于建武；《礼乐》则贯通周汉，下迄显宗；《刑法》起黄帝、颛顼，而论及建武、永平；《食货》则始自《洪范》，而结以世祖；《郊祀》由颛顼、共工，以至王莽；《五行》则博解《春秋》，地理则详释《禹贡》；《艺文》之从古至汉，《古今人表》之从古及秦，更无论矣。故以断代史例绳班书，毋宁以继承马迁之通史视班书。即后世断代为史，亦多志及前世，不能专限于某朝。隋志经籍，唐表世系，以至各史地理，多举前承疆域，其势不能截然画分也。《明史》及《清史稿》艺文志，专纪一代之书，究逊于汉、隋二志。则著者之学有不逮，非史例必应尔也。

表以联事，志则联文。名贤巨传，载文虽多，仍可依类纳之于志。贾谊、晁错传皆载文，而谊论积贮铸钱，错请重农贵粟之文，则入于《食货志》。刘向、刘歆父子之传，亦各载文，而其学说广著《律历》、《五行》、《艺文志》中。董仲舒议限民名田，匡衡议定南北郊祀，皆著志中，不入本传也。后史若王俭之议郊祀明堂，谅闇奉祠，载之《礼志》。《南齐书》刘秩之论丧纪制度，加笾豆，许私铸钱，改制国学，分在《礼仪》、《食货》各志。《旧唐书》是皆所谓类族辨物矣。《宋史·兵志》载王安石论保甲各节，虽非载文，亦以其辨论归之于志，不尽具于本传也。刘、章二氏咸论载文，而未及志传相联之用，圆神方智，实亦可由此悟之。

汇传之相联，无俟论矣，专传亦各有联。曹参之治黄老，以师盖公，载本传矣；而其宾礼东郭先生、梁石君，则见于《蒯通传》。卫青奉法遵职，士夫无称，见传赞矣；而黄义、曹梁称大将军遇士大夫以礼，古名将不过，则见于《伍被传》。

《汉书·蒯通传》：齐悼惠王时，曹参为相，礼下贤人，请通为客。初齐王田荣怨项羽，谋举兵畔之，劫齐士，不与者死。齐处士东郭先生梁石君在劫中，强从。及田荣败，二人丑之，相与入深山隐居。客谓通曰：先生之于曹相国，拾遗举过，显贤进能，齐国莫若先生者。先生知梁石君、东郭先生世俗所不及，何不进之于相国乎？通曰：诺。臣之里妇与里之诸母相善也，里妇夜亡肉，姑以为盗，怒而逐之。妇晨去过所善诸母，语以事而谢之。里母曰：女安行，我今令而家追女矣。即束缊请火于亡肉家，曰：昨暮夜，犬得肉，争斗相杀，请火治之。亡肉家遽追呼其妇。故里母非谈说之士也，束缊乞火非还妇之道也。然物有相感，事有适可，臣请乞火于曹相国。乃见相国曰：妇人有夫死三日而嫁者，有幽居守寡不出门者，足下即欲求妇，何取？曰：取不嫁者。通曰：然则求臣亦犹是也。彼东郭先生、梁石君，齐之俊士也，隐居不嫁，未尝卑节下意以求仕也。愿足下使人礼之。曹相国曰：敬受命。皆以为上宾。

《伍被传》：被曰：臣所善黄义从大将军击匈奴，言大将军遇士大夫以礼，与士卒有恩，众皆乐为用。骑上下山如飞，神力绝人如此。数将习兵，未易当也。及谒者曹梁使长安来，言大将军号令明，当敌勇，当为士卒先；须士卒休，乃舍；穿井得水，乃敢饮；军罢，士卒已逾河，乃度；皇太后所赐金钱，尽以赏赐，虽古名将不过也。

光武功臣，首推邓禹，观其本传，似其功业止于初破赤眉收抚民众，及收复长安、谒祠高庙二事。其后赤眉复入长安，禹威损挫，归附者离散，非冯异奋翼渑池，禹且为赤眉所虏。殊不见其功业远过他将也。必合寇恂、贾复、吴汉、铫①期诸传观之，然后知禹之佐光武，不亚萧何之佐汉高，知人进贤，宜为元辅。然其推举诸将之事，必一一著之禹传，则重腿而失当。此各有专传分配得宜，既显禹功又表现诸将特长之法之妙也。

《后汉书·寇恂传》：数与邓禹谋议，禹奇之，因奉中酒共交欢。光武问禹，诸将谁可使守河内者。禹曰：寇恂文武备足，有牧人御众之才，非此子莫可使也。乃拜恂为河内太守。

又《贾复传》：因邓禹得召见，光武奇之，禹亦称有将帅节，于是署复破虏将军。

又《吴汉传》：汉为人质厚少文，造次不能以辞自达。邓禹及诸将多知之，数相荐举，乃得召见，遂见亲信，常居门下。光武将发幽州兵，夜召邓禹，问可使行者。禹曰：间数与吴汉言，其人勇鸷有智谋，诸将鲜能及者。即拜汉大将军。（上称禹及诸将多知之，似知汉者不止禹一人。下述拜汉大将军由禹特举，犹之韩信之拜大将，出于萧何力荐矣。）

---

① "铫"应为"姚"，原文误。

又《铫①期传》：期为裨将，与傅宽、吕晏俱属邓禹。徇傍县，又发房子兵。禹以期为能，独拜偏将军，授兵二千人。宽、晏各数百人。还言其状，光武甚善之。

分配之法，善可参稽，恶亦错见。如《张汤传》，已极写其乡上意所便矣，《汲黯传》又载其与李息言：汤智足以距谏，诈足以饰非，非肯正为天下言，专阿主意。主意所不欲，因而毁之；主意所欲，因而誉之。好兴事舞文法，内怀诈以御主心，外挟贼吏以为重。伍被、严助、朱买臣传，又与汤传钩联。《史》、《汉》各传。马防兄弟贵盛，奴婢各千人已上，资产巨亿，皆买京师膏腴美田；又大起第观，连阁临道，弥亘街路，多聚声乐，曲度比诸郊庙；宾客奔凑，四方毕至。本传已详言矣，而《马皇后纪》称其见外家问起居者，车如流水，马如游龙，苍头衣绿褠，领袖正白，以见其侈汰。第五伦疏又曰：窃闻卫尉廖以布三千匹，城门校尉防以钱二百万，私赡三辅衣冠，知与不知，莫不毕给。又闻腊日亦遗其在洛中者钱各五千，越骑校尉光腊用羊三百头，米四百斛，肉五千斤。《后汉书·第五伦传》皆旁见侧注之意也。推之戴圣大儒，礼学名家，载在《儒林》，无贬辞也；而行治不法，其子宾客为盗，则见于《何武传》。

《汉书·何武传》：九江太守戴圣，《礼经》号小戴者也。行治多不法，前刺史以其大儒，优容之。及武为刺史，行部录囚徒，有所举以属郡，圣曰：后进生何知？乃欲乱人治，皆无所决。武使从事廉得其罪，圣惧自免。后为博士，毁武于朝廷。武闻之，终不扬其恶。而圣子宾客为群盗，得系庐江，圣自以子必死。武平心决之，卒得不死。自是后圣惭服。武每奏事至京师，圣未尝不造门谢恩。

班固良史，坐种兢死。诏遣责种，非其罪也，而肃宗素薄其人，则见于《崔骃传》。

《后汉书·崔骃传》：肃宗雅好文章，谓窦宪曰：公爱班固而忽崔骃，此叶公之好龙也。

赵瓯北论《新唐书》，于名臣完节者，虽有小疵，多见他传，而于本传多削之，盖亦为贤者讳之意。此正史联之妙，赵氏能识之者。近人谓吾史都似聚若干篇墓志铭而成，盖以《名臣碑传》、《琬琰集》、《耆献

---

① "铫"应为"姚"，原文误。

类征》之类视史。若知史之镕裁辉映，迥与集录碑传殊科，不致发此论矣。

《陔馀丛考》：《新唐书》于名臣完节者，虽有小疵，而于本传多削之，盖亦为贤者讳之意。如褚遂良恶刘洎，遂诬之至死，是遂良生平第一罪过，乃本传中绝不及，仅于传赞中略见之，而详其事于洎传。遂良又与江夏王道宗有隙，诬其与房遗爱谋反，流象州；又尝构卢承庆、李乾祐，皆坐贬；及贱买中书译语人地，为韦思谦所劾，此皆遂良短处，《新书》各见于道宗、承庆、思谦等传，而本传不载。马周初为御史，韦挺为大夫，不之礼，及周为中书令，遂沮挺入相；又中挺运粮辽东，事见挺传，而周传不载。张易之诬魏元忠有不臣语，引张说为证，将廷辨，说惶遽欲从，宋璟谓说曰：名义至重，不可陷正人；若不测，吾将与子俱死。说乃以实对，元忠得免死。此事见吴兢、宋璟传及《通鉴》，而说本传但云张易之诬魏元忠，援说为证，说廷对谓元忠无不逊语，忤后旨，流钦州，而绝不及宋璟劝说之事。张嘉贞与说同相，说恶之，因其弟嘉祐犯罪，怵嘉贞，素服待罪，不入直，遂出为幽州刺史，说代其处。事见嘉贞传，而说传亦不载。张嘉贞为定州刺史，立颂恒岳庙中，有祈赛钱数十万，嘉贞以为颂文之功，纳其数万，事见《旧书》，而《新书》嘉贞传亦不载。姚崇荐李乂由黄门为侍郎，外托引重，实去其纠驳之权；崇又以韩思复沮捕蝗事，出思复为德州刺史，事见乂及思复传，而崇传不载。玄宗欲相韩休，李林甫知之，遂荐休；休既相，德林甫，乃引林甫为相。事见林甫传，而休传不载。《通鉴》郭子仪以副使张昙性刚，谓其轻己，听吴曜之谮，奏诛之；田承嗣既降，郭子仪应之缓，承嗣复叛去；而《新书·崔光远传》子仪与贼战汜县，光远援之不力，及光远守魏，与贼战，子仪亦不救，故败。此数事皆子仪短处，而子仪本传不载。赵璟与张赞同相，赞恃久在禁廷，以国政为己任，乃徙璟门下侍郎。姜公辅奏德宗云：窦参尝语臣云，上怒臣未已。帝怒，乃杀参，时谓公辅所奏窦参语，得之赞，云参之死，赞有力焉。又赞素恶于公异、于邵等，既辅政，乃逐之。事见璟及公辅、公异等传。《旧唐书》赞传亦载之，乃《新书》本传不载，此皆欲以完节予其人，不忍累以白璧之玷。固用心之忠厚，亦作史之通例也。

史以明政教，彰世变，非专为存人也。故既以联合而彰个性，亦可略个性而重联合。桑弘羊、孔仅之理财，唐都、洛下闳之治历，缇萦上书，赵过教田，番系穿渠，陈农求书，见于纪表书志可矣，不必特为之传也。而于事功之合作，风教之攸关者，附见错举，亦往往以类及之。谷口郑子真、蜀严君平《汉书·王贡两龚鲍传叙》、太原闵仲叔、荀恁、安阳魏桓《后汉书·周黄徐姜申屠传叙》，见于《叙论》；公孙敖、路博德等附之《卫霍传》；左原、茅容等附之《郭泰传》，则事功之由群力，风尚之非一人之义显矣。至于奉使西域，一岁中多者十余，少者五六辈；西征大宛，军官吏为九卿者三人，诸侯相郡守二千石百余人，千石以下千余人《汉书·张骞李广利传》；党锢之祸，初所连及二百余人，后之死徙废禁者六七百人《后汉书·党锢列传》，岂能一一著之，致等点鬼簿哉！至若《蜀志》之不尽载者，补以《季汉辅臣赞》，《魏书》之不尽载者，具于高允《征士颂》，则又史家之变例，以载文补列传也。《唐书·李光弼传》附载诸将，盖效《卫霍传》例；而《郭子仪传》不附，则犹《史记》世家于孔子卒有书有不书，以示变化不拘也。赵氏盛称《明史》诸传附著之善，则犹泥于存人之观念矣。

《新唐书·李光弼传》：光弼所部将，李怀光、仆固怀恩、田神功、李抱真、董秦、哥舒曜、韩游环、浑释之、辛京杲自有传。若荔非元礼、郝廷玉、李国臣、白孝德、张伯仪、白元光、陈利贞、侯仲庄、柏良器，皆章章可称列者，附次左方。（按柏良器后尚有乌承玭，此文未尽举也。）

《廿二史札记》：《宋史》数人共事者，必各立一传，而传中又不彼此互见，一若各为一事者。非惟卷帙益繁，亦且翻阅易眩。《明史》则数十人共一事者，举一人立传，而同事者即各附一小传于此人传后；即同事者另有专传，而此一事不复详叙，但云语在某人传中。如孙承宗有传，而柳河之役，则云语在《马世龙传》中；祖宽有传，而平登州之事，则云语在《朱大典传》，是也。否则传一人而兼叙同事者，如《陈奇瑜传》云与卢象昇同破贼乌林关等处，《象昇传》亦云与奇瑜同破贼乌林关等处是也。甚至熊廷弼、王化贞，一主战，一主守，意见不同也，而事相涉，则化贞不另传，而并入廷弼传内。袁崇焕、毛文龙，一经略，一岛帅，官职不同也，而事相涉，则文龙不另传，而并入崇焕传内。此又编纂之得当也。而其尤简而括者，莫如附传之例，如《扩廓传》附蔡子英等，《陈友定传》附靳义等，《方孝孺传》附卢原质等，以其皆抗节也；《柳升传》附崔聚等，以其皆征安南同事也；《李孜省传》附邓常恩等，以其皆以技术宠幸也。至末造殉难者，附传尤多，如《朱大典传》附王道焜等数十人，《张肯堂传》附吴钟峦等数十人；而《史可法传》，既附文臣同死扬州之难者数十人，若再附武臣，则篇幅太冗，乃以诸武臣尽附于《刘肇基传》，以及《忠义》、《文苑》等，莫不皆然。又《孝义传》既案其尤异者各为立传，而其他曾经旌表者数十百人，则一一见其氏名于传序内。又如正德中谏南巡罚跪午门杖谪者一百四十余人，嘉靖中伏阙争大礼者亦一百四五十人，皆一一载其姓名。盖人各一传，则不胜传，而概删之，则尽归泯灭，惟此法不致卷帙浩繁，而诸人名姓仍得见于正史。此正修史者之苦心也。

世谓吾民族富于政治性，非漫诿也。由史之有联出于官之有联观之，则著作之精微，远基于政治之经验。其初一官一事，专务本身之发展，不计环境之骈罗，牴牾冲突，驯致决裂，乃有以知联络组织之重要。当官必负专责，同寅必求协恭，相让相联，乃可以应付百官而各得其当。此官联之语所由产也。史掌官书，实参政治，熟见百司之体系，必有脉络之贯通，类族辨物，有向心力而无离心力。积累而至迁史班书，又不知经过若干之经验与思考，而后有此鸿裁巨制，以表政宗而副国体。故自《官》、《礼》至《史》、《汉》，皆兼广大精微之胜义，非简单头脑所能识度。后世政治家与著作家，席其成规，较易为力。然亦惟知其意者能得其运用之妙，否则龃龉华离矣。是故知政而后知史，亦必知史而后知政。不知史则但谋局部之扩张，若其余皆可蔑弃，如前所论，务为专传而病前史之为者，即其襟抱不能容纳万流，只能察识片面之病也。班孟坚之自述曰：穷人理，该万方。治史而能着眼于此，始不致徒以史求史，而经世之用无穷矣。

史德第五

吾国言史学之专书有二，曰刘知幾之《史通》，章学诚之《文史通义》。此尽人所知也。然二书同为治史学之要籍，而二人之主旨不同。刘氏自以所志不遂，郁怏孤愤，多讥往哲，喜述前非。章氏立论，主于敬恕，故著《史德》、《文德》二篇，畅论其旨。其最要之语曰：德者何？谓著书者之心术也。夫秽史者所以自秽，谤书者所以自谤，素行为人所羞，文辞何足取重？魏收之矫诬，沈约之阴恶，读其书者先不信其人，其患未至于甚也。所患夫心术者，谓其有君子之心，而所养未底于粹也。又曰：文史之儒，竞言才学识，而不知辨心术，以议史德，乌乎可哉！所谓文史之儒，即指刘氏也。章氏盖谓刘氏有君子之心，而所养未底于粹。世之诵习章氏之学者，似皆未悟其所指。刘咸炘虽谓《史德》一篇最为精深，其所举敬、恕二义，颇不易晓，敬即慎于褒贬，恕即曲尽其事情。《治史绪论》然未尝切究章氏所谓以此为史岂可与闻古人大体诸语。章氏并时及自唐以后之为史者，固未有如章氏所举示。即郑樵持论激昂，而章氏甚推郑樵，且樵之言亦多本刘知幾也。梁任公《历史研究法补编》，谓实斋补充史德甚是，而谓实斋所讲亦不圆满；又谓心术端正，相当必要，但尚不足以尽史德之含义。我以为史家第一件道德，莫过于忠实。因历举夸大、附会、武断诸病，且谓忠实之史家对于过去事实十之八九应取存疑态度，史家道德应如鉴空衡平。《历史研究法补编》第二章《史家的四长》其陈义甚高，第似未甚虚心体察章氏之意，忠实及鉴空衡平，非养心术使底于粹之谓乎？

　　章氏论德，固亦明于古人所言皆兼本末、包内外、合道德文章而一之。然曰临文必敬，非修德之谓《文德篇》，则易使学者误认平时不必修德，而临文乃求其敬。此舍本而求末也。刘、梁二氏又皆就史言德，苟谛思之，吾人不欲为史家，即无须乎修德乎？故治史而不言德则已，言德则必究德之所由来，及其为用之普遍，而非曰吾欲为史家始不得不正其心术。知此，则学者之先务，不当专求执德以驭史，而惟宜治史以畜德矣。

　　人类之道德，禀于天赋之灵明，所谓天生烝民、有物有则、民之秉彝、好是懿德也。而其灵明所由启发而养成，则基于积世之经验。必经历若干之得失利害，又推阐其因果之关系，灼然有以见其自植于群有必然之定则，决不可背。爰以前事为后事之师，始可免于尝试之劳，及蹈覆辙而犹不悟之苦。故《易》曰：君子以多识前言往行，以畜其德，非甘为前人之奴也。积前人之经验，为吾所未经验之经验，其用始捷而宏也。《书》曰：惟学逊志务时敏，厥修乃来。孙志者，先虚其心，不逞己见，而敏锐以求前人之经验，畜之于心。而后所谓道德者，乃若自外来入吾之身心。虽其心性所固有之良，有以吸受，而非以前言往行证之且坚识之，不能真知而力行也。故以前人之经验，启发后人之秉彝，惟史之功用最大。吾国古代教育，首以《诗》、《书》、《礼》、《乐》为植德之具。《诗》、《书》、《礼》、《乐》，皆史也，皆载前人之经验而表示其得失以为未经验者之先导也。《虞书》之言教胄子，不惟授以《诗》、《乐》之技能也，于其性情矫其偏而济其美，曰：直而温，宽而栗，刚而无虐，简而无傲。此即章氏所谓有君子之心而所养必底于粹也。（直、宽、刚、简，皆君子之美，而必矫其失始粹。）至春秋时申叔时论教太子之法，言之尤详。所谓耸善抑恶、昭明废幽、广德明志、疏秽镇浮、戒惧休劝者，皆以史为工具而求成其德也。

《楚语》：庄王使士亹傅太子箴……问于申叔时。叔时曰：教之《春秋》，而为之耸善而抑恶焉，以戒劝其心。教之《世》，而为之昭明德而废幽昏焉，以休惧其动。教之《诗》，而为之导广显德，以耀明其志。教之《礼》，使知上下之则。教之《乐》，以疏其秽而镇其浮。教之令，使访物官。教之语，使明其德，而知先王之务用明德于民也。教之故志，使知废兴者而戒惧焉。教之训典，使知族类，行比义焉。

古史孔多，孔门归之六艺。《戴记·经解》所言某书之教有其特长，亦有其流失。得其长而祛其失，则治史而能明德。故古人之治史，非以为著作也，以益其身之德也。

《经解》孔子曰：入其国，其教可知也。其为人也，温柔敦厚，《诗》教也；疏通知远，《书》教也；广博易良，乐教也；絜静精微，《易》教也；恭俭庄敬，《礼》教也；属辞比事，《春秋》教也。故《诗》之失愚，《书》之失诬，乐之失奢，《易》之失贼，《礼》之失烦，《春秋》之失乱。其为人也，温柔敦厚而不愚，则深于《诗》者也；疏通知远而不诬，则深于《书》者也；广博易良而不奢，则深于乐者也；絜静精微而不贼，则深于《易》者也；恭俭庄敬而不烦，则深于《礼》者也；属辞比事而不乱，则深于《春秋》者也。

近人讲史学者，恒称举疏通知远、属辞比事二语，而不注意其为人也二语。孔子明明言其为人，所以明史之有益于人。使其为人能如此，则其为史自然有德。今不先从治史畜德立说，猥曰吾欲为史学家，不得不有敬恕之德，使不欲为史学家，即可不敬且恕乎？是则读书而昧于本原之故也。古人之论心术，多包括两端，不畸于一偏。《曲礼》第二节曰：爱而知其恶，憎而知其善。《大学》修身节曰：人之其所亲爱而辟焉，之其所贱恶而辟焉，之其所畏敬而辟焉，之其所哀矜而辟焉，之其所敖惰而辟焉。故好而知其恶，恶而知其美者，天下鲜矣。鉴空衡平，孰大于是。即以《经解》观之，曰诬曰贼。治史之弊，久为圣哲所戒。第古人言约，后人必剖析而缕缕尔。由是言之，吾国圣哲深于史学，故以立德为一切基本。必明于此，然后知吾国历代史家所以重视心术端正之故。若社会上下道德荡然，且无先哲垂训，诏之以特立独行，决不能产生心术端正之史家，盖环境与个人互相影响。今之论史者必求史事之背景，论史学而不知史学之背景，亦已自违史律矣。

孔子论史所以教人为人。后世之教，杂以利禄之诱，遂不古若，然犹本于六艺，故咸知重为人。颜之推当萧梁、高齐之世，去古远矣，而其言学在观古人之若何而行之效之。

《颜氏家训·勉学篇》：夫所以读书学问，本欲开心明目，利于行耳。未知养亲者，欲其观古人之先意承颜，怡声下气，不惮劬劳，以致甘腝，惕然恐惧，起而行之也。未知事君者，欲其观古人之守职无侵，见危授命，不忘箴谏，以利社稷，恻然自念，思欲效之也。素骄奢者，欲其观古人之恭俭节用，卑以自牧，礼为教本，敬者身基，瞿然自失，敛容抑志也。素鄙吝者，欲其观古人之贵义轻财，少私寡欲，忌盈恶满，赒穷恤匮，赧然悔耻，积而能散也。素暴悍者，欲其观古人之小心黜己，齿弊舌存，含垢藏疾，尊贤容众，茶然沮丧，若不胜衣也。素怯懦者，欲其观古人之达生委命，强毅正直，立官必信，求福不回，勃然奋励，不可惧慑也。历兹以往，百行皆然。

学者必知此义，然后知程明道斥谢上蔡玩物丧志，而其读史又不蹉一字之故。不喻此而强持敬恕从事研究，终不免于玩物丧志也。

《近思录》卷二：明道先生以记诵博识为玩物丧志。本注：胡安国云：谢上蔡先生初以记问为学，自负该博，对明道举史书成篇，不遗一字。明道曰：贤却记得许多，可谓玩物丧志。谢闻此语，汗流浃背，面发赤。及看明道读史，又却逐行看过，不蹉一字。谢甚不服，后来省悟，却将此事做话头接引博学之士。朱子曰：明道以上蔡记诵为玩物丧志，盖谓其意不是理会道理，只是夸多斗靡为能。若明道看史不蹉一字，则意思自别，此正为己为人之分。又曰：玩物丧志之戒，乃为求多闻而不切己者发。

言德不专为治史，而治史之必本于德，则自古已然。伯夷者，古史官也。舜诏之曰：夙夜惟寅，直哉惟清。史迁译之曰：夙夜维敬，直哉维静絜。敬之为德，自伯夷始；而直清之德，亦缘敬而固定。不敬则直与清皆浮慕之客气，非德操也。周之兴也，师尚父传武王以丹书，其要义曰：敬胜怠者吉，怠胜敬者灭。

《大戴记》：武王践阼三日，召士大夫而问焉，曰：恶有藏之约，行之行，万世可以为子孙常者乎？诸大夫对曰：未得闻也。然后召师尚父而问焉，曰：昔者黄帝、颛顼之道存乎？意亦忽不可得见与？师尚父曰：在丹书。……师尚父西面道书之言曰：敬胜怠者吉，怠胜敬者灭；义胜欲者从，欲胜义者凶。凡事不强则枉，弗敬则不正。枉者灭废，敬者万世。藏之约，行之行，可以为子孙常者，此言之谓也。

然则敬者，黄帝、颛顼至尧、舜、伯夷以至周武、吕尚相承治国莅官之根本大法，非惟操以治史。而史文之可约守而常行者，无逾于此。史佚由是决之曰：动莫若敬。何以莫之若？由史事证而知之也。

《国语》：史佚有言曰：动莫若敬，居莫若俭，德莫若让，事莫若咨。

世但以居敬穷理为宋儒之学，推而上之亦只知出于孔孟。抑知孔孟以前以敬立德之远源，实在古史及史官之学，岂理学家私创之说哉！《尚书》多言钦、言敬、言寅，此由圣哲本史家之经验，知诈欺苟偷之必不能成事，而以敬为一切根本。而吾国族之能萃大群而成统一之国家，端由于此。

至于史尚忠实，尤必推原古史。饰伪萌生，伊古已然。积其经验，则政教必重信，信者忠实之征也。《曲礼》曰：幼子常视毋诳。《周官》有造言之刑。又伪饰之禁，在民者十有二，在商者十有二，在贾者十有二，在工者十有二。《周官·大司徒》乡八刑及司市职文。此普遍之禁约也。而所以正官民之诈伪者，尤重在史。故太史之职曰：凡辨法者考焉，不信者刑之。凡邦国都鄙及万民之有约剂者藏焉，以贰六官之所登，若约剂乱则辟法，不信者刑之。又曰：辨事者考焉，不信者刑之。《秋官·司约》曰：凡大约剂，书于宗彝；小约剂，书于丹图。若有讼者，则珥而辟藏。其不信者，服墨刑。若大乱，则六官辟藏，其不信者杀。司约与太史联事，而约剂之藏，则在太史。史之有图法不始于周，自夏商已为专职。故官府民众有不可信，则考之史官，证其诈伪，施以刑辟，盖相沿之成法。夫史既以典法约剂判决官民之信与伪，则其为史也，自必不能作伪造言，以欺当世，以惑后世。史而不信，早已自丽于所典之刑章，尚能审断官民之欺伪乎？《韩诗外传》曰：据法守职而不敢为非者，太史令也。故治吾国史书，必先知吾自古史官之重信而不敢为非，而后世史家之重视心术，实其源远流长之验也。

史职重信，而史事不能无疑。故《春秋》之义曰：信以传信，疑以传疑。

《穀梁传·桓公五年》：春，正月甲戌、己丑，陈侯鲍卒。鲍卒，何为以二日卒之？《春秋》之义，信以传信，疑以传疑。陈侯以甲戌之日出，己丑之日得，不知死之日，故举二日以包也。（范宁曰：明实录也。杨士勋曰：既云信以传信，疑以传疑，则是告以虚事，而注云实录者。告以实则以一日卒之，告以虚则以二日卒之。二者皆是据告，而即是实录之事。）

《春秋》之为实录，刘知幾尝以汲冢出记证之矣，第又疑孔子无所笔削，不知梁亡、郑弃其师，故无加损，而天王狩于河阳、卫侯出奔齐之类，则非旧文。此所谓知其一而不知其二也。

《史通·惑经篇》：古者国有史官，具列时事。观汲冢出记，皆与鲁史符同。至如周之东迁，其说稍备，隐、桓已上，难得而详，此之烦省，皆与《春秋》不别。又获君曰止，诛臣曰刺，杀其大夫曰杀，执我行人，郑弃其师，陨石于宋五（原注：其事并出《竹书纪年》，惟郑弃其师出《琐语》、《晋春秋》也），诸如此句，多是古史全文。则知夫子之所修者，但因其成事，就加雕饰，仍旧而已，有何力哉！加以史策有阙文，时月有失次，皆存而不正，无所用心，斯又不可弹说矣。而太史公云：夫子为《春秋》，笔则笔，削则削，游、夏之徒不能赞一辞。其虚美一也。

《穀梁传·僖公十九年》：梁亡，自亡也。湎于酒，淫于色，心昏，耳目塞，上无正长之治，大臣皆叛，民为寇盗。梁亡，自亡也。如加力役焉，湎不足道也。梁亡，郑弃其师，我无加损焉，正名而已矣。

后世史官，虽与古之史职不同，而自史迁以降，史家所重，尤在实录。

《汉书·司马迁传赞》：自刘向、扬雄，博极群书，皆称迁有良史之材，服其善序事理，辨而不华，质而不俚，其文直，其事核，不虚美，不隐恶，故谓之实录。

传疑传信，不乏其例。如《宋史》载太祖之崩，《长编》引《野录》及《纪闻》之语。

《世史正纲》：传曰：信以传信，疑以传疑。因其信而信之，因其疑而疑之，可也。《宋史·太祖纪》云：开宝九年冬十月癸丑夕，帝崩于万岁殿，殡于殿西阶。《太宗纪》云：开宝九年冬十月癸丑，太祖崩，帝遂即皇帝位。《王继恩传》云：继恩事太祖，特承恩顾；及太祖崩，太宗在南府，继恩中夜驰诣府邸，请太宗入。《程德玄传》云：太祖大渐之夕，德玄闻夜有扣关疾呼赴宫邸者，德玄遽起赴府；久之，见王继恩驰至，称遗诏引太宗即位。此《宋史》所载可信者也。陈桱《通鉴续编》云：冬十月，宋主有疾。壬子，召其弟晋王光义入侍。是夕，宋主殂。甲寅，光义立。注载壬子夜召晋王入寝殿，属以后事，宦官宫婢皆不得近，但遥见烛影下晋王离席若有逊避之状。既而宋主引柱斧戳地，大声曰：好为之！俄而宋主殂。宋后见晋王，遽呼曰：吾母子之命，皆托于王！王曰：共保富贵，无忧也。此书所载可疑者也。原其所以为此说者，盖出于李焘之《长编》，《长编》引僧莹《湘山野录》语云：上夜召晋王，属以后事，左右皆不得闻，但遥见烛影下晋王时或离席，若有逊避之状；既而上引柱斧戳地，大声谓晋王曰：好为之！又录《涑水纪闻》语云：癸丑，上崩于万岁殿。时夜已四鼓，宋后使王继恩出召德芳，继恩以太祖传国晋王之意素定，不诣德芳，径趋开封府召晋王，与王俱进至寝殿。后闻继恩至，问曰：德芳来耶？继恩曰：晋王至矣！后见王愕然，遽呼官家曰：吾母子之命，皆托于官家！王曰：共保富贵，无忧矣。温公平生无妄语，其笔之于书亦以为太祖既崩，而后太宗入，则《野录》之语，了无此事也明矣。史于《太祖纪》书癸丑夕帝崩，加以夕之一言于癸丑之下，则凡所疑壬子夜之事，皆不待辨矣。秉笔者似亦知世俗有此传疑，故于诸帝之崩，皆未有书夕者，而此独书，其微意亦可见矣。

《明纪》称建文不知所终，而《胡濙传》载其访求之事。其传疑也，即其所以传信也。

《明史·惠帝纪》：宫中火起，帝不知所终。

又《胡濙传》：惠帝崩于火，或言遁去。诸旧臣多从者，帝疑之。五年，遣濙颁御制诸书，并访求仙人张邋遢，遍行天下州郡乡邑，隐察建文帝安在。濙以故在外最久，至十四年乃还。……十七年复出巡江浙、湖湘诸府，二十一年还朝。……先濙未至，传言建文帝蹈海去。帝分遣内臣郑和数辈浮海下西洋，至是疑始释。

史之信也，基于群德，百为之征，匪第关于君主之记注。故吾先民之为史，必大集全体之所为书。三皇五帝之书，与四方之志并重。人民财用，九谷六畜，数要利害，地域广轮之数，山林川泽之阻，咸有专官，详为记录。土训诵训所道，司勋行人所书，生死登下，乡党贤能，皆括《周官》各官之文。史所取资，不容伪造也。后世因之，汉之天下计书先上太史公；史公所据各书及当时记载，详旧述正史之史料篇。唐宋修史，所采各方记录，咸可溯其来源。

《春明梦余录·唐修史例》：后唐同光二年四月，敕史馆：本朝旧例，中书并起居院诸司及诸道州府合录事件报馆如左：时政记，中书门下录送。起居注，左右起居郎录送。两省转对入阁待制刑曹法官文武两班上封章，各录一本送馆。天文祥变，占候征验，司天台逐月录报，并每月供历一本。瑞祥礼节，逐季录报，并诸道合画图申送。蕃客朝贡使至，鸿胪寺勘风俗衣服、贡献物色、道里远近，并具本国王名录报。四夷入寇来降表状，中书录报。露布，兵部录报。军还日，并主将姓名具攻陷虏杀级数，并所因繇录报。变改音律及新造调曲，太常寺具录所因并乐词牒报。法令变革、断狱新议、赦书德音，刑部具有无牒报。详断刑狱，昭雪冤滥，大理寺逐季牒报。州县废置，及孝子顺孙、义夫节妇有旌表门闾者，户部录报。有水旱虫蝗，雷风霜雹，户部录报。封建天下，祠庙叙封追封邑号，祠封司录报。京师百司长官、刺史以上除授文官，吏部录报。公主百官定谥号，考功录行状并谥议，逐月具有无牒报。宗室任官，并公主出降仪制，宗正司录报。刺史县令有灼然政绩者，本州官录申奏，仍具牒报。武官，兵部录报。诸色宣敕，门下中书两省逐月录报。应硕德殊能高人逸士久在山野著述文章者，本州县各以官秩勘问的实申奏，仍具录报。应中外官薨已请谥许，本家各录行状一本申送。

《文献通考·职官考》：淳化五年，命梁周翰、李宗谔掌起居郎舍人事，通撰注记。凡宣徽、客省、四方馆、阁门、御前忠佐引见司制置、进贡、辞谢、游幸、宴会、赐赉、恩泽之事，五日一报。翰林麻制、德音、诏书、敕榜该沿革制置者，门下中书省封册告命，进奏院四方官吏风俗美恶之奏，礼宾院诸蕃职贡宴劳赐赉之事，并十日一报。吏部文官除拜选调沿革，兵部武官除授，司封封建，考功谥议行状，户部土贡牲表、州县废置，刑部法令沿革，礼部奏贺祥瑞贡举品式，祠部祭祀昼日道释条制，太常雅乐沿革，礼院礼仪制撰，司天风云气候、祥异证验，宗正皇属封建出降、宗庙祭享制度，并月终而报。盐铁金谷增耗，度支经费出纳，户部版图升降，咸岁终而报。每季撰集以送史馆。是岁令审刑院奏覆有所谕旨可垂戒者，并录送院。

明徐一夔论宋之日历，谓修会要、修实录及百年之后纪志列传，咸取于此。此宋氏之史所以为精确。尤可见历代之重信史，乃萃群策群力而成。

徐一夔《论日历书》：近世论史者，谓莫切于《日历》。《日历》者，史之根柢也。自唐长寿中，史官姚璹奏请撰《时政记》；元和中，韦执谊又奏史官撰《日历》。《日历》之设，其法以事系日，以日系月，以月系时，以时系年，犹有《春秋》遗法。而《起居注》亦专以甲子起例。盖记事之法，无逾此也。往宋极重史事，《日历》之修，必诸司关白，如诏诰政令，则三省必录。兵机边事，枢庭必报。百官之拜罢，刑赏之与夺，台谏之论列，给舍之缴驳，经筵之论答，臣僚之转对，侍从之直前故事，中外之囊封匦奏，下至钱谷甲兵，狱讼造作，凡有关政体者，必随日以录。又虑其出于吏牍，未免讹谬，或一日之差，则后难考定，一事之失，则后难增补，此欧阳子所以虑《日历》之或至遗失，奏请岁终监修宰相点检修撰官日所录事，有旷官失职者罚之。其于《日历》慎重如此。《日历》不至遗失，则后日《会要》之修取于此，他年《实录》之修取于此，百年之后纪志列传取于此。此宋氏之史所以为精确也。元朝制度，文为务从简便，不置《日历》，不置《起居注》，独中书置时政科，一文学掾掌之，以事付史馆。及一帝崩，则国史院据所付修《实录》而已。尚幸天历间诏修《经世大典》，虞公集依《六典》为之，一代之典章文物稍备。其书止于天历，而其事则可备十三朝之未备。前局之史，既有《实录》可据，又有《经世大典》可以参稽，一时纂修之士，其成此十三朝史不难矣。（见《曝书亭集》及《明史》。）

欧阳修《论史馆日历状》（嘉祐四年任史馆修撰时上）：史者国家之典法也。自君臣善恶功过，与其百事之废置，可以垂劝戒示后世者，皆得直书而不隐。故自前世有国者，莫不以史职为重。伏见国朝之史，以宰相监修，学士修撰，又以两府之臣撰《时政记》，选三馆之士当升擢者，乃命修《起居注》。如此不为不重矣。然近年以来，员具而职废，其所撰述，简略遗漏，百不存一，至于事关大体者，皆没而不书。此实史官之罪，而臣之责也。然其弊在于修撰之官，惟据诸司供报，而不敢书所见闻故也。今《时政记》虽是两府臣僚修纂，然圣君言动有所宣谕，臣下奏议事关得失者，皆不记录，惟书除目辞见之类。至于《起居注》亦然，与诸司供报公文无异。修撰官只据此铨次，系以日月，谓之《日历》而已。是以朝廷之事，史官虽欲书而不得书也。自古人君皆不阅史，今撰述既成，必录本进呈，则事有讳避，史官虽欲书而又不可得也。加以《日历》、《时政记》、《起居注》，例皆承前，积滞相因。故纂录者常务追修累年前事，而岁月既远，遗失莫存。至于事在目今，可以详于见闻者，又以追修积滞，不暇及之。若不革其弊，则前后相因，史官永无举职之时。使圣朝典法，遂成废坠矣。臣窃闻赵元昊自初僭叛至复称臣始终一宗事节，皆不曾书；亦即修撰官甚欲纪述，以修纂后时，追求莫得故也。其于他事，又可知焉。臣今欲乞特诏修《时政记》、《起居注》之臣，并得以德音宣谕臣下奏对之语书之。其修撰官不得依前只据诸司供报编次除目辞见，并须考验事实。其除某官者以其功，如狄青等破侬智高，文彦博等破王则之类；其贬某职者坐其罪，如昨来麟州守将及并州庞籍缘白草平事，近日孙沔所坐之类，事有文据及迹状明白者，皆备书之。所以使圣朝赏罚之典，可以劝善惩恶，昭示后世。若大臣用情，朝廷赏罚不当者，亦得以书为警戒。此国家置史之本意也。至于其他大事，并许史院据所闻见书之，如闻见未详者，直牒诸处会问。及臣僚公议异同，朝廷裁置处分，并书之。以上事节，并令修撰官逐时旋据所得，录为草卷，标题月分，于史院躬亲入柜封锁，俟诸司供报齐足，修为《日历》。仍乞每至岁终，命监修宰相亲至史院点检修撰官纪录事迹。内有不勤其事，旷官失职者，奏行责罚。其《时政记》、《起居注》、《日历》等，除今日以前积滞者不住追修外，截自今后，并令次月供报。如稍迟滞，许修撰官自至中书枢密院催请；其诸司供报拖延，及史院有所会问，诸处不画时报应，致妨修纂者，其当行处分，并许史院牒开封府句追严断。其《日历》、《时政记》、《起居注》，并乞更不进奉，所贵少修史职，上存圣朝典法。此乃臣之职事，不敢不言。（据此知欧公以前，宋之史职及诸司供报，多不严切。徐氏所举，则自欧公以后《日历》之完备者也。）

而史家秉笔，又必慎重考订，存信阙疑，乃得勒成一代之史。固不敢苟且从事也。

《后汉书·安帝纪》注引范氏《序例》：凡瑞应，自和帝以上，政事多美，近于有实，故书见于某处。自安帝以下，王道衰缺，或虚饰，故书某处上言。

《吴志·陆凯传》：予连从荆扬来者，得凯所陈二十事，博问吴人，多云不闻凯有此表。又按其文殊甚切直，恐非皓之所能容忍也。或以为凯藏之箧笥，未敢宣行。病困，皓遣董朝省问欲言，因以付之。虚实难明，故不著于篇。然爱其指擿皓事，足为后戒，故钞列于凯传左云。

《旧唐书·武士彟传赞》：载窥他传，过为褒词，虑当武后之朝，佞出敬宗之笔，凡涉虚美，削而不书。

《新唐书·李泌传赞》：繁（泌子）为家传，言泌本居鬼谷，而史臣谬言好鬼道。繁言多不可信，掇其近实者，著于传。至劝帝先事范阳，明太子无罪，亦不可诬也。

《五代史记·一行传序》：能以孝弟自修于乡，而风行于天下者，犹或有之。然其事迹不著，而无可纪次，独其名氏或因见于书者，吾亦不敢没。

方苞《万季野墓表》载斯同之言曰：史之难为久矣。非事信而言文，其传不显。李翱、曾巩所讥，魏、晋以后，贤奸事迹，并暗昧而不明，由无迁、固之文是也。而在今则事之信尤难。盖俗之偷久矣，好恶因心，而毁誉随之。一室之事，言者三人，而其传各异矣。况数百年之久乎！故言语可曲附而成，事迹可凿空而构。其传而播之者，未必皆直道之行也；其闻而书之者，未必有裁别之识也。非论其世，知其人，而具见其表里，则吾以为信，而人受其枉者多矣。吾少馆于某氏，其家有列朝《实录》，吾默识暗诵，未敢有一言一事之遗也。长游四方，就故家长老求遗书，考问往事；旁及郡邑志乘杂家志传之文，靡不网罗参伍。而要以《实录》为指归。盖《实录》者，直载其事与言，而无可增饰者也。因其世以考共事核其言，而平心以察之，则其人之本末，可八九得矣。然言之发或有所由，事之端或有所起，而其流或有所激，则非他书不能具也。凡《实录》之难详者，吾以他书证之；他书之诬且滥者，吾以所得于《实录》者裁之。虽不敢具谓可信，而是非之枉于人者鲜矣。昔人于《宋史》已病其繁芜，而吾所述将倍焉。非不知简之为贵也，吾恐后之人务博而不知所裁。故先为之极，使知吾所取者有可损；而所不取者，必非其事与言之真而不可益也。

司马光之为《通鉴》也，先为草卷，再为长编，再为《考异》，而后删述而为《通鉴》正文。其为此书之程序，具详其致范祖禹书。

司马光《与范内翰祖禹论修书帖》：梦得（祖禹字）今来所作丛目，方是将《实录》事目标出。其《实录》中事应移在前后者，必已注于逐事下讫。（假如贞观二年李靖薨，其下始有靖传。中有自锁告变事，须注在隋义宁元年唐公起兵时。破萧铣事，须注在武德四年灭萧铣时。斩辅公祏，须注在七年平江东时。擒颉利，须注在贞观四年破突厥时。他仿此。）自《旧唐书》以下，未曾附注，如何遽可作《长编》也？请且将新、旧《唐书》纪志传及统纪补录并诸家传记小说，以至诸人文集，稍干时事者，皆须依年月日添附。无日者附于其月之下，称是月。无月者附于其年之下，称是岁。无年者，附于其事之首尾。（如《左传》称初郑武公娶于申之类，及为某事张本起本者，皆关事首尾者也。如卫文公复国之初，言季年乃三百乘；因陈完奔齐而言完始生，并知八世后成子得政；因晋悼公即位而言其命官得人不失霸业；因卫北宫文子聘于郑而言禅谌草子产润色；因吴乱而言吴夫概王为棠溪氏之类，注云传终言之，皆附事尾者也。）有无事可附者，则约其时之早晚，附于一年之下。（如《左传》子罕辞玉之类，必无的实年月也。假使宰相有忠直奸回之事，无处可附者，则附于拜相时。他官则附于到官时，或免卒时。其有处可附者，不用此法。）但稍与其事相涉者，即注之过多不害。（假如唐公起兵诸列传中，有一两句涉当时者，但与注其姓名于事目之下。至时虽别无事迹可取，亦可以证异同，考日月也。）尝见道原云：只此已是千余卷书，日看一两卷，亦须二三年功夫也。俟如此附注俱毕，然后请从高祖初起兵修长编，至哀帝禅位而止。其起兵以前禅位以后事，于今来所看书中见者，亦请令书吏别用草纸录出。每一事中间空一行许素纸，以备剪开粘缀故也。隋以前者与贡父，以后者与道原，令各修入长编中。盖缘二君更不看此书，若足下止修武德以后天祐以前，则此等事尽成遗弃也。二君所看书中有唐事，亦当纳足下处修入长编耳。其修长编时，请据事目下所记，新、旧纪志传及杂史小说文集，尽检出一阅，其中事同文异者，则请择一明白详备者录之。彼此互有详略，则请左右采获、错综铨次，自用文辞修正之，一如《左传》叙事之体也。此并作大字写出。若彼此年月事迹有相违戾不同者，则请选择一证据，分明情理，近于得实者，修入正文。余者注于其下，仍为叙述所以取此舍彼之意。（先注所据者，云某书云云，今按某书证验云云。或无证验，则以事理推之云云，今从某书为定。若无以考其虚实是非者，则云今两存之。其《实录》正史未必皆可据，杂史小说未必皆无凭，在高鉴择之。）凡年号皆以后来者为定。假如武德元年，则从正月便为唐高祖武德元年，更不称隋义宁三年。玄宗先天元年正月，便不称景云三年。梁开平元年正月，便不称唐天祐四年也。诗赋等如止为文章，诏诰等若止为除官，及妖异止于怪诞，谈谐止于取笑之类，便请直删不妨。或诗赋有所讥讽（如中宗时《回波词》喧哗窃恐非宜，肃宗时李泌诵《黄台瓜词》

之类），诏诰有所戒谕（如德宗《奉天罪己诏》，李德裕《讨泽潞谕河北三镇诏》之类，及大政事号令四方，或因功迁官，以罪黜官。其诏文虽非事实，要知当时托以何功，诬以何罪，并须存之。或文繁多，节取要切者可也），妖异有所儆戒（凡国家灾异，本纪所书者并存之。其本志强附时事者，不须也。谶记如李淳风言武氏之类，及因而致杀戮叛乱者，并存之。其妄有牵合，如木入斗为朱之类，不须也。相貌符瑞，或因此为人所忌，或为人所附，或入主好之而论者伪造，或实有而可信者，并存之。其余不须也。妖怪或有所儆戒，如鬼书武三思门；或因而生事，如杨慎矜墓流血之类，并存之。其余不须也），诙谐有所补益（如黄幡绰谓自己儿最可怜，石野猪谓相非相之类，存之。其余不须也），并告存之。大抵长编宁失于繁，毋失于略。千万切祷切祷！今寄道原所修广本两卷去，恐要见式样故也。

自汉以来之为史者，虽未尝胪举著书程序，若温公之法之详，要亦可以推知其次第。如司马迁绅史记石室金匮之书，网罗天下放失旧闻，于是论次其文，即相当于温公之为草卷也。厥协六经异传，整齐百家杂语，并时异世，年差不明，原始察终，拾遗补艺，即相当于温公之为长编及《考异》也。卒述陶唐以来，至于麟止，成一家言，则其勒成定本也。沈约撰《宋书·州郡志》，自谓晋宋《起居》，凡诸记注，并加推讨，随条辨析；《百官志》则备有前说，寻源讨流，于事为易。其证引该博者，即而因之；其有阙漏，及何氏（何承天）后事，备加搜采，随就补缀。李延寿撰《南北史》，于魏、齐、周、隋、宋、齐、梁、陈正史，依司马迁体，以次连缀；又从此八代正史外，更勘杂史一千余卷，皆以编入，其烦冗者，即削去之；始末修撰，凡十六载，又属令狐德棻改正乖失。盖皆由草卷、长编、考异进至成书之程序也。温公《考异》，滥觞于裴松之《三国志注》。特温公及范、刘诸氏，先考同异，而后为书。裴氏则就陈氏之书，为之考订。人己先后，适相反耳。是故吾国史籍，自古相承，昭信核实，以示群德。降及清代，阮元为《儒林传》，仿集句体，逐节注明所据，要以明其不敢臆造私撰。实则历代之史，特不自注，使如阮氏所为，殆无一字一句不本于公私撰著也。至于刊落不尽，或有抵牾，则缘其事体大，独撰众修，皆不易于毫发无憾。后之读者，补苴罅漏，未可轻议古人。又或事属当时，多非实录，立传之方，取舍乖衷，进由时旨，退傍世情。《宋书》自序语。以至南书谓北为索虏，北书指南为岛夷。又各以其本国，周悉书之，别国并不能备，亦往往失实。《北史》自序语。则易代之后，史家多为改正。读《宋史·周三臣传序》，则知吾国史德，正由后先补益，而益进于忠实。治史者正不可以偏概全也。

《宋史·周三臣传序》：《五代史记》有《唐六臣传》，示讥也。《宋史》传周三臣，其名似之，其义异焉。求所以同，则归于正名义、扶纲常而已。韩通与宋太祖比肩事周，而死于宋未受禅之顷，然不传于宋，则忠义之志，何所托而存乎？李筠、李重进旧史书叛，叛与否未易言也。洛邑所谓顽民，非殷之忠臣乎？孔子定书，不改其旧称焉。或曰：三人者，尝臣唐晋汉矣。曰：智氏之豫让非欤？作《周三臣传》。

韩非之论史也，曰：孔子、墨子俱道尧舜，而取舍不同，皆自谓真尧、舜；尧、舜不复生，将谁使定儒、墨之诚乎？此言最为今之治史者所盛称。是亦视治史者之德若何。司马迁非不知韩非之书也，而其言曰：载籍极博，犹考信于六艺。以孔子之书可考信，而墨氏不能传其书之全文。墨之不若孔，无待辨也。迁又曰：非好学深思心知其意，固难为浅见寡闻道也。好学而深思，然后知孔氏所传之书之可信。曾巩之论史，谓唐虞之时，岂特任政者皆天下之士，盖执简操笔者亦皆圣人之徒。南丰生宋时，何以能知唐虞时执简操笔者之过？人盖由于好学而且深思，能从历代史事及史籍之高下得失，比勘推究，而有以见前哲之精神，非好为崇拜古人也。曾氏所谓古史非独记其事迹，并其深微之意而传之。其义甚丰，略举一二。如曰明四目达四聪，其言至约而奇，必就历代居高位拥重权者之耳目易为左右宵小之所蒙，因以不能周知国家天下利弊得失之真相，而举措赏罚皆失其当，因此知古史能以此二语摹写圣哲之公听并观为不可及。又如在知人、在安民二语，亦似老生常谈。然必综合历代政治之兴衰，究其主因，乃知此为为政最要之义，而古史乃能就当时君臣论治之若干言论中，标举选择而垂之简册。虽至晚近，一切物质，远迈古初，政体亦已不同，而欲求建国于大地，仍不能背越此定则。此古史之所以可贵，而南丰所以为知言也。

曾巩《南齐书序》：将以是非得失兴坏理乱之故而为法戒，则必得其所托而后能传于久。此史之所以作也。然而所托不得其人，则或失其意，或乱其实，或析理之不通，或设辞之不善。故虽有殊功伟德非常之迹，将暗而不章，郁而不发，而椓杌、蒐琐、奸回、凶慝之形可幸而掩也。尝试论之，古之所谓良史者，其明必足以周万事之理，其道必足以适天下之用，其智必足以通难知之意，其文必足以发难显之情，然后其任可得而称也。何以知其然耶？昔者唐虞有神明之性，有微妙之德，使由之者不能知，知之者不能名，以为治天下之本。号令之所布，法度之所设，其言至约，其体至备，以为治天下之具。而为二典者推而明之，所记者岂独其迹耶？并与其深微之意而传之，小大精粗无不尽也，本末先后无不白也。使诵其说者如出乎其时，求其指者如即乎其人。使于向之四者有一不具而能之乎？（此语从章实斋删改本。）则方是之时，岂特任政者皆天下之士哉！盖执简操笔而随者，亦皆圣人之徒也。（明足以周万事之理四语，戴名世《史论》举之，章实斋《史识篇》曰：典谟训诰，曾氏以为唐虞三代之盛，载笔而记者，亦皆圣人之徒。其见可谓卓矣。又有删订之本，谓古人序论史事，无若曾氏此篇之得要领者。盖其窥于本原者深，故所发明直见古人之大体。先儒谓其可括十七史之统序，不止为《南齐》一书而作。其说洵然。是章氏之推重此文至矣。）

章氏之论史德曰：通六义比兴之旨，而后可以讲春王正月之书。其语深微，学者不易领悟。《左氏》之言曰：《春秋》之称，微而显，志而晦，婉而成章，尽而不污，惩恶而劝善。《左传》成公十五年微显志晦，则用意深厚，非专为司空城旦书。而劝惩之旨，在读者深思而自得之。观恽子居之读《汉书·古今人表》，可以悟《春秋》，亦可以悟实斋之说。

恽敬《古今人表书后》：《汉书·古今人表》始太昊伏羲氏，终于董翳、司马欣，而汉之君臣不与焉。颜师古曰：但次古人不表今人者，其书未毕也。恽子居曰：颜氏此言非也。孟坚为汉人，于汉之君臣，将如何而差等之？是故次古人，即以表今人也。哀、平之间，盖多故矣。孟坚于身无事功而为弑与被弑者，列之第九等之愚人，而有事功者，列之第八等，所以著哀、平、王莽之罪也。身为弑而列第七等者，惟崔杼、庆封、陈恒。盖庄公下淫，景公废嫡，乱不自下始也。是故覆汉祚者，平帝可原，哀帝不可原；推而上之，成帝亦不可原。齐桓公列第五等，秦始皇列第六等，而汉高、武帝可推而知。老子列第四等，而文帝可推而知。盖古人多以绝人之才识，百虑千计，而笔之于书。读之者委曲推明，尚不能得其十五。太史公曰：非好学深思心知其意，未易为浅见寡闻者道也。敬以此读三代、秦、汉之书，自魏、晋以下，则知者鲜矣。（按《古今人表》盖即《世本·王侯大夫谱》，其品第出于前史，班氏因而录之，未必专为影射汉代君臣而作，然亦未必无陈古刺今之意。恽氏以之推比，极有思致，故吾引之以证章氏"通六义比兴之旨，而后可以读'春，王正月'之书"之意。又按恽氏之言，殆亦未必专指汉史，其谓高祖、文帝、武帝可推而知者，焉知其非谓清之圣祖、世宗、高宗可推而知乎？讲《春秋》者谓定、哀之间多微辞。观清人书者，亦当知其微辞。）

又如恽氏论史公评贯高之语，亦以《春秋》通《史记》。而曰：古之作史者，辨于物，析于事，慎于文。辨于物，故名正；析于事，故理顺；慎于文，故劝惩明。是亦由深思而后知其意。吾因之悟《穀梁》论鲁隐公可谓"轻千乘之国，蹈道则未也"之义，所谓爱而知其恶，憎而知其善，乃真史德也。司马光《上通鉴表》，自谓抉摘幽隐，校计毫厘。不洞贯经史之精微，恶可轻于置议哉！

《穀梁传·隐公元年》：《春秋》贵义而不贵惠，信道而不信邪。孝子扬父之美，不扬父之恶。先君之欲与桓，非正也，邪也。虽然，既胜其邪心以与隐矣，已探先君之邪志，而遂以与桓，则是成父之恶也。兄弟天伦也，为子受之父，为诸侯受之君，已废天伦而忘君父以行小惠，曰小道也。若隐者，可谓轻千乘之国，蹈道则未也。

恽敬《读张耳陈余列传》：穀梁子曰：君子之于物，无所苟而已。石䂶犹且尽其辞，而况于人乎？故五石六䂶之辞不设，则王道不亢矣。古之作史者，辨于物，析于事，慎于文。辨于物，故名正，析于事，故理顺，慎于文，故劝惩明。《史记·张耳陈余列传》廷尉以贯高事辞闻，上曰：壮士，谁知之者？以私问之。壮士意其可以私问也？中大夫泄公曰：臣之邑子，素知之。此固赵国立名义不侵为然诺者也。上使泄公持节问之。立名义不侵为然诺，不可以私问也。使泄公具告之曰；张王已出。因赦贯高。贯高喜曰：吾王审出乎？贯高之心，惟知有王，故问出王，不闻赦高也。泄公曰：然。泄公曰：上多足下，故赦足下。泄公之心，惟知有高，故复言赦高，不言出王也。至贯高绝吭死，太史公断之曰：当此之时，名闻天下。如是而已，何也？家臣知有家而不知有国，诸侯之臣知有国而不知有天下，皆大乱之道。如贯高者，足以耸动激昂，入人肝膈，然而君子不以仁义褒焉。孟子曰：孔子成《春秋》而乱臣贼子惧。于此可以观矣。（按史法多端，不限一格。有微而显者，亦有直而尽者。史公于《秦始皇本纪》引贾生《过秦论》，正言其失；而于《六国表》，则曰：秦取天下多暴，然世异变，成功大。传曰法后王，何也？以其近己而俗变相类，议卑而易行也。学者牵于所闻，见秦在帝位日浅，不察其终始，因举而笑之不敢道，此与以耳食无异。则又斥其多暴，而重其成功。而必察其终始者，又用心之恕，即其直言而可见者矣。）

孟子之论学曰：一乡之善士，斯友一乡之善士；一国之善士，斯友一国之善士；天下之善士，斯友天下之善士。以友天下之善士为未足，又尚论古之人。颂其诗，读其书，不知其人可乎？是以论其世也，是尚友也。知人论世，在求古人之善者而友之，非求古人之恶而暴之，或抑古人之善而诬之也。然由其言，亦可以知后之论史者，须视其人之身世何若。秉心厚者，则能尚友而畜德；赋质刻者，则喜翻案而攻人。如孟子取《武成》二三策之言，以其推论至仁之用师，故疑漂杵之过当。后人不师其发言之本旨，惟截取"尽信《书》不如无《书》"之一语，则专以索瘢吹垢为事矣。例如六代史家，固多曲笔，然若孙盛、王邵，亦为刘知幾所崇信，不得以史有讳饰，遂谓古无良史也。班固受金，陈寿求米，大抵莫须有之辞。即所谓秦人不死验苻生之厚诬，蜀老犹存知葛亮之多枉者，亦徒纵其词锋，未足以概全史。《洛阳伽蓝记》前载赵逸之言，后举徐纥之说，赵则为苻生平反，徐亦为班固征信。要皆属于小说，未可举一例余。

《洛阳伽蓝记》：时有隐士赵逸，云是晋武时人，晋朝旧事，多所记录。正光初，来至京师。（按自晋武泰始初至正光，约二百五十年。）云自永嘉以来，二百余年，建国称王者十有六君，皆游其都邑，目见其事。国灭之后，观其史书，皆非实录，莫不推过于人，引善自向。苻生虽好勇嗜酒，亦仁而不杀，观其治典，未必凶暴，及详其史，天下之恶皆归焉。苻坚自是贤主，贼君取位，妄书生恶，皆是类也。

又，慕义里菩堤寺沙门达多，发冢取砖，得一人以进。太后与明帝在华林都堂，以为妖异，谓黄门侍郎徐纥曰：上古以来，颇有此事否？纥曰：昔魏时发冢，得霍光女婿范明友家奴，说汉朝废立，与史书相符。此不足为异也。

至《魏书·毛修之传》所云蜀中长老言陈寿为诸葛亮门下书佐，被挞百下，故其论武侯云应变将略非其所长，亦为未知陈寿者之謷言。纵不问《蜀志》全书纯以武侯为中心，即就本传评语而观，其倾倒武侯至矣。应变二语，盖作疑辞，非为枉屈。刘氏以此论史，宜章氏议其心术之养未底于粹也。

《蜀志·诸葛传》评曰：诸葛亮之为相国也，抚百姓，示仪轨，约官职，从权制，开诚心，布公道。尽忠益时者，虽雠必赏；犯法怠慢者，虽亲必罚；服罪输情者，虽重必释；游辞巧饰者，虽轻必戮。善无微而不赏，恶无纤而不贬。庶事精练，物理其本，循名责实，虚伪不齿。终于邦域之内，咸畏而爱之。刑政虽峻，而无怨者，以其用心平而劝戒明也。（据此诸文，岂是被挞而怀恨者之语。）可谓识治之良才，管、萧之亚匹矣。然连年动众，未能成功，盖应变将略，非其所长欤？

然而以知几之时事，产生疑古之言论，亦自有其可原。浦起龙氏所谓读书尚论其意，有可推者。知几眼见近古自新莽始祸，以及当涂典午，南则刘、萧、陈氏，北则齐、周、杨坚，累朝践代，类以攘窃之诈，诡为推挹之文。虽逮李唐，奋戈除暴，犹必虚拥代邸，粉饰禅书。于是假号汲冢之荒简，反兵孔壁之遗编耳。盖人于环境所遭，辄意往事亦然。世治则恒见钜人长德，乃知圣哲之匪属虚称；世乱则所知皆奸诈苟偷，遂觉前人亦大抵如是。虽悲悯与歆羡不同，而刻核之论，驱成风气，必至害人心术。此非盛德而有远识者，未易超环境而不为所摇也。当清中叶，考据之风甚盛，若庄存与，若龚自珍，皆深于汉学，且专治今文家之言者也。而庄氏于已成定谳之《伪古文尚书》，犹保持使勿废，龚氏且盛称之，谓其自韬污受不学之名，为有所权缓急轻重，以求其实之阴济于天下。是岂宅心不厚而标榜今文、矜夸考证者所能喻乎？

龚自珍《武进庄公神道碑铭》：学足以开天下，自韬污受不学之名，为有所权缓急轻重，以求其实之阴济于天下，其泽将不惟十世。……大儒庄公讳存与，江南武进人也。幼诵六经，尤长于《书》。奉封公教，传山右阎氏之绪学。……盖公自少入塾，而昭昭善别择矣。既壮成进士。阎氏所廓清已信于海内，江左束发子弟，皆知助阎氏，言官学臣则议上言于朝，重写二十八篇于学官，颁赐天下，考官命题，学僮讽书，伪书毋得与。将上矣，公以翰林学士直上书房为师傅，闻之，忽然起，迋然思，郁然叹，自语曰：辨古籍真伪，为术浅且近者也。且天下学僮尽明之矣，魁硕当弗复言。古籍坠湮什之八，颇藉伪书存者什之二。……《大禹谟》废，人心道心之旨、杀不辜宁失不经之诫亡矣。《太甲》废，俭德永图之训坠矣。《仲虺之诰》废，谓人莫己若之诫亡矣。《说命》废，股肱良臣启沃之谊丧矣。《旅獒》废，不宝异物贱用物之诫亡矣。《冏命》废，左右前后皆正人之美失矣。今数言幸而存，皆圣人之真言，言尤病养关后世，宜贬须史之道以授肆业者。公乃计其委曲，思自晦其学，欲以借援古今之事势。退直上书房日，著书曰：《尚书》既见如干卷，数数称禹谟、虺诰、伊训，而晋代剿拾百一之罪，功罪且互见。公是书颇为承学者诟病，而古文竟获仍学官不废。

由上诸义言之，道德观念，由史而来。而人之尚德，不当专为治史。使其积于德也不素，则其临文也无本。而挟考据怀疑之术以治史，将史实因之而愈淆，而其为害于国族也亟矣。故治章氏之学，宜知其为箴贬刘氏深戒后学而言。第犹未能阐明古代政教与史官之关联，徒就后世政教已漓之时，责望治史者养其心术，仅属救弊补偏之说。然章氏之时，论史者犹未太违乎古义，而俗尚亦不外历史之所遗传。故所谓心术不粹者，其范围犹有所限。至梁氏之论史德，虽若引申章氏之说，实本刘氏之学，而益以他族近代治史者之方术，谓当大进于前。故篇目虽同，而根本实相左也。

人类之尚德也同，其由史而知德也亦同。故吾人由本国历史数千年之经验而得道德之正鹄者，益以世界史之经验，宜若植德益隆矣。然如梁氏所举史家夸大之失，在吾国唐宋诸贤早悬为戒者。如岛夷、索虏之互诋之类。在晳人则至近代始悟其非，观斯宾塞尔《群学肄言》所陈，其为国拘情瞀，实远轶于吾史。

严译《群学肄言·国拘篇》：国中徒党，各有主张，己之所附者为豪杰圣贤，而彼党之魁，则盗贼无赖也。方宗教之致争。问于修教，则公教所为，无所往而非暴虐；问诸公教，则修教之所改革，无一事而非背天。若夫二国之史，相为敌雠，则甲之美政，必不可得于乙书；乙之无道，若不胜书于甲史。古之诺曼，贪残之种也，而言撒逊，转谓其修怨之刻深。以法史写西班牙之伏莽，则淫掠穷凶；以俄人言克噶希亚之兴戎，则虔刘无艺。龙蛇起陆之日，战血玄黄之秋，使吾英为局外，则了了能言其曲直。不幸吾国利害与于其间，则通国报章，黑白皆易位矣。当法人之戡定亚尔芝也，大食之民，屈强不附，逃山谷中，法人聚火焚之，英人大呼，谓绝人理。时无几何，而印度之民叛我，亦既族而歼之矣，尚惧其未尽死也，则加火于山积之群尸。又雅墨加之役，焚其邑居矣，又屠其人民。二者所为，吾英于人理，亦如线耳，于法人何讥焉！……夫身毒之民，亦天所生之一种也，夫岂不宜以自君；何于群起而求脱吾英之衔辔，乃罪大恶极，而无一善之可言。爱尔兰之不乐为属，而欲自为政，亦其所也；何其争即为不道，而一无可恕。

又：法人之自大久矣，天下之所共闻也。底亚斯之著书也，扬挖数阕，宣国威而广民志，其中无几微之疑辞，而法之人亦从而信之。……武迹士著《化学录》，其发端曰：化学者，法国之学也。阴格理画鄂谟加冕图，推鄂谟为诗中王者，而以后代以诗鸣者，为其徒从。尽法之诗家，皆居前列；而吾英之狭斯丕尔，乃在隅奥，著其形于若存若亡之间。又立艺宫，凡古今作者之圣，述者之明，但有制作，无不毕列。法之艺人，虽无所知名而亦厕，至英之奈端，则摈不得与。

又：德之公党，于一席之谈，听其言之所及者，德之国俗，德之维新，德之合邦，德之一统，德之陆旅，德之海军，德人之宗教与德人之艺学已耳。徒取法人而讪笑讥议之，而不知己之所为，正法人之痼疾，而译之以德语者也。（梁氏引韦尔思云：有谓距今二百年前，世界未有一著述足称为史者，亦此病也。）

斯宾塞尔著书力箴其病，在一千八百七十年间。其书出版在一八七三年，当清同治十二年。谓治群学必先治其心习，见《缮性篇》。其识盖迥超诸国史家。推其意固亦未尝不知缮性之功，为学者御一切事物所必具，非仅为治群学。然衡之《曲礼》、《大学》所论爱恶好憎之偏之当矫，其时间相悬奚若？盖晢人多务其偏至，吾族久尚夫执中。由民德之全，衡史德之失，固有间矣。而吾族徒震于晚近之强弱，遂拾其新说，病吾往史，则论世之未得其平也。

至于附会之病，尤有可为隐痛者。国不自振，夸大之习已微。以他族古初之蒙昧，遂不信吾国圣哲之文明，举凡步天治地、经国临民、宏纲巨领、良法美意，历代相承之信史，皆属可疑。其疑之者，以他族彼时不过图腾部落，吾族似不能早在东亚建此大邦。复以晚近之诈欺，推想前人之假托。不但不信为事实，即所目为乌托邦之书，亦不敢推论其时何以有此理想。只能从枯骨断简，别加推定。必至春秋战国之纷裂，始能为秦汉之统一，而春秋战国秦、汉制度思想之所由来，亦不能深惟其故。至其卑蔑已甚，遂若吾族无一而可，凡史迹之殊尤卓绝者，匪藉外力或其人之出于异族，必无若斯成绩。此等风气，虽为梁氏所未料，未始非梁氏有以开之。故论学立言，不可不慎。不附会而夸大，则卑蔑而自诬。程子所谓与学者言如扶醉汉、扶得东来西又倒者也。斯宾塞尔既深讯爱国之偏，又历陈贬国之失，学者倘研阅其说，或亦可补刘、章、梁氏诸说所未备欤！

《群学肄言·国拘篇》：挽近学士搢绅，闻见日多，智能愈富，贬国之见，常与俱深。一时相阿，遂成风尚。而语或违中，多不根之论。不知国之政教，成立綦难。使议者弗察，动言纷更，乍埋乍掘，民莫适主。此其害群，以较爱国之偏，特一间耳。贬国而过，各有由然，贤愚不齐，略区三等。恶闻夸者之言，訑然自满，抑人扬己，多失其平，于是本其诚心，思所救正，矫枉过直，容不自知，此其一也。亦有养智惊愚，自矜博学，轻蔑旧制，远行异邦，持论非平，苟窃声誉，又其一也。最下国之掌故，毫未有知，轻易猖狂，逞其好骂，又其一也。

史识第六

刘知幾倡史有三长之说，而尤重在识。章实斋申之而论史德，梁启超、刘咸炘又申论之。皆各述所见，与刘氏原旨不符。刘氏所谓史识，在"好是正直善恶必书，使骄君贼臣知惧"。章氏引之，误谓"有学无识，如愚贾操金，不能贸化"，似于《唐书》原文初未细绎，而以有学无才之弊，属之有学无识。学者苟就《唐书》原文与章书《史德篇》一较，自见其大相径庭矣。

《新唐书•刘子玄传》：礼部尚书郑惟忠尝问曰：古文士多，史才少，何耶？对曰：史有三长，才、学、识。世罕兼之，故史才少。夫有学无才，犹愚贾操金，不能殖货。有才无学，犹巧匠无楩楠斧斤，弗能成室。（《旧唐书》此下有"犹须好是正直"六字。）善恶必书，使骄君贼臣知惧，此为无可加者。时以为笃论。

《文史通义•史德篇》：刘氏以谓有学无识，如愚贾操金，不能贸化。推此说以证刘氏之指，不过欲于记诵之间，知所抉择，以成文理耳。此犹文士之识，非史识也。

梁氏意主革新，谓史识是观察力。观察要敏锐，即所谓读书得间。又标四义，曰由全部至局部，曰由局部至全部，曰勿为传统思想所蔽，曰勿为成见所蔽。见《史学研究法续编》。盖示人读旧史而创新史，非知幾所论修史之宗旨也。刘咸炘氏则以观史迹之风势为史识，又曰：作者有识，乃成其法，读者因法而生其识，虽二而实一。又曰：读史本为求识，所以必读纪传书。又曰：吾辈非有作史之责，而必斤斤讲史法者，正以史法明，史识乃生也。是其所谓观史迹者，虽与梁氏所谓观察力者同，而斤斤讲旧史之法，兼读史与作史而言，又非如梁氏之斥传统思想也。

刘咸炘《治史绪论》：史学可分为四端：一曰考证事实，是为史考；二曰论断是非，是为史论；三曰明史书之义例，是为史法；四曰观史迹之风势，是为史识。前二者为他学者亦从事焉，后二者则所谓史学专门之长也。考证固在成书之先，然不能成书，则止是零碎事迹，不得为史。论断固为读史之的，然无识，则止是任意爱憎，不得为学。史识著于马、班，史法至唐始晦，宋人犹存史识，而偏于论。近世惩论之弊，乃偏于考，于是熟于事实者，乃冒史学之称，而史学芜矣。

又：史学有二，一曰作史之法，二曰读史之识。作者有识，乃成其法；读者因法，而生其识，虽二而实一也。法者，撰述之义例，章先生所谓圆而神者也。识者，知政事风俗人才变迁升降之故，孟子所谓论其世者也。

又曰：吾辈非有作史之责，而必斤斤讲史法者，正以史法明，史识乃生也。……读史本为求识，所以必读纪传书。作史者不知此，则纪传书只是一碑传集，非史矣。读史者不知此，则史论只是一月旦评，非史论矣。……浅陋之学究，专心论人为史学，徒骋己见，固不足贵；而博杂之考据家，专以考事为史学，亦只为拾骨之学。

实斋虽误解刘氏之语，而谓能具史识者必具史德，所以补充刘氏之说者，要自有见，第未推原道德观念实出于史耳。刘咸炘谓读史本为求识，义亦犹是。吾人何缘而有识力？亦曰赋于天者本明，稽之史而后悟。学者识力，大都出于读史。苟屏前史，一切不信，妄谓吾之识力能破传统观念之藩，则事实所不可能也。或袭近人之言，或采异域之说，亦即秉遐迩之史，以为创新之识，隐有其传，非能舍史而得识也。语曰：温故而知新。苟非以故谷为种，何能产新禾之苗乎？

刘知幾所谓史识，在《书事篇》中言之最详。《书事篇》专论史法，即刘咸炘所谓作者有识乃成其法，亦即梁氏所谓传统思想。学者宜熟复之，乃知吾史书之别于史料。近人恒谓吾国诸史仅属史料而非史书者，坐不知吾史相传之义法也。孔子告子夏读书之法曰：通七观，举大义。

《尚书大传》：子夏读《书》毕，见夫子。夫子问焉，曰：子何为于《书》？子夏对曰：《书》之论事也，昭昭如日月之代明，离离若星辰之错行。上有尧舜之道，下有三王之义。商所受于夫子，弗敢忘也。子曰：《尧典》可以观美，《禹贡》可以观事，《咎繇》可以观治，《鸿范》可以观度，六《誓》可以观义，五《诰》可以观仁，《甫刑》可以观戒。通斯七观，《书》之大义举矣。（近人不信《禹贡》，谓禹治水，不过略治山西、河南小部分。此即不知事理之言。下流海口不治，山西、河南之水，以何地为壑？吾因其言，益知古书之言简而理精。即"决九川距四海"六字，可以尽治水之事理。）

顾栋高论《春秋》曰：未有无故而书。又曰：凡褒贬无关于天下之大故不书。

顾栋高《春秋大事表·读春秋偶笔》：《春秋》凡书城书筑皆讥，无论时不时也。城郜、城中丘，则以怯敌书；城向、城诸及郓，则以启衅书；城费、城成郛，则以三家营私邑书；城漆、城启阳、城邾、城瑕，则以恃强凌弱小书；城杞，则以受役于强大书。其非时与帅师者，则罪又甚焉。盖《春秋》一书，圣人特书以垂戒，为百王法，未有无故而书者也。鲁方百里五，所统凡数十百城，二百四十二年之中，城坏而修，亦极常事，何足烦圣人之笔乎？……外此如城邢、城楚丘、城缘陵，为圣人许之乎？曰：此《春秋》以纪世变也。天王失政，外裔交侵，小国不能自立，赖桓公修方伯之职，帅诸侯起而城之。圣人所以不得已而思伯，予之亦伤之也。降此而城成周，抑又甚焉。王室内乱，流离颠越，十年之后，又乞城于诸侯。书此而天王之孱弱，晋伯之怠缓，俱可概见。此皆有关于天下之大者，凡褒贬无关于天下之大故不书。

方苞、恽敬持此义以读《史记》，咸举《留侯世家》非天下所以存亡故不著，为纪事文之义法。故《尚书》、《春秋》与后世之纪传史体裁虽不同，而抉择之法固一贯也。

方苞《史记评·留侯世家》：留侯所与上从容言天下事甚众，非天下所以存亡，故不著。此三语著为留侯立传之大指。记事之文，义法尽于此矣。

恽敬《读货殖列传》：作史之法有二，太史公皆自发之。其一《留侯世家》曰：所与上从容言天下事甚众，非天下所以存亡，故不著。此作本纪、世家、列传法也，而表、书亦用之。其一《报任少卿书》曰：究天人之际，通古今之变。此作表、书法也，而本纪、世家、列传亦用之。

吾国古无所谓历史研究法，然"三传"之于《春秋》，各有师说，以解析《春秋》之义法。则世之有史学研究法者，莫先于吾国矣。左氏亲见鲁史，博采晋《乘》、楚《梼杌》诸书，而为《春秋》传。其所载史事，多出于《春秋》之外。然左氏不以其所见史料之富，而斥《春秋》之简略，且推究《春秋》所以不书之故，而归于礼经之凡例。

《左传·隐公十一年》：凡诸侯有命告则书，不然则否。师出臧否，亦如之。虽及灭国，灭不告败，胜不告克，不书于策。

又，庄公二十九年：凡物不为灾不书。

又，僖公二十三年：凡诸侯同盟，死，则赴以名，礼也。赴以名则亦书之，不然则否，避不敏也。

又，文公七年：凡会诸侯，不书所会，后也。后至不书其国，辟不敏也。

又，十四年：凡崩薨不赴，则不书。祸福不告，亦不书。惩不敬也。

又，十五年：凡诸侯会，公不与，不书。讳君恶也。与而不书，后也。

用此可知史策所书，咸本赴告及周家通礼。衡物异之重轻，视人事之敬惰，已可启发史识矣。而凡例所不赅者，传文又加以宣究。

《左传·隐公元年》：春，王周正月，不书即位，摄也。

又：三月，公及邾仪父盟于蔑，邾子克也，未王命，故不书爵。

又：夏四月，费伯帅师城郎，不书，非公命也。杜注：传曰：君举必书。然则史之策书，皆君命也。今不书于经，亦因史之旧法，故传释之。诸鲁事传释不书，他皆放此。

又：十月庚申，改葬惠公，公弗临，故不书。卫侯来会葬，不见公，亦不书。杜注：诸侯会葬，非礼也，不得接公成礼，故不书于策。他皆放此。

又，十一年：羽父使贼弑公于寪氏。……不书葬，不成丧也。

又，桓公十七年：冬十月朔日有食之，不书日，官失之也。

又，僖公元年：春，不称即位，公出故也。公出复入，不书，讳之也。

又，九年：齐侯以诸侯之师伐晋。……令不及鲁，故不书。

又，十四年：春，诸侯城缘陵而迁杞焉。不书其人，有阙也。

又，十九年：梁亡不书，其主自取之也。

又，二十九年：夏，公会王子虎、晋狐偃、宋公孙固、齐国归父、陈辕涛涂、秦小子慭盟于翟泉，寻践土之盟，且谋伐郑也。卿不书，罪之也。在礼，卿不会公、侯，会伯、子、男可也。

又，文公二年：晋先且居、宋公子成、陈辕选、郑公子归生伐秦，取汪及彭衙而还，以报彭衙之役。卿不书，为穆公故，尊秦也。

又，九年：公子遂会晋赵盾、宋华耦、卫孔达、许大夫救郑，不及楚师。卿不书，缓也，以惩不恪。

又，十七年：春，晋荀林父、卫孔达、陈公孙宁、郑石楚伐宋，讨曰：何故弑君？犹立文公而还。卿不书，失其所也。

又，宣公十二年：晋原縠、宋华椒、卫孔达、曹人同盟于清丘。曰：恤病讨贰。于是卿不书，不实其言也。

又，成公二年：公及楚公子婴齐、蔡侯、许男、秦右大夫说、宋华元、陈公孙宁、卫孙良夫、郑公子去疾及齐国之大夫盟于蜀。卿不书，匮盟也。于是乎畏晋，而窃与楚盟，故曰匮盟。蔡侯、许男不书，乘楚车也，谓之失位。君子曰：位其不可不慎也乎！蔡、许之君，一失其位，不得列于诸侯，况其下乎！

又，襄公十四年：于是齐崔杼、宋华阅仲江会伐秦。不书，惰也。向之会，亦如之。卫北宫括不书于向（亦惰），书于伐秦，摄也。

又，二十六年：六月，公会晋赵武、宋向戌、郑良霄、曹人于澶渊以讨卫。赵武不书，尊公也。向戌不书，后也。

又，三十年：冬十月，叔孙豹会晋赵武、齐公孙虿、宋向戌、卫北宫佗、郑罕虎及小邾之大夫会于澶渊，既而无归于宋，故不书其人。君子曰：信其不可不慎乎！澶渊之会，卿不书，不信也。……书曰某人某人会于澶渊，宋灾，故尤之也。不书鲁大夫，讳之也。

同一会盟，而卿之名有书有不书；同一人，而有书有不书；同一不书，而各有其故。其剖析之细密也若是。慎位重信，大义凛然。所谓读书得间者，即从此等无文字处得之也。杜预曰：诸称书、不书、先书、故书、不言、不称、书曰之类，皆所以起新旧，发大义，谓之变例。然亦有史所不书，即以为义者。此盖《春秋》新意，故传不言凡，曲而畅之也。《春秋左氏传序》不知此说，无以知《春秋》二百四十二年之事何以止以万八千字尽之也。

《公》、《穀》两家，专究经文，不复博考史事。而持属辞比事之法，亦有以得《春秋》所以书之故。《公羊》大例，于外大恶书，小恶不书，于内大恶讳，小恶书《隐公十年》；而于某事之所以书，又必先揭不书之例；而问其何以书，乃见其讥贬之义。

《公羊传·隐公二年》：九月，纪履緰来逆女。外逆女不书，此何以书？讥。何讥尔？讥始不亲迎也。

襄公十五年：刘夏逆王后于齐。外逆女不书，此何以书？过我也。

又，隐公四年：莒人伐杞，取牟娄。外取邑不书，此何以书？疾始取邑也。……六年：宋人取长葛。外取邑不书，此何以书？久也。

庄公元年：齐师迁纪郱鄑郚。外取邑不书，此何以书？大之也。……三十年：齐人降鄣。外取邑不书，此何以书？尽也。

宣公元年：齐人取济西田。外取邑不书，此何以书？所以赂齐也。

昭公二十五年：齐侯取运。外取邑不书，此何以书？为公取之也。

哀公八年：齐人取讙及僤。外取邑不书，此何以书？所以赂齐也。

又，桓公四年：公狩于郎。常事不书，此何以书？讥。何讥尔？远也。……八年：春正月己卯烝。常事不书，此何以书？讥。何讥尔？讥亟也。……十四年：秋八月壬申，御廪灾。乙亥，尝。常事不书，此何以书？讥。何讥尔？讥尝也。

又，桓公五年：夏，齐侯郑伯如纪。外相如不书，此何以书？离不言会也。……冬，州公如曹。外相如不书，此何以书？过我也。

襄公五年：夏，叔孙豹、鄫世子巫如晋。外相如不书，此何以书？为叔孙豹率而与之俱也。

又，庄公四年：齐侯葬纪伯姬。外夫人不书葬，此何以书？隐之也。……三十年：葬纪叔姬。外夫人不书葬，此何以书？隐之也。

襄公三十年：葬宋共姬。外夫人不书葬，此何以书？隐之也。何隐尔？宋灾，伯姬卒焉。其称谥何？贤也。

又，庄公七年：秋，大水，无麦苗。一灾不书，待无麦，然后书无苗，何以书？纪灾也。

宣公十五年：冬，蝝生。蝝生不书，此何以书？幸之也。

又，庄公十一年：秋，宋大水。外灾不书，此何以书？及我也。……二十年：夏，齐大灾。外灾不书，此何以书？及我也。

宣公十六年：夏，成周宣谢灾。外灾不书，此何以书？新周也。

襄公九年：春，宋火。外灾不书，此何以书？为王者之后记灾也。

又，庄公二十二年：公如齐纳币。纳币不书，此何以书？讥。何讥尔？亲纳币非礼也。

文公二年：公子遂如齐纳币。纳币不书，此何以书？讥。何讥尔？讥丧娶也。

成公八年：宋公使公孙寿来纳币。纳币不书，此何以书？录伯姬也。

又，庄公二十九年：新延厩。修旧不书，此何以书？讥，何讥尔？凶年不修。

定公二年：新作雉门及两观。修旧不书，此何以书？讥，何讥尔？不务乎公室也。

又，僖公十四年：沙鹿崩。外异不书，此何以书？为天下记异也。……十六年：六鹢退飞过宋都。外异不书，此何以书？为王者之后记异也。

文公三年：雨螽于宋。外异不书，此何以书？为王者之后记异也。

成公五年：梁山崩。外异不书，此何以书？为天下记异也。

昭公十八年：宋、卫、陈、郑灾。外异不书，此何以书？为天下记异也。

又，文公十五年：齐侯侵我西鄙，遂伐曹入其郭。入郭书乎？曰不书。入郭不书，此何以书？动我也。

又，宣公十五年：宋人及楚人平。外平不书，此何以书？大其平乎己也。

又，成公八年：卫人来媵。媵不书，此何以书？录伯姬也。……九年：晋人来媵。……十年：齐人来媵。均云媵不书，此何以书？录伯姬也。

又，哀公五年：闰月，葬齐景公。闰不书，此何以书？丧以闰数也。

吾人读书，能用其法，一一问其何以如是云云；而同一问题，又细析其关于天下及我国或某国某人之故，则读书如桶底脱矣。《史通·模拟篇》讥吴均《齐春秋》，每书灾变，亦曰：何以书？记异也。自问自答，岂叙事之理。若识《公羊》之语为研究史法，自无此惑。

《穀梁》亦尝发何以书之问及不书之例。

《穀梁传·隐公九年》：秋七月，无事焉何以书？不遗时也。

桓公元年：冬十月，无事焉何以书？不遗时也。《春秋》编年，四时具而后为年。

又，桓公五年：州公如曹。外相如不书，此其书何也？过我也。

庄公十一年：秋，宋大水。外灾不书，此何以书？王者之后也。高下有水灾曰大水。

而恒称志不志。

《穀梁传·隐公六年》：宋人取长葛。外取邑不志，此其志，何也？久之也。

又，桓公十四年：秋八月壬申御廪灾，乙亥尝。御廪之灾不志，此其志何也？以为唯未易灾之余，而尝可也，志不敬也。

又，庄公十七年：齐人执郑詹。郑詹，郑之卑者也。卑者不志，此其志何也？以其逃来，志之也。逃来则何志焉？将有其末，不得不录其本也。郑詹，郑之佞人也。

又，十九年：秋，公子结媵陈人之妇于鄄，遂及齐侯、宋公盟。媵，浅事也，不志。此其志何也？辟要盟也。

成公八年：卫人来媵。媵，浅事也，不志。此其志何也？以伯姬之不得其所，故尽其事也。……九年：晋人来媵。同。……十年：齐人来媵。无传。注：媵，同姓也，异姓来媵，非礼。

又，庄公二十四年：公如齐逆女。亲迎，恒事也，不志。此其志何也？不正其亲迎于齐也。

又，文公三年：雨螽于宋。外灾不志，此何以志也？曰灾甚也。其甚奈何？茅茨尽矣。

襄公九年：春，宋灾。外灾不志，此其志何也？故宋也。

又，宣公十五年：王札子杀召伯、毛伯。王札子者，当上之辞也。杀召伯、毛伯，不言其，何也？两下相杀也。两下相杀不志乎《春秋》，此其志何也？矫王命以杀之，非忿怒相杀也。故曰以王命杀也。以王命杀则何志焉？为天下主者，天也。继天者，君也。君之所存者，命也。为人臣而侵其君之命而用之，是不臣也。为人君而失其命，是不君也。君不君，臣不臣，此天下所以倾也。

昭公八年：陈侯之弟招杀陈世子偃师。乡曰陈公子招，今曰陈侯之弟招，何也？曰尽其亲所以恶招也。两下相杀不志于《春秋》，此其志何也？世子云者，唯君之贰也。云可以重之存焉志之也。诸侯之尊兄弟不得以属通，其弟云者，亲之也；亲而杀之，恶也。

又，成公十八年：筑鹿囿。筑不志，此其志，何也？山林薮泽之利，所以与民共也，虞之非正也。

又，昭公九年：陈火。国曰灾，邑曰火。火不志，此何以志？闵陈而存之也。

又，二十三年：冬，公如晋至河，公有疾乃复。疾不志，此其志，何也？释不得入乎晋也。

或曰不道。

《穀梁传·桓公六年》：蔡人杀陈佗。陈佗者，陈君也。其曰陈佗，何也？匹夫行，故匹夫称之也。其匹夫行奈何？陈侯憙猎，淫猎于蔡，与蔡人争禽，蔡人不知其是陈君也而杀之。何以知其是陈君也？两下相杀，不道。

宣公十五年，宋人及楚人平。外平不道，以吾人之存焉道之也。

其曰浅事不志、恒事不志，与《公羊》之常事不书、修旧不书，一也。而论陈佗、王札子、陈招诸事，由两下相杀不书于《春秋》推论其义，明其所以书者，在正君臣父子兄弟之伦，非区区志人之相杀。此皆经师之说，为读史者所宜持以断后世之史事者也。

《书》之教曰疏通知远，《春秋》之教曰属辞比事。疏通则上下千载，惟观其大端；属比则一日一言，必求其用意。故通史与断代史各有所取，可并行而不悖。而读史之法，且正可以相通。如恽敬论《顾命》于逆子钊称子，于王麻冕黼裳称王，则以《春秋》之书法读《尚书》也。

恽敬《顾命辨》：顾氏宁人曰：《顾命》盖有阙文焉。狄设黼扆缀衣，其前皆成王崩之事也，其后皆康王逾年即位之事也。（全文见《日知录》）敬按：《公羊传》始终之义，一年不二君，故未葬称子；臣民之心，不可旷年无君，故逾年称公；孝子之心，则三年不忍当，故诸侯于封内三年称子，天子亦然。虽然，《顾命》者，布之天下，传之后世者也。即位之首，称子以临，可乎？文元年春王正月公即位，定元年夏六月公之丧至自乾侯，戊辰公即位，是逾年未葬称公也。昭二十二年夏四月乙丑天王崩，六月葬景王，刘子单子以王猛居于皇，是已葬未逾年称王也，是故即位不书子，则《顾命》不得不称王。逆子钊称子，王麻冕黼裳称王，皆礼也。（《日知录》注引凤氏之说，亦辨顾氏之误。）

顾栋高谓看《春秋》眼光须极远，近者十年数十年，远者通二百四十二年。是又以《尚书》之知远读《春秋》也。

顾栋高《读〈春秋〉偶笔》：看《春秋》眼光须极远，近者十年数十年，远者通二百四十二年。自桓二年蔡侯、郑伯会于邓始惧楚，此发端也。至定四年蔡侯以吴子及楚人战于柏举，楚师败绩，庚辰吴入郢，是结案。志蔡之积怨而能报楚，而褒即寓其中矣。自僖十九年陈人、蔡人、楚人、郑人盟于齐，此发端也。至昭八年楚师灭陈，是结案。志陈之招楚，适自贻患，而贬即寓其中矣。

刘咸炘谓：疏通知远，《书》教也。疏通知远即察势观风也。孟子之论世，太史公之通古今之变，即此道也。又曰：读史有出入二法：观事实之始末，入也；察风气之变迁，出也。赵瓯北《廿二史札记》将散见纪传者分条类列，寻出一代特具之事象风气，既非如考据家之僻搜，又非如学究家之不考而击断，最为可法。均见《治史绪论》。然赵书于条列历代事象风气外，亦兼述各史之义例，实兼《尚书》、《春秋》两家之长。梁启超讲史迹之论次曰：吾今标一史题于此，曰刘项之争与中亚细亚及印度诸国之兴亡有关系，而影响及于希腊人之东陆领土。闻者必疑其风马牛不相及，然吾征诸史迹而有以明其然也。又曰：吾又标一史题于此，曰汉攘匈奴与西罗马之灭亡及欧洲现代诸国家之建设有关。闻者将益以为诞，然吾比观中西诸史，而知其因缘甚密切也。梁著《中国历史研究法》其说虽若甚新，要亦不外《书》教之疏通知远，及顾氏《读〈春秋〉偶笔》所谓看《春秋》眼光须极远也。

凡为良史，经纬万端，闳识眇旨，非仅举一二语所能罄也。马迁为史，考信择言，非天下所以存亡不著，如前所述，亦已赅括全书。而其随文标举者，综而观之，均可见其要删之意。

《史记·十二诸侯年表序》：儒者断其义，驰说者骋其辞，不务综其终始；历人取其年月，数家隆于神运，谱谍独记世谥，其辞略，欲一观诸要难。（此言为史务综其终始而观其要。）于是谱十二诸侯，自共和讫孔子，表见《春秋》、《国语》学者所讥盛衰大指，著于篇，为成学治古文者要删焉。（要删者，摘要删繁，专取盛衰大指也。）

又《汉兴以来诸侯年表序》：臣迁谨记高祖以来至太初诸侯，谱其下益损之时，令后世得览形势虽强，要之以仁义为本。（诸为表谱，要以推见立国之本，非专重强弱盛衰也。）

又《高祖功臣侯年表序》：居今之世，志古之道，所以自镜也（此又是读史通义），未必尽同。帝王者各殊礼而异务，要以成功为统纪，岂可绲乎？观所以得尊宠及所以废辱，亦当世得失之林也，何必旧闻？于是谨其终始，表见其文，颇有所不尽本末；著其明，疑者阙之。

又《天官书》：为天数者，必通三五，终始古今，深观时变，察其精粗，则天官备矣。

又《封禅书》：于是退为论次自古以来用事于鬼神者，具见其表里，后有君子，得以览焉。若至俎豆珪币之详，献酬之礼，则有司存。

又《管晏列传》：其书世多有之，是以不论，论其轶事。

又《司马穰苴列传》：世既多司马兵法，以故不论，著穰苴之列传焉。

又《孙子吴起列传》：世俗所称师旅，皆道《孙子》十三篇、吴起《兵法》，世多有，故弗论，论其行事所施设者。

又《仲尼弟子列传》：学者多称七十子之徒，誉者或过其实，毁者或损其真，钧之未睹厥容貌。则论言弟子籍，出孔氏古文，近是。余以弟子名姓文字，悉取《论语》弟子问，并次为篇，疑者阙焉。

又《苏秦列传》：世言苏秦多异，异时事有类之者，皆附之苏秦。……吾故列其行事，次其时序，毋令独蒙恶声焉。

又《孟子荀卿列传》：自如孟子至于吁子，世多有其书，故不论其传云。

又《司马相如传》：相如他所著，若《遗平陵侯书》与《五公子相难》、《草木书》篇不采，采其尤著公卿者云。

即详略不同，有弃有取，亦宜就其去取，推寻其识，不可认为矛盾，如刘知幾之所讥也。

《史通·杂说上》：太史公撰《孔子世家》，多采《论语》旧说，至《管晏列传》，则不取其本书，为时俗所有，故不复更载也。案《论语》行于讲肆，列于学官，重加编勒，只觉繁费。如管晏者，诸子杂家，经史外事，弃而不录，实杜异同。夫以可除而不除，宜取而不取，以斯著述，未睹厥义。按刘氏之言，似若有识，其实刘氏误以史书宜取诸子杂家转载异同，不知史公之命意。史公最尊孔子，故考信六艺，而言六艺则折中于夫子，论事多本《论语》。（如《孝文本纪》言必世后仁，《礼书》引祇自既灌诸语。）本纪、世家载孔子事甚多，不于其中书老子卒或墨子卒也。仲尼弟子有列传，而传六艺者又有《儒林传》，初不为墨子弟子或墨者传也。由此以思，则刘氏所驳为无当。然自班氏讥史公先黄老而后六经，已不免误会谈、迁《论六家要旨》之意；而刘氏所讥，又正与班意相反。要之反正两方，均可以示学者宜细心寻绎全书，而不可孟浪议论前人长短也。刘《略》班《志》，六艺在十家九流之前，而儒又先于九家，《史》、《汉》意仍一贯。近人扬墨抑儒，至谓史公不为墨子特立一传，盖由史料未备。不知今人所见墨家学说及其钜子事迹，采自庄、荀、韩、吕诸子者，史公岂未之见耶？

班、范诸史，叙事载文，亦有自标旨趣者。

《汉书·贾谊传赞》：凡所著述，五十八篇。掇其切于世事者，著于传云。

又《董仲舒传》：仲舒所著，皆明经术之意，及上疏条教，凡百二十三篇。而说《春秋》事得失，《闻举》、《玉杯》、《蕃露》、《清明》、《竹林》之属，复数十篇十余万言，皆传于后世。掇其切当世施朝廷者，著于篇。

又《扬雄传》：《畔牢愁》、《广骚》，文多不载，独载《反离骚》。《法言》文多不载，独著其目。

又《西域传》：自且末以往，皆种五谷，土地、草木、畜产、作兵，略与汉同，有异乃记云。

《后汉书·王符传》：隐居著书三十余篇，以讥当时失得，不欲章显其名，故号曰《潜夫论》云。其指讦时短，讨谪物情，足以观见当时风教，著其五篇云尔。

又《仲长统传》：每论说古今，及时俗行事，恒发愤叹息，因著论，名曰《昌言》，凡三十四篇，十余万言。今简撮其书有益政者，略载之云。

唐宋史家，要删史实，并师马、班矩矱。

《隋书·音乐志》：舜咏南风而虞帝昌，纣歌北鄙而殷王灭。大乐不紊则王政在焉。故录其不相因袭，以备于志。

又《经籍志》：其旧录所取，文义浅俗，无益教理者，并删去之。其旧录所遗，辞义可采，有所弘益者，咸附入之。远览马《史》班《书》，近观王、阮《志》、《录》，挹其风流体制，削其浮杂鄙俚，离其疏远，合其近密，约文绪义，凡五十五篇。

《新唐书·礼乐志》：其坛堂之上下，壝门之内外，次位之尊卑，与其向立之方，出入降登之节，大抵可推而见其盛且备者如此；则其小且略者，又可推而知也。……其近于礼者，后世当求诸礼（此礼字指《开元礼》等书）。其不合于礼而出于其私意者，盖其制作与其论议，皆不足取，故不著也。……天下用兵不息，而离宫苑囿遂以荒墟，独其余声遗曲传人间，闻者为之悲凉感动。盖其事适足为戒，而不足考法，故不复著其详。

又《选举志》：武举盖起于武后之时。长安二年，始置武举，中第亦以乡饮酒礼送兵部。其选用之法不足道，故不复书。

又《百官志》：采其纲目条理，可为后法；及事虽非正，后世遵用，因仍而不能改者，著于篇。……宰相事无不统，故不以一职名官。自开元以后，常以领它职。……其名颇多，皆不足取法，故不著其详。

又《兵志》：若乃将率营阵，车旗器械，征防守卫，凡兵之事，不可以悉记。记其处置得失始终治乱之迹，以为后世戒云。

又《食货志》：凡漕运于京师而足国用者，大略如此。其他州县方镇，漕以自资，或兵所征行，转运以给一时之用者，皆不足纪。

又《刑法志》：此其当世所施行而著见者（指律疏及历代诸格），其余有其书而不常行者，不足纪也。……自肃宗以来，所可书者几希矣。懿宗以后，无所称焉。

又《宰相世系表注》：（侯）希逸亡其世系，（李）辅国中官也，（仆固）怀恩叛臣也，朱泚、王建、韩建、朱全忠，唐之盗也，皆削而不书。

欧公于《五代史记》自言其法曰：大事则书，变古则书，非常则书，意有所示则书，后有所因则书，非此五者则否。《梁本纪》开平元年注。即韩琦、石介等记述宋事，亦多有此识。《三传》、《史通》所言，绳绳不绝。

《宋名臣言行录》载《韩魏公遗事》：石守道编《三朝圣政录》，将上，一日，求质于公。公指数事为非：其一太祖惑一宫鬟，视朝晏，群臣有言，太祖悟，伺其酣寝，刺杀之。公曰：此岂可为万世法？已溺之，乃恶其溺而杀之，彼何罪？使其复有嬖，将不胜其杀矣！遂去此等数事。守道服其清识。

是故史公非不知《禹本纪》、《山海经》。

《史记·大宛列传》：至《禹本纪》、《山海经》所有怪物，余不敢言也。

班固非不知《东方朔别传》及俗用五行时日之书。

《汉书·东方朔传》：朔之文辞，此二篇最善，其余有《封泰山》、《责和氏璧》及《皇太子生禖》、《屏风》、《殿上柏柱》、《平乐观赋猎》、八言、七言上下、《从公孙弘借车》，凡刘向所录朔书，具是矣。世所传他事，皆非也。（师古曰：谓如《东方朔别传》及俗用五行时日之书，皆非实事也。）赞曰：朔之诙谐，逢占射覆，其事浮浅，行于众庶，童儿牧竖，莫不眩耀。而后世好事者，因取奇言怪语，附著之朔，故详录焉。（师古曰：言此传所以详录朔之辞语者，为俗人多以奇异妄附于朔故耳，欲明传所不记，皆非其实也。而今之为《汉书》学者，犹更取他书杂说假合东方朔之事，以博异闻，良可叹矣。他皆类此。）

陈寿非不知汉魏禅代之文，魏吴封禅之策。

钱大昕《跋三国志》：陈承祚，蜀人也，其书虽帝魏，而未尝不尊蜀。于蜀二君，曰先主、后主而不名；于吴诸君，则曰权、曰亮、曰休、曰皓，皆直斥其名。蜀之甘皇后、穆皇后、敬哀皇后、张皇后皆称后，而吴之后妃但称夫人。其书法区别如此。李令伯陈情之表，称蜀为伪朝，承祚不惟不伪之，又以蜀两朝不立史官，故于蜀事特详。如群臣称述谶纬及登坛告天之文，魏、吴皆不书，而特书于蜀。立后、立太子诸王之策，魏、吴皆不书，而特书于蜀。太傅靖、丞相亮、车骑将军飞、骠骑将军超之策文，皆一一书于本传，隐然寓帝蜀之旨焉。

宋祁非不知王播、杜牧诸人之轶事。要皆辞尚体要，故义必谨严。

《陔馀丛考》：吴缜《纠缪》谓《新唐书》多采唐人小说，但期博取，故所载或全篇乖牾。然李泌子繁尝为泌家传十篇，《新书·泌传》虽采用之，而传赞云：繁言多不可信，按其实者著于录。是《新书》未尝不严于别择。今按唐人小说，所记轶事甚多，而《新书》初不滥收者，如《王播传》不载其"阇黎饭后钟"之事。《杜牧传》不载其扬州狎游、牛奇章遣人潜护，及湖州水嬉、绿树成阴之事；《温庭筠传》不载其令狐绹问故事，答以出在《南华》，遂遭摈弃之事；《李商隐传》不载其见摈于绹因作诗谓"郎君官贵，东阁难窥"之事。此皆载于诗话及《北梦琐言》等书，脍炙人口，而《新书》一概不及，则其谨严可知。

读史不窥此秘，惟务辑逸钩沉，则正刘氏所谓苟出异端，虚益新事，及吐果弃核，捃拾登荐之类耳。

《史通·采撰》：其失之者，则有苟出异端，虚益新事。夫以甘（宝）邓（粲）之所粪除，王（隐）虞（预）之所糠秕，持为逸史，用补前传，此何异魏朝之撰《皇览》，梁氏之修《遍略》。务多为美，聚博为功，唯取悦于小人，终见嗤于君子矣。

又《补注》：范晔之删《后汉书》也，简而且周，疏而不漏，盖云备矣。而刘昭采其所捐，以为补注，言尽非要，事皆不急。譬夫人有吐果之核，弃药之滓，而愚者乃重加捃拾，洁以登荐。持此为功，多见其无识也。

史事之去取有识，史事之位置亦有识。盖去取者为史之初步，而位置者为史之精心。必就全书而统筹，非执一篇以示法。前言史联及引戴名世《史论》，即发此义。故语有宜著于本纪，或宜见于表志及传者。非识其体，不知所裁。

王鸿绪《史例议》：一，攻战所克郡邑，非两国相争要地，不书；非敌都，不书。如《汉高纪》云引兵西，无不下者，又云邯自杀雍州定八十余县，又云信等卤豹，传诣荥汤。定魏地，皆不详载其郡邑也。如《唐高纪》载林士弘等窃据僭号者数十余人，后止书某降某降而已，其间用兵胜败，人士众寡，悉略而不录，何等简严。或曰：沛公之攻丰、攻砀、攻外黄，唐高祖之下临汾、克绛郡，又何以备书之耶？曰：此著其王业之始也，不可不书。余则止书其纲，前史类如此。（诒按：欧公《五代史·梁本纪》注：即位以前，其事详，原本其所自来，故曲而备之，见其起之有渐有暴也。即位以后，其事略，居尊位重，所责者大，故所书者简，惟简乃可以立法。此可以推广王氏之说，故位置与详略，皆史识也。）一，自将所克敌及所下城邑，其攻战之法，纪不备书。如垓下之战，详于《羽纪》而略于《高纪》。刘黑闼、刘武周、王世充、窦建德之战，详于黑闼等传，而《高纪》止书秦王世民败某人于某地。惟昆阳之战，《光武纪》书之颇详，此固其中兴之本；且不归之纪，亦无从附见也。一，纪、志总载一代之大政大法，非纪重而志轻也。试以《唐书》诸志证之，尊崇圣教，盛典也。高祖初下令置生员，既即位，又诏秘省立小学，其后又命州县乡皆置学。太宗即位，置弘文馆，增筑学舍至于二百区，虽七营飞骑，亦置生徒，遣博士为授经。四夷若高丽、百济、新罗、高昌、吐蕃，相继遣子弟入学，遂至八千人。咸亨元年，诏州县皆营孔子庙。神龙元年，以邹鲁百户为隆道公采邑，以奉岁祀，子孙世袭褒圣侯。而纪不书。享天配祖，大孝也。贞观初，圜丘明堂北郊以高祖配，感帝以元帝配。乾封元年，诏祈谷复祀感帝。二年，诏明堂兼祀昊天上帝及五帝。开元十年，诏宣皇帝复袝于正室，中宗还袝太庙。而纪皆不书。武德中，冬至及孟夏，雩祭皇地祇于方丘、神州地祇于北郊，以景帝配，而上辛祈谷，祀感帝于南郊；季秋，祀五方帝于明堂，以元年配。高宗永徽二年，以高祖配于圜丘，太宗配于明堂。纪止书有事于南郊而已。乾封元年，封泰山，祀昊天上帝于山下，封祀坛，以高祖、太宗配，如圜丘礼。又明日，祀皇地祇于社首山之降禅坛，如方丘礼，以太穆皇后文德皇后配。而纪止书封于泰山，庚午，禅于社首而已。至若高祖初诏议戊寅元历，高宗时诏定《贞观礼》，开元时撰《唐礼》，改治新历，又诏次历议历术，纪皆不书。夫欧公岂谓此数大事可略哉！志职其详，纪职其要。见于志者，不必其复见于纪也。

即一人事迹，或载本传，或见他传，亦各有体制，必合各篇方见其意。此吾国良史之组织体系，即所谓体大而思精。修《宋史》者不解此法，故其芜冗为学者所深讥也。

方苞《书萧相国世家后》：《萧相国世家》所叙实绩，仅四事，其定汉家律令，及受遗命辅惠帝，皆略焉。盖收秦律令图书，举韩信，镇抚关中，三者乃鄂君所谓万世之功也。其终也，举曹参以自代，而无少芥蒂，则至忠体国可见矣。至其所以自免，皆自他人发之，非智不足也，使何自觉之，则于至忠体国之道有伤矣。故终载请上林空地，械系廷尉，明何用诸客之谋，非得已耳。若定律令，则别见曹参、张苍传。何之终，惠帝临问，而举参，则受遗命不待言矣。盖是二者，于何为顺且易，非万世之功之比也。柳子厚谓《太史公书》曰洁，非谓辞无芜累也，盖明于体要，而所载之事不杂，其气体为最洁耳。

章氏谓文士之识非史识，然文士之识出于经史者，正足以明史识。以吾国经史与文艺本一贯也。方苞之读《霍光传》，测其用意，即本《春秋》常事不书一语，而通之于史也。

方苞《书〈汉书·霍光传〉后》：《春秋》之义，常事不书，而后之良史取法焉。昌黎韩氏目《春秋》为谨严，故撰《顺宗实录》，削去常事，独著其有关于治乱者。班史义法，视子长少贬矣，然尚能识其体要。其传霍光也，事武帝二十余年，蔽以出入禁闼，小心谨慎，相昭帝十三年，蔽以百姓充实，四夷宾服，而其事无传焉。盖不可胜书，故一裁以常事不书之义，而非略也。其详焉者，则光之本末，霍氏祸败之所由也。古之良史，于千百事不书，而所书一二事，则必具其首尾，并所为旁见侧出者而悉著之，故千百世后，其事之表里可按而如见其人。后人反是，是以蒙杂暗昧，使治乱贤奸之迹，并昏微而不著也。

世之撰碑传、修方志、纪兵事者，大抵用此法，而后可以见其人其事其地之特色。故论学而通伦类，则识之著于甲者，即乙亦可见焉。泥于一家之言，未可以云通也。

欧阳修《范文正公神道碑》：其行己临事，自山林处士里闾田野之人，外至夷狄，莫不知其名字，而乐道其事者甚众。及其世次官爵，志于墓，谱于家，藏于有司者，皆不论著。著其系天下国家之大者。

韩邦靖《朝邑志·物产》：邑无他奇产。产独服食，他处俱有者不载，载其美者多者。王元启注云：风俗则取其异者书之，物产则载其美且多者。取舍有方，不愧操笔削之任。后之修志者皆当据以为法。古云常事不书，作文之道尽之矣。

康海《朝邑志序》：夫志者记也。记其风土文献之事与官夫是郡邑者，可以备极其改革，省见其疾苦，景行其已行，察识其政治。使天下为士大夫者读之足以兴，为郡邑者读之足以劝而已。非以夸灵胜之迹，崇奖饰之端也。

阎若璩《潜邱札记》：纂郡县志者，全凭有识。如河南八府，惟怀庆粮最重，民受困三百年，近来纂志，当以粮所由重之说痛加发挥，方与有世道之责者恻念请于朝，比诸别府，减而轻之。

王闿运《湘军志·曾军篇》：罗泽南奔命往来，复弋阳、克广信、收景德、攻义宁，虽战胜攻取，非东南所以安危之大，故不具载。

章炳麟《陆军上将李云杰碑》：积十年，大战四，小战四。咸宁汀泗桥之役、浏阳之役、衡阳萱洲河之役、汨罗之役、汉川化桃之役、澧津市之役、光化之役、太康曹庄之役，都杀敌数万人，以功累迁至第二十三师师长。其事非人民所缘以休戚者，今可得而略也。

综右所述，识生于心，而史为之钥。积若干年祀之记述，与若干方面之事迹，乃有圣哲启示观察研究及撰著之津涂。后贤承之，益穷其变，综合推求，而饷遗吾人以此知识之宝库。故在初学，不第不可遽谓前人不逮吾侪，且不得谓吾人于前人所撰著悉已了解。深造自得，正不易言。姑先储积前哲研究撰著之识，得其通途，再求创辟异境。此虽不敢以律上智，然世之中材最多，循此或可无弊耳。

复次，治史之识，非第欲明撰著之义法，尤须积之以求人群之原则。由历史而求人群之原理，近人谓之历史哲学。吾国古亦无此名，而其推求原理，固已具于经子。近人治史，多本进化论，盖缘西哲就生物之演变测人群之进步，而得此基本观念。治吾史者，准以求，亦可以益人神智。然梁启超论研究文化史之问题，对历史现象是否进化，即生疑问。《饮冰室文集》四十刘咸炘论美人彻尼所举史律，谓道德常进亦常退，若以大概言之，宁谓智进而德退。《治史绪论·史旨》章炳麟著《俱分进化论》，谓善恶相缘并进，其说尤懿。故吾人治中国史，仍宜就中国圣哲推求人群之原理，以求史事之公律。

事物万殊，初无统纪，积久观之，则见其消息。古哲殆亦从生物及人事之种种对待变化，寻求统纪，得消息之原则，而以《易》之《否》、《泰》、《剥》、《复》卦爻示之。就人而言，则曰君子道长小人道消，小人道长君子道消。就一切事物而言，则曰无平不陂，无往不复。老子之学从此出，故曰：万物并作，吾以观其复。孟子之学亦从此出，故曰：天下之生久矣，一治一乱。否泰治乱，消长往复，其迹象有纵横，其范围有大小，而赅括史事，驯至近今，此义尚未能破。盖人类心灵，同此消长，不能有消而无长，亦不能有长而无消。论进化者，但就长之一面言之耳。一治一乱，并非循环，惟适应消息之公律耳。

王船山之论史，归于一治一乱。见前《史统篇》。顾景星之论史，亦归于一治一乱，而曰：自古治乱，气运为之。气运者即人心之习气为之也。章学诚《湖北通志稿》、《复社名人传》引其言以为论，是章氏亦以顾氏之言，如其意所欲言也。

《湖北通志稿》志曰：信乎顾景星之誉张公亮书也，其言曰：自古治乱，气运为之。气运者，即人心之习气为之也。如江河之波，瀰瀁推移，而势不自已。如寒暑之变，出蛰荣谢而物不知。人心不厌不止，气运不极不返。列国之并吞，不至秦始不止。然而六国之后，犹起而攻秦；郦食其犹劝汉祖封六国后，何者？习气未忘，人心未厌也。迨夫韩、彭继灭，然后天下厌之，而郡国之势成。郡国势成，郡国之习气又作。逮夫袁绍、袁术、刘表、公孙瓒辈相继灭，而郡国之习气乃止。其他外戚、宦寺、权臣、宫妾之祸代作。方其作也，泯泯棼棼，袁绍不至杀二千人，汉宦寺习气不止。朱全忠、崔胤不至杀七百人，唐宦寺之习气不止。汉不至单越，则窦梁之习气不止。唐不至安禄山余祸展转数十年，则武韦之习气不止。至于士大夫服先王之服，诵圣人之书，宜无祸于国家，然其褊急迂愚，往往不召变则养乱。灵帝党锢之祸，文宗甘露之祸，昭帝清流之祸，呜呼！岂尽天耶？亦其召变养乱，积成气运，不厌不止。然后知士大夫习气之祸，有不在宦官、权戚、宫妾之下者矣。必待习气尽而人心厌而气运转，而天下事已不可为矣，岂不痛哉！

刘咸炘论读史察变观风，比于以索贯钱。历举文质、刚柔、缓急诸种演变，推其原亦不外心习之消长而已。

《治史绪论》：读史察变观风，综求其事之关系，比于以索贯钱。先具归纳所得之索，以备学者之演绎，固捷径也。惟端绪繁多，非一人所能尽知，一书所能备举，但能略具重大者为纲领而已。……《表记》言夏道尊命，《祭义》言商人尚富，经家文质三教之说（《表记》、《白虎通义》），传记齐尊之鲁亲之之言，《商君书·开塞篇》贵亲贤三变之论，皆可裁用。……春秋之势，又须横别而论之。如鲁卫贵亲，齐晋尚功，楚用有功之亲，秦用异国之材。或为承前，或为开后。及至战国，则官学变为私学，不出乡之四民变为游说逊侠，重农之风变为重商。至秦改郡县，陈、项起匹夫，汉高徙豪杰，而三代之风乃全亡。此为一大变迁。太史迁所谓古今之变，即指此也。……治术分柔缓与刚急。其著者，如汉文缓而景、武急，宣急而元、成缓，哀急而光武缓，明急而章缓，曹操急而晋武缓，唐宣宗急而宋祖缓，元世祖缓而明太祖急。士风分刚动与柔静。郭筠仙所谓西汉人好利，东汉人好名，唐人好利，宋人好名，元人好利，明人好名，今人好利，甚确而得要。好名刚，好利柔，柔缓者黄老，刚急者刑名，好名者近墨，好利者近杨。治缓养成柔风，亦能容之使刚；治急激起刚风，亦能迫之使柔。缓急中自有高下，夸毗亦养奸；柔刚中自有是非，躁动亦致乱也。

观风之变，于其已成，则知将来之厌恶；于其方始，则知异时之滋长，是曰知几。故治史所得，在能知几，非惟就已往之事，陈述其变已也。此法自子夏之治《春秋》开之。

《韩非子·外储说右上》：子夏曰：《春秋》之记，臣杀君，子杀父者，非一日之积也，有渐而以至矣。凡奸者行久而成积，积成而力多，力多而能杀。故明主早绝之。今田常之为乱，有渐久矣，而君不诛。晏子不使其君禁侵陵之臣，而使其主行惠，故简公受其祸。故子夏曰：善持势者，早绝奸之萌。

《说苑·复恩篇》：楚人献鼋于灵公。公子家见，公子宋之食指动，谓子家曰：我如是，必尝异味。及食大夫鼋，召公子宋而不与，公子宋怒，染指于鼎，尝之而出。公怒，欲杀之。公子宋与公子家谋先，遂弑灵公。子夏曰：《春秋》者，记君不君臣不臣父不父子不子者也，此非一日之事也，有渐以至焉。

其原则自《易·坤卦》初六以履霜、坚冰括一切事变之由渐而积。

《易·坤卦·文言》：积善之家，必有余庆，积不善之家，必有余殃。臣弑其君，子弑其父，非一朝一夕之故，其所由来者渐矣。由辩之不早辩也。《易》曰：履霜，坚冰至。盖言顺也。

故《易》与《春秋》通，而《春秋》最重慎始。刘氏所谓"好是正直，善恶必书，使骄君贼臣知惧者"，据其已成言之，进之以慎始，则尤贵识微矣。

史义第七

前六章所述，无虑皆史义也，然其本始犹未尽阐发，故宜专就史义论之。史之三要素，曰事、曰文、曰义。此自孔孟发之。孟子曰：其事则齐桓、晋文，其文则史。孔子曰：其义则丘窃取之矣。明史学所重者在义也。近世有所谓考据、辞章、义理之学。考据者事也，辞章者文也。以孔孟论史之义绳之，考据、辞章，必归宿于义理，始得为学。且可悟是三者之学，皆出于史。徒骛事迹，或精究文辞，皆未得治史之究竟。姑举清之史学家治史之法为证。如赵瓯北《廿二史札记》，述晋八王之乱，综合史事，叙述简明，善矣。然不如钱竹汀之说之精。盖赵仅述事，而钱则断以义也。赵书亦多究史义，此特就事、文、义三端分析言之。钱书亦多偏重考事订文，而时发史义。学者不可不知。

《廿二史考异》：《晋书·汝南王亮传》，西晋之政乱朝危，虽由时主，然而煽其风，速其祸者，咎在八王，故序而论之。案《晋史》以汝南王亮、楚王玮、赵王伦、齐王同、长沙王乂、成都王颖、河间王颙、东海王越八人总为一传，不与宣文武诸子同篇。盖因晋时有《八王故事》一书（《隋志》不言撰人，刘孝标注《世说》屡引之），故取其名。然于劝善惩恶之旨，殊末当也。赵王伦，晋之乱贼，当与桓玄同科。齐王同起义讨伦，虽以骄溢致败，较诸成都、河间、东海之大失臣节者，不可同年语矣。史乃以赵伦、齐同同称，何其不分皂白乎？汝南王亮为贾后所害，本无大过，亦不当以煽风速祸责之。

世多以孔子仅言仁，至孟子始盛言义，此非知孔孟者也。《论语》曰：君子之于天下也，无适也，无莫也，义之与比。此非孔子之言义乎？他如君子喻于义，小人喻于利，见利思义诸语，更孟学所自出。不得以《吕氏春秋》谓孔子贵仁一语《吕氏春秋·不二篇》，区孔孟之学也。《易·系》曰：立人之道，曰仁与义。又曰：精义入神，以致用也。人道以仁义而立，故君子精于此，以判断天下事，即以此判断史事，其说固一贯者。人道何由立？则可以《家人》象辞证之。《家人》象曰：家人，女正位乎内，男正位乎外。男女正，天地之大义也。家人有严君焉，父母之谓也。父父、子子、兄兄、弟弟、夫夫、妇妇，而家道正。正家而天下定矣。世或以此只言家族伦理，若于社会国家无涉。不知自春秋以迄后世史事，孰非以正而治以不正而乱？即迨晚近斯义犹未变也。说《家人》卦，故不及君臣，然其义正与《论语》孔子对齐景公曰君君、臣臣、父父、子子之义相通。孔子之重正名，《春秋》之道名分，皆此义也。齐景公虽非令主，然闻孔子之言，亦知君不君、臣不臣、父不父、子不子，虽有粟吾得而食诸？其言之痛切，可发人深长思矣。

虽然，孔子治史，重在义理，亦非孔子所独创也。春秋贤者之治史，皆注重史义。观《春秋》内、外传赵衰称郤縠之言，可以知其故矣。

《左传》僖公二十七年：晋侯搜于被庐，作三军，谋元帅。赵衰曰：郤縠可。臣亟闻其言矣，说礼乐而敦《诗》、《书》。《诗》、《书》，义之府也；礼乐，德之则也。德义，利之本也。（当时谋元帅，乃以说礼乐，敦《诗》、《书》，明德义为重。此是何等见解。）

《晋语》：文公问元帅于赵衰，对曰：郤縠可。行年五十矣，守学弥惇。夫先王之法志，德义之府也；夫德义，生民之本也。能惇笃者，不忘百姓也。

《诗》、《书》、礼乐、先王法志，皆历史也。当时之讲历史，重在能知德义之府，生民之本，不徒以诵述其事、研阅其文为尚也。故孔子治《春秋》，窃取其义，亦以示生民之本，使人不忘百姓耳。不知生民之本，德义之府，治史果何为乎？

准此以读《春秋》内、外传，及先秦诸子，观其称引《诗》、《书》皆以明义，非矜博闻强识也。祭公谋父在穆王时，述《周颂》，即以明义。

《周语》：穆王将征犬戎，祭公谋父谏曰：不可。先王耀德不观兵。夫兵戢而时动，动则威，观则玩，玩则无震。是故周文公之颂曰：载戢干戈，载櫜弓矢，我求懿德，肆于时夏，允王保之。先王之于民也，懋正其德而厚其性（韦注：懋，勉也。性，情性也。案此语与《召诰》节性惟日其迈，及《卷阿》俾尔弥尔性，皆西周人讲性学之语。世谓孟子始盛言性者，亦未知其朔也），阜其财求而利其器用，明利害之乡以文修之。使务利而避害，怀德而畏威。故能保世以滋大。

楚庄王在春秋时，举《周颂》而阐其义，尤详。由此类推，始知赵衰所谓义府及为大将必守学弥惇者之故。

《左传》宣公十二年：楚重至于邲，遂次于衡雍。潘党曰："君盍筑武军而收晋尸，以为京观。臣闻克敌必示子孙，以无忘武功。"楚子曰："非尔所知也。夫文止戈为武。（今人考甲骨文，谓古武字盖言人之步武，从两止，不作止戈。然由两止之武，演变而为止戈之武，不得谓此语为非。）武王克商，作颂曰：载戢干戈，载櫜弓矢，我求懿德，肆于时夏，允王保之。又作《武》，其卒章曰：耆定尔功。其三曰：铺时绎思，我徂惟求定。其六曰：绥万邦，屡丰年。夫武，禁暴、戢兵、保大、定功、安民、和众、丰财者也，故使子孙无忘其章。今我使二国暴骨，暴矣。观兵以威诸侯，兵不戢矣。暴而不戢，安能保大？犹有晋在，焉得定功？所违民欲犹多，民何安焉？无德而强争诸侯，何以和众？利人之几而安人之乱以为己荣，何以丰财？武有七德，我无一焉。何以示子孙？其为先君宫，告成事而已，武非吾功也。古者明王伐不敬，取其鲸鲵而封之，以为大戮，于是乎有京观，以惩淫慝。今罪无所，而民皆尽忠以死君命，又何以为京观乎？"祀于河，作先君宫，告成事而还。

至孔门论学，博引《诗》、《书》，推阐义理者尤多。《大学》之教，皆《诗》、《书》之义。其言明德新民止善者，皆自《诗》、《书》得之也。

《大学》：《诗》云：瞻彼淇澳，绿竹猗猗，有斐君子，如切如磋，如琢如磨，瑟兮僩兮，赫兮喧兮，有斐君子，终不可谖兮。如切如磋者，道学也。（者下诸语，皆《诗》之讲义。其体例如《周语》叔向声《昊天有成命》，《鲁语》叔孙穆子释《皇皇者华》，皆逐字逐句说明其义。）如琢如磨者，自修也。瑟兮僩兮者，恂栗也。赫兮喧兮者，威仪也。有斐君子终不可谖兮者，道盛德至善民之不能忘也。《诗》云：於戏，前王不忘。君子贤其贤而亲其亲，小人乐其乐而利其利，此以没世不忘也。《康诰》曰：克明德。《太甲》曰：顾諟天之明命。《帝典》曰：克明峻德。皆自明也。（由卫武公之诗，讲为学自修之义，上溯之《康诰》，上溯之《太甲》，再上溯之至《尧典》。所以言明德新民，为自尧以来相传之心法，舍此无所谓学也。故古本《大学》之次序，自有意义。以下又由汤《盘》、《康诰》而及周《诗》，盖其由后溯前，及由前至后二法。）汤之《盘铭》曰：苟日新，日日新，又日新。《康诰》曰：作新民。《诗》曰：周虽旧邦，其命惟新。是故君子无所不用其极……《诗》云：缗蛮黄鸟，止于丘隅。子曰：于止知其所止，可以人而不如鸟乎。《诗》云：穆穆文王，於缉熙敬止。为人君止于仁，为人臣止于敬，为人子止于孝，为人父止于慈，与国人交止于信。（此可见新民止善皆从《诗》义得来。）

至如引《康诰》、《楚书》、《秦誓》，或申述其语，或第述其辞，不必引申而义自见。古之大学，春秋教以礼乐，冬夏教以《诗》、《书》者，惟此义也。

《大学》：《康诰》曰：惟命不于常。道善则得之，不善则失之矣。此即五德代兴，不私一姓之说所由来，其言最深切沉挚。下引《楚书》舅犯之言及《秦誓》，不加引申，而总结以唯仁人能爱人能恶人，又曰：好人之所恶，恶人之所好，是谓拂人之性，菑必逮夫身。又曰：必忠信以得之，骄泰以失之。得失鉴戒，使人懔然。

司马迁于六艺，屡言不一言，而所举有别义，有通义。《自序》称《易》著天地阴阳、四时五行，故长于变；《礼经》纪人伦，故长于行；《书》记先王之事，故长于政；《诗》记山川溪谷、禽兽草木、牝牡雌雄，故长于风；《乐》乐所以立，故长于和；《春秋》辨是非，故长于治人。是故《礼》以节人，《乐》以发和，《书》以道事，《诗》以达意，《易》以道化，《春秋》以道义。拨乱世反之正，莫近于《春秋》。历举六艺，分两层说明，而归重于《春秋》，此别义也。《滑稽列传序》：孔子曰：六艺于治，一也。《礼》以节人，《乐》以发和，《书》以道事，《诗》以达意，《易》以神化，《春秋》以道义。太史公曰：天道恢恢，岂不大哉！谈言微中，亦可以解纷。其文若与《自序》重复，实则举孔子之言，以明其通义也。六艺之形式不同，然其义理之关于政治则一。故曰六艺于治一也。不知此义，不能知中国史学之根本，亦即不知中国一切学术之根本。故史公一再言之，而其通义不发于他传，独于《滑稽列传》发之，最为可以注意。滑稽者最无关于政治者矣，史公以为世变迁流，有国者已不知正义，故不可以庄语，而仅可以谈笑讽之，其于政化何如哉。既为此传，恐学者不喻其义，特举孔子之言，庄严郑重而出之，所以示学者治史宜观其通也。然犹不独此也。《司马相如传赞》曰：《春秋》推见至隐，《易》本隐以之显，《大雅》言王公大人，而德逮黎庶，《小雅》讥小己之得失，其流及上。所以言虽外殊，其合德一也。则更明白表示《诗》、《易》与《春秋》之义相通，不可拘泥于形式。观王公大人之言可以推之黎庶，观小己之得失可以知政教之迁流。其言何等显豁呈露！使治史者明于此义，自不至病吾国史籍只述朝政不及民众社会，目为帝王家谱；更不至以帝王制度已更，谓《资治通鉴》为帝王教科书，而今之学者不必研究矣。司马相如一文人耳，然《子虚》、《上林》诸赋，可与大、小雅比较其时代之变迁，读史者即可推见汉武之至隐。故就相如一文人说明《易》、《诗》、《春秋》相通之大义。不举《书》、《礼》者，《书》、《礼》之形式，世人多知为史，不必赘述也。合《司马相如传赞》与《滑稽列传序》观之，始可以悟史公郑重说明六艺通义，在即小以见大，举此以例彼。治经史者由此悟入，则知类通达，不为形式所囿矣。班书无滑稽传而《相如传》犹钞史公之语，至与《诗》之风谏何异，而续以扬雄之言。则专就相如论相如，非史公即相如推阐六艺相通之义。夫就相如论相如，专以大、小雅引起可矣，何必及《易》、《春秋》乎？又班书删去"言虽外殊"之"外"字，作"所言虽殊"，是固明了，而"外"字实极可注意。外者，今之所谓表面也，表面虽殊，内容相通，故曰言虽外殊，其合德一也。范书以降，恒有《文苑传》，而如班、张、崔、蔡、韩、柳、欧、苏之类，皆为特传，不列于文苑，固亦可观社会之风尚。然本马、班之体而扩充之，实未喻马之用意也。

　　《易》之为书，一卦一爻一言一象，皆本隐以之显也。姑举乾、坤两爻以示例。如乾上九：亢龙有悔，此义隐约，未易明也。《文言》释之曰：亢之为言也，知进而不知退，知存而不知亡，知得而不知丧，其唯圣人乎！知进退存亡而不失其正者，其唯圣人乎！以观史事所赅多矣。自嬴政、项羽、王莽、董卓、苻坚、萧衍、杨广、完颜亮以迄近世袁世凯、曹锟之失败，推之亚历山大、该撒、拿破仑、威廉第二，及近之德、义、日诸侵略者，孰非坐此病乎？又如商鞅、白起、王安石、张居正诸人，其进退得失之迹不同，而其未得其正一也。由此观之显矣。又如坤初六：履霜坚冰至，亦寻常之现象耳。《文言》释之曰：积善之家，必有余庆；积不善之家，必有余殃。臣弑其君，子弑其父，非一朝一夕之故，其所由来者渐矣，由辨之不早辨也。遍衡史事，不可胜举。其发之于坤之初爻者，戒女祸也。观《史》、《汉》外戚传序，及恽敬论《唐书》之言，何其显也。

《史记·外戚世家序》：自古受命帝王及继体守文之君，非独内德茂也，盖亦有外戚之助焉。夏之兴也以涂山，而桀之放也以末喜；殷之兴也以有娀，纣之杀也嬖妲己；周之兴也以姜原及太任，而幽王之禽也淫于褒姒。故《易》基乾、坤，《诗》始《关雎》，《书》美厘降，《春秋》讥不亲迎。夫妇之际，人道之大伦也。礼之用，唯婚姻为兢兢。夫乐调而四时和，阴阳之变，万物之统也，可不慎欤！人能弘道，无如命何。甚哉，妃匹之爱，君不能得之于臣，父不能得之于子，况卑下乎？既欢合矣，或不能成子姓；能成子姓矣，或不能要其终，岂非命也哉！孔子罕言命，盖难言之，非通幽明之变，恶能识乎性命？（《汉书》直录其文，盖深取之也。史公自谓究天人之际，此论即其究天人之际之言。如纪孝惠后曰：吕太后以重亲故，欲其生子万方，终无子。又纪陈皇后曰：陈皇后求子，与医钱凡九千万，然竟无子。故有欢合而不能成子姓，成子姓或不能要其终之语，以戒世之妄意人力一切可为者。）

恽敬《驳朱锡鬯书杨太真传后》：《唐书·玄宗纪》开元二十五年四月乙丑，废太子瑛及鄂王瑶、光王琚为庶人，皆杀之。十二月丙午，惠妃武氏薨。二十八年十月甲子，以寿王妃杨氏为道士，号太真。天宝四载八月壬寅。立太真为贵妃。数事皆大恶，皆日之，此史家之慎也。（《春秋》日不日皆有义，后史不甚注意，故读史者亦多忽之。恽氏于此，以《春秋》之法推史义，亦示履霜之义。）

《春秋》推见至隐，盖史公承董仲舒之学。董氏《贤良策》曰：案《春秋》之文，求王道之端，得之于正。正次王，王次春。春者，天之所为也。正者，王之所为也。其意曰：上承天之所为而下以正其所，为正王道之端云尔。又曰：谓一为元者，视大始而欲正本也。《春秋》深探其本而反自贵者始，故为人君者，正心以正朝廷，正朝廷以正百官，正百官以正万民，正万民以正四方；四方正远近莫敢不壹于正，而亡有邪气奸其内者。又曰：孔子作《春秋》，上揆之天道，下质诸人情，参之于古，考之于今。故《春秋》之所讥，灾害之所加也；《春秋》之所恶，怪异之所施也。书邦家之过，兼灾异之变，以此见人之所为，其美恶之极，乃与天地流通而往来相应，此亦言天之一端也。读《司马相如传赞》，必以《董仲舒传》参之，然后知史公所指。《史记·儒林传·仲舒传》不载此文，然《自序》载其《春秋》之学闻之董生。故知推见至隐之义，即仲舒《贤良策》之意也。

近人讲史学，不知推本《春秋》，漫曰《春秋》是经非史。而中国史学之根本不明，惟就史以求史，故其于《史》、《汉》亦不解所谓。不但于《史》、《汉》不知所谓也，即众所似甚崇拜之史学家，若章氏之《文史通义》，主要之语，亦不能解矣。章氏《史德篇》有一最精之语曰："史之义出于天。"讲章氏史学者不闻标举此义也。惟章氏解此，故于《文史通义》为《原道》三篇，究其说之由来，亦即从董氏《贤良策》"道之大原出于天"一语而来。故董子、史公之讲《春秋》，直至清代章实斋之讲史学，一脉相承，无二义也。夫谓道之大原出于天，闻者既若廓落而无当；谓史之义出于天，读者亦且茫昧而不解。是又可以董子之言解之。《春秋繁露·玉杯篇》曰："人受命于天，有善善恶恶之性，可养而不可改，可豫而不可去，若形体之可肥癯而不可得革也。"是故史之为书，所以善善恶恶也。善善恶恶者，人之性而受命于天者也。吾国之为史者，其浅深高下固亦不齐，而由经典相传，以善善恶恶之性从事于史则一。实斋有见于此，故为史家说明第一义曰：史之义出于天。即刘知几之论史，其斤斤于史法史笔者，何一不本善善恶恶？故曰：向使世无竹帛，时阙史官，虽尧、舜之与桀、纣，伊、周之与莽、卓，夷、惠之与跖、蹻，商、冒之与曾、闵，但一从物化，坟土未干，则善恶不分，妍媸永灭者矣。苟史官不绝，竹帛长存，则其人已亡，杳成空寂，而其事如在，皎同星汉。用使后之学者，坐披囊箧，而神交万古，不出户庭，而穷览千载，见贤而思齐，见不贤而内自省。若乃《春秋》成而逆子惧，南史至而贼臣书。其纪事载言也则如此，其劝善惩恶也又如彼。由斯而言，则史之为用，其利甚溥，乃生人之急务，国家之要道，有国有家者，其可缺之哉！《史通·史官建置篇》是则人性必变而恶善善恶，吾国史义，乃可摧毁不谈；否则无从变更此定义也。

《易》义有恒有变，史义亦有正有变。知其变方能识其正。《穀梁传》最重正变之义，有明正，有复正，有变之正。

《穀梁传·僖公四年》：春，王正月，公会齐侯、宋公、陈侯、卫侯、郑伯、许男、曹伯侵蔡，蔡溃。侵，浅事也。侵蔡而蔡溃，以桓公为知所侵也。不土其地，不分其民，明正也。

又，昭公五年：舍中军。贵复正也。

定公八年：从祀先公。贵复正也。……十四年：天王使石尚来归脉。石尚欲书《春秋》，谏曰：久矣周之不行礼于鲁也，请行脉。贵复正也。

又，僖公五年：秋八月，诸侯盟于首戴。桓，诸侯也，不能朝天子，是不臣也。王世子，子也，块然受诸侯之尊已而立乎其位，是不子也。桓不臣，王世子不子，则其所善焉何也？是则变之正也。天子微，诸侯不享觐。桓控大国，挟小国，统诸侯，不能以朝天子，亦不敢致天王。（此即以晋文公召王相比，而见其正。亦可以证《论语》所谓晋文公谲而不正，齐桓公正而不谲之义。）尊王世子于首戴，乃所以尊天王之命也。世子含王命，会齐桓，亦所以尊天王之命也。世子受之可乎？是亦变之正也。

襄公二十九年：仲孙羯会晋荀盈、齐高止、宋华定、卫世叔仪、郑公孙段、曹人、莒人、邾人、滕人、薛人、小邾人城杞。古者天子封诸侯，其地足以容其民，其民足以满城以自守也。杞危而不能自守，故诸侯之大夫相帅以城之，此变之正也。

昭公三十二年：冬，仲孙何忌会晋韩不信、齐高张、宋仲几、卫太叔申、郑国参、曹人、莒人、邾人、薛人、杞人、小邾人城成周。天子微，诸侯不享觐。天子之在者，惟祭与号。故诸侯之大夫相帅以城之，此变之正也。

盖自开篇正隐治桓，明《春秋》之贵义不贵惠，信道不信邪以下，凡种种不正之事，均以其文之变者示其正义。此所谓《春秋》以道义也。

《穀梁传·隐公元年》：春，王正月，虽无事，必举正月，谨始也。公何以不言即位？（史家正格，公即位必书即位。《春秋》开卷不书公即位，即以示变义。）成公志也。焉成之，言君之不取为公也。君之不取为公，何也？将以让桓也。让桓正乎？曰不正。（此全书皆论正不正之发端。）《春秋》成人之美，不成人之恶，隐不正而成之，何也？将以恶桓也。其恶桓何也？隐将让而桓弑之，则桓恶矣；桓弑而隐让，则隐善矣。（此普通人所能解之善恶，而君子于善恶必推见至隐，故与常解异。）善则其不正焉何也？《春秋》贵义而不贵惠，信道而不信邪。

又，桓公元年：春，王。桓无王。（二年传曰：桓无王。其曰王，何也？正与夷之卒也。十年传曰：桓无王。其曰：王，何也？正终生之卒也。此外皆无王。至十八年始桓如齐遇弑始言王。）其曰：王，何也？谨始也。其曰：无王，何也？桓弟弑兄，臣弑君，天子不能定，诸侯不能救，百姓不能去，以为无王之道，遂可以至焉尔。（去王字，以见自天子至百姓，皆失其正。是为无王之道，然犹必以王道正之，故发此义。）元年有王，所以治桓也。正月，公即位。继故不言即位，正也。继故不言即位之为正，何也？曰：先君不以其道终，则子弟不忍即位也。继故而言即位，则是与闻乎弑也。（此所谓推见至隐。）继故而言即位是为与闻乎弑，何也？曰先君不以其道终，已正即位之道而即位，是无恩于先君也。

又，隐公四年：卫人立晋。卫人者，众辞也。立者，不宜立者也。晋之名，恶也。其称人以立之，何也？得众也。得众则是贤也。贤则其曰不宜立何也？《春秋》之义，诸侯与正而不与贤也。（晋既得众，即常人所共称之贤。《春秋》以为其立不正，故恶之，其义之严如此。）……十年：六月辛未，取郜。辛巳，取防。取邑不日，此其日，何也？不正。其乘败人而深为利，取二邑，故谨而日之也。……宋人、蔡人、卫人伐戴，郑伯伐取之。不正其因人之力而易取之，故主其事也。（因人之力而易取之，是《春秋》所谓不正。）

桓公五年：天王使任叔之子来聘。任叔之子者，录父以使子也。故微其君臣，而著其父子，不正父在子代仕之辞也。……八年：祭公来，遂逆王后于纪。其不言使，何也？不正其以宗庙之大事，即谋于我，故弗与使也。

庄公二十三年：祭叔来聘。其不言使，何也？天子之内臣也，不正其外交故不与使。

僖公四年：齐人执陈辕涛涂。齐人者，齐侯也。其人之何也？于是哆然外齐侯也，不正其逾国而执也。……二十三年：春，齐侯伐宋围闵。伐国不言围邑，此其言围，何也？不正其以恶报恶也。（以恶报恶，亦常人所谓正，而在《春秋》则不正。）……二十五年：卫侯毁灭邢。毁之名，何也？不正其伐本，而灭同姓也。……二十七年：冬，楚人、陈侯、蔡侯、郑伯、许男围宋。楚人者，楚子也。其曰人，何也？人楚子所以人诸侯也。其人诸侯，何也？不正其信夷狄而伐中国也。

昭公十二年：晋伐鲜虞。其曰晋，狄之也。其狄之，何也？不正其与夷狄交伐中国，故狄称之也。

定公四年：十一月庚辰，吴入楚。何以谓之吴也？狄之也。何谓狄之也？君居其君之寝，而妻其君之妻；大夫居其大夫之寝，而妻其大夫之妻。盖有欲妻楚王之母者，不正其乘败人之绩，而深为利，居人之国，故狄之也。

《左氏传》两举《春秋》之称，亦以言其变义。

《左传·成公十四年》：君子曰：《春秋》之称，微而显，志而晦，婉而成章，尽而不污，惩恶而劝善，非圣人谁能修之。

又，昭公三十一年：君子曰：名之不可不慎也如是夫，有所有名而不如其已。以地叛，虽贱，必书地，以名其人，终为不义，弗可灭已。是故君子动则思礼，行则思义，不为利回，不为义疚。或求名而不得，或欲盖而名章，惩不义也。齐豹为卫司寇，守嗣大夫，作而不义，其书为盗。（昭公二十年《经》：秋，盗杀卫侯之兄絷。杜注：齐豹作而不义，故书曰盗。所谓求名而不得。）邾庶其（襄公二十一年《经》：邾庶其以漆闾丘来奔）、莒牟夷（昭公五年《经》：夏，莒牟夷以牟娄及防兹来奔）、邾黑肱（是年《经》：冬，黑肱以滥来奔），以土地出，求食而已，不求其名，贱而必书。此二物者；所以惩肆而去贪也。若艰难其身，以险危大人，而有名章彻，攻难之士，将奔走之。（此似预戒桓温以遗臭万年为大丈夫之意。）若窃邑叛君，以徼大利而无名，贪冒之民，将真力焉。是以《春秋》书齐豹曰盗，三叛人名，以惩不义，数恶无礼，其善志也。故曰：《春秋》之称，微而显，婉而辨。上之人能使昭明，善人劝焉，淫人惧焉，是以君子贵之。

杜预《春秋左氏传序》：故发传之体有三，而为例之情有五。一曰微而显，文见于此而起义在彼。称族尊君命、舍族尊夫人、梁亡城缘陵之类，是也。二曰志而晦，约言示制，推以知例。参会不地、与谋曰及之类是也。三曰婉而成章，曲从义训，以示大顺。诸所讳辟、璧假许田之类是也。四曰尽而不污，直书其事，具文见意。丹楹刻桷、天王求车、齐侯献捷之类是也。（观杜此说，可见凡谓《春秋》直书其事、万恶自见者，乃五种之一，不足以尽《春秋》全书之义也。）五曰惩恶而劝善，求名而亡，欲盖而章。书齐豹盗、三叛人名之类是也。推此五体，以寻经传触类而长之，附于二百四十二年行事，王道之正，人伦之纪备矣。

《公羊传》言，异辞同辞，尤以见其变义。

《公羊传·隐公元年》：公子益师卒。何以不日，远也。所见异辞，所闻异辞，所传闻异辞。

桓公二年：三月，公会齐侯、陈侯、郑伯于稷，以成宋乱。内大恶讳，此其目言之何，远也。所见异辞，所闻异辞，所传闻异辞。

又，隐公七年：春，王三月，滕侯卒。何以不名？微国也。微国则其称侯何？不嫌也。《春秋》贵贱不嫌同号，美恶不嫌同辞。

何休《公羊解诂》：所见者，谓昭、定、哀，己与父时事也。所闻者，谓文、宣、成、襄，王父时事也。所传闻者，谓隐、桓、庄、闵、僖，高祖、曾祖时事也。异辞者，见恩有厚薄，义有深浅。时恩衰义缺，将以理人伦序人类，因制治乱之法。故于所见之世，恩己与父之臣尤深。大夫卒，有罪无罪皆日录之，丙申季孙隐如卒是也。于所闻之世，王父之臣，恩少杀。大夫卒，无罪者日录，有罪者不日，略之，叔孙得臣卒是也。于所传闻之世，高祖、曾祖之臣，恩浅。大夫卒，有罪无罪，皆不日，略之也，公子益师无骇卒是也。于所传闻之世，见治起于衰乱之中，用心尚粗粗，故内其国而外诸夏。先详内而后治外，录大略小，内小恶书，外小恶不书，大国有大夫，小国略称人，内离会书，外离会不书是也。于所闻之世，见治升平，内诸夏而外夷狄，书外离会，小国有大夫，宣十一年秋晋侯会狄于攒函、襄二十三年邾娄鼻戎来奔是也。至所见之世，著治太平，夷狄进至于爵，天下远近大小若一，用心尤深而详，故崇仁义，讥二名，晋魏曼多仲孙何忌是也。

又，贵贱不嫌者，通同号称也。若齐亦称侯，滕亦称侯，微者亦称人，贬亦称人，皆有起文，贵贱不嫌同号是也。（杨疏：滕侯卒不名，下恒称子，起其微也。齐侯恒在宋公之上，起其大也。宋人盟于宿不书日，亦起微也。郑人来输平称人者其国辞起其贬之，故曰皆有起文也。）若继体君亦称即位，继弑君亦称即位，皆有起文，美恶不嫌同辞是也。滕微国，所传闻之世，未可卒。所以称侯而卒者，《春秋》王鲁，托隐公以为始受命王。滕子先朝隐公，《春秋》襃之以礼，嗣子得以其礼祭，故称侯见其义。

《春秋繁露》尤专言变义，诸所论难，不可胜举，约录二则，以示经权。孔子称舜择两端而用中，又自称叩两端而竭焉。义有相反而相成者，非合两端而言，不能知因时制宜之义也。

《春秋繁露·竹林》：难者曰：《春秋》之书战伐也，有恶有善也。恶诈击而善偏战，耻伐丧而荣复仇。奈何以春秋为无义战，而尽恶之也？曰：凡《春秋》之记灾异也，虽亩有数茎，犹谓之无麦苗也。今天下之大，三百年之久战攻侵伐，不可胜数，而复仇者有二焉。（庄公四年纪侯大去其国，传曰：曷为不言齐灭之？为襄公讳也，复仇也。又九年，及齐师战于乾时，我师败绩。传曰：内不言败，此其言败何？复仇也。何氏云：复仇以死败为荣，故录之。）是何以异于无麦苗之有数茎哉！不足以难之，故谓之无义战也。以无义战为不可，则无麦苗亦不可也。以无麦苗为可，则无义战亦可矣。若《春秋》之于偏战也，善其偏不善其战，有以效其然也。《春秋》爱人，而战者杀人，君子奚说善杀其所爱哉！故《春秋》之于偏战也，犹其于诸夏也。引之鲁则谓之外，引之夷狄则谓之内。（成十五年《传》曰：《春秋》内其国而外诸夏，内诸夏而外夷狄。）比之诈战，则谓之义；比之不战，则谓之不义。故盟不如不盟，然而有所谓善盟；战不如不战，然而有所谓善战。不义之中有义，义之中有不义。辞不能及，皆在于指。非精心达思者，其孰能知之。

又，《精华》：难者曰：《春秋》之法，大夫无遂事。（见僖三十年《传》，事见下。）又曰：出境有可以安社稷利国家者，则专之可也。（见庄十九年《传》。）又曰：大夫以君命出，进退在大夫也。（襄十九年，晋士匄侵齐至谷，闻齐侯卒，乃迁传。）又曰：闻丧徐行而不反也。（宣八年，公子遂如齐，至黄乃复传。）夫既曰无遂事矣，又曰专之可也；既曰进退在大夫矣，又曰徐行而不反也，若相悖然，是何谓也？曰：四者各有所处，得其处则皆是也，失其处则皆非也。《春秋》固有常义，又有应变。无遂事者，谓平生安宁也；专之可也者，谓救危除患也；进退在大夫者，谓将率用兵也；徐行不反者，谓不以亲害尊，不以私妨公也。此之谓将得其私，知其指。故公子结受命，往媵陈人之妇于鄄，道生事，从齐桓盟。《春秋》弗非，以为救庄公之危。（庄十九年）公子遂受命使京师，道生事，之晋。《春秋》非之，以为是时僖公安宁无危。（僖卅年）故有危而不专救，谓之不忠；无危而擅生事，是卑君也。故此二臣俱生事，《春秋》有是有非，其义然也。

择两端之中，明相反之义，而后可以治经，可以治史，而后可以无适无莫，而立人之义于天下。如孔子称微子、箕子、比干为三仁，而又曰桓公九合诸侯，不以兵车，管仲之力也，如其仁。如其仁，则管仲之不死子纠，不似匹夫匹妇之谅，不得以殷之三仁病之。此所谓夫言岂一端而已，夫各有所当也。尊王是一义，讥贬天王又是一义；为尊者讳为亲者讳是一义，正隐治桓又是一义；卫诸夏攘夷狄是一义，诸侯用夷礼则夷之、戎狄进于中国则中国之又是一义。此所谓无适无莫也。后史不知此义，故南、北各史及宋、金之史，多事讳饰。赵瓯北尝历举之。今人言史，亦多适莫。震于富强，则咸称吾国之能辟地而尚武功；病于侵略，则偏重吾族尚和平而泯种异。皆适莫之见。《春秋》之义，《三传》各以师说阐发几罄，虽有龃龉，要当观其会通。第尚有一义，自来经师，犹未尽了，而在今日不得不辨者。如《左氏传》文公十七年曰：宋人弑其君杵臼，君无道也。宣公四年曰：郑公子归生弑其君夷，权不足也。君子曰：仁而不武，无能达也。凡弑君称君，君无道也；称臣，臣之罪也。盖言为君为臣，皆须各尽其道，臣不可以犯义而弑君，君亦不可无道以致弑。二义不相反而相成。杜氏《释例》言之甚当。

《春秋释例》卷三：书弑例第十五。天生民而树之君，使司牧之，群物所以系命也。故戴之如天地，亲之如父母，仰之如日月，事之如神明。其或受雪霜之严，雷电之威，则奉身归命，有死无贰。故传曰：君，天也。天可逃乎？此人臣所执之常也。然本无父子自然之恩，未有家人习玩之爱，高下之隔悬殊，壅塞之否万端，是以居上者降心以察下，表诚以感之，然后能相亲也。若亢高自肆，群下绝望，情义圮隔，是谓路人，非君臣也。人心苟离，则位号虽存，无以自固。故传例曰：凡弑君：称君，君无道；称臣，臣之罪。称君者，惟书君名，而称国称人以弑，言众之所共绝也。称臣者，谓书弑者主名，以垂来世。终为不义，而不可赦也。然君虽不君，臣不可以不臣。故宋昭之恶，罪及国人。晋荀林父讨宋曰：何故弑君？犹立文公还。深见贬削，诸怀贼乱以为心者，固不容于诛也。

清儒焦循、陈澧、皮锡瑞，皆集矢杜氏，以杜仕司马氏，故以经义为魏、晋事解。见焦循《左传补疏》、陈澧《东塾读书记》、皮锡瑞《春秋通论》。不知杜氏仕晋是一事，《左氏》凡例是一事。此例之义以《鲁语》证之，即可知其为周、鲁相承史法。

《国语·鲁语》：晋人杀厉公，边人以告，成公在朝，公曰：臣杀其君，谁之过也？大夫莫对。里革曰：君之过也。夫君人者，其威大矣。失威而至于杀，其过多矣。且夫君也者，将牧民而正其邪者也。若君纵私回而弃民事，民旁有慝，无由省之，益邪多矣。若以邪临民，陷而不振，用善不肯专，则不能使，至于殄灭，而莫之恤也，将安用之？桀奔南巢，纣踣于京，厉流于彘，幽灭于戏，皆是术也。夫君也者，民之川泽也。行而从之，美恶皆君之由，民何能为焉？（里革是鲁史宫，其言如此。知《左传》之凡例，是鲁史之旧。且必有所受，不始于里革也。

然此是专责人君之义。《晋语》：宋人弑昭公，赵宣子请师于灵公以伐宋，公曰：非晋国之急也。对曰：大者天地，其次君臣，所以为明训也。今宋人弑其君，是反天地而逆民则也，天必诛焉。晋为盟主而不修天罚，将惧及焉？公许之。若与里革之言相勘，则二义并行而不悖。）

合之师旷谓卫君实甚（《左传》襄公十四年：晋侯曰：卫人出其君，不亦甚乎？对曰：或者其君实甚。已见《史权篇》），晏婴谓君民者岂以陵民，《春秋》贤者论为君之义，若是之严。

《左传·襄公二十五年》：崔氏弑君，晏子立于崔氏之门外，其人曰：死乎？曰：独吾君也乎哉，吾死也。曰：行乎？曰：吾罪也乎哉，吾亡也。曰：归乎？曰：君死安归？君民者岂以陵民，社稷是主；臣君者岂为其口实，社稷是养。故君为社稷死则死之，为社稷亡则亡之。若为己死而为己亡，非其私暱，谁敢任之？

即《公》、《穀》二传，于称国以弑，亦归罪于其君。

《公羊传·文公十八年》：莒弑其君庶其，称国以弑何？称国以弑者，众弑君之辞。

《穀梁传·成公十八年》：晋弑其君州蒲，称国以弑其君，君恶甚矣。

后儒误泥孟子乱臣贼子惧一语，遂若归恶于君，乃助乱贼张目。不知圣哲之意，儆戒君臣，各使有所警惕，初无所畸轻畸重。故孟子曰：闻诛一夫纣矣，未闻弑君也。又曰：君之视臣如犬马，则臣视君如寇仇。经子大义，何尝专重尊君抑臣。后世君权日尊，儒生囿于所习，乃举古义而忘之。昧者不察，乃以尊君抑臣，诟病儒家。而人伦大义，愈以不明。视吾国所谓君者，皆若路易十四所谓朕即国家一切惟其暴戾残虐者然，而岂知吾国圣哲典训，裁制君权，实不亚于他国之宪法。且非独经传为然也，史公《自序》有曰：故有国者不可以不知《春秋》。前有谗而弗见，后有贼而不知。又曰：为人君父而不通于《春秋》之义者，必蒙首恶之名，何尝专戒臣子哉！史公之言，本《春秋繁露》引子夏之言。

学者读中国史籍，必先明吾国古代君臣之义，而后于秦汉以降君主制度演变之得失，始有一正确之权衡。其主要之语曰：天生民而立之君，使司牧之。师旷语，见前。故曰：民为贵。得乎丘民而为天子。其他以民为主之精言，不可缕举。《吕氏春秋》虽有长出于争之语。

《吕氏春秋·荡兵篇》：未有蚩尤之时，民固剥林木以战矣，胜者为长。长则犹不足以治之，故立君。君又不足以治之，故立天子。天子之立也出于君，君之立也出于长，长之立也出于争。

而《恃君览》又曰：君道立则利出于群。且盛言无君之害，及德衰世乱，递兴递废之故。

《吕氏春秋·恃君览》：凡人之性，爪牙不足以自守卫，肌肤不足以扞寒暑，筋骨不足以从利辟害，勇敢不足以却猛禁悍。然且犹裁万物、制禽兽、服狡虫，寒暑燥湿弗能害，不惟先有其备而以群聚邪？群之可聚也，相与利之也。利之出于群也，君道立也。故君道立则利出于群，而人备可完矣。昔太古尝无君矣。其民聚生群处，知母不知父，无亲戚、兄弟、夫妻、男女之别，无上下长幼之道，元进退揖让之礼，无衣服、履带、宫室、畜积之便，无器械、舟车、城郭、险阻之备，此无君之患。故君臣之义不可不明也。自上世以来，天下亡国多矣，而君道不废者，天下之利也。（《太平御览》六百二十作天下利之也。）故废其非君，而立其行君道者。君道何如？利而勿利章。（俞樾曰：君道以利而勿利为贵。）……四方之无君者，其民麋鹿禽兽，少者使长，长者畏壮，有力者贤，暴傲者尊，日夜相残，无时休息，以尽其类。圣人深见此患也，故为天下长虑莫如置天子也，为一国长虑莫如置君也。置君非以阿君也，置天子非以阿天子也，置官长非以阿官长也。德衰世乱，然后天子利天下，国君利国，官长利官。此国所以递兴递废也，乱难之所以时作也。故忠臣廉士，内之则谏其君之过也，外之则死人臣之义也。

《执一篇》又曰：一则治，两则乱。

《吕氏春秋·执一》：军必有将，所以一之也。国必有君，所以一之也。天下必有天子，所以一之也。天子必执一，所以抟之也。一则治，两则乱。今御骊马者，使四人操一策，则不可以出于门闾者，不一也。

盖人群之组织，必有一最高之机构，统摄一切，始可以谋大群之福利，一切礼法，皆从此出。而所谓君者，不过在此最高机构执行礼法，使之抟一不乱之人。而其臣民非以阿私独俾此权于一人，此一人者亦非以居此最高之机构为其私人之利。故孔孟皆曰：舜禹有天下而不与。苟言民主之真精神，殆莫此言若矣。顾亭林论周室班爵禄，最得古者立君之义。

《日知录》卷七"周室班爵禄"：为民而立君，故班爵之意，天子与公、侯、伯、子、男一也，而非绝世之贵。代耕而赋之禄，故班禄之意，君、卿大夫、士与庶人在官一也，而非无事之食。是故知天子一位之义，则不敢肆于民上以自尊；知禄以代耕之义，则不敢厚取于民以自奉。不明乎此，而侮夺人之君，常多于三代之下矣。

黄梨洲《原君》、《原臣》、《原法》诸篇言之尤痛切。故读儒书者真知古义，洵有考诸三王而不谬百世，以俟圣人而不惑之境。然亦未易为执一者道。欲知斯义之两端，必合温公《通鉴》论与梨洲之言观之，乃知君位之不可私，与礼法之不可隳。而杜专制，绝乱萌，义各有当矣。

《通鉴》卷一论周命魏斯、赵籍、韩虔为诸侯曰：天子之职，莫大于礼，礼莫大于分，分莫大于名。何谓礼？纪纲是也。何谓分？君臣是也。何谓名？公、侯、卿大夫是也。夫以四海之广，兆民之众，受制于一人，虽有绝伦之力，高世之智，莫不奔走而服役者，岂非以礼为之纪纲哉！是故天子统三公，三公率诸侯，诸侯制卿大夫，卿大夫治士庶人，贵以临贱，贱以承贵。上之使下，犹心腹之运手足，根本之制支叶；下之事上，犹手足之卫心腹，支叶之庇本根。然后能上下相保，而国家相安。故曰：天子之职莫大于礼也。文王序《易》，以乾、坤为首。孔子系之曰：天尊地卑，乾、坤定矣，卑高以陈，贵贱位矣。言君臣之位，犹天地之不可易也。《春秋》抑诸侯，尊王室，王人虽微，序于诸侯之上，以是见圣人于君臣之际，未尝不惓惓也。非有桀纣之暴，汤武之仁，人归之，天命之，君臣之分，当守节伏死而已矣。是故以微子而代纣，则成汤配天矣；以季札而君吴，则太伯血食矣。然二子宁亡国而不为者，诚以礼之大节不可乱也。（吾国之礼，相当于外国之法。礼法既定，人所必遵，不可以人而变。如合众国选举之际，党魁可以依法竞选，及选举既定，竞选者恪谨服从。虽膺选之正任，卒然病故，惟可依法以其副继之，其先之竞选者，不得谓选举不过数月间事，吾仍可以号召众人重选也。）夫礼辨贵贱，序亲疏，裁群物，制庶事；非名不著，非器不形，名以命之，器以别之，然后上下粲然有伦，此礼之大经也。名器既亡，则礼安得独在哉！昔仲叔于奚有功于卫，辞邑而请繁缨，孔子以为不如多与之邑。惟名与器，不可以假人，君之所司也，政亡则国家从之。卫君待孔子而为政，孔子欲先正名，以为名不正则民无所措手足。夫繁缨，小物也，而孔子惜之；正名，细务也，而孔子先之：诚以名器既乱，则上下无以相保故也。夫事未有不生于微而成于著，圣人之虑远，故能谨其微而治之（此史学家所以贵识征）；众人之识近，故必待其著而后救之。治其微则用力寡而功多，救其著则竭力而不能及也。《易》曰履霜坚冰至，《书》曰一日二日万几，谓此类也。故曰：分莫大于名也。（《通鉴》首揭此论，历代君王贤否不一，为其所恃以持其国者，舍此末由也。）呜呼！幽、厉失德，周道日衰，纲纪散坏，下陵上替，诸侯专征，大夫擅政，礼之大体什丧七八矣。然文武之祀，犹绵绵相属者，盖以周之子孙尚能守其名分故也。何以言之？昔晋文公有大功于王室，请隧于襄王，襄王不许，曰：王章也，未有代德而有二王；亦叔父之所恶也。不然，叔父有地而隧，又何请焉？文公于是惧而不敢违。是故以周之地，则不大于曹、滕；以周之民，则不众于邾、莒，然历数百年宗主天下。虽以晋、楚、齐、秦之强，不敢加者，何哉？徒以名分尚存故也。至于季氏之于鲁，田常之于齐，白公之于楚，智伯之于晋，其势皆足以逐君而自为，然而卒不敢者，岂其力不足而心不忍哉？乃畏奸名犯分而天下共诛之也。今晋大夫暴蔑其君，剖分晋国，天子既不能讨，又宠秩之，使列于诸侯，是区区名分复不能守而并弃之也。先王之礼，于斯尽矣！或者以为，当是之时，周室微弱，三晋强盛，虽欲勿许，其可得乎？是大不然。夫三晋虽强，苟不顾天下之诛，而犯义侵礼，则不请于天子而自立矣。不请于天子而自立，则为悖逆之臣，天下苟有桓文之君，必奉礼义而征之。今请于女子而天子许之，是受天子之命而为诸侯也，谁得而讨之？故三晋之列于诸侯，非三晋之坏礼，乃天子自坏之也。乌乎！君臣之礼既坏矣，则天下以智力相雄长，遂使圣贤之后为诸侯者，社稷无不泯绝；生民之类，糜灭几尽。岂不哀哉！

又二百二十：至德二载，李怀玉杀平卢节度使王玄志之子，推侯希逸为平卢军使，朝廷因以希逸为节度副使。节度使由军士废立自此始。……夫民生有欲，无主则乱，是故圣人制礼以治之。自天子诸侯，至于卿大夫士庶人，尊卑有分，大小有伦，若纲条之相维，臂指之相使。是以民服事其上，而下无觊觎。其在《周易》，上天下泽履，象曰：君子以辨上下，定民志。此之谓也。（今日民主国家，总统虽由民选，及履行职务，则国中官吏民众，罔不遵守其命令。依然天泽之义，民志所由定也。）凡人君所以能有其臣民者，以八柄存乎己也。（胡注引《周礼》八柄全文。）苟或舍之，则彼此之势均，何以使其下哉？肃宗遭唐中衰，幸而复国，是宜正其上下之礼，以纲纪四方。而偷取一时之安，不思永久之患。彼命将帅，统藩维，国之大事也，乃委一介之使，徇行伍之情，无问贤不肖，惟其所欲与者则授之。自是之后，积习为常，君臣循守，以为得策，谓之姑息。乃至偏裨士卒，杀逐主帅，亦不治其罪，因以其位任授之。然则爵禄废置，杀生予夺，皆不出于上而出于下，乱之生也，庸有极乎？（《吕氏春秋》曰一则治两则乱，即此义也。）且夫有国家者，赏善而诛恶，故为善者劝而为恶者惩。彼为人下而杀逐其上，恶孰大焉？乃使之拥旄秉钺，师长一方，是赏之也。赏以劝恶，恶其何所不至乎？《书》云：远乃猷。（《康诰》）《诗》云：猷之未远，是用大谏。（《大雅·板》）孔子曰：人无远虑，必有近忧。为天下之政，而专事姑息，其忧患可胜校乎？由是为下者，常眈眈焉伺其上，苟得间则攻而族之；为上者常惴惴焉畏其下，苟得间则掩而屠之，争务先发，以逞其志。非有相保养，为俱利久存之计也。如是而求天下之安，其可得乎？迹其厉阶，肇于此矣。盖古者治军必本于礼，故晋文公城濮之战，见其师少长有礼，知其可用。今唐治军而不顾礼，使士卒得以陵偏裨，偏裨得以陵将帅，则将帅之陵天子，自然之势也。由是祸乱继起，兵革不息，民坠涂炭，无所控诉，凡二百余年。（至德二载至宋太祖开宝元年，凡经二百一十年。）然后大宋受命，太祖始制军法，使以阶级相承，小有违犯，咸伏斧质。是以上下有叙，令行禁止，四征不庭，无思不服。宇内乂安，兆民允殖，以迄于今。皆由治军以礼故也，岂非诒谋之远哉！（郤縠说礼乐而惇《诗》、《书》，始可为元帅，此古义也。王闿运《湘军志》曰：曾国藩首建义旗，终成大功，未尝自以为知兵。其所自负，独在教练。至今湘军尊上而知礼，畏法而爱民，犹可用也。则温公之言，及清季犹验矣。人之才德相悬，名位遂隔，礼也。礼之用必有阶级，惟居上者不能凭权位以虐下，居下者不能逞野心以叛上，各尽其道，方得礼意。而一切民众，自不惑于阶级斗争之说矣。）

又二百九十一：显德元年夏四月庚申，太师中书令瀛文懿王冯道卒。（书日、书官、书谥，皆讥之也。）下录欧阳修《五代史记论》，温公又论之曰：天地设位，圣人则之，以制礼立法。内有夫妇，外有君臣，妇之从夫，终身不改（此因欧公引王凝妻事，故相承而言）；臣之事君，有死无贰。此人道之大伦也，苟或废之，乱莫大焉。范质称冯道厚德稽古，宏才伟量，虽朝代贸迁，人无间言，屹若巨山，不可转也。（胡注：范质之为人，盖学冯道者也。）臣愚以为正女不从二夫，忠臣不事二君。为女不正，虽复华色之美，织纴之巧，不足贤矣；为臣不忠，虽复材智之多，治行之优，不足贵矣。何则？大节已亏故也。道之为相，历五朝八姓，若逆旅之视过客，朝为仇敌，暮为君臣，易面变辞，曾无愧怍。大节如此，虽有小善，庸可称乎？或以为自唐室之亡，群雄力争，帝王兴废，远者十余年，近者四三年，虽有忠智，将若之何？当是之时，失臣节者，非道一人，岂得独罪道哉？臣愚以为忠臣忧公如家，见危致命，君有过则强谏力争，国败亡则竭节致死。智士邦有道则见，邦无道则隐，或灭迹山林，或优游下僚。今道尊宠则冠三师，权位则首诸相；国存则依违拱嘿，窃位素餐，国亡则图全苟免，迎谒劝进；君则兴亡接踵，道则富贵自如：兹乃奸臣之尤，安得与他人为比哉？或谓道能全身远害于乱世，斯亦贤已。臣谓君子有杀身成仁，无求生害仁，岂专以全身远害为贤哉！然则盗跖病终而子路醢，果谁贤乎？抑此非特道之愆也，时君亦有责焉。何则？不正之女，中士羞以为家；不忠之人，中君羞以为臣。彼相前朝，语其忠则反君事仇，语其智则社稷为墟，后来之君，不诛不弃，乃复用以为相，彼又安肯尽忠于我而能获其用乎？故曰：非特道之愆，亦时君之责也。（胡注：温公以此警后世之君臣深矣。）

《明夷待访录·原君》：有生之初，人各自私也，人各自利也。天下有公利而莫或兴之，有公害而莫或除之。有人者出，不以一己之利为利，而使天下受其利；不以一己之害为害，而使天下释其害。此其人之勤劳，必千万于天下之人。夫以千万倍之勤劳，而己又不享其利，必非天下之人情所欲居也。故古之人君，量而不欲入者，许由、务光是也（后世如郭子仪薄天子而不为，视许由等之传说尤可信）；入而又去之者，尧、舜是也；初不欲入而不得去者，禹是也。岂古之人有所异哉？好逸恶劳，亦犹夫人之情也。后之为人君者不然，以为天下利害之权皆出于我，我以天下之利尽归于己，以天下之害尽归于人，亦无不可；使天下之人不敢自私、不敢自利，以我之大私，为天下之公。始而惭焉，久而安焉，视天下为莫大之产业，传之子孙，受享无穷，汉高帝所谓"某业所就，孰与仲多"者，其逐利之情，不觉溢于辞矣。此无他，古者以天下为主，君为客，凡君之所毕世而经营者，为天下也。今也以君为主，天下为客，凡天下之无地而得安宁者，为君也。是以其未得之也，屠毒天下之肝脑，离散天下之子女，以博我一人之产业，曾不惨然，曰：我固为子孙创业也。其既得之也，敲剥天下之骨髓，离散天下之子女，以奉我一人之淫乐，视为当然，曰：此我产业之花息也。然则为天下之大害者，君而已矣。向使无君，人各得自私也，人各得自利也。呜呼！岂设君之道固如是乎？古者天下之人，爱戴其君，比之如父，拟之如天，诚不为过也。今也天下之人，怨恶其君，视之如寇仇，名之为独夫，固其所也。而小儒规规焉以君臣之义无所逃于天地之间。（庄子之言，亦自颠扑不破。君臣犹主从也，一团体一组织必有主有从而后成。章实斋所谓三人居室而道形也。小儒特误解此语之义耳。）至桀、纣之暴，犹谓汤、武不当诛之，而妄传伯夷、叔齐无稽之事，乃兆人万姓崩溃之血肉，曾不异夫腐鼠。岂天地之大，于兆人万姓之中，独私其一人一姓乎？是故，武王，圣人也；孟子之言，圣人之言也。后世之君，欲以如天如父之空名，禁人之窥伺者，皆不便于其言，至废孟子而不立，非导源于小儒乎？虽然，使后之为君者，果能保此产业，传之无穷，亦无怪乎其私之也。既以产业视之，人之欲得产业，谁不如我？摄缄縢，固扃鐍，人之智力，不能胜天下欲得之者之众，远者数世，近者及身，其血肉之崩溃在其子孙矣。昔人愿世世无生帝王家，而毅宗之语公主，亦曰：若何为生我家？痛哉斯言！回思创业时其欲得天下之心，有不废然摧沮者乎？是故明乎为君之职分，则唐虞之世，人人能让，许由、务光，非绝尘也。不明乎为君之职分，则市井之间，人人可欲，许由、务光所以旷后世而不闻也。然君之职分难明，以俄顷淫乐不易无穷之悲，虽愚者亦明之矣。

又《原臣》：有人焉，视于无形，听于无声，以事其君，可谓之臣乎？曰：否。杀其身以事其君，可谓之臣乎？曰：否。（此即以义断之也。合于义，亦即可也。）夫视于无形，听于无声，资于事父也；杀其身者，无私之极则也，而犹不足以当之，则臣道如何而后可？曰：缘夫天下之大，非一人之所能治，而分治之以群工。故我之出而仕也，为天下，非为君也；为万民，非为一姓也。吾以天下万民起见，非其道，即君以形声强我，未之敢从也，况于无形无声乎；非其道，即立身于其朝，未之敢许也，况于杀其身乎？不然，而以君之一身一姓起见，君有无形无声之嗜欲，吾从而视之听之，此宦官宫妾之心也。君为己死而为己亡，吾从而死之亡之，此其私暱者之事也。是乃臣不臣之辨也。世之为臣者，昧于此义，以谓臣为君而设者也，君分吾以天下而后治之，君授吾以人民而后牧之，视天下之人民，为人君囊中之私物。今以四方之劳扰，民生之憔悴，足以危吾君也，不得不讲治之、牧之之术。苟无系于社稷之存亡，则四方之劳扰，民生之憔悴，虽有诚臣，亦以为纤芥之疾也。夫古之为臣者，于彼乎，于此乎？盖天下之治乱，不在一姓之兴亡，而在万民之忧乐。是故桀、纣之亡，乃所以为治也；秦政、蒙古之兴，乃所以为乱也；晋、宋、齐、梁之兴亡，无与于治乱者也。为臣者轻视斯民之水火，即能辅君而兴从君而亡，其于臣道固未尝不背也。（言即如此，尚不得为尽臣道，况如冯道者乎？读书不可误会此语，遂以冯道熟视八姓兴亡，不为不义也。）夫治天下，犹曳大木然，前者唱邪，后者唱许。君与臣共曳木之人也，若手不执绋，足不履地，曳木者惟娱笑于曳木者之前，从曳木者以为良，而曳木之职荒矣。嗟乎！后世骄君自恣，不以天下万民为事，其所求乎草野者，不过欲得奔走服役之人。乃使草野之应于上者，亦不出夫奔走服役，一时免于寒饿，遂感在上之知遇，不复计其礼之备不备，跻之仆妾之间，而以为当然。万历初年，神宗之待张居正，其礼稍优，比于古之师傅，未能百一。当时论者骇然，以居正之受无人臣礼。夫居正之罪，正坐不能以师傅自待，听指使于仆妾，而责之反是，何也？是则耳目浸淫于流俗之所谓臣者，以为鹄矣。又岂知臣之与君，名异而实同耶？（同者，对天下负责同也。非谓臣与君当得其权威，同其享乐也。）或曰：臣不与子并称乎？曰：非也。父子一气，子分父之身而为身，故孝子虽异身，而能日近其气，久之无不通矣。不孝之子，分身而后，日远日疏，久之而气不相似矣。君臣之名，从天下而有之者也。吾无天下之责，则吾在君为野人。出而仕于君也，不以天下为事，则君之仆妾也；以天下为事，则君之师友也。夫然谓之臣，其名累变，夫父子固不可变者也。

又《原法》：三代以上有法，三代以下无法。何以言之？二帝三王知天下之不可无养也，为之授田以耕之；知天下之不可无衣也，为之授地以桑麻之；知天下之不可无教也，为之学校以兴之，为之昏姻之礼以防其淫，为之卒乘之赋以防其乱，此三代以上之法也。固未尝为一己而立也。后之人主，既得天下，惟恐其祚命之不长也，子孙之不能保有也，思患于未然，以为之法。然则其所谓法者，一家之法，而非天下之法也。是故秦变封建而为郡县，以郡县得私于我也。汉建庶孽，以其可以藩屏于我也。宋解方镇之兵，以方镇之不利于我也。此其法何曾有一毫为天下之心哉！而亦可谓之法乎？三代之法，藏天下于天下者也。山泽之利，不必其尽取；刑赏之权，不疑其旁落。贵不在朝廷也，贱不在草莽也。在后世方议其法之疏。而天下之人不见上之可欲，不见下之可恶。法愈疏而乱愈不作。所谓无法之法也。后世之法，藏天下于筐箧者也。利不欲其遗于下，福必欲其敛于上。用一人焉，则疑其自私，而又用一人以制其私；行一事焉，则虑其可欺，而又设一事以防其欺。天下之人，共知其筐箧之所在，吾亦鳃鳃然日惟筐箧之是虞。故其法不得不密，法愈密而天下之乱，即生于法之中。所谓非法之法也。论者谓一代有一代之法，子孙以法祖为孝。夫非法之法，前王不胜其利欲之私以创之，后王或不胜其利欲之私以坏之。坏之者固足以害天下，其创之者亦未始非害天下者也。乃必欲周旋于此胶漆之中，以博宪章之余名，此俗儒之剿说也。即论者谓天下之治乱不系于法之存亡。夫古今之变，至秦而一尽，至元而又一尽。经此二尽之后，古圣王之所恻隐爱人而经营者，荡然无具。苟非为之远思深览，一一通变，以复井田学校封建卒乘之旧，虽小小更革，生民之戚戚终无已时也。即论者谓有治人无治法，吾以谓有治法而后有治人。（此二义相反而皆未备。孟子曰：徒善不足以为政，徒法不能以自行。始是盛水不漏之语。自清季以来，学者多奉梨洲有治法而后有治人之语以驳荀子，然徒法之效，亦未睹也。）自非法之法桎梏天下人之手足，即有能治之人，终不胜其牵挽嫌疑之顾盼，有所设施，亦就其分之所得，安于苟简，而不能有度外之功名。使先王之法而在，莫不有法外之意存乎其间。其人是也，则可以无不行之意；其人非也，亦不至深刻罗网以害天下。故曰：有治法而后有治人。

千古史迹之变迁，公私而已矣。公与私初非二物。只徇一身一家之计，不顾他人之私计，则为私；推其只徇一身一家之计之心，使任何人皆能便其一身一家之私计，则为公。故大公者，群私之总和。即《易·文言》所谓利者义之和也。由此推阐，公之中有私焉，私之中亦有公焉。相反相成，推迁无既。亦即董生所谓义之中有不义，不义之中有义。此学者所不可不知也。封建郡县，此历史形式之变也。《礼运》以天下为公、天下为家，判古史之升降。而柳宗元谓公天下之端自秦始，则由公为私，由私为公，未易画分矣。

柳宗元《封建论》：徇之以为安，仍之以为俗，汤武之所不得已也。夫不得已，非公之大者也，私其力于己也，私其卫于子孙也。秦之所以革之者，其为制，公之大者也，其情私也。私其一己之威也，私其尽臣畜于我也。然而公天下之端自秦始。

封建之世，列国并立，而天子总其大纲，举所统治为天下。故古所谓天下者，犹今之所谓世界。而秦汉以后之天下，则今之所谓国也。论封建之私，天子遂其大私，列国遂其小私耳。然以其推己及人，遂得一调整世界之道。《书》曰：协和万邦。《易》曰：先王以建万国亲诸侯。而《周官》以治典经邦国，教典安邦国，礼典和邦国，政典平邦国，刑典诘邦国，事典富邦国，《夏官》又详言建邦国之九法。

《周官》：大司马之职，掌建邦国之九法，以佐王平邦国，制畿封国以正邦国，设仪辨位以等邦国，进贤兴功以作邦国，建牧立监以维邦国，制军诘禁以纠邦国，施贡分职以任邦国，简稽乡民以用邦国，均守平则以安邦国，比小事大以和邦国。

其谋各国之安全，及生民之乐利者，又散见于各官，一本怀保协和之意。盖自蚩尤、共工以来，各民族之攘夺纷争为祸至酷，然后产生此等思想制度，而大造于世界。虽古之世界与今之世界异，然其原理一也。故古所谓天子及王室，易言之即当时列国共建之最高和平机构。天子畿内为其直接统治之一大国，其于政教养卫经营惨淡，必极其精懿，以为各国之模范。而各国之休戚得失又息息与王室相通。朝、觐、宗、遇、会、同，以及五物五书，周挚曲尽。

《周官》：大行人掌大宾之礼，及大客之仪，以亲诸侯。春朝诸侯，而图天下之事。秋觐，以比邦国之功。夏宗，以陈天下之谟。冬遇，以协诸侯之虑。时会，以发四方之禁。殷同，以施天下之政。时聘，以结诸侯之好。殷頫，以除邦国之慝。闲问，以谕诸侯之志。归脤，以交诸侯之福。庆贺，以赞诸侯之喜。致禬，以补诸侯之灾。以九仪辨诸侯之命，等诸臣之爵，以同邦国之礼，而待其宾客。

又：王之所以抚邦国诸侯者，岁遍存；三岁遍頫；五岁遍省；七岁属象胥，谕言语，协辞命；九岁属瞽史，谕书名，听声音；十有一岁，达瑞节，同度量，成牢礼，同数器，修法则；十有二岁，王巡狩殷国。凡诸侯之王事，辨其位，正其等，协其礼，宾而见之。若有大丧，则诏相诸侯之礼。若有四方之大事，则受其币，听其辞。凡诸侯之邦交，岁相问也。殷相聘也，世相朝也。

又：小行人，若国札丧，则令赗补之。若国凶荒，则令赒委之。若国师役，则令犒禬之。若国有福事，则令庆贺之。若国有祸灾，则令哀吊之。凡此五物者，治其事故。及其万民之利害为一书，其礼俗政事教治刑禁之逆顺为一书，其悖逆暴乱作慝犹犯令者为一书，其札丧凶荒厄贫为一书，其康乐和亲安平为一书。凡此五物者，每国辨异之，以反命于王，以周知天下之故。

所谓圣人能以天下为一家，中国为一人者，初非空谈理论；各有其宏纲要旨，良法美意，实可见诸施行。此所谓王道也。然人类生活，不能无变。其亘古残存之兽性，有时而作，故亦必有极强之兵力以镇抚而威慑之。

《周官·夏官》：王六军，大国三军，次国二军，小国一军。……大司马以九伐之法正邦国，冯弱犯寡则眚之，贼贤害民则伐之，暴内凌外则僤之，野荒民散则削之，负固不服则侵之，贼杀其亲则正之，放弑其君则残之，犯令凌政则杜之，外内乱鸟兽行则灭之。

祭公谋父所谓有刑不祭，伐不祀，征不享，让不贡，告不王，于是乎有刑罚之辟，有攻伐之兵《周语》；及孟子所谓征者上伐下也，敌国不相征，以及春秋无义战之说，皆由此而来也。孔子谓文武之政布在方策，即此等详密之条文。当时告鲁哀公，不能备举，第揭其要义曰：柔远人则四方归之，怀诸侯则天下畏之。其若何怀，若何畏，固在方策也。是故封建虽各徇其私，而以保障全民，不得不有至公之制度。孔子修《春秋》，欲立一王之法，拨乱世而反之正。岂其僭拟王者，由其欲明明德于天下，而生于乱世，不得不慨想升平。公羊家之说，非以《周官》证之不明。胡安国《春秋传》，恒发公天下之义。

《春秋胡氏传》：隐公元年三月，公及邾仪父盟于蔑。常者，道之正。变者，道之中。《春秋》大义，公天下，以讲信修睦为事。而刑牲歃血，要质鬼神，则非所尚也。

又，僖公十一年春，晋杀其大夫丕郑父。《春秋》以大义公天下为诛赏，故书法如此。

又，昭公九年夏四月，陈灾。楚已灭陈，夷于属县，何以书于鲁国之策乎？……盖兴灭国，继绝世，以尧舜三代公天下之心为心，异于孤秦罢侯置守欲私一人以自奉者，所以归民心合天德也。《穀梁》以为存陈，得其旨矣。

而秦儒之为《吕氏春秋》者，屡叹天下之无天子，即患天下无此机构也。

《吕氏春秋·振乱》：当今之世浊甚矣，黔首之苦，不可以加矣。天子既绝，贤者废伏，世主恣行，与民相离，黔首无所告诉。

又《观世》：今周室既灭，天子既废，乱莫大于无天子。无天子，则强者胜弱，众者暴寡，以兵相制，不得休息，今之世当之矣。

而其说天子之定义，即吾所谓得群私之总和也。

《吕氏春秋·本生》：始生之者天也，养成之者人也。能养天之所生而勿撄之谓之天子。天子之动也，以全天为故者也，此官之所自立也。立官者，以全生也。今世之惑主，多官而反以害生，则失所为立之矣。

秦汉以来之皇帝，非古之天子也。其形式则变古之世界而为一国，而环而处于四裔之蛮夷戎狄，又非古之列国比。故《周官》抚邦国之法，寝以湮灭。或征讨四夷，或绥怀属国，仅存古义于什一。汉文帝之诏匈奴，廓然有天子之量矣。然制度不立，徒存王者之意耳。

《汉书·匈奴传》：孝文后二年，使使遗匈奴书曰：先帝制，长城以北，引弓之国，受令单于。长城以内，冠带之室，朕亦制之。使万民耕织射猎衣食，父子毋离，臣主相安，俱无暴虐。今闻渫恶民贪降其趋，背义绝约，忘万民之命，离两主之欢。然其事已在前矣。书云：二国已和亲，两主欢说，寝兵休卒养马，世世昌乐，翕然更始。朕甚嘉之。圣者日新，改作更始，使老者得息，幼者得长，各保其首领，而终其天年。朕与单于，俱由此道，顺天恤民，世世相传，施之无穷，天下莫不咸嘉。使汉与匈奴，邻敌之国，匈奴处北地寒，杀气早降，故诏吏遗单于秫糵金帛绵絮它物，岁有数。今天下大安，万民熙熙，独朕与单于为之父母。朕追念前事薄物细故，谋臣计失，皆不足以离昆弟之欢。朕闻天不颇覆，地不偏载。朕与单于，皆捐细故，俱蹈大道也，堕坏前恶，以图长久，使两国之民若一家子，元元万民，下及鱼鳖，上及飞鸟，跂行喙息蠕动之类，莫不就安利避危殆；故来者不止，天之道也。俱去前事，朕释逃虏民，单于毋言章尼等。朕闻古之帝王，约分明而不食言，单于留志，天下大安，和亲之后，汉过不先，单于其察之。

故论秦汉以后之国际，或御侮，或黩武，或屈辱，不能律以《周官》之世界。而王莽、苏绰、王安石诸人之行《周官》者，亦仅采取《周官》自治其畿内之制之遗意。以国家之大小悬殊，故亦不易见其效，而历代之私天下而亦不失公天下之义，又当别论焉。

国小则务竞进，国大则劈宽容。竞进则国与民合体，《周官》曰体国经野，即国与民合体也。而易于整齐；宽容则国与民相安，而不易画一。故古之治王畿也密，而后之治全国也疏。其疏之原则，曰无为而治。自汉以来之治法，咸以清净无为、网漏吞舟为主。一切政法，无非去其太甚，救敝补偏，取其不扰民而已。是义公乎？曰公。以国之大，面立法行政者之不能尽察，虽有良法美意，而推行辄生弊害。法出而奸生，令下而诈起，自两汉已然。

《汉书·董仲舒传》：今汉继秦之后，如朽木粪墙矣，虽欲善治之，亡可奈何。法出而奸生，令下而诈起。

《后汉书·和帝纪》：永元十二年诏：三公，朕之腹心，而未获承天安民之策。数诏有司，务择良吏，今犹不改，竟为苛暴，侵愁小民，以求虚名，委任下吏，假势行邪。是以令下而奸生，禁至而诈起。巧法析律，饰文增辞，货行于言，罪成乎手。朕甚痛焉！

柳宗元《种树郭橐驼传》，且以种树移之官理。

柳宗元《种树郭橐驼传》：问者曰：以子之道，移之官理可乎？驼曰：我知种树而已。官理，非吾所业也。然吾居乡，见长人者好烦其令，若甚怜焉而卒以祸。旦暮吏来而呼曰：官命促尔耕，勖尔植，督尔获，早缫而绪，早织而缕，字而幼孩，遂而鸡豚。鸣鼓而聚之，击木而召之。吾小人辍飧饔以劳吏者且不得暇，又何以蕃吾生而安吾性邪？故病且怠。若是，则与吾业者，其亦有类乎？

吕端、李沆，在宋称为贤相；而黄霸之米盐靡密，亦曰治道去其泰甚。

《汉书·黄霸传》：为条教，置父老师帅伍长，班行之于民间。劝以为善防奸之意，及务耕桑，节用殖财，种树畜养，去食谷马，米盐靡密。初若烦碎，然霸精力，能推行之。吏民见者，语次寻绎，问它阴伏，以相参考。尝欲有所司察，择长年廉吏，遣行，属令周密。吏出，不敢舍邮亭，食于遭旁，乌攫其肉。民有欲诣府口言事者，适见之，霸与语，道此。后日，吏还谒霸，霸见，迎劳之曰：甚苦。食于道旁，乃为乌所盗肉。吏大惊，以霸为知其起居，所问毫厘不敢有所隐。鳏寡孤独有死无以葬者，乡部书言，霸具为区处，某所大木可以为棺，某亭猪子可以祭。吏往，皆如其言，其识事聪明如此。吏民不知所出，咸称神明，奸人去入它郡，盗贼日少。霸力行教化而后诛罚，务在成就全安。长吏许丞老病聋，督邮白欲逐之，霸曰：许丞廉吏，虽老，尚能拜起送迎，正颇重听何伤？且善助之，毋失贤者意。或问其故，霸曰：数易长吏，送故迎新之费，及奸吏缘绝簿书，盗财物，公私耗费甚多，皆当出于民。所易新吏，又未必贤，或不如其故，徒相益为乱。凡治道去其泰甚者耳。

要之使民各遂其私耳。皇帝以天下为私产，因亦徇天下人之私，使之自营自遂而不相扰，则此私产安矣。推之选士求贤教学设科，亦无非徇人之私之道。汉高曰：贤士大夫有肯从我游者，吾能尊显之。班固论儒林曰：禄利之路然也。

《汉书·高帝纪》：十一年二月诏：今吾以天之灵，贤士大夫定有天下，以为一家。欲其长久，世世奉宗庙亡绝也。贤人已与我共平之矣，而不与我共安利之可乎？贤士大夫有肯从我游者，吾能尊显之。

又《儒林传》赞曰：自武帝立五经博士，开弟子员，设科射策，劝以官禄，讫于元始，百有余年，传业者寖盛，支叶蕃滋。一经说至百余万言，大师众至千余人，盖禄利之路然也。（自汉之博士弟子员，至唐宋以来科举制度，言其善，则曰：兴学育才，使平民得参朝政。究其弊，则读书讲学者，专骛私人之荣利，何尝知有天下国家？惟其根据经史，以相课试，故士所诵习，犹保留圣哲修身、齐家、治国、平天下之精义于其心目。故虽多数人视为拾金紫之阶梯，而贤者犹体之于身心，时时欲见之于行事。此科试制度之利弊相因者也。禄利之途，病也；使知经史，药也。病中有药，故亦不乏贤哲出于其中。去其药，而病之根仍在，则病不可药矣。）

大多数不识不知之人，既各遂其私；少数秀杰者，又有官阶禄利以逞其私；武人枭将，亦不外乎威胁利诱，劫持而融治之。其处置各得其平，又无敌国外患之逼迫，则人人自由，可相安于无事。故欲民之自由，莫若无为而治，执政者时时视泰甚者而去之。而资本家、大地主，亦不至过甚。梨洲之言，未能及乎此也。然以帝王徇私，而臣民又各徇私，内则木腐虫生，后妃、宦寺、宗室、外戚、佞幸、权奸、盗贼之患，相因而生，既有以促其颠覆，民治地政武备军力，侵寻窳敝，又不足以御外患而竞邻敌。不独少数人之自私者不可保，大多数之自私者，亦不能永享无为而治之政府之下之自由矣。顾亭林之论郡县，欲寓封建于郡县，亦从人之私利着想。盖欲以散碎不整之自私，集为千百数较团聚之自私，再集此群私，以巩固此庞大之全国。见顾集《郡县论》。其说顾未能实现。良以天下之事，非一人之思议所可骤改也。物穷则变，寰海棣通，物质竞进，人治亦有所考镜而勃兴。故君主世及之制铲除，而民选公治之法亦为众所共信焉。夫历史之演变孔多，而制治之方式固亦无几。五帝官天下，变而为三王家天下，由公而趋私焉。各地土司，世袭既久，改为流官，众尤便之，由私而趋公也。君主世及之变为民选公治，亦何异于改土归流乎？至于异域民治，两党角立，各出政纲，取决民意，亦无非由散碎之小私，集为两团体之大私。视吾国所谓舜禹有天下而不与者，犹若有间。是故公之中有私，私之中有公之义。就古今中外史实，叩其两端而竭焉，则治史者之责也。

呜呼！无为而治，传自虞舜，其本在恭己修身，《皋陶谟》曰：慎厥身修思永。其用在知人安民，固非漫不事事之谓。由虞夏而至周，礼法明备，其于地政、民治、政纲、军备，洪纤毕具，尤非汉、宋君臣徒托无为者所可比。然汉、宋君臣窃其绪余，犹若可以为治，岂古之政术，本天恤民，所由来者远，而所谓集私为公者，固常能节制其私而恒出于公耶？他国之治，亦多出于谋小己之私利，充其愿力，共谋国是。萃私为公，锐于有为，其孟晋而争新者，大胜于吾之窳敝；而逞国族之私，弱肉强食，又转以贻生人之大祸。则两端之短长固互见也。世运迈进，其必趋于各遂其私而又各节其私之一途，而后可以谓之公理大彰。今方在动荡洄洑之中，未能骤臻上理也。吾人能深察乎此，以古之治王畿乡遂者，抟大国为一体，交通工具之利，可以使大小远近若一。故治大国亦可若烹小鲜。以植于列辟之林，以古之抚邦国诸侯者，合天下为一家，以启其方新之制，则吾史之义，岂第为一国一族之福利已哉！

史例第八

史出于礼，而承典志谱传《春秋》、《世本》之体系，演为纪传书表之式。其联系分合之故，特书、不书之秘，已于各篇分论，合之已可得史例之大端矣。顾史之有例，亦惟吾国所特创，他国史家莫之能先，而东亚各国之为史者，多承用吾史之例，是不可不申言之也。史例权舆《礼经》，计时已在春秋之前。然《左氏》所举五十凡例，尚未足为吾国著书之有凡例之始。溯著述之有凡例，殆始于《易》之爻辞。《易》卦皆六爻，爻象阴阳，曰九曰六，此全书之通例也。而乾、坤二卦六爻之后，各加一则，以示用九用六之例，此非群书凡例之始乎？且乾卦用九见群龙无首吉，而《文言》释之曰：乾元用九，乃见天则。天则者，天之大例，即后世所谓则例也。坤卦用六利永贞，《象》曰：用六永贞，以大终也。一书之体，有始有终，虽在开篇，必已包括。故吾以为著述之有凡例，始于《易》也。

时至有周，上承千古，总摄万邦，分职设官，政繁事赜。其于百为，往往以一二三四，条举件系，以示官守。观《逸周书》及《周官》列举之文，夥矣。然事有不胜列举者，一一举示，其繁猥何如。则必括其性质之相近者赅以一词，使知事物之相类者，一一皆依此措置，不必赘述。故发凡之用，由驭繁而得执简者也。《周官》宰夫掌百官府之征令，辨其八职，一曰正，掌官法以治要，二曰师，掌官成以治凡，三曰司，掌官法以治目，四曰旅，掌官成以治数，其第六即曰史，掌官书以赞治。国家政令职务，有大纲焉，曰要曰凡；有条流焉，曰数曰目。史之为官书也，即此要凡目数之总汇。官书之体例由此出，史官之凡例即由此来。史书不得与一切官书相悖也。综《周官》五官之言凡，及《考工记》之言凡，不下六百条。《左氏》之五十凡，则礼官之史，约举而别存者耳。

周之为教，言动有法，称谓有别，治事有序，御物有方。如《士相见礼》言凡者六，即可见其精意。《曲礼》之言凡者尤多。

《仪礼·士相见礼》：凡燕见于君，必辩君之南面。若不得，则正方不疑君。君在堂，升见无方阶，辩君所在。……凡言非对也。妥而后传言。与君言，言使臣；与大人言，言事君；与老者言，言使弟子；与幼者言，言孝弟于父兄；与众言，言忠信慈祥；与居官者言，言忠信。……凡与大人言，始视面，中视抱，卒视面。毋改，众皆若是。若父则游目，毋上于面，毋下于带。若不言，立则视足，坐则视膝。……凡侍坐于君子，君子欠伸，问日之早晏，以食具告。改居，则请退可也。夜侍坐，问夜，膳荤，请退可也。……凡执币者不趋，容弥蹙以为仪。执玉者则唯舒武，举前曳踵。……凡自称于君，士大夫则曰下臣；宅者在邦，则曰市井之臣；在野则曰草茅之臣；庶人则曰刺草之臣；他国之人则曰外臣。

《曲礼》：凡为人子之礼，冬温而夏清，昏定而晨省，在丑夷不争。……凡与客入者，每门让于客。……凡为长者粪之礼，必加帚于箕上，以袂拘而退，其尘不及长者，以箕自乡而扱之。……凡进食之礼，左淆右胾，食居人之左，羹居人之右。脍炙处外，醯醬处内。葱渫处末，酒浆处右。以脯修置者，左朐右末。（《礼运》曰：大礼之初，始诸饮食。周代饮食之礼至懿，即陈列一端，亦有定则如此。今人但知他国饮食之礼，以为文明对吾国之礼，则未之知也。故略举以见例。）

由动作事为，皆有规律，至于记言记事，亦必有共守之规律。自王朝之史，至诸国之史，一皆据以为书，此非异事也。知此而后可以言

《春秋》之凡例。

《左氏传·之发凡》，计五十则。

《左传·隐公七年》：凡诸侯同盟，于是称名，故薨则赴以名，告终、称嗣也，以继好息民，谓之礼经。……九年：凡雨自三日以往为霖，平地尺为大雪。……十一年：凡诸侯有命告则书，不然则否。师出臧否亦如之。虽及灭国，灭不告败，胜不告克，不书于策。

桓公元年：凡平原出水为大水。……二年：凡公行，告于宗庙，反行，饮至、舍爵、策勋焉，礼也。特相会，往来称地，让事也。目①参以上，则往称地，来称会，成事也。……三年：凡公女嫁于敌国，姊妹则上卿送之，以礼于先君；公子则下卿送之。于大国，虽公子，亦上卿送之；于天子，则诸卿皆行，公不自送。于小国，则上大夫送之。……五年：凡祀，启蛰而郊，龙见而雩，始杀而尝，闭蛰而烝，过则书。……九年：凡诸侯之女行，唯王后书。

庄公三年：凡师一宿为舍，再宿为信，过信为次。……十一年：凡师，敌未陈曰败某师，皆陈曰战，大崩曰败绩，得俊曰克，覆而败之曰取某师，京师败曰王师败绩于某。……二十五年：凡天灾有币无牲，非日月之眚不鼓。……二十七年：凡诸侯之女归宁曰来，出曰来归，夫人归宁曰如某，出曰归于某。……二十八年：凡邑有宗庙先君之主曰都，无曰邑，邑曰筑，都曰城。……二十九年：凡马日中而出，日中而入。……凡师有钟鼓曰伐，无曰侵，轻曰袭。……凡物不为灾不书。……凡土功，龙见而毕务，戒事也。火见而致用，水昏正而栽，日至而毕。……三十一年：凡诸侯有四夷之功，则献于王；王以警于四夷。中国则否。诸侯不相遗俘。

僖公元年：凡侯伯救患，分灾，讨罪，礼也。……四年：凡诸侯薨于朝会，加一等；死王事，加二等，于是有以衮敛。……五年：凡分至启闭必书云物，为备故也。……八年：凡夫人不薨于寝，不殡于庙，不赴于同，不祔于姑，则弗致也。……九年：凡在丧，王曰小童，公侯曰子。……二十年：凡启塞从时。……二十三年：凡诸侯同盟死，则赴以名，礼也。赴以名则亦书之，不然则否，辟不敏也。……二十六年：凡师能左右之曰以。……三十三年：凡君薨，卒哭而祔，祔而作主，特祀于主，烝尝禘于庙。

---

① 此处"目"应为"自"字。

文公元年：凡君即位，卿出并聘，践修旧好，要结外援，好事邻国，以卫社稷，忠信卑让之道也。忠，德之正也；信，德之固也；卑让，德之基也。……二年：凡君即位，好舅甥，修昏姻，娶元妃，以奉粢盛，孝也。孝，礼之始也。……三年：凡民逃其上曰溃，在上曰逃。……七年：凡会诸侯，不书所会，后也。后至不书其国，辟不敏也。……十四年：凡崩薨不赴，则不书。祸福不告，亦不书。惩不敬也。……十五年：凡胜国曰灭之，获大城焉曰入之。……凡诸侯会，公不与，不书，讳君恶也。与而不书，后也。

宣公四年：凡弑君称君，君无道也。称臣，臣之罪也。……七年：凡师出与谋曰及，不与谋曰会。……十年：凡诸侯之大夫违，告于诸侯曰某氏之守臣某，失守宗庙，敢告。所有玉帛之使者则告，不然则否。……十六年：凡火，人火曰火，天火曰灾。……十七年：凡太子之母弟，公在曰公子，不在曰弟。凡称弟，皆母弟也。……十八年：凡自虐其君曰弑，自外曰戕。

成公八年：凡诸侯嫁女，同姓媵之，异姓则否。……十二年：凡自周无出，周公自出故也。……十五年：凡君不道于其民，诸侯讨而执之，则曰某人执某侯。不然则否。……十八年：凡去其国，国逆而立之曰入，复其位曰复归，诸侯纳之曰归，以恶曰复入。

襄公元年：凡诸侯即位，小国朝之，大国聘焉，以继好结信，谋事补缺，礼之大者也。……十二年：凡诸侯之丧，异姓临于外，同姓于宗庙，同宗于祖庙，同族于祢庙。是故鲁为诸姬，临于周庙；为邢、凡、蒋、茅、胙、祭，临于周公之庙。……十三年：凡书取，言易也。用大师焉曰灭，弗地曰入。

昭公四年：凡克邑不用师徒曰取。

定公九年：凡获器用曰得，得用焉曰获。

以上共四十九则，宣十七年凡太子之母弟共二凡，故曰五十凡例。

杜元凯综而论之曰：其发凡以言例，皆经国之常制，周公之垂法，史书之旧章。仲尼从而修之，以成一经之通体。其微显阐幽，裁成义类者，皆据旧例而发义，指行事以正褒贬。《左传序》世或疑此诸凡，不专为史策而发；而周之《礼经》，散见《左氏传》者，或不言凡。然亦可以诸言凡者推之，谓此诸文全出自笔削之后，孔前绝无模范之文。

廖平《左传杜氏五十凡驳例笺》：文公十五年，诸侯五年再相朝以修王命，古之制也。凡言即位朝，此言五年朝，二说不可阙一，故凡不凡皆经例。……庄二十五年，日有食之，鼓用牲于社，非常也；唯正月之朔，慝未作，日有食之，于是乎用币于社，伐鼓于朝。此条与凡天灾同在一年，互相发明，同举礼例。可见言凡不言凡，非有二义也。……言凡之中，有专详礼制，全于经文无涉者二条（凡马日中而出，及凡诸侯之丧异姓临于外），有专论推历，无关于书法者二条（凡启塞从时，及凡分至启闭必书云物）。据此可见五十凡中，又有此四条溢出经例之外者，安得谓周公史书之旧章？……杜氏所谓不言凡者，若以凡字冠其首，依然文义详明，与言凡者一律相同，非有古今文字之异，前后体制之殊。可见左氏文笔随宜，时或言凡，时或不言凡，亦传记立言之常，初无容心于其间。……通考传文，其言凡与不言凡者，莫不互相补助，水乳交融，合之两美，皆所以解释经义。全出自笔削之后，故孔前绝无模范之文也。

不悟三《礼》言凡，岂皆出孔子之笔。孔子以前史官记事，皆漫无定例，何以属辞？如君无道而遇弑，则过在君，既是里革所言，已可见旧史义例。赵宣子曰：大罪伐之，小罪惮之。袭侵之事，陵也。是故伐备钟鼓，声其罪也。《晋语》又可证凡师有钟鼓曰伐之有自来，不必因推尊孔子，遂谓《春秋》以前无史例也。

杜氏又曰：诸称书、不书、先书、故书、不言、不称、书曰之类，皆所以起新旧，发大义，谓之变例。然亦有史所不书，即以为义者。此盖《春秋》新意，故传不言凡，曲而畅之也。其经无义例，因行事而言，则传直言其归趣而已，非例也。《左传序》按书与不书，旧例已言，惟如不书即位之类，则所以发大义耳。刘蕡《春秋释例序》谓《释例》之作，宗本于旧章，非元凯独断而然，实包括三《传》，同归于圣经之奥。《四库提要》谓预用心周密，后人无以复加。其例亦皆参考经文，得其体要。又曰《春秋》以《左传》为根本，《左传》以杜解为门径，《集解》又以是书为羽翼，缘是以求笔削之旨，亦可云考古之津梁，穷经之渊薮矣。杜氏《释例》全书虽不可见，武英殿本从《永乐大典》中辑出者，犹可十得七八。言史例者，不可不先从事此一家之学矣。

言《春秋》之例者，《公羊》广而《穀梁》精。《公羊》之学，自胡母生作《条例》，至何休作《文谥例》，有三科九旨二类七等七缺诸目，徐彦疏据以为说。

《公羊传疏》：问曰：《春秋说》云：《春秋》设三科九旨，其义如何？答曰：何氏之意，以为三科九旨，正是一物。若总言之，谓之三科，科者段也；若析而言之，谓之九旨，旨者意也，言三个科段之内，有此九种之意。故何氏作《文谥例》云：三科九旨者，新周，故宋，以春秋当新王，此一科三旨也。又云：所见异辞，所闻异辞，所传闻异辞。二科六旨也，又内其国而外诸夏，内诸夏而外夷狄。是三科九旨也。……问曰：案宋氏之注《春秋》说三科者，一曰张三世，二曰存三统，三曰异外内，是三科也。九旨者，一曰时，二曰月，三曰日，四曰王，五曰天王，六曰天子，七曰讥，八曰贬，九曰绝。时与日月，详略之旨也。王与天王天子，是录远近、亲疏之旨也。讥与贬、绝，则轻重之旨也。如是三科九旨，聊不相干，何故然乎？答曰：《春秋》之内，具斯三种理，故宋氏又有此说，贤者择之。……问曰：《文谥例》云：此《春秋》五始三科九旨七等六辅二类之义，以矫枉拨乱为受命品道之端，正德之纪也。然则三科九旨之义，已蒙前说。未审五始、六辅、二类、七等之义如何？答曰：案《文谥例》下文云：五始者，元年春王正月公即位是也。七等者，州、国、氏、人、名、字、子是也。六辅者，公辅天子、卿辅公、大夫辅卿、士辅大夫、京师辅君、诸夏辅京师是也。二类者，人事与灾异是也。……问曰：《春秋说》云：《春秋》书有七缺。七缺之义如何？答曰：七缺者，惠公妃匹不正，隐桓之祸生，是为夫之道缺也；文姜淫而害夫，为妇之道缺也；大夫无罪而致戮，为君之道缺也；臣而害上，为臣之道缺也；僖五年晋侯杀其世子申生，襄二十六年宋公杀其世子痤，残虐枉杀其子，是为父之道缺也；文元年楚世子商臣弑其君髡，襄三十年蔡世子般弑其君固，是为子之道缺也；桓八年正月己卯烝，桓十四年八月乙亥尝，僖三十一年夏四月四卜郊不从，乃免牲，犹三望，郊祀不修，周公之礼缺。是为七缺也矣。

清儒刘逢禄等，推阐其说。至康有为，遂以《春秋》改制之义，倡导变法。夫以研究一部古史之条例，经数千年，可以发生绝大之影响，是亦他国史籍之所无也。清季言《公羊》之例者，众推王代丰之《春秋例表》，其序曰：《春秋》者礼也，礼者例也。合其诸表观之，方知其片言之居要也。

王代丰《春秋例表·序》：故《春秋》者礼也，礼也者例也。其序则齐桓晋文，其词则孔子有焉矣。一予一夺，不出一字；一美一恶，不嫌同词。非夫聪明睿知纵心而不逾矩者，其孰能当之而不乱乎？

范宁注《穀梁传》，并为《略例》，陈澧谓其无穿凿迂曲之病。

《东塾读书记》：范氏为《略例》百余条（见《集解序·杨疏》），杨疏引之，有称《范氏略例》者，有称《范例》者，有称《范氏别例》者，皆即《略例》也。范氏注中已有例，又别为《略例》，故可称《别例》。如庄二十年夏大灾，疏引《范例》云：灾有十二，内则书日，外则书时。（以下文多不录。）此分别书时月日之例，亦不穿凿迂曲。如闵二年夏五月乙酉，吉禘于庄公，疏引《范略例》云：祭礼例有九，皆书月以示讥。九者，谓桓有二烝一尝，总三也；闵吉禘，四也；僖禘太庙，五也；文春祫尝，六也；宣公有事，七也；昭公禘武宫，八也；定公从祀，九也。此以皆书月无异例，故胪举其事而已。凡疏所引二十余条（王仁圃《汉魏遗书钞》已钞出），皆无穿凿迂曲之病。盖《春秋》无达例，但当胪列书法之同异，有可以必知其意者，则为之说；其不可知者，则不为妄说，斯得之矣。

《穀梁》时月日之例，视《公羊》尤精。先叔祖宾叔先生《穀梁大义述》，首述日月例，其推勘各例之所从来，及其相互相反之义，范注、杨疏皆不逮也。夫史例经例，皆本于礼。礼必准情度理，非可以意为之。故研究《春秋》时月日例，亦以人情事理推之而已。《穀梁大义述》得此要旨，故于诸以时月日见义者，皆以诸侯卒葬之正变推之；以卒葬之日时，最易解，而其相反之义亦特明。由此类推，则准情度理，褒贬予夺，皆有至理，而诸例迎刃而解矣。

《穀梁大义述》三：诸侯卒葬。《春秋》所以治诸侯，故书其卒葬特详，而日月褒贬之例亦特备。《礼》，天子七日而殡，诸侯五日而殡，大夫三日而殡。故传例云日卒正也，月卒非正也，时卒恶之也。天子七月而葬，七月则历三时矣。诸侯五月而葬，五月则历二时矣。大夫三月而葬，三月则尽一时矣。故传例云：时葬正也，月葬故也，日葬故也，危不得葬也。其起例之反对，实理之自然，不假强为者也。而通传之以书日而褒者，皆自日卒正也之例推之；以书日为贬者，皆自日葬故也之例推之。此更一以贯之矣。后儒未窥此秘，但见同一书日，此既为褒，彼又为贬；同一不书日，而此既为贬，彼又为褒；且同一事也，而前以不日为信，后又以书日为美。遂纷纷议之，固无怪其一唱而百和矣。自此说出，而《穀梁》日月之例，乃以悬诸日月而不刊云。

又，卷一内盟条云：盟，大事也。无论内盟外盟，旧史应皆书日。孔子成《春秋》，寓重内略外之义，于是有内盟日外盟不日之例。至内盟之当贬者，仍略其日；外盟之可褒者，仍不略其日。此意惟《穀梁》

知之，所以为善于经也。后儒纷纷校量，辩难多端，徒词费尔。……定元年传例云：内之大事日，外亦同。凡日与不日之褒贬，皆自诸侯卒葬日正也、不日略之也例来。

朱子论《春秋》，颇病三《传》之例不尽可通。

《朱子语类》八十三：《春秋》大旨，其可见者，诛乱臣，讨贼子，内中国，外夷狄，贵王贱伯而已，未必如先儒所言字字有义也。想孔子当时只是要备二三百年之事，故取史文写在这里。何尝云某事用某法，某事用某例邪？

又：《春秋》传例，多不可信。圣人记事，安有许多义例？

又：或论《春秋》之凡例。先生曰：《春秋》之有例固矣，奈何非夫子之为也。昔尝有人言及命格，予曰：命格谁之所为乎？曰：善谈五行者为之也。予曰：然则何贵？设若自天而降，具言其为美为恶，则诚可信矣。今特出于人为，乌可信也？知此，则知《春秋》之例矣。

又：或人论《春秋》，以为多有变例，所以前后所书之法多有不同。曰：此乌可信？圣人作《春秋》，正欲褒善贬恶，示万世不易之法。今乃忽用此说以诛人；未几，又用此说以赏人。使天下后世皆求之而莫识其意，是乃后世弄法舞文之吏之所为也。曾谓大中至正之道而如此乎？

又：问《春秋》当如何看？曰：只如看史样看。曰：程子所谓以传考经之事迹，以经别传之真伪，如何？曰：便是亦有不可考处。曰：其间不知是圣人果有褒贬否？曰：也见不得。如许世子止尝药之类如何？曰：圣人亦只因国史所载而言之耳。圣人光明正大，不应以一二字加褒贬于人。若如此屑屑求之，恐非圣人之本意。

后儒多本其说。顾栋高至谓看《春秋》须先破除一例字《春秋大事表·读春秋随笔》，此又是治春秋之一法。其实朱子为《纲目凡例》，即导源于《春秋》。特其意以为孔子修《春秋》，未尝如其为《纲目》先定凡例，而三《传》诸例多出他人推测，故不敢信为孔子之意耳。然如后世史书，多有未尝自言其例，而治史学者就其全书寻绎，亦可以见其例意。如赵氏《陔馀丛考》所举诸史之例，多非当时修史者所自言。故即以《春秋》为史书，亦不妨由后之学者推寻其例也。

《陔馀丛考》卷六：宋、齐二书，但记本国，而邻国之事，仅书其与本国交涉者，其他虽兴灭崩立亦不书。即与本国交涉之事，于魏则书索虏，于魏主则书虏伪主，或书虏帅拓跋某，而《宋书》列传后并立

《索虏传》，与鲜卑、吐谷浑同，《齐书》列传后亦立《魏虏传》，与芮芮、氐、羌同，此宋、齐二书体例也。《魏书》则详记本国，而邻国大事亦附书。然于东晋诸帝，已斥其名，于宋、齐、梁诸帝，则书岛夷刘裕、岛夷萧道成、岛夷萧衍。于西魏及周，亦斥名曰宝炬，曰黑獭。列传后亦立岛夷刘萧诸传，与匈奴刘聪、铁弗刘虎等同，此《魏书》体例也。（引此以证作史者未自言其体例，而后人推寻其书例如此，非以其体例合于《春秋》，读者当识此意。）梁、陈二书，则不复称索虏，而称国号，并于魏、齐、周诸帝皆称谥号。（合诸史观之，亦未始非《公羊》州国氏人渐进之意）。然《梁书》亦但详本国，而于北朝之事，除交兵通使外，如魏宣武、孝明诸帝之崩立，及大通二年尔朱荣之弑胡太后立庄帝，中大通二年庄帝杀尔朱荣又为其党所弑等事，一概不书。《陈书》则兼纪萧詧一国，如天嘉三年梁王萧詧死，子岿代立则书，而天嘉元年周明帝殂武帝立、二年齐孝昭殂武成帝立等事，亦一概不书。此又梁、陈二书体例也。北齐、后周二书则不惟兼纪邻国大事，并书邻国之君曰某帝。如《周书》大统十三年书齐神武薨，子澄嗣是为文襄帝；武成元年书陈武帝薨，兄子蒨立是为文帝之类。《齐书》天保七年书魏相宇文觉受魏禅，八年书陈霸先弑其主自立是为陈武帝之类。此又周、齐二书体例也。南、北二史则更为周密。《南史》不惟兼书魏事，于燕、凉等国兴废亦书，如宋永初元年书是岁西凉亡，景平元年书是岁魏明元帝崩之类是也。又兼记邻国年号，使阅史者一览了然，如宋元嘉二年书是岁魏神麚元年之类是也。《北史》亦兼记南朝之事，如魏泰常五年晋恭帝禅位于宋之类。至于《高齐纪》，则兼书南朝，而并及后周之事，如天保七年书魏恭帝逊位于周，八年书梁主逊位于陈之类。《周纪》亦兼书南朝，而并及北齐之事，如明帝元年书梁敬帝逊位于陈，武成元年书文宣帝殂之类。他如燕、凉等国之兴灭，亦一一附书。此又《南北史》体例也。至各史所书帝号，又有不同者。宋、齐、魏三史于本国之帝皆书庙号，如太祖、高祖、世祖之类，而邻国则斥其名。梁、陈、周、齐诸史，则于本国书庙号，于邻国书谥号。南、北史则本国邻国皆书谥号。此又各史书帝号之体例也。各史书法又有窒碍者。《史记》汉高祖微时称刘季，及封沛称沛公，王于汉称汉王，即位乃称帝。此本于《尚书·舜典》及《康王之诰》，最为古法。《齐书》则自萧道成微时以至为帝，皆称太祖。《梁书》自萧衍微时以至为帝，亦皆称高祖。殊无分别。《宋书》于萧道成未封王以前即书齐王，如升明二年给太傅齐王三望车，三年加太傅齐王羽葆鼓吹而下，乃书诏太傅总百揆封十郡为齐公。《齐书》于萧衍未封王以前，亦即书梁王，如中兴二年诏大司马梁王进位相国，封十郡为梁公，则更书王在前，封公在后，书法混淆，莫此为甚。（解此，然后知吾史所以须讲书法；而讲书法，必自《春秋》道名分而来。）《梁书》于陈霸先未封时皆书其官号，为司空则书司空陈霸先，为丞相则书丞相陈霸先，此较为合法。（所谓合法者，并非有人制定一法，令人必从。第求其合理，即为合法。）《北齐书》书法亦有失之者，魏庄帝时孝武及文帝尚为王，不应即称其帝号，乃《高隆之传》云：太昌初，隆之为骠骑将军，与西魏文帝饮酒忿争，文帝坐以黜免。竟似隆之与帝王对饮，而帝被废矣。孝静帝时高欢、高澄皆臣也，不应即书其追尊之帝号，乃于欢已书神武，于澄已书文襄，则似东魏同朝有两帝矣。西魏时宇文泰亦臣也，不应即书其追尊之帝号，乃亦书周文帝，如河阴之战，书西魏帝与周文并未赴救，则亦似西魏同朝有两帝矣。《周书》亦然。此皆书法之失检者也。（赵氏以君臣之义绳各史之失，即从礼教而来。不知礼教，则对于此等得失，皆懵然莫辨矣。）《北史》于《魏纪》书渤海王高欢、安定公宇文泰，较为斟酌得宜。又《南》、《北》兼书邻国大事，固属周密，然亦略无分别。凡本国之事及邻国交兵通使与本国相涉者，自应按其月日，依次而书；若邻国兴灭崩立之类，于本国无涉者，则第于一年之末，附书是岁某国某事，所以别内外也。（别内外，即《春秋》之义。）乃南、北史以邻国之事，亦与本国之事一例顺叙于每月每日之下，殊无界限矣。此例惟《魏书》最为得法。周、齐二书亦与南、北史同。（原注：按《齐》、《梁书》自微时至为帝皆称太祖、高祖，亦有所本。《汉书·高祖本纪》亦是如此。——此又可见当时史家属辞时，亦必考求前例，特未尝自言其例所出。赵氏研究诸书，并推明其例之由来也。）

汉晋学者之治三《传》，皆究心经例，故为史者亦讲求著述之例。此非偶然相类，实学术相沿之涂辙也。《史通·序例》篇历举诸史之例，今多不传。

《史通·序例》：夫史之有例，犹国之有法。国无法则上下靡定，史无例则是非莫准。昔夫子修经，始发凡例。左氏立传，显其区域。科条一辨，彪炳可观。降及战国，迄乎有晋，年逾五百，史不乏才。虽其体屡变，而斯文中绝。唯令升先觉，远述丘明，重立凡例，勒成《晋纪》。邓、孙已下，遂蹑其踪。史例中兴，于斯为盛。若沈《宋》之志序，萧

《齐》之序录，虽皆以序为名，其实例也。必定其臧否，征其善恶。干宝、范晔，理切而多功；邓粲、道鸾，词烦而寡要。子显虽文伤蹇踬，而义甚优长。斯一二家，皆序例之美者。失事不师古，匪说攸闻。苟模楷囊贤，理非可讳。而魏收作例，全取蔚宗，贪天之功以为己力。异夫范依叔骏，班习子长。攘袂公行，不陷穿窬之罪也。盖凡例既立，当与纪传相符。案皇朝《晋书》例云：凡天子庙号唯书于卷末。依检孝武崩后，竟不言庙曰烈宗。又案百药《齐书》例云，人有本字行者今并书其名。依检如高慎、斛律光之徒，多所仍旧，谓之仲密明月。此并非言之难，行之难也。又《晋》、《齐》史例，皆云坤道卑柔，中宫不可为纪。今编同列传，以戒牝鸡之晨。窃惟录皇后者，既为传体，自不可加以纪名。二史之以后为传，虽云允惬，而解释非理，成其偶中，所谓画蛇而加足，反失杯中之酒也。至于题目失据，褒贬多违，斯并散在诸篇，此可得而略矣。

按史之为例，有去取焉，有差等焉，有联散焉，有序第焉；有片语之例，有全书之例，有编年与纪传相同之例，有二体独具之例。如迁、固之为自序，标举纪书表传次第，此全书之例，即纪传体独有之例。而编年体故无取乎此，以年次自有一定，不必尽述也。迁、固自序，盖出于《易·序卦》，后史惟独撰者，如《宋书》、《北史》承之。集众官修之书，纪传之体久定，故不必再踵其序。联散者，纪传体所独擅，若《春秋》及后世纲目之纲，似无涉于此。然《左传》叙事，恒综述前事，合于某年之大事。如述韩之战曰：晋侯之入也，秦穆姬属贾君焉，且曰尽纳群公子，晋侯烝于贾君，又不纳群公子，是以穆姬怨之。晋侯许赂中大夫，既而皆背之。赂秦伯以河外列城五，东尽虢略，南及华山，内及解梁城，既而不与。晋饥，秦输之粟；秦饥，晋闭之籴。故秦伯伐晋。则编年之史，亦宜斟酌于事之联散矣。且《春秋》及史纲，散见各年之事，亦必联合而观，方得其属辞之例。则载笔之始，亦宜预筹及之。《史通·本纪》、《列传》诸篇，多言及联散之得失。

《史通·本纪》：纪者既以编年为主，唯叙天子一人。有大事可书者，则见之于年月。其书事委曲，付之列传。此其义也。如近代述者魏著作、李安平之徒，其撰魏、齐二史，于诸帝篇或杂载臣下，或兼言他事，巨细毕书，洪纤备录，全为传体，有异纪文：迷而不悟，无乃太甚。

又《列传》：传之为体，大抵相同，而述者多方，有时而异。如二人行事，首尾相随，则有一传兼书，包括令尽。若陈余、张耳合体成篇，陈胜、吴广相参并录是也。亦有事迹虽寡，名行可崇，寄在他篇，为其标冠。若商山四皓，事列王阳之首；庐江毛义，名在刘平之上是也。

又《二体》：编次同类，不求年月。后生而擢居首帙，先辈而抑归末章。遂使汉之贾谊，将楚屈原同列；鲁之曹沫，与燕荆轲并编。此其所以为短也。

赵瓯北论南、北史附传及附著子孙之例，此亦传体所重，而编年史所不必议也。

《廿二史札记》：《南北史》子孙附传之例，传一人而其子孙皆附传内，此《史记》世家例也。至列传则各因其人之可传而传之，自不必及其后裔。间有父子祖孙各有传者，则牵连书之。如《前汉》之于楚元王（裔孙向、歆）、周勃（子亚夫）、李广（孙陵）、张汤（子安世，孙延寿）、金日䃅（子安上）、疏广（兄子受）、萧望之（子育、咸、由）、翟方进（子宣义）、韦贤（子玄成），《后汉书》之于来歙（曾孙历）、邓禹（子训，孙骘）、寇恂（曾孙荣）、耿弇（弟国，子秉夔）、窦融（弟固，曾孙宪，玄孙章）、马援（子廖、防）、伏湛（子隆）、梁统（子竦，曾孙商，玄孙冀）、桓荣（子郁，孙焉，曾孙鸾，玄孙典彬）、班彪（子固）、班超（子勇）、杨震（子秉，孙赐，曾孙彪，玄孙修）、荀淑（子爽，孙悦）、陈寔（子纪），《三国志》之于袁绍（子谭、尚）、公孙度（子康，孙渊）、曹真（子爽）、荀彧（子恽，孙觊）、钟繇（子毓）、王朗（子肃）、杜畿（子恕、预）、胡质（子威）、诸葛亮（子乔、瞻）、张昭（子承、休）、步骘（子阐）、吕范（子据）、朱桓（子异）、陆逊（子抗）、陆凯（弟允），代不过十余人。然《后汉》班彪与固为一传，班超与勇又为一传，一家父子尚各为传。《三国志》诸葛瑾与诸葛恪父子也，而亦各为传。其以子孙附祖父传之例，沈约《宋书》已开其端。然如萧思话、萧惠开，徐羡之、徐湛之，谢宏微、谢庄，王宏、王僧达，范泰、范晔，王昙首、王僧绰，颜延之、颜竣，皆父子也；檀道济、檀韶、檀祇，谢晦、谢瞻，皆兄弟也，犹皆各自为传，则以其事当各见，故不牵混，使阅者一览了如也。若一人立传，而其子孙兄弟宗族，不论有官无官，有事无事，一概附入，竟似代人作家谱，则自魏收始。收谓中原丧乱，谱牒遗逸，是以具书支派。然当时杨愔、陆操等已谓其过于繁碎，乃《南北史》仿之。而更有甚者，《魏书》一传数十人，尚只是元魏一朝之人，南、北史则并其子孙之仕于列朝者俱附此一人之后。遂使一传之中，南朝则有仕于宋者，又有仕于齐、梁及陈者；北朝则有仕于魏者，又有仕于齐、周、隋者。每阅一传，即当检阅数朝之事，转觉眉目不清。且史虽分南、北，而南、北又分各朝，今既以子孙附祖父，则魏史内又有齐、周、隋之人，成何魏史乎？宋史内又有齐、梁、陈之人，成何宋史乎？又如褚渊、王俭为萧齐开国文臣之首，而渊附于宋代褚裕之传内，俭附于宋代王昙首传内，遂觉萧齐少此二人，刘宋又多此二人。此究是作史者之弄巧成拙。其后宋子京修《唐书》，反奉以为成例，而踵行之。其意以为简括，而不知究非史法也。……《南北史》仿《魏书》子孙附传之例，亦稍有不同。《魏书》凡是某人之子孙尽附于其传后，如朱端子孟允及弟珍，珍弟腾，腾弟庆宾，庆宾子清，皆但有官位，毫无事迹。《北史》则删之，较为简净。《新唐书》仿之，又更有别择，必其子孙有事可传者附之，否则削而不书，尚不至如《魏书》、《北史》之代人作家谱也。

去取、差等，则编年纪事之史，皆所必重。源本《春秋》，根据礼义，非此不足为史也。自《史原》至《史识》，标举诸史大例已备，至如范书序例及《史通》所载荀氏之说五志三科，皆由《春秋》来也。

《后汉书·光武帝纪》：建武五年。李贤注：范晔序例云：帝纪略依《春秋》，唯字彗、日食、地震书，余悉备于志。《安帝纪注》引序例：已见前《史德》篇。

《史通·书事》：昔荀悦有云：立典有五志焉，一曰达道义，二曰彰法式，三曰通古今，四曰著功勋，五曰表贤能。干宝之释五志也，体国经野之言则书之，用兵征伐之权则书之，忠臣烈士孝子贞妇之节则书之，文诰专对之辞则书之，才力技艺殊异则书之。于是采二家之所议，征五志之所取，盖记言之所网罗，书事之所总括，粗得于兹矣。然必谓故无遗恨，犹恐未尽者乎？今更广以三科，用增前目，一曰叙沿革，二曰明罪恶，三曰旌怪异。何者？礼仪用舍、节文升降则书之，君臣邪僻、国家丧乱则书之，幽明感应、祸福萌兆则书之。于是以此三科，参诸五志，则史氏所载，庶几无阙，求诸笔削，何莫由斯。

魏澹史例，亦本《春秋》，而其意重在差等。盖《春秋》道名分，尤为抉择史事去取既定之后所当注意者矣。

《隋书·魏澹传》：高祖以魏收所撰书褒贬失实，平绘为中兴书，事不伦序，诏澹别成《魏史》。澹自道武下及恭帝，为十二纪、七十八传，别为史论及例一卷，并目录合为十二卷。澹之义例，与魏收多所不同。其一曰：臣闻天子者，继天立极，终始绝名。故《穀梁传》曰：太上不名。《曲礼》曰：天子不言出，诸侯不生名。诸侯尚不生名，况天子乎？若为太子，必须书名，良由子者对父生称。父前子名，礼之意也。是以桓公六年九月丁卯，子同生，传曰：举以太子之礼。杜预注曰：桓公子庄公也，十二公惟子同是嫡夫人之长子，备用太子之礼，故史书之于策，即位之日，尊成君而不名。《春秋》之义，圣人之微旨也。至如马迁，周之太子，并皆言名，汉之储两，俱没其讳，以尊汉室，同臣子之意也。窃谓虽立此理，恐非其义，何者？《春秋》礼记太子必书名，天王不言出，此仲尼之褒贬。皇王之称谓，非当时与异代遂可优劣也。班固、范晔、陈寿、王隐、沈约参差不同，尊卑失序。至于魏收，讳储君之名，书天子之字，过又甚焉！今所撰史，讳皇帝名，书太子字，欲以尊君卑臣，依《春秋》之义也。……其二曰：五帝之圣，三代之英，积德累功，乃文乃武，贤圣相承；莫过周室。名器不及后稷，追谥止于三王，此即前代之茂实，后人之龟镜也。魏氏平文以前，部落之君长耳。大祖远追二十八帝，并极崇高，违尧舜宪章，越周公典礼。但道武出自结绳，未师典诰，当须南董直笔，裁而正之，反更饰非，言是观过，所谓决渤海之水复去堤防，襄陵之哭，未可免也。但力微天女所诞，灵异绝世，尊为始祖，得礼之宜。平文、昭成，雄据塞表，英风渐盛，图南之业，基自此始。长孙斤之乱也，兵交御座，太子授命，昭成获免。道武此时，后婚方娠，宗庙复存，社稷有主，大功大孝，实在献明。此之三世，称谥可也，自兹以外，未之敢闻。……其三曰：臣以为南巢桀亡，牧野纣灭，斩以黄钺，悬首白旗，幽王死于骊山，厉王出奔于彘，未尝隐讳，直笔书之，欲以劝善惩恶，贻诫将来者也。而太武献文，并皆非命，前史立纪，不异天年，言论之间，颇露首尾。杀主害君，莫知名姓，逆臣贼子，何所惧哉！君子之过，如日月之食，圆首方足，孰不瞻仰？况复兵交御座，矢及王屋，而可隐没者乎？今所撰史，分明直书，不敢回避。且隐、桓之死，闵、昭杀逐，丘明据实录于经下，况复悬隔异代而致依违哉！……其四曰：周道陵迟，不胜其弊。楚子亲问九鼎，吴人来征百牢。无君之心，实彰行路。夫子刊经，皆书曰卒。自晋德不竞，宇宙分崩，或帝或王，各自署置。当其生日，聘使往来，略如敌国；及其终也，书之曰死，便同庶人。存没顿殊，能无怀愧？今所撰史，诸国凡处华夏之地者，皆书曰卒，同之吴楚。其五曰：壶遂发问，马迁答之，义已尽矣。后之述者，仍未领悟。董仲舒、司马迁之意，本云《尚书》者隆平之典，《春秋》者拨乱之法，兴衰礼异，制作亦殊。治定则直叙钦明，世乱则辞兼显晦。分路命家（此即《史通》分六家所本），不相依放。故云"周道废，《春秋》作焉，尧舜盛，《尚书》载之"是也。"汉兴以来，改正朔，易服色，臣力诵圣德，仍不能尽，余所谓述故事，而君比之《春秋》，谬哉！"然则纪传之体，出自《尚书》，不学《春秋》明矣。而范晔云：《春秋》者，文既总略，好失事形。今之拟作，所以为短。纪传者，史班之所变也，纲维一代，事义周悉。适之后学，此焉为优，故继而述之。观晔此言，岂直非圣人之无法，又失马迁之意旨。孙盛自谓钻仰具体而放之。魏收云：鲁史既修，达者贻则。子长自拘纪传，不存师表，盖泉源所由，地非企及。虽复逊词畏圣，亦未思纪传之所由来也。……澹又以为司马迁创立纪传以来，述者非一人，无善恶，皆为立论。计在身行迹，具在正书，事既无奇，不足惩劝。再述乍同铭颂，重叙唯觉繁文。案丘明亚圣之才，发扬圣旨，言"君子曰"者，无非甚泰，其间寻常，直书而已。今所撰史，窃有慕焉。可为劝戒者，论其得失；其无损益者，所不论也。

欧阳修《五代史记》，上法《春秋》，其义例多自为论说，以释世疑。

《五代史记·梁本纪论》：天下之恶梁久矣。自后唐以来，皆以为伪也。至予论次五代，独不伪梁。而议者或讥予大失《春秋》之旨，以谓梁负大恶，当加诛绝，而反进之，是奖篡也，非《春秋》之志也。予应之曰：是《春秋》之志尔。鲁桓公弑隐公而自立者，宣公弑子赤而自立者，郑厉公逐其子忽而自立者，卫公孙剽逐其君衎而自立者，圣人于《春秋》皆不绝其为君。此予所以不伪梁者，用《春秋》之法也。然则《春秋》亦奖篡乎？曰：惟不绝四者之为君，于此见《春秋》之意也。圣人之于《春秋》，用意深故能劝戒切，为言信然后善恶明。夫欲著其罪于后世，在乎不没其实。其实尝为君矣，书其为君；其实篡也，书其篡。各传其实，而使后世信之，则四君之罪，不可得而掩尔。使为君者不得掩其恶，然后人知恶名不可逃，则为恶者庶乎其息矣。是谓用意深而劝戒切，为言信而善恶明也。桀纣不待贬其王，而万世所共恶者也。《春秋》于大恶之君不诛绝之者，不害其褒善贬恶之旨也。惟不没其实以著其罪而信乎后世，与其为君而不得掩其恶以息人之为恶。能知《春秋》此意，然后知予不伪梁之旨也。

《十国世家·年谱论》：或问十国固非中国有也，然犹命以封爵而称中国年号来朝贡者，亦有之矣，本纪之不书何也？曰：封爵之不书，所以见其非中国有也。其朝贡之来如夷狄，以夷狄书之，则甚矣。问者曰：四夷十国皆非中国有也，四夷之封爵朝贡则书，而十国之不书，何也？曰：以中国而视夷狄，夷狄之可也。以五代之君而视十国，夷狄之则未可也。（此即所差等也。内外夷夏一一须权其分际，而后可以为史例。）故十国之封爵朝贡，不如夷狄，则无以书之。书如夷狄，则五代之君未可以夷狄之也。是以外而不书，见其自绝于中国焉尔。问者曰：外而不书，则东汉之立何以书？曰：吾于东汉，常异其辞于九国也。（此又是一种差等。）《春秋》因乱世而立治法，本纪以治法而正乱君。世乱则疑难之事多，正疑处难，敢不惧也。周、汉之事可谓难矣哉！或谓刘旻尝致书于周求其子赟不得而后自立，然则旻之志不以忘汉为仇而以失子为仇也。曰：汉尝诏立赟为嗣，则赟为汉之国君，不独为旻子也。旻之大义宜不为周屈，其立虽未必是，而义当不屈于周，此其可以异乎九国矣。终旻之世，犹称乾祐，至承钧立，然后改元，则旻之志，岂不可哀也哉！

又托为徐无党注，详述其属词之例。如《梁本纪》注，自即位以后大事则书，变古则书，非常则书，意有所示则书，后有所因则书。非此五者则否。又曰：夷狄来，不言朝，不责其礼；不言贡，不责其物。故书曰来。五代乱世，著其屡来，以见夷狄之来不来，不因治乱；而乱世屡来，不足贵也。又曰：于好杀之世，小赦必书，见其亦有爱人之意也。又曰：五代乱世，兵无虚日，不可悉书，故用兵无胜败，攻城无得失，皆不书。其命大将与天子有所如，自著大事尔。此如怀泽者，以兵方攻潞州也，又曰：自唐末之乱，礼乐亡，至此始用乐，故书。又曰：御殿而云入阁，录其本语，书之以见礼失。事在《李琪列传》。此礼其后屡行皆不书，一书以见其失，足矣。又曰：书屠，著其酷之甚者。诸所言书、不书、故书之类，皆三《传》所以解《春秋》者，其去取、差等，晓然可见。赵瓯北即本其例，详考纪传以证之。是亦犹杜、孔诸儒详考《春秋》各事以释经例也。

《廿二史札记》：不阅《旧唐书》，不知《新唐书》之综核也。不阅薛史，不知欧史之简严也。欧史不惟文笔洁净，直追《史记》，而以《春秋》书法寓褒贬于纪传之中，则虽《史记》亦不及也。其用兵之名有四：两相攻曰攻，如《梁纪》孙儒攻杨行密于扬州是也；以大加小曰伐，如《梁纪》遣刘知俊伐岐是也；有罪曰讨，如《唐纪》命李嗣源讨赵在礼是也；天子自往曰征，如《周纪》东征慕容彦超是也。攻战得地之名有二：易得曰取，如张全义取河阳是也；难得曰克，如庞师古克徐州是也。以身归曰降，如冯霸杀潞将李克恭来降是也；以地归曰附，如刘知俊叛附于岐是也。立后得其正者，曰以某妃某夫人为皇后，如《唐明宗纪》立淑妃曹氏为皇后是也；立不以正者，曰以某氏为皇后，如《唐庄宗纪》立刘氏为皇后是也。凡此皆先立一例，而各以事从之，褒贬自见。（其实是先将各事权其差等，然后立一例，俾事与例合耳。）其他书法，亦各有用意之处，如《梁纪》书弑济阴王。王即唐昭宣帝也，不曰昭宣帝，而曰济阴王者，逊位后梁所封之王，书之以著其实，又书弑以著梁罪也。襄州军乱杀其刺史王班。不书王班死之，而以被杀为文者，智不足以卫身而被杀，不可以死节予之也。杀王师范不曰伏诛，而曰杀者，有罪当杀曰伏诛，不当杀则以两相杀为文也。郢王友珪反。反与叛不同（一字之差等如此），叛者背彼附此，反则自下谋上，恶逆更大也。反不书日者，反非一朝一夕，难得其日也。梁太祖、唐庄宗皆被弑，故不书葬。唐明宗考终，宜书葬矣。以贼子从珂所葬，故亦不书也。《梁纪》天雄军乱，节度使贺德伦叛附于晋。乱首系张彦，而书德伦者，责在贵者也，而德伦究不可加以首恶，而可责以不死，故书叛附于晋也。唐灭梁，敬翔自杀。翔因梁亡而自杀，可谓忠矣，不书死之而但书自杀，以梁祖之恶皆翔所为，故不以死节予之也。除官非宰相枢密使不书（原书《唐本纪》同光元年夏四月，行台左丞相豆卢革为门下侍郎，右丞相卢程为中书侍郎：同中书门下平章事，中门使郭崇韬、昭义监军张居翰为枢密使。注：枢密使唐故以宦者为之，其职甚微，至此始参用士人，而与宰相权位钧矣。故与宰相并书），而《唐纪》书教坊使陈俊为景州刺史、内园栽接使储德源为宪州刺史者，著其授官之太滥也。《明宗纪》先书皇帝即位于枢前，继书魏王继岌薨，见其即位时君之子尚在，则其反不待辨而自明也。又书郭从谦为景州刺史，既而杀之。从谦弑庄宗乃不讨而反官之，见明宗之无君也；其罪本宜诛，乃不书伏诛而书杀者，明宗亦同罪，不得行诛，故以两相杀为文也。秦王从荣以兵入兴圣宫不克，伏诛。从荣本明宗子，以明宗病恐不得立，以兵自助，故不书反；而擅以兵入宫，其罪当诛，故其死书伏诛也。《汉纪》隐帝崩即书汉亡。隐帝被杀后尚有李太后临朝及迎湘阴公赟嗣位之事，汉犹未亡也，而即书汉亡，见太后临朝等事，皆周所假托，非汉尚有统也。《周太祖纪》书汉人来讨。周祖篡汉得位，崇之于周，义所当讨，故书讨也。《世宗纪》书帝如潞川攻汉；不曰伐而曰攻者，曲在周也。此可见欧史本纪书法一字不苟也。其列传亦有折衷至当者。死节分明，如王彦章、裴约、刘仁赡，既列之《死节传》矣；尚有宋令询、李遇、张彦卿、郑昭荣等，皆一意矢节以死殉国，而传无之，则以其事迹不完不能立传故也，然于本纪特书死之，以表其忠，固不在传之有无矣。张宪留守太原，庄宗被弑后，皇弟存霸来奔；或劝宪拘存霸以俟朝命，张昭又劝共奉表明宗，宪皆涕泣拒之；已而存霸为符彦超军士所杀，宪出奔沂州。薛史书宪弃城赐死，欧独明其不然，然以其不死于太原，故亦不入于《死事传》，但书宪出奔沂州见杀而已。药彦稠、王思同皆以兵讨潞王从珂，为从珂所执而死。乃思同入《死事传》，而彦稠不入，则以思同词义不屈，系甘心殉国者，彦稠第被执见杀，不可竟以死节予之也。（此又可见差等之例。）于此可见欧史之斟酌至当矣。

世之议欧史者，多以不书韩通死节，为欧公疵累。而钱氏《廿二史考异》就前史之例，明其限断，谓不应自紊其例。此又欧史、徐注所未自言，而钱氏能为之解释，以明史例。治史者能如此用心，则触处洞然，一切皆得是非之公矣。

《廿二史考异》：《新五代史·孙晟传》亟召侍卫军虞候韩通。案韩通名惟此传及契丹附录两见之。昔人讥欧阳公不为通立传，失《春秋》之旨。余考前史之例，如王凌、毋丘俭、诸葛诞之死，魏未亡也，故列于《魏志》；袁粲、刘秉之死，宋未亡也，故列于《宋书》。若通之死事，乃在宋已受禅之日，于例不当入《五代史》矣。《五代史》七十四篇，自世家而外，绝不涉宋一字。符彦卿、李洪信等功名显于五代，而没在宋初，即不为立传。史家限断之法宜尔，不得以通一人而紊其例也。

司马温公修《通鉴》，自定凡例。其曾孙伋辑录一卷，称有三十六例。《四库提要》谓其盖并各类中细目计之。且其书出于南渡后，不无以意增损，未必尽光本旨。

《通鉴凡例》：用天子例：周、秦、汉、晋、隋、唐，皆尝混一九州，传祚于后，子孙虽微弱播迁，四方皆其故臣，故全用天子之礼以临之，帝后称崩，王公称薨。书列国例：三国、南北、五代，与诸国本非君臣，从列国之例，帝后称殂，王公称卒。秦、隋未并天下，亦依列国之例。（此两条已见《论正统》文中。）书帝王未即位及受禅例：帝王未即位皆名，自赞拜不名以后不书名。书称号例：天子近出称还宫，远出称还京师，列国曰还某郡。……凡新君即位必曰某宗，后皆曰上。太上皇止称上皇。上太上皇太后号曰尊。皇后太子曰立，改封曰徙，公侯有国邑曰封，无曰赐爵。列国非臣下之言不称乘舆、车驾、行在、京师、天子，及崩，臣下所称，仍其旧文。书官名例：节度使赴镇曰为，使相曰充，遥授曰领。凡官名可省者，不必备书。公相以善去曰罢，以罪去曰免。书事同日例：两国事同日不可中断者，以日先序一国事已，更以其日起之。如齐建武元年十月辛亥，魏主发平城云云，辛亥太后废帝为海陵王云云。书两国相涉例：凡两国事相涉则称某主，两君相涉则称谥号，不相涉而事首已见，则称上称帝。书斩获例：凡战伪走而设伏斩之曰斩首，斩首千级以下不书获，辎重兵械杂畜非极多不书。书复姓例：宋永初三年长孙嵩实姓拓跋，时魏之群臣出于代北者皆复姓，孝文迁洛改为单姓，史患其烦，悉从后姓。书字例：凡以字行者始则曰名某字某，以字行及小字可知者，不复重述，难知者乃述之。书反乱例：凡诛得愆曰有罪，逆上曰反，争疆曰乱。

观《通鉴问疑》，似初修书时，诸例尚未定。至周、秦、汉纪已修毕，始与刘道原详加讨论。故书法亦不一律。

《通鉴问疑》：君实曰：凡用天子法者，所统诸侯皆称薨。而《晋书》帝纪惟亲王、三公及二王后称薨，余虽令仆、方伯开府如羊祜、杜预之徒，亦止称卒。《隋书》帝纪内史令、纳言及封国公、郡公者亦称卒，惟亲王、三公及开府仪同三司称薨。新、旧《唐书》令仆、中书令、侍中、平章事、参知机务政事皆称薨。若依古礼，五等称薨，则晋惠帝时令长卒伍皆有爵邑，不可概称薨也。西晋荀勖等为尚书令中书监令，虽用事，不谓之宰相，东晋庾亮、何充等始谓之宰相，欲自晋以后，惟王爵及三公宰相称薨，余皆称卒，南北朝王公亦称卒。至隋则令仆、内史令、纳言为宰相，至唐则平章事为宰相，三师三公皆为散官，欲皆以为薨，可乎？……道原曰：周、秦、汉、魏诸侯称薨，至晋已后惟王爵及三公宰相称薨。或薨或卒，于例未匀，不如用陆淳例，皆称卒。……君实曰：诸臣称卒，诚为确论。但恨已进者周、秦、汉纪，不可请本追改。其晋、隋、唐纪除诸王、三公、三师称薨，余虽宰相亦称卒。尚书令、仆射及门下、中书，权任所在，谓之宰相，终非正三公也。……道原曰：散官若亦称薨，宰相不应称卒。

盖历代官制既殊，权任亦异，诸史旧文，又多牴牾。故统括二千三百六十二年之事，即寻常一二薨卒之例，已不易示其差等，更不克就一二字寓褒贬别善恶矣。《春秋》二百四十二年，周制尚存；后之汉唐，不过数百年；五代则仅五十余年，其事较易。此时间之差别，所宜为修通史者原也。

世多议《通鉴》书诸葛亮寇魏之非，盖沿陈寿之失。

《魏志·明帝纪》：太和五年，诸葛亮寇天水。

《通鉴》：太和五年二月，汉丞相亮帅诸军入寇，围祁山。

又：青龙二年二月，亮悉大众十万，由斜谷入寇。（《魏志》曰：诸葛亮出斜谷，屯渭南。）

然如书孔融弃市，又不用范书。则帝魏之见，与范氏恶曹操者异也。

《后汉书·献帝纪》：建安十三年八月壬子，曹操杀太中大夫孔融，夷其族。（《通鉴》书：太中大夫孔融弃市。）

又如操封魏公后，不书姓，亦与班书不同。班书《平帝纪》王莽封安汉公后，仍书王莽，不曰安汉公莽也。

《通鉴》：建安十八年五月丙申，以冀州十郡封曹操为魏公。……秋七月，魏公操纳三女为贵人。胡注：自此以后，曹操不书姓，而冠以国。

顾《通鉴》虽帝魏，亦有区别。如魏文帝书殂，与东晋诸帝书崩不同。以晋尝混一，而魏不能有天下也。

《通鉴》：黄初七年，魏文帝殂。胡注：《通鉴》书法，天子奄有四海者书崩，分治者书殂。惟东晋诸帝以先尝混一书崩。（此即胡注本《通鉴凡例》以明书法。）

史例之详，以朱子所定《通鉴纲目凡例》为最。盖承《春秋三传》、《通鉴》诸史而集其大成，所谓后起者易为功也。其例凡十九类，曰统系，曰岁年，曰名号，曰即位，曰改元，曰尊立，曰崩葬，曰篡贼，曰废徙，曰祭祀，曰行幸，曰恩泽，曰朝会，曰封拜，曰征伐，曰废黜，曰罢免，曰人事，曰灾祥。十九类中，可以统系为之纲，其十八类，大都以正统列国无统别之。其文又有朱墨之别，使阅者一目了然。

《通鉴纲目·岁年例》：凡岁不用岁阳名（以《通鉴》用岁阳名也），只用甲子（依《史记》年表，以从简便），大书于横行之上。甲字子字别之以朱，其余皆墨。

凡正统，周自篇首，秦、汉、晋、隋、唐自初并天下，皆大书于横行之下。朱书国号（如云周、秦、汉、晋、隋、唐）、谥号（如周威烈王、秦始皇）、君名（如云午）、年号（如太康、开皇、武德），墨书某年（如周云二十三年、秦云二十六年）。次年以后，但于行下墨书某年。篇首周年下朱注列国（如云秦、晋、楚、燕等），墨书谥爵（如云简公、烈公之类）、君名（如止如之类）、某年。所注列国，以兴起先后为次，而于新旧之间，以圈隔之，其末又以圈隔。下朱注总结统旧国若干、新国若干、凡若干国。次年以后，唯元年注之，如前注。凡天子继世，则但于行下朱书谥号年号，墨书元年。（周则列国之元亦注其下。）次年以后，如篇首次年之法。建国僭国之大者，则于年下朱书国名谥号姓名（如楚隐王陈胜、魏文帝曹丕之类）、年号（如魏黄初之类），墨注元年。次年以后，则朱注国名，墨注年号某年。其小者，则依周列国例，但年号用墨注。首尾增损新旧之间亦如前法。其篡贼干统，而正统已绝，无年可系，则朱注其国名、墨注年号于行下。（如吕氏、新莽。）正统虽绝，而故君尚存，则追系正统之年而注其下。（如唐之武氏，用范氏《唐鉴》之例。）其不成君，亦依正统已绝之例。（如汉帝玄之类。）凡无统自更端处（如秦昭襄王五十一年、楚汉元年、吴黄武元年、宋永初元年、梁开平元年），即于行下分注诸国之年。大者纪年，小者纪元朱书。新旧首尾增损皆如前法。但其兴废促数，则岁结之。不纪年者，亦列数其国号。

其辞例不可备举，姑就征伐一类言之。《左氏传》但曰敌未阵曰败某师，皆阵曰战，大崩曰败绩，得俊曰克，覆而败之曰取某师，京师败曰王师败绩于某，及凡师有钟鼓曰伐、无曰侵、轻曰袭耳。《公羊传》但曰粗者曰侵，精者曰伐，战不言伐，围不言战，入不言围，灭不言入（《庄公八年》）耳。《五代史记》用兵之名，亦止两相攻曰攻，以大加小曰伐，有罪曰讨，天子自往曰征四例。《通鉴凡例》所言尤简。观《纲目·征伐例》，则自战国以降中外兵事，所应依其分际而区别书之者，靡不具焉。盖史实猥多，史例必随而演进。其斤斤于一字一辞者，皆事理所应尔，非好为是纤琐也。

《纲目·征伐例》：凡正统自下逆上曰反，有谋未发者曰谋反，兵向阙者曰举兵犯阙。……凡调兵曰发，集兵曰募，整兵曰勒，行定曰徇，行取曰略，肆掠曰侵，掩其不备曰袭，同欲曰同，合势曰连，兵并进曰合，兵在远而附之曰应，相接曰通，服属曰从，益其势曰助，援其急曰救，开其围曰解，交兵曰战，尾其后曰追，环其城曰围。……凡胜之易者曰败某师、平之，难者曰捕斩之，舍此之彼曰叛、曰降于某、附于某，犯城邑寇得曰陷，居曰据。……凡僭名号曰称。（周列国称王称帝，汉以后僭国篡贼称皇帝，盗贼称帝称天子之类。）……人微事小曰作乱，人微众少曰盗，众多曰群盗。……犯顺曰寇。……凡中国有主，则夷狄曰入寇，或曰寇某郡，事小曰扰某处。中国无主，则但云入边，或云入塞，或云入某郡杀掠吏民。……凡正统天子亲将兵曰帝自将，遣将则曰遣某官某将兵。……大将兼统诸军则曰率几将军，或云督诸军，或云护诸将。……将卑师少无大胜负，则但云遣兵。……不遣兵而州郡自讨，则云州郡或云州兵或云郡兵。置守令平盗贼曰以某人为某云云。（如汉成帝河平二年西夷相攻，以陈立为牂柯太守讨平之。及后汉以虞诩为朝歌长之类。）……凡正统用兵于臣子之僭叛者，曰征曰讨；于夷狄若非其臣子者曰伐曰攻曰击；其应兵曰备曰御曰拒。皆因其本文。……凡人举兵讨篡逆之贼，皆曰讨。……凡战不地，屡战则地，极远则地。……凡书敌于敌国曰灭之，于乱贼曰平之。敌国乱贼岁久地广屡战而后定，则结之曰某地悉定，或曰某地平。……凡得其罪人者于臣子曰诛，于夷狄若非臣子者曰斩曰杀。……凡执其君长将帅，曰执、曰虏、曰禽、曰获、曰得。皆从其本文。……凡师入曰还，全胜而归曰振旅，小败曰不利，彼为主曰不克，大败曰大败，或曰败绩，将帅死节曰死之。……凡人讨逆贼而败者亦曰不克，死曰死之。（刘崇、翟义之类。）其破灭者亦以自败为文。（三辅兵皆破灭之类。）……凡非正统而相攻，先发者不曰寇陷，后应者不曰征讨。其他皆从本文。惟治其臣子之叛乱者书讨，讨而杀之曰诛。

官局修史，杂出众手，要亦必有共循之例。若唐修《晋书》例云天子庙号书于卷末者是也。元修三史，其例简略，属辞之例，大抵依据宋贤，故不缕举。元史之例亦然。

《辽宋金史凡例》：一、帝纪。各史书法准《史记》、《汉书》、《新唐书》，各国称号准南、北史。二、各史所载，取其所重者作志。三、表与志同。四、列传。（后妃、宗室、外戚、群臣杂传。）人臣有大功者，虽父子各传。余以类相从，或数人共一传。三国所书，事有与本朝相关涉者，当禀金宋死节之臣，皆立合传，不须避忌。其余该载不尽，从总裁官与修史官临文详议。五、疑事传疑，信事传信，准《春秋》。

《元史凡例》：一、本纪。按两汉本纪，事实与言辞并载，兼有书《春秋》之义，及唐本纪则书法严谨，全仿乎《春秋》，今修《元史》，本纪准两汉史。一、志。按历代史志为法间有不同，至唐志则悉以事实组织成篇，考核之际，学者惮之。惟近代《宋史》所志条分件列，览者易见。今修《元史》，志准《宋史》。一、表。按汉、唐史，表所载为详，而《三国志》、《五代史》则无之。唯辽、金史据所可考者作表，不计详略。今修《元史》，表准辽、金史。一、列传。按史传之目，冠以后妃，尊也；次以宗室诸王，亲也；次以一代诸臣，善恶之总也；次以叛逆，成败之归也；次以四夷，王化之及也。然诸臣之传，历代名目又自增减不同。今修《元史》，传准历代史而参酌之。一、历代史书纪志表传之末，各有论赞之辞。今修《元史》，不作论赞，但据事直书，具文见意，使其善恶自见，准《春秋》。

清修《明史》，当时在事诸人，讨议体例之文孔多。观刘承幹所刊《明史例案》，可以考见其修订之矜慎。徐乾学首陈例议六十一条，如分合、繁省、补遗、互见诸条，皆有精义。

徐乾学《修史条议》第四条：元末群雄如韩林儿、徐寿辉、张士诚、陈友谅、明玉珍、陈友定、方国珍辈，《元史》既不为立传，今所作诸人传，当详列其事迹，不得过于简略。……第六条：元之遗臣如也速、王保保辈，虽《元史》已为立传，然自遁荒之后，阙而不书。今当载其后事，以补前史之遗。……第十五条：史之有志，所以纪一代之大制度也。如郡县之沿革，官职之废置，刑罚之轻重，户籍之登耗，以及兵卫修废，河漕通塞，日食星变之类，既详列于志，不得复入本纪。本纪之体，贵乎简要。《新唐书》文求其省，固失之略，《宋》、《元史》事求其备，亦失之繁。斟酌于二者之间，务使详略适宜，始为尽善。今惟大典大政登诸本纪，其他宜入志者，归之于志；宜入表者，归之于表；宜入传者，归之于传。则事简而文省矣。……第廿二条：有一事而数人分功者，如顺义之封，内则阁部（内阁李春芳、高拱、张居正、赵贞吉、中枢郭乾），外则督抚（督臣王崇古、抚臣方逢时），皆有决策之劳者也。如宁夏之征，文则督抚（前总督魏学曾、后总督董应熊、巡抚朱正包、监军御史梅国桢），武则总兵（李如松、萧如薰、麻贵），皆有戡定之绩者也。不得专属一人以掩他人之美，当使彼此互见，详略得宜。……第三十三条：明之战功，大约文武数人共之。如麓川之役王骥与蒋贵共事，大藤峡之役韩雍与赵辅共事，播州之役李化龙与刘綎共事，决机发策当归于文，冲锋陷阵必归于武，不得重文轻武，以血战之功归诸文墨之士。必使数人之传，出于一人之手，庶无牴牾，且免重复。

而详胪忠义，附著四王，则有用其议而不尽者。

《修史条议》第三十五条：忠义之士，莫多于明，一盛于建文之朝，再盛于崇祯之季。此固当大书特书，用光史籍。若乃国亡之后，吴越闽广，多有其人，此虽洛邑之顽民，固即商家之义士。考之前典，陆（秀夫）、张（世杰）、文（天样）、谢（枋得）并列于赵宋之书，福寿宜孙亦入于有元之史，此皆前例之可据，何独今史为不然。当搜逸事于遐陬，用备一朝之巨典。第三十六条：庄烈愍皇帝纪后宜照《宋史》瀛国公纪后二王附见之例，以福、唐、鲁、桂四王附入，以不泯一时事迹，且见本朝创业之隆。

王鸿绪《史例议》，首举书日、书事诸法，视徐议尤细密。

王鸿绪《史例议》：一、即位以前，前史例不书日，间有书日者，事或不得不日也。即位以后，举动必书，不可不日。然事亦有不可以日者，则以是月系之，有不可以月者，则以是岁系之。……一、命官不书，封王则书，侯则不书，非常而有故则书。（下引史例甚多。）……一、宰相除拜，《前汉》不书，有特诏则书，罢书，薨书。唐则除罢俱详载矣。明罢丞相，设府部院寺以理庶务，于是六部之职权始重似六卿，亦宜并书。然六卿书矣，陪京之六卿可不书乎？添注之六卿可不书乎？词臣而晋尚书保傅者可不书乎？六卿之拜书矣，罢可不书乎？抑将书六卿，而殿阁之学士大学士预机务者反不书乎？倘殿阁之预机务者当书，而六卿又不可不书。则一月之中除罢不一而足，本纪竟成除书矣。且表又何用焉？（下略）如必以为尚书不可不书，或择其人之有关理乱张本者书之。……一、攻战所克郡邑，非两国相争要地不书，非敌都不书。（已见《史识篇》。）

其论史体与纲目不同，尤为精卓。故读王氏《史例议》，不独知《明史》之例，兼可贯通群史之例。惟其以元为正统，则满清入主时不得不以明承元，此其与明人治史之观念不同者也。

《史例议》：一、紫阳《纲目》体例精严，提纲大书，法并《春秋》，真千古褒善贬恶之大经也。或曰本纪即仿其纲而书之，不亦善乎？愚应之曰：此紫阳氏之书，而非史家之书也。史家之书，踵其文于胜国而笔削之，其用意宽。紫阳之书，合前史所书之事而赏罚之，其用意严。不惟是也，其体例亦有不同。本纪是载一帝之事，而分见于志传之中者也。《纲目》是摘纪志传之事，而汇见于一帝之下者也。如汉书文帝元年召河南守吴公为廷尉，以贾谊为太中大夫；三年以张释之为廷尉；四年召河东守季布至，罢归郡。唐书贞观元年制谏官随宰相入阁议事；五年修洛阳宫，十二月开党项之地为十六州；六年群臣请封禅不许，七月宴近臣于丹霄殿。如此类者不可枚举，要皆本纪之所不书，而紫阳从志传中摘之，以示一帝之理乱得失为后世之法戒。其体例一而已矣。非若史之有纪志表传，可以错综互见者也。（观此更可以悟史联之义。）故曰此紫阳氏之书，而非史家之书也。……或曰：《纲目》一书，子朱子义例全法《春秋》，尚已。若司马迁承五伯之运，继《春秋》而纂史，昔贤谓自麟经绝笔之后而得褒贬之遗意者，于迁史有取焉。若然，则二者异名同原，子何得而歧视之乎？余曰：作史而不取则于《春秋》，曷以成其为史？然一书有一书之体，亦各有命意之所在。《纲目》在存统，史书在尊王也。（此语未尽谛。须知尊王是一义，以王道治时王又是一义。）何以言之？文公答吕伯恭书曰：温公旧例皆以后改者为正。（指改年号之事。）此殊未安。如汉建安二十五年之初，汉尚未亡，今便作魏黄初元年，夺汉太速，与魏太遽，大非《春秋》存陈之意，恐亦不可为法。又文公《语录》载问《通鉴》提纲主意，曰主在正统。问何以主在正统？曰三国当以蜀汉为正，而温公乃云某年某月诸葛亮入寇，是冠履倒置，何以示训？若夫史则不然。《史记》列项羽于纪，以羽为伯王，政由己出，是时汉未得天下，虽纪羽可也。班则本纪属之帝，而列羽为传矣。当沛公至霸上，秦王子婴降，羽入关屠咸阳而东，自立为西楚霸王，尊楚怀王孙心为义帝，《史记·羽纪》书汉元年四月诸侯罢戏下，而不以楚纪年。《高纪》则书汉元年冬十月沛公至霸上，秦王子婴素车白马系颈以组，封皇帝玺符节降轵道旁，是以子婴降为汉受命之元，而义帝之元置之不论矣。亦不独《史》、《汉》，他史率多类此。

《史例议》下：按本纪之体，元是正统，明是龙兴，故称元称顺帝，称明称太祖，可顺文意以立言。若陈友谅之称汉，明玉珍之称夏，在友谅与玉珍传中，则著其国号曰汉曰夏，而于《太祖本纪》中有战伐交兵者，止宜称友谅将某某、玉珍将某某，不当以其国号称也。《光武本纪》书破公孙述将某某，《新唐书·高祖本纪》书王世充、窦建德、刘武周等陷某州，或云与某某等战败之，皆不称其国号，而以名。此乃史例。（此论自当，惟元尚非汉之比耳。）往见史馆《太祖本纪》友谅称汉将而不书友谅名，与张士诚二例，似宜易。

史术第九

史术即史学，犹之经学亦曰经术，儒家之学亦曰儒术也。吾意史术通贯经术，为儒术之正宗，故以史术名篇。术即道也，为古今人所共由之道。然学者亦须知所择，知所遵，始不误于歧途曲径。《易·系辞》曰：初六，藉用白茅，无咎。大过卦之初爻。子曰：苟错诸地而可矣。藉之用茅，何咎之有？慎之至也。夫茅之为物薄而用可重也，慎斯术也以往，其无所失矣。此孔子读《易》，教人慎遵其术也。孟子曰：矢人岂不仁于函人哉！矢人惟恐不伤人，函人惟恐伤人，巫匠亦然。故术不可不慎也。由孟子之言推之，岂惟矢、函、巫匠，读史亦然。读殖民史，则驰心于远略；读战争史，则极意于争雄；读外交史，则务夸纵横捭阖之能；读商业史，则醉心经济侵略之策。史能转人，而人不能转史。世界之祸，遂穷惨极酷，几于不可收拾矣。惟吾国史不然，其中固不乏拓地殖民，耀兵奋武，纵横钩距，轻重贸迁之术，而以儒术为之主宰，乃以开发建树此东亚数千年之世界。其术犹可以用之今日，而造福于未来。故史之中亦有函矢焉，吾史则视其时而用函矢者也。孔子曰：道二，仁与不仁而已矣。矢之不仁，用之得当，亦即仁术。学者知此意，始不疑于吾言。宋张咏劝寇准读《霍光传》，准读至不学无术句，知其讽己也。故读史可得持身处事之术，其例不可胜举。

《宋史·寇准传》：初张咏在成都，闻准入相，谓其僚属曰：寇公奇材，惜学术不足尔。及准出陕，咏适自成都罢还，准严供帐大为具待。咏将去，准送之郊，问曰：何以教准？咏徐曰：《霍光传》不可不读也。准莫谕其意，归取其传读之，至不学无术，笑曰：此张公谓我矣。

《汉书·霍光传赞》：霍光以结发内侍，起于阶闼之间，确然秉志，谊形于主。受襁褓之托，任汉室之寄，当庙堂，拥幼君，摧燕王，仆上官，因权制敌，以成其忠。处废置之际，临大节而不可夺，遂匡国家，安社稷。拥昭立宣，光为师保，虽周公阿衡，何以加此？然光不学无术，暗于大理，阴妻邪谋，立女为后，湛溺盈溢之欲，以增颠覆之祸。死财三年，宗族诛夷，哀哉！

隽不疑以《春秋》之义执成方遂。

《汉书·隽不疑传》：始元五年，有一男子乘黄犊车，建黄旐，衣黄襜褕，著黄冒，诣北阙，自谓卫太子。公车以闻，诏使公卿将军中二千石杂识视。长安中吏民聚观者数万人，右将军勒兵阙下以备非常。丞相御史中二千石至者，立莫敢发言。京兆尹不疑后到，叱从吏收缚。或曰：是非未可知，且安之。不疑曰：诸君何患于卫太子？昔蒯聩违命出奔，辄拒而不纳，《春秋》是之。（《公羊传·哀公三年》：辄者曷为者也？蒯聩之子也。然则曷为不立蒯聩而立辄？蒯聩为无道，灵公逐蒯聩而立辄。然则辄之义可以立乎？曰：可。其可奈何？不以父命辞王父命，以王父命辞父命，是父之行乎子也；不以家事辞王事，以王事辞家事，是上之行乎下也。《穀梁传》：辄不受父之命，受之王父也。信父而辞王父，则是不尊王父也，其弗受以尊王父也。范宁《穀梁传序》非之曰：以拒父为尊祖，是为子可得而叛也，害教伤义，不可强通。）卫太子得罪先帝，亡不即死，今来自诣，此罪人也。遂送诏狱。天子与大将军霍光闻而嘉之，曰：公卿大臣当用经术，明于大谊。由是名声著于朝廷，在位者皆自以不及也。后赵广汉为京兆尹，言我击奸止邪，行于吏民，至于朝廷事，不及不疑远甚。廷尉验治何人，竟得奸诈，本夏阳人，姓成名方遂，居湖，以卜筮为事。有故太子舍人尝从方遂卜，谓曰：子状貌甚似卫太子。方遂心利其言，几得以富贵，即诈自称诣阙。廷尉逮召乡里识知者张宗禄等，方遂坐诬罔不道，要斩东市。（《后汉书·王昌传》：一名郎，自称孝成皇帝子子舆。数战不利，使其谏议大夫杜威持节请降。威雅称郎实成帝遗体。光武曰：设使成帝复生，天下不可得，况诈子舆者乎？亦即不疑执成方遂之意。）

诸葛亮以晋国之事，开悟刘琦。

《后汉书·刘表传》：二子，琦、琮。初表以琮貌类于己，甚爱之。后为琮娶其后妻蔡氏之侄，蔡氏遂爱琮而恶琦，毁誉之言，日闻于表。表宠耽后妻，每信受焉。又妻弟蔡瑁及外甥张允并得幸于表，又睦于琮。而琦不自宁，尝与琅邪人诸葛亮谋自安之术。亮初不对，后乃共升高楼，因令去梯，谓亮曰：今日上不至天，下不至地，言出子口，而入吾耳，可以言未？亮曰：君不见申生在内而危，重耳在外而安乎？琦意

感悟，阴规出计。会表将江夏太守黄祖为孙权所杀，遂求代其任。（本《蜀志·诸葛亮传》）

吕蒙识超鲁肃，由读三史。

《吴志·吕蒙传》注《江表传》：孙权谓蒙及蒋钦曰：卿今并当涂掌事，宜学问以自开益。蒙曰：在军中常苦多务，恐不容复读书。权曰：孤岂欲卿治经为博士邪？但当令涉猎见往事耳。卿言多务，孰若孤，孤少时历《诗》、《书》、《礼记》、《左传》、《国语》，惟不读《易》。至统事以来，省三史、诸家兵书，自以为大有所益。如卿二人意性朗悟，学必得之，宁当不为乎？宜亟读《孙子》、《六韬》、《左传》、《国语》及三史。孔子言：终日不食，终夜不寝，以思无益，不如学也。光武当兵马之务，手不释卷。孟德亦自谓老而好学。卿何独不自勉勖邪？蒙始就学，笃志不倦，其所览见，旧儒不胜。后鲁肃上代周瑜，过蒙言议，常欲受屈。肃拊蒙背曰：吾谓大弟但有武略耳，至于今者，学识英博，非复吴下阿蒙。蒙曰：士别三日，即更刮目相待。大兄今论，何一称襄侯乎？兄今代公瑾，既难为继，且与关羽为邻。斯人长而好学，读《左传》略皆上口，梗亮有雄气，然性颇自负，好陵人。今与为对，当有单复，以卿待之。密为肃陈三策，肃敬受之，秘而不宣。权常叹曰：人长而进益，如吕蒙、蒋钦，盖不可及也。富贵荣显，更能折节好学，耽悦书传，轻财尚义，所行可迹，并作国士，不亦休乎！

崔浩主伐凉州，实本《汉志》。读史之益多矣。

《通鉴》卷百二十三：魏主（太武）议伐凉州，众云彼无水草，崔浩曰：《汉书·地理志》称凉州之畜为天下饶，若无水草，畜何以蕃？又汉人终不于无水草地筑城郭建郡县也。太武用其议，至凉州时，赐太子晃诏曰：姑臧城东西门外涌泉合于城中，其大如河，自余沟渠流入汉中，其间乃无燥地。按古之大将，必说礼乐，敦《诗》、《书》；后世大将，亦必涉猎史传，或咨询学者，或听人诵读。《蜀志》王平使人读《史》、《汉》诸传记听之，备知其大义，往往论说不失其指。《晋书·载记》石勒尝令儒生读书史而听之，亦以其意论古帝王善恶。尝使人读《汉书》，闻郦食其劝立六国后，大惊曰：此法当失，何得遂成天下？至留侯谏，乃曰：赖有此耳。都可与所引孙权、吕蒙、崔浩之事互证。故用兵之学莫备于史。《方舆纪要》、《读史兵略》所载例证尤多，不第局部战事制胜策敌已也。又如晁错《言兵事疏》曰：卑身以事强，小国之形也；合小以攻大，敌国之形也；以蛮夷攻蛮夷，中国之形也。此数语括尽兵谋外交之术。汉武通西域，通西南夷，用此术也。李泌对唐德宗曰：臣能不用中国之兵，使吐蕃坐困。因言欲结回纥、大食、云南与共图吐蕃。（《通鉴》贞元三年）迄清季李鸿章浼俄、法、德三国干涉割让辽东半岛以启日俄之战，皆此术也。故倭人常恨李氏以夷制夷之术。古所谓蛮夷，易言之亦即列国。用列国以制一敌，岂非晁错之术通贯古今者乎？然用此术，亦当监于前史。《困学纪闻》卷六曰：列国之变，极于吴越。通吴以疲楚者，晋也；通越以挠吴者，楚也。春秋于是终焉。唐以南诏攻吐蕃，而唐之亡以南诏。本朝（指宋）以女真灭契丹，而中原之亡以女真。女真之将亡也，吾国又不监于宣和，而用夹攻之策，不知《春秋》之义也。王伯厚所谓不知《春秋》之义者，即人事因果孔多，知其利而不知其害，未为善读史也。

反而观之，汉廷不以《太史公书》予诸侯王。

《汉书·东平思王宇传》：上疏求诸子及《太史公书》。上以问大将军王凤。对曰：臣闻诸侯朝聘，考文章，正法度，非礼不言。今东平王幸得来朝，不思制节谨度以防危失，而求诸书，非朝聘之义也。诸子书或反经术，非圣人意，或明鬼神信物怪。《太史公书》有战国纵横权谲之谋，汉兴之初谋臣奇策，天官灾异地形阸塞，皆不宜在诸侯王，不可予。

宋彭城王义康悔不知淮南王事。

《通鉴》卷一百三十四：彭城王义康被废在安成郡读书，见淮南厉王长事，废书叹曰：自古有此，我乃不知，得罪为宜也。

可知史学之益，自持身涉世谋国用兵，为术多而且精，非徒记问撰著即可为史学也。程伊川读史，必先料成败。

《近思录》：伊川先生每读史，到一半，便掩卷思量，料其成败，然后却看。看不合处，又更精思。其间多有幸而成不幸而败，今人只见成者便以为是，败者便以为非，不知成者煞有不是，败者亦煞有是处。

包世臣教人读《通鉴》，必如置身当时，阅众议而筹善策。

包世臣《姚生传》：生一日阅《通鉴》数十卷，问之略能言其始末。余曰：此经生对策之技，非真学者也。《通鉴》善在先述其事，乃叙众议，然后载廷议所从，而详记其得失于后。学者阅其事，先为画上中下三策，然后阅众议而验己见之是否有合；又筹廷议所当从，再阅廷议；则后之收效与否，已可十得八九。如是则如置身当时之朝端，庶几异日遇事能不惑也。生自是每日止尽一卷，一月之后，其意与古人合者十常四五也。

曾国藩教其弟读史，亦曰莫妙于设身处地，记一人恍如接其人，记一事恍如亲其事。斯皆大儒之学也。

《曾文正家书》（道光二十三年正月十七）：读史之法，莫妙于设身处地，每看一处，如我便与当时之人酬酢笑语于其间。不必人人皆能记也，但记一人，则恍如接其人；不必事事皆能记也，但记一事，则恍如亲其事。

曹操自矜其更事之多，故能预知应变。顾人事万变，岂能悉经？读史则事变纷纭，比例昭著。读史而能精通其意，虽前所未有，亦可推知。庄子谓：小知不及大知，小年不及大年。读史则知识之丰，可赅千百国千万年，自等大知大年矣。

《魏志·武帝纪》：毋丘兴为安定太守。公戒之曰：羌胡欲与中国通，自当遣人来，慎勿遣人往。善人难得，必将使羌胡妄有所请求，因以自利。不从便为失异俗意，从之则无益于事。兴至，遣校尉范陵至羌中，陵果教羌使自请为属国都尉。公曰：吾预知当尔，非圣也，但更事多耳。

虽然，史之为术，盖尤有大于此者。司马迁自述其书曰：罔罗天下放失旧闻，王迹所兴，原始察终，见盛观衰。论考之行事，略推三代，录秦汉，上记轩辕，下至于兹。又曰：礼乐损益，律历改易，兵权山川鬼神，天人之际，承敝通变。又曰：扶义俶傥，不令己失时，立功名于天下。又曰：略以拾遗补蓺，成一家之言。厥协六经异传，整齐百家杂语，藏之名山，副在京师，俟后世圣人君子。其意量之闳远何如！班固自述其书，亦曰：凡《汉书》，叙帝皇，列官司，建侯王；准天地，统阴阳，阐元极，步三光；分州域，物土疆，穷人理，该万方；纬六经，缀道纲，总百氏，赞篇章；函雅故，通古今，正文字，惟学林。合之马迁之言，知史术无所不赅，非徒可以谋一身断一事之借镜也。前言古史，已举其所掌典法则枋之弘伟，若就其中历考之，则上之测天揆日，观象授时，星野躔度，云物机祥；下之分州画野，导山浚川，城郭宫室，封疆道路，都鄙乡遂，井牧田莱，廛市闉馆，山林川泽，无所不赅。其人则帝皇君长，官吏师儒，农工商贾，嫔妇臣妾，巫医曚瞽；其物则九谷六畜，酒浆丝枲，金玉锡石，章服车旗，衮冕黻斑，衰麻经杖，度量权衡，鼓钟同律；其文则《诗》、《书》系世，方志名数，版图简稽，盟誓约剂；其事则建国设官，陈殷置辅，分职任民，理财阜货，悬书读法，校比登下，师田行役，选贤兴能，刑宪刺宥，庆吊赒恤，月要岁会，辅志弊谋。乃至鸟兽语言，圉畜教扰，土化粪种，潴防涉扬，无不定其制度，存其法守，厘其伦脊，究其中失，以之作人立极，参两天地。此史职所包函，皆儒术所贯澈。《中庸》曰：仲尼祖述尧舜，宪章文武，上律天时，下袭水土。特言其略耳。详究之，则祖述宪章，上律下袭者，一一皆有实事实政，非空言高论已也。庄周知此术，故于《天下篇》极言古之道术，六通四辟，无所不在。而儒史所传特设于中国为百家所自出。今之学者，不究其旧法世传之全，而喜举后之不赅不遍一曲之说，恶得为知史哉！

《庄子·天下篇》：古之人其备乎。配神明，醇天地，育万物，和天下，泽及百姓。明于本数，系于末度，六通四辟，小大精粗，其运无乎不在。其明而在数度者，旧法世传之史尚多有之。其在于《诗》、《书》、《礼》、《乐》者，邹鲁之士缙绅先生多能明之。《诗》以道志，《书》以道事，《礼》以道行，《乐》以道和，《易》以道阴阳，《春秋》以道名分。其数散于天下而设于中国者，百家之学时或称而道之。天下大乱，贤圣不明，道德不一，天下多得一察焉以自好。譬如耳目鼻口，皆有所明，不能相通。犹百家众技也，皆有所长，时有所用。虽然，不该不遍，一曲之士也。

病儒者，动谓博而寡要，劳而少功，累世不能通其学，当年不能究其礼。实则儒者自有其要，曰中曰和，为自古相传之通术。盖自虞廷教胄，允执厥中；皋陶陈谟，广为九德；箕子述《洪范》，以正直刚柔戒颇僻。

《洪范》：六，三德：一曰正直，二曰刚克，三曰柔克。平康正直，强弗友刚克，燮友柔克，沉潜刚克，高明柔克。惟辟作福，惟辟作威，惟辟玉食。臣无有作福、作威、玉食。臣之有作福作威玉食，其害于而家，凶于而国。人用侧颇僻，民用僭忒。

周公言《立政》，以迪知忱恂章大竞。

《立政》：古之人迪惟有夏，乃有室大竞，吁俊事上帝，迪知忱恂于九德之行。（据此，知《皋陶谟》所陈九德，确为虞夏名言，故周公引之也。）

而《周官》乡三物之教六德，则曰知、仁、圣、义、忠、和。成均以礼乐教国子，则曰中和、祗庸、孝友。司徒之职曰：以五礼防万民之伪，而教之中；以六乐防万民之情，而教之和。宗伯之职曰：以天产作阴德，以中礼防之；以地产作阳德，以和乐防之。故曰虞夏至周，皆以中和为教。而《诗》之颂汤曰：不竞不绿，不刚不柔，敷政优优，百禄是遒。《商颂·长发》美仲山甫曰：人亦有言，柔则茹之，刚则吐之。维仲山甫，柔亦不茹，刚亦不吐，不侮鳏寡，不畏强御。《大雅·蒸民》。此诗最可推见中和之德。中和非卑弱也，故须柔亦不茹，刚亦不吐，惟其当而施之；且以见不畏强御者，惟不侮鳏寡而后能。《书·无逸》曰：文王不敢侮于鳏寡。《孝经》曰：治国者不敢侮于鳏寡，而况于士民乎？凡侮鳏寡、虐士民者，即其自恃强御，遇有强御，则畏葸无似矣。其以中和为主要，实源远而流长。故《中庸》举之曰：中也者，天下之大本也。和也者，天下之达道也。达道即通术也。以《周官》证之，盖自君师以至国子乡民，皆尚中和。故推致其中和之德，可以位天地育万物，非一人独坐静悟保持中和，而天地万物自然位育也。一人独坐静悟，保持中和，固亦可以感觉天地万物与吾一体之境界，然非治国平天下之义。治国平天下，在致一人之中和，致官民之中和，又一一致之于事物，而后可达位育之效。故《中庸》一致字，具有无穷事理，必参之《周官》而后见。自舍《官礼》言《中庸》，而儒术遂流于空寂。而骛事功者又徒眩惑于物质，不知大本达道。而庄生所谓明于本数、系于末度、内圣外王之道，乃沉霾千载焉。呜呼！

明乎庄周所言古之道术，然后可以知迁、固所言之术。迁史言术，归申商于黄老。

《史记·老庄申韩列传》：申不害者，京人也。故郑之贱臣，学术以干韩昭侯。申子之学，本于黄老，而主刑名。

又：韩非者，韩之诸公子也。喜刑名法术之学，而其归本于黄老。

其于黄老术，多连言之。

《史记·曹相国世家》：其治用黄老术。

又《陈丞相世家赞》：陈丞相平少时，本好黄帝老子之术。

《汉书·陈平传》：少时家贫，好读书，治黄帝老子之言。

又《外戚世家》：窦太后好黄帝老子之言，帝及太子诸窦不得不读黄帝老子，事其术。

《汉书·刘德传》：少修黄老术，有智略。

而其讥贬申屠嘉、灌夫之无术，殆亦指黄老之术。

《史记·张丞相列传赞》：周昌，木强人也，任敖以旧德用。申屠嘉可谓刚毅守节矣，然无术学，殆与萧、曹、陈平异矣。（萧、曹、陈平皆治黄老术，故知此所谓术学，即指黄老之术。）

又《魏其武安侯列传赞》：灌夫无术而不逊。

即其讥淮阴侯不能学道谦让，亦惜其不学此种道术也。

《史记·淮阴侯列传赞》：假令韩信学道谦让，不伐己功，不矜其能，则庶几哉。于汉家勋，可以比周、召、太公之徒，后世血食矣。

班氏讥霍光不学无术，当亦类是。夫黄老之术何自而来？由古史来也。其术之大，可以君人南面。即为将相，亦可临民柄国，名遂身安。观《汉志》之言，可以知黄老之术即史术矣。

《汉书·艺文志》：道家者流，盖出于史官，历记成败存亡祸福古今之道，然后秉要执本，清虚以自守，卑弱以自持。此君人南面之术也。

虽然，道家出于史，实与儒家同源。《周官》曰：儒以道得民。《王制》曰：乐正崇四术，立四教。春秋教以礼乐，冬夏教以《诗》、《书》。《说文》曰：儒，柔也，术士之称。故道术者，儒所专有，道家特与儒术相表里耳。《淮南·要略》称墨子学儒者之业，受孔子之术。墨学亦本《诗》、《书》，固儒术也。特其学有所偏，故荀卿极言墨术不逮儒术。

《荀子·富国篇》：故儒术诚行，则天下大而富，使有功，撞钟击鼓而和。墨术诚行，则天下尚俭而弥贫，非斗而日争，劳苦顿萃而愈无功，愀然忧戚非乐而日不和。

司马谈虽似扬道抑儒，而一再曰：列君臣父子之礼，序夫妇长幼之别，虽百家弗能易也。班《志》评九家之长短，归于修六艺之术，可以通万方之略。是则史家之定论，不可翻案者也。

《汉书·艺文志》：诸子十家，其可观者，九家而已。皆起于王道既微，诸侯力政，时君世主，好恶殊方，是以九家之术，蜂出并作。若能修六艺之术，而观此九家之言，舍短取长，则可以通万方之略矣。（此与《叙传》穷人理、该万方词意一致。儒术之长，即在穷人理、该万方也。）

孔门讲学，根据六艺。以之从政，告冉有以富教，语子贡以食兵，示颜渊以为邦，许仲由以治赋，未尝离家国天下而言学。惟其术本末始终，一贯相承，必自身心推暨事物，无所畸轻畸重。故空言心性，偏尚事功，亦不可谓非儒术，特非其全耳。其为学也，必先博文，而终以约礼。故论士曰：推十合一为士。盖必先从事于十百千万之事迹文物，而后归纳于一理，则其持之也约，而用之也弘矣。推十合一，即《学记》、《大学》九年大成、知类通达之境也。读书讲学而不能通达人事，适成书厨耳。孔子曰：诵诗三百，授之以政，不达；使于四方，不能专对，虽多，亦奚以为！其警学者徒骛记诵不能贯通之病至矣。孔子许子贡之达曰：于从政乎何有？观其论贫富而悟《卫诗》切磋琢磨之功，论卫君而以伯夷、叔齐为问，其胸中之六通四辟可见。然犹自逊为闻一知二，不逮颜子之闻一知十。盖即同一知类通达，尚有浅深高下之判也。樊迟问仁问知，疑爱人知人之术相违。而子夏闻之，即知孔子之言函义之富，为举例曰：舜有天下选于众，举皋陶，不仁者远矣；汤有天下选于众，举伊尹，不仁者远矣。孔门之讲史学如是。如是，蹈空炫博，盖俱无当矣。

孔子欲为东周，孟子欲以齐王，皆志在于用世。然其同一鹄的，实欲明明德于天下。非今之标举政纲，竟执政权，所可同日语。孟子且推论伯夷、伊尹、孔子之同曰：行一不义，杀一不辜，而得天下，皆不为也。其悬格之严如此。孟子之学，尤长于《诗》、《书》。赵岐《孟子题辞》其于井地之制，爵禄之略，皆确然有条理，可见诸施行。故曰：始条理者，智之事也；终条理者，圣之事也。讲求经史之学，知类通达，可以施之家国天下者，始条理之智也；由之集义养气，尽心知性，则终条理之圣也。孟子惧人以圣为难学，则诱人曰：圣人与我同类。又惧人以其学非自古所传，而惧其无效，则示人曰：夏曰校，殷曰序，周曰庠，学则三代共之，皆所以明人伦也。人伦明于上，小民亲于下。孟子之学，澈始澈终者，通伦类耳。司马迁传稷下诸子，附墨子于末，而独推尊孟子，且首论之曰：余读孟子书，至梁惠王问何以利吾国，未尝不废书而叹也。曰：嗟乎！利诚乱之始也。夫子罕言利者，常防其原也。故曰放于利而行多怨，自天子至于庶人好利之弊何以异哉！盖史家历观好利之弊，乃有以知其诚为乱始，而必有以防其原。乃知孔孟之术之未尝误人。夫自天子至于庶人，以好利致乱者，就一国而言耳。推其类，则举一国家一民族以竞利而乱世界，亦何以异是？故孟子曰：人能充无欲害人之心，而仁不可胜用；能充无穿窬之心，而义不可胜用。所患者，人同此心，而为物所囿，不能扩而充之耳。

荀子之学，尤尚伦类，开卷即言伦类不通，仁义不一，不足谓善学。《劝学篇》其称大儒，则曰法先王，统礼义，一制度，以浅持博，以古持今，以一持万。苟仁义之类也，虽在鸟兽之中，若别白黑。倚物怪变，所未尝闻也，所未尝见也。卒然起一方，则举统类而应之，无所拟作，张法而度之，则了然若合符节。是大儒者也。《儒效篇》先王之礼义制度举有统类以应万事，非史术乎？又曰：君子审后王之道，而论于百王之前。若端拜而议，推礼义之统，分是非之分，总天下之要，治海内之众，若使一人，故操弥约而事弥大。五寸之矩，尽天下之方也。故君子不下室堂，而海内之情举积此者，则操术然也。《不苟篇》唐李翰之序《通典》，亦曰：不出户，知天下；未从政，达人情；罕更事，知时变。翰与杜佑之境地，未知视荀子何如，要其由史迹而知类通达，则一术也。

荀子之学，最精于礼，且尤重周礼。故曰：人道莫不有辨，辨莫大于分，分莫大于礼，礼莫大于圣王。圣王有百，吾孰法焉。故曰：文久而息，节族久而绝，守法数之有司，极礼而褫。故曰：欲观圣王之迹，则于其粲然者矣，后王是也。彼后王者，天下之君也。舍后王而道上古，譬之是犹舍己之君，而事人之君也。故曰：欲观千岁，则数今日；欲知亿万，则审一二；欲知上世，则审周道；欲知周道，则审其人所贵君子。故曰：以近知远，以一知万，以微知明。又曰：五帝之外无传人，非无贤人也，久故也；五帝之中无传政，非无善政也，久故也；禹汤有传政，而不若周之察也，非无善政也，久故也。传者久则论略，近则论详；略则举大，详则举小。清儒论此者，多谓后王为文、武。俞樾推之曰：荀子生于周末，以文、武为后王，可也。若汉人则必以汉高祖为后王，唐人则必以唐高祖、太宗为后王。设于汉唐之世，而言三代之制，是所谓舍己之君，而事人之君矣。岂其必以文、武为后王乎？在清季，以荀子之说讲史学，固亦甚当。朱一新示学者曰：史愈近者愈切实用。故国朝掌故，必须讲求。亦所谓久则论略，近则论详，略则举大，详则举小之术也。

《无邪堂答问》：汉时去古未远，制度风俗皆于经义为近，故致用在乎穷经，犹今人之言经济当读史也。史愈近者愈切实用，故国朝掌故必须讲求。《明史》亦须熟读，明嘉靖以后之事，即稗史皆须博览，其朝局民风边才军政，无一非取证之资。第其书最多亦最杂，又皆参以恩怨之私，标榜之说，非博观而约取之不见也。《明史》于此持论最详慎，然不博观野史，不知《明史》抉择之精。汉之视周，犹今之视明耳。郑君注《礼》，每以汉制况周制，本朝掌故之学也。

又：《史》、《汉》、《通鉴》，史学之纲领，熟此后当读范《书》、陈《志》、《新五代》、《明史》、《通典》。其余诸史以次及之。稗史则惟力是视。国朝掌故，尤宜讲求。典章制度，兵河漕盐，以逮国家大政，名臣事迹，各以类从，毕力搜讨。治一事已，复治一事，此东坡自言读书之法也。近儒史学校订最精，但恐劳而鲜获，且不必为。

顾在今日，外镜列邦，内新庶政，举凡立国交邻，选贤兴学，民治兵役，地政路工，反惟古制可以取资，而近史转多隔阂。盖圣哲创垂之制，多积极而运以精心，后史补苴之为，多演变而失其原理。故不独作述迥殊，其中联贯之精神，且非囿于后世心习者所能了解。例如国防必本征兵，役政必基乡治，户口版图之核实，又必施教受教者，皆明于其义，而后可以合群力而切实推行，非官吏奉行具文所能善其事。此中甲乙相因，子午相贯，他国之制然，吾国古制亦然。而宋、元、明、清之记载，乃只可证明其瘝弊颓惰之由，初无提高改进之要。此治史者所不可不知也。

知类通达之术，源出于《易·同人卦·象》曰：君子以类族辨物。盖自庖牺仰观俯察，近取远取之余，乃画卦以通神明之德，类万物之情。而一切政教，遂出于此。《系辞》曰：方以类聚，物以群分。《易》其吾国类书之祖乎？顾《乾卦·文言》，已有本乎天者亲上，本乎地者亲下，各以其类之说。《坤卦·象辞》又曰：牝马地类，行地无疆。西南得朋，乃与类行。何卦何爻，不以类示象，而独于《同人》，曰类族辨物者，以人类心同理同，精究之无不可通也。然其《象》曰：惟君子为能通天下之志。知小人必不通矣。《易》之六十四卦象，言君子以者五十有三，先王八，后二，大人一。以者用也，用其术以应人事也。人之与人，类也。而君子即大人为一类，小人为一类。小人只谋其一身一家，君子大人则必通其志于国家天下。故先王之道，仁义之统，将为天下生民之属长虑顾后，而保万世，而偷生浅知之属不之知也。《荀子·荣辱篇》语。秦汉以降，圣哲政教陵迟衰微矣，然励志笃学者，犹往往

为天下长虑顾后。范滂为清诏使，登车揽辔，慨然有澄清天下之志。陈
蕃曰：大丈夫处世，当扫除天下，安事一室乎？范仲淹先天下之忧而
忧，后天下之乐而乐，是则古先大人君子流风余韵所孕育者也。此又读
后世之史，当与古之经传通观而类择者也。

道家与儒同源，尤精于知类通达之术，惟视史籍事迹为糟粕，不屑
屑依六艺为说，然其通天下之志则一。舌存齿敝，老聃以喻刚柔；暮四
朝三，庄周以判名实。其言虽约，若就史迹证之，固贯通古今莫之能外
也。略举其例，如唐改租庸调为两税，明合银差、力差为一条鞭，及近
日改田赋征收货币为实物，皆不过一转移耳。庄生曰：不龟手一也，或
以封，或不免于洴澼絖，则所用之异也。《吕览》亦曰：古之人贵能射
也，以长幼养老也；今之人贵能射也，以攻战侵夺也。其细者以劫弱暴
寡也，以遏夺为务也。仁人之得饴，以养疾侍老也；跖与企足高注：企
足，庄跻也。得饴，以开闭取楗也。《异用》故史籍之用，亦视学者之
用心何如。用之当，则可为人类谋幸福，为国家臻治平；用之不当，则
可以启乱饰奸，如王莽、王安石用《周官》之不得其效。而骛博溺心哗
众取宠者，更无论矣。

《文史通义·释通》首述《易》曰：惟君子为能通天下之志。又曰：
先王惧人之有匿志，于是乎以文明出治，通明伦类，而广同人之量焉。
是其意亦隐以《同人卦·象》所谓类族辨物者，为一切学术之来源。惟
谓人官分职，绝不为通，则犹泥于形式，而未察其贯通之妙。

《文史通义·释通》：《易》曰：惟君子为能通天下之志。说者谓君
子以文明为德，同人之时，能达天下之志也。《书》曰：乃命重黎绝地
天通。说者谓人神不扰，各得其序也。夫先王惧人有匿志，于是乎以文
明出治，通明伦类，而广同人之量焉。先王惧世有梦治，于是乎以人官
分职，绝不为通，而严畔扰之防焉。自六卿分典，五史治书，学专其师，
官守其法，是绝地天通之义也。（此文盖推本官守以言专门之学，其意实
从《汉志》某家者流出于某官而来。然后世之不该不遍，实与古官守有
殊。即以五史而论，典法则枋，以春官之属而与天官相通，其他可知。）
数会于九，书要于六，杂物撰德，同文共轨，是达天下志之义也。

又其下盛论撰著之通，历举诸书类例，谓经解之通失其本旨，史部
之通亡其大原。

《释通》：师法失传，而人情怯于复古；末流浸失，而学者圃于见

闻。训诂流而为经解，一变而入于子部儒家，再变而入于俗儒语录，三变而入于庸师讲章。不知者习而安焉，知者鄙而斥焉，而不知出于经解之通，而失其本旨者也。载笔汇而为通史，一变而流为史钞，再变而流为策士之括类（《文献通考》之类，虽仿《通典》，而分析次比，实为类书之学。书无别裁通识，便于对策敷陈之用），三变而流为兔园之摘比。不知者习而安焉，知者鄙而斥焉，而不知出于史部之通而亡其大原者也。

而于周、孔、孟、荀、老、庄之学通者，未之及也。第亦散见《易教》诸篇。未可谓章氏无所见，惟章氏生清中叶，实不敢言史之大用。虽标举《春秋》经世，要偏重撰著之通识别裁，他非所及。夫就史书而论史学，固仅为商榷历代撰著之类例；若就史学而言通，则必就史学与心身家国天下之关系而言。不独孔、老之史学如是，即马、班之书所谓俟后世圣人君子、穷人理该万方者，亦必由吾说而后知其言之非夸诞也。夫后世撰著之类例，亦自古先圣哲类族辨物之全体中演变而为一部分之术，必以远大眼光求之，始可观其会通。姑就读史而言，如顾氏《日知录》，赵氏《廿二史札记》，所为治史之方法，何一非类族辨物及推十合一之术？然顾氏之治史，求通之于心身家国天下；赵氏之治史，只求通于史籍耳。

史术之正，在以道济天下，参赞位育，礼乐兵刑，经纬万端，非徒智效一官，行比一乡，德合一君，能征一国已也。第人事之对待，安危存亡祸福利害，亦演变而无穷。治史者必求其类例，以资鉴戒。则原始察终，见盛观衰，又为史术所最重者也。《诗》曰：殷鉴不远，在夏后之世。召穆公述文王曰咨者七，是鉴观前史，文王之法也。

《诗序》：《荡》，召穆公伤周室大坏也。厉王无道，天下荡荡，无纲纪文章，故作是诗。荡荡上帝，下民之辟。疾威上帝，其命多辟。天生烝民，其命匪谌。靡不有初，鲜克有终。文王曰咨，咨女殷商。曾是强御，曾是掊克，曾是在位，曾是在服。天降慆德，女兴是力。文王曰咨，咨女殷商。而秉义类，强御多怼。流言以对，寇攘式内。侯作侯祝，靡届靡究。文王曰咨，咨女殷商。女炰烋于中国，敛怨以为德。不明尔德，时无背无侧。尔德不明，以无陪无卿。文王曰咨，咨女殷商。天不湎尔以酒，不义从式。既愆尔止，靡明靡晦。式号式呼，俾昼作夜。文王曰咨，咨女殷商。如蜩如螗，如沸如羹。小大近丧，人尚乎由行。内奰于中国，覃及鬼方。文王曰咨，咨女殷商。匪上帝不时，殷不用旧。虽无老成人，尚有典刑。曾是莫听，大命以倾。文王曰咨，咨女殷商。人亦有言，颠沛之揭，枝叶未有害，本实先拨。殷鉴不远，在夏后之世。（郑玄《诗谱序》云：勤民恤功，昭事上帝，则受颂声。弘福如彼，若违而不用，则被劫杀，大祸如此。吉凶之所由，忧娱之萌渐，昭昭在斯，足作后王之鉴。此吾国之诗所以为史，而学诗即可达之于政，非徒抒情感为文艺也。）

召公奭本此术，以诰成王、周公。

《召诰》：我不可不监于有夏，亦不可不监于有殷。我不敢知曰有夏服天命，惟有历年。我不敢知曰不其延，惟不敬厥德，乃早坠厥命。我不敢知曰有殷受天命，惟有历年。我不敢知曰不其延，惟不敬厥德，乃早坠厥命。

周公亦本此术，历举殷周先王劳逸修短，资成王之监戒。

《无逸》：周公曰：呜呼！我闻曰：昔在殷王中宗，严恭寅畏，天命自度，治民祗惧，不敢荒宁。肆中宗之享国，七十有五年。其在高宗，时旧劳于外，爰暨小人。作其即位，乃或亮阴，三年不言。其惟不言，言乃雍。不敢荒宁，嘉靖殷邦。至于小大，无时或怨。肆高宗之享国，五十有九年。其在祖甲，不义惟王，旧为小人。作其即位，爰知小人之依，能保惠于庶民，不敢侮鳏寡。肆祖甲之享国，三十有三年。（此以贤劳而享祚久者。）自时厥后立王，生则逸；生则逸，不知稼穑之艰难，不闻小人之劳，惟耽乐之从。自时厥后，亦罔或克寿，或十年，或七八年，或五六年，或四三年。（此以逸乐而短祚者。）周公曰：呜呼！厥亦惟我周太王、王季，克自抑畏。文王卑服，即康功田功。徽柔懿恭，怀保小民，惠鲜鳏寡。自朝至于日中昃，不皇暇食，用咸和万民。文王不敢盘于游田，以庶邦惟正之供。文王受命惟中身，厥享国五十年。周公曰：呜呼！继自今嗣王，则其无淫于观于逸，于游于田，以万民惟正之供。无皇曰：今日耽乐，乃非民攸训，非天攸若，时人丕则有愆。无若殷王受之迷乱，酗于酒德哉！

故周之国史，明于得失之迹。《诗大序》而师氏掌国中失之事，以教国子弟。《周官·地官》史之专重鉴戒，遂垂为数千年定法。《周书》载左史戎夫取遂事之要戒，朔望以闻于穆王，所举亡国二十有四，国之分裂者二，民叛及君走各一。盖最古之史记足资鉴戒者多矣，戎夫撷其要以儆危亡，读之可以使人懔然耸惧。

《逸周书·史记解》：维正月，王在成周。昧爽，召三公左史戎夫曰：今夕朕寤遂事惊予。乃取遂事之要戒，俾戎夫主之，朔望以闻。（序曰：穆王思保位惧难，恐贻世羞，欲自警悟，作《史记》。《竹书纪年》穆王二十四年，命左史戎夫作记。）信不行，义不立，则哲士凌君政，禁而生乱，皮氏以亡。谄谀日近，方正日远，则邪人专国政，禁而生乱，华氏以亡。好货财珍怪，则邪人进；邪人进，则贤良日蔽而远。赏罚无位，随财而行，夏后氏以亡。严兵而不仁者，其臣慑；其臣慑，则不敢忠；不敢忠，则民不亲吏，刑始于亲，远者寒心。殷商以亡。乐专于君者，权专于臣；权专于臣，则刑专于民。君娱于乐，臣争于权，民尽于刑，有虞氏以亡。（有虞，商均之后。）奉孤以专命者，谋主必畏其威，而疑其前事，挟德而责数日疏，位均而争，平林以亡。大臣有锢职哗诛者危。昔者质沙三卿朝而无礼，君怒而久拘之，哗而弗加，三卿谋变，质沙以亡。外内相闭，下挠其民，民无所附，三苗以亡。弱小在强大之间，存亡将由之，则无天命矣。不知命者死。夏之方兴也，扈氏弱而不恭，身死国亡。嬖子两重者亡。昔者义渠氏有两子异母，皆重。君疾，大臣分党而争，义渠以亡。功大不赏者危。昔平州之臣功大而不赏，谄臣日贵，功臣日怒而生变，平州之君以走出。召远不亲者危。昔有林氏召离戎之君而朝之，至而不礼，留而弗亲，离戎逃而去之，林氏诛之，天下叛林氏。昔者曲集之君伐智而专事，强力而不信其臣，忠良皆伏，愉州氏伐之，君孤而无使，曲集以亡。昔者有巢氏有乱臣而贵，任之以国，假之以权，擅国而主断，君已而夺之。臣怒而生变，有巢以亡。斧小不胜柯者亡。昔有郐君啬俭，减爵损禄，群臣卑让，上下不临，后郐小弱，禁罚不行。重氏伐之，郐君以亡。久空重位者危。昔有共工自贤，以为无臣，久空大官，下官交乱，民无所附，唐氏伐之，共工以亡。犯难争权疑者死。昔有林氏、上衡氏争权，林氏再战而胜，上衡氏伪义弗克，俱身死国亡。知能均而不亲并重事君者危。昔有南氏有二臣贵宠，力钧势敌，下争朋党，君弗能禁，南氏以分。昔有果氏好以新易故，故者疾怨，新故不和，内争朋党，阴事外权，有果氏以亡。爵重禄轻比□[①]不成者亡。昔有毕程氏损禄增爵，群臣貌匮，比而戾民，毕程氏以亡。变故易常者亡。昔阳氏之君自伐而好变，事无故业，官无定位，民运于下，阳氏以亡。业形而慑者危。昔榖平之君慑类无亲，破

---

① 此处阙文。

国弗克，业形用国，内外相援，穀平以亡。武不止者亡。昔阪泉氏用兵无已，诛战不休，并兼无亲，文无所立，智士寒心。徙居至于独鹿，诸侯畔之，阪泉以亡。很而无亲者亡。昔者县宗之君，很而无听，执事不从，宗职者疑发大事，群臣解体，国无立功，县宗以亡。昔者玄都贤鬼道，废人事天，谋臣不用，龟策是从，神巫用国，哲士在外，玄都以亡。文武不行者亡。昔者西夏性仁非兵，城郭不修，武士无位，惠而好赏，财屈而无以赏。唐氏伐之，城郭不守，武士不用，西夏以亡。美女破国。昔者绩阳强力四征，重丘遗之美女，绩阳之君悦之，荧惑不治，大臣争权，远近不相听，国分为二。宫室破国。昔者有洛氏宫室无常，池囿广大，工功日进，以后更前，民不得休，农失其时，饥馑无食。成商伐之，有洛以亡。

《大学》引《康诰》惟命不于常，释之曰：道善则得之，不善则失之。又引《诗》云：殷之未丧师，克配上帝，仪监于殷，峻命不易。释之曰：道得众则得国，失众则失国。古之大学教人学史，亦惟此为兢兢耳。

《中庸》言中和位育之功，始于戒慎恐惧。《大学》陈絜矩治平之效，亦本于诚意慎独。古人岂故偏于畏葸怯劣，不示人以奋厉振兴哉！历睹成败存亡，推求因果，知人心一念之纵肆欺诈，可推演而成无涯之祸。谓非兢兢业业，无一时之不慎，不能成盛德大业。且以此通天下之志，知世人同此心理，无一人可以受欺诈而愿侵陵，欲其同情于我，惟有以至诚极恕感之，舍此更无妙术。凡恃己之私智，谓人甘受其愚者，皆至愚之见也。秦汉以来有国者亦知鉴于前事，惟未能彻底率循儒术，而略取其一部分之制度，或微师其一二端之精神。故其鉴往史而植国基者，亦不无高下差等。汉光武鉴于西汉王莽，而能存儒道之精神，行以柔道，不事四夷，而其后世尚能摧灭匈奴，历久而后失国。宋太祖鉴于唐季五代，亦知操儒家之八枋，优待士夫，以靖国内，而其后世卒至屈于异族，矫枉病其过中。由是可知鉴于前史，而精神意量之中，微有等差，其得失即悬绝。而不知鉴戒肆无忌惮者，更无论矣。

《后汉书·光武帝纪》：建武十七年，宗室诸母因酺悦相与语曰：文叔少时谨信，与人不款曲，唯直柔耳，今乃能如此。帝闻之大笑曰：吾理天下，亦欲以柔道行之。（此语最堪玩味。以许书儒柔也证之，柔道者儒术也。亦即道家君人南面之术也。《易·大有·象》曰：柔得尊位。大中而上下应之曰大有。盖《易》义为儒道所同遵。内刚外柔，知雄守雌，其术一也。）

又《臧宫传》：匈奴饥疫，自相分争。帝以问宫。宫曰：愿得五千骑以立功。帝笑曰：常胜之家，难与虑敌，吾方自思之。二十七年，宫乃与扬虚侯马武上书曰：匈奴贪利，无有礼信，穷则稽首，安则侵盗。缘边被其毒痛，内国忧其抵突。虏今人畜疫死，旱蝗赤地，疫困之力，不当中国一郡。万里死命，县在陛下。福不再来，时或易失。岂宜固守文德而堕武事乎？今命将临塞，厚县购赏，喻告高句骊、乌桓、鲜卑攻其左，发河西四郡、天水、陇右、羌胡击其右。（此即晁错以蛮夷攻蛮夷之术。臧、马等具有将略，非徒自恃其勇。）如此北虏之灭，不过数年。臣恐陛下仁恩不忍，谋臣狐疑，令万世刻石之功，不立于圣世。诏报曰：《黄石公记》曰：柔能制刚，弱能制强。柔者德也，刚者贼也。弱者仁之助也，强者怨之归也。故曰：有德之君以所乐乐人，无德之君以所乐乐身。乐人者其乐长（孟子曰：以大事小者乐天者也。乐天者保天下。光武其知之矣。后汉此时力足以覆匈奴，而光武不轻用兵者，其所以为有德。宋初之力即不足以制契丹，而宋初惟约束武人，其事不同），乐身者不久而亡。舍近谋远者，劳而无功；舍远谋近者，逸而有终。逸政多忠臣，劳政多乱人。故曰：务广地者荒，务广德者强。有其有者安，贪人有者残。残灭之政，虽成必败。（欧史英雄，皆陷此辙。）今国无善政，灾变不息，百姓惊惶，人不自保，而复欲远事边外乎？孔子曰：吾恐季孙之忧，不在颛臾。且北狄尚强，而屯田警备传闻之事，恒多失实。诚能举天下之半以灭大寇，岂非至愿？苟非其时，不如息人。自是诸将莫敢复言兵事者。论曰：山西既定，威临天下，戎羯丧其精赡，群帅贾其余壮，是诚雄心尚武之几，先志玩兵之日。臧宫、马武之徒，抚鸣镝而抵掌，志驰于伊吾之北矣。光武审黄石，存包桑，闭玉门以谢西域之质，卑辞币以礼匈奴之使。其意防盖已弘深，岂其颠沛平城之围忍伤黥王之陈乎？

又《儒林传》：光武中兴，爱好儒术。未及下车，而先访儒雅，采求阙文，补缀漏逸。先是四方学士，多怀挟图书，遁逃林薮，自是莫不抱负坟策，云集京师。建武五年，乃修起太学，稽式古典，笾豆干戚之容，备之于列。（王莽以经术饰其奸，光武戒其欺饰，而仍尊经崇儒，不因噎废食也。）论曰：自光武中年以后，干戈稍戢，专事经学，自是其风世笃焉。其服儒衣，称先王，游庠序，聚横塾者，盖布之于邦域矣。所谈者仁义，所传者圣法也。故人识君臣父子之纲，家知违邪归正之路。（此段上论汉儒分争王廷，树朋私里，繁其章条，穿求崖穴，以合一家之说之弊。然其根本之美在此,此亦可见范氏史识。)自桓、灵之间,君道秕辟,朝纲日陵,国隙屡启,自中智以下靡不审其崩离。而权强之臣,息其窥盗之谋;豪俊之夫,屈于鄙生之议者(注谓董卓欲大起兵,郑泰止之,卓从其言),人诵先王言也,下畏逆顺势也。(注言政化虽坏,而朝久不倾危者,以经籍道行,下人惧逆顺之势。)至如张温、皇甫嵩之徒,功定天下之半,声驰四海之表,俯仰顾盼,则天业可移,犹鞠躬昏主之下,狼狈折札之命,散成兵就绳约而无悔心。暨乎剥挠自极,人神数尽,然后群英乘其运,世德终其祚。迹衰败之所由致,而能多历年所者,斯岂非学之效乎?故先师垂典文襃励学者之功,笃矣切矣。(此论推究因果,不但可为后汉一朝总论,亦可谓为历代总论。自汉以降,政法虽不及周,崇儒亦不尽用。要以人诵先王之言,识父子君臣之纲,故历久而不敝。此中国史迹最大之因果,亦即司马谈所谓百家弗能易者矣。)

宋叶适《上孝宗皇帝札子》:国家规模,特异前代。本缘唐季陵夷,其极为五代废立士卒断制之祸,是以收揽天下之权,铢分以上,悉总于朝,上独专操制之劳,而下获享其富贵之逸。故内治柔和,无狡悍思乱之民,不烦寸兵尺铁,可以安枕无事,此其得也。然外网疏漏,有骄横不臣之虏,虽聚重兵勇将,而无一捷之用,卒不免屈意损威,以就和好,此其失也。论者方偏乐安靖,以为宁有外虞,而无使内变,课其功效,固已过于汉唐远矣。且靖康之事,未闻我有一城一邑敢为叛命,而坐视胡虏长驱直入,惕息待死,屠戮之惨,与五代何异?则得失之算,岂不明哉!夫徒鉴五代之致乱,而不思靖康之得祸,故李纲请裂河南为镇,范宗尹尝割边面为镇抚,皆随以废格。陛下循守旧模,而欲驱一世之人以报君仇,则形势乖阻,诚无展力之地。

儒、道二家之学,皆精于用兵。孔子曰:我战则克,盖得其道矣。老子曰:以正治国,以奇用兵。皆可见其深有以自信。而禁攻寝兵之说,亦为儒道二家所屏。观《吕氏春秋·荡兵》等篇之言可见。然又极戒兵祸,此非徒执一端者所能喻也。孟子曰:吾今而后知杀人亲之重也。杀人之父,人亦杀其父;杀人之兄,人亦杀其兄。然则非自杀之也一间耳。其论用兵之因果,深切著明,迄今不可易也。史家持论,亦多与此合者,观班书《武五子传论》可见。

《汉书·武五子传赞》:曰巫蛊之祸,岂不哀哉!此不惟一江充之辜,亦有天时,非人力所致焉。建元六年,蚩尤之旗见,其长竟天。后遂命将出征,略取河南,建置朔方。其春戾太子生,自是之后,师行三十年，兵所诛屠夷灭死者不可胜数。及巫蛊事起，京师流血，僵尸数万，太子子父皆败。故太子生长于兵，与之终始，何独一嬖臣哉！秦始皇即位三十九年，内平六国，外攘四夷，死人如乱麻，暴骨长城之下，头卢相属于道，不一日而无兵。由是山东之难兴，四方溃而逆秦。秦将吏外畔，贼臣内发，乱作萧墙，祸成二世。故曰兵犹火也，弗戢必自焚。信矣！是以仓颉作书，止戈为武。圣人以武禁暴整乱，止息兵戈，非以为残而兴纵之也。

夫积善馀庆，积不善馀殃。普通人事之因果，岂至立国而遂不同？故谓国家道德与寻常人事道德相殊者，必未切究历史之因果也。马迁述白起、陈平、李广事，及论蒙氏受祸之由，虽若止为个人鉴戒，要以见佳兵不祥，而不仁之祸为尤酷也。

《史记·白起列传》：武安君引剑将自刭曰：我何罪于天而至此哉！良久曰：我固当死，长平之战，赵卒降者数十万人，我诈而尽坑之，是足以死。

又《蒙恬列传》：蒙恬喟然太息曰：我何罪于天，无过而死乎？徐曰：恬固当死矣，起临洮属之辽东城堑万余里，此其中不能无绝地脉哉！此乃恬之罪也。乃吞药自杀。太史公曰：吾适北边，自直道归，行观蒙恬所为秦筑长城亭障，堑山堙谷，通直道，固轻百姓力矣。夫秦之初灭诸侯，天下之心未定，痍伤者未瘳，而恬为名将，不以此时强谏振百姓之急，养老存孤，务修众庶之和，而阿意兴功。此其兄弟遇诛，不亦宜乎，何乃罪地脉哉！

又《陈丞相世家》：始陈平曰：我多阴谋，是道家之所禁。吾世即废亦已矣，终不能复起，以吾多阴祸也。其后曾孙陈掌以卫氏亲贵戚愿得续封陈氏，然终不得。

又《李广列传》：广尝与望气王朔燕，语曰：自汉击匈奴，而广未尝不在其中。而诸部校尉以下才能不及中人，然以击胡军功取侯者数十人。而广不为后人，然无尺寸之功以得封邑者，何也？岂吾相不当侯邪，且固命也？朔曰：将军自念岂尝有所恨乎？广曰：吾尝为陇西守，羌尝反，吾诱而降，降者八百余人，吾诈而同日杀之，至今大恨独此耳！朔曰：祸莫大于杀已降，此乃将军所以不得侯者也。

《大学》曰：一家仁，一国兴仁；一家让，一国兴让；一人贪戾，一国作乱。其机如此。此谓一言偾事，一人定国。儒书究国家治乱兴衰之因果，以柄国者负责最多，故归本于一人一家。然切究其旨，则社会中人固无一不与社会相为因果。孟子称殷之故家遗俗，微子痛殷之草窃奸宄，其义相反而相成。

《孟子》：纣之去武丁未久也，其故家遗俗，流风善政，犹有存者。又有微子、微仲、王子比干、箕子、胶鬲，皆贤人也，相与辅相之，故久而后失之也。

《书·微子》：殷罔不小大，好草窃奸宄。卿士师师非度，凡有辜罪，乃罔恒获。小民方兴，相为敌仇。

鱼烂土崩，必归于多人之积因。

《公羊传·僖公十九年》：梁亡。此未有伐者，其言梁亡何？自亡也。其自亡奈何？鱼烂而亡也。

《穀梁传》：梁亡，自亡也。湎于酒，淫于色，心昏耳目塞，上无正长之治，大臣皆叛，民为寇盗。梁亡，自亡也。

《汉书·徐乐传》：天下之患，在于土崩，不在瓦解，古今一也。何谓土崩？秦之末世是也。民困而主不恤，下怨而上不知，俗已乱而政不修，此三者陈涉之所以为资也，此之谓土崩。

故观周初之兴盛，兔罝野人可备干城。

《诗·兔罝序》：《关雎》之化行，则莫不好德，贤人众多也。肃肃兔罝，椓之丁丁，赳赳武夫，公侯干城。

论汉宣之时世，技巧工匠皆足称述。

《汉书·宣帝纪赞》：孝宣之治，信赏必罚，综核名实，政事文学法理之士，咸精其能。至于技巧工匠器械，自元、成间鲜能及之，亦足以知吏称其职，民安其业也。遭值匈奴衰乱，推亡固存，信威北夷，单于慕义，稽首称藩，功光祖宗，业垂后嗣，可谓中兴，侔德殷宗、周宣矣。（论汉宣帝之能伸威北夷，不但政事文学法理之士，与有关系，即技巧工匠器械之精，亦其成功之原因。此义古今一也。读史者必于此等因果特加注意。晁错《言兵事书》谓劲弩长戟，射疏及远，匈奴之弓弗能格；坚甲利刃，长短相杂，游弩往来，什伍俱前，匈奴之兵弗能当。匈奴之长技三，中国之长技五。可见汉之工匠技术，在汉初已优越异族；推其原且当溯之先秦考工之法矣。陈汤称胡兵五而当汉兵一，何者？兵刃朴钝，弓弩不利，今闻颇得汉巧，然犹三而当一。汉之能制匈奴，岂徒恃武宣之主，卫霍之将哉！读史者不知注意，且厚诬吾民族，谓自来器械工巧不逮异族矣。）

而干宝论西晋之窳败曰：朝寡纯德之士，乡乏不贰之老。风俗淫僻，耻尚失所。学者以庄老为宗，而黜六经；谈者以虚薄为辩，而贱名检。行身者以放浊为通，而狭节信；进仕者以苟得为贵，而鄙居正；当官者以望空为高，而笑勤恪。又曰：选者为人择官，官者为身择利。而秉钧当轴之士，身兼官以十数，大极其尊，小录其要，机事之失，十恒八九。又曰：妇女装梳织纴，皆取成于婢仆，未尝知女工丝枲之业，中馈酒食之事。先时而婚，任情而动。故皆不耻淫佚之过，不拘妒忌之恶。有逆于舅姑，有反易刚柔，有杀戮妾媵，有黩乱上下。父兄弗之罪也，天下莫知非也。又况责之闻四教于古，修贞顺于今，以辅佐君子者哉！《晋纪总论》夫汉族沦胥，由于黜经鄙正，苟得奔竞，且由士夫及于妇女之不耻淫佚，为国亡本颠之证。痛哉言乎！顾亭林谓：易姓改号，谓之亡国；仁义充塞而至于率兽食人，人将相食，为亡天下。又曰：保国者，其君其臣肉食者谋之；保天下者，匹夫之贱，与有责焉。《日知录·正始》以干氏之言衡之，当推广顾氏之语曰：保天下者，匹夫匹妇之贱，与有责焉矣。曾国藩《原才》曰：能移习俗而陶铸一世之人，非特居高明之地者然也，凡一命以上皆与有责焉者也。亦本顾氏之说。其实讲学者何必待受一命，但知天下国家之休戚与一己相通，则此志自不容不立矣。

史化第十

食稻菽，衣丝麻，持箸而运笔，尚陶而饮茶。单音之语，遐迩皆通；形声之文，流播至广。建筑合于卫生，医药多所全活，艺术有其特色，工作不惮勤劬。乡党尚齿，贸迁贵信。处事咸知讲理，教子恒期成人。重贞淑而贱淫邪，守分际而耻攘窃。武术兼具刚柔，娱乐亦存风雅。设塾则敬礼文士，论治则崇尚清官。刑禁协于伦理，教宗未酿战争。方志绵延，木刻普遍。坊表碑碣，散见于僻壤遐陬；楣语楹联，广及于穷檐茆屋。宗祠谱牒之联系，以氏族为里巷村庄；燕粤海陇之迢遥，虽疏逖若家庭兄弟。外史多具录于吾籍，学人每卓著于异邦。此非吾之史化耶？悉数之不能终其物也。

史之为化，有因有革。其初因天因地因物，其继因人之性，因人之情，因先觉、因旧习而成史。分至因日，朔望因月，裘葛因寒暑，州域因山川，水工因地势。城郭宫室，相阴阳而观流泉。由是而因物因人，更仆难数。故圣哲之说多言因，如：

《论语》：因民之所利而利之，斯不亦惠而不费乎？

《中庸》：故天之生物，必因其材而笃焉。故栽者培之，倾者覆之。

《王制》：凡居民材，必因天地寒暖燥湿。广谷大川异制，民生其间者异俗，刚柔轻重迟速异齐，五味异和，器械异制，衣服异宜。修其教不易其俗，齐其政不易其宜。

《礼器》：是故昔先王之制礼也，因其财物而致其义焉尔。故作大事，必顺天时，为朝夕必放于日月，为高必因丘陵，为下必因川泽。是故天时雨泽，君子达亹亹焉。

《周官》：大司徒以土会之法，辨五地之物生。一曰山林，其动物宜毛物，其植物宜皂物，其民毛而方。二曰川泽，其动物宜鳞物，其植物宜膏物，其民黑而津。三曰丘陵，其动物宜羽物，其植物宜核物，其民专而长。四曰坟衍，其动物宜介物，其植物宜荚物，其民皙而瘠。五曰原隰，其动物宜赢物，其植物宜丛物，其民丰肉而庳。因此，五物者民之常，而施十有二教焉：一曰以祀礼教敬，则民不苟；二曰以阳礼教让，则民不争；三曰以阴礼教亲，则民不怨；四曰以乐礼教和，则民不乖；五曰以仪辨等，则民不越；六曰以俗教安，则民不偷；七曰以刑教中，则民不虣；八曰以誓教恤，则民不怠；九曰以度教节，则民知足；十曰以世事教能，则民不失职；十有一曰以贤制爵，则民慎德；十有二曰以庸制禄，则民兴功。

《荀子·解蔽篇》：由天谓之，道尽因矣。

《吕氏春秋·贵因篇》：三代所宝莫如因，因则无敌。禹通三江五湖，决伊阙，沟回陆，注之东海，因水之力也。舜一徙成邑，再徙成都，三徙成国，而尧授之禅位，因人之心也。汤、武以千乘制夏、商，因民之欲也。……夫审天者，察列星而知四时，因也。推历者，视月行而知晦朔，因也。禹之裸国裸入衣出，因也。墨子见荆王锦衣吹笙，因也。孔子道弥子瑕见釐夫人，因也。汤、武遭乱世临苦民，扬其义成其功，因也。故因则功，专则拙。因者无敌。国虽大，民虽众，何益？（《慎大觉①》首曰："贤主愈大愈惧，愈强愈恐。"盖惧敌之因其强大而

---

① 此处原文误，应为"览"字。

覆之也。此篇末语与之相呼应。）

《孙子·作战篇》：善用兵者役不再籍，粮不三载，取用于国，因粮于敌。《虚实篇》：水因地而制流，兵因敌而制胜。《用间篇》：因间者因其乡人而用之，内间者因其官人而用之。反间者因其敌间而用之，

《公羊传·隐公元年》：三月，公及邾娄仪父盟于昧。与公盟者众矣，曷为独褒于此？因其可褒而褒之。

《史记·管仲列传》：下令如流水之原，令顺民心，故论卑而易行。俗之所欲，因而予之；俗之所否，因而去之。其为政也，善因祸而为福，转败而为功。

又《货殖列传》：故善者因之，其次利道之，其次教诲之，其次整齐之，最下者与之争。

又《太史公自序》：道家无为，又曰无不为。其实易行，其辞难知。其术以虚无为本，以因循为用。（率循不越，是为因循。其流弊亦曰因循。）无成势，无常形，故能究万物之情。不为物先，不为物后，故能为万物主。有法无法，因时为业；有度无度，因物与合。故曰：圣人不朽，时变是守。虚者道之常也，因者君之纲也。

皆最精之言。班孟坚谓凡民函五常之性，而其刚柔缓急音声不同，系水土之风气，故谓之风；好恶取舍动静无常，随君上之情欲，故谓之俗。推论风俗，得其主因，而因之革之之道寓焉。是故知因然后知革。

《易·革卦·象》曰：君子以治历明时。盖古代历法改革，最为立国临民务农行政之要事，故举此为说。然历之原则，因日月者也。行之久而与原则不符，则必革之，以求复合于所因之原则焉。推之汤武革命，顺乎天而应乎人，亦缘国君之原则，因天人者也。《书》曰：天降下民，作之君，作之师。荀子曰：天之生民非为君也，天之立君以为民也。故古者列地建国，非以贵诸侯而已；列官职，差爵禄，非以尊大夫而已。大明。夏商行之久而与原则不符，故汤武必革之以求复合于所因之原则焉。推之后世，嬴秦、新莽，违背因天因人之原则，而群雄纷起，犹之他国之以政术竞选。然陈胜、项籍、更始、隗嚣、公孙述等皆失败，而刘邦、刘秀乃当选焉，亦以其用兵立政有渐合于所因之原则者在也。孔子曰：殷因于夏礼，所损益可知也；周因于殷礼，所损益可知也。其或继周者，虽百世可知也。损者革也，革其渐行渐久不合于所因之原则者。又就当时之需要，益以若干合于原则者，而所因之原则故未尝变。此其所以百世可知也。《戴记·大传》曰：圣人南面而听天下，

所且先者五，民不与焉。一曰治亲，二曰报功，三曰举贤，四曰使能，五曰存爱。五者一得于天下，民无不足无不赡者；五者一物纰缪，民莫得其死。圣人南面而治天下，必自人道始矣。立权度量，考文章，改正朔，易服色，殊徽号，异器械，别衣服，此其所得与民变革者也。其不可得变革者则有矣，亲亲也，尊尊也，长长也，男女有别。此其不可得与民变革者也。此观史化者所宜深味也。

王国维《殷周制度论》有精言曰：周之所以纲纪天下，其旨则在纳上下于道德，而合天子、诸侯、卿大夫、士、庶民以成一道德之团体。又曰：古之所谓国家者，非徒政治之枢机，亦道德之枢机也。使天子、诸侯、大夫、士各奉其制度、典礼，以亲亲、尊尊、贤贤，明男女之别于上，而民风化于下，此之谓治，反是则谓之乱。故天子、诸侯、卿大夫、士者，民之表也；制度、典礼者，道德之器也。周人为政之精髓实存于此。《观堂集林》卷十王氏精研周制，谓中国政治与文化之变革，莫剧于殷周之际。且究其立制之本意，出于万世治安之大计，其心术与规摹，迥非后世帝王所能梦见。故其例证，多就周之宗法服术之类言之。实则所谓合天下以成一道德之团体之精髓，周制独隆，而前此必有所因，虽周亡而其精髓依然为后世之所因，不限于有周一代也。以近今而论，祠祭丧服，远异于周，然其意何尝不由周而来？犹存什之一二。故千古共同之鹄的，惟此道德之团体。历代之史，匪帐簿也，胪陈此团体之合此原则与否也；地方志乘、家族谱谍、一人传记，亦匪帐簿也，胪陈此团体中之一部分合此原则与否也。吾谓史出于礼，熟察之，莫非王氏所谓精髓之所寄也。

为国以礼，为史以礼。礼者理也，以故迄今大多数之人犹都明理，此其化之源远流长，有如李白诗所谓"抽刀断水水更流"者，不易以时代画分也。第有一事，往往为今人所不喻，盖礼莫大于等威之辨，而与今人所持平等观念凿枘也。荀卿最精于礼，而极言制礼义以分之谓之至平。

《荀子·荣辱篇》：夫贵为天子，富有天下，是人情之所同欲也。然则从人之欲，则势不能容，物不能赡也。故先王案为之制礼义以分之，使有贵贱之等，长幼之差，知愚能不能之分。皆使人载其事而各得其宜，然后使悫（俞樾曰：悫当作谷）禄多少厚薄之称，是夫群居和一之道也。故仁人在上，则农以力尽田，贾以察尽财，百工以巧尽械器，士大夫以上至于公侯，莫不以仁厚知能尽官职，夫是之谓至平。故或禄天下，而不自以为多；或监门御旅抱关击柝，而不自以为寡。故日斩而齐，枉而顺，不同而一。夫是之谓人伦。

又其表示最平等之义曰：虽王公士大夫之子孙，不能属于礼义，则归之庶人；虽庶人之子孙也，积文学正身行能属于礼义，则归之卿士大夫。《王制篇》此自《春秋》讥世卿，以至后世之重世族门第终归于考试之原理，具于是矣。强不平为平，何如因其智愚贤不肖为之差等之为平乎？

抑又有进者。他族之言平等，多本于天赋人权之说。吾国之言平等，则基于人性皆善之说。然人性皆善，特原其始耳。至列于礼之阶级，则相差而不平矣。吾之圣哲又为之下一定义曰：自天子以至于庶人，壹是皆以修身为本。《大学》则礼之阶级为表，而修身之平等为里，显示阶级制度不足以限人，而人之平等者，惟在道德。何其言之无媵义也！孟子曰：人皆可以为尧舜。荀子亦曰：涂之人可以为禹。《性恶篇》是从原始言，孟荀之说或殊后世多本孟子；从标准言，孟荀之说无二也。《大学》言修身平等，《中庸》更就知行言平等，曰：或生而知之，或学而知之，或困而知之，及其知之一也。或安而行之，或利而行之，或勉强而行之，及其成功一也。《大学》、《中庸》皆言礼之书也。礼之精髓，能合智愚贤不肖而平等，此吾史所以无阶级争斗之故欤？

他国以宪法制裁君主之强暴，吾国则惟以教育觉悟权贵之昏愚。贾生《陈政事疏》及《大戴记·保傅篇》，言之綦备。是即天子必以修身为本之见于实事者。观其所引《学礼》之言，虽未能断为何时之制度，然以《吕氏春秋·尊师篇》所言证之，盖必自古相传。居高位者必从师而受学，可断言也。

《保傅篇》：《学礼》曰：帝入东学，上亲而贵仁，则亲疏有序而恩相及矣。帝入南学，上齿而贵信，则长幼有差而民不诬矣。帝入西学，上贤而贵德，则圣智在位而功不遗矣。帝入北学，上贵而尊爵，则贵贱有等而下不逾矣。帝入太学，承师问道，退习而考于太傅，太傅罚其不则而匡其不及，则德智长而治道得矣。此五学者既成于上，则百姓黎民化辑于下矣。

《吕氏春秋·尊师篇》：神农师悉诸，黄帝师大挠，帝颛顼师伯夷父，帝喾师伯招，帝尧师子州支父，帝舜师许由，禹师大成贽，汤师小臣，文王、武王师吕尚、周公旦，齐桓公师管夷吾，晋文公师咎犯、随会，秦穆公师百里奚、公孙枝，楚庄王师孙叔敖、沈尹巫，吴王阖庐师伍子胥、文之仪，越王勾践师范蠡、大夫种。此十圣人六贤者，未有不尊师者也。

秦人菑学，而始皇坑儒之时，扶苏谏曰：天下初定，远方黔首未集。诸生皆诵法孔子，今上皆重法绳之，臣恐天下不安。是秦自扶苏以至天下诸生，皆诵法孔子也。史称汉高祖不修文学，然楚元王交好书，多材艺，少时尝与鲁穆生、白生、申公俱受《诗》于浮丘伯。伯者，孙卿门人也。《汉书·楚元王交传》兄弟之间，岂无擩染？叔孙通制朝仪，亦及帝左右之为学者。《汉书·叔孙通传》注：左右谓近臣也，为学谓素有学术。陆贾为帝著秦所以失天下汉所以得之者，及古成败之国，凡十篇；每奏一篇，帝未尝不称善。《汉书·陆贾传》后世若司马光之《资治通鉴》、范祖禹之《唐鉴》、真德秀之《大学衍义》、邱濬之《大学衍义补》，皆此意也。而凡临雍视学、养老乞言、开经筵、献图说诸事，抑此政权所集至高无上之身，俯同学子；视台谏争执于后，史家贬斥于终者，尤有先事图维之妙用。虽不学或学而不行者，历世多有，而其隐销残暴，牖启仁明，盖已多矣。

王船山最恶异族之袭吾文化，故谓石勒起明堂、辟雍、灵台，拓跋宏修礼乐，立明堂，皆败类之儒鬻道统而教之窃，而君臣皆自绝于天。《读通鉴论》卷十三又谓自胡后死，宏始亲政，以后五年之间，作明堂，正祀典，定祧庙，祀圜丘，迎春东郊，定次五德，朝日，养老，修舜、禹、周、孔之祀，耕籍田，行三载考绩之典，禁胡服胡语，亲祠阙里，求遗书，立国子大学四门小学，定族姓，宴国老庶老，听群臣终三年之丧，小儒争艳，称之以为荣。凡此者，典谟之所不道，孔孟之所不言。立学终丧之外，皆汉儒依托附会，逐末舍本，杂谶纬巫觋之言，涂饰耳目，是为拓跋宏所行之王道而已。尉元为三老，游明根为五更，岂不辱名教而羞当世之士哉！卷十六其义峻矣。然异族袭吾华化，固未得吾圣哲之真精神，第即其旃裘毳幕战斗嚚顽之习，能折服于吾礼法。虽曰涂饰观瞻，要亦不无影响。推圣哲有教无类之义，亦未始不可以进之。故由种族而言，固宜力严其辨；而由文化而论，则又宜容保无疆。观唐裴光庭请许赐吐蕃诸书，欲使忠信礼义，化流无外，则知后来女真、满清诸帝之向学，赵、曾诸氏称之，亦未为失当矣。

《通鉴》二百十三：开元十九年，吐蕃使者称公主求《毛诗》、《春秋》、《礼记》正字。于休烈上疏以为：东平王，汉之懿亲，求《史记》、诸子，汉犹不与，况吐蕃国之寇仇。今资之以书，使知用兵权略，愈生变诈,非中国之利也。事下中书门下议之,裴光庭等奏:吐蕃聋昧顽嚚,久叛新服,因其有请,赐以《诗》、《书》,庶使之渐陶声教,化流无外;休烈徒知书有权略变诈之语,不知忠信礼义,皆从书出也。上曰:善。遂与之。

《廿二史札记》:金代文物远胜辽元。(《曾国藩先正事略序》可参考)

史迹之蜕变,有由简质而渐臻繁赜者,有由广博而渐即单纯者,未可一概论也。由邃古之榛狉,累进而至有周之礼教,此由简质而臻繁赜也。秦汉以降,虽亦由周制而演变,而论其教化,则时时有由广博而趋单纯之势。周之为教也,曰知、仁、圣、义、忠、和,曰孝、友、睦、姻、任、恤,曰礼、乐、射、御、书、数,又曰中和、祗庸、孝友,曰兴道、讽诵、言语,曰《云门》、《大卷》、《大咸》、《大韶》、《大夏》、《大濩》、《大武》,又曰三德,曰六艺,曰六仪,其目繁矣。其举人也,闾书敬敏任恤,族书孝弟睦姻有学,党书德行道艺,州考德行道艺。均见《周官》。亦与所教之繁赜相应。越数百年,典籍渐湮,制度渐废,乃变为专事读书及游说干进二途。如苏秦读《阴符》,简炼以为揣摩历说列国之类。自汉以降,教学亦惟读书,而选士取人,往往设科虽多,而惟重其一二。如汉时虽有贤良方正、直言极谏、茂材异等、可使绝国及敦朴有道、贤能直言、独行高节、质直清白敦厚之属,参《汉书·武帝纪》、《后汉书·左雄传论》。而仕进之途,惟选举孝廉及博士弟子为重。简言之,行则孝廉,学则读书而已。唐制常贡之科,有秀才,有明经,有进士,有明法,有书,有算,自京师郡县皆有学,而士族所趋向,唯明经、进士二科。《通典·选举三》简言之,则读书作文而已。古意之渐演渐湮,由礼乐政教之胥替,而蜕化之中,亦自有其精髓者存,是不可以不察也。

汉自惠帝四年,诏举民孝弟力田者复其身。高后元年,置孝弟力田二千石者一人。不知为何人所倡议也。至武帝元光元年,初令郡国举孝廉各一人。又制郡国口二十万以上,岁察一人;四十万以上,二人;六十万,三人;八十万,四人;百万,五人;百二十万,六人。不满二十万,二岁一人;不满十万,三岁一人。后汉和帝时,又令缘边郡口十万以上,岁举孝廉一人;不满十万,二岁举一人;五万以下,三岁举一人。《通典》注推当时户口,一岁所贡不过二百余人,然其立法甚均平,由内地及于边郡,无不察举。故视周之比闾族党之选举,德目为简;而悬孝与廉为选人之标准，则各地易知易行也。其于人之所求，孝与廉而已。择德目能知其要，教国民深探其本，不可谓无识也。虽自武帝时政俗已敝，议者力言宜贵孝弟、贱贾人、进真贤、举实廉。知贵孝弟举实廉，非帝王一人之所偏向，而为士大夫所共祈求矣。

《汉书·贡禹传》：禹又言，孝文皇帝时贵廉洁，贱贪污，贾人、赘婿及吏坐臧者，皆禁锢不得为吏。赏善罚恶，不阿亲戚，罪白者伏其诛，疑者以与民，亡赎罪之法。故令行禁止，海内大化。天下断狱四百，与刑错亡异。武帝始临天下，尊贤用士，辟地广境数千里。自见功大威行，遂从者欲，用度不足，乃行一切之变，使犯法者赎罪，入谷者补吏。（此法与选孝廉之义相矛盾。）是以天下奢侈，官乱民贫，盗贼并起，亡命者众。郡国恐伏其诛，则择便巧史书，习于计簿，能欺上府者，以为右职；奸轨不胜，则取勇猛能操切百姓者，以苛暴威服下者，使居大位。故亡义而有财者显于世，欺谩而善书者尊于朝，悖逆而勇猛者贵于官。故俗皆曰：何以孝弟为？财多而光荣。何以礼义为？史书而仕宦。何以谨慎为？勇猛而临官。故黥劓而髡钳者犹复攘臂为政于世，行虽犬彘，家富势足，目指气使，是为贤耳。故谓居官而置富者为雄桀，处奸而得利者为壮士。兄劝其弟，父勉其子，俗之坏败，乃至于是。（此皆俗人之观念。在有识者观之，是为坏败。）察其所以然者，皆以犯法得赎罪，求士不得真贤，相守崇财利，诛不行之所致也。今欲兴至治，致太平，宜除赎罪之法，相守选举不以实及有臧者，辄行其诛，亡但免官。则争尽力为善，贵孝弟，贱贾人，进真贤，举实廉，而天下治矣。

游牧之俗，迁徙无常，贱老贵壮，故以夫妇为本位，而父子可不相闻。农稼之俗，世业相承，老幼一体，故以父子为本位，而夫妇重其相代。《冠义》：冠于阼，以著代也。《昏义》：舅姑共飨，妇以一献之礼，莫酬，舅姑降自西阶，妇降自阼阶，以著代也。故吾谓丧考妣三年之俗，盖在唐虞之前已有之。缘国族之由渔牧而进于农耕，殆已经若干万年，圣哲之倡孝德，特因其俗而为之节文耳。孔子曰：天地之性，人为贵，人之行莫大于孝。又曰：父子之道，天性也，君臣之义也。父母生之，续莫大焉。上原天性，下推相续。盖农业民族，天性特厚，有非游牧民族之习于凉薄所得喻者。且即喻之，而于吾圣哲之制为节文之精，犹难体察也。《士礼·丧服传》最精之言曰：禽兽知母而不知父。野人曰：父母何算焉？都邑之士，则知尊祢矣；大夫及学士，则知尊祖矣。

故不知孝者无论；知矣，而知母不知父，其去禽兽未远也。又进而曰：父母何算焉？犹是野人之见也。至都邑之士之尊称，始为由野蛮而进于文明。此吾国之文明所以早轶于他族也。唐明之改服制，已由周之都邑之士之见，退而至于野人。然更有由野人而益降者，则墨家兼爱之说也。墨家之说曰：视人之父若己之父。骤聆之，似若较儒家之说为博大。然人之父恶得若己之父？此即其说之最不通者，故曰由野人而益降也。析理不精，反若说理之粗者为可贵，世之欲以墨易儒者多矣。

《庄子》虽有翻十二经之语，而先秦诸子引据《诗》、《书》，未有以《诗经》、《书经》称者。惟《吕氏春秋·察微篇》引高而不危、满而不溢等语，明著曰《孝经》。而蔡邕《明堂论》曾引魏文侯《孝经传》，其书更早于《吕览》矣。《公羊疏》引《孝经钩命决》曰：孔子在庶，德无所施，功无所就，志在《春秋》，行在《孝经》。以《春秋》属商，《孝经》属参。而曾子之名，最著于战国，庄子多以曾、史并称，《胠箧篇》曰：削曾、史之行，钳杨、墨之口。《在宥篇》曰：曾、史之术。《天地篇》曰：跖与曾、史，行义有间矣。盖以曾、史为忠孝之代表。然史鳅为魏名臣，曾子之位不之逮。荀卿多诋史鳅，于曾子无间然。盖由人性之尚孝，故信向曾子若是笃也。秦人家富子壮则出分；家贫子壮则出赘；借父钼耰，虑有德色；母取箕帚，立而谇语；抱哺其子，与公并倨；妇姑不相说，则反唇而相稽；其慈子耆利，不同禽兽者亡几耳。《汉书·贾谊传》而秦儒为吕不韦著书，作《孝行览》曰：夫孝，三皇五帝之本务，而万事之纪也。夫执一术而百善至、百邪去，天下从者，其惟孝也。使非人性有所同然，其说恶能鸣之于秦国？吾以是知汉惠帝、吕后及武帝之以孝教天下，殆由于秦儒之说；而秦儒之说，又自尧、舜、禹、契、周公及孔、曾而来，汉人乃因此远源以为教也。贡禹述俗人之言曰：何以孝弟为？财多而光荣。汉末之谚曰：举秀才，不知书；举孝廉，父别居。见《抱朴子》。俗之易浇而难化可见矣。然汉代诸帝皆以孝为谥，而天下皆诵《孝经》。《后汉书·荀爽传》：汉制使天下皆诵《孝经》。盖自天子以至于庶人，皆以孝为本务之义。汉武帝雄才大略，不拘拘于儒说也，而其行之无愧于孝武之谥者有二焉，一曰：援《公羊》之谊而征匈奴。

《汉书·匈奴列传》：汉既诛大宛，威震外国。天子意欲遂困胡，乃下诏曰：高皇帝遗朕平城之忧，高后时单于书绝悖逆。昔齐襄公复九世之仇，《春秋》大之。是岁太初四年也。

一曰：守先帝之法而诛昭平君。

《汉书·东方朔传》：隆虑公主子昭平君尚帝女夷安公主。隆虑主病，因以金千斤钱千万为昭平君豫赎死罪，上许之。隆虑主卒，昭平君日骄醉，杀主傅，狱系内官。以公主子，廷尉上请请论，左右人人为言；前又入赎，陛下许之。上曰：吾弟老，有是一子，死以属我。于是为之垂涕叹息良久，曰：法令者，先帝所造也，用弟故而诬先帝之法，吾何面目入高庙乎？又下负万民。乃可其奏，哀不能自止。

而《东方朔传》叙昭平君事，尤可见帝之至性过人，不以私情而损国法。俗人恶知此之为孝乎？读史者知此义，然后知宋光宗不过重华宫，张居正夺情恋政，以君相之尊为举世所非。宋之濮议，明之大礼，皆帝王家事，无与于国事，而徇私情以为孝，不合于礼，士夫乃不惮昌言力争，均由天子至于庶人以孝为修身之本之谊深中于人心。其身不修，即不能宴然居于臣民之上，士大夫之持清议者，不容不辨。此当时所以认为大事，史家所以必为详书。否则以今日之心习眼光观之，何能解此意义耶？

教、孝一朮耳，而秦儒言其广义曰：凡为天下治国家，必务其本而后末。所谓本者，非耕耘种植之谓，务其人也。此所谓人本主义。务其人，非贫而富之，寡而众之，务其本也。务本莫贵于孝。人主孝，则名章荣，下服听，天下誉。人臣孝，则事君忠，处官廉，临难死。士民孝，则耕芸疾，守战固，不罢北。其言盖自曾子所谓居处不庄，事君不忠，莅官不敬，朋友不信，战陈无勇，皆非孝而来。夫人群至涣也，岂惟生存竞争，盖必有同情互助之为，其群始可以胶固而发达。世之立国者，或以宗教，或以法律，或以经济，皆以胶此涣散之群，而使之发展者也。然不本于性情之正，其胶也反以促其争。惟吾圣哲以孝为教，实本于天性，而合于人情，而国家社会缘以永久而益弘。其为义曰：资于事父以事母，而爱同；资于事父以事君，而敬同。故母取其爱，而君取其敬，兼之者父也。又曰：爱亲者不敢恶于人，敬亲者不敢慢于人。建国家，安社会，胥从孝出。盖人子之于父母，同情出于天性，由是而服劳奉养，由是而屈己受教。其牺牲私利私见，以助他人，以从他人之心习，自童稚至成人时已于家庭无形养成，则其致身于社会国家，至顺之势也。故曰：圣人因严以教敬，因亲以教爱，其所因者本也。《孝经》历代政教，惟曹操有或不仁不孝而有治国用兵之术，其各举所知，勿有所遗之令。《魏志》注外此未有不以孝为重者。夫以孝为重，即训练一世之人不自私而利人之基础；由其基础深厚，虽亦未尝无儇薄横逆悖于家族害于群众之流，而爱群奉法砥节首公明于致身之义者，不可胜数。极之精忠大节取义成仁，皆自其真性情中发出，非浮慕虚名，漫拼一死，或宗教法律经济诱惑而约束之，由是国族绵延，疆宇恢扩。广之任恤睦娴如范文正设义庄之类，敛之循分守法，斯岂无故而然哉！

孝廉之选，北周以降不复举。北周宣帝大成元年，诏州举高才博学者为秀才，郡举经明行修者为孝廉。孝弟力田之科，至中唐而遂罢。唐代宗广德二年五月，礼部侍郎杨绾奏岁贡孝弟力田无实状，及童子科皆侥幸，悉罢之。宋苏轼谓设科立名以取之，是教天下相率而为伪也。上以孝取人，则勇者割股，怯者庐墓；上以廉取人，则敝车羸马，恶衣菲食。凡可以中上意者，无所不至。德行之弊，一至于此。《论贡举疏》虽至清世俗之称，犹目举人为孝廉。《陔馀丛考》：今世俗别称举人曰孝廉，以孝廉本郡国所举也。每帝即位，直省府县各举孝廉方正一人，固与汉制迥殊矣。然风化所重，实深入于人心，不系于科目之有无。观于古礼渐久渐湮，惟丧服之名相承不坠，虽衰麻升数，等差莫辨，礼之深于文者，惟经生知之，而俗尚所沿，未始不存其意。百行孝为先之语，普及于社会。即《吕氏春秋》所谓，执一术百善至、百邪去之意。史化之深，无有过于此者矣。迁、固二大史家，皆由继承父志。姚思廉、欧阳修之行业，亦犹迁、固也。读龙门执手垂泣之言，味泷冈其来有自之语，其精神能感人于百世，此其史之所以不朽者乎？

汉之以廉与孝并重也，有近因焉，有远因焉。就其近者言之，六国之亡，汉室之兴，多由金钱之关系。用是知贪人败类，苟相率于拜金，则举国家军队，皆可为多金者所市。故虽出身狗屠之樊哙，犹知劝沛公勿为富家翁。此汉家开国君臣共同之意识。

《史记·信陵君列传》：公子威振天下，秦王患之，乃行金万斤于魏，求晋鄙客，令毁公子于魏王。

又《李牧传》：秦多与赵王宠臣郭开金，为反间，言李牧、司马尚欲反。赵王乃使赵葱及齐将颜聚代李牧。

又《李斯列传》：秦王乃拜李斯为长史，听其计，阴遣谋士赍持金玉以游说诸侯。诸侯名士可下以财者，厚遗结之；不肯者，利剑刺之，离其君臣之计。

又《高祖本纪》：使郦生、陆贾往说秦将，啖以利，因袭攻武关破之。

又：闻豨（陈豨）将皆故贾人也，上曰：吾知所以与之。乃多以金啖豨将，豨将多降者。

又《陈丞相世家》：绛侯、灌婴等咸谗陈平曰：平受诸将金，金多者得善处，金少者得恶处。汉王召让平。平曰：臣裸身来，不受金，无以为资。大王诚能出捐数万斤金，行反间，间其君臣，以疑其心，项王为人意忌信谗，必内相诛。汉因举兵而攻之，破楚必矣。汉王以为然，乃出黄金四万斤与陈平，恣所为，不问其出入。陈平多以金纵反间于楚。

又《留侯世家》：沛公入秦宫，宫室、帷帐、狗马、重宝、妇女以千数，意欲留居之。樊哙谏沛公出舍，沛公不听。良曰：夫秦为无道，故沛公得至此。夫为天下除残贼，宜缟素为资。今始入秦，即安其乐，此所谓助桀为虐。且忠言逆耳利于行，毒药苦口利于病，愿沛公听樊哙言。沛公乃还军霸上。《集解》：徐广曰：一本哙谏曰：沛公欲有天下邪？将欲为富家翁耶？沛公曰：吾欲有天下。哙曰：今臣从入秦宫，所观宫室、帷帐、珠玉、重宝、钟鼓之饰，奇物不可胜极。入其后宫，美人妇女以千数，此皆秦所以亡天下也。愿沛公急还霸上，无留宫中。（《通鉴》采此语。）又《项羽本纪》：范增说项羽曰：沛公居山东时，贪于财货，好美姬。今入关，财物无所取，妇女无所幸，此其志不在小。

故自文帝即以廉吏为民之表。

《汉书·文帝纪》：十二年诏曰：孝悌，天下之大顺也；力田，为生之本也；三老，众民之师也；廉吏，民之表也。

景帝又以廉士失职、贪夫长利为戒。

《汉书·景帝纪》：后二年诏曰：人不患其不知，患其为诈也；不患其不勇，患其为暴也；不患其不富，患其亡厌也。其惟廉士，寡欲易足。今訾算十以上乃得官（应劭曰：古者疾吏之贪，衣食足知荣辱，限訾十算乃得为吏。十算，十万也。贾人有财不得为吏，廉士无訾又不得官，故减訾算得官矣），廉士不必众，有市籍不得官（即所谓贾人有财不得官也），无訾又不得官，朕甚愍之。訾算四得官，亡令廉士久失职，贪夫长利。

武帝既创举孝廉之法，又置部刺史，以六条察州，而侵渔百姓聚敛为奸、通行货赂割损正令之弊，占六条之二。

《汉书·百官公卿表》：武帝元封五年，初置部刺史，掌奉诏条察州。注引《汉官·典职仪》云：刺史班宣周行郡国，省察治状，以六条问事。……二条：二千石不奉诏书遵行典制，倍公向私，旁诏守利，侵渔百姓，聚敛为奸。……六条：二千石违公下比，阿附豪强，通行货赂，割损正令。

以贡禹之言观之，似武帝时贪风甚炽。然张汤与贾人钱通，而其死也，家产直不过五百金，皆所得奉赐，无他业。霍去病以外戚为大将，能知匈奴未灭无以家为。其尚廉之化，固行于贵近矣。

《史记·酷吏列传·张汤传》：汤之客田甲虽贾人，有贤操。始汤为小吏时，与钱通。及汤为大夫，甲所以责汤行义过失亦烈士风。汤死，家产直不过五百金，皆所得奉赐，无他业。

又《霍去病传》：天子为治第，令骠骑视之。对曰：匈奴未灭，无以家为也。

至论其远原，则自盘庚已以无总于货宝生生自庸为训，卒以草窃奸宄亡国。故周之六计，以廉为本。

《周官》：小宰以官府之六计弊群吏之治，一曰廉善，二曰廉能，三曰廉敬，四曰廉正，五曰廉法，六曰廉辨。

盖必廉而后可善、可能、可敬、可正、可法、可辨，未有不廉而善且正者也。《管子》以廉为四维之一，而释之曰：廉不蔽恶。盖廉之本义为廉隅，即凡事皆有界限之谓。临财毋苟得者，即审于群己公私之界限，不敢为恶而肆为欺蔽也。

《管子·牧民》：国有四维。一维绝则倾，二维绝则危，三维绝则覆，四维绝则灭。倾可正也，危可安也，覆可起也，灭不可复错也。何谓四维？一曰礼，二曰义，三曰廉，四曰耻。礼不逾节，义不自进（尹注：自进谓不自荐举也），廉不蔽恶（注：隐蔽其恶非贞廉也），耻不从枉。（注：诡随邪枉无羞之人。）故不逾节则上位安，不自进则民无巧诈，不蔽恶则行自全，不从枉则邪事不生。

儒者制行，砥厉廉隅，不陨获于贫贱，不充诎于富贵《儒行》，与《周官》、《管子》之持义一也。然其精义，则在胸襟之高，有超乎富贵贫贱之境。《中庸》曰：素富贵行乎富贵，素贫贱行乎贫贱。君子无入而不自得。故孔子饭疏食饮水，曲肱而枕之，乐亦在其中。有此境界，始能视不义之富贵如浮云。自孔子以身示范,战国时人即已诵述其说。如蔡泽说应侯曰:圣人曰:飞龙在天,利见大人。不义而富且贵,于我如浮云。《史记·蔡泽传》可见战国时人心服此说,尊孔子为圣人,举其说与《易》并重也。孟子严义利之辨,视孔子之说尤详。穿窬乞墦,譬喻痛切;斥垄断嗜利者为贱丈夫,而定大丈夫之标准曰:富贵不能淫,贫贱不能移,威武不能屈。汉孝文时,《孟子》已立博士,其学说为汉人所信仰可想。故汉之举士,以廉与孝并重,又有此等远源,非徒鉴于秦楚之际矣。

古之为政,正德与利用厚生相剂。其言理财,以生之者众、为之者疾为主,初非不知经济,惟事消极保息养民,亦曰:安富。而其惩游惰之不生产者,又有法焉,曰:凡宅不毛者有里布,田不耕者出屋粟,无职事者出夫家之征。又曰:凡无职者出夫布,凡庶民不畜者祭无牲,不耕者祭无盛,不树者无椁,不蚕者不帛,不绩者不衰。均见《周官》。其重生计至矣。然此为凡民言耳,至于士大夫,则不能假口于此。孔子曰:君子仕则不稼,田则不渔,食时不力珍,大夫不坐羊,士不坐犬。《坊记》孟献子曰:畜马乘,不察于鸡豚;伐冰之家,不畜牛羊;百乘之家,不畜聚敛之臣。与其有聚敛之臣,宁有盗臣。盖经济宜分公私,士大夫当为国民谋公经济,不得以其地位与凡民争私经济。士大夫与国民争私经济,则公经济何自增进而平均乎?董生知此义,举公仪休以告汉武。

《汉书·董仲舒传》:受禄之家,食禄而已,不与民争业,然后利可均布,而民可家足。此上天之理,而亦太古之道,天子之所宜法以为制,大夫之所当循以为行也。故公仪子相鲁,之其家,见织帛,怒而出其妻,食于舍而茹葵,愠而拔其葵,曰:吾已食禄,又夺园夫红女利乎?古之贤人君子在列位者皆如是,是故下高其行而从其教,民化其廉而不贪鄙。及至周室之衰,其卿大夫缓于谊而急于利,亡推让之风,而有争田之讼。故诗人疾而刺之曰:节彼南山,惟石岩岩。赫赫师尹,民其尔瞻。尔好谊,则民乡仁而俗善;尔好利,则民好邪而俗败。由是观之,天子大夫者,下民之所视效,远方之所四面而内望也。近者视而放之,远者望而效之,岂可以居贤人之位而为庶人行哉!夫皇皇求财利,常恐乏匮者,庶人之意也;皇皇求仁义,常恐不能化民者,大夫之意也。《易》曰:负且乘,致寇至。乘车者君子之位也,负担者小人之事也。此言居君子之位,而为庶人之行者,其患祸必至也。若居君子之位，当君子之行，则舍公仪休之相鲁，亡可为者矣。

史迁亦知此义，故举公仪休以式循吏。后史之美清廉，贬贪墨，及历朝之重除贪，罔非本此义也。

《日知录》：汉时赃罪被劾，或死狱中，或道自杀。唐时赃吏，多于朝堂决杀，其持宥者，乃长流岭南。睿宗太极元年四月制官典，主司枉法赃一匹已上并先决一百。而改元及南郊赦文每曰：大辟罪已下，已发觉未发觉，已结正未结正，系囚见徒罪，无轻重咸赦除之。官典犯赃，不在此限。然犹有左降迁方、谪官蛮徼者。而卢怀慎重以为言，谓屈法惠奸非正本塞源之术。是知乱政同位，夏后作其丕刑；贪以败官，《夏书》训之必杀。三代之王，罔不由此道者矣。……宋初郡县吏承五季之习，黩货厉民，故尤严贪墨之罪。开宝三年董元吉守英州，受赃七十余万，帝以岭表初平，欲惩掊克之吏，特诏弃市。而南郊大赦，十恶故劫杀及官吏受赃者不原。史言宋法可以得循吏者三，而不赦犯赃其一也。天圣以后，士大夫皆知饰簠簋而厉廉隅，盖上有以劝之矣。（参阅《廿二史札记》明代重惩贪吏条。）

史家持论，或有愤疾浊世，故为激宕之言。如《史记·游侠列传序》，谓季次原宪，闾巷人也，读书怀独行君子之德，义不苟合当世，当世亦笑之。又曰：伯夷丑周，饿死首阳山，而文武不以其故贬王。跖跷暴戾，其徒诵义无穷。由此观之，窃钩者诛，窃国者侯，侯之门，仁义存，非虚言也。其感慨至矣，然其上文以何知仁义已向其利者为有德，属于鄙人之言。盖史公鄙王侯为跖跷之行，故设此论也。历观史事，廉正之能化人者多矣。张奂能化羌豪。

《后汉书·张奂传》：张奂字然明，敦煌酒泉人也。少游三辅，学欧阳《尚书》。……永寿元年，迁安定属国都尉。初到职，而南匈奴左薁鞬台耆、且渠伯德等七十余人寇美稷，东羌复举种应之。而奂壁唯有二百许人，闻即勒兵而出。军吏以为力不敌，叩头争止之。奂不听，遂进屯长城，收集兵士，遣将王术招诱东羌，因据龟兹，使南匈奴不得交通。东羌诸豪遂相率与奂和亲，共击薁鞬等。连战破之，伯德惶恐，将其众降，郡界以宁。羌豪感奂恩德，上马二十四，先零酋长又遗金镶八枚。奂并受之，而召主簿于诸羌前，以酒酹地曰：使马如羊，不以入厩；使金如粟，不以入怀。悉以金马还之。羌性贪而贵吏清，前有八部都尉，率好财货，为所患苦，及奂正身洁己，威化大行。

袁绍畏见许劭。

《后汉书·许劭传》：同郡表绍①，公族豪侠，去濮阳令归，车徒甚盛。将入郡界，乃谢遣宾客曰：吾舆服岂可使许子将见。遂以单车归家。

毛玠之倡廉节，杨绾之格豪侈，知风气固亦惟人所转移。

《魏志·毛玠传》：玠尝为东曹掾，与崔琰并典选举。其所举用，皆清正之士，虽于时有盛名，而行不由本者，终莫得进，务以俭率人。由是天下之士，莫不以廉节自励。

《通鉴》二百二十五：大历十二年夏四月壬午，以太常卿杨绾为中书侍郎，礼部侍郎常衮为门下侍郎，并同平章事。绾性清俭简素，制下之日，朝野相贺。郭子仪方宴客，闻之，减坐中声乐五分之四。京兆尹黎干驺从甚盛，即日省之，止存十骑。中丞崔宽第舍宏侈，亟毁撤之。

至如武侯佐蜀，宣公相唐，遗表矢无赢财，史征其实，馈遗一皆拒绝，诏知其清。伟人长德，其高洁之出于至诚者，信当时而垂弈世。则有守而又有猷为，非徒以廉靖镇俗矣。

《蜀志·诸葛亮传》：亮自表后主曰：成都有桑八百株，薄田十五顷，子弟衣食，自有余饶。至于臣在外任，无别调度，随身衣食，悉仰于官，不别治生，以长尺寸。若臣死之日，不使内有余帛，外有赢财，以负陛下。及卒，如其所言。

《通鉴》三百三十四：贞元九年，上使人谕陆贽曰：卿清慎太过，诸道馈遗，一皆拒绝，恐事情不通。如鞭靴之类，受亦无伤。贽上奏曰：监临受贿，盈尺有刑。（胡注：律诸监临之官受所监临财物者，一尺笞四十；诸监临主司受财而枉法者，一尺杖一百。）至于士吏之微，尚当严禁，矧居风化之首，反可通行？贿道一开，展转滋甚，鞭靴不已，必及金玉。目见可欲，何能自窒于心？已与交私，何能中绝其意？是以涓流不绝，溪壑成灾矣。又曰：若有所受，有所却，则遇却者疑乎见拒而不通矣；若俱辞不受，则咸知不受者乃其常理，复何嫌阻之有乎？

孟子曰：无恒产而有恒心者，惟士为能。历代士风，虽隆污不一，

---

① 此处"表绍"应为"袁绍"。

而以其习于教训，慎于名检，与商贾胥吏殊科。有时以士人治财务，而见特效。刘晏之治盐运，湘军之举厘金，皆得士力。原士之多廉者，浸淫渐渍于儒史之化也。此又治史者所当深察也。

《通鉴》二百二十六：刘晏常以为办集众务，在于得人，故必择通敏精悍廉勤之士而用之，至于勾检簿书，出纳钱谷，必委之士类。吏惟书符牒，不得轻出一言。常言士陷赃贿，则沦弃于时，名重于利（此亦可见唐时风化），故士多清修。吏虽洁廉，终无显荣，利重于名，故吏多贪污。

王闿运《湘军志·筹饷篇》：刑部侍郎雷以諴治军扬州，用钱江谋，奏榷商税，关税正则，本千而取三，榷之廛肆，则入千而取十。谓之厘金，言金取一厘也。厘金虽始于扬州，然无所得。（盖雷所用者多官吏，徒以滋弊。）曾国藩克武昌，下九江，乃令胡大任、何玉棻、孙谋于汉口行之。奸民诉之总督，下檄名捕大任等。大任者，礼部主事，故国藩亦移咨杨霈争之。霈不得已，委过藩司。未几，武昌、汉口复陷，而湖南厘局兴矣。郭嵩焘尤喜言厘金，始倡用士人，使其弟佐总局，而府县厘局，皆举贡生员（彼时举贡生员皆读孔孟书，不染胥吏商贾之习，故能奏效），商民便之。院司虽或委员，总成列衔而已。（实则湘军成功，多由士学，不止于办厘金专用士人。淮军不逮湘军，以其将领不皆士也。然李鸿章师友曾、左，犹足为晚清伟人，士学之效如是。）

古之为学，自童时舞勺舞象，学射御；长而学干戈羽籥，习射习乡，不惟以讽诵为事也。孔子谓立于礼，成于乐。又曰：执御乎？执射乎？至孟子始专言诵《诗》读《书》。荀子曰：学恶乎始？恶乎终？曰：其数则始乎诵经，终乎读礼。《劝学篇》于礼言读，与孔子之执礼，已不尽同。《吕氏春秋·尊师》亦曰：疾讽诵，问书意。后世之学偏重读书，所由来远矣。汉法，学僮能讽书九千字以上乃得为吏。司马迁十岁则诵古文，东方朔虽尝学击剑及孙吴兵法、战阵之具、铿鼓之教，然所自诩者在能诵若干万言。

《汉书·东方朔传》：年十二学书，三冬文史足用。十五学击剑，十六学《诗》、《书》，诵二十二万言。十九学孙吴兵法、战阵之具、铿鼓之教，亦诵二十二万言。凡臣朔固已诵四十四万言。（学兵法亦是读书。赵括徒读父书，可与朔言相证。）

故董遇教学者，初不为讲解，第曰：读书百遍，而义自见。

《三国志·王肃传》注：董遇性质讷而好学，人有从学者，遇不肯教，而云必当先读百遍。言读书百遍，而义自见。

锺会自述四岁读《孝经》，至后按年读诸经。可以见其时士大夫家教子弟之程序。

《三国志·锺会传》注：会为其母传曰：夫人性矜严，明于教训。会虽童稚，勤见规诲。年四岁授《孝经》，七岁诵《论语》，八岁诵《诗》，十岁诵《尚书》，十一诵《易》，十二诵《春秋左氏传》、《国语》，十三诵《周礼》、《礼记》，十四诵成侯《易记》，十五使入太学。

以段玉裁十三岁所读书证之，汉魏及清，世家之教读书，前后一轨。而天资之高者，十三四岁即能读若干古书，初不损其脑力也。

段玉裁《朱子小学跋》：乾隆丁卯，余年十三，先君子授以《小学》。是年，应学使者童子试，试之日，能背诵《小学》、四子书、《诗》、《书》、《易》、《周礼》、《礼记》、《春秋左氏传》。吏部侍郎尹公元孚为孺子可教，赐饭宠异之。

六代以降，世益尚文词之美。科举考试，竞于文艺。韩愈自述其学曰：非三代两汉之书不敢观。《答李翊书》又曰：上规姚姒，浑浑无涯。周《诰》殷《盘》，佶屈聱牙。《春秋》谨严，《左氏》浮夸。《易》奇而法，《诗》正而葩。下逮《庄》、《骚》，太史所录，子云、相如，同工异曲。《进学解》柳宗元曰：文者以明道。是固不苟为炳炳烺烺，务采色夸声音而以为能也。又曰：本之《书》以求其质，本之《诗》以求其恒，本之《礼》以求其宜，本之《春秋》以求其断，本之《易》以求其动，此吾所以取道之原也。参之穀梁氏以厉其气，参之孟、荀以畅其支，参之庄、老以肆其端，参之《国语》以博其趣，参之《离骚》以致其幽，参之太史以著其洁，此吾所以旁推交通而以为之文也。《答韦中立书》故虽专尚文章，去古益远，而其根本仍在读书，且所读惟周、秦、两汉之书。此岂迷信及功令使然，其必出于读及惟此是读者，实经若干时代若干人物选择考虑，知他途之不逮是也。

宋以来学者读书之程序，见于程端礼《读书分年日程》。大抵先读《朱子小学》，次读《大学》、《论语》、《孟子》、《中庸》，次读《孝经》、《易》、《书》、《诗》、《仪礼》、《礼记》、《春秋经》及"三传"，次看《通鉴》，读韩文，读《楚辞》。其言读法尤详。

《读书分年日程》：日止读一书，自幼至长皆然。随日力资性，自一二百字渐增至六七百字，日永年长，可近千字而已。每大段内必分作细段，每细段必看读百遍，倍读百遍，又通倍读二三十遍。（如此用功，便可终身不忘。）后凡读经书仿此……每夙兴，即先自倍读。已读册首书至昨日所读书一遍。内一日看读，一日倍读。生处、误处、记号以待夜间补正遍数。其间日看读，本为童功文理未通误不自知者设。年十四五以上者，只倍读。师标起止于日程空眼簿。凡册首书烂熟，无一句生误，方是工夫已到，方可他日退在夜间，与平日已读书轮流倍温。如未精熟，遽然退混诸书中，则温倍渐疏，不得力矣。凡倍读熟书，逐字逐句，要读之缓而又缓，思而又思，使理与心浃。朱子所谓精思，所谓虚心涵泳；孔子所谓温故知新，以异于记问之学者，在乎此也。

数百年间，塾师之教，虽不尽同，大都先倍诵而后理解，世多病其戕贼儿童。不知人生数十寒暑，惟童时记忆力最强，前人深知此意，利用天机，不使浪费，而多读有用之书。如农种谷，非朝莳而暮获，必俟秋至而后丰收；如贾储金，非旦入而夕支，必俟年久而得厚利。且其法抑人浮躁，勉使沉潜，养其恒心，归于笃实。故对所读之书能切实从事者，长而执业服务，求所未知未能之学，即亦不惮繁难，而必求其精当。养成良好之心习，实基于读书焉。自汉以来，经师文士，层出叠进，传世名家，各有独造者，以其读之熟也。且自群经之外，天文历算、地记史志、医药方术，名著如林，非科目所必治，非学校所尝授，而为之者光溢前史。盖读书之习既成，弓冶箕裘，知类通达，故能就其性之所近，锐精赴之也。例如唐有三史科，宋则无此科目。然宋人史学最精，史部撰著最富，可以为证。夫汉唐迄清，政法礼乐，远不及古；交通物质，又不逮今。而崛起竞兴，而为名臣名将循吏名贤者，项背相望。其原因固不一，盖必有一总因为此千数百年之中人物所自出。此总因者何？读书也。其读书之法，等于储金，年愈久而利愈厚，相率而支用不穷也。名人杰出者无论，即村塾童稚，家庭妇女，所诵不多，而寸语片言，深入心坎，触事值机，咸悟其用。吾国人多明理，殆基于此。衡其所读，固似远于治生常识及科学工艺之初基，然政治、如曰"政者正也"，及"为政在人"。经济、如曰"不患寡而患不均，不患贫而患不安"，及"生财有大道，生之者众，为之者疾"诸语。伦理、如"为人君止于仁，为人臣止于敬，为人父止于慈，为人子止于孝，与国人交止于信"之类。教育，如"学而时习之，有教无类"之类。种种要言，及历史之经验即所谓历史哲学者，皆储之儿童脑中。自通都大邑，及于边鄙乡村，积千百年之教化，绵绵相承。当时习之者不之觉，今日反之者亦不之察。苟静思之，谓吾国旧教育乃举今日大学校中人文科学之各种原理原则，纳之于儿童教育之中，不亦奇耶？唐仇士良教其徒勿令人主读书，初不料清季以来之言教育者，乃持仇士良之术以对吾四万万之主人翁也。

《通鉴》二百四十七：会昌三年六月癸酉，仇士良以左卫上将军内侍监致仕。其党送归私第，士良教以固权宠之术曰：天子不可令闲，常宜以奢靡娱其耳目，使日新月盛，无暇更及他事，然后吾辈可以得志。慎勿使之读书，亲近儒生。彼见前代兴亡，必知忧惧，则吾辈疏斥矣。其党拜谢而去。

孔门重博学，儒行言强学。夙夜强学以待问。董仲舒论学，谓事在强勉。

《汉书·董仲舒传》：自非大亡道之世者，天尽欲扶持而安全之，专在强勉而已矣。强勉学问，则闻见博而知益明；强勉行道，则德日进而大有功。此皆可使还至而立有效者也。

颇似前人立教，专强人所难。实则古之教义，最重因材而笃。即读书而论，亦非专举上智以督人。敏睿之资，如锺会、段玉裁者，十三四岁已遍诵群经，此为特出之人，而非定制所望。定制则为中人计，不强以读多书，儿童必读者，盖惟《孝经》、《论语》。汉昭帝年十三通保傅传《孝经》、《论语》、《尚书》。宣帝年十八，师受《诗》、《论语》、《孝经》，均著帝纪。可见汉时《孝经》、《论语》，为自天子至于庶人所通习。唐试童子科者，十岁以下能通一经及《孝经》、《论语》卷诵文十通予出身。国子生习《孝经》、《论语》限一年业成。见《唐志》及《六典》。长而治经，则止限一经或二经。汉之博士，各授一经，守其家法，传其章句，已足为学。唐分大中小经，《礼记》、《左氏春秋》为大经，《周易》、《毛诗》、《周礼》、《仪礼》为中经，《尚书》、《春秋》、《穀梁》、《公羊》为小经。国学生治一大经，即不兼他经，中小经乃使兼习。许、郑、贾、孔诸通儒，俟其自求，非悬格以相强也。明代至清乾隆中叶，试士以经分房，士子各占一经；其通习者，四子书耳。上智不加限制，分经试士时，亦有兼治五经得第者。群材皆可勉为。前人制事之准情理若是，徒以上智无多，而常人不可不诏以困勉。困勉则可与生知安行者平等，而天下皆无弃材。必待其有兴味而自求，率不免于时过而后学。且于读书纵其惰性，何能期其莅事必矢恒心，讲求教化，其亦深虑及此乎？清初颜元、李塨，有鉴于宋明以来专知读书之弊，欲反之于《周官》三物之教。其实颜、李之学，正由读书得来。真读书者，自知尽己及人物之性。昔之教也偏于尽人，今之教也偏于尽物。由《周官》而通之，讽诵必兼六艺，即知格致亦必读书矣。

任何国族之心习，皆其历史所陶铸，惟所因于天地人物者有殊，故演进各循其轨辙。吾之立国，以农业，以家族，以士大夫之文化，以大一统之国家，与他族以牧猎，以海商，以武士，以教宗，以都市演为各国并立者孔殊。而其探本以为化，亦各有其独至。骤观之，若因循而不进，若陈腐而无当，又若广漠而不得要领；深察之，则其进境实多。如疆域之推广，种族之镕化，物产之精制，文艺之深造等。而其本原不二。近世承之宋明，宋明承之汉唐，汉唐承之周秦。其由简而繁或由繁而简者，固由少数圣哲所创垂，要亦经多数人民所选择。此史迁治史，所以必极之于究天人之际也。《大学》曰：物有本末，事有终始。知所先后，则近道矣。又曰：其本乱而末治者否矣。吾之人本主义，即王氏所谓合全国为一道德之团体者。过去之化若斯，未来之望无既。通万方之略，弘尽性之功，所愿与吾明理之民族共勉之。

中国乡治之尚德主义

德治与法治为中西不同之宗主。其原则本于民族心理，加以哲人先识之提倡，演迤累进，弈世赓续，久之遂如人之面目，虽同一官位而精神迥异，不可强合。苟欲尽弃所习，一取于人，必致如邯郸学步，新法未得而故步已迷，此导国者所当深察也。吾诚不敢谓德治与法治得一即足，不必他求，亦不敢谓尚德者绝对无法治之思想事实，尚法者亦绝对无德治之思想事实。然其有所畸重，固灼然见于历史而不可掩。任举一端，皆可以见民族精神之表著。兹先以乡治历史，质之当世，余则俟更端论之。

地方自治。为清季剽窃西法之名词，求之中国，则固无有。吾欲取其法而肤傅之，在在见其凿枘，岂惟理论为然。各地之尝试而引为苦痛者数矣。今之醉心民治者，仍在力争地方自治之时期，而老旧之官僚震于此等名义之不可犯，而又不敢遽任其所为，则相与依违敷衍，延宕时日，藉口于程度之不足，或施行之有序。姑悬一法而力斮之，叩其心。则曰"地方自治不可行"，然亦未尝真知其不可行之本也。孟子曰："徒善不足以为政，徒法不能以自行。"今之醉心民治者，病在迷信法治万能，但令袭取异域一纸条文，举而加之吾国，便赫然可与诸先进之民主国并驾。国会、省会已为国民所共疾，然犹甘茹此苦，不敢昌言徒法之非。假令县、市、乡村一一再如法炮制，不问其民之了解自治之义与否，姑托此为名高，则乡棍、地痞、土匪、流氓群起而擅法权，将令民国一变而为匪国。然必谓此法不可行，或强制焉，或搁置焉，或虚与委蛇而徒饰其名焉，一切政本悉出于官，谓为已足，则官国之为害亦无异于匪国也。故欲造成民国，使不堕于匪国，又不令名官而实匪之徒。久尸政本，长此不变，则非从吾国立国之本详究而熟审之不可矣。

　　清季之倡地方自治者，求法于日本，求法于欧美，独未尝反而求之中国。故中国乡治之精义，隐而不昌。然细考之，吾国自邃古迄元明，虽为君主政体，然以幅员之广，人口之众，立国之本仍在各地方之自跻于善，初非徒恃一中央政府或徒倚赖政府所任命之官吏，而人民绝不自谋。此其形式虽与近世各国所谓地方自治者不侔，然欲导吾民以中国之习惯渐趋于西方之法治，非徒此参其消息，不能得适当之导线也。所惜者，吾国乡治之精义，散见诸书，从未有人汇而述之，以明其蜕变之原委。而历代之制度及先哲之议论，又实有与西方根本不同者，即其立法之始，不专重在争民权而惟重在淑民德，故于法律之权限、团体之构成，往往不加规定。而其所反复申明历千古如一辙者，惟是劝善惩恶，以造就各地方醇厚之风。徒就其蜕变之迹言之，则病在徒善不足以为政，然丁此法制万能之时，取其制度、议论而折衷焉，固未始非救病之良药也。

　　吾国乡治，始于唐虞，而推其本，则由于黄帝之制井田。

　　《通典・乡党篇》：昔黄帝始经土设井，以塞争端，立步制亩，以防不足。使八家为井，井开四道，而分八宅，凿井于中，一则不泄地气，二则无费一家，三则同风俗，四则齐巧拙，五则通财货，六则存亡更守，七则出入相同，八则嫁娶相媒，九则有无相贷，十则疾病相救。是以情性可得而亲，生产可得而均，均则欺陵之路塞，亲则斗讼之心弭。

　　至唐虞而有邻朋里邑之制。

　　《尚书大传》：古之处师八家而为邻，三邻而为朋，三朋而为里，五里而为邑，十邑而为都，十都而为师，州十有二师焉。家不盈三口者不朋，由命士以上不朋。郑玄注：州凡四十三万二千家。此盖虞夏之数也。

　　《通典・乡党篇》：既牧之于邑，故井一为邻，邻三为朋，朋三为里，里五为邑，邑十为都，都十为师，师十为州。师十为州与《大传》十二师为州不同，殆举大数。夫始分之于井则地著，计之于州则数详，迄乎夏、殷不易其制。

　　此其条文虽简，然可推知其组织之意不在使民抵抗官吏，保护其财产、身体、言论之权，而在养成人民亲睦和乐之德，使之各遂其生。是即吾国乡治之滥觞，而后来种种法制及言论皆由此而递演递进者也。

　　井田之制，至周而变。（从来讲历史者皆误以为周代大行井田之制，实则周之特色即在改前代之井田为非井田之制，其有行井田者特沿前代之遗迹未尽改者耳。）故唐虞夏商乡邑之组织皆自八家起，而周代乡遂之组织则自五家起。

《周礼》：大司徒：令五家为比使之相保，五比为闾使之相受，四闾为族使之相葬，五族为党使之相救，五党为州使之相赒，五州为乡使之相宾。

又：族师：五家为比，十家为联；五人为伍，十人为联；四闾为族，八闾为联。使之相保、相受，刑罚庆赏相及、相共，以受邦职，以役国事，以相葬埋。

又：比长各掌其比之治，五家相受相和亲，有罪，奇邪则相及。

又：遂人掌邦之野，以土地之图经田野，造县鄙形体之法。五家为邻，五邻为里，四里为酇，五酇为鄙，五鄙为县，五县为遂。

又：邻长掌相纠相受，凡邑中之政相赞。

原其用意，始亦有关于军制之变革，然昔之地方组织，第一级八家，第二级即二十四家，至此则第一级五家，第二级十家十家为联，第三级二十五家五比为闾，以渐而进。其法盖视前为密，而相保、相受、相和亲则与八家同井者无别也。当时比、闾、族、党之首领，皆自人民选举，而所重者则在人民之德行道艺。

《周官》：乡大夫之职，正月之吉受教法于司徒，退而颁之于其乡吏，使各以教其所治，以考其德行，察其道艺。

合则书而举之，不合则挞而罚之。

《周官》：闾胥：凡事掌其比觥挞罚之事。

虽其法受于政府，似乎纯为官治而非民治，然吾侪试平心思之，宁合乡里诸无赖，假以法权，即为民治乎？抑乡之人必有所选择，使善者自谋其乡之为愈乎？此其理之明，固不待智者而可决也。

《周官》之后，详言乡治者莫如《管子》。《管子》所载乡里选举之制，尤详于《周官》，而其注重德治之意，亦随在可见。

《管子·立政篇》：分国以为五乡，乡为乡师；分乡以为五州，州为州长；分州以为十里，里为里尉；分里以为十游，游为游宗。十家为什，五家为伍，什伍皆有长焉。乡、州什伍之制皆本《周官》，特里游之数稍加变通耳。筑障塞匿，一道路，博出入，审闾闬，慎管键。管藏于里尉，置关有司，以时开闭，关有司观出入者以复于里尉。凡出入不时、衣服不中、圈属群徒、不顺于常者，关有司见之复无时。若在长家子弟、臣妾、属役、宾客，则里尉以谯于游宗，游宗以谯于什伍，什伍以谯于长家，谯徹而勿复，一再则宥，三则不赦。凡孝悌、忠信、贤良、俊材，若在长家子弟、臣妾、属役、宾客，则什伍复于游宗，游宗以复于里尉，里尉以复于州长，州长以计于乡师，乡师以著于士师。凡过党，其在家属及于长家，其在长家及于什伍之长，其在什伍之长及于游宗，其在游宗及于里尉，其在里尉及于州长，其在州长及于乡师，其在乡师及于士师。三月一复，六月一计，十二月一著。凡上贤不过等，使能不兼官，罚有罪不独及，赏有功不专与。

不德则谯徹，有过则连坐，惟孝弟、忠信、贤良、俊材者，亟白于上无隐，此非其重德治之明证乎？虽然，《周官》所重之德行道艺，《管子》所重之贤良、俊材，亦自有其界说，非后世之空无道德者可比。盖当时人民对于国家及地方，须人人各尽其义务，人民之道德，即于其服务时征之。如周之师田行役。

《周官》：乡师之职，大役，则帅民徒而至，治其政令。既役，则受州里之役要，以考司空之辟，以逆其役事。凡邦事，令作秩叙。大军旅会同，正治其徒役与其輂辇，戮其犯命者。凡四时之田，前期出田法于州里，简其鼓铎旗物兵器，修其卒伍。及期，以司徒之大旗致众庶，而陈之以旗物，辨乡邑而治其政令刑禁，巡其前后之屯而戮其犯命者，断其争禽之讼。

又：州长：若国作民而师田行役之事，则帅而致之，掌其戒令，与其赏罚。

又：党正：凡其党之祭祀、丧纪、昏、冠、饮酒，教其礼事，掌其戒禁。凡作民而师田行役，则以法治其政事。

又：族师：若作民而师田行役，则合其卒伍，简其兵器，以鼓铎旗物帅而至，掌其治令，戒禁刑罚。

齐之备水作土。

《管子·度地篇》：桓公曰："请问备五害之道。"管子对曰："请除五害之说，以水为始。请为置水官，令习水者为吏，大夫、大夫佐各一人，率部校长官佐如财足，乃取水左右各一人，使为都匠水工，令之行水道城郭堤川沟池官府寺舍，及州中当缮治者，给卒财足。令曰：常以秋岁末之时阅其民，案家人，比地，定什伍口数，别男女大小。其不为用者辄免之。有痼病不可作者，疾之。可省作者，半事之。并行以定甲士当被兵之数，上其都，都以临下，视有余不足之处，辄下水官。水官亦以甲士当被兵之数，与三老里有司伍长行里，因父母案行阅具备水之器。以冬无事之时藏臿板筑各什六，土车什一，雨蓑什二，食器两具，人有之，锢藏里中，以给丧器。后常令水官吏与都匠因三老里有司伍长案行之，常以朔日始出具阅之，取完坚，补弊久，去苦害。常以冬少事之时令甲士以更次盖薪积之水旁，州大夫将之，唯毋后时。其积薪也，以事之已，共作土也，以事未起。天地和调，日有长久，以此观之，其利百倍。故常以毋事具器，有事用之，水常可制，而使毋败。此谓素有备而豫具者也。故吏者所以教顺也，三老、里有司、伍长者所以为率也。五者巳具，民无愿者，愿、其毕也。故常以冬日顺三老、里有司、伍长，以冬赏罚，使各应其赏而服其罚。"

皆人民所当从事。若则敬敏，若则偷惰，若则和顺，若则乖戾，即事绳之，众所共见。长老执法，从而赏罚，则事无不举，人无不励，此古之所谓乡治也。

自秦以降，制产不均。乡治之本，渐即隳废。然秦汉之世，乡老、啬夫诸职，犹周、齐乡遂、游宗、里尉之遗也。

《汉书·百官公卿表》：大率十里一亭，亭有长；十亭一乡，乡有三老、有秩、啬夫、游徼。三老掌教化，啬夫职听讼、收赋税，游徼徼循、禁贼盗。县大率方百里，其民稠则减，稀则旷，乡亭亦如之，皆秦制也。

《续汉书·百官志》：乡置有秩、三老、游徼。（本注曰：有秩，郡所署，秩百石，掌一乡人。其乡少者，县置啬夫一人。皆主知民善恶、为役先后，知民贫富、为赋多少，平其差品。三老掌教化，凡有孝子、顺孙、贞女、义妇、让财。救患及学士为民法式者，皆扁表其门，以兴善行。游徼掌徼巡禁司奸盗。又有乡佐，属乡，主民，收赋税。）里有里魁，民有什伍，善恶以告。（本注曰：里魁掌一里百家，什主十家，伍主五家，以相检察。民有善事、恶事，以告监官。）

俞理初《少吏论》考其制度之沿革及事迹最详。

《癸巳类稿·少吏论》：汉自里魁至三老，亦以次迁。《汉官旧仪》云：就田里民，应令选为亭长。《史记·田叔列传》褚先生云：伍安为求盗亭父，后为亭长，后为三老，举为亲民，出为三百名长，治民。《汉书·朱博传》：以亭长为功曹。《朱邑传》：以啬夫为太守亭史。《张敞传》：以乡有秩补太守卒史。《后汉书·王忳传》：为大度亭长仕郡功曹、州治中从事，又言婪亭亭长后为县门下游徼。《陈实传》：为郡西门亭长，寻转功曹，后为县长。《汉书·高帝纪》云：三老，乡一人，择乡三老一人为县三老，县三老有事与县相教。盖在长吏、少吏间，即所谓举为亲民者。又国家有赐乡三老帛三匹，县三老帛五匹，是其阶由里魁、亭父而亭长，亭长或为功曹，或为游徼。由游徼而啬夫、乡三老，由啬夫、乡三老而县三老，或为县门下游徼，或为郡太守卒史。《循吏传》云：置二百石卒史，逾常制，奖之。《儒林传》云：左、右内史卒史二百石，郡太守卒史百石。则郡卒史百石，常也。乡三老惟郡署者百石。《赵广汉传》云：奏请长安游徼秩百石，他游徼不百石也。《韩延寿传》：啬夫在三老前，三老、啬夫事同而置啬夫者多也。《后汉书·仲长统传·损益》篇注引阚骃《十三州志》云：有秩啬夫得假半章印，则三老可知。此少吏阶秩也。汉法最详，有事可征。其与古不同者，《伏生唐虞传》云：八家为邻，二十四家为朋，七十二家为里。《周官》大司徒职云：五家为比，二十五家为闾，百家为族，五百家为党，二千五百家为州，万二千五百家为乡。遂人制同，特邻、里、酂、鄙、县、遂名异。《通典》云：周州长、党正、族师、闾胥、比长、县正、鄙师、酂长、里宰、邻长皆乡里之官也。大凡各掌其州、里、乡、党之政治。《鹖冠子·王铁》篇言：楚法，五家伍长，五十家里有司，二百家扁长，二千家乡师，万家县啬夫，十万家郡大夫。出入相司，居处相察。汉则五家为伍，十家为什，百家里魁，千家亭长，万家乡三老、啬夫，其法仿于《管子》。《管子·禁藏》篇云：辅之以什，司之以伍。《度地》篇云：百家为里，是什、伍、里同也。《度地》又云：水官亦以甲士，与三老、里有司、伍长行里。又云：三老、里有司、伍长者；所以为率也。则三老名同，其里有司、伍长即里魁、什伍。汉游徼则《言政》篇之游宗。啬夫则《管子》云啬夫、伍事人。惟亭长秦制，《续汉志》注言：秦作绛福，为武将首饰，汉加其题额，名曰帻。又引《汉宫仪》云：尉、游徼、亭长皆习设备五兵，鼓吏，赤帻大冠，行膡、带剑、佩刀，持盾、被甲，设矛戟，习射。故虫之赤头者，《本草》谓之"葛上亭长"，《名医别录》：秦后名也。其啬夫之名最古，《左传》引《夏书》："巳月日食有啬夫"即今枚本"戊月日食之啬夫"。周觐礼啬夫承命告于天子，注云：司空之属，以王朝官不在王官知之。《淮南子·人间训》中行穆子时有啬夫，《说苑·权谋篇》中行文子时有啬夫，《魏策》周最张仪事有啬夫，又《史记·滑稽列传》魏文侯时有三老，《韩非子·内储说》秦昭襄时有里正、伍老，《礼记·杂记》里宰注引《王度记》云：百户为里，里一尹，其禄如庶人在官者。《正义》引刘向《别录》云：《王度记》，齐宣王时淳于髡等所说，其以百户为里，合于《管子》，盖《管子》之法行也久矣。

顾亭林论乡亭之职，则谓三代明王之治亦不越乎此。

《日知录》：《汉书·百官表》云云，此其制不始于秦汉也。自诸侯兼并之始，而管仲、芍敖、子产之伦所以治其国者，莫不皆然。而《周礼·地官》自州长以下有党正、族师、闾胥、比长，自县正以下有鄙师、酂长、里宰、邻长，则三代明王之治亦不越乎此也。夫惟于一乡之中官之备而法之详，然后天下之治若网之在纲，有条而不紊。柳宗元曰：有里胥而后有县大夫，有县大夫而后有诸侯，有诸侯而后有方伯、连帅，有方伯、连帅而后有天子。由此论之，则天下之治始于里胥，终于天子，其灼然者矣。故自古及今，小官多者，其世盛；大官多者，其世衰。兴亡之涂，罔不由此。

虽其分职立名，类似官吏，与今之地方选举自治职员有别，亦与周之读法校比以行选举者不同。然《汉官旧仪》明云选为亭长，则自里魁、什伍至亭长，故皆民所推选，惟其选举之法，不似周及今日之精密。而郡署有秩，县置啬夫，则又明属官厅之任命，且其升转阶级亦厘然可考。故此诸职，仅可谓为少吏，而不可目为民人之代表，此则中国乡治立法之观念与近世民治观念根本相左者也。然三老掌教化，啬夫主知民善恶，里魁、什伍主检察民之善事、恶事，则与周之注重德行、道艺，齐之注重贤良、俊材，仍属后先一贯，故知周齐秦汉法治有蜕化而德治无变迁。汉制且明著孝子、顺孙、贞女、义妇、让财、救患及学士为民法式者。皆扁表其门，其于导扬民德且视前代为进，而奖励学术自乡里始，又岂仅以议决地方出入款目，为尽地方自治之能事已哉？俞氏论少吏治事，首举此义，实有特识。

《癸巳类稿·少吏论》：古今论少吏治者理而陈之，则有五事：其一以知闾阎善恶。汉制，里魁、什伍以告监官，监官，长吏也。《周官》太宰职九两，七曰吏以治得民，注云：吏，小吏在乡邑者。《管子·权修》篇云：乡与朝争治，故朝不合，众乡分治也。又云：有乡不治，奚待于国，言无以待国之治。又云：国者，乡之本也，言国治以乡为本。

《八观》云：乡官无法制，百姓群徒不从，此亡国弑君之所自生也。其重乡治若此。《汉书·武帝纪》：元狩五年，诏云："谕三老以孝弟为民师，举独行之君子，征诣行在所。"亦以三老、孝弟与征举之事。孝弟，力田者，汉高后置，不在少吏也。《司马相如传》云：让三老、孝弟，以不教训之罪。《韩延寿传》云：骨肉争讼，使贤长吏、啬夫、三老、孝弟受其耻，啬夫、三老自系待罪。是有师责三老或兼孝弟。《文帝纪》：十二年，诏云："三老，众民之师也。"《续汉志》云：乡有孝子、顺孙、贞女、义妇、让财、救患及学士为民法式者，三老扁表其门，若后世官为旌表。自魏晋来，言少吏者以教化为称首，则亦聊举为文辞而已。"余四事，一以征调军旅、一以知户口赋税、一以察奸弭盗，一用为官役，其文甚长，不具录。

观后汉爱延、仇览等之化行其乡，知当时任地方之职者最能治其一地，不藉官力。

《后汉书·爱延传》：为乡啬夫，仁化大行，但闻啬夫，不知郡县。

又《仇览传》：为蒲亭长，劝人生业。为制科令，至于果菜，为限鸡豕有数，农事既毕，乃令子弟群居还就黉学。其剽轻游恣者皆役以田桑，严设科罚，躬助丧事，赈恤穷寡。期年，称大化。

吾谓地方真正自治必须以此为式，否则徒具条文，巧立名目，扰攘竞夺，无一事之举行。猥曰地方自治，是自乱耳，恶足云治哉？

三国以降，地方组织以次蜕变，其见于史者，晋有啬夫、治书史、史、佐、正、里吏、校官佐等。

《晋书·职官志》：县五百以上，皆置乡。三千以上，置二乡；五千以上，置三乡；万以上，置四乡。乡置啬夫一人，乡户不满千以下，置治书史一人；千以上置史、佐各一人，正一人；五千五百以上置史一人，佐二人。县率百户置里吏一人，其土广人稀听随宜置里吏，限不得减五十户。户千以上置校官掾一人。东晋以后，始皆仿此法。《通典·职官》称宋五家为伍，伍长主之。二伍为什，什长主之。十什为里，里魁主之。十里为亭，亭长主之，十亭为乡，乡有乡佐、三老、有秩、啬夫、游徼各一人。所职与秦汉同。按《宋书·百官志》虽有此文，似述古制，并非宋之定章，志称众职，或此县有而彼县无，各有旧俗，无定制也，杜氏似未喻此意，故误以为宋制直同秦汉。

元魏有邻长、里长、党长等。

《魏书·食货志》：魏初不立三长，故民多荫附。荫附者，皆无官役，豪强征敛，倍于公赋。太和十年，给事中李冲上言：宜准古五家立一邻长，五邻立一里长，五里立一党长，长取乡人强谨者。邻长复一夫，里长二，党长三，所复复征戍，余若民。三载亡愆则陟，用陟之一等。孤独癃老笃疾贫穷不能自存者，三长内迭养食之。书奏，诸官通议称善者众，高祖从之。于是遣使者行其事。初，百姓咸以为不若循常，豪富并兼者尤弗愿也。事施行后，计省昔十有余倍，于是海内安之。

北齐有里正。

《隋书·百官志》：邺领一百三十五里，里置正。临漳领一百一十四里，里置正。成安领七十四里，里置正。

隋有乡官，而职掌不详。

《通典》：隋以周、齐州郡县职，自州都、郡正、县正以下皆州郡将县令所自调用理时事。至开皇初，不知时事，直谓之乡官。开皇十五年，罢州县乡官。

其见于石刻者，魏有族望、民望。

《张猛龙碑》阴有鲁县族望颜骦、汶阳县族望鲍黄头、阳平县族望吴安世、弁县族望隽伯符等。

《敬史君碑》阴有民望沈清都、民望陈树等。

齐有邑老、乡老等。

《宋显伯等造像记碑》阴有邑老河内郡前功曹王瓮、邑老旨授洛阳令盖僧坚等。

《隽修罗碑》（阴）有乡老孙啖鬼等。

而隽修罗之举孝义，至合乡老一百余人为之刊石立碑，则仍汉代扁表孝子、顺孙、贞女、义妇之法矣。

《大齐乡老举孝义隽修罗之碑》：唯皇肇祚大齐受命，引轩辕之高□①，绍唐虞之遐统。应孝义以致物，扬人风以布则，于是缉熙前绪，照显上世。隽敬字修罗，钻土长安，食采勃海。前汉帝臣隽不疑公之遗孙，九世祖朗，迁官于鲁，遂住洙源。幼倾乾荫，唯母偏居。易色承颜，董生未必过其行，守信志忠，授杅岂能看其心。舍田立寺，愿在菩

---

① 原文此处阙一字。

提。醍味养僧；缨络匪客。救济饥寒，倾壶等意。少行忠孝，长在仁伦。可钦可美，莫复是过。盖闻论贤举德，古今通尚，匮秀蔽才，锥囊自现。余等乡老壹伯余人，目睹其事，岂容嘿焉？□①刊石立□②，以彰孝义。非但树名今世，亦劝后生义夫节妇。

《续金石萃编》跋：按，北齐孝昭帝演以乾明元年八月即位，改元皇建。诏遣大使巡省四方，观察风俗，搜访贤良。故乡老等举隽敬应诏，且刊石树名也。

魏晋之世，专重乡评。朝廷用人，必经中正品定。虽其法无关于治理地方，而其意则专重在表扬德行。近世顾亭林、赵云松等论其事之利弊綦详。

《日知录》：魏晋九品中正之设虽多失实，凡被纠弹付清议者即废弃终身，同之禁锢。原注：《晋书·卞壶传》。至宋武帝篡位，乃诏有犯乡论清议赃污淫盗，一皆荡涤洗除，与之更始。自后凡遇非常之恩，赦文并有此语。原注：齐、梁、陈诏并云洗除，先注当日乡论清议，必有记注之目。《小雅》废而中国微，风俗衰而叛乱作耳。然乡论之污，至烦诏书为之洗刷，岂非三代之直道尚在于斯民而畏人之多言，犹见于变风之日乎？

《廿二史札记》：魏文帝初定九品中正之法，郡邑设小中正，州设大中正，由小中正品第人才，以上大中正，大中正核实，以上司徒，司徒再核，然后付尚书选用。此陈群所建白也。行之未久，夏侯玄已谓中正干铨衡之权。《玄传》而晋卫瓘亦言："魏因丧乱之后，人士流移，考详无地，故立此法，粗具一时选用。其始乡邑清议，不拘爵位，褒贬所加，足为劝励，犹有乡论余风。其后遂计贤定品，惟以居位为重。"是可见法立弊生，而九品之升降尤易淆乱也。今以各史参考，乡邑清议亦有时主持公道者。如陈寿遭父丧，有疾，令婢丸药，客见之，乡党以为贬议，由是沉滞累年，张华申理之，始举孝廉。《寿传》阎义亦西州名士，被清议，与寿皆废弃。《何攀传》卞粹因弟裒有门内之私，粹遂以不训见讥被废。《卞壶传》并有已服官而仍以清议升黜者。长史韩预强聘杨欣女为妻，时欣有姑丧未经旬，张辅为中正，遂贬预以清风俗。《辅传》陈寿因张华奏，已官治书侍御史，以葬母洛阳，不归丧于蜀，又被贬议，由此遂废。《寿传》刘颂嫁女于陈峤，峤本刘氏子，出养于姑，遂姓

---

① 原文此处阙一字。
② 原文此处阙一字。

陈氏，中正刘友讥之。《颂传》李含为秦王郎中令，王薿，含侯葬讫除丧，本州大中正以名义贬含，傅咸申理之，诏不许，遂割为五品。《含传》淮南小中正王武父没，其继母终丧，归于前夫之子，后遂合葬于前夫。卞壸劾之，以为犯礼害义，并劾司徒及扬州大中正、淮南大中正，含容徇隐。诏以式付乡邑清议，废终身。《壸传》温峤已为丹阳尹，平苏峻有大功，司徒长史孔愉以峤母亡，遭乱不葬，乃下其品。《愉传》是已入仕者，尚须时加品定，其法非不密也。中正内亦多有矜慎者，如刘毅告老，司徒举为青州大中正，尚书谓毅既致仕，不宜烦以碎务，石鉴等力争，乃以毅为之。铨正人流，清浊区别，其所弹贬，自亲贵者始。《毅传》司徒王浑奏周馥理识清正，主定九品，检括精详，褒贬允当。《馥传》燕国中正刘沈举霍原为二品，司徒不过，沈上书谓原隐居求志，行成名立，张华等又特奏之，乃为上品。《李重、霍原传》张华素重张轨，安定中正蔽其善，华为延誉，得居二品。《轨传》王济为太原大中正，访问者论邑人品状，至孙楚，则曰：“此人非卿所能目，吾自为之。”乃状曰：“天才英博，亮拔不群。”《楚传》华恒为州中正，乡人伍让轻薄无行，为恒所黜。《恒传》韩康伯为中正，以周馧居丧废礼，脱落名教，不通其议。《康伯传》陈庆之之子暄，以落魄嗜酒，不为中正所品，久不得调。《庆之传》此皆中正之秉公不挠者也。然进退人才之权，寄之于下，岂能日久无弊？晋武为公子时，以相国子当品，乡里莫敢与为辈，十二郡中正共举郑默以辈之。《默传》刘卞初入太学，试经当为四品，召吏访问，助中正采访之人。欲令写黄纸一鹿车，卞不肯，访问怒，言之于中正，乃退为尚书令史。《卞传》孙秀初为郡吏，求品于乡议，王衍将不许，衍从兄戎劝品之。及秀得志，朝士有宿怨者皆诛，而戎、衍获济。《戎传》何劭初亡，袁粲来吊，其子岐辞以疾，粲独哭而出，曰：“今年决下婢子品。”王诠曰：“岐前多罪时，尔何不下，其父新亡，便下岐品，人谓畏强易弱也。”《何劭传》可见是时中正所品高下，全以意为轻重。故段灼疏言，九品访人，惟问中正，据上品者，非公侯之子孙，即当途之昆弟。《灼传》刘毅亦疏言，高下任意，荣辱在手，用心百态，求者万端。《毅传》此九品之流弊见于章疏者，真所谓“上品无寒门，下品无世族”。高门华阀有世及之荣，庶姓寒人无寸进之路，选举之弊，至此而极。

然即置其重伦理彰清议之善，专就其弊言之，亦惟是较量门阀、怀挟恩怨两端，绝无近日公然贿买聚众劫持之事。是可知社会制裁之力，愈于法律万万，徒恃法律而社会无公正之舆论以盾其后，不可轻言选举也。

唐之法制，多沿周、隋，地方区画，亦有规定，里正、耆老、村正、坊正、保长等名目綦夥。降及五代，犹其沿制。

《唐六典》：百户为里，五里为乡，两京及州县之廓内分为坊，郊外为村。里及村、坊皆有正，以司督察。里正兼课植农桑，催驱赋役。四家为邻，五家为保，保有长以相禁约。

《通典》：大唐凡百户为一里，里置正一人；五里为一乡，乡置耆老一人，以耆年平谨者县补之，亦曰父老。贞观九年，每乡置长一人、佐二人，至十五年省。

《册府元龟》：唐制，百户为里，里置正；五里为乡，乡置耆老，亦曰父老。五代因之。

《文献通考》：唐令，诸户以百户为里，五里为乡，四家为邻，五家为保。每里设正一人，若山谷阻险、地远人稀之处，听随便量置。掌按比户口，课植农桑，检察非违，催驱赋役。在邑居者为坊，别置正一人，掌坊门管钥，督察奸非，并免其课役。在田野者为村，别置村正一人，其村满百家增置一人，掌同坊正。其村居如满十家者，隶入大村，不须别置村正。天下户，量其资产升降定为九等，三年一造户籍，凡三本，一留县，一送州，一送户部。常留三比在州县，五比送省。诸里正县司选勋官六品以下白丁清平强干者充，其次为坊正，若当里无人，听于比邻里简用。其村正取白丁充，无人处里正等并通取十八以上中男，残疾免充。

又：周显德五年，诏诸道州府令团并乡村，大率以百户为一团，每团选三大户为耆长。凡民家之有奸盗者，三大户察之，民田之有耗登者，三大户均之，仍每及三载即一如是。

然其人似是但服造籍、察奸、督赋、应差诸役，迥非秦汉三老、啬夫之比。李习之《平赋书》远本《周官》，然其言乡正之职事，仅有劝告乡人归还公蓄一节，而不复准周之里、闾、族、党之选举书升，知虽大儒如习之，其理想中尚不以乡治为立国之基本。斯实古今民治与官治递嬗之关键也。

李翱《平赋书》：凡十里之乡，为之公囷焉。乡之所入于公者，岁十舍其一于公囷，十岁得粟三千四百五十有六石。十里之乡多人者不足千六百家，乡之家保公囷便勿偷，饥岁并人不足于食，量家之口多寡，出公囷与之而劝之种，以须麦之升焉。及其大丰，乡之正告乡之人归公所与之蓄，当戒必精，勿濡以内于公囷。穷人不能归者，与之勿征于书。

宋代制度，去古益远，里正、户长，徒给差役，其于政教，关系甚微。

《文献通考》：国初循旧制，衙前以主官物，里正、户长、乡书手以课督赋税，耆长之手壮丁，以逐捕盗贼。淳化五年，令天下诸县以第一等户为里正，第二等户为户长。勿得冒名以给役，讫今循其制。役之重者，自里正、乡户为衙前，主典府库，或輂运官物，往往破产。

熙宁新法，遂主雇役，南渡以后，则有保长、保正等制，其贱尤甚。

《文献通考》：十大保为一都，二百五十家内通选才勇、物力最高二人充应，主一都盗贼、烟火之事。大保长一年替，保正、小保长二年替，户长催一都人户夏、秋二税，大保长愿兼户长者，输催纳税租一税一替欠数者后料人催。以上系中兴以后差役之法，已充役者谓之"批朱"，未曾充役者谓之"白脚"。

然物穷则反，官役无与于乡治，而讲求古礼者遂别创乡约，以蕲复古者乡治之精神。

《宋元学案》：吕大钧字和叔，于张横渠为同年友，心悦而好之，遂执弟子礼。横渠之教，以礼为先，先生条为乡约，关中风俗为之一变。

《吕氏乡约》德业相规：德谓见善必行，闻过必改，能治其身，能治其家，能事父兄，能教子弟，能御僮仆，能肃政教，能事长上，能睦亲故，能择交游，能守廉介，能广施直，能受寄托，能救患难，能导人为善，能规人过失，能为人谋事，能为众集事，能解斗争，能决是非，能兴利除害，能居官举职。业谓居家则事父兄、教子弟、待妻妾，在外则事长上、接朋友、教后生、御僮仆，至于读书、治田、营家、济物、畏法令、谨租赋，如礼、乐、射、御、书、数之类，皆可为之，非此之类，皆为无益。右件德业同约之人，各自进修，互相劝勉。会集之日。相与推举其能者，书于籍，以警励其不能者。

过失相规：过失谓犯义之过六，犯约之过四，不修之过五。犯义之过，一曰酗博斗讼、二曰行止逾违、三曰行不恭逊、四曰言不忠信、五曰造言诬毁、六曰营私太甚。犯约之过，一曰德业不相励、二曰过失不相规、三曰礼俗不相成、四曰患难不相恤。不修之过，一曰交非其人、二曰游戏怠惰、三曰动作威仪、四曰临事不恪、五曰用度不节。右件过失同约之人，各自省察，互相规戒。少则密规之，大则众戒之，不听则会集之日，值月以告于约正，约正以义理诲谕之，谢过请改，则书于籍以俟，其争辩不服与终不能改者，皆听其出约。

礼俗相交：礼俗之交，一曰尊幼辈行、二曰造请拜揖、三曰请召送迎、四曰庆吊赠遗。右礼俗相交之事，值月主之有期日者为之期日，当纠集者督其违慢。凡不如约者以告于约正，而诘之且书于籍。

患难相恤：患难之事七，一曰水火、二曰盗贼、三曰疾病、四曰死丧、五曰孤弱、六曰诬枉、七曰贫乏。右患难相恤之事，凡有当救恤者，其家告于约正，急则同约之近者为之告，约正命值月遍告之，且为之纠集而绳督之。凡同约者，财物、器用、车马、人仆皆有无相假，若不急之用及有所妨者，则不必借。可借而不借，及逾期不还，及损坏借物者，论如犯约之过，书于籍。邻里或有缓急，虽非同约而先闻知者，亦当救助，或不能救助则为之告于同约而谋之，有能如此，则亦书其善于籍，以告乡人。

其后朱子又增损之，而别为月旦集会读约之礼。

《朱子集》：乡约四条，本出蓝田吕氏，今取其他书及附己意稍增损之，以通于今，而又为月旦集会读约之礼如左方曰：凡预约者，月朔皆会，朔日有故，则前期三日别定一日，直月报会者所居远者惟赴孟朔又远者岁一再至可也。直月率钱具食。每人不过一二百，孟朔具果酒三行、面饭一会，余月则去酒果或直设饭可也。会日夙兴，约正副正直月本家行礼，若会族罢。皆深衣俟于乡校，设先圣先师之象于北壁下，无乡校则择间宽处。先以长少叙拜于东序，凡拜，尊者跪而扶之，长者跪而答，其半稍长者俟其俯伏而答之。同约者如其服而至，有故则先一日使人告于直月，同约之家子弟虽未能入籍，亦许随众序拜，未能序拜亦许侍立观礼，但不与饮食之会，或别率钱略设点心于他处。俟于外次。既集，以齿为序立于门外东向北上，约正以下出门西向南上，约正与齿最尊者正相向。揖迎入门，至庭中北向，皆再拜。约正升堂上香，降，与在位者皆再拜。约正升降皆自阼阶。揖分东西向位，如门下之位。约正三揖，客三让，约正先升，客从之，约正以下升自阼阶，余人升自西阶，皆北向立。约正以下西上，余人东上。约正少进，西向立，

副正直月次其右少退，直月引尊者东向南上，长者西向南上。皆以约正
之年推之，后放此。西向者其位在约正之右少进，余人如故。约正再拜，凡在
位者皆再拜。此拜尊者。尊者受礼如仪，惟以约正之年为受礼之节。退北壁
下，南向东上立。直月引长者东向，如初礼，退则立于尊者之西东上。
此拜长者，拜时惟尊者不拜。直月又引稍长者东向南上，约正与在位者皆
再拜，稍长者答拜，退立于西序东向北上。此拜稍长者，拜时尊者、长者不
拜。直月又引稍少者东向北上，拜约正，约正答之，稍少者退，立于稍
长者之南。直月以次引少者东北向西北上拜约正，约正受礼如仪，拜者
复位。又引幼者亦如之，既毕，揖各就次。同引未讲礼者拜于西序，如初。
顷之，约正揖就坐。约正坐堂东南向，约中年最尊者坐堂西南向，副正直月次
约正之东南向西上，余人以齿为序，东西相向，以北为上。若有异爵者，则坐于尊
者之西南向东上。直月抗声读约一过，副正推说其意未达者，许其质问。
于是约中有善者众。推之，有过者直月纠之。约正询其实状于众，无异
辞，乃命直月书之。直月遂读记善籍一过，命执事以记过籍遍呈在坐，
各默观一过。既毕，乃食。食毕少休，复会于堂，或说书，或习射，讲
论从容，讲论须有益之事，不得辄道神怪、邪僻、悖乱之言，及私议朝廷州县政
事得失，及扬人过恶，违者直月纠而书之。至晡乃退。

观其法，盖纠同志之人为同约，推举齿德俱尊者为约正、约副，余
人按月执事，谓之直月。有过不改者则出约，而人约并无何等资格限
制，约中亦无经费，据朱子所定，仅有率钱具食一则，其科条殊为单
简。吕氏约文固不提及地方公益之事，朱子之约则并禁及私议朝廷州县
政事得失。惟德业相劝条有为众集事、兴利除害二则，亦非完全不问地
方公众利害。是此等团体纯然出于政治范围之外，持较今之地方自治，
更不可同年而语矣。然由此可知，吾国自周至汉，乡里组织之法本兼含
民政、民德两种性质，累朝蜕变，民政不修，一切责成于官，而服务于
官者又多，猥贱无学，不足齿数，惟考道论德之风尚存于高等社会。于
是留心乡里者，以为民德不兴，不可以言治。姑先纠其性质，相近者集
合约束，造成一种良善之俗，而后徐复三代之规，故其所责望于同约之
人者至深，而未尝谓纠集多人即可为抵制暴君污吏之具，此其思想及事
实变迁之迹之灼然可按者也。然则当两宋时，民德堕落已可概见，如吕
氏约文所云，酗博斗讼、营私太甚等事，皆可见其时有此等败行，实所
在皆是，官吏亦不能禁，惟期其能自治。假令有学识者徒务治权，纠约
此等酗博斗讼营私太甚之人以与地方官吏争长短，终必为众所累，而于

事亦无济，故诸儒所重不在权利之分明，而在德业之互助也。

吕、朱之法仅可以见其时学者之理想，固未必征之事实，即史称和叔先生条为乡约，关中风俗为之一变，亦不过一部分之现象，未能推行全国也。宋亡于元，而诸儒蕴蓄未行之思想，转发见于元代。余读《元典章》劝农立社之法，叹其条画之精密，突过前代，有吕、朱乡约之意。而以农民全体行之，其于振兴农田水利，尤三致意，盖合民生、民德二者而兼筹之。史册所载，人民团体经营地方公益之条文，未有详于此者也。

《元典章·户部九》立社：劝农立社事理一十五款至元二十八年，尚书省奏奉圣旨节，该将行司农司、劝农司衙门罢了，劝课农桑事理并入按察司。除遵依外，照得中书省先于至元二十三年六月十二日奏过事，内一件奏立大司农司的圣旨。奏呵与者么道圣旨有来。又仲谦那的每行来的条画在先，他省官人每的印位文字行来，如今条画根底省家文字里交行呵，怎生么道。奏呵那般者么道圣旨了也。钦此。圣旨定到，条画开坐前去，仰依上劝课行。一、诸县所属村疃，凡五十家立为一社，不以是何诸色人等并行立社。令社众推举年高通晓农事有兼丁者，立为社长。如一村五十家以上，只为一社，增至百家者，另设社长一员，如不及五十家者，与附近村分相并为一社。若地远人稀，不能相并者，斟酌各处地面各村自为一社者听。或三四村五村并为一社，仍于酌中村内选立社长。官司并不得将社长差占，别管余事，专一教劝本社之人。籍记姓名，候点官到彼对社众责罚，仍省会社长，却不得因而搔扰，亦不得率领社众非理动作，聚集以妨农时。外据其余聚众作社者，并行禁断。若有违犯，从本处官司就便究治。一、农民每岁种田，有勤谨趁时而作者，懒惰过时而废者，若不明谕，民多苟且。今后仰社长教谕，各随风土所宜，须管趁时农作。若宜先种，尽力先行布种植田，以次各各随宜布种，必不得已，然后补种晚田、瓜菜，仍于地头道边各立牌撅，书写某社长某人地段，仰社长时时往来點觑奖勤惩惰，不致荒芜。仍仰堤备天旱，有地主户量种区田，有水则近水种之，无水则凿井，如井深不能种区田者，听从民便；若水田之家，不必区种。据区田法度，另行发去，仰本路刊板，多广印散诸民。若农作动时，不得无故饮食，失误生计。一、每丁周岁须要创栽桑枣二十株，或附宅栽种地桑二十株，早供蚁蚕食用。其地不宜栽桑枣，各随地土所宜，栽种榆柳等树亦及二十株。若欲栽种杂果者，每丁限种十株，皆以生成为定数，自愿多栽者听。若本主地内栽种已满，丧无余地可栽者，或有病别丁数在此。若有上年已栽桑果数目，另行具报，却不得蒙昧报充次年数目。或有死损，从实申说本处官司，申报不实者，并行责罚。仍仰随社布种苜蓿，初年不须割刘，次年收到种子，转展分散，务要广种，非止喂养头足，亦可接济饥年。一、随路皆以水利。有渠已开而水利未尽其地者，有全未曾开种之地，并劫可挑撅者，委本处正官一员选知水利人员一同相视。中间别无违碍，许民量力开引，如民力不能者，申覆上司，差提举河渠官相验过，官司添力开挑。外据安置水碾磨去处，如遇浇田时月停住碾，浇溉田禾，若是水田浇毕，方许碾磨。依旧引水用度，务要各得其用，虽有河渠泉脉，如是地形高阜，不能开引者，仰成造水车，官为应付人匠，验地里远近、人户多少，分置使用，富家能自置材木者，令自置，如贫无材木，官为买给，已后收成之日，验使水之家均补还官。若有不知造水车去处，仰申覆上司，开样成造。所据运盐、运粮河道，仰各路从长讲究可否申覆，合于部分定夺，利国、便民两不相妨。一、近水之家许凿池养鱼并鹅鸭之类，及栽种莲、藕、鸡头、菱角、蒲苇等以助衣食。如本主无力栽种，召人依例种佃，无致闲歇无用。据所出物色，如遇货卖，有合税者，依例赴务投税。难同自来办河泊创立课程，以致人民不敢增修。一、本社内遇有病患凶丧之家，不能种莳者，仰令社众各备粮饭器具，并力耕种。锄治收刘，俱要依时办集，无致荒废。其养蚕者亦如之。一社之中灾病多者，两社并锄。外据社众使用牛只若有倒伤，亦仰照依各原例均助补买，比及补买以来并力助工，如有余剩牛只之家，令社众两和租赁。一、应有荒地除军马营盘草地已经上司拨定边界者并公田外，其余投下探马赤官豪势要之自行占冒，年深岁荒闲地土，从本处官司勘当得实，打量见数给付附近无地之家耕种为主，先给贫民，次及余户。如有争差，申覆上司定夺。外据祖业或立契买到地土，近年消乏时暂荒闲者，督勒本主立限开耕租佃，须要不致荒芜。若系自来地薄轮番歇种去处，即仰依例存留歇种地段，亦不得多余冒占。若有熟地失开，本主未耕荒地不及一项者，不在此限。及督责早为开耕。一、每社立义仓，社长主之。如遇丰年收成去处，各家验口数，每口留粟一斗，若无粟，抵斗存留杂色物料，以备歉岁。就给各人自行食用，官司并不得拘检借贷动支，经过军马亦不得强行取要。社长明置文历，如欲聚集收顿，或各家顿放，听从民便。社长与社户从长商议，如法收贮，须要不致损害。如遇天灾凶岁不收去处，或本社内有不收之家，不在存留之限。一、本社若有勤务农桑、增置家产、孝友之人，从社长保申，官司体究得实，申覆上司，量加优恤。若社长与本处官司体究所保不实，亦行责罚。本处官司并不得将勤谨增置到物业添加差役。一、若有不务本业、游手好闲、不遵父母兄长教令、凶徒恶党之人，先从社长叮咛教训，如是不改，籍记姓名，候提点官到日，对社长审问是实，于门首大字粉壁书'不务正业'、'游惰凶恶'等。如本人知耻改过，从社长保明申官，毁去粉壁。如是不改，但遇本社合著夫役替民，应当候能自新，方许除籍。一、今后每社设立学校一所，择通晓经书者为学师，于农隙时分，各令子弟入学，先读《孝经》、《小学》，次及《大学》、《论》、《孟》、经史。务要各知孝悌忠信，效本抑末。依乡原例出办来修，自愿立长学者听。若积久学问有成者，申覆上司照验。一、若有虫蝗遗子去处，委各州县正官一员于十月内专一巡视本管地面。若在熟地，并力番耕。如在荒野，先行耕，国籍记地段禁约诸人不得燃烧荒草，以免来春虫蛹生发时分，不分明夜，本处正官监视就草烧除。若是荒地窄狭，无草可烧去处，亦仰从长规画，春首捕除，仍仰更为多方用心，务要尽绝。若在煎盐草地内虫蛹遗子者，申部定夺。一、先降去询问条画，并行革去，止依今降条画施行。一、若有该载不尽农桑水利，于民有益，或可预防蝗旱灾咎者，各随方土所宜，量力施行，仍申覆上司照验。一、前项农桑水利等事，专委府、州、司、县长官，不妨本职，提点勾当。有事故差去，以次官提点。如或有违慢阻坏之人，取问是实，约量断罪。如有恃势不伏，或事重者，申覆上司穷治。其提点不得句集百姓，仍依时月下村提点，止许将引当该司吏一名、祗候人一二名，无得因多将人力，搔扰取受，据每县年终比附到各社长。农事成否等第，开申本管上司，却行开坐。所管州县提点官勾当成否，编类等第，申覆司农司及申户部照验，才候任满，于解由内分明开写，排年考较，到提点农事工勤惰废事迹，赴部照勘，呈省。钦依见降圣旨，依附以为殿最，提刑按察司更为体察。

以元之社章较宋之乡约，则后者为平民之组织，前者为贵族之团结；后者为普遍之方法，前者为局部之规约；后者多举示实事，前者似务为空文；后者适合于人情，前者尚近于高调。然其选立社长，未明定若何选举之法，与乡约之不言若何推举约正、约副同也。保甲勤谨孝友之人，籍记不务本业、游手好闲、不遵父母兄长教令之凶徒恶党，与乡约之籍记贤能规戒过失同也。乡约不隶于官，社长则隶于官。然其为理董人民自身之事，非以为对抗官吏行政之失，亦相同也。元之社章所谓不得率领社众非理动作，即含有不得聚众抗官之意。余于此知吾国法制之动机，无论由于官吏，或出于人民，然其原则要不外尚德而不尚法，只知以民治民，而绝不知以民制官，此固君主国家所造成，为今人所当矫正者。然亦可见今之驯谨之士，束身自好，不敢一为平民鸣其不平者，其原因固甚久远。而凶徒恶党转得因新法以自怨，至于乡里积怨丛怨而莫可如何，此尚德与尚法两种主义所以必当调和融合者也。

元初劝农立社事理，条文详密，第亦未尽施行。据《元典章》观之，大德初年，各地所立社长多有妇人、小儿、愚骏之人，盖立法虽善，而奉行者视为具文，则其法意必至展转舛缪，亦不独元代然也。

《元典章》：大德三年四月初六日，江西廉访司据龙兴路牒，该奉行省札付准中书省咨，为设立社长事。先据知事张登仕呈，近为体复灾伤到于各处，唤到社长人等，系妇人、小儿，问得该吏称说，自至元三十年定立社长，经今五年，多有逃亡事故，为此不曾申举到官，未经补替切详。设立社长，劝课农桑，使民知务本，兴举学校，申明孝悌，使彝伦攸叙，纠斥凶顽，检察非违，使风俗归厚，皆非细务。今各处社长多不见年高德劭、通晓农事、为众信服之人，大失原立社长初意，乞施行得此合牒可照依都省咨文内事理，将年高通晓农事之人立设社长，并不得差占别管余事，一切教本社人民务勤农业，不致惰废，仍免本身杂役，毋得以前设立，不应并别行差占，致误农事，将立定社长姓名牒司。

又：大德六年正月□①日，江西湖东道肃政廉访司承奉御史台札付，准御史台咨，承奉中书省札付，翰林院侍讲学士王中顺呈，奉省札付，前来赈济淮东被风潮灾伤人户。当时行省刘左丞、御史台所委官淮东廉访司张签事分头前去各州县审复赈散三个月粮米，今已俱还扬州，攒造文册，候毕另呈。外缘卑职原分通州一州，靖海、海门两县，最极东边，下乡其间，见有句集人编排引审次序，支请尽系社长居前，里正不预，多有年小愚骏之人，草屦赤胫，言语嘲晰。怪而问之州县官员！同辞而对：目今诸处通例如此。卑职照得初立社长根源，钦奉世祖皇帝圣旨，系画节该诸州县所集村疃，凡五十家为一社，不拘是何诸色人等。并行入社，令社众推举年高谙知农事者为社长，不得差占别管余

事。又照得钦奉圣旨，随处百姓有按察司，有达鲁花赤管民官、社长，以彰德益都，两处一般歹贼，每呵他管什么，已后似那般有呵，本处达鲁花赤管民官、社长身上要罪过者。钦此。切详按察司、达鲁花赤管民官下便列社长，责任非轻。当时又立学师，每社农隙教诲子弟孝悌忠信、勤身肥家、迁善远罪。故孟子凡言王政，必以农桑、庠序为先。国家所行摘此二事，就委按察、廉访官劝课农桑，勉效学校，亦此意也。社长、社师外似迂缓，中实紧切，况兼《至元新格》内一款：节该社长近年多以差科干扰，今后催督办集，自有里正主首，使专劝农，官司妨废者，从肃政廉访司纠弹。社内有游荡好闲、不务生理、累劝不改者，社长对众举明量示惩劝，其年小德薄、不为众人信服，即听推举易换。诸假托神灵，夜聚明散，凡有司禁治事理，社长每季须戒谕，使民知畏，毋陷刑宪。累奉如此，阜职伏思自中统建元迄于今日，良法美意莫不毕备，但有司奉行不至，事久弊生。社长则别管余事，社司则废弃不举，以至如逆贼段丑厮辈贯穿数州，恣行煽惑，无人盘诘，皆二事废堕失其原行之所致也。斯乃赈济丁乡亲所见，愚意以为，合行申明旧例，令社长依前劝课农桑、诫饬游荡、防察奸非，不管余事，则百姓富。社师依前农隙阐学，教以人伦，不敢犯上，则刑清民富。刑清为治治本，所见如此。（下略）

元制既敝，明代沿其设立社长之意而变通之。有耆宿老人、耆民公正等称，备官吏之谘咨、理乡邻之诉讼、

《明会典》卷九：吏部验封司关给须知。高皇帝御制《到任须知》冠以敕谕，令凡除授官员皆于吏部关领，赴任务一一遵行，毋得视为文具。《到任须知》一，目录廿二耆宿：耆宿几何？贤否若干各开。设耆宿，以其年高有德，谙知土俗，习闻典故。凡民之疾苦、事之易难，皆可访问。但中间多有年纪虽高，德行实缺，买求耆宿名色，交结官府，或蔽自己差徭，或说他人方便，蠹政害民。故到任之初，必先知其贤否，明注姓名，则善者知所劝，恶者知所戒，自不敢作前弊矣。

《日知录》：今代县门之前多有榜曰："诬告加三等，越诉笞五十。"此先朝之旧制，亦古者悬法象魏之遗意也。今人谓不经县官而上诉司府谓之"越诉"，是不然。《太祖实录》：洪武二十七年四月壬午，命有司择民间高年老人，公正可任事者，理其乡之词讼。若户婚、田宅斗殴者，则会里胥决之。事涉重者，始白于官。若不由里老处分而径诉县官，此之谓"越诉"也。今州县或谓之耆民，或谓之公正，或谓之约

长，与庶人在官者无异。

劝督农桑、

《明会典》卷十七户部农桑：洪武二十一年，令河南、山东农民中有等懒惰不肯勤务农业，朝廷已尝差人督并耕种，今出号令，此后只是各该里分老人勤督。每村置鼓一面，凡遇农种时月，五更擂鼓，众人闻鼓下田，该管老人点闸。若有懒惰不下田者，许老人责决，务要严切督并见丁著业，毋容惰夫游食。若是老人不肯勤督，农民穷窘为非，犯法到官，本乡老人有罪。

旌别善恶、

《日知录》注：宣德七年正月乙酉，陕西按察佥事林时言：洪武中，天下邑里皆置申明、旌善二亭，民有善恶则书之，以示劝惩。凡户婚、田土斗殴常事，里老于此剖决。今亭宇多废，善恶不书，小事不由里老，辄赴上司，狱讼之繁皆由于此。景泰四年诏书犹曰："民有怠惰不务生理者，许里老依教民榜例惩治。"天顺八年三月，诏军民之家有为盗贼，曾经问断不改者，有司即大书"盗贼之家"四字于其门，能改过者许里老亲邻人相保管，方与除之。此亦古者画衣冠、异章服之遗意。

兴贤举能、

《明会典》卷十三吏部访举：洪武十七年，令知州、知县等官会同境内耆宿长者，访求德行声名著于州里之人。先从邻里保举，有司再验言貌、书判，方许进呈。若不行公同精选者，坐以重罪。

饮酒读法。

《明会要·乡饮酒礼》：洪武五年四月戊戌，诏天下行乡饮酒礼。每岁孟春、孟冬，有司与学官率士大夫之老者行于学校、民间里社。以百家为一会，或粮长、里长主之。年最长者为正宾，余以齿序，每季行之，读律令则以刑部所编申明戒谕书兼读之。

《明会典》卷二十读法：洪武廿六年令，凡民间须要讲读《大诰》、律令、敕谕老人手榜，及见丁著业牌面，沿门轮递，务要通晓法意。仍仰有司时加提督。嘉靖八年，题准每州县村落为会。每月朔日，社首、社正率一会之人，捧读圣祖教民榜文，申致警戒。有抗拒者，重则告官，轻则罚米入义仓，以备赈济。

观其条教，盖亦远本《周官》，近则蒙古。乡各为治，惟德是崇。然所谓设耆宿、择老人者，仍似出于州县官之指派，较元之有明文令社家推举社长者，大相径庭。且耆宿老人之职务，亦无详细规定，惟视诏令所颁为准。以今日法治思想绳之，益可斥其专制矣。然观《到任须知》，明云耆宿中间多有年纪虽高，德行实缺，买求耆宿名色，交结官府，或蔽自己差徭，或说他人方便。足知明祖洞悉乡民情伪，予以事权，先务杜其弊窦，不似今人甘受法制之桎梏，绝不从乡里小人卑劣行为着想也。居今日而视元、明民法之浇讹，不第无所减损，其进步且有什伯千万于数百年前者。无端袭取西法，遽信其集么匿为拓都，即无所用其防制，此非梦呓语耶？明制，授权于里老而监督以有司，滥用匪人，至并州县官皆置诸法，而官民钩结朋比之弊，又因以生。盖法制之得失，全视人之运用若何，长厚者因以通上下之情，巧黠者缘以为比周之利。法一也，而出入天渊焉，此讲法制者所必不可忘之经验也。

《日知录》：洪熙元年七月丙申，巡按四川监察御史何文渊言：太祖高皇帝令天下州县设立老人，必选年高有德、众所信服者，使劝民为善，乡间争讼亦使理断。下有益于民事，上有助于官司。比年所用，多非其人，或出自隶仆，规避差科，县官不究年德如何，辄令充应，使得凭藉官府，妄张威福，肆虐闾阎，或遇上司官按临，巧进谗言，变乱黑白，挟制官吏。比有犯者，谨已按问如律。窃虑天下州县类有此等，请加禁约。上命申明洪武旧制，有滥用匪人者并州县官皆置诸法。然自是里老之选轻而权亦替矣。《英宗实录》言，松江知府赵豫和昌近民，凡有词讼，属老人之公正者剖断，有忿争不已者则己为之和解，故民以老人目之，当时称为良吏。正统以后，里老往往保留令丞，朝廷因而许之，尤为弊政。见于景秦三年十月庚戌太仆寺少卿黄仕扬所奏。

明之耆宿老人，近于下级司法官吏，无与于乡里组织。其乡里组织，别有坊长、厢长、里长等职，以任徭役，并编制户籍。

《明史·食货志》：洪武十四年，诏天下编赋役黄册。以一百十户为一里，推丁粮多者十户为长，余百户为十甲，甲凡十人岁役。里长一人、甲首一人董一里、一甲之事。先后以丁粮多寡为序，凡十年一周，曰“排年”，在城曰坊，近城曰厢，乡都曰里。里编为册，册首总为一图，鳏寡孤独不任役者附十甲后，为畸零。僧道给度牒有田者编册如民科，无田者亦为畸零。每十年有司更定其册，以丁粮增减而升降之。册凡四，一上户部，其三则布政司、府、县各存一焉。上户部者册面黄纸，故谓之"黄册"。

《明会典》卷二十户口：洪武二十四年奏准攒造黄册格式，有司先将一户定式誊刻印板给与坊长、厢长、里长并各甲首，令人户自将本户人丁事产依式开写，付该管甲首。其甲首将本户并十户造到文册送各该坊、厢、里长，坊、厢、里长各将甲首所造文册攒造一处，送赴本县。本县官吏将册比照先次原造黄册查算。所在有司官吏、里甲敢有团局造册，科敛害民，或将各处写到如式无差文册故行改抹，刁蹬不收者，许老人指实，连册绑缚害民吏典赴京具奏，犯人处斩。若顽民妆诬排陷者，抵罪。若官吏、里甲通同人户隐瞒作弊，及将原报在官田地不行明白推收过割，一概影射减除粮额者，一体处死，隐瞒人户家长处死，人口迁发化外。

其任收税运粮之职者，复有粮长。

《日知录》：明初以大户为粮长掌其乡之赋税，多或至十余万石，运粮至京，得朝见天子，或以人材授官。

务民之义，各有专责。然法久弊滋，动失初意。

《明史·食货志》：其后，黄册只具文，有司征税编徭则自为一册曰"白册"云。

又：成弘以前，里甲催征，粮户上纳，粮长收解，州县监收。粮长不敢多收斛面，粮户不敢搀杂水谷糠秕，兑粮官军不敢阻难多索，公私两便。近者指嘉靖中有司不复比较经催里甲、负粮人户，但立限敲扑粮长，令下乡迫征。豪强者则大斛倍收，多方索取，所至鸡犬为空；孱弱者为势豪所凌，耽延欺赖，不免变产补纳。至或旧役侵欠，责偿新佥，一人逋负，株连亲属，无辜之民死于箠楚囹圄者几数百人。且往时每区粮长不过正、副二名，近多至十人以上，其实收掌管粮之数少，而科敛打点使用年例之数多。州县一年之间，辄破中人百家之产，害莫大焉。

《日知录》：宣德五年闰十二月，南京监察御史李安及江西庐陵、吉水二县耆民，六年四月监察御史张政各言粮长之害，谓其倍收粮石，准折子女，包揽词讼，把持官府，累经饬禁而其患少息。

盖官之不德者半，民之不德者亦半，废弛侵渔，惟徇其便。人与法之不可尽恃，皆以道德为转移之枢也。

有明中业，民治之精神及形式，殆皆沦丧，所恃以支柱敝漏者，惟

官治耳。阳明大儒，挺生斯时，倡导民德，为术滋夥。其抚南赣，先以十家牌法为清乡之本，

《王文成全书》卷十六《十家牌法告谕各府父老兄弟》：本院奉命巡抚是方，惟欲剪除盗贼，安养小民。所限才力短浅，智虑不及，虽挟爱民之心，未有爱民之政。父老子弟凡可以匡我之不逮，苟有益于民者，皆有以告我，我当商度其可，以次举行。今为此牌，似亦烦劳尔众，中间固多诗书礼义之家，吾亦岂忍以狡诈待尔良民。便欲防奸革弊，以保安尔良善，则又不得不然，父老子弟其体此意。自今各家务要父慈子孝，兄爱弟敬，夫和妇随，长直幼顺，小心以奉官法，勤谨以办国课，恭俭以守家业，谦和以处乡里。心要平恕，毋得轻意忿争，事要含忍，毋得辄兴词讼，见善互相劝勉，有恶互相惩戒，务兴礼让之风，以成敦厚之俗。吾愧德政未敷，而徒以言教，父老子弟其勉体吾意毋忽。

继以乡约为新民之基。

《王文成全书》卷十七《南赣乡约》：咨尔民，昔人有言"蓬生麻中，不扶而直；白沙在泥，不染而黑"。民俗之善恶，岂不由于积习使然哉？往者新民，盖尝弃其宗族，畔其乡里，四出而为暴，岂独其性之异、其人之罪哉？亦由我有司治之无道、教之无方。尔父老子弟所以训诲戒饬于家庭者，不早薰陶，渐染于里闬者，无素诱掖奖，劝之不行，连属叶和之无具，又或愤怨相激，狡伪相残，故遂使之靡然，日流于恶。则我有司与尔父老子弟，皆宜分受其责。呜呼！往者不可及，来者犹可追。故今特为乡约，以协和尔民。自今凡尔同约之民，皆宜孝尔父母，敬尔兄长，教训尔子孙，和顺尔乡里，死丧相助，患难相恤，善相劝勉，恶相告戒，息讼罢争，讲信修睦，务为良善之民，共成仁厚之俗。呜呼！人虽至愚，责人则明，虽有聪明，责己则昏。尔等父老子弟毋念新民之旧恶而不与其善，彼一念而善即善人矣，毋自恃为良民而不修其身，尔一念而恶即恶人矣。人善恶由于一念之间，尔等慎思，吾言毋忽。一、同约中推年高有德、为众所敬服者一人为约长，二人为约副，又推公直果断者四人为约正，通达明察者四人为约史，精健廉干者四人为知约，礼仪习熟者二人为约赞。置文簿三扇，其一扇备写同约姓名及日逐出入所。为知约司之；其二扇，一书彰善，一书纠过，约长司之。一、同约之人，每一会人出银三分，送知约具饮食，毋大奢，取免饥渴而已。一、会期以月之望，若有疾病、事故不及赴者，许先期遣人

告知约，无故不赴者以过恶书，仍罚银一两公用。一、立约所于道里均平之处，择寺观宽大者为之。一、彰善者其辞显而决，纠过者其辞隐而婉，亦忠厚之道也。如有人不弟，毋直曰不弟，但云闻某于事兄敬长之礼颇有未尽，某未敢以为信，姑书之以俟。凡纠过恶皆例此。若有难改之恶，且勿纠，使无所容，或激而遂肆其恶矣。约长副等须先期阴与之言，使当自首，众共诱掖奖劝之，以兴其善念，姑使书之，使其可改。若不能改，然后纠而书之。又不能改，然后白之官。又不能改，同约之人执送之官，明正其罪。势不能执，戮力协谋官府，请兵灭之。一、通约之人，凡有危疑难处之事，皆须约长会同约之人与之裁处，区画必当于理、济于事而后已。不得坐视推托，陷人于恶，罪坐约长、约正诸人。一、寄庄人户多于纳粮当差之时，躲回原籍，往往负累同甲。今后约长等劝令及期完纳应承，如蹈前弊，告官惩治，削去寄庄。一、本地大户、异境客商放债收息，合依常例，毋得磊算。或有贫难不能偿者，亦宜以理量宽。有等不仁之徒，辄便捉锁，磊取挟写田地，致令穷民无告，去之而为盗。今后有此，告诸约长等，与之明白，偿不及数者，劝令宽舍，取已过数者，力与追还。如或恃强不听，率同约之人鸣之官司。一、亲族乡邻，往往有因小忿投贼复仇，残害良善，酿成大患。今后一应斗殴不平之事，鸣之约长等公论是非。或约长闻之，即与晓谕解释。敢有仍前妄为者，率诸同约呈官诛殄。一、军民人等若有阳为良善，阴通贼情，贩买牛马，走传消息，归利一己，殃及万民者，约长等率同约诸人指实劝戒，不悛呈官究治。一、吏书、义民、总甲，里老、百长、弓兵、机快人等若揽差下乡，索求赍发者，约长率同呈官追究。一、各寨居民昔被新民之害，诚不忍言，但今既许其自新，所占田产已令退还，毋得再怀前仇，致扰地方。约长等常宜晓谕，令各守本分，有不听者，呈官治罪。一、投招新民，因尔一念之善，贷尔之罪，当痛自克责，改过自新，勤耕勤织，平买平卖，思同良民，无以前日名目甘心下流，自取灭绝。约长等各宜时时提撕晓谕，如蹈前非者，呈官惩治。一、男女长成，各宜及时嫁娶。往往女家责聘礼不充，男家责嫁装不丰，遂致愆期。约长等其各省谕诸人，自今其称家之有无，随时婚嫁。一、父母丧葬，衣衾棺椁但尽诚孝，称家有无而行。此外或大作佛事，或盛设宴乐，倾家费财，俱于死者无益。约长等其各省谕约内之人，一遵礼制，有仍蹈前非者，即与纠恶簿内书以不孝。一、当会前一日，知约预于约所洒扫张具，于堂设告谕牌及香案南向。当会日同约毕至，约赞鸣鼓三，众皆诣香案前序立，北面跪听约正读告谕毕，约长合众扬言曰："自今以后，凡我同约之人，祗奉戒谕，齐心合德，同归于善。若有二三其心，阳善阴恶者，神明诛殛。"众皆曰："若有二三其心，阳善阴恶者，神明诛殛。"皆再拜，兴，以次出会所，分东西立，约正读乡约毕，大声曰："凡我同盟，务遵乡约。"众皆曰："是。"乃东西交拜，兴，各以次就位。少者各酌酒于长者，三行，知约起设彰善位于堂上南向，置笔砚陈彰善簿，约赞鸣鼓三，众皆起。约赞唱请举善，众曰："是在约史。"约史出就彰善位，扬言曰："某有某善，某能改某过，请书之，以为同约劝。"约正遍质于众曰："如何？"众曰："约史举甚当。"约正乃揖善者进彰善位，东西立，约史复谓众曰："某所举止是，请各举所知。"众有所知即举，无则曰："约史所举是矣。"约长副正皆出就彰善位。约史书簿毕，约长举杯扬言曰："某能为某善，某能改某过，是能修其身也。某能使某族人为某善，改某过，是能齐其家也。使人人若此，风俗未有不厚。凡我同约，当取以为法。"遂属于其善者，善者亦酌酒酬约长曰："此岂足为善，乃劳长者过奖。某诚惶怍，敢不益加砥砺，期无负长者之教。"皆饮毕，再拜谢约长，约长答拜，兴，各就位，知约撤彰善之席，酒复三行，知约起，设纠过位于阶下北向，置笔砚，陈纠过簿。约赞鸣鼓三，众皆起，约赞唱请纠过，众曰："是在约史。"约史就纠过位，扬言曰："闻某有某过，未敢以为然，姑书之以俟后图，如何。"约正遍质于众，曰："如何？"众皆曰："约史必有见。"约正乃揖过者出就纠过位，北向立。约史复遍谓众曰："某所闻止是，请各言所闻。"众有所闻即言，无则曰："约史所闻是矣。"于是约长副正皆出纠过位，东西立，约史书簿毕，约长谓过者曰："虽然，姑无行罚，惟速改。"过者跪请曰："某敢不服罪。"自起酌酒，跪而饮曰："敢不速改，重为长者忧。"约正副史皆曰："某等不能早劝谕，使子陷于此，亦安得无罪？"皆酌自罚。过者复跪为请曰："某既知罪，长者又自以为罚，某敢不即就戮。若许其得以自改，则请长者无饮，某之幸也。"趋后酌酒自罚，约正副咸曰："子能勇于受责如此，是能迁于善也，某等亦可免于罪矣。"乃释爵，过者再拜，约长揖之，兴，各就位。知约撤纠过席，酒复二行，遂饭。饭毕，约赞起鸣鼓三，唱申戒，众起，约正中堂立，扬言曰："呜呼！凡我同约之人，明听申戒。人孰无善，亦孰无恶，为善虽人不知，积之既久，自然善积而不可掩，为恶若不知改，积之既久，必至恶积而不可赦。今有善而为人所彰，固可喜，苟遂以为善而自恃，将日入于恶矣；有恶而为人所纠，固可愧，苟能悔其恶而自改，将日进于善矣。然则今日之善者，未可自恃以为善，而今日之恶者，亦岂遂终于恶哉？凡我同约之人，盍共勉之。"众皆曰："敢不勉！"乃出席，以次东西序立，交拜，兴，遂退。

虽其后之效果未知若何，要可以见明儒对于民人合群集社之方法之思想。就其条文性质，较之吕、朱乡约，则吕、朱所言仅为通常乡里之人而发，阳明所指则为南赣特别待理之区。故吕、朱只重在淑身，而阳明则重在弭乱；朱约行礼先谒圣，王约立誓先奉神；吕约颇尚通财，王约惟严通贼。以是知儒者思想虽号迂阔，要必准情酌势，以祈因地制宜，初不肯执一概万，削足适屦。今之朝订一法，暮成一规者，大抵出自学校讲义、各国成书，绝未实察国情，观其通变。至于集会通议，则又强令乌合之众，循行数墨，决之指臂屈伸之间。党派方隅，意见杂出，潦草成编，唐为文具而已。呜呼！

吕、朱、阳明所立乡约，各有不同，而所同者曰书籍记过。朱约以默观过籍为法，王约则昌言于众且令酌酒自罚。以常情论之，此必不可行者也，然今之集众议事者互讦于党，喧争于座，相殴于大庭，群曳于衢路，旁听者战指，警卫者目笑，腾谤报章，稔恶专电，盖几于数见不鲜矣。所少者，一切议会之法规无自绳其过恶之明文耳，无此明文，即自居为神圣，虽为天下人鄙贱斥辱，比之畜类，亦可掩耳盗铃。行所无事则立一法，曰与议者有过必相责、必自讼，于议者之价值无若何贬损也？岂独无贬损，正可以养其廉耻，使先有所顾忌而不敢为非。盖养成高尚之风气，则虽薄罚，而亦不啻大辱也。夫以怙恶自恣者之心理，虽加以毒詈痛挞，犹必出死力强辩而不甘自承，此岂约史一书遂能使之蓬然内讼者？然人心之良，古今未必相远，苟群出于至诚恻怛之忧，谓若之过为众所愿分而不幸使若独尸其咎，是感化非惩戒，未始不可化莠为良也。

乡约之法，明季犹有行者，观陆桴亭《治乡三约序》可见。

陆世仪《治乡三约序》：乡约也、社学也、保甲也、社仓也，四者之名，人莫不知，四者之事，人莫不行。四者之中，乡约为纲而虚，社学、保甲、社仓为目而实。今之行四法者，虚者实之，实者虚之，纲者目之，目者纲之。此其所以孳孳矻矻而终不能坐底三代之法也。此序作于崇祯庚辰，故知明季各地犹行乡约之法。

桴亭悯其敝，根据《周官》，参酌吕、朱、阳明乡约之意，分教、恤、保三约，以备立法者之采择。明清之交，巨儒宿学论治之书虽多，未有及之者也。世徒盛称《明夷待访录》及颜、李之书，以为能识治本，兼与西方政教原理相合。独未有举桴亭之书，以明中国儒者研究乡治之法制者，洵可谓弃周鼎而宝康瓠矣。谨为表之，以殿吾文。

陆世仪《治乡三约》

治乡之法：每乡约正一人。《周礼》：国中称乡遂，野外称都鄙。今制，城中为坊铺，城外称都图，即《周礼》遗意也，然可通谓之乡。乡无长不可治，今拟每乡立约正一人，城以坊铺、乡以都图为分域，以本乡中廉平公正宿儒耆老为之，凭一乡之公举。凡举约正，不可概凭里甲开报，须细心采访。每乡多举三四人，精加选择，誓于神、诏于众，隆其礼貌，优其廪给，委之心膂而用之、宁择而后用，毋用而后择。

约正之职，掌治乡之三约：一曰教约以训乡民，一曰恤约以惠乡民，一曰保约以卫乡民。教约即社学之意，恤约即社仓之意，保约即保甲之意。以其总统于乡约，故谓之约。训之惠之，又从而卫之，教养之义尽，兵食之备修矣。

以一乡之籍，周知一乡之事。教长有户口、秀民之籍，恤长有常平、役米之籍，保长有役民之籍。以教长之籍知教事，以恤长之籍知恤事，以保长之籍知保事。据此，皆耆民之任，既设约正，则此皆约正之责，不必另设耆民矣，或即以耆民为约正亦通。

岁时月吉，率其属而治会。会乡约之会也，岁时正月及春、秋二社为大会，约正率三长听讲约于官府。其余月朔，约正自率其属于本乡宽大处所为之。

教民读法饮射。讲约从来止讲太祖圣谕，亦言习久生玩，宜将《大诰》、律令及孝顺事实与浅近格言等书，令社师逐次讲演，庶耳目常易，乐于听闻，触处警心，回邪不作。其习射则视土地之宜，北方弓矢易办，南方卑湿，筋角易弛，又价高，难概以强人。其有绅衿子弟能制弓矢者，听自为社，其余乡勇、役民，令习弓弩，亦可。然其价值，亦须于恤长公费中给之。

考其德行而劝之，纠其过恶而诫之。德行如孝友、睦姻、任恤之类，反是谓过恶。劝诫，谓有小善、小过则于会中对众而称奖、训诫之也。其有大善、大过，则闻于官府，或于大会时行赏罚。

凡公事，官府下于约正，约正会三长议而行之。公事，谓钱粮、户役、地方公事。

凡民事，亦上于约正而行官府。民事亦公事也。

民有质讼，大事决于官府，小事则官府下于约正，约正与教长平
之。民间之讼，官府理之则愈棼，平之则竟息者也。尝见民间有一小
讼，经历十数衙门而所断仍枉，两造倾家，又是朝廷所设问刑衙门较别
衙门为多，而天下未尝无冤民。且朝廷所设之官无非日逐为民间理讼
事，而军国大事则多付之不问，此皆相逐以利耳，非真为天下理冤抑
也。我明开国之初，每州县设立申明亭，坐老人于中，断乡曲之事。其
法甚佳，盖真见终讼无益，而欲使民无讼耳。处以约正，亦老人之意
也。与教长共平之者，终欲教诲之不底于法也。

凡乡之土田出入，谨其推收，掌其税事。土田有买卖则有推收，有
推收则有税事，此一定之法也。今民间岁一推收，每至秋冬过户，太迟
催办不便则民病，或作假契，或贿吏书，彼此扶同，希漏国税，则官
病。今法，凡买卖田产者，彼此俱要书该约正长名氏，取其花押，无者
不准买卖，其中金即分其半以为约正长养廉之资。既立契后，即行推收
过户，使民间无产去粮存之弊；既推收后，即完官税，使国家无漏税之
虞，诚两便之法也。

凡乡之民事，年终一上于官府。民事，谓图籍之类。三约之籍，三
长任其劳，约正主其册，存其副而上其正于官府，所以赞治也。

官府受而藏之，以周知各乡之事。天子岂能周知天下之事？赖天下
之有民牧，民牧岂能周知各乡之事？赖各乡之有乡正。此有国家者所贵
乎相助为理也。

凡三长之能否皆书之，岁终则庇其职事，以赞于官府。凡民之善
否，三长书之，三长之能否，约正书之。职详职要各有其司也，谓之曰
赞。其三长之黜陟，又非约正所得专矣。

约副三人，一曰教长，以任教约；一曰恤长，以任恤约；一曰保
长，以任保约。教长以知书义者为之，恤长以富厚公廉者为之，保长以
有智力者为之，皆听约正及一乡之人公举。

教长之职，掌一乡之教事，教孝、教友、教睦、教姻、教任、
教恤。

主户口秀民之籍，主谓主其造册、登记之事也。籍成则进于约正，
约正受而藏之。职藏者不得记注，职记注者不得藏。

令民十家为联，联有首；十联为社，社有师。此即《周礼》比、

间、族、党之制也。联首以诚实者为之，社师以学究知书者为之，皆听约正同教长编举。其编联之法，官以册式下于约正。约正下于教长，教长下于社师，联首乃率编户之民就社师而实书其户口之数以进于教长，教长进于约正，约正同教长核实而藏之，上其副于官府，官府据之以为定籍。编联之法不得一字排去，须对面为佳，并联首为十一户，十联并社师为一百一十户。其有地势民居不联络者，不妨奇零开载，不必拘之十数为一联。约正主载，其有寺院庵观亦须开载。户口之数，最不可不实，此王政之本，致治之源也。施政教、兴礼乐、治赋役、听狱讼、简师徒、行赈贷，万事皆根本于此。与今保甲之法略同，但保甲主于诘奸，民望而畏之，则多方规避脱漏。今立联社之法主于行教化天下，而可有一人自外于教化者乎？故户口之籍，最要详细确实。其有脱漏作奸者，本户及联首、社师同罪，甚者罪教长并及约正。有国者能于此细心致力，则治民之道且过半矣。虽然，有虑焉。使长民者而得其人，则此法行如明道之治扶沟，无一民一物不入其照鉴者也。不然，吕惠卿之手实法亦去此不远矣。

使之相爱相和亲，有罪，奇邪则相及。此即《周礼》之文。相爱相和亲，孝友、睦姻、任恤之事也。相及即连坐之意。然法有当连坐，不当连坐者，如盗贼奸恶，知情不举之类，此当连坐者也；其余隐征之罪，作者自应独承，若概连坐，则同秦法。

以教法颁四境之社师，而俾教其童蒙。此即社学之法也，所以端其蒙养，使之习与性成，而后无不可教之民。人人亲其亲，长其长，而天下平也。社学旧有定制，不过使之歌诗习礼，以和平其心，知血气而已。今则多教之作文，诱之考试，徒长奔竞，益坏风俗。愚谓文胜之时，教童子者当教以朴，使人心留一分淳古，则世道受一分便益。宜令童子凡读书、写字，但从所便各自择师外，惟于每月朔望赴本社。社师处择宽大处所歌诗习礼先圣先贤，其有声容端好威仪闲习者注善，有举止疏忽跳踉不驯者注过。习礼既毕，教长即以孝友、睦姻、任恤之道，约举故事，随宜讲导。遇讲约大会，则社师各举其善者进之于会所，官府试其善否而记注之。盖歌诗习礼虽若迂阔，然童子无事，无善过可考，一试之声容，则其人材之能否、心气之平躁，可以立见，勿谓古人礼乐为糟粕，亦后人未识其精意耳。

凡乡之冠、昏、饮酒、祭祀、丧纪，教其礼事，掌其禁戒。此皆齐之以礼之事也。冠、昏、丧祭有《文公家礼》诸书，斟酌而行之可耳。

及期将试，则书其秀而升之于官。凡户口术业，前册明载，则凡民之秀为上者已知之矣。此复录而进之，便于览也。其教长所书名字，有不合于前册者则罪之。

凡乡之地域广东西轮南北及沟涂、封洫皆图之。地图与鱼鳞册向以属之画工及耆正、里区。今既有约正、三长，则此为正长之任矣。必属之教长者，以教长知书而能，文墨也。地图险易，所以慎固封守；鱼鳞图册所以分田制赋，皆为国要事。而今之长民者率视为缓局，即有知其为要而行之无法，督之太骤，地图则疏脱不准，图册则作奸滋弊。宜用张子厚经界法，每三百步立一标竿，纵横四方，成一井宇，如今地图之画方，计里以绳约之。图其四至，散之则各成方形，合之则横斜、曲直不失尺寸，不特地形有准，而每方之中，步口一定，则田亩之数有不待丈量而分毫难遁者。此真至简至妙之良法也，细琐不能尽述，详具于《思辨录》中。

凡质讼，联首社师辨其诚伪而司其责。凡小民质讼，必命书某乡、某社、某联第几户某人，仍告于联首、社师及四邻。必实有不平始令之讼，如虚伪，则联社俱有罚。其证佐非必不可少者，毋得越四邻。

岁时月吉则佐约正读法于会，振铎以令之，扬其夏楚而威之，辨其美恶为登之籍。讲约既毕，约正进父老而问之，参稽众说以定美恶劝罚，教长承命而书之，以授于约正。凡劝罚量以银米布帛之类，听约正临事酌之可也。

恤长之职，业一乡之恤事。凡周贫乏、恤死丧皆是。

主常平义仓粟米出入之籍，常平义仓各为一籍，籍成，进于约正，与教长同。

令民岁为常平置义仓，以供公事。常平之法，迹似社仓，寄之于高大寺院，恤长司其事，领于约正。地方官长亲至寺中作兴开导，或量助俸银以为之倡。恤长设立簿籍，劝募本乡绅衿、富户、商家，出米多少一惟其愿，其米俟秋收米价平时听人先后进仓。进仓时即面同书之于籍，其下注明当时米价若干，盖早晚之间价色有不齐也。俟明岁五六月间青黄不接，米价或长，则恤长闻于官府，请官府及本乡中好义乐善诸人齐集寺中，设法赈粜。其法视时价不宜太减，太减则奸民乘之而射利矣。粜毕后合算米价，共得多少，还其原本，再俟秋收另行劝募。以常平为母，以义仓为子。凡常平有余息则入子仓，其外或一乡之中有得罪而愿出粟以赎者，有愿助为公田以济物者，亦设一处公所公同收储，监以恤长，领于约正。俟有公用，则闻于官府，酌而用之。

凡有鳏寡孤独，则闻于官府而养之，国家向设养济院，专为此四者，今恤孤粮是也。此项粮米向为大户吏书侵没，即略有给发又大半蠹于强乞，官府能清厘而整顿之，不必烦恤长也。但本乡之中有此等人，官府不知，须恤长开报。约正核实闻于官府，然后可以入院。

岁荒则设粥赈济。此不常有之事，偶一有之，则恤长之职也。设粥赈济，向苦无管领之人，每县止设一二处则弊多而法坏矣。今既每乡有恤长，则一乡止食一乡之人，清楚易办，其有流民就食者，则官府另为设法，或分食于各乡，亦至便也。

夏秋籴贵，则以余米给役民之食。余米即义仓中所储，给役民法见保长条下。

岁时月吉，则佐约正读法于会，会其出入之数，验其贫寡之实而登之籍。出入，常平义仓之出入也。贫寡，役民及鳏独之类。会谓总结一月之事。

保长之职，掌一乡之保事。凡水火盗贼之属。

主役民之籍。役民，谓一乡之贫而可役者。籍成则进于约正，与恤长同。

令民五人为伍，伍有夫五，伍为队，队有士。凡乡之土功，皆率其属而致事。土功，谓如筑城、浚堤、修葺廨宇之类。

农功之隙，以时兴修水利，则庀其畚锸以听于官。兴修水利，地方之要务也。古者或因之而置开江军士，亦以其早晚呼集之易至，约束之易齐耳，然总不如役民之法之为得也。

暇则颁以射法，教之击刺，习之守御。射则统矢及弩，击刺则梃刃，守御则城操，皆有法则，皆宜训练。

国有大故，则率其属而授兵登陴，事毕而解。城操法另载别篇。凡盗贼水火之患皆司之。谓本乡之事也。

夏秋籴贵，则率其属而受廪于恤长。常平之法止可概之于民，若役民则国家之所役，无以惠之，不可使也。但每月给廪，力有不能，宜于五六七三月青黄不接米阶涌贵之时，每人日给米一升，三月共给九斗。虽千人之众，每年不过千百，所费少而所养多，为可久也。其费出义仓，恤长主之。

凡乡之役事，皆与之饩廪而役之。其费总出义仓，不足则另为设处。

岁时月吉，则佐约正读法于会，比其劳逸而书之，辨其勇力以登于官府。比其劳逸，所以均其饩廪，辨其勇力，或为战士，或为官府之爪牙也。既登之后，役民数缺则仍补之。

凡乡之教事责教长，恤事责恤长，保事责保长，三长非其人责约正。约正之邪正，官府治之。一乡之中，凡联首、社师有不得其人者，皆须随时更易，不言之者，省文也。三长不称职，则于年终之时约正白于官府而请易。至于约正，则必俟岁终合一乡之公评而诛赏，不得数数废置也，此亦久任之意也。

自黄帝以至朱明，乡治之事迹理想具如右述。《周官》、《管子》以迨《元典章》、《明会典》皆尝实行，蓝田、阳明之乡约。实行于一地而未普及，晦翁、桴亭则纯乎理想。然覆而按之，文义有出入而宗旨则一贯，斯实吾国数千年政治之骊珠也。满清以异族入主中夏，读书者因文网之密，不谈政治，乡约保甲诸法，视明益敝。湘军以团练兴，徒为弋利猎爵计，不知自治其乡。于是古谊沦亡而欧美政术乃乘其隙而阑入，迄今虽吸取未尽，而流弊之甚已无可讳。夫国家者，地方之积也。地方不治而期国家之治，犹之骸骨腐朽而欲若人全体健康，此必不可能之事也。吾国治术在尚德，然民德之迤逦堕落，灼然可见，仅仅巨儒长德以其言论思想补救偏敝于万一，已不啻朽索之驭六马，至并此朽索而去之，纵其猖狂眢乱，谓可以一新天下人之心志，是则吾所百思不得其解者也。吾尝谓今之形势，为一国执政易，为一乡领袖难。为一国执政不求彻底之改革，但为一时粉饰敷衍之计，此稍稍有才器者能之，为一乡领袖实行今之自治法规，而求其乡之隆隆日上，犹之蒸砂为饭，永不可熟。何则，一国之彻底改革，全在各个县乡之彻底改革，各个县乡之彻底改革，又在各个县乡之个人彻底改革，执今之议会法求之能得否乎？回心内向，人治其身，自有法在，然而非今所谓法也。

（载 1923 年《学衡》第十七、第二十一、第三十六期）

中国礼俗史发凡

（一）论读经史以治礼俗之法

世言治礼，皆知宗经，经即史也。《士礼》十七篇，号为"礼经"，实即后世《礼仪志》之祖。

《史记·儒林传》：诸学者多言礼，而鲁高堂生最，本礼固自孔子时，而其经不具。及至秦焚书，书散亡益多，于今独有《士礼》。

《汉书·艺文志》：帝王质文，世有损益。至周曲为之防，事为之制，故曰礼经三百，臣瓒曰：《礼经》三百，谓冠、婚、吉、凶。威仪三千。及周之衰，诸侯将逾法度，恶其害己，皆灭去其籍。自孔子时而不具，至秦大坏。汉兴，鲁高堂生传《士礼》十七篇。礼古经者，出于鲁淹中及孔氏，与十七篇文相似，多三十九篇。

《周官经》述古代之官制官规，亦即后史《职官志》之祖。

《汉书·艺文志》：《周官经》六篇。

大小《戴记》，杂述四代遗制，又多推阐礼意之论著，其性质似后世之丛书，非史也。第以证佐《士礼》及《周官》，补苴其所未备，亦多史料。而其言之渊懿精粹，实治礼之津梁。汉唐以降，解经说礼之书，汗牛充栋。清儒治之尤精，若江永、戴震、秦蕙田、凌廷堪、任大椿、黄以周、孙诒让等，闳通博贯，几集礼学之大成。要其言礼，实即考订古史，礼学与史学，非有二也。

《周官》为政书之渊源，而以礼为其中枢，揭橥大义，最重中和。

《周官》：大司徒，以五礼防万民之伪，而教之中；以六乐防万民之情，而教之和。

又：大宗伯，以天产作阴德，以中礼防之；以地产作阳德，以和乐防之。以礼乐合天地之化，百物之产，以事鬼神，以谐万民，以致百物。

子思作《中庸》，实述其旨。如所谓"致中和，天地位，万物育"者，皆有其位之育之之实事，非空言也。《士礼》号为难读。

韩愈《读〈仪礼〉》：余尝苦《仪礼》难读，又其行于今者盖寡，唐之五礼犹多沿袭《仪礼》，愈此言盖谓士大夫不尽行。沿袭不同，复之无由，考于今诚无所用之。然文王、周公之法制，粗在于是。孔子曰："吾从周。"谓其文章之盛也。惜乎吾不及其时进退揖让于其间也。

然亦以古今宫室、衣服、名物器数之不同，故学者惮其艰奥。若取张惠言《仪礼图》、黄以周《礼书通故》附图依经文章节，行其揖让进退升降献酬之法；更依图而制其器，亦不难了然于成周仪文度数之盛也。《论语》称《诗》、《书》执礼，皆雅言也。礼必执而后明，执之熟，自能常言之矣。

《士礼》、《周官》、二《戴记》外，周秦经传，罔不本典礼立言。故必通群经而后能治礼，亦必通群经而后能治史，此义随在可证，无俟列举。惟自来经生家言，崇视典礼，或失之迂曲，或失之傅会。宜以今世史学家、社会学家眼光观之，则礼之由来与其演进，皆民族社会由榛狉而日进于文明之遗迹也。礼之演进，自羲、农、轩、顼，迤逦至周公、孔子，而造其极。范围曲成，可俟百世。而人事之变迁，不能无升降隆污。有就一端观之，而叹为退化者；有就各方观之，亦未始不可目为进化者，仁智之见，言人人殊。大抵春秋以降，政术兵事，民生物质，多方演变。持视经籍，几若判然不可同途。

《新唐书·礼乐志》：由三代而上，治出于一，而礼乐达于天下。由三代而下，治出于二，而礼乐为虚名。

然吾民族之根本精神，仍在在与周公、孔子之微言精义相通，用以保世滋大，不可徒囿于形式节目以论史也。

礼俗并称，始自《周官》。

《周官》：土均掌平土地之政。以均地守，以均地事，以均地贡，以和邦国都鄙之政令刑禁，与其施舍礼俗丧纪祭祀，皆以地美恶为轻重之法而行之。

又：小行人及其万民之利害为一书，其礼俗政事教治刑禁之逆顺为一书，其悖逆暴乱作慝犹犯命者为一书，其札丧凶荒厄贫为一书，其康乐和亲安平为一书，凡此五物者，每国辨异之，以反命于王，以周知天下之故。

以俗教安，次于礼仪。其安万民，则以本俗。

《周官》：大司徒十有二教：一曰以祀礼教敬；则民不苟；二曰以阳礼教让，则民不争；三曰以阴礼教亲，则民不怨；四曰以乐礼教和，则民不乖；五曰以仪辨等，则民不越；六曰以俗教安，则民不愉（同偷）；七曰以刑教中，则民不虣；八曰以誓教恤，则民不怠；九曰以度教节，则民知足；十曰以世事教能，则民不失职；十有一曰以贤制爵，则民慎德；十有二曰以庸制禄，则民兴功。以本俗六安万民：一曰美宫室，二曰族坟墓，三曰联兄弟，四曰联师儒，五曰联朋友，六曰同衣服。

故言礼而不言俗，未为知礼。《诗》之《国风》，即礼俗史之权舆。后之良史，类能探民俗之原。

《史记·货殖列传》：俗之渐民久矣。虽户说以眇论，终不能化；故善者因之，其次利道之，其次教诲之，其次整齐之，最下者与之争。此数语最精，化民成俗，不外因势利导，及教诲整齐：出于争则必不获效。夫山西饶材、竹、榖、芦、旄、玉石，山东多鱼、盐、漆、丝、声色，江南出楠、梓、姜、桂、金、锡、连、丹砂、犀、玳瑁、珠玑、齿革，龙门、碣石，江[①]北多马、牛、羊、旃裘、筋、角，铜、铁则千里往往山出棋置，此其大较也：皆中国人民所喜好，谣俗被服饮食奉生送死之具也。

司马迁、班固皆著《货殖传》、《游侠传》，述各地之俗。固撰《地理志》，言风俗尤析而详。

《汉书·地理志》：凡民函五常之性，而其刚柔缓急音声不同。系水土之风气，故谓之风。好恶取舍，动静无常，随君上之情欲，故谓之俗。孔子曰："移风易俗，莫善于乐。"言圣王在上，统理人伦，必移其本而易其末。此混同天下，壹之乎中和；然后王教成也。汉承百王之末，国土变改，民人迁徙。成帝时，刘向略言其地分。丞相张禹使属颍

---

① 此处"江"字为衍文。

川朱赣，条其风俗，犹未宣究；故辑而论之，终其本末，著于篇。

唐修《五代史志》，亦师迁、固，述各地风俗于《地志》。后之史志，罕绍汉、隋，则以述风俗者时有专书（如《洛阳伽蓝记》、《东京梦华录》之类），各地方志胪举尤备。故征之国史似略，而综览群书则详也。

善读史者，求历代各地之俗，亦随在可见，不必拘于地志及风俗专书也。如《史》、《汉》载项梁在吴中以兵法部勒宾客子弟以治丧事，则知苏俗之尚大出丧，由来已久。

《史记·项羽本纪》：项梁与籍避仇于吴中，吴中贤士大夫皆出项梁下。每吴中有大繇役及丧，项梁尝为主办，阴以兵法部勒宾客及子弟，以是知其能。梁部署吴中豪杰为校尉候司马，有一人不得用，自言于梁。梁曰："前时某丧，使公主其事，不能办。以此不任用公。"众乃皆伏。

陈平宰社，分肉甚均。今之里社及巨族宗祠春秋祭祀，均分胙肉，亦其遗意也。

《史记·陈丞相世家》：里中社，平为宰，分肉食甚均。父老曰："善，陈孺子之为宰。"平曰："嗟乎，使平得宰天下，亦如是肉矣。"

他如诸史《五行》、《仪卫》诸志，亦可考见某朝某地殊尤之俗，与纪传相参。

《续汉书·五行志》：灵帝好胡服、胡帐、胡床、胡坐、胡饭、胡箜篌、胡笛、胡舞，京都贵戚，皆竞为之。献帝建安中，男子之衣，好为长躬，而下甚短；女子好为长裙，而上甚短。

《新唐书·五行志》：天宝初，贵族及士民，好为胡服、胡帽。妇人则簪步摇钗，衿袖窄小。杨贵妃常以假髻为首饰，而好服黄裙。时人为之语曰："义髻抛河里；黄裙逐水流。"元和末，妇人为圆鬟椎髻，不设鬓饰，不施朱粉，惟以乌膏涂唇，状似悲啼者。文宗时，吴越间织高头草履织如绫縠，前代所无。乾符五年，雒阳人为帽，皆冠军士所冠者。又内臣有刻木象头以裹幞头，百官效之，工门如市。僖宗时，内人束发极急，及在成都蜀妇人效之，时谓为"囚髻"。

又《仪卫志》：文宗下诏："衣曳地不过二寸，袖不过一尺三寸。妇人裙不过五幅，曳地不过三寸，襦袖不过一尺五寸。"淮南观察使李德裕令管内妇人衣袤四尺者，阔一尺五寸，裙曳地四五寸者，减三寸。

曩尝欲采辑诸史，广及说部、别集，专述吾民衣食住行演变条流，为民族生活史，颇冀通人同致力于此，亦至有兴趣之新史也。

（二）礼俗之演变

礼俗之界，至难画分。笃旧之士，以《士礼》及《周官》所载，皆先王之大经大法，义蕴闳深，不可以后世风俗相例。究其实，则礼所由起，皆邃古之遗俗。后之圣哲，因袭整齐，从宜从俗，为之节文差等，非由天降地出，或以少数人之私臆，强群众以从事也。

《礼记·曲礼》：礼从宜，使从俗。

又：君子行礼，不求变俗，祭祀之礼，居丧之服，哭泣之位，皆如其国之故。谨修其法，而慎行之。

《礼器》：礼，时为大，顺次之，体次之，宜次之，称次之。

《问丧》：人情之实也，礼义之经也；非从天降也，非从地出也，人情而已矣。

例如祭祀，所谓国之大事也。燔柴、槱燎、狸沈、疈辜，何自而昉，则昉于初民之震慑于天地阴阳之晦明震动，以为必有神明主宰，而又无由通问而致其精诚。焚柴而上腾，瘗牲以为饷，不必有节目等衰也。圣哲因其俗而制为天神地祇之礼，厘然有等，广及诸神，此非由俗而为礼之证乎？

《周官》：大宗伯以禋祀祀昊天上帝，以实柴祀日月星辰，以槱燎祀司中、司命、风师、雨师，以血祭祭社稷、五祀、五岳，以狸沈祭山林川泽，以疈辜祭四方百物。

后世之礼，不必一准古俗。而焚香宰牲，犹缘其意。故推后世平民焚香祀天割牲祷神之俗，谓自唐虞三代之柴望血祭而来，固无不可，治史而观其通，则礼俗之演变，古今不隔也。

世儒诋斥《周官》，最致疑于《媒氏》、《方相氏》诸文，盖隆礼而不达俗也。

《周官·媒氏》：中春之月，令会男女。于是时也，奔者不禁。若无故而不用令者罚之，司男女之无夫家者而会之。

又《方相氏》：掌蒙熊皮，黄金四目，玄衣朱裳，执戈扬盾，帅百隶而时傩，以索室驱疫，大丧先柩，及墓入圹，以戈击四隅，驱方良。

方皋《周官辨伪》，谓此诸文为刘歆所窜入。

苗民跳月，至今犹然。《周官》所载，存古俗耳。大傩逐疫，则由古者医出于巫。戈击方良，亦即吊者负弓之意。《隋志》载左人持弓箭绕尸而歌。

《说文》：吊，问终也。古之葬者，厚衣之以薪，从人持弓，会驱禽。

《隋书·地理志》：荆州，其左人无衰服，不复魄。始死，置尸馆舍，邻里少年，各持弓箭，绕尸而歌，以箭扣弓为节。

今苗人之送葬，亦持武器至圹而逐鬼。治礼而知其俗，则由僿野而臻文明之阶梯可睹矣。

礼非尽循俗也，俗之甚敝，不可不革，而又不能尽革者，则有礼以适其情而为之坊。《小戴记·经解》、《坊记》诸篇，释礼之为坊者备矣。其最易见者，莫如《乡饮酒礼》。商人酗酒，以亡其国，周公监之，作《酒诰》，禁群饮。

《酒诰》：厥或诰曰群饮，汝勿佚；尽执拘以归于周，予其杀。又惟殷之迪诸臣百工，乃湎于酒，勿庸杀之，姑惟教之。

又以人之嗜酒，不可尽禁；则制为《乡饮酒礼》，使民岁时可以饮酒，而淑之以礼让。

《乡饮酒义》：乡饮酒之义，主人拜迎宾于庠门之外，入，三揖而后至阶，三让而后升，所以致尊让也。盥洗扬觯，所以致洁也。拜至，拜洗，拜受，拜送，拜既，所以致敬也，尊让洁敬也者，君子之所以相接也。君子尊让则不争，洁敬则不慢，可慢不争，则远于斗辨矣。不斗辨，则无暴乱之祸矣。斯君子所以免于人祸也。乡饮酒之礼，六十者坐，五十者立，侍以听政役，所以明尊长也。六十者三豆，七十者四豆，八十者五豆，九十者六豆，所以明养老也。民知尊长尊老，而后乃能入孝弟。民入孝弟、出尊长养老而后成教，成教而后国可安也。君子之所谓孝者，非家至而日见之也。合诸乡射，教之乡饮酒之礼，而孝弟之行立矣。孔子曰："吾观于乡，而知王道之易易也。"《周官》：州长春秋以礼会民，而射于州序。盖春秋二时，以乡饮酒之礼会其民而后射于序，故曰合诸乡射、教之乡饮酒之礼。

《乐记》：夫豢豕为酒，非以为祸也。而狱讼益繁，《易》：饮食必有讼。则酒之流生祸也。是故先王因为酒礼，壹献之礼，宾主百拜，终日饮酒而不得醉焉。此先王之所以备酒祸也。故酒食者所以合欢也，乐者所以象德也，礼者所以缀淫也。

历汉、唐、宋、明，皆存此礼。虽行之公众者，不尽符于古义；而其他公私宴会，往往尚礼貌而不惟事壶觞。自达人名士自放于礼教者外，综观吾民之耽酒，乃不若他族之甚。是则缘俗制礼，以礼易俗微眇之意也。

古之祭祀，有阶级之别。如天子祭天地，诸侯祭社稷，大夫祭五祀（《王制》），所以明等威也。然亦有达于上下共同之祀，则社是也。

《祭法》：王为群姓立社曰大社，王自为立社曰王社，诸侯为百姓立社曰国社，诸侯自为立社曰侯社。大夫以下成群立社曰置社。

报本反始，归于土地。因以合群，因以娱乐。历代相沿，饮社酒，分社肉，里有庙而家有祀，推而为团体之组织，推而为文艺之讲求。所谓联师儒，联朋友，联兄弟之本俗咸在焉，不得谓古礼之久湮也。

社稷并称，《孟子》曰："民为贵，社稷为重。"顾民得祀社而不祀稷，似于报本之义未备。按古有五祀，广之为七祀，约之为一祀。

《祭法》：王为群姓立七祀：曰司命，曰中霤，曰国门，曰国行，曰泰厉，曰户，曰灶。王自为立七祀。诸侯为国立五祀：曰司命，曰中霤，曰国门，曰国行，曰公厉。诸侯自为立五祀。大夫立三祀：曰族厉，曰门，曰行。适士立二祀：曰门，曰行。庶人立一祀，或立户，或立灶。

自王达于庶人之祀有灶焉，灶者所以报熟食之本也。自国言之，曰社曰稷；自民言之，有社有灶。殊其名而通其义，是亦古今之所同矣。惟今俗岁首，家祀天地，私塾或行婚礼时，立天地君亲师之位，则准之古礼为僭，然其义亦本于《礼运》，则所谓礼虽先王之所未有，可以义起者也。

《礼运》：天生时而地生财，人其父生而师教之，四者君以正用之。此殆后世天地君亲师五者并尊之本。《大戴记·礼三本篇》："礼上事天，下事地，宗事先祖而隆君师，是礼之三本也。"亦同。

有后世之俗胜于古礼者，如三代祭礼，以人为尸，接以宾礼，授其服而藏其隋。

《周官》：守祧，掌守先王先公之庙祧，其遗衣服藏焉。若将祭祀，则各以其服授尸，既祭，则藏其隋与其服。隋谓尸所祭肺与黍稷之类，祭后埋之西阶之东。

战国以来，代以像设，于忾闻優见之义，未尝相悖。

宋玉《招魂》：像设君室，静闲安些。

《祭义》：祭之日，入室，優然必有见乎其位；周还出户，肃然必有闻乎其容声；出户而听，忾然必有闻乎其叹息之声。

视孙为祖尸，而子转以子姓行为其亡亲而事之者为有间矣。宗法社会，支子不祭，祭必告于宗子，又凡宗庙之制，以爵位为差等。考各一庙，与后世之宗祠群主合祭者迥殊。然后世之俗，宜于平民。而其敬宗合族，追远报本，亦未始不符于古也。

礼有行于古而中废，迄今复兴之者。《周官》有冢人、墓大夫，掌公墓及族葬之礼。

《周官》：冢人，掌公墓之地，辨其兆域而为之图。先王之葬居中，以昭穆为左右，凡诸侯居左右以前，卿大夫士居后，各以其族。凡死于兵者，不入兆域。此以示战阵无勇之戒。凡有功者居前，以爵等为丘封之度，与其树数。

又：墓大夫，掌凡邦墓之地域为之图，令国民族葬，而掌其禁令，正其位，掌其度数，使皆有私地域。凡争墓地者听其狱讼，帅其属而巡墓厉，居其中之室以守之。

族坟墓之俗，殆在周之前已然，而后世乃有堪舆之说，各求善地，不复族葬。公墓之制，则仅大臣有陪陵者，及漏泽园之类。晚近始援他国之俗而倡公墓，用是可知古礼久湮者，亦有时缘他故而复现。至火葬则为释氏之法，宋元民间亦有行之者。

世讥吾俗为多神教，其缘二氏而兴者，故不在祀典。而古所谓祀典，如法施于民以死勤事，以劳定国，能御大灾，能捍大患，则由民众之不忘先烈，崇德报功，命意深远，非迷信也。

《祭法》：夫圣人之制祭祀也，法施于民则祀之，以死勤事则祀之，以劳定国则祀之，能御大灾则祀之，能捍大患则祀之。非此族也，不在祀典。

至如蜡祭之类，以俗为礼，流而为后世乡民迎神赛会之习。

《郊特牲》：天子大蜡八，伊耆氏始蜡。蜡祭八神：先啬一，司啬二，农三，邮表畷四，猫虎五，坊六，水庸七，昆虫八。蜡也者，索也。岁十二月，合聚万物而索飨之也。蜡之祭也，主先啬而祭司啬也，祭百种以报啬也，飨农及邮表畷禽兽，仁之至义之尽也。古之君子，使之必报之。迎猫，为其食田鼠也。迎虎，为其食田豕也。迎而祭之也，祭坊与水庸事也。曰"土反其宅，水归其壑，昆虫毋作，草木归其泽"。

宜为临民者所不许，然《周官》于此事曰"以礼属民……以正齿位"。

《周官·党正》：国索鬼神而祭祀，则以礼属民而饮酒于序，以正齿位。

孔子与于蜡宾，乃述《礼运》。子贡不知其义，斥举国之若狂。而孔子告以张弛之道，则俗之寓礼，殆非深识不辨。

《杂记》：子贡观于蜡，孔子曰："赐也，乐乎？"对曰："一国之人皆若狂，赐未知其乐也。"子曰："百日之蜡，一日之泽，非尔所知也；张而不弛，文武弗能也。弛而不张，文武弗为也。一张一弛，文武之道也。"

由张弛之义推之，吾民终岁勤动，且纤啬治生；不事酒食征逐，岁晚务闲，始克稍事娱乐，以舒其郁塞，而联其群，正所以彰吾民勤俭之美耳。岁时伏腊，斗酒自劳，其时较多。

《汉书·杨恽传》：田家作苦，岁时伏腊，烹羊炰羔，斗酒自劳。

外此则相沿之令节，始各休假一日，为饮食欢娱，视官吏士人五日一休沐，旬日一假者，倜乎远矣。

汉代官吏，五日一休沐。

《汉书·万石君传》：每五日洗沐归。注：文颖曰："郎官五日一洗沐。"

《杨恽传》：移病尽一日，辄偿一沐。注：晋灼曰："五日一洗沐也。"

《隋书·礼仪志》：后齐制，学生每十日给假，皆以景即丙日放之，隋制，学生皆乙日试书，景日给假焉。

（三）秩　叙

略明礼俗演变，乃可进言秩叙。礼之函义孔多，就普通人所常言者明之，则礼者秩叙而已矣。樊然众生，漫无统纪，何以为群，何以立国。整齐教诲，必有秩叙而后可相安以生，故社会之初型，原于私欲争夺，争夺不已，脊脊大乱。聪明睿知之人，察其所以然，因势利导，循其原委，区其经曲。求其条理，定为秩叙，括之曰礼。故曰礼者，秩叙而已矣。

《乐记》：人生而静，天之性也。感于物而动，性之欲也。物至知知，然后好恶形焉；好恶无节于内，知诱于外，不能反躬，天理灭矣。夫物之感人无穷，而人之好恶无节，则是物至而人化物也。人化物也者，灭天理而穷人欲者也。于是有悖逆诈伪之心，有淫佚作乱之事。是故强者胁弱，众者暴寡，知者诈愚，勇者苦怯，疾病不养，老幼孤独不得其所，此大乱之道也。是故先王之制礼，人为之节。

《荀子·礼论》：礼起于何也？曰：人生而有欲，欲而不得，则不能无求，求而无度量分界，则不能不争。争则乱，乱则穷。先王恶其乱也，故制礼义以分之，以养人之欲，给人之求。使欲必不穷乎物，物必不屈于欲，两者相持而长，是礼之所起也。

秩叙者，本于人之性情，人之性情本于天，故《虞书》说典礼，谓之天叙天秩，天叙天秩，即《乐记》所谓天理，天理者，天然之条理也。

《皋陶谟》：天叙有典，敕我五典五惇哉。天秩有礼，自我五礼有庸哉。郑玄曰：五礼，天子也，诸侯也，卿大夫也，士也，庶民也。

天叙何以曰典，典常也，人类之可常行者也。然虽人类自草昧以来，已由争夺暴乱渐求相安之法，于不知不识之中，趋向此天叙而行，而不能无待于圣哲之教。圣哲率其性而修其道，曰惟此可以常行，则各按其伦类而教之，故五典又曰五教：

《尧典》：慎微五典，五典克从。郑玄曰：五典，五教也。

又：帝曰："契，百姓不亲，五品不逊，汝作司徒，敬敷五教，在宽。"马融曰：五教，五品之教。郑玄曰：五品，父母兄弟子也。

又曰人伦。

《孟子》：人之有道也，饱食暖衣逸居而无教，则近于禽兽。圣人有忧之，使契为司徒，教以人伦。父子有亲，君臣有义，夫妇有别，长幼有序，朋友有信。

吾国一切典礼，皆依此伦理为之节度而文饰之。故欲知吾民族立国数千年，能由部落酋长达此大一统之国家，广宇长宙，雄长东亚，其根本何在，即在循此人类群居之条理，以为立国根本。简言之，即以礼为立国根本。博言之，即以天然之秩叙（即天理）为立国之根本也。并世民族，构成发展，固亦不外此天然之条理。然吾民族年祀之悠久，统治之广袤，以史迹较之，成绩特殊，由果推因，其亦有循共同之轨而自致其优越之端欤。

伦理之懿，尽人能言，亦更仆难罄。第就近人因他族之俗及吾国末俗流弊，而诟病吾国伦理者稽之，似诟病之端，皆缘未究礼经及史迹之嬗替，而归咎于前哲。实则古礼之协于人情，合于民治，其精奥赅备，固非徒执臆见近事所可测定。略陈其愚，以俟明哲之商榷。

夫妇之伦，父子君臣之礼所由起也，爰有六礼（纳采、问名、纳吉、纳征、请期、亲迎），敬慎重正，夫岂不知男女相悦，出于情欲。所谓发乎情，止乎礼义也。礼之大义，在慎始图终，一与之齐，则终身不改。

《郊特牲》：天地合而后万物兴焉，夫昏礼万世之始也，取于异姓，所以附远厚别也。币必诚，辞无不腆，告之以直位，位事人也，位妇德也，壹与之齐，终身不改。

盖有鉴于人苟日营营于求偶，其德不恒，直接有损于本身之志事，间接即纷扰于社会之进程，故为礼以严其秩叙，然礼有继母出母继父之服。

《仪礼·丧服》疏"衰裳齐三年章"：继母如母。

疏"衰裳齐期章"：出妻之子为母。父卒继母嫁，从为之服。

又：继父同居者。传曰："夫死，妻稚，子幼，子无大功之亲，与之适人；而所适者亦无大功之亲，所适者以其货则为之筑宫庙，岁时使之祀焉，妻不敢与焉，若是则继父之道也。同居，则服齐衰期，异居，则服齐衰三月。必尝同居，然后为异居。未尝同居，则不为异居。"

是礼固不禁改嫁也，《诗》美《柏舟》"之死靡它"。

《诗·鄘风·柏舟》：之死矢靡它。"之死矢靡慝。"共姜守节语。

史有怀清台，及扁表之制。秦始皇为巴寡妇清筑女怀清台，见《史》、《汉》《货殖列传》。

《续汉书·百官志》：凡有孝子顺孙，贞女义妇，让财救患，及学生为民法者，皆扁表其门，以兴善行。

则以其义笃情深，超轶流俗，特致敬礼，以励凉薄，道并行而不相悖也。

君臣之礼，严于天泽，策名委贽，有死无贰。而仪式之严，则由演变而非其朝，古曰臣邻，相互钦敬。

《皋陶谟》：臣哉邻哉，邻哉臣哉。予违汝弼，汝无面从，退有后言，钦四邻。

周之朝仪，王揖臣下，其合诸侯，亦先三揖，故曰"君之为言群也"。

《周官》：司士，正朝仪之位，辨其贵贱之等。王南乡，三公北面东上，孤东面北上，卿大夫西面北上。王族故土虎士在路门之右，南面东上。大仆大右大仆从者在路门之左，南面西上，司士摈，孤卿特揖。王揖孤卿，一一揖之。大夫以其等旅揖，士旁三揖，王还，揖门左，揖门右，大仆前王入内朝，皆退。

又：司仪，掌九仪之宾客摈相之礼，以诏仪容辞令揖让之节。将合诸侯，则令为坛三成，宫旁一门，诏王仪，南乡见诸侯，土揖庶姓，庶姓非王亲，土揖，下手以揖之，时揖异姓，异姓王外亲，时揖，平手以揖之。天揖同姓。同姓王宗室，天揖，举手以揖之。

《白虎通义》：君之为言群也。

司民献民数，则王拜受。

《周官》：司民掌登万民之数，自生齿以上，皆书于版，辨其国中与其都鄙，及其郊野，异其男女。岁登下其死生，及三年大比，以万民之数诏司寇，司寇及孟冬，祀司民之日，献其数于王，王拜受之，登于天府，内史司会冢宰贰之，以赞王治。

乡大夫献贤能之书，则王拜受。

《周官》：乡大夫三年则大比，考其德行道艺，而兴贤者能者。乡老及乡大夫帅其吏，与其众寡，以礼礼宾之。厥明，乡老及乡大夫群吏献贤能之书于王，王拜受之，登于天府，内史贰之。

其尊民敬士，曷尝侈然自肆于臣民之上，如后世之皇帝。由是知

《皋谟》所谓天叙，亦第就一国之中，分其职位条理云尔。其辨德罪，必本之天；其证天意，必视之民。

《皋陶谟》：天命有德，五服五章哉。天讨有罪，五刑五用哉，天聪明，自我民聪明；天明畏，自我民明畏。

故世谓民治精神，原于吾国，不得以后世暴君，病吾古礼也。

至于父子之伦，由母系而进于父系，以《丧服传》之言断之，则人禽之辨，其义尤精。

《仪礼·丧服传》：禽兽知母而不知父，野人曰，父母何算焉，都邑之士，则知尊祢矣。大夫及学士，则知尊祖矣。

古人岂不知父母并尊，盖由野人之俗，而进于文明，家无二主，非故意尊男抑女也。（唐以来加重母服，可阅顾氏《日知录》。）又如子为父服，父亦报之。长中下殇，皆有恩意，所谓父父子子也。

《仪礼·丧服》"斩衰章"：父为长子。传曰："何以三年也。正体于上，又乃将有传重也。庶子不得为长子三年，不继祖也。"

"疏衰裳齐三年章"：母为长子。传曰："何以三年也。父之所不降，母亦不敢降也。"

"疏衰裳齐期章"：为众子。众子者，长子之弟，及妾子，女子子在室亦如之。传曰："何以期也，报之也。"

"大功章"：子女子子之长殇中殇。传曰："何以大功也，未成人也。年十九至十六，为长殇；十五至十二，为中殇；十一至八岁，为下殇。下殇小功。不满八岁以下，皆为无服之殇。无服之殇，以日易月；以日易月之殇，殇而无服。"

是故子孝父慈，与君仁臣敬，同为各尽其道，非专责片面之言。

《大学》：为人君，止于仁。为人臣，止于敬。为人子，止于孝。为人父，止于慈。与国人交，止于信。

而父有诤子，亦犹君有诤臣，此人伦之精理也。

《孝经》：天子有诤臣七人，虽无道，不失其天下。诸侯有诤臣五人，虽无道不失其国。大夫有诤臣三人，虽无道，不失其家。士有诤友，则身不离于令名。父有诤子，则身不陷于不义。

夫妇君臣，以义合者也。义合者，人也，非天也。故古之为教，虽各循其伦，而必以父子之伦贯之。父子之道天性也，由天性以贯人伦；而人伦之组织，始可尽人以合天，例如夫妻牉合，今人所知者，只认为男女本身之关系；而不从其上下前后着想。圣哲之言婚礼，则兼男女本身及其上下前后而言之。

《昏义》：昏礼者将合二姓之好，此以本身言。上以事宗庙，而下以继后世也。此以上下前后言。故君子重之。

《哀公问》：公曰："寡人愿有言然，冕而亲迎，不已重乎。"孔子愀然作色而对曰："合二姓之好，以继先圣之后，以为天地宗庙社稷之主，此义更广。君何谓已重乎。"

《曾子问》：嫁女之家三夜不息烛，思相离也。取妇之家，三日不举乐，思嗣亲也。三月而庙见，称来妇也，择日而祭于祢，成妇之义也。

人之为人，不限于青年求偶之短期。阅时而有子孙，阅时而为祖考；故仅知夫妇之伦，不知父子之伦者，于人未尽其义也。

由父子而为君臣之义，经籍所言多矣。

《易·序卦》：有父子然后有君臣，有君臣然后有上下，有上下然后礼义有所错。

而《孝经》陈资父事君之道，实由天性而引掖之。

《孝经》：资于事父以事母而爱同，资于事父以事君而敬同；故母取其爱，而君取其敬，兼之者父也。

人各自私其身，何由使之奋于公务。惟由其天性而节其私，则始自家庭，推至社会国家，始能戡小己之私，而奉身以为公。《论语》称事父母能竭其力，事君能致其身，二语相承，其能有自。夫竭力事亲，固无限量，然寻常人家子女，从其父母之命，为家庭服务，出于自然，不假考虑，不计报酬，纤屑奉行，必求其当者甚多。此庸行，非奇节也。圣哲察其然，乃得此移孝作忠之途术，谓于君国不私其身，犹家庭之不私其身。则由孩提之良知良能，可以推之邦国天下，而君臣之以义合者，亦持性情而联系，不敢自有其身焉。故以广义之孝言之，则自居处之庄，推之事君、莅官、交友、战陈，罔不本于孝。

《祭义》：曾子曰："身也者，父母之遗体也。行父母之遗体，敢不敬乎。居处不庄，非孝也。事君不忠，非孝也。莅官不敬，非孝也。朋友不信，非孝也。战陈无勇，非孝也。五者不遂，灾及于亲，敢不敬乎。"

吾国史策，忠臣、义士、循吏、名臣，可法、可惊、可歌、可泣者，其原何在？在圣哲由其天性而导之，以发挥于国家。故曰孝子之身终，非终父母之身，终其身也。终其身则息息在在，思所以自勉自奋，而不敢为不善以贻其亲无穷之羞。

《内则》：父母虽没，将为善，思贻父母令名，必果。将为不善，思贻父母羞辱，必不果。

此其向善之精诚，不待宗教诱之，法律绳之，盟约莅之，而以人伦之自然收获之良果也。综览史册，治乱兴衰，虽不一而足，而由此天叙天秩，使吾国族之绵延壮伟，常日进而无疆。世之性情凉薄者，不喻其故，转羡初民浅化正知营私欲计权利者之为美。而欲拨其本实，谓昔之人无闻知。其蹈常习故者，又惟损公肥私，或营营于乞寿文求象赞之末以为孝。呜呼，秩叙伦理，岂易言哉！

（四）教　育

吾国人之论学有一要语，曰实事求是。

《汉书·河间献王传》：修学好古，实事求是。

清人讲汉学者，恒以此为标榜。晚近言教育，尤重实验；实验即实事求是也。朔自唐虞以来，以五典为教，以乐德为教。

《书·尧典》：百姓不亲，五品不逊，汝作司徒，敬敷五教，在宽。夔，命汝典乐教胄子，直而温，宽而栗，刚而无虐，简而无傲。诗言志，歌永言，声依永，律和声，八音克谐，无相夺伦，神人以和。

迄周之以乡三物教万民，以三德、三行、六艺、六仪及乐德、乐语、乐舞教国子，无非以实事为教，道与艺合，文与武合，言与行合，上与下合，要之则身与礼合。

《周官》：大司徒以乡三物教万民而宾兴之：一曰六德，知仁圣义忠和。二曰六行，孝友睦姻任恤。三曰六艺，礼乐射御书数。

师氏以三德教国子：一曰至德以为道本，二曰敏德以为行本，三曰孝德以知逆恶。教三行：一曰孝行以亲父母，二曰友行以尊贤良，三曰顺行以事师长。居虎门之左，司王朝，掌国中失之事，以教国子，凡国之贵游子弟学焉。

保氏掌养国子以道，乃教之六艺：一曰五礼，二曰六乐，三曰五射，四曰五驭，五曰六书，六曰九数。乃教之六仪。（详后）

又：大司乐掌成均之法以治建国之学政，而合国之子弟，凡有道者，有德者，使教焉。死则以为乐祖，祭于瞽宗。以乐德教国子，中和祗庸孝友。以乐语教国子，兴道讽诵言语。以乐舞教国子，舞《云门》、《大卷》、《大咸》、《大磬》、《大夏》、《大濩》、《大武》。

盖其教多以读法行礼及国事相与实验，不徒事记诵理论，故其人之道德，皆实可见于施行。（如六德之圣，似极难极高，然以《洪范》"思曰睿，睿作圣"之义释之，则此圣字亦即教人以视思明，听思聪，色思温，貌思恭之类，非虚言。）近人谓周之所以纲纪天下，其旨在纳上下于道德；而合天子诸侯卿大夫士庶民以成一道德之团体。观于司徒十二教及各官之教．知此论非过信古人也。

王国维《殷周制度论》：周之所以纲纪天下，其旨在纳上下于道德，而合天子诸侯卿大夫士庶民以成一道德之团体。古之所谓国家者，非徒政治之枢机，亦道德之枢机也。使天子诸侯大夫士，各奉其制度典礼以亲亲尊尊贤贤明男女之别于上，而民风化于下，此之谓治，反是则谓之乱。

以实事为教之法，如读法行礼则书其道德之类，不可缕举。

《周官》：闾胥：凡春秋之祭祀、役政、丧纪之数，聚众庶，既比则读法，书其敬敏任恤者。族师：月吉则属民而读邦法，书其孝弟睦姻有学者，春秋祭醋亦如之。

党正：正岁属民读法而书其德行道艺，以岁时莅校比及大比亦如之。

州长：正月之吉，各属其州之民而读法，以考其德行道艺而劝之，以纠其过恶而戒之，若以岁时祭祀州社，则属其民而读法亦如之。

其尤妙者，如《王制》所言，简不帅教，而乡之耆老，国之卿大夫士，上及王者，赴学校而躬行礼法，以示范于学生。则真道德团体之教育，非徒教育专家之教育矣。

《王制》：命乡简不帅教者以告耆老，皆朝于庠。元日，习时上功，习乡上齿，大司徒帅国之俊士与执事焉。此自司徒至耆老皆行礼以示范也。

不变。命国之右乡简不帅教者移之左，命国之左乡简不帅教者移之右，如初礼。又示范也不变。移之郊，如初礼。又示范也不变。移之遂，如初礼。又示范也不变。屏之远方，终身不齿。将出学，小胥、大胥、小乐正简不帅教者以告于大乐正；大乐正以告于王，王命三公九卿大夫元士皆入学。示范也不变。王亲视学。示范也不变。王三日不举，屏之远方，西方曰棘，东方曰寄，终身不齿。

夫乡庠党序之时书德行，国学之七年论学取友，九年知类通达，宜无不帅教之人；而犹有不帅教者，则此道德团体之耻也。

《学记》：古之教者，家有塾，党有庠，术有序，国有学。比年入学，中年考校。一年视离经辨志，三年视敬业乐群，五年视博习亲师，七年视论学取友，谓之小成。九年知类通达，强立而不反，谓之大成。夫然后足以化民易俗，近者说服，而远者怀之，此大学之道也。

转移远屏，亦固其所。而朝野上下，初不先恶其人，惟相与力示之范。《论语》曰"道之以德，齐之以礼，有耻且格"，意必以此意证之，始见道德齐礼之实际行动欤。

周代兵农合一，文武合一，乡遂之民，受教于司徒，而听命于司马。国子则受教师保司乐，而致用于司士诸子，既已如网络相交矣。

《周官》：司士掌国中之士治。凡祭祀掌士之戒令。凡会同作士从宾客亦如之。作士适四方使为介，大丧作士掌事，掌六军之士执披，凡士之有守者令哭无去守，国有故，则致士而颁其守，凡邦国三岁则稽士任。

诸子掌国子之倅，掌其戒令，与其治教，辨其等，正其位，国有大事，则帅国子而致于天子。惟所用之，若有甲兵之事，则授之车甲，合其卒伍，置其有司，以军法治之。

而其教则始于乡三物，《大学》所谓格物，即指此乡三物也。三物之教，交互贯通，非短幅所可枚举。第以射御论，似射御止为技能教育，于道德无与矣，然古自男子始生，已示以有事四方之志。

《射义》：男子生，桑弧蓬矢六，以射天地四方，天地四方者，男子之所有事也。

教射则志正体直，以观德行。

《射义》：古者诸侯之射也，必先行燕礼，卿大夫士之射也，必先行乡饮酒之礼，故燕礼者，所以明君臣之义也。乡饮酒之礼者，所以明长幼之序也，故射者进退周还必中礼。内志正，外体直，然后持弓矢审固；持弓矢审固，然后可以言中，此可以观德行矣。

合之乐节，以弭暴乱。

《射义》：其节，天子以驺虞为节，诸侯以狸首为节，乡大夫以采蘋为节，士以采蘩为节。明乎其节之志，以不失其事，则功成而德行立，德行立，则无暴乱之祸矣。

孔子之习射，分三选。贲军之将，亡国之大夫不入，而使幼壮孝弟耆耋好礼者，与于观众，则射与道德之关系何如乎。

《射义》：孔子射于矍相之圃。子路执弓矢出延射，曰："贲军之将，亡国之大夫，与为人后者，不入。"公罔之裘扬觯而语曰："幼壮孝弟，耆耋好礼，不从流俗修身以俟死者，不在此位也。"序点又扬觯而语曰："好学不倦，好礼不变，旄期称道不乱者，不在此位也。"

御礼不传，所谓鸣和鸾，逐水曲，过君表，舞交衢，逐禽左者，不能详其仪节。观《春秋》，士夫御车作战，犹不忘礼。

《左传·成公二年》：晋及齐战于鞌，晋解张御郤克，曰："师之耳目在吾旗鼓，进退从之，此车一人殿之，可以集事，若何其以病败君之大事也。"韩厥中御而从齐侯。韩厥执絷马前，再拜稽首，奉觞加璧以进。曰："寡君使群臣为鲁卫请，曰，无令舆师陷入君地，下臣不幸，属当戎行，无所逃隐，且惧奔辟，而忝两君，臣辱戎士，敢告不敏，摄官承乏。"

《孟子》称王良之御，范我驰驱，不贯与小人乘。

《孟子》：王良曰："吾为之范我驰驱，终日不获；一为之诡遇；一朝而获十。《诗》云：不失其驰，舍矢如破。我不贯与小人乘，请辞。"

御之根本礼教可见矣。

古今教育之判，固以教之合于礼之实际与否为断，而乐之关系尤巨。《周官·大司乐章》虽流传至今，而乐教之衰，与时俱降。

《汉书·艺文志》：孔子曰："安上治民，莫善于礼；移风易俗，莫善于乐。"二者相与并行。周衰俱坏，乐尤微眇。以音律为节，又为郑卫所乱，故无遗法。汉兴，制氏以雅乐声律，世在乐官，颇能纪其铿锵鼓舞，而不能言其义。六国之君，魏文侯最为好古，孝文时，得其乐人窦公，献其书，乃《周官·大宗伯》之《大司乐章》也。武帝时，河间献王好儒，与毛生等共采《周官》及诸子言乐事者，以作《乐记》，献八佾之舞，与制氏不相远。其内史丞王定传之，以授常山王禹。禹，成帝时为谒者，数言其义，献二十四卷《记》。刘向校书，得《乐记》二十三篇，与禹不同，其道浸以益微。

魏文侯时，已听古乐而思卧，至汉以后，则并魏文侯之所谓新乐亦不可考。

《乐记》：魏文侯问于子夏曰："吾端冕而听古乐，则唯恐卧。听郑卫之音，则不知倦。敢问古乐之如彼何也，新乐之如此何也。"子夏曰："今君之所问者，乐也；所好者，音也。夫乐者，与音相近而不同。"

后儒虽多锐意考订，终不能如古之小学、乡学、国学一切皆以乐教人而行礼。故尝妄谓宋明儒者，极力从事于诚意、正心、居敬、主静之学，而其成就迥不能追古之圣哲。且其于化俗也，尤形扞格，流俗至以其讲道德而避之而侮之。盖古有乐教，故讲道德而宽裕安和，行之不形拘苦。后世无乐教，故讲道德而鞭辟强制，行之鲜获同情。不得已而假途释氏，以简易参悟为宗，此风尚迁流之最大者欤。

顾古之六艺之教实事求是者，虽久失坠。而其基础仅存者，犹有家庭教育之遗文坠绪，散见于《曲礼》、《内则》、《少仪》、《弟子职》诸篇。用是其教不限于学校，而故家世族儒生学子知其文之可贵，诵述而奉行之。盖古之礼教，亦未始不存千百之什一也。此诸书所言，约皆周代士大夫家庭教子女之法，举凡洒扫、应对、行止、寝兴、饮食、衣履、盥洗、衽席之节，均有其相当之准则。教之于家，习之于幼，虽若委曲纤屑，而养成儿童应事接物对人持己之良习。所谓少成若天性，习惯如自然者，其功效视长大而后裁成，相去不可以道里计。故观于吾国朝政，兵戈篡窃，史不绝书，若礼教之久废；而儒家士族，自汉、魏、六朝、唐、宋以来，讲家法，重礼让，以保存圣哲教训，倡导善良之俗，支持于朝野上下之间，其力至伟。是亦实事求是之学，非仅矜考据讲训诂之比也。

《汉书·贾谊传》：孔子曰："少成若天性，习惯如自然。"习与智长，故切而不愧；化与心成，故中道若性。

（五）仪　法

言礼当知礼与仪之别，春秋时人多能辨之。

《左传·昭公五年》：公如晋，自郊劳至于赠贿，无失礼。晋侯谓女叔齐曰："鲁侯不亦善于礼乎。"对曰："鲁侯焉知礼。"公曰："何为？自郊劳至于赠贿，礼无违者，何故不知？"对曰："是仪也，不可谓礼。礼所以守其国，行其政令，无失其民者也。"

又《昭公二十五年》：子太叔见赵简子，简子问揖让周旋之礼焉。对曰："是仪也，非礼也。"简子曰："敢问何谓礼。"对曰："吉也闻诸先大夫子产曰：夫礼，天之经也，地之义也，民之行也。天地之经，而民实则之。则天之明，因地之性，生其六气，用其五行。气为五味，发为五色，章为五声。淫则昏乱，民失其性，是故为礼以奉之。为六畜、五牲、三牺，以奉五味。为九文、六采、五章，以奉五色，为九歌、八风、七音、六律，以奉五声。为君臣上下，以则地义。为夫妇外向，以经二物。为父子、兄弟、姑姊、甥舅、婚媾、姻亚，以象天明。为政事庸力行务，以从四时。为刑罚威狱，使民畏忌，以类其震曜杀戮。为温慈惠和，以效天之生殖长育。民有好恶喜怒哀乐，生于六气，是故审则宜类，以制六志。哀有哭泣，乐有歌舞，喜有施舍，怒有战斗。喜生于好，怒生于恶，是故审行信令，祸福赏罚，以制死生。生，好物也，死，恶物也；好物乐也，恶物哀也；哀乐不失，乃能协于天地之性，是以长久。"简子曰："甚哉，礼之大也！"对曰："礼，上下之纪，天地之经纬也，民之所以生也，是以先王尚之。故人之能自曲直以赴礼者，谓之成人，大不亦宜乎。"简子曰："鞅也，请终身守此言也。"

并世国族所视为交际往还、宴游酬酢之礼，要皆吾国古所谓仪。而吾国古礼，亦甚重仪。保氏教国子以六仪，官等侯封，亦谓之九仪、五仪。

《周官》：保氏养国子以道，乃教之六仪：一曰祭祀之容，二曰宾客之容，三曰朝廷之容，四曰丧纪之容，五曰军旅之容，六曰车马之容。

大宗伯以九仪之命，正邦国之位：一命受职，再命受服，三命受位，四命受器，五命赐则，六命赐官，七命赐国，八命作牧，九命作伯。

典命，掌诸侯之五仪，诸侯之五等之命。

行人司仪，尤以仪为专职，仪固所以笃邦交也。

《周官》：大行人掌大宾之礼，及大客之仪，以亲诸侯。以九仪办诸侯之命，等诸侯之爵，以同邦国之礼，而待其宾客。

小行人，使适四方，协九仪宾客之礼。司仪掌九仪之宾客摈相之礼。

威仪三千，行之有要。章于身则曰九容，又必别之于所施。

《玉藻》：君子之容舒迟，见所尊者齐邀，足容重，手容恭，目容端，口容止，声容静，头容直，气容肃，立容德，色容庄。

又：凡祭容貌颜色如见所祭者。丧容累累，色容颠颠，视容瞿瞿梅梅，言容茧茧。此皆居丧之容。戎容暨暨，言容谔谔，色容厉肃，视容清明。此皆军旅之容。立容辨，卑无诌，头颈必中，山立，时行，盛气颠实扬休玉色。此常时之容。

存于心则曰毋不敬，《曲礼》第一语曰"毋不敬"。而常矢之以寅畏，得礼之本者，无论军旅、丧纪、宾客之仪，一行以敬，自然动中规矩。徒习于仪者，第知循行节目，而不能将之以诚，则所谓徐生徒善颂而已。

《汉书·儒林传》：鲁徐生善为颂。师古曰：颂与容通。

礼意失而仅求之仪节及其器物，非圣哲之所尚也。祝史陈数，《戴记》所讥。

《郊特牲》：礼之所尊，尊其义也。失其义，陈其数，祝史其事也。故其数可陈也，其义难知也。知其义而敬守之，天子之所以治天下也。

玉帛钟鼓，孔门攸慨。

《论语》：礼云礼云，玉帛云乎哉；乐云乐云，钟鼓云乎哉。

然内心之敬慎，亦必与外物为缘。墟墓兴衰，宗庙起敬。鸾和佩玉，非辟不入；精神物质，交相须焉。

《檀弓》：墟墓之间，未施哀于民而民哀，社稷宗庙之中，未施敬于民而民敬。

《玉藻》：君子在车则闻鸾和之声，行则鸣佩玉，是以非辟之心无自入也。

孔子论为邦曰"乘殷之辂，服周之冕，乐则韶舞"，折衷文质，不限一朝，与玉帛钟鼓之说，互相明也。然其论拜下麻冕，区别从违。

《论语》：麻冕礼也，今也纯俭，吾从众。拜下礼也，今拜乎上，泰也；虽违众，吾从下。

章身之具，亦视财力。故行礼之车服器物，小之关一身一家之俭奢，大之则系全国全民之赢绌。好恶风尚，不可不慎，尧舜垂衣。

《易·系辞》：黄帝、尧、舜垂衣裳而天下治。

桓、管轻重。

《汉书·地理志》：桓公用管仲，设轻重以富国。合诸侯，成霸功，身在陪臣，而取三归。故其俗弥侈，织作冰纨绮绣纯丽之物，号为冠带衣履天下。

规恢华夏，雄长海宇，以其工艺制作，可以冠带衣履天下也。观于后史，环吾族者之尊我，咸以其服物之文明，或裂弊以为仇。

《汉书·匈奴传》：初单于好汉缯絮食物，中行说曰："匈奴人众，不能当汉之一郡；然所以强之者，以衣食异，无仰于汉。今单于变俗，好汉物，汉物不过什二，则匈奴尽归于汉矣。其得汉絮缯，以驰草棘中，衣袴皆裂弊，以视不如旃裘坚善也。得汉食物，皆去之，以视不如重酪之便美也。"

或解辫以从化，皆可见其关系之重大。

《隋书·礼仪志》：开皇三年正月朔旦，大陈文物。时突厥染干朝见，慕之请袭冠冕，帝不许。明日拜表固请衣冠，帝大悦；谓弘牛弘等曰："昔汉制初成；方知天子之贵，今衣冠大备，足致单于解辫；此乃卿等功也。"

由此而知制礼之先，莫亟于备物。周、孔集前圣之成，以前圣能备物致用也。

《易·系辞》：备物致用，立成器以为天下利，莫大乎圣人。

诵《世本》之《作篇》，绎《考工》之序论。

《考工记》：知者创物，巧者述之，守之世谓之工，百工之事，皆圣人之作也。烁金以为刃，凝土以为器，作车以行陆，作舟以行水，此皆圣人之所作也。

有在昔则文明大备，在今则优劣悬殊者。捉衿纳履，无往不感物资之缺乏，固不待议礼始然；而由礼仪器物而思之，其理尤易见。故妄谓今日当务之急，当移阮元、郑珍诸儒研究古代梓匠轮舆制作之精神，从事于目前吉、军、兵宾、嘉器服之营造矣。

世多谓古者礼不下庶人（《曲礼》），以此不厝意于民众；实亦不知古礼之及于庶人者，自有其法。观宗伯之言军礼，即礼之施于大众者也。

《周官》：大宗伯以军礼同邦国，大师之礼，用众也。大均之礼，恤众也。大田之礼，简众也。大役之礼，任众也。大封之礼，合众也。

此五礼者，虽别载于军礼，今已不获详知其条目。然司徒有教法，有比法，有田法，既通行于乡遂。

《周官》：小司徒掌建邦之教法，以稽国中及四郊都鄙之夫家九比之数，以辨其贵贱老幼废疾。凡征役之施舍，与其祭祀饮食丧纪之禁令，乃颁比法于六乡之大夫，使各登其乡之众寡、六畜、车辇，辨其物，以岁时入其数，以施政教行征令。及三年则大比，大比则受邦国之比要。

又：乡师以国比之法，以时稽其夫家众寡，辨其老幼贵贱废疾马牛之物，辨其可任者与其施舍者，掌其戒令纠禁听其狱讼。凡四时之田，前期出田法于州里，简其鼓铎旗物兵器，修其卒伍。及期，以司徒之大旗致众庶而陈之，以旗物辨乡邑，而治其政令刑禁。巡其前后之屯，而戮其犯命者，断其争禽之讼。遂人以岁时登其夫家之众寡，及其六畜、车辇，辨其老幼废疾，与其施舍者，以颁职作事，以令贡赋，以令师田，以起征役。若起征役，则令各帅其所治之民而至，以遂人之大旗致之，其不用命者诛之。

司法又有九法，其简稽乡民，即根据司徒乡遂之比法而行。

《周官》：大司马掌建邦国之九法，制畿封国，以正邦国。设仪辨位，以等邦国。进贤兴功，以作邦国。建牧立监，以维邦国。制军诘禁，以纠邦国。施贡分职，以任邦国。简稽乡民，以用邦国。均守平则，以安邦国。比小事大，以和邦国。

其教振旅、茇舍、治兵、大阅，亦即根据乡遂州里之田法。

《周官》：大司马中春教振旅，司马以旗致民人平列陈，如战之陈，辨鼓铎镯铙之用。王执路鼓，诸侯执贲鼓，军将执晋鼓，师帅执提，旅帅执鼙，卒长执铙，两司马执铎，公司马执镯，以教坐作进退疾徐疏数之节，遂以搜田。夏秋之茇舍治兵大阅亦准此。

凡民法，即军法。凡兵法，即礼法，安在礼不下庶人乎。盖民众既多，非若少数人之行礼，不难以宾主长幼率之；故必以兵法部勒，而后群众乃秩然有叙。

《周官》：乡师，大役则帅民徒而至，治其政令。既役，则受州里之役要，以考司空之辟，以逆其役事，凡邦事令作秩叙。

古之民众能参与国事，辅志弊谋。

《周官》：小司寇之职，掌外朝之政，以致万民而询焉：一曰询国危，二曰询国迁，三曰询立君。其位，王南乡，三公及州长百姓北面，群臣西面，群吏东面，小司寇摈以叙进而问焉，以众辅志而弊谋。

其集合行动，必有组织，盖可推见。然其根本，尤在比闾邻里及司民诸职，调查民数之精确，自生齿以上皆书之，岁登下其死生，使无一民一物，不受国法之统制。

司民登民数见前。州闾之记生子，则见于《内则》。其文曰：夫告宰名，宰辨告诸男名，书曰某年某月某日某生，而藏之；宰告闾史，闾史书为二：其一藏诸闾府，其一献诸州史。州史献诸州伯，州伯命藏诸州府。此虽士大夫之礼，然可见州闾之史皆记载人之出生，此可以补《周官》所不载。又如《周官》媒氏掌万民之判，凡男女自成命以上，皆书年月日名焉。知古之万民，无论男女之生，皆有记载报告。而乡士又掌各乡之民数，土师掌合州党族闾比之联，与其民人之什伍，使之相安相受。职方氏又掌天下之图，以掌天下之地，辨其邦国都鄙，四夷、八蛮、七闽、九貉、五戎、六狄之人民与其财用九谷、六畜之数要，周知其利害。故如扬州二男五女，荆州一男二女，豫州、兖州、并州二男三女，青州二男二女，雍州三男二女，幽州一男三女，冀州五男三女之比例，可以由统计得之也。

后世兵民之政，不相联系，驱市人而使之战。民德之堕落，亦不复过问。偶集大群，嚣陵湆杂，漫无友纪。以故儒先行谊，学校箴铭，止以励少数人之礼文，不能立大多数之秩叙。乡约保甲，大率具文。计帐黄册，举非实数。甚则法出奸生，令下诈起。非徒善不足以为政，即徒法不能以自行。此不知礼者之过，然亦讲礼学者止知考古，而不知持圣哲治国平天下之法，期于实行之过也。

《汉书·董仲舒传》：今汉继秦之后，如朽木粪墙矣。虽欲善治之，亡可奈何；法出而奸生，令下而诈起。

《后汉书·和帝纪》：永元十二年诏："三公朕之腹心，而未获承天安民之策，数诏有司，务择良吏。今犹不改，竟为苛暴，侵愁小民，以求虚名。委任下吏，假势行邪。是以令下而奸生，禁至而诈起。巧法析律，饰文增辞，货行于言，罪成乎手，朕甚痛焉。"

《孟子》：徒善不足以为政，徒法不能以自行。

（六）人　文

化成天下，在观人文。

《易·贲卦》：文明以止，人文也。观乎人文，以化成天下。

人文之义，颇不易言。古所谓礼之文，惟在义理。

《礼器》：先王之立礼也，有本有文。忠信，礼之本也。义理，礼之文也。无本不立，无文不行。

人官物曲，用意深微；直情径行，或反消其迂曲。

《檀弓》：子游曰："礼有微情者，有以故兴物者，有直情而径行者，戎狄之道也；礼道则不然。"

例如丧服衰绖杖屦，有加有受，皆所谓文。

《仪礼·丧服》"大功章"：何以无受也，丧，成人者其文缛，未成人者其文不缛，故殇之冠不缨垂。

后世第存斩齐功缌之名，布缕升数不可复辨，礼文之难言久矣。

又如人之函义，固指一切食味别声被色而生者而言，而礼之重人，则在别于禽兽。

《曲礼》：鹦鹉能言，不离飞鸟，猩猩能言，不离禽兽。今人而无礼，虽能言，不亦禽兽之心乎。

夫人禽之辨，世孰不知。然以圣哲之言衡之，则有世俗以为已尽为人之道者；圣哲视之，尚未合于礼也。

《论语》：今之孝者，是谓能养。至于犬马，皆能有养，不敬何以别乎。

《孟子》：食而弗爱，豕交之也；爱而不敬，兽畜之也。恭敬者。币之未将者也。恭敬而无实，君子不可虚拘。

论人既严，故有成人与不成人之别。

《冠义》：凡人之所以为人者，礼义也。礼义之始，在于正容体，齐颜色，顺辞令。容体正，颜色齐，辞顺，而后礼义备。故冠于阼以著代也，醮于客位，三加弥尊，加有成也。已冠而字之，成人之道也。见于母，母拜之，见于兄弟，兄弟拜之，成人而与为礼也。玄冠玄端，奠挚于君，遂以挚见于乡大夫乡先生，以成人见也。成人之者，将责成人礼焉也。责成人礼焉者，将责为人子，为人弟，为人臣，为人少者之礼行焉，将责四者之行于人，其礼可不重欤。故孝弟忠顺之行立，而后可以为人；可以为人，而后可以治人也。

《礼器》：礼也者，犹体也。体不备，君子谓之不成人。设之不当，犹不备也。

孔子与子路论成人，兼知廉勇艺及礼乐而言；而见利思义，见危授命，久要不忘者次之，人之分量，若是其难副也。

《论语》：子路问成人，子曰："若臧武仲之知，公绰之不欲，卞庄子之勇，冉求之艺，文之以礼乐，亦可以为成人矣。"曰："今之成人者何必然？见利思义，见危授命，久要不忘平生之言，亦可以为成人矣。"

然就《中庸》体认，则君子之道费而隐，夫妇之愚，亦可以与知能行。故悬格虽严，而其道亦不远人。

《中庸》：道不远人，人之为道而远人，不可以为道。

又：君子之道费而隐，夫妇之愚，可以与知焉。及其至也，虽圣人亦有所不知焉。夫妇之不肖，可以能行焉。及其至也，虽圣人亦有所不能焉。

凡一切食味别声被色而生者，固皆可以达于成人之鹄也。

由此言之，言礼必本于性善。知性之善，则人皆可以为尧舜。

《孟子》：孟子道性善，言必称尧舜。人皆可以为尧舜。

人人不能尽为天子诸侯，而人人本其性之善，皆可以行尧舜之道。则人之上达之途，至宽至平，无阶级地位、贵贱贫富之别。凡病吾国古礼尚等威严仪式，以为不合于今人平等之精神者，皆由不知《中庸》为说礼之书，必合《周官》与《中庸》读之，更参以《论》、《孟》之精义，自可晓然无疑矣。世又病儒家博而寡要，亦未知其实而为皮相之言也。儒家尚礼，而其秉要执本，有二义焉：曰敬，曰恕。《曲礼》首标"毋不敬"，前已言之。敬则视听言动，自可合礼，施之人与百姓，无不可安。

《论语》：修己以敬。修己以安人。修己以安百姓。

而敬之所恃在修，圣哲盖视人人皆如良材名璞，无不可成大器。而其高下悬殊贤否大判者，则由切磋琢磨之功之至否。人苟自奋于修治，则其知与成功一也。

《中庸》：或生而知之，或学而知之，或困而知之，及其知之，一也。或安而行之，或利而行之，或勉强而行之；及其成功，一也。

由修己而恕人，则于人无不能容，而心量日广，上下左右前后，洁之若矩，任何人皆安且和矣。《周官》开宗明义，曰"纪万民"，曰"扰万民"，曰"谐万民"，曰"均万民"，曰"纠万民"，曰"生万民"，皆恕道也。

《周官》：太宰掌建邦之六典，以佐王治邦国。一曰治典，以经邦国，以治官府，以纪万民。二曰教典，以安邦国，以教官府，以扰万民。三曰礼典，以和邦国，以统百官，以谐万民。四曰政典，以平邦国，以正百官，以均万民。五曰刑典，以靖邦国，以刑百官，以纠万民。六曰事典，以富邦国，以任百官，以生万民。

后世礼法虽隳，而礼意犹联系未绝。吾民族性之宽博，由服习前哲之礼教而出于不自知，持以视并世之持狭隘之见，以争阶级、种族、国家者，各异其趣。此或观人文者所宜宣究欤。

民族性之优劣，每苦于不自知。昔人诗谓"不识庐山真面目，只缘身在此山中"者，即此义也。故扬诩过情，固非；而刻责太甚，亦过。论者动谓数千年来，礼坏乐崩，政不古若，陵夷衰微，不可复振。然果详察吾全民族之潜意识，则礼教之涵濡孕育，固亦未尽荡然。如普通署人之语，恒以不成人为谯诃。即知其潜意识中咸隐隐有一成人之鹄，即礼意之常存于天壤者也。吾民弱点固多，就其优者言之：如孝慈勤俭之风尚，前已略言。兹更就习俗之人人共喻者观之，亦略有四：一曰任恤。任恤者，《周官》之教也。邻里乡党，出入相友，疾病相恤，患难相扶持，遂成恒德。唐、宋以来，乡有义仓，族有义庄，普济有院，慈幼有局，恤嫠有会。各地方志所载，废兴继起，不可胪举，他如同业有公所，同乡有会馆，各方之相勉于互助者，皆礼教任恤之流风也。（他族之尚义者，或尚有过于吾民，然任恤及于世界异国，而视族姓为路人，与吾之亲亲而仁民，仁民而爱物者异。）二曰忠信。记曰：忠信之人可以学礼。人不尽忠信也，然自圣哲主忠信之教，垂口耳而浸渍于人心，有行之亦不自知其故者，夫民之废业惰游者，固若溢于都市，而勤勤恳恳，工工农农忠于职业之人，实占最大多数。

《荀子·王制篇》：农农，士士，工工，商商，一也。

使大多数之工农不忠其职，吾曹之不能自存久矣。海通以前，大商巨贾，订货付资，刻期市易，不立契券，无爽约者。外商见之，诧为美德。今虽陵替，然甬、沪、津、粤商肆往来，犹多重然诺而恶诈谖，此非俗之重信乎。故群众之未闲礼法，有待约束整齐者，固宜加意。而群众之流风笃厚，则必善导而固存之，不可凿混沌而使之漓也。三曰明理。夫明理固文明民族所同，非吾独然。然亦有辨，强弱力也，是非理也，他族恒以强弱为是非，如以决斗定曲直是也。缘俗尚而成国策，浸至于有强权无公理，而生民之祸烈矣。吾民虽亦有械斗争哄之俗，然寻常争执，仍多就公众讲论其是非。俗语曰讲理，由讲理之词推之，吾民众公共之意识，在持理性以明是非，而不惟好勇斗狠，以逞其私意。斯义之闳，殆自《左氏》"师直为壮，曲为老"之语而来，故常有理直气壮之说。更推其精意，则曾子之自反而缩，仲山甫之不畏强御，胥吾民讲理而不尚力之所承述，而理直之师，乃非强暴所能摧挫，近事昭然，非愚曲说也。

《孟子》：昔者曾子谓于襄曰："子好勇乎？吾尝闻大勇于夫子矣。自反而不缩，虽褐宽博，吾不惴焉。自反而缩，虽千万人，吾往矣。"

《诗·蒸民》：人亦有言，柔则茹之，刚则吐之。维仲山甫，柔亦不茹，刚亦不吐。不侮矜寡，不畏强御。

四曰尚文。今之文视古之礼文，固大不同，而亦有其功效。村氓里妪，敬学右文，虽目不识丁，而其意孔挚，则俗之渐摩于文者深也。南朔各地，风土虽殊，而春联楹帖，家训格言，户所常悬，人皆共喻。或美天然之景物，或勉群众之躬行，此唐以前所无，而后世之进步也。他如弹词、小说、戏剧、画图，贞淫杂陈，忠奸攸判，其教广于师儒，其意通于经传，盖自荀卿《成相篇》、《汉志·青史子》以来。

《汉书·艺文志》小说家：《青史子》五十七篇。古史官记事也。

久为支配社会心理之工具，化民成俗，远迈朝庙官厅之礼乐。是又不得以各地新式学校之未遍，遂谓吾国文化之不普及也。

礼俗万端，不胜缕缕。管蠡所陈，无当万一。鲁难未已，周礼犹存。因革损益，事资英彦。曾氏谓风俗厚薄，自一二人心之所向。

曾国藩《原才》：风俗之厚薄奚自乎，自乎一二人之心之所向而已。此一二人者之心向义，则众人与之赴义。一二人者之心向利，则众人与之赴利。众人所趋，势之所归，虽有大力，莫之敢逆。故曰：挠万物者莫疾乎风，风俗之于人之心，始乎微而终乎不可御者也。

吾人苟不以一二人自诿，奋发其亲爱精诚，爱我国家，爱我民族，爱我礼教，爱我良俗，爱我圣哲遗传丰美之宝典。本秩叙，兴教育，定仪法，章人文，因时制宜，折衷至当，不独可以扬我国光，实可由兹以翊进世运。至诚尽性，与天地参，固非异人任也。

（原载 **1947** 年《学原》第一卷第一期）

柳诒徵年谱简编

1880 年（光绪六年）一岁

2 月 5 日（农历十二月二十五日）出生于江苏省丹徒县（今属镇江市）。父亲柳泉为教授私塾的儒生，母亲鲍还珠，家境贫寒。外祖父仲铭公为取名诒徵，字翼谋。据柳氏自己回忆，"吾家本寒素，道光间有老宅在南门皇佑桥。咸丰三年先本生祖介之公、本生祖妣吴太孺人，祖妣唐太孺人率先伯培三公、先伯母叶孺人、先君逢源公、先叔捷三公仓皇避兵，一家七口携衣物只独轮车两挂，余皆未携出，以故吾有知后，所见先世遗物止先高祖春林公手写《性理汇解附参》手稿一本，朱墨烂然，外此无一卷一页也"。

有胞姐兰徵，是年六岁。

1885 年（光绪十一年）六岁

父亲病逝，居住外祖父家，开始学字，背诵唐诗，后读五经，母亲鲍氏课读甚严，逐日背诵。早课未毕，不得进食。

1888 年（光绪十四年）九岁

读《诗》、《书》、《易》三经毕。

1889 年（光绪十五年）十岁

进入私塾，开始受业于仲舅煦斋，后伯舅濬卿亦授徒，于是兼就两母舅私塾受业。

1891 年（光绪十七年）十二岁

继续在母舅家私塾读书，得暇即抄录，先后抄有《海门诗钞》、《石矶诗钞》、《八松庵诗钞》。

1892 年（光绪十八年）十三岁

试学做诗，为乡先辈李恩绶赏识。开始习《说文》，逐字抄录《说文系传》，学写篆字。

1893 年（光绪十九年）十四岁

始学八股文，秋应府县试，不第。

1894 年（光绪二十年）十五岁

读"御纂七经"中"三礼义疏"及惠定宇、张皋文所批《汉书》过录。

1895 年（光绪二十一年）十六岁

赴金坛应科举考试，中秀才。本年始从外祖父学练气功，身体日益强健。

1896 年（光绪二十二年）十七岁

本年从伯舅、仲舅应培风书院课艺，习作史论。并习作骈文，日诵《文选》、《离骚》。

1897 年（光绪二十三年）十八岁

应岁考报考骈文，开始读李兆洛《骈体文钞》，学习骈文甚勤。从是年开始授徒糊口，始自炊，并谢绝亲族津贴，生活极艰苦。

1898 年（光绪二十四年）十九岁

得父亲学生陈善余（字庆年）眷顾，常往与论学，同时陈善余之友赵森甫亦常与之论镇江掌故及清诸学者生平。

1899 年（光绪二十五年）二十岁

十一月外祖父仲铭公去世，自幼常陪侍末座于外祖父，听其谈论诗文掌故，知识得以增益。是年，应岁试列一等三名。

1900 年（光绪二十六年）二十一岁

授徒养家，攻学之余学分隶，日摹《西狭颂》、《石门颂》、《孔宙碑》、《史晨碑》。

1901 年（光绪二十七年）二十二岁

因陈善余之荐，进入南京江楚编译局，担任编写教科书的工作。删订《字课图说》，当时，江楚编译局总纂为缪荃孙，因此得识书局总纂缪荃孙，成为其弟子，并与陈作霖、宗嘉禄、徐乃昌等著名学者相识往来。时江楚编译局在中正街（今白下路）祁门会馆，与近代诗人陈三立对门，常往请益，得闻其诗古文绪论。

本年腊月，与吴素鸾结婚，吴为三姨丈吴子攸长女。

1902 年（光绪二十八年）二十三岁

继续任职江楚编译局。

本年，依照日人那珂通世《支那通史》编辑《历代史略》。此为中国近代较早之历史教科书。

1903年（光绪二十九年）二十四岁

继续任职江楚编译局。

正月，随缪荃孙、徐乃昌等人赴日本考察教育两个多月，3月回国。后来，将考察日记整理为《日游汇编》。

5月，开始从事现代教育事业。本年，得到缪荃孙、陈三立资助，与友人陶逊、陈义等创办南京思益小学堂于南京中正街街北沪江会馆。课程有国文、历史、舆地、算术、格致、体育等，自任国文、历史课程。

9月，所编《历代史略》由江楚书局出版发行，全书六卷，从唐虞三代编至明末，每卷各分篇章，打破了纲鉴的编年形式，一变而为新式的教科书。

1904年（光绪三十年）二十五岁

继续任职江楚编译局。

正月，赵声在镇江创办大港小学，自宁返回参加开学典礼，并介绍仲兄砥如至该校任教。

1905年（光绪三十一年）二十六岁

秋，辞去江楚编译局职务。当时，因缪荃孙兼任江南高等学堂监督，于是出任江南高等学堂教习，教授国文、伦理、历史三门课程。

是年，广搜中外学者名人嘉言懿行，自编伦理学讲义（该讲义曾由江南高等学堂印行）。

1906年（光绪三十二年）二十七岁

继续担任江南高等学堂教习。

友人宗嘉禄开办商业学堂，被聘为教习，讲授国文、历史。是年，湘潭胡子靖创办高等商业学堂，并与江南中等商业学堂合并，定名为江南高中两等商业学堂，被聘为教习，并被学堂监督张謇所赏识。

本年，撰写《中国商业史》、《中国商业道德》两书。上海中新书局重印《历代史略》。

本年，迁居南京杨家门。

1907年（光绪三十三年）二十八岁

奉母命辞去高等学堂教习，专任商业学堂教习，讲授中国商业史、中国商业道德课程。

是年，教育家黄绍箕去世，黄氏有志于编写《中国教育史》，未成，遗留目录，由陈善余托代撰。

1908 年（光绪三十四年）二十九岁

继续任教商业学堂。

2 月，接受两江师范学堂（南京高等师范学校前身）监督李端清聘请，任文史教习。讲课颇受学生欢迎，但仅授课一学期。当时，与同乡革命党人赵声往来。

1909 年（宣统元年）三十岁

继续任教商业学堂。

3 月，偕商业学校学生到镇江旅行。

夏，至江苏省城苏州应试，得举优贡。同年有叶玉森、李健、曹□蘅、黄鸿图等人。

秋后，因母病请假侍疾，之余编写《中国教育史》。

本年，其妻举一男，殇。

1910 年（宣统二年）三十一岁

任教两江师范学堂，教授西洋史，同时任教商业学堂课程。

正月十四日，母鲍氏病逝。

十一月二十八日，子屺生生。

1911 年（宣统三年）三十二岁

任丹徒县临时县议会副议长及镇江中学校长，因议革农民纳粮缴税事，与当时县长龃龉，又因剔除学校会计私弊，与校中职员相左，遂于夏间辞职赋闲。

10 月，武昌起义爆发，11 月 5 日江苏独立，11 月 7 日镇江光复。12 月下旬，孙中山赴宁就职前过镇江，剪辫并赴车站欢迎。

冬，因避兵祸偕一家至扬州，事平，归里。

本年，迁入薛家巷 51 号于姓屋。

1912 年（民国元年）三十三岁

本年，因八公洞祖茔将勘探开矿，与族兄鹤笙入京斡旋，得农工商部次长向瑞琨及同乡姚锡光帮助，得以保留。

1913 年（民国二年）三十四岁

7 月，二次革命爆发，江苏独立，参加讨袁战争，不久失败。因兵祸避灾至上海，事平还归。

秋，应胡子靖之邀赴北京，任明德大学堂斋务主任兼历史教员。不久辞去斋务主任职。

在北京，曾经兼任交通传习所事。

农历十月二十九日女定生生。

1914 年（民国三年）三十五岁

继续任教明德大学堂教职。

1915 年（民国四年）三十六岁

继续任教明德大学堂教职。

1916 年（民国五年）三十七岁

回南京，应南京高等师范学校校长江谦之聘，就任国文、历史教员，又兼河海工程学校教员。不久辞去河海工程学校教职，专任南京高等师范学校教员。

1917 年（民国六年）三十八岁

继续任教南京高等师范学校，讲授国文课。

1918 年（民国七年）三十九岁

继续任教南京高等师范学校。

1919 年（民国八年）四十岁

继续任教南京高等师范学校。

5 月，率学生赴日本参观。

冬，师缪荃孙去世，赴上海吊唁，有挽诗一首："白门从游十稔强，温温春座更东航。论文上掩谟觞馆，校士亲承学海堂。陵谷崩腾千古变，乾嘉宗派万流藏。江南独诵招魂句，洒涕钟山旧讲堂。"

本年，举家自镇江移居南京四牌楼，后迁至南仓巷，子屺生、女定生就读大石桥高师附小。

1920 年（民国九年）四十一岁

继续任教南京高等师范学校，讲授文史地部国文及历史，主要有中国文化史、东亚各国史等课程，并逐日编写讲义。

5 月 13 日，文史地部学生成立史地研究会，被聘为研究会指导员，经常为研究会作学术讲演。

夏，率领学生至北京参观，并东游泰山、曲阜。

1921 年（民国十年）四十二岁

继续任教南京高等师范学校。

夏，赴湖南讲学，同行者有刘伯明、竺可桢等。

8 月，史地研究会创办《史地学报》，柳氏为创刊号撰写发刊词。

是年冬，南京高等师范学校正式改名为东南大学。担任历史系教授，开讲各家文选、中国文化史、东南亚各国史、印度史、中国政治制度史及沿革地理等，亲自起草历史沿革地理挂图，筹设史地陈列室，以配合教学。编有《中国文化史》、《东南亚各国史》等讲义。其中《中国文化史》旨在阐述中国文化的源流，抉择中国文化的特点，以勖勉青年学习、继承和发扬中国文化的优良传统。全书七十余万字，引用资料自六经、廿五史、历代各家著述，旁及国外汉学家论著和近代报章杂志统计资料，无不详为搜辑，达六百余种之多，为一部完备、系统的中国文化史著作。

1922 年（民国十一年）四十三岁

1 月，与东南大学同事梅光迪、吴宓创办的《学衡》杂志开始出版，该刊致力于翻译或介绍西方古代重要学术文艺及近世学者论学论文之作，至 1933 年 7 月停刊。此外还与学生缪凤林、景昌极等创办《史地学报》、《文哲学报》。

冬，梁启超在东南大学讲授先秦政治思想史，当时相与商讨研史心得。

是年，论著《汉人生计之研究》、《钦天山重建观象台议》、《清史刍议》发表于《史地学报》，《汉官议史》、《梁氏佛教史评》、《论中国近世之病原》、《选举阐微》、《顾氏学述》、《论大学生之责任》、《华化渐被史》、《论今之办学者》、《读墨微言》发表于《学衡》。

1923 年（民国十二年）四十四岁

继续任教东南大学。

7 月，参加中华教育改进社在济南召开的年会，提出"拟编全史目录"议案。

是年，论著《中国近世之史料》、《江苏之财政》、《论臆造历史以教学者之弊》、《正史之史料》、《婆罗门述》、《契丹大小字考》发表于《史地学报》，《五百年前南京之国立大学》、《中国乡治之尚德主义》、《说习》发表于《学衡》。

1924 年（民国十三年）四十五岁

继续任教东南大学。

夏，邀请章太炎至东南大学讲学。

本年，论著《拟编全史目录议》、《论以说文证史必先知说文之谊例》、《马哥波罗游记导言序》、《泉男生墓志跋》、《奴尔干事辑》发表于

《史地学报》,《明伦》、《中国文化西被之商榷》、《教育之最高权》、《庆节母张孺人传》、《评陆懋德周秦哲学史》、《励耻》、《学者之术》发表于《学衡》。

1925 年（民国十四年）四十六岁

3 月,东南大学发生更易校长风潮,以校局势前途混沌,愤然辞去职务。

6 月,赴沈阳,任东北大学教授。

本年,迁居镇江麒麟巷 **6** 号。

为黄绍箕代撰《中国教育史》出版,所著《中国文化史》连载于《学衡》（至 **1928** 年）。论著《历史之知识》、《中国文化史绪论》发表于《史地学报》,《王玄策事辑》、《罪言（一）》、《学潮征故》、《自立与他立》、《正政》、《说酒》、《唐初兵数考》、《致知》、《反本》、《解蔽》、《墨化》、《先姊事略》、《祭妹文》、《述社》发表于《学衡》。

1926 年（民国十五年）四十七岁

应北京女子大学之聘,出任历史教授,兼任北京高等师范学校历史教授。

本年,在《史学与地学》发表《中国史学之双轨》。

1927 年（民国十六年）四十八岁

本年,清华大学聘为教授,但未前往。

国民政府决定改组东南大学,筹建第四中山大学,被聘任为筹备委员。因无意在此校任教,遂担任第四中山大学图书馆（原江南图书馆,后改为中央大学国学图书馆）馆长。就任后立即清点藏书,订立了完备的规章制度和周详的工作规则。

为方便远地读者,特别设立住馆研读制度。创办《国学图书馆年刊》以鼓励馆内工作人员从事学术研究。

是年,在《史学与地学》发表《说吴》、《宋太宗实录校证》。

1928 年（民国十七年）四十九岁

任中央大学国学图书馆馆长。

先后聘任自己学生向达、缪凤林到图书馆任职。聘请著名学者陈汉章、王伯沆、汤用彤、李小缘为图书馆参议,定期会商馆务。

本年,中央大学重印《中国文化史》。所编《宋元书影》由国学图书馆出版。论著《清德宗之大婚》发表于《史学与地学》,《咏怀堂诗跋》发表于《学衡》,《卢抱经年谱》发表于《国学图书馆年刊》。

1929 年（民国十八年）五十岁

任中央大学国学图书馆（本年 **10** 月改名为江苏省立国学图书馆）馆长。

1 月，江苏省通志局成立，设局于镇江焦山，被聘为编纂委员会委员，分任《礼俗志》、《书院志》、《钱币志》纂辑之事。

本年，与缪凤林等组织南京中国史学会，并创办《史学杂志》。论著《述宋史质》、《沈万三》、《记王锡侯字贯案》、《火葬考》、《校补韩蕲王碑》、《与某君论研究经济史之法》、《南朝太学考》发表于《史学杂志》，《说文句读稿本校记》发表于《国学图书馆年刊》。

1930 年（民国十九年）五十一岁

继续任江苏省立国学图书馆馆长。

4 月，在馆中举办字画展览会，展出书画精品，四方前来参观者甚众。

12 月，赴沪，为中国科学社筹备版本展览会。

本年，仍兼任江苏通志局事务，撰成《社会志》、《财政志》、《清代江苏水旱灾表》等。

论著《南监史谈》、《读赵氏宗谱》、《江苏各地千六百年间之米价》、《论文化事业之争执》发表于《史学杂志》，《国学书局本末》发表于《国学图书馆年刊》。

1931 年（民国二十年）五十二岁

继续任江苏省立国学图书馆馆长。

1 月，赴沪参加中国科学社上海明复图书馆开馆典礼。编写《中国版本略说》，由明复图书馆出版。

8 月，赴镇江参加中国科学社第十六届年会。

本年，论著《江苏钱币志》、《青山庄诗史》发表于《史学杂志》，《自由教学法》发表于《学衡》，《族谱研究举例》、《明史稿校录》、《江苏社会志》、《江苏书院志》发表于《国学图书馆年刊》。

1932 年（民国二十一年）五十三岁

继续任江苏省立国学图书馆馆长。

8 月，赴杭州出席社会教育联合会年会。

9 月，与张其昀、缪凤林、倪尚达等人创办国风社，任社长。出版《国风》半月刊，以宣导发扬中华文化和介绍世界最新学术为任，至 **1936** 年 **12** 月停刊。

1933 年（民国二十二年）五十四岁

继续任江苏省立国学图书馆馆长。

7 月，被考试院考选委员会聘为高等普通检定考试委员。

8 月，被教育部聘为编订《四库全书》未刊珍本目录委员会委员。

10 月，被教育部简派为高等考试典试委员会委员。

本年，论著《明代江苏倭寇事略》、《介直王君墓志》、《季明封爵表跋》、《选印四库秘书拟目》、《四库罕传本目》、《复李君书》发表于《国风》半月刊。

1934 年（民国二十三年）五十五岁

继续任江苏省立国学图书馆馆长。

4 月，在南京中国文化学会演讲"对于中国文化之管见"。

8 月，赴庐山参加中国科学社第十九届年会。

本年，论著《书目答问补正序》、《明孝陵志序》、《从历史上求民族复兴之路》、《小学国语教材之疑问》、《穀梁大义述补阙跋》发表于《国风》半月刊，《张慰西先生别传》发表于《地理学报》。

1935 年（民国二十四年）五十六岁

继续任江苏省立国学图书馆馆长。本年主持编成的《国学图书馆图书总目》三十六册全部印齐。该目录将原先分编的国学图书馆普通书目、善本书目，以及丛书总目与丛书子目合编在一起，其分类在四库分类基础上，增设志部以收方志、丛部以收丛书、图部以收各种图册，系我国当时最为详细的图书馆分类目录。

3 月，在中央广播电台广播演讲"讲国学宜先讲史学"。

9 月，在江苏省政府广播无线电台广播演讲"主张读经和反对读经的评论"。

11 月，与叶楚伧主编的《首都志》由正中书局出版。《首都志》共十六卷，二十四目，五十余万字，详尽地将见于载籍的南京三千年历史变迁编汇于两集，并附有历代珍贵地图一册，是当时最为完备的南京市志。

本年，论著《玉池图翰跋》、《唐荆川年谱》、《严能修批校容斋随笔录跋》发表于《国风》半月刊。

1936 年（民国二十五年）五十七岁

继续任江苏省立国学图书馆馆长。

7 月，赴青岛出席中华图书馆协会第三届年会，被选为大会主席团成员。

10 月，赴杭州参加浙江图书馆举办的浙江文献展览会开幕典礼。

本年，论著《说志》、《清季教育之国耻》、《论非常时期之教育》、《诗经正训序》、《倪君远甫传》发表于《国风》半月刊，《重校古经解钩沈序》发表于《国学图书馆年刊》，《鄞县通志序》发表于《制言》，《周易正义校刊记》、《长乐县郑和天妃灵应碑亭记》发表于《边疆月刊》。

1937 年（民国二十六年）五十八岁

继续任江苏省立国学图书馆馆长。续编《国学图书馆图书总目补编》十二卷。

2 月，赴苏州参观吴中文献展览会。

8 月，"八·一三"事件爆发，日军大举进犯上海，全面抗战爆发，组织图书馆员将馆藏宋元善本及各种珍本装箱藏于南京朝天宫地库中，将普本中较为珍贵的方志三万余册运至江苏兴化县，分藏罗汉寺、观音阁及盛庄三处。

12 月间，因日军逼近，被迫离开南京，到兴化设立的江苏省立国学图书馆临时办公处。夫人等家眷随同迁往兴化居住。

本年，《国学图书馆年刊》、《国学图书馆馆刊》因战争停刊。

1938 年（民国二十七年）五十九岁

2 月，应浙江大学校长竺可桢之邀，欲前往浙江大学。

4 月，曾致函江苏省教育厅，欲辞去国学图书馆馆长职务，率领会计将经手折单、现款一并呈交。馆长职务似未辞去。下旬，到达泰和流亡中的浙江大学，与马一浮交游论学。

5 月，在泰和浙江大学讲学，但因病中止，开始休养。

8 月，曾与学生王庸乘校车经莲花、茶陵、攸县至衡阳，而后经桂林、梧州、香港，于 9 月中旬抵达上海。

12 月，返回兴化。

1939 年（民国二十八年）六十岁

5 月，因高血压症而昏迷，经中西医诊治，逐渐康复。

上半年，因日机扰，至竹泓避难。

10 月，江苏高邮沦陷敌手，举家迁居竹泓。

11 月，因任玉芩邀请，赴泰州，访问学生景昌极。月底返竹泓。

1940 年（民国二十九年）六十一岁

居竹泓，不时返兴化。

5 月，兴化一度沦陷，原国学图书馆寄存于兴化观音阁藏书被焚毁。

1941 年（民国三十年）六十二岁

1 月下旬，携带长孙曾符离开兴化，在泰州与夫人会合，经镇江抵达上海。不久被汉奸侦知，上门游说，于是决定离沪赶赴内地。

2 月下旬，离沪，经余姚、绍兴、诸暨、金华，于 3 月初抵达上饶。

1942 年（民国三十一年）六十三岁

6 月，因金华沦陷，离上饶经广丰入闽。7 月，抵达建阳。9 月下旬，离建阳，经建瓯、长汀入江西，又渡过大庾岭进入广东韶关。10 月初，坐火车抵达衡阳。又经桂林、柳州、贵阳、遵义。于 10 月底抵达重庆。

1943 年（民国三十二年）六十四岁

2 月，因贵州大学文学院邀请，离开重庆，抵达贵州筑任入贵州大学学术讲座半年，其间，与钱子厚、尹石公、林铁西交往甚密。

9 月，返回重庆就任中央大学文学院研究生导师，赶赴沙坪坝为研究生上课。

11 月，为复旦大学学生讲演"学术思想之正规"、"史原"。

12 月下旬，与陈叔谅、彭百川、王学素等宴请浙大校长竺可桢。第二天，又与竺可桢、胡刚复等会晤聚餐。

1944 年（民国三十三岁）六十五岁

寓居柏溪，在中央大学史学系为研究生上课，讲授历史研究法（后来此讲义汇编为《国史要义》），校长顾孟余曾致聘书欲聘为文学院院长，坚辞。不久，教育部聘为部聘教授兼学术评议会委员。

2 月，因审稿疲劳而致病，诊治服药后病转愈。中央训练团将举办高级训练班，陈果夫拟聘请先生讲中国史，因病力辞。

本年，与卫瑜璋、王仲荦、许绍光等交往论学。

1945 年（民国三十四年）六十六岁

寓居柏溪，为中央大学文学院、史学系学生授课，兼为教育部审阅学术著作。

3 月，曾赴重庆参加教育部学术评议会。

8 月，日本战败投降，闻之大喜，急欲东归收复国学图书馆旧藏，与教育部联系，9 月底离开重庆。

10月上旬，由重庆返回南京，复任江苏省立国学图书馆馆长，立即着手收回馆舍和藏书十八万余册，董理校编收复馆藏图书目录。

1946年（民国三十五年）六十七岁

继续任江苏省立国学图书馆馆长。

1月18日，国民政府教育部组织清理战时文物损失委员会，被聘为委员之一。21日，清理委员会召开会议，通过各项条文。先生通过委员会呼吁外，还通过各种途径先后从气象研究所、苏州图书馆、苏州文学山房、无锡社教学院等处索回、购回国学图书馆旧藏书。

2月，备文省教育厅，为奸伪盗售国学图书馆藏书应予以收购及究办。23日，请求系统归还国学图书馆旧藏图书、文物及财产。并拟就镇江焦山书藏战时损失清单，报送教育部清理委员会。曾拟定国学图书馆成立国画院之计划，以培植人才，可惜因内战无法实现。

3月，备文呈报教育厅，汇报1945年10月至1946年2月图书情况，其间收回图书一千二百一十部，七千零九十五册，字画五件。18日，至竺桥地质调查所清点图书，四天内查得国学图书馆善本书五万余册。其间向前中央图书馆馆长交涉归还图书及家具事，力争始得应允。

4、5月间，与馆内人员为收回原属国学图书馆图书、财产劳碌奔波。至5月中旬，始从各处收回原国学图书馆旧藏图书十八万余册。

5月15日，致函教育部次长杭立武，请求将第一临时中学所占国学图书馆馆舍归还，以便整理图书，准备开放阅览。

7月15日，赴镇江出席江苏省临时参议会。

8月1日，国学图书馆重新开放阅览。11日，因工作中风复发。

9月，在南京龙蟠里国学图书馆接受上海《文汇报》记者采访，叙述战后收复失散图书之种种艰辛，后《文汇报》曾发表《访砀山精舍》一文。

10月30日，致书上海《文汇报》记者，申述自己办图书馆之宗旨，以为惟有将图书资料公之于世，与天下学者共同研索，庶不负往哲而开来贤。

1947年（民国三十六年）六十八岁

继续任江苏省立国学图书馆馆长。

3月，应国史馆之聘，担任兼职纂修，同时为《国史馆馆刊》总编辑。因国史馆会务，得与陈垣、金毓黻、冒鹤亭、商衍鎏等著名学者相过从。

3 月下旬，因患副伤寒而卧病 1 月，子屺生来宁探视。

8 月，聘杨天遹为国学图书馆编辑部干事。

12 月，《国史馆馆刊》创刊，为馆刊总辑纂，与汪旭初、汪辟疆、刘成禺轮流主编。

自国学图书馆重新开馆后，始终以整理收复图书、编成现存书目为己任，以此不分寒暑督促在馆同仁分辑各类书目，亲自校核，至年底最终整理图书十八万四千余册，编印《国学图书馆现存书目》。

本年，论著《赵伯先传》（《国史馆馆刊》创刊号）、《中国礼俗史发凡》、《光绪会典馆之组织》发表于《学原》。

1948 年（民国三十七年）六十九岁

继续任江苏省立国学图书馆馆长。

1 月，将抗战爆发以来与各方联系运寄馆书之公函及抗战胜利后与各方接洽回收馆书、财产等函件汇编为《砀山牍存》，作为"国学图书馆丛刊"第一辑出版。

2 月，著作《国史要义》由中华书局出版。

5 月，主持编修的《国学图书馆现存书目》上册（经、史、子部）出版。

8 月，《国学图书馆现存书目》下册（集、志、丛、金石拓片目）出版。

9 月，与陈垣、陈寅恪、张菊生、汤用彤、顾颉刚等被中央研究院聘为院士。

是年秋，以年届七旬，申请退休。

12 月，新任副馆长金崇如到馆视事。先，鉴于国事动荡、身体日衰，于是上辞呈于江苏省政府及教育厅，举荐金崇如继任，迁延至 12 月，教育厅多次挽留，以金崇如任副馆长协理馆事。

是年年底，南京各政府机关向台湾疏散，教育厅亦有将国学图书馆藏书运台指示，而柳氏主张就地转移，于是将善本书分装 8 箱，拟运送南京朝天宫故宫博物院分院地库保存。

是年，正中书局重印《中国文化史》，撰写重版弁言。论著《柯劭忞传》、《碑传悬案》、《论陆放翁之修史》发表于《国史馆馆刊》，《与青年论读史》发表于《申论》，《长者言》发表于《说文月刊》。

1949 年（民国三十八年）七十岁

继续任江苏省立国学图书馆馆长。

1 月 **27** 日，国学图书馆善本图书全部装箱运送至朝天宫地库。**29** 日，将退休呈文送江苏教育厅，而后移居女定生处暂住。

2 月，曾经赴上海，后又返镇江，出席江苏省参议会。

3 月，获准退休，仍然担任名誉馆长。

4 月初，国府检察院提名担任考试院考选委员。中旬，至国学图书馆正式办理移交手续。**22** 日，赴上海。暂住海防村儿孙处。

5 月 **2** 日，移居愚园路中央研究院宿舍，不久上海解放。

6 月 **9** 日，出席上海岳阳路中央研究院礼堂召开研究院成立 **21** 周年纪念大会，会后，应参加大会的陈毅市长等邀请座谈。

8 月，上海市长陈毅组织上海市文物保管委员会，被聘为委员，担任图书组主任。根据接收上海及附近各县古籍时所见，写成《检书小识》，鉴别版本，著录内容提要。

下半年，曾在震旦大学文学院兼课，讲授文字学及史学概论。

本年，在《国史馆馆刊》发表论文《述实录例》。

1950 年　七十一岁

被聘任为镇江市文物名胜保管委员会委员，提出立即恢复镇江"绍宗藏书楼"。

1951 年　七十二岁

继续担任上海市文物保管委员会委员。上海筹建图书馆，被聘为筹备委员会委员。

工作之暇，还蓄志辑录中国奴隶史及中国人民生活史资料。

1952 年　七十三岁

继续担任上海市文物保管委员会委员。

本年，点读《续资治通鉴长编》，继续为绍宗藏书楼募捐图书，先后得到上海松禅图书馆藏书一万五千余册、陈保初私人藏书二万余册，至年底共得书近五万册。

1953 年　七十四岁

继续担任上海市文物保管委员会委员。

本年，仍然与各方联系，为绍宗藏书楼募书，又得到天津丁闰公藏书一万一千余册，至此绍宗藏书楼藏书逾七万册。

1954 年　七十五岁

继续担任上海市文物保管委员会委员，每隔一天前往文物保管委员会，参加文物、古籍、书画等评鉴工作。

1955 年　七十六岁

继续担任上海市文物保管委员会委员，本年身体骤衰，居家整理旧稿，偶然前去文物保管委员会。

1956 年　七十七岁

1 月 19 日，突染中风。

2 月 3 日，因脑溢血医治无效病逝。

3 月 19 日，上海市文物保管委员会、中国科学院上海分院及上海图书馆联合举行追悼会。

4 月 4 日，柳诒徵遗体运回镇江祖茔安葬。

柳诒徵晚年曾经手订《劬堂类稿》目录，包括《劬堂文录》、《劬堂读书录》、《劬堂诗录》、《劬堂随笔》、《劬堂杂俎》等五种。

中国近代思想家文库

钱玄同卷	张荣华　编
张君劢卷	翁贺凯　编
赵紫宸卷	赵晓阳　编
李大钊卷	杨琥　编
李达卷	宋俭、宋镜明　编
张慰慈卷	李源　编
晏阳初卷	宋恩荣　编
陶行知卷	余子侠　编
戴季陶卷	桑兵、朱凤林　编
胡适卷	耿云志　编
郭沫若卷	谢保成、魏红珊、潘素龙　编
卢作孚卷	王果　编
汤用彤卷	汤一介、赵建永　编
吴耀宗卷	赵晓阳　编
顾颉刚卷	顾潮　编
张申府卷	雷颐　编
梁漱溟卷	梁培宽、王宗昱　编
恽代英卷	刘辉　编
金岳霖卷	王中江　编
冯友兰卷	李中华　编
傅斯年卷	欧阳哲生　编
罗家伦卷	张晓京　编
萧公权卷	张允起　编
常乃惪卷	查晓英　编
余家菊卷	余子侠、郑刚　编
瞿秋白卷	陈铁健　编
潘光旦卷	吕文浩　编
朱谦之卷	黄夏年　编
陶希圣卷	陈峰　编
钱端升卷	孙宏云　编
王亚南卷	夏明方、杨双利　编
黄文山卷	赵立彬　编
雷海宗、林同济卷	江沛、刘忠良　编

图书在版编目（CIP）数据

中国近代思想家文库.张尔田、柳诒徵卷/孙文阁，张笑川编.—北京：中国人民大学出版社，2014.4
ISBN 978-7-300-18781-5

Ⅰ.①中… Ⅱ.①孙…②张… Ⅲ.①思想史-研究-中国-近代②张尔田（1874～1945）-思想评论③柳诒徵（1880～1956）-思想评论 Ⅳ.①B250.5

中国版本图书馆 CIP 数据核字（2014）第 014080 号

中国近代思想家文库
张尔田 柳诒徵卷

孙文阁 张笑川 编

Zhang Ertian Liu Yizheng Juan

出版发行	中国人民大学出版社	
社 址	北京中关村大街 31 号	**邮政编码** 100080
电 话	010 - 62511242（总编室）	010 - 62511770（质管部）
	010 - 82501766（邮购部）	010 - 62514148（门市部）
	010 - 62515195（发行公司）	010 - 62515275（盗版举报）
网 址	http://www.crup.com.cn	
经 销	新华书店	
印 刷	涿州市星河印刷有限公司	
开 本	720 mm×1000 mm 1/16	**版 次** 2014 年 11 月第 1 版
印 张	36 插页 1	**印 次** 2025 年 4 月第 3 次印刷
字 数	575 000	**定 价** 126.00 元